U0922493

2023
广西统计年鉴
GUANGXI STATISTICAL YEARBOOK

广西壮族自治区统计局
国家统计局广西调查总队 编

Compiled by
Guangxi Zhuang Autonomous Region Bureau of Statistics
Survey Office of the National Bureau of Statistics in Guangxi

中国统计出版社
China Statistics Press

图书在版编目(CIP)数据

广西统计年鉴. 2023 = Guangxi Statistical Yearbook 2023:汉英对照/广西壮族自治区统计局, 国家统计局广西调查总队编. —北京:中国统计出版社, 2023. 10

ISBN 978-7-5230-0160-8

Ⅰ. ①广… Ⅱ. ①广… ②国… Ⅲ. ①统计资料-广西-2023-年鉴-汉、英 Ⅳ. ①C832. 67-54

中国国家版本馆 CIP 数据核字(2023)第 133186 号

广西统计年鉴 2023

作　　者/广西壮族自治区统计局　国家统计局广西调查总队
责任编辑/罗　浩
封面设计/蔡　英
出版发行/中国统计出版社有限公司
通信地址/北京市丰台区西三环南路甲 6 号　　邮政编码/100073
发行电话/邮购(010)63376909　书店(010)68783171
网　　址/http://www.zgtjcbs.com/
印　　刷/广西民族印刷包装集团有限公司
经　　销/新华书店
开　　本/880mm×1230mm　1/16
字　　数/1600 千字
印　　张/39
版　　别/2023 年 10 月第 1 版
版　　次/2023 年 10 月第 1 次印刷
定　　价/360. 00 元　Price:360. 00yuan(RMB)

《广西统计年鉴2023》编辑委员会及编辑人员

编辑委员会

编辑工作人员

Editorial Board and Staff of *Guangxi Statistical Yearbook* 2023

编 者 说 明

一、《广西统计年鉴》是一部全面反映广西壮族自治区国民经济和社会发展情况的大型资料性年刊，至今已出版了41期。2023版收录了全自治区及各市、县（区）2022年的主要统计指标数据。

二、全书分为23个篇章：1.综合； 2.人口；3.国民经济核算；4.从业人员和职工工资；5.物价；6.人民生活；7.财政、金融和保险；8.资源与环境；9.能源生产与消费；10.固定资产投资；11.城市概况；12.对外经济贸易； 13.农业；14.工业；15.建筑业；16.批发和零售业；17.住宿餐饮业和旅游；18.交通、运输和邮电通信业； 19.教育、科技和文化；20.体育、卫生和社会福利；21.区域经济；22.各市基本情况；23.县（市、区）基本情况。为便于读者更直观地了解全书内容和正确使用资料，每篇章末尾附有主要统计指标解释。附录内容为《2022年广西国民经济和社会发展统计公报》。

三、资料中所使用的度量衡单位均采用国际统一标准计量单位。

四、本年鉴部分合计数由于其中数的小数点位数取舍不同而产生的计算误差未做机械调整。

五、年鉴所涉及的历史数据，凡与本年鉴资料有所出入的，均以最新出版的为准。

六、年鉴的资料来源：主要来自自治区统计局的常规统计年报、各类抽样调查、普查。部分篇章和指标的内容由相关区直单位（部门）提供，自治区统计局对这些指标数据没有解释及说明的权力。

七、本年鉴表中的符号使用说明：

"…"表示数据不足本表最小计量单位数；

"空格"表示该项统计数据不详或无该项统计数据；

"#"表示其中的主要项。

八、2003~2018年地区生产总值核算（支出法部分除外）和社会消费品零售总额等指标数据依据全国第四次经济普查结果进行了修订,与之相关的部分计算指标数据也随之调整。2022年地区生产总值数据为快报数。

2011~2019年人口相关数据根据第七次全国人口普查进行了修订。

九、在本年鉴的编辑过程中，得到了有关单位和同志们的大力支持，在此我们深表谢意。限于时间仓促和水平有限，年鉴中的纰漏和不足之处在所难免，恳请广大读者给予批评指正。

EDITOR'S NOTES

Ⅰ. *Guangxi Statistical Yearbook* is an annual statistics publication, which reflects comprehensively the economic and social development of GuangXi Zhuang Autonomous Region. It has been published for 41 years. The 2023 edition covers key statistical data in 2022 of the whole autonomous region and main statistical indicators of cities, counties (districts).

Ⅱ. This *Yearbook* contains twenty–three chapters: 1. General Survey; 2. Population; 3. National Accounts; 4. Employment and Wages; 5. Price; 6. People's Livelihoods; 7. Government Finance, Banking and Insurance; 8. Resources and Environment; 9. Energy Production and Consumption; 10. Investment in Fixed Assets; 11. General Survey of Cities; 12. Foreign Trades and Economy Cooperation; 13. Agriculture; 14. Industry; 15. Construction; 16. Wholesale and Retail Trades; 17. Hotels, Catering Services and Tourism; 18. Transport, Postal and Telecommunication Services; 19. Education, Science and Culture; 20. Sport, Public Health, Social Welfare and Service Industry; 21. Economy Zones; 22. Basic Statistics of Cities; 23. Basic Statistics of Counties (Cities, Districts). To facilitate readers' understanding and use of the book, Explanatory Notes on Main Statistical Indicators are included at the end of each chapter. Moreover, appendix (Statistical Communiqué on National Economic and Social Development of Guangxi in 2022) is attached at the end of the book.

Ⅲ. The units of measurement used in the book are international standard measurement units.

Ⅳ. Statistical discrepancies on totals due to rounding are not adjusted in the *Yearbook*.

Ⅴ. For updated historical data, please refer to the newly published version of the *Yearbook*.

Ⅵ. The major data sources of the *Yearbook* are annual statistical reports, sample surveys, and the census of the Guangxi Zhuang Autonomous Region Bureau of Statistics. Some data are provided by related Departments of Guangxi Zhuang Autonomous Region. Guangxi Zhuang Autonomous Region Bureau of Statistics has no power to define and explain these indicators and data.

Ⅶ. Notations used in the *Yearbook*:

"…" indicates that the figure is not large enough to be measured with the smallest unit in the table;

"Blank space" indicates that the data are unknown or not available;

"#" indicates a major breakdown of the total.

Ⅷ. The Regional GDP (except for the expenditure approach) and other indicators such as Total Retail Sales of Consumer Goods from 2003 to 2018 have been revised based on the Forth National Economic Census, and so as the related calculation indicators. The regional GDP data for 2022 is a preliminary accounting result. And data of population from 2011 to 2019 are revised based on the Seventh National Population Census.

Ⅸ. Acknowledgement: our great gratitude goes to relevant departments and colleagues, from which we have received tremendous support when compiling the *Yearbook*. Mistakes may appear due to limited time. Please point out for correction if any.

广西生产总值及增长速度

Guangxi Gross Domestic Product and Its Growth Rate

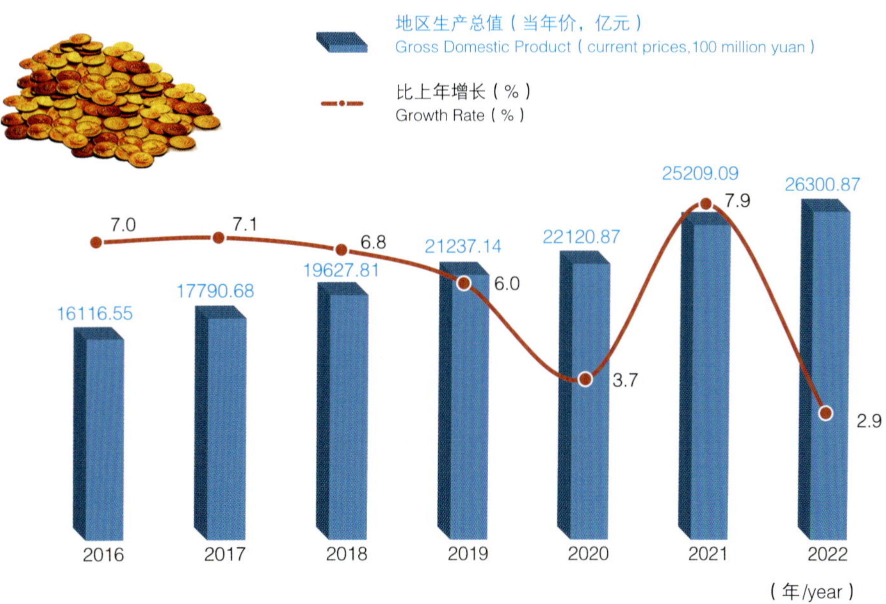

广西生产总值构成（%）

Composition of Guangxi Gross Domestic Product（%）

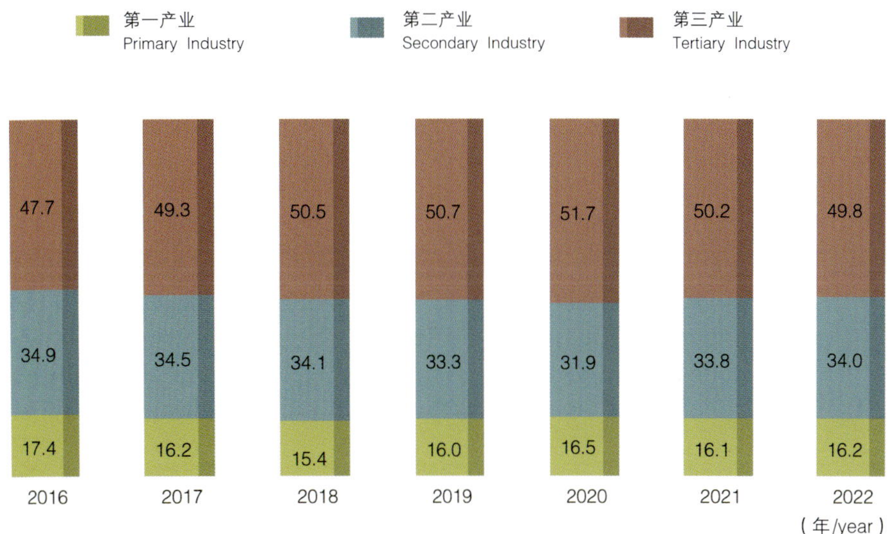

人均 GDP、居民人均可支配收入、城镇居民人均可支配收入和农村居民人均可支配收入（元）

Per Capita GDP, Per Capita Disposable Income of Households, Per Capita Disposable Income of Urban Households & Per Capita Disposable Income of Rural Households (yuan)

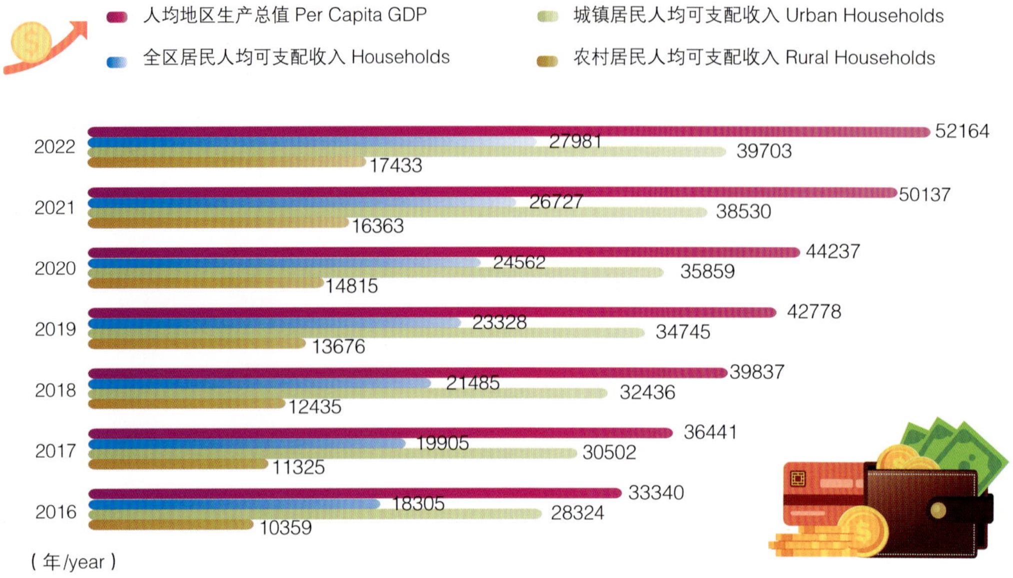

年末总人口和从业人员（万人）

Total Population and Number of Employeed Persons at Year-end (10 000 persons)

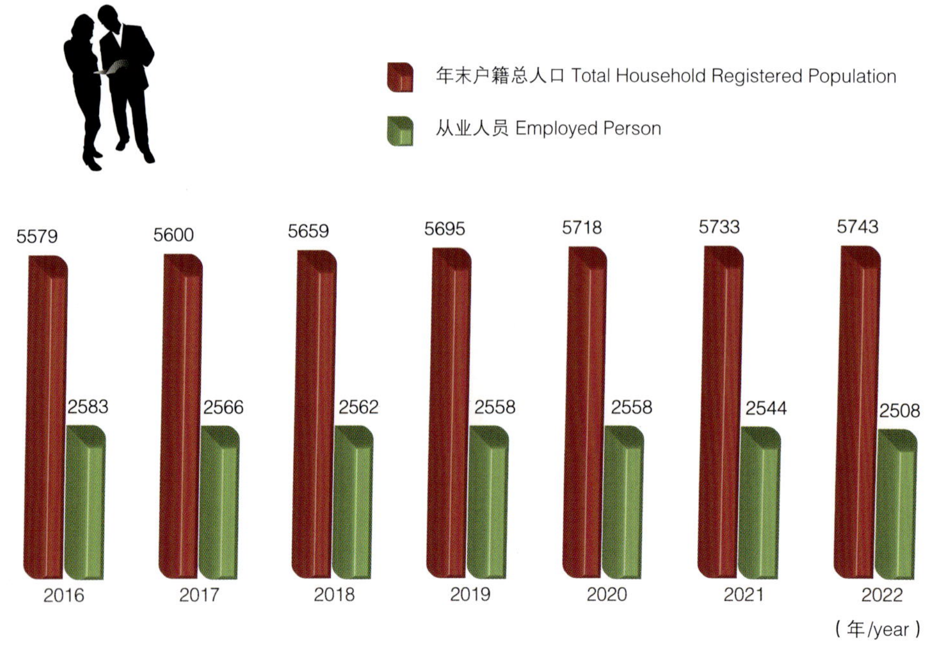

人口自然变动情况

Natural Changes of Population

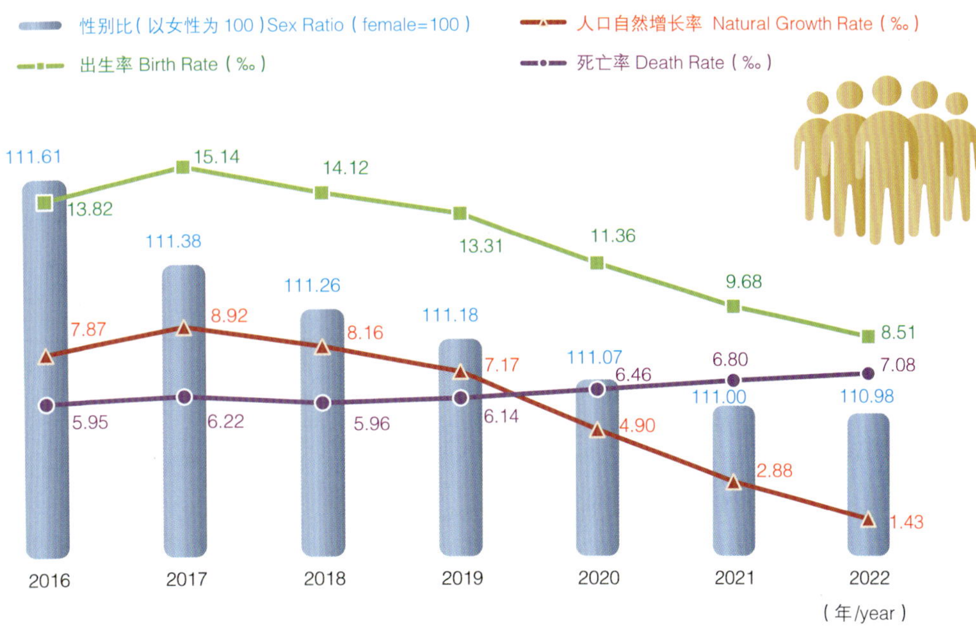

全社会从业人员构成（%）

Composition of Employment（%）

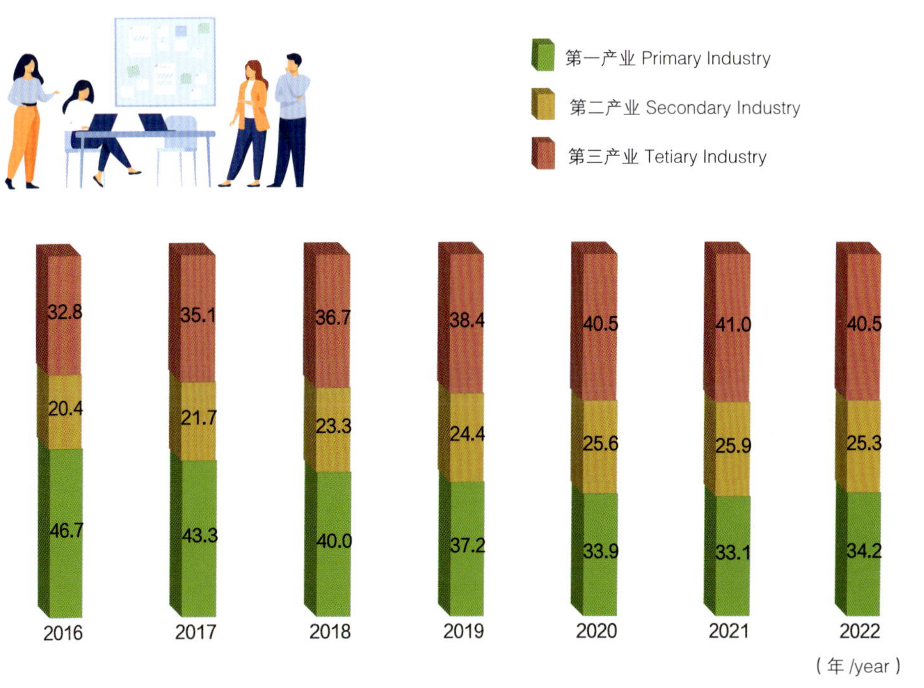

一般公共预算收入构成（2022年）

Composition of General Public Budget Revenue（2022）

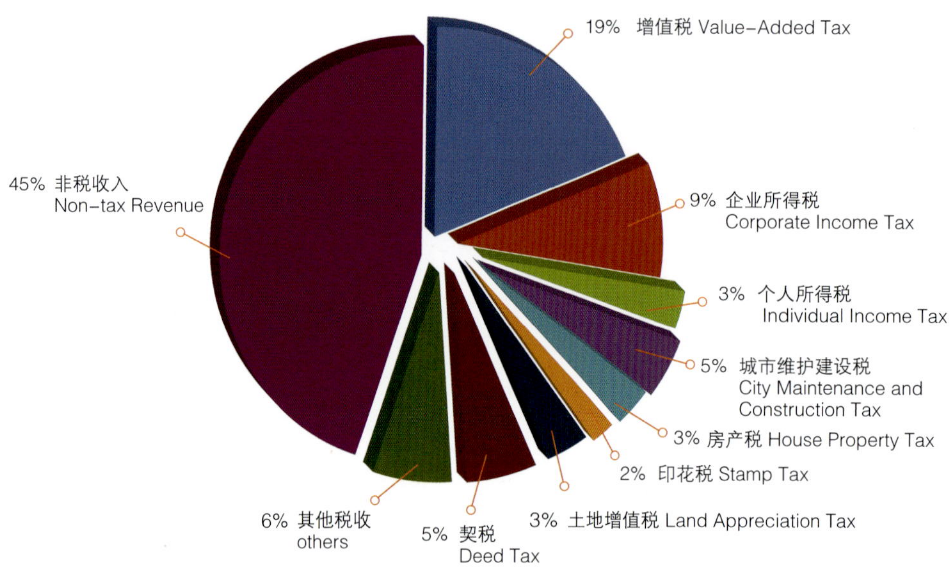

一般公共预算支出构成（2022年）

Composition of General Public Budget Expenditure（2022）

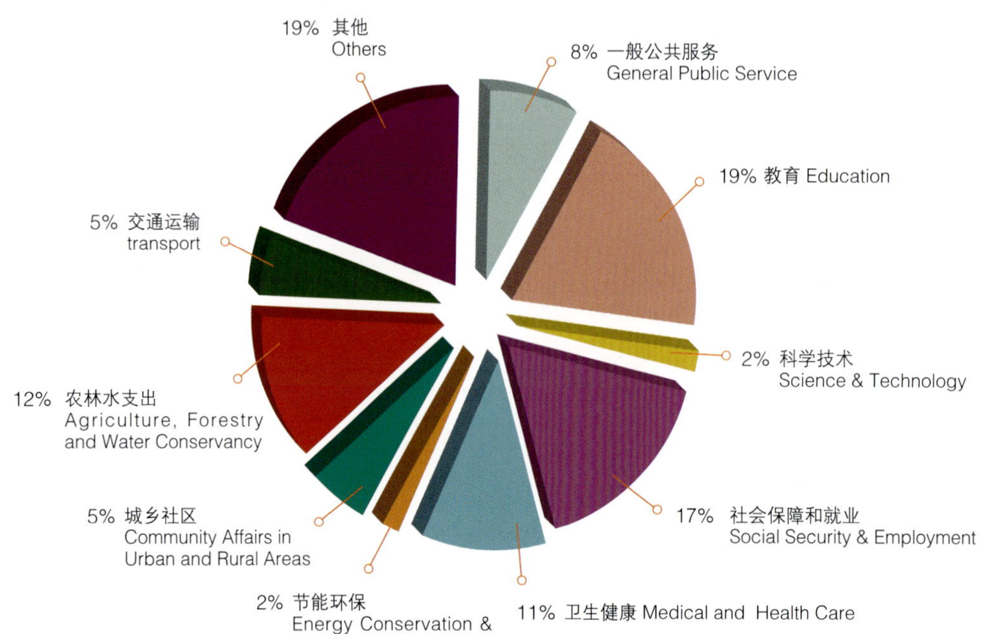

固定资产投资增长速度（%）

Growth Rate of Investment in Fixed Assets（%）

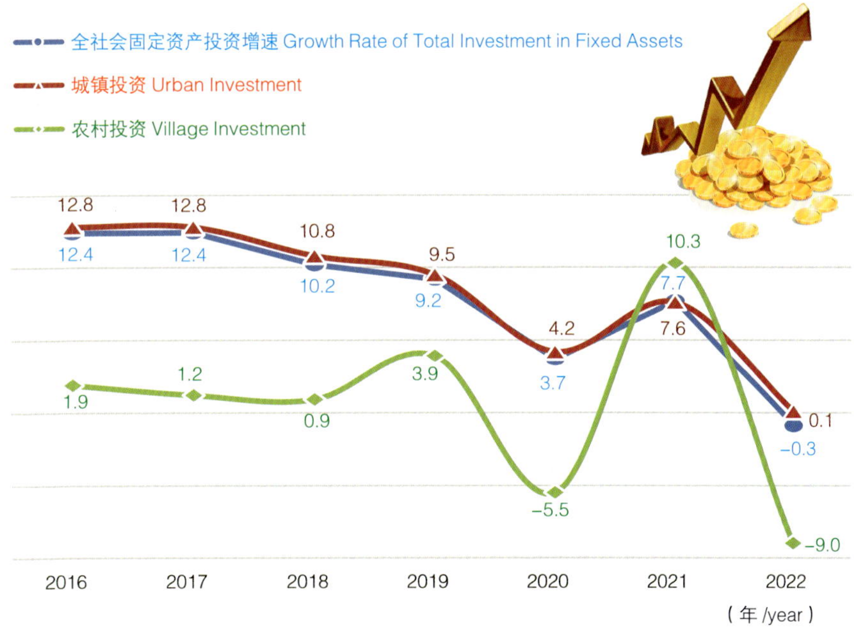

农林牧渔业产值增长速度（%）

Growth Rate of Agriculture, Forestry, Animal Husbandry and Fishery（%）

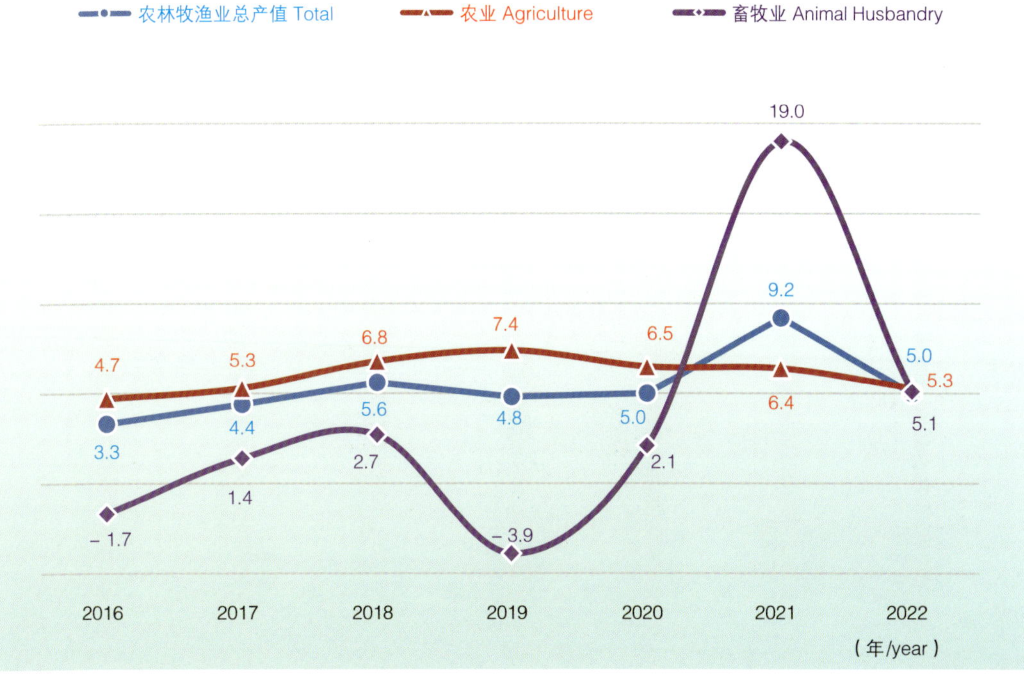

农林牧渔业总产值结构（%）

Composition of Gross Output Value of Agriculture, Forestry, Animal Husbandry and Fishery（%）

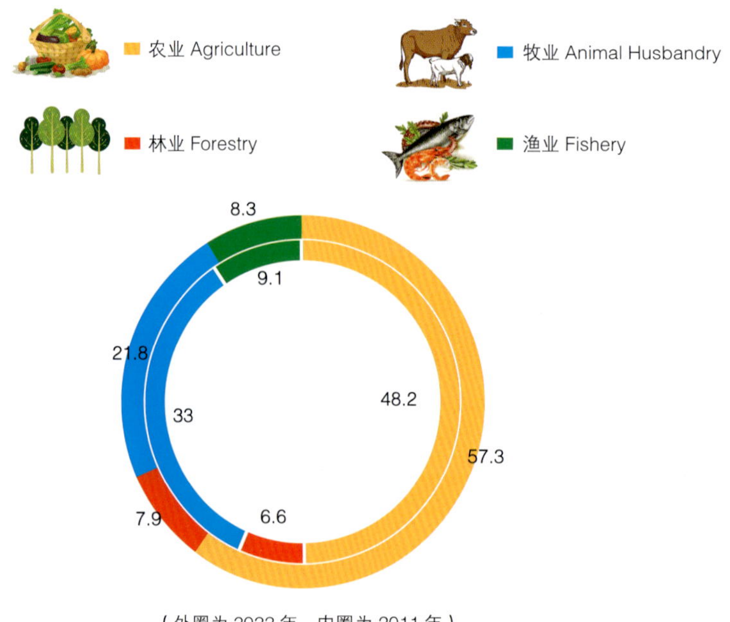

（外圈为 2022 年，内圈为 2011 年）

人均主要农产品产量（公斤）

Per Capita Major Agricultural Products（kg）

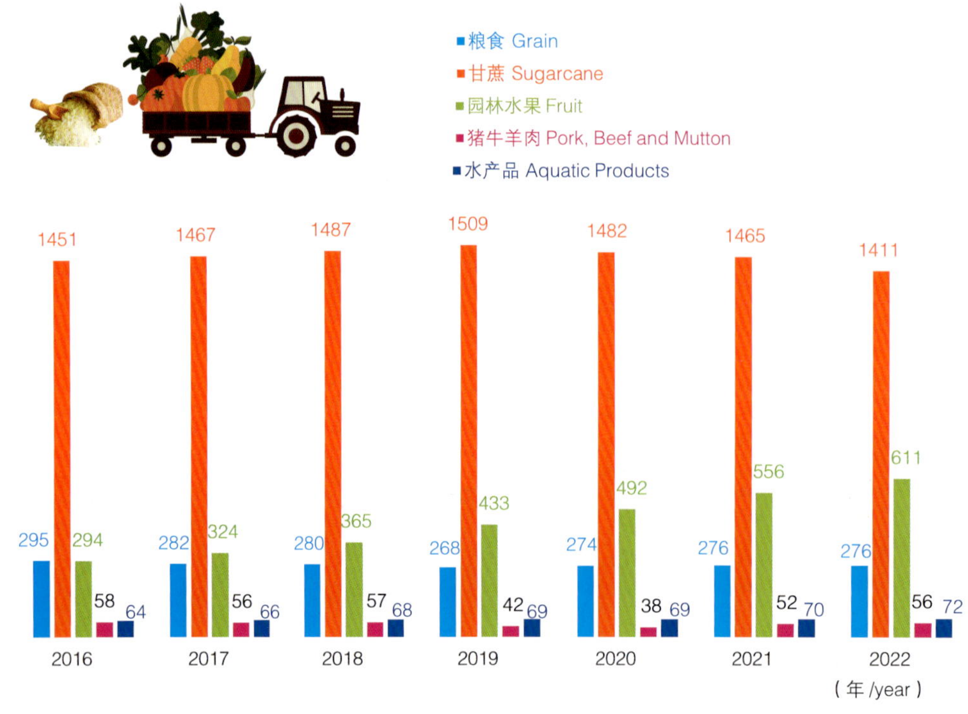

社会消费品零售总额（亿元）

Total Retail Sales of Consumer Goods （100 million yuan）

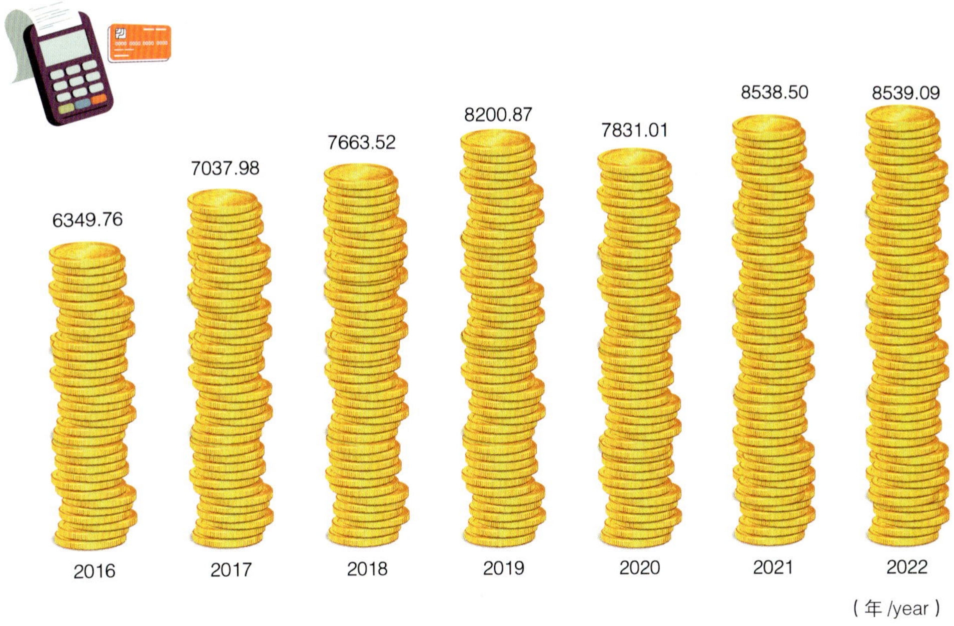

进出口（亿美元）

Total Import Export （100 million USD）

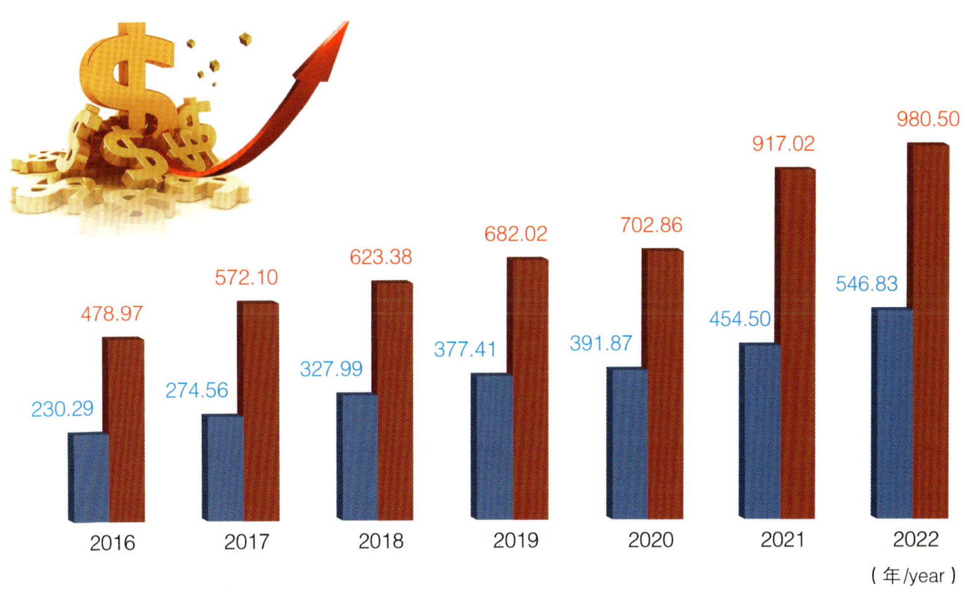

国际旅游
International Tourism

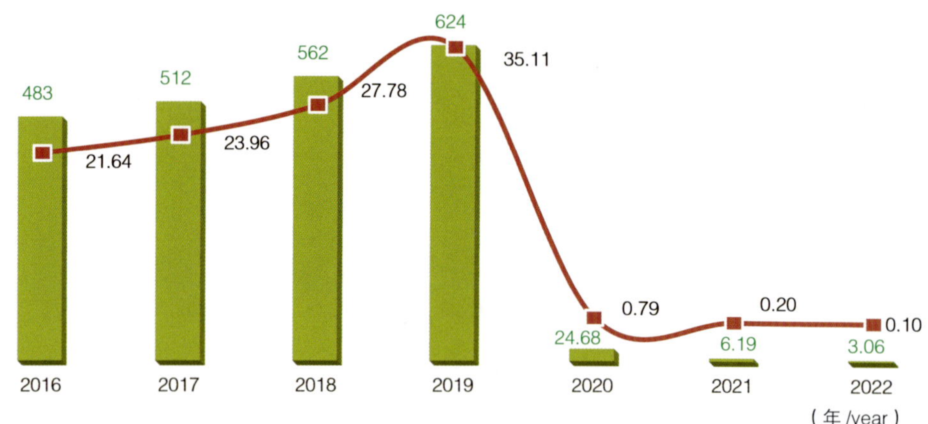

能源消耗
Energy Consumption

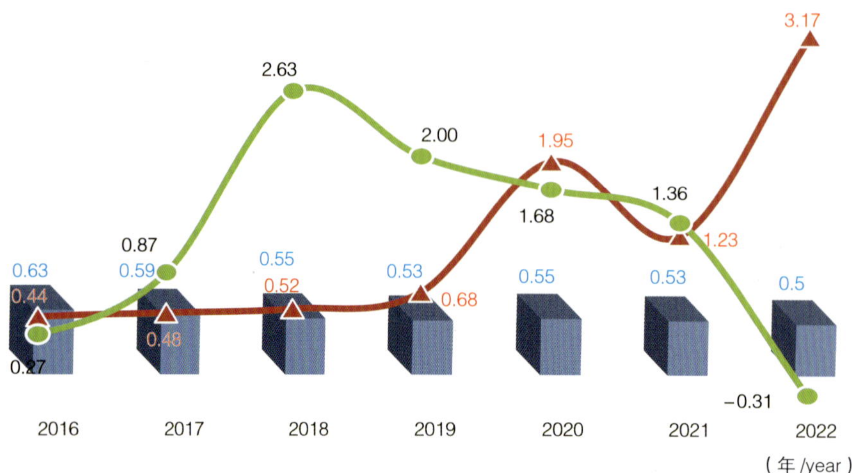

价格指数
Price Index

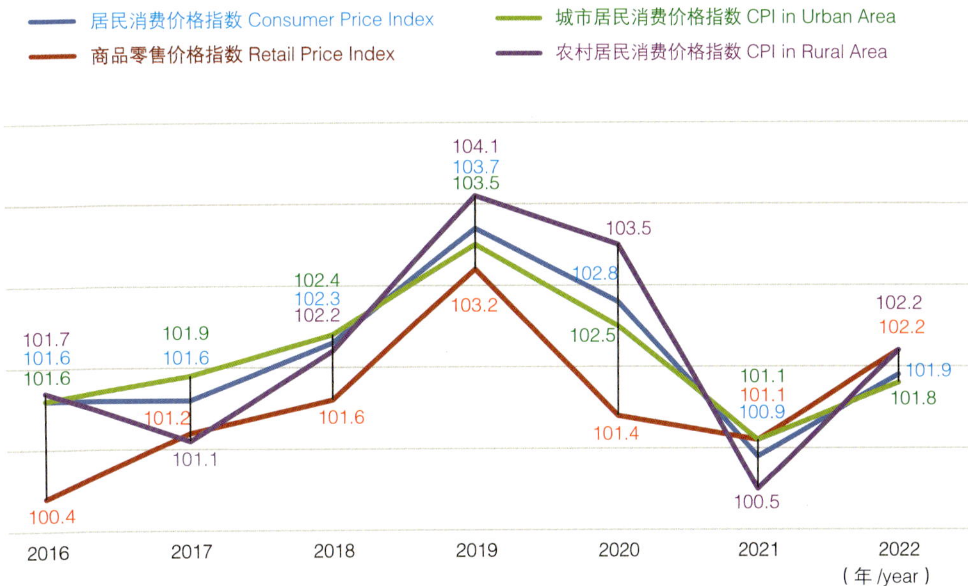

工业生产者出厂价格指数、工业生产者购进价格指数
Producer Price & Purchasing Price Indices for Industrial Producers

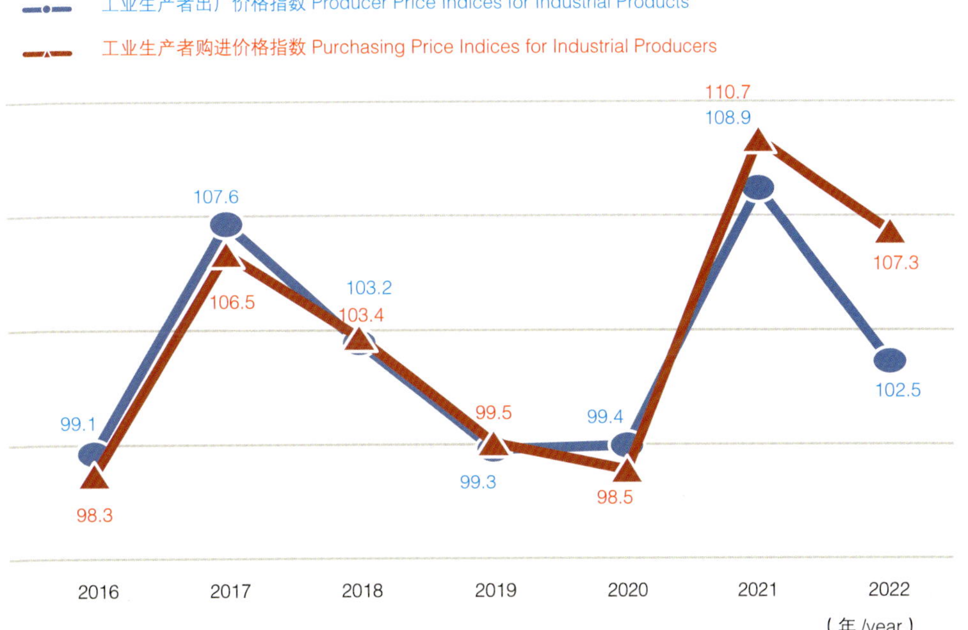

2022 年城乡居民人均消费支出构成（%）

Composition of Capita Consumption Expenditure of Urban & Rural Households in 2022（%）

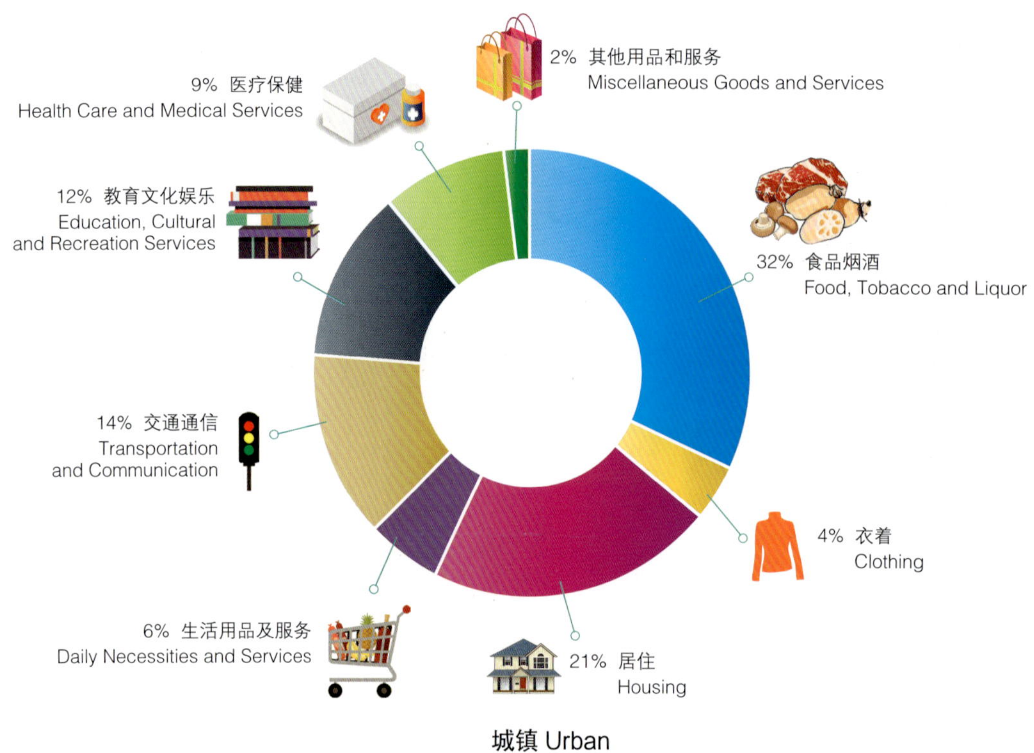

城镇 Urban

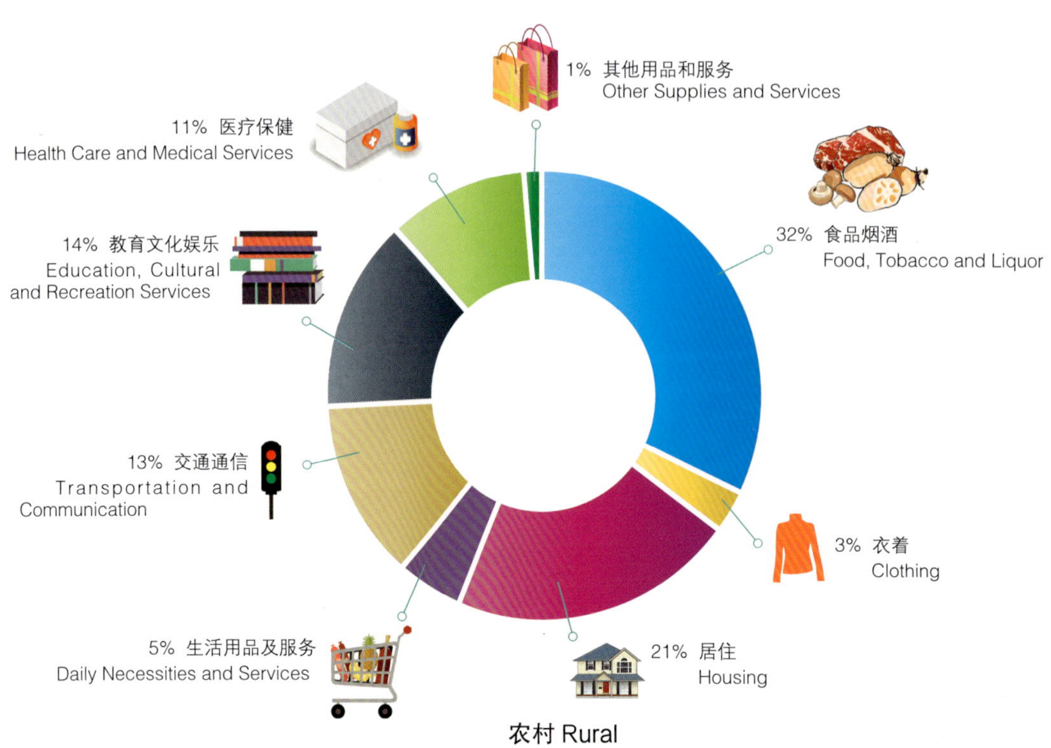

农村 Rural

客货运输量

Total Passenger and Freight Traffic

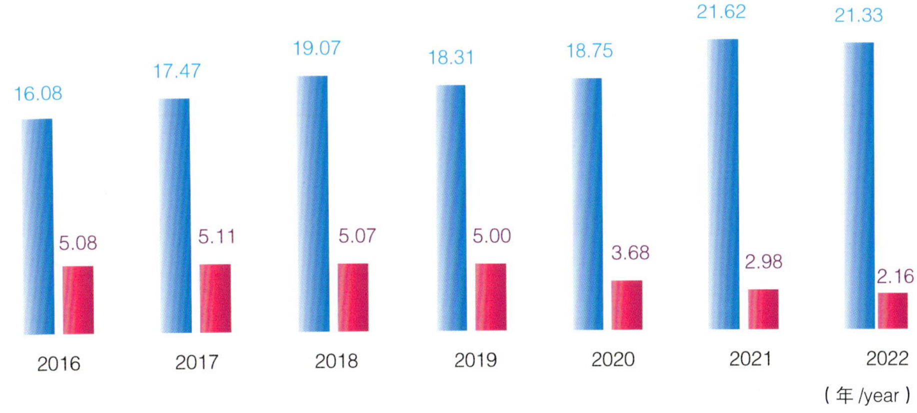

铁路和公路里程（公里）

Length of Railways & Expressway（Km）

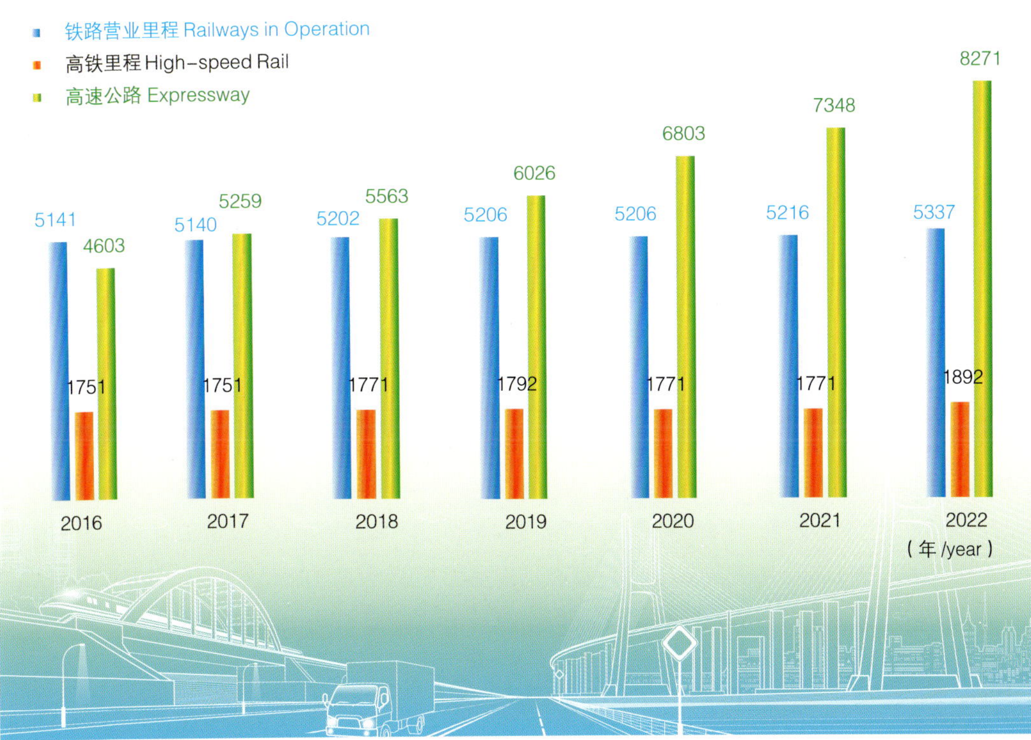

每万人在校学生数量（人）

Number of Students per 10 000 Persons （person）

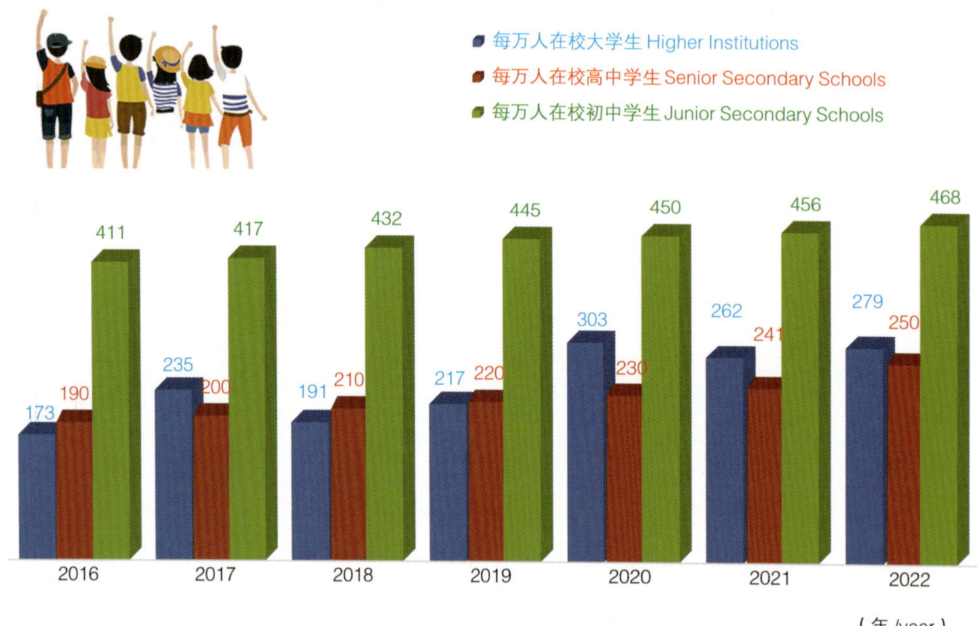

每万人病床和卫生技术人员数量

Number of Hospital Beds & Medical Technical Personnel per 10 000 Persons

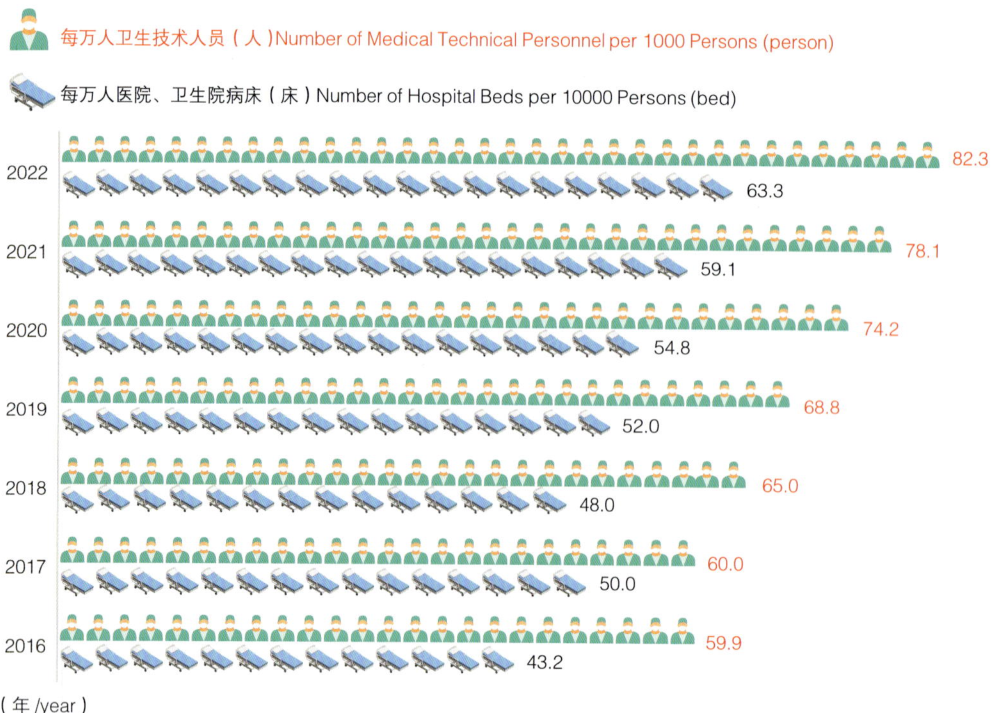

目　录

CONTENTS

第一篇　综　合

CHAPTER 1　GENERAL SURVEY

第二篇　人　口

CHAPTER 2　POPULATION

第三篇 国民经济核算

CHAPTER 3 NATIONAL ECONOMIC ACCOUNTING

第四篇　从业人员和职工工资

CHAPTER 4　EMPLOYMENT AND WAGES

第五篇　物　价

CHAPTER 5　PRICE

第七篇 财政、金融和保险

CHAPTER 7 FINANCE, BANKING AND INSURANCE

第八篇 资源与环境

CHAPTER 8 NATURAL RESOURCES AND ENVIRONMENT

第十篇 固定资产投资
CHAPTER 10 INVESTMENT IN FIXED ASSETS

第十一篇　城市概况

CHAPTER 11　GENERAL SURVEY OF CITIES

第十二篇　对外经济贸易

CHAPTER 12　INTERNATIONAL TRADE AND ECONOMY COOPERATION

第十三篇　农　业
CHAPTER 13　AGRICULTURE

第十四篇　工　业
CHAPTER 14　INDUSTRY

第十五篇 建筑业

CHAPTER 15 CONSTRUCTION

第十六篇 批发和零售业

CHAPTER 16 WHOLESALE AND RETAIL TRADES

第十八篇　交通、运输和邮电通信业

CHAPTER 18　TRANSPORTATION, POSTAL AND TELECOMMUNICATION SERVICES

第十九篇　教育、科技和文化

CHAPTER 19　EDUCATION, SCIENCE, TECHNOLOGY AND CULTURE

第二十篇　体育、卫生与社会福利

CHAPTER 20　SPORT, PUBLIC HEALTH AND SOCIAL WELFARE

第二十一篇　区域经济

CHAPTER 21　ECONOMIC ZONES

第二十二篇　各市基本情况

CHAPTER 22　BASIC STATISTICS OF CITIES

第一篇　综　合

CHAPTER 1　GENERAL SURVEY

（编辑：黄浩洲　焦　夕）

简要说明

（本篇资料由自治区统计局综合处、普查中心整理，电话：0771-5893401，5847715）

一、本篇资料主要内容及来源

（一）广西行政区划（2022年末）（广西壮族自治区民政厅）。

（二）国民经济和社会发展主要指标数据，及主要指标的发展速度、结构、比例和效益（广西壮族自治区统计局综合处）。

（三）各类型基本单位现状及变化情况（广西壮族自治区统计局普查中心）。

二、调查方法

基本单位的资料来源是各部门的单位审批登记资料、经济普查和经常性统计调查中查到的新增、变更和注销单位情况。在经济普查年份，依据全国经济普查方案开展全面调查；非普查年份依据基本单位统计报表制度和其他相关制度开展重点调查。

三、其他情况说明

地区生产总值、社会消费品零售总额、人口及相关指标等的历史数据及相关计算数均根据第四次全国经济普查（2018年）、第七次全国人口普查（2020年）结果进行了修订。

Brief Introduction

(The chapter is compiled by the General Office and the Census Center of the Guangxi Zhuang Autonomous Region Bureau of Statistics. Tel: 0771-5893401, 5847715)

Main Contents and Sources

(i) Divisions of Administrative Areas of Guangxi Zhuang Autonomous Region (end of 2021) (Civil Affairs Department of Guangxi Zhuang Autonomous Region).

(ii) Main indicators of national economic and social development, and their development rate, structure, ratio and efficiency (General Office of Guangxi Zhuang Autonomous Region Bureau of Statistics).

(iii) Current situation and changes of various types of basic units (Census Center of Guangxi Zhuang Autonomous Region Bureau of Statistics).

1—1 行政区划
Division of Administrative Areas

单位：个 (unit)

年 份	地级单位合计 Number of Divisions at Prefecture Level	县级单位合计 Number of Divisions at County Level	市辖区 Districts under the Jurisdiction of Cities	县级市 Cities at County Level	县 Counties	自治县 Autonomous Counties
1978	14	84	2	2	73	7
1980	14	99	17	2	73	7
1985	14	110	22	6	73	9
1990	14	111	21	7	71	12
1995	14	117	28	9	68	12
2000	14	120	29	10	69	12
2001	14	119	28	10	69	12
2002	14	115	32	7	64	12
2003	14	109	33	7	57	12
2004	14	109	33	7	57	12
2005	14	109	34	7	56	12
2006	14	109	34	7	56	12
2007	14	109	34	7	56	12
2008	14	109	34	7	56	12
2009	14	109	34	7	56	12
2010	14	109	34	7	56	12
2011	14	109	34	7	56	12
2012	14	109	34	7	56	12
2013	14	110	36	7	55	12
2014	14	110	36	7	55	12
2015	14	110	37	8	53	12
2016	14	111	40	7	52	12
2017	14	111	40	7	52	12
2018	14	111	40	8	51	12
2019	14	111	41	9	49	12
2020	14	111	41	9	49	12
2021	14	111	41	10	48	12
2022	14	111	41	10	48	12

注：本表资料由自治区民政厅提供。
Note: The data in this table is provided by Department of Civil Affairs of Guangxi Zhuang Autonomous Region.

1－1 续表 continued

单位：个 (unit)

年 份	乡镇级单位合计 Number of Divisions at Township Level	镇 Towns	乡 Townships	民族乡 Nationality Townships	街道 Sub-districts	居民委员会 Neighborhood Committees	村民委员会 Village Committees
1978							
1980							
1985	1248	265	962	60	21	937	13873
1990	1412	359	1012	58	41	1154	76073
1995	1442	627	738	60	77	1233	28243
2000	1422	745	616	63	61	1250	14750
2001	1410	749	598	61	63	1261	14743
2002	1388	750	576	61	62	1555	14443
2003	1395	748	576	61	71	1621	14398
2004	1396	748	576	61	72	1611	14333
2005	1232	700	426	61	106	1644	14359
2006	1230	700	426	58	104	1649	14363
2007	1230	702	424	58	104	1648	14361
2008	1230	702	424	58	104	1701	14353
2009	1232	702	424	58	106	1701	14345
2010	1234	702	424	58	108	1714	14355
2011	1235	702	424	58	109	1725	14336
2012	1243	715	411	58	117	1791	14345
2013	1247	722	405	59	120	1835	14313
2014	1243	773	350	59	120	1891	14323
2015	1251	773	350	59	128	1924	14273
2016	1246	788	330	59	128	1931	14276
2017	1251	799	319	59	133	1969	14258
2018	1251	806	312	59	133	2055	14229
2019	1250	806	312	59	132	2156	14221
2020	1251	806	312	59	133	2176	14220
2021	1253	806	312	59	135	2288	14172
2022	1253	806	312	59	135	2316	14166

注：居民委员会和村民委员会不属于行政区划，为基层群众性自治组织。1980年乡镇以下行政区划无数据。

Note: Neighborhood and village committees do not belong to division of administrative areas, but organizations at the grassroots level. There were no records for administrative areas below the township level in 1980.

1-2 县级以上行政区划（2022年末）
Divisions of Administrative Areas at or above County Level (End of 2022)

市	City	县（市、区）名称	Name of County (City, District) Level
南宁市	Nanning	兴宁区 青秀区 江南区 西乡塘区 良庆区 邕宁区 武鸣区 隆安县 马山县 上林县 宾阳县 横州市	Xingning, Qingxiu, Jiangnan, Xixiangtang, Liangqing, Yongning, Wuming, Long'an, Mashan, Shanglin, Binyang, Hengzhou
柳州市	Liuzhou	城中区 鱼峰区 柳南区 柳北区 柳江区 柳城县 鹿寨县 融安县 融水苗族自治县 三江侗族自治县	Chengzhong, Yufeng, Liunan, Liubei, Liujiang, Liucheng, Luzhai, Rong'an, Rongshui Miao Autonomous County, Sanjiang Dong Autonomous County
桂林市	Guilin	秀峰区 叠彩区 象山区 七星区 雁山区 临桂区 阳朔县 灵川县 全州县 兴安县 永福县 灌阳县 龙胜各族自治县 资源县 平乐县 恭城瑶族自治县 荔浦市	Xiufeng, Diecai, Xiangshan, Qixing, Yanshan, Lingui, Yangshuo, Lingchuan, Quanzhou, Xing'an, Yongfu, Guanyang, Longsheng all of Nationality Autonomous County, Ziyuan, Pingle, Gongcheng Yao Autonomous County, Lipu
梧州市	Wuzhou	万秀区 长洲区 龙圩区 苍梧县 藤县 蒙山县 岑溪市	Wanxiu, Changzhou, Longxu, Cangwu, Tengxian, Mengshan, Cenqi
北海市	Beihai	海城区 银海区 铁山港区 合浦县	Haicheng, Yinhai, Tieshangang, Hepu
防城港市	Fangchenggang	港口区 防城区 上思县 东兴市	Gangkou, Fangcheng, Shangsi, Dongxing
钦州市	Qinzhou	钦南区 钦北区 灵山县 浦北县	Qinnan, Qinbei, Lingshan, Pubei
贵港市	Guigang	港北区 港南区 覃塘区 平南县 桂平市	Gangbei, Gangnan, Qintang, Pingnan, Guiping
玉林市	Yulin	玉州区 福绵区 容县 陆川县 博白县 兴业县 北流市	Yuzhou, Fumian, Rongxian, Luchuan, Bobai, Xingye, Beiliu
百色市	Baise	右江区 田阳区 田东县 德保县 那坡县 凌云县 乐业县 田林县 西林县 隆林各族自治县 靖西市 平果市	Youjiang, Tianyang, Tiandong, Debao, Napo, Lingyun, Leye, Tianlin, Xilin, Longlin all of Nationality Autonomous County, Jingxi, Pingguo
贺州市	Hezhou	八步区 平桂区 昭平县 钟山县 富川瑶族自治县	Babu, Pinggui, Zhaoping, Zhongshan, Fuchuan Yao Autonomous County
河池市	Hechi	金城江区 宜州区 南丹县 天峨县 凤山县 东兰县 罗城仫佬族自治县 环江毛南族自治县 巴马瑶族自治县 都安瑶族自治县 大化瑶族自治县	Jinchengjiang, Yizhou, Nandan, Tian'e, Fengshan, Donglan, Luocheng Molao Autonomous County, Huanjiang Maonan Autonomous County, Bama Yao Autonomous County, Du'an Yao Autonomous County, Dahua Yao Autonomous County
来宾市	Laibin	兴宾区 忻城县 象州县 武宣县 金秀瑶族自治县 合山市	Xingbin, Xincheng, Xiangzhou, Wuxuan, Jinxiu Yao Autonomous County, Heshan
崇左市	Chongzuo	江州区 扶绥县 宁明县 龙州县 大新县 天等县 凭祥市	Jiangzhou, Fusui, Ningming, Longzhou, Daxin, Tiandeng, Pingxiang

注：本表资料由自治区民政厅提供。
Note: The data in this table is provided by Department of Civil Affairs of Guangxi Zhuang Autonomous Region.

1—2 续表1 continued

单位：个 (unit)

地 区	City	地级单位合计 Number of Divisions at prefecture Level	县级单位合计 Number of Divisions at County Level	市辖区 Districts under the Jurisdiction of Cities	县级市 Cities at County Level	县 Counties	自治县 Autonomous Counties
全区合计	**Total**	**14**	**111**	**41**	**10**	**48**	**12**
南宁市	Nanning	1	12	7	1	4	
柳州市	Liuzhou	1	10	5		3	2
桂林市	Guilin	1	17	6	1	8	2
梧州市	Wuzhou	1	7	3	1	3	
北海市	Beihai	1	4	3		1	
防城港市	Fangchenggang	1	4	2	1	1	
钦州市	Qinzhou	1	4	2		2	
贵港市	Guigang	1	5	3	1	1	
玉林市	Yulin	1	7	2	1	4	
百色市	Baise	1	12	2	2	7	1
贺州市	Hezhou	1	5	2		2	1
河池市	Hechi	1	11	2		4	5
来宾市	Laibin	1	6	1	1	3	1
崇左市	Chongzuo	1	7	1	1	5	

注：居民委员会和村民委员会不属于行政区划，为基层群众性自治组织。
Note: Neighborhood and village committees do not belong to division of administrative areas, but organizations at the grassroots level.

1—2 续表2 continued

单位：个 (unit)

地 区	City	乡镇级单位合计 Number of Divisions at Township Level	镇 Towns	乡 Townships	民族乡 Nationality Townships	街道 Sub-districts	居民委员会 Neighborhood Committees	村民委员会 Village Committees
全区合计	**Total**	**1118**	**806**	**253**	**59**	**135**	**2316**	**14166**
南宁市	Nanning	102	89	10	3	25	438	1386
柳州市	Liuzhou	86	53	27	6	32	301	935
桂林市	Guilin	134	88	31	15	13	264	1653
梧州市	Wuzhou	58	53	3	2	8	153	861
北海市	Beihai	23	22	1	0	7	95	336
防城港市	Fangchenggang	23	17	4	2	7	68	274
钦州市	Qinzhou	54	54	0	0	12	153	887
贵港市	Guigang	67	55	10	2	7	123	1060
玉林市	Yulin	102	102	0	0	8	178	1327
百色市	Baise	133	75	45	13	2	98	1796
贺州市	Hezhou	57	47	5	5	4	55	707
河池市	Hechi	138	65	62	11	3	180	1481
来宾市	Laibin	66	45	21	0	4	97	712
崇左市	Chongzuo	75	41	34	0	3	113	751

1—3 国民经济和社会发展主要指标总量与发展速度

指 标	Indicators	总量 Aggregate					
		2005	2015	2019	2020	2021	2022
人口（万人）	**Population (10 000 persons)**						
年末总人口	Year-end Population	4925	5518	5695	5718	5733	5743
男性	Male	2587	2913	2998	3009	3016	3021
女性	Female	2338	2605	2697	2709	2717	2722
常住人口	Permanent Population	4660	4811	4982	5019	5037	5047
市镇人口	Urban Population	1567	2309	2639	2721	2775	2809
乡村人口	Rural Population	3093	2502	2343	2298	2262	2238
就业（万人）	**Employment (10 000 persons)**						
从业人员	Employment	2703	2595	2558	2558	2544	2508
城镇登记失业人数	Number of Registered Unemployed Persons in Urban Area	18.51	18.13	19.66	22.89	22.74	22.75
国民经济核算（亿元）	**National Accounting (100 million yuan)**						
地区生产总值	Gross Domestic Product	3742.14	14797.80	21237.14	22120.87	25209.09	26300.87
第一产业	Primary Industry	904.80	2565.45	3389.67	3645.92	4051.30	4269.81
第二产业	Secondary Industry	1324.25	5391.00	7046.43	7046.84	8513.86	8938.57
第三产业	Tertiary Industry	1513.09	6841.35	10801.04	11428.11	12643.93	13092.49
#工业	Industry	1098.38	4159.05	5246.57	5172.76	6439.75	6775.89
人均地区生产总值（元/人）	Per Capita GDP (yuan/person)	8068	30890	42778	44237	50137	52164
人民生活（元）	**People's Livelihoods (yuan)**						
全区居民人均可支配收入	Per Capita Disposable Income of Households	-	16873	23328	24562	26727	27981
城镇居民人均可支配收入	Per Capita Disposable Income of Urban Households	-	26416	34745	35859	38530	39703
农村居民人均可支配收入	Per Capita Disposable Income of Rural Residents	-	9467	13676	14815	16363	17433
财政（亿元）	**Government Finance (100 million yuan)**						
财政总收入	Financial Revenue	475.37	2333.03	2969.22	2800.61	-	-
#一般公共预算收入	General Public Budget Revenue	283.04	1515.16	1811.89	1716.94	1800.15	1687.72
一般公共预算支出	General Public Budget Expenditure	611.48	4065.51	5850.96	6179.47	5806.54	5893.32
能源（万吨标准煤）	**Energy (10 000 tce)**						
能源生产总量	Total Energy Production	1220.99	3274.39	3604.68	3800.42	3495.53	4040.76
能源消费总量	Total energy Consumption	4536.74	9805.66	11270.05	12081.05	13189.02	13207.10

注：1. 总人口中，2000年、2010年为人口普查数，其他年份为人口变动抽样调查推算数。2010—2019年常住人口、从业人员、人均地区生产总值等指标根据2020年第七次全国人口普查数据进行了修正调整。

2. 2003—2018年GDP核算数据（支出法部分除外）根据全国第四次经济普查结果进行了修订。

3. 2015年起农村居民人均纯收入调整为农村居民人均可支配收入，与之前年份数据不可比。

Major Indicators on National Economic and Social Development Aggregate and Growth Rates

指数（%） Index（%）（2022为以下各年） (2022 as Percentage of the Following Years)					平均增长速度（%） Average Annual Growth Rate (%)				
2000	2005	2010	2015	2020	2001—2005	2006—2010	2011—2015	2016—2020	2021—2022
120.9	116.6	111.3	104.1	100.4	0.7	0.9	1.4	0.7	0.2
121.6	116.8	111.6	103.7	100.4	0.8	0.9	1.5	0.7	0.2
120.1	116.4	111.1	104.5	100.5	0.6	0.9	1.2	0.8	0.2
112.4	108.3	109.5	104.9	100.6	-0.4	-0.2	0.8	0.9	0.3
210.1	179.3	151.9	121.7	103.2	3.2	3.4	4.1	3.3	1.6
65.6	72.4	81.1	89.4	97.4	-2.0	-2.2	-1.7	-1.7	-1.3
97.7	92.8	94.1	96.6	98.0	1.0	1.4	-0.6	-0.3	-1.0
201.3	122.9	119.3	125.5	99.4	10.4	0.6	-1.0	4.8	-0.3
1264.4	702.8	307.5	177.7	118.9	9.9	11.5	9.6	6.1	5.4
766.1	471.9	260.4	166.4	117.1	5.2	5.1	4.4	4.8	6.8
1223.0	675.0	258.0	165.8	126.8	11.4	14.9	9.7	4.1	5.4
1653.6	865.3	379.8	191.4	114.6	11.3	14.7	11.6	8.0	4.9
1106.6	616.9	235.6	162.9	131.0	11.1	15.0	9.0	3.5	6.1
1121.3	646.6	288.7	168.9	117.9	9.1	11.0	9.3	5.2	5.0
–	–	–	165.8	113.9	–	–	–	7.8	6.7
–	–	–	150.3	110.7	8.9	13.9	9.7	6.3	5.2
–	–	–	184.1	117.7	6.0	12.7	12.6	9.4	8.5
–	–	–	–	–	16.7	20.9	13.7	3.7	–
1147.7	596.3	218.6	111.4	98.3	14.0	22.2	14.4	2.5	-0.9
2279.9	963.8	293.6	145.0	95.4	18.8	26.8	15.2	8.7	-2.3
484.9	330.9	207.0	123.4	106.3	7.9	9.8	10.9	3.0	3.1
531.0	291.1	179.0	134.7	109.3	12.8	10.2	5.8	3.9	4.6

Note: 1. The data on total population in 2000 and 2010 come from the National Population Census, and the data in other years are estimated by sample survey of population variation. Indicators from 2010 to 2019, including permanent population, employed persons and per capita GDP have been revised based on data from the 7th National Population Census in 2020.

2. Data of GDP (except part of Expenditure Approach) from 2003 to 2018 has been revised according to The Forth National Economic Census.

3. Since the indicator "Per Capita Net Income of Rural Residents" was changed into "Per Capita Disposable Income of Rural Households" in 2015, the data in relevant year is incomparable.

1－3 续表1

指　标	Indicators	总量指标 Aggregate Indicator 2005	2015	2019	2020	2021	2022
固定资产投资(亿元)	**Investment in Fixed Assets (100 million yuan)**						
全社会固定资产投资	Total Investment in Fixed Assets	1769.07	16227.78	9.2%	3.7%	7.7%	-0.3%
#基本建设	Basic Investment	900.87	6680.15	3.8%	1.2%	14.9%	17.5%
更新改造	Innovation	274.73	5897.85	-9.6%	31.3%	1.1%	9.3%
房地产开发	Real Estate Development	286.79	1909.09	27.0%	0.8%	-2.9%	-38.2%
其他	Others	59.97	360.46	44.9%	-7.0%	6.4%	21.1%
对外经济贸易（亿美元）	**International Trade (100 million USD)**						
进出口总额	Total Value of Imports and Exports	51.83	512.62	682.02	702.86	917.02	980.50
出口总额	Exports	28.77	280.26	377.41	391.87	454.50	546.83
进口总额	Imports	23.05	232.36	304.62	310.99	462.52	433.67
实际利用外资	Actual Utilization of Foreign Direct Investment	–	–	–	13.17	16.52	13.72
农业	**Agriculture**						
农林牧渔业总产值（亿元）	Gross Output Value of Agriculture, Forestry, Animal Husbandry and Fishery (100 million yuan)	1448.37	4197.12	5498.81	5913.28	6524.39	6938.53
主要农产品产量（万吨）	Output of Major Agricultural Products (10 000 tons)						
粮　食	Grain	1516.29	1433.15	1332.00	1370.00	1386.54	1393.15
油　料	Oil-bearing Crops	63.18	59.21	71.63	73.88	75.86	76.48
甘　蔗	Sugarcane	5154.69	7078.19	7490.65	7412.47	7365.11	7116.54
园林水果	Fruits	571.58	1279.41	2140.17	2461.11	2798.08	3080.07
肉　类	Meat	418.60	441.00	380.01	380.25	440.97	454.94
水产品	Aquatic Products	284.19	345.62	340.33	343.96	352.94	363.77
工业主要产品产量	**Output of Major Industrial Products**						
成品糖（万吨）	Machine-made Sugar (10 000 tons)	504.34	925.74	792.20	688.90	702.74	735.83
机制纸及纸板（万吨）	Machine-made Paper and Paperboard (10 000 tons)	125.37	284.05	324.16	313.70	336.22	558.05
粗钢（万吨）	Crude Steel (10 000 tons)	496.29	2146.05	2662.71	3452.23	3660.88	3793.23
钢材（万吨）	Rolled Steel (10 000 tons)	519.88	3545.75	3346.74	4731.54	5282.09	4995.56
十种有色金属（万吨）	Nonferrous Metal (10 000 tons)	66.63	157.67	373.79	413.98	428.04	399.22
发电量（亿千瓦时）	Electricity (100 million kWh)	446.04	1299.90	1846.27	1970.88	2081.94	2023.92
原煤（万吨）	Coal (10 000 tons)	700.34	425.50	406.16	413.58	352.03	380.59
农用化肥（折纯100%，万吨）	Chemical Fertilizer (10 000 tons)	84.02	116.91	30.54	54.11	41.22	43.80
水泥（万吨）	Cement (10 000 tons)	3306.13	11144.43	11938.45	12148.76	11432.90	10419.98
汽车（万辆）	Motor Vehicles (10 000 sets)	37.72	229.40	183.03	174.49	190.08	177.00
建筑业（三级及三级以上企业）	**Construction (Three Grade and Above Enterprises)**						
建筑业总产值（亿元）	Gross Output Value of Construction Enterprises (100 million yuan)	425.21	2953.42	5407.31	5853.24	6699.59	7194.35
建筑企业年末从业人数（万人）	Number of Employed Persons at Year-end (10 000 persons)	43.00	85.67	141.97	92.00	118.51	108.66

注：根据国家统计制度要求，2013年我区固定资产投资统计起点由项目计划总投资50万元提高到500万元；2013年各增长数据根据2012年度国家口径数据作为基数计算；2013年度全区固定资产投资与国家公布的各省数据口径完全一致（不包括跨省项目投资），各市投资包含跨省项目投资，因此各市投资合计与全区固定资产投资不一致。其他投资2015年起包含农村投资。2018年后为增长速度。

continued

指数（%） Index（%）（2022为以下各年） (2022 as Percentage of the Following Years)					平均增长速度（%） Average Annual Growth Rate (%)				
2000	2005	2010	2015	2020	2001—2005	2006—2010	2011—2015	2016—2020	2021—2022
					21.8	34.7	21.6	9.5	3.6
					26.2	31.0	20.1	16.0	16.2
					27.9	51.8	27.8	-0.7	5.1
					49.3	33.3	9.6	15.0	-22.5
					0.2	34.1	28.1	10.2	13.5
4811.3	1891.8	553.8	191.3	139.5	20.5	27.9	23.7	6.5	18.1
3662.2	1900.4	569.0	195.1	139.5	14.0	27.3	23.9	6.9	18.1
7961.6	1881.0	535.6	186.6	139.4	33.5	28.6	23.5	6.0	18.1
–	–	–	–	104.2	–	–	–	–	2.1
837.0	479.1	255.0	165.3	117.3	6.1	5.7	4.5	4.6	7.1
83.6	91.9	101.4	97.2	101.7	-1.9	-1.4	1.5	-0.9	0.8
130.5	121.1	160.2	129.2	103.5	1.5	-6.2	7.1	4.5	1.7
242.2	138.1	102.6	100.5	96.0	11.9	6.7	1.1	0.9	-2.0
855.2	538.9	377.2	240.7	125.1	9.7	8.0	10.2	14.0	11.9
158.4	108.7	117.3	103.2	119.6	7.8	-1.5	1.5	-2.9	9.4
151.7	128.0	132.2	105.2	105.8	3.4	-0.6	4.7	-0.1	2.8
225.9	145.9	104.3	79.5	106.8	9.1	6.9	5.6	-5.7	3.4
676.0	445.1	247.9	196.5	177.9	8.7	12.4	4.8	2.0	33.4
3621.9	764.3	314.9	176.8	109.9	36.5	19.4	12.2	10.0	4.8
4867.5	960.9	331.6	140.9	105.6	38.3	23.7	18.7	5.9	2.8
658.9	599.2	284.0	253.2	96.4	1.9	16.1	2.3	21.3	-1.8
700.1	453.8	196.1	155.7	102.7	9.1	18.3	4.7	8.7	1.3
53.9	54.3	50.2	89.4	92.0	-0.2	1.6	-10.9	-0.6	-4.1
82.2	52.1	50.4	37.5	80.9	9.5	0.7	6.1	-14.3	-10.0
474.0	315.2	138.6	93.5	85.8	8.5	17.9	8.2	1.7	-7.4
1349.1	469.2	129.6	77.2	101.4	23.5	29.4	10.9	-5.3	0.7
4767.0	1692.0	588.6	243.6	122.9	23.0	23.5	19.3	14.7	10.9
326.3	252.7	184.0	126.8	118.1	5.2	6.6	7.7	1.4	8.7

Note: According to the National Statistical System, the statistical floor level of investment in fixed assets of Guangxi has been raised from a minimum planned investment of 500 000 Yuan to 5 000 000 Yuan. The data on growth rates in 2013 is calculated based on the national data for 2012. The statistic scale of data on investment in fixed assets of Guangxi in 2013 is consistent with the data of provinces published by National Bureau of Statistic (excluding investment in inter-provincial projects). Due to the investment in inter-provincial projects is included in the investment data of cities, there are differences between the summary of investment in cities and the total fixed asset investment in Guangxi. Investment of “Others” include rural investments. From 2018 onwards, the data represents the growth rate.

1—3 续表2

指 标	Indicators	总量指标 Aggregate Indicator 2005	2015	2019	2020	2021	2022
国内商业和旅游业	**Domestic Trade and Tourism**						
社会消费品零售总额（亿元）	Total Retail Sales of Consumer Goods (100 million yuan)	1337.39	5771.50	8200.87	7831.01	8538.50	8539.09
接待入境旅游者人数（万人次）	Number of Overseas Tourists (10 000 persons)	146.16	450.06	623.96	24.68	6.19	3.06
国际旅游消费收入（亿元）	Earnings from International Tourism (100 million yuan)	25.93	117.79	242.14	5.45	1.29	0.67
交通运输业	**Transport**						
货运量（万吨）	Freight Traffic (10 000 tons)	41025	149727	183052	187456	216184	213347
#铁路	Railways	8517	5779	8405	9269	9119	9805
客运量（万人）	Passenger Traffic (10 000 persons)	52197	50986	49990	36755	29843	21638
#铁路	Railways	2037	7046	11777	7838	9088	5966
公路总里程（公里）	Length of Highways (km)	62003	117993	127819	131642	160637	172391
规模以上港口货物吞吐量（万吨）	Volume of Freight Handled at Coastal Ports Above the Designated Size (10 000 tons)	6877	31421	37916	46913	55659	56753
邮电通信	**Postal and Telecommunication Services**						
年末电话用户数（万户）	Number of Telephone Subscribers at Year-end (10 000 subscribers)	1890.4	4034.63	5458.20	5666.50	5934.29	6317.40
#固定电话年末用户	Number of Fixed Telephone Subscribers at Year-end	869.40	439.67	330.70	333.60	422.90	512.10
移动电话用户数	Number of Mobile Phone Subscribers	1021	3594.96	5127.50	5332.90	5511.39	5805.3
邮电业务总量（亿元）	Business Volume of Postal and Telecommunication Services (100 million yuan)	322.87	651.74	3747.18	5042.16	698.26	700.06
金融保险（亿元）	**Finance and Insurance (100 million yuan)**						
金融机构本外币存款余额	Deposits in RMB and Foreign Currency of Financial Institutions	4262.30	22793.54	31646.01	34665.55	36879.44	40212.38
金融机构本外币贷款余额	Loans in RMB and Foreign Currency of Financial Institutions	3104.60	18119.30	30497.39	35196.77	39851.13	44689.79
财产险保费收入	Premium Income from Property Insurance	23.88	160.68	252.02	282.74	285.13	307.44
人身险保费收入	Premium Income from Life Insurance	49.24	225.07	412.90	451.59	495.47	502.17
科技	**Science and Technology**						
科技活动人员数（万人）	Number of Personnel in Scientific and Technological Activities (10 000 persons)	5.67	11.37	–	–	–	–
研究与发展经费内部支出（亿元）	Inner Expenditure of Funds for Research and Development (100 million yuan)	14.67	105.91	167.13	173.23	199.5	217.94
教育（万人）	**Education**						
专任教师数	Full-time Teachers (10 000 persons)						
普通高等学校	Institutions of Higher Education	1.96	3.86	4.87	5.34	5.66	6.17
普通中等专业学校	Specialized Secondary Schools	0.70	2.02	2.04	2.06	2.16	2.25
普通中学（高、初中）	Secondary Schools	15.24	16.97	20.55	22.31	23.39	25.89
小学	Primary Schools	20.48	22.20	26.71	28.17	29.31	29.33
在校学生数	Total Enrollment (10 000 persons)						
普通高等学校	Institutions of Higher Education	33.83	75.12	107.64	118.42	132.1	140.75
普通中等专业学校	Specialized Secondary Schools	17.04	73.64	68.03	69.99	69.09	65.27
普通中学（高、初中）	Secondary Schools	303.87	282.88	329.59	340.64	351.08	362.25
小学	Primary Schools	452.79	440.10	495.03	507.18	515.96	515.86

注：1. 2006年起国家交通运输部将村道纳入公路里程统计范围，与之前年份不可比。
2. 2019年起港口统计口径由规模以上港口调整为全部港口，数据与往年不可比。
3. 2006以后普通中等专业学校在校师生包括中等职业学校师生。

continued

指数（%） Index（%）（2022为以下各年）(2022 as Percentage of the Following Years)					平均增长速度（%）Average Annual Growth Rate (%)				
2000	2005	2010	2015	2020	2001—2005	2006—2010	2011—2015	2016—2020	2021—2022
1061.9	638.5	276.9	148.0	109.0	11.7	18.7	13.9	6.3	4.4
2.5	2.1	1.2	0.7	12.4	3.3	11.4	12.5	-44.0	-64.8
3.1	2.6	1.2	0.6	12.3	3.5	16.2	16.8	-46.1	-64.9
–	–	188.1	142.5	113.8	5.6	22.6	5.7	4.6	6.7
–	–	139.0	169.7	105.8	7.8	-3.7	-3.9	9.9	2.9
–	–	28.1	42.4	58.9	4.0	8.1	-7.9	-6.3	-23.3
–	–	188.6	84.7	76.1	-4.1	9.2	17.4	2.2	-12.8
–	–	169.4	146.1	131.0	3.2	10.4	3.0	2.2	14.4
–	–	–	–	121.0	19.0	22.0	11.1	8.3	10.0
1300.0	334.2	216.1	156.6	111.5	31.2	9.1	6.7	7.0	5.6
160.5	58.9	72.2	116.5	153.5	22.2	-4.0	-9.1	-5.4	23.9
3479.1	568.6	262.1	161.5	108.9	43.7	16.7	10.2	8.2	4.3
726.5	216.8	86.7	32.1	13.9	27.4	20.1	21.9	18.3	–
1772.2	943.4	340.4	176.4	116.0	13.4	22.6	14.0	8.7	7.7
2770.2	1439.5	497.7	246.6	127.0	14.0	23.7	15.1	14.2	12.7
2528.3	1287.4	444.3	191.3	108.7	14.5	23.7	18.4	12.0	4.3
2668.3	1019.8	457.1	223.1	111.2	21.2	17.4	15.4	14.9	5.5
–	–	–	–	–	3.1	9.5	5.0	–	–
2606.9	1485.6	348.6	205.8	125.8	18.8	33.6	11.1	10.3	12.2
–	–	194.6	159.7	115.5	16.1	10.1	4.0	6.7	7.5
–	–	109.9	111.8	109.4	-4.5	24.0	-0.3	0.4	4.6
–	–	161.0	152.5	116.1	3.8	1.1	1.1	7.5	7.7
–	–	133.2	132.2	104.1	0.6	1.5	0.2	4.9	2.0
–	–	248.0	187.4	118.9	23.5	10.9	5.8	9.5	9.0
–	–	80.6	88.6	93.3	1.4	36.6	-1.9	-1.0	-3.4
–	–	131.3	128.1	106.3	1.2	-1.9	0.5	-1.6	3.1
–	–	120.0	117.2	101.7	-3.3	-1.0	0.5	2.9	0.9

Note: 1. The Ministry of Transport has brought the village roads into the statistical coverage of highway length since 2006, which is in comparable with the former years.

2. Since 2019, the statistical scope for port statistics has been adjusted to include all ports from ports above designated size. Therefore, the data is not comparable with previous years.

3. Since 2006, the total number of teachers and students in specialized secondary schools includes teachers and students in secondary vocational schools as well.

1—3 续表3

指标	Indicators	总量指标 Aggregate Indicator					
		2005	2015	2019	2020	2021	2022
文化	**Culture**						
图书出版数量（万册）	Number of Books Published (10 000 copies)	18818	29978	31796	31375	33817	35581
期刊出版数量（万册）	Number of Magazines Issued (10 000 copies)	5571	4754	3644	3499	3561	3492
报纸出版数量（万份）	Number of Newspapers Issued (10 000 copies)	58222	68974	51427	47814	45354	44800
家庭	**Family**						
家庭总户数（万户）	Total Number of Households (10 000 households)	1329	1575	1607	1620	1657	1676
城镇居民平均每户家庭人口（人）	Average Number of Persons Per Household in Urban Areas (person)	3.09	3.46	3.17	2.83	2.78	2.84
农村居民平均每户家庭人口（人）	Average Number of Persons Per Household in Rural Areas (person)	4.75	3.62	3.24	2.91	2.91	2.90
居住（平方米）	**Housing (sq.m)**						
城镇居民人均自有现住房面积	Per Capita Self-owned Floor Space of Urban Residents	25.20	38.63	41.65	42.31	47.40	47.90
农村居民人均自有现住房面积	Per Capita Self-owned Floor Space of Rural Residents	28.67	45.22	52.50	53.02	56.50	57.93
物价（上年=100）	**Prices (preceding year=100)**						
居民消费价格总指数	General Consumer Price Index	102.4	101.5	103.7	102.8	100.9	101.9
城　市	Urban Area	103.0	101.5	103.5	102.5	101.1	101.8
农　村	Rural Area	101.6	101.5	104.1	103.5	100.5	102.2
商品零售价格总指数	General Retail Price Index	101.1	100.1	103.2	101.4	101.1	102.2
工资和福利	**Wages and Welfare**						
城镇非私营单位在岗职工平均工资（元）	Average Annual Wages of Persons Employed in Urban Non-Private Units (yuan)	15461	54983	79516	86111	91369	94766
年末参加城镇职工基本养老保险人员总数（万人）	Total Number of Persons Joined Urban Employees Basic Pension Insurance at Year End (10 000 persons)	–	–	869.52	919.52	985.25	1032.60
年末参加失业保险人员总数（万人）	Total Number of Persons Joined Unemployment Insurance at Year End (10 000 persons)	–	–	362.96	410.58	475.04	509.43
卫生	**Public Health**						
卫生机构数（个）	Number of Health Institutions (unit)	9432	11770	12837	13787	14552	15182
#医院、卫生院	Hospital and Township Hospitals	1753	1794	1939	1998	2066	2107
医院、卫生院病床数（万张）	Number of Hospital Beds (10 000 beds)	8.71	19.97	25.82	27.49	29.79	31.96
卫生技术人员（万人）	Medical Technical Personnel (10 000 persons)	12.92	27.47	34.14	37.20	39.39	41.52
市政建设（2022年24市）	**City Construction (24 Cities in 2021)**						
全年供水总量（亿吨）	Volume of Tap Water Supply (100 million tons)	13.29	17.33	18.13	18.60	19.64	20.07
排水管道长度（公里）	Length of Sewer Pipelines (km)	4116	10588	17571	19174	20468	22537
园林绿地面积（公顷）	Area of Gardens and Green Land (hectare)	29689	82382	100426	74719	76105	81236
环境	**Environment**						
工业污染治理本年完成投资额（亿元）	Actual Investment for Industrial Pollution Treatment in the Year (100 million yuan)	10.37	24.72	4.86	3.55	11.96	2.28
工业污染治理本年施工项目（个）	Implementation Project of Industrial Pollution Treatment in the Year (unit)	389	137	58	45	82	24
工业废水排放量（万吨）	Volume of Industrial Waste Water Discharged (10 000 tons)	145609	63253	37165	30559	30588	38521
工业废气排放总量（亿标立方米）	Volume of Industrial Waste Gas Discharged (100 million cu.m)	8339	16773	16634	23454	22014	19950

注：1. 因城乡住户一体化改革造成指标变动，2015年起居住类指标名称调整为“期内城镇居民人均自有现住房面积”和“期内农村居民人均自有现住房面积”，与之前年份数据不可比。
2. 市政建设因不同年份所含的城市数量不同，不可直接比较。2019—2020为23个，2021后为24个。

continued

指数（%） Index（%）（2022为以下各年）(2022 as Percentage of the Following Years)					平均增长速度（%） Average Annual Growth Rate (%)				
2000	2005	2010	2015	2020	2001—2005	2006—2010	2011—2015	2016—2020	2021—2022
150.2	189.1	143.4	118.7	113.4	-4.5	5.7	3.9	0.9	6.5
66.6	62.7	81.8	73.5	99.8	1.2	-5.2	2.2	-5.9	-0.1
80.0	76.9	64.4	65.0	93.7	0.8	3.6	-0.2	-7.1	-3.2
147.0	126.1	124.4	106.4	103.5	2.9	0.3	3.2	0.6	1.7
89.0	91.9	90.2	82.1	100.4	-0.6	0.4	1.9	-3.6	0.2
60.2	61.1	83.6	80.1	99.7	-0.3	-6.1	0.8	-4.0	-0.2
–	–	–	124.0	113.2	5.9	2.8	6.0	1.8	6.4
–	–	–	128.1	109.3	4.1	3.4	5.9	3.2	4.5
–	–	–	–	–	–	–	–	–	99.5
–	–	–	–	–	–	–	–	–	99.7
–	–	–	–	–	–	–	–	–	99.4
–	–	–	–	–	–	–	–	–	100.4
1399.4	612.9	297.6	172.4	110.1	18.0	15.5	11.5	9.4	6.1
1952.4	811.7	318.3	145.3	112.3	19.2	20.6	17.0	5.3	7.1
–	–	–	–	124.1	–	–	–	–	15.7
110.8	161.0	146.8	129.0	110.1	-7.2	1.9	2.6	3.2	4.9
112.8	120.2	121.9	117.4	105.5	-1.3	-0.3	0.8	2.2	2.7
385.1	366.9	238.7	160.0	116.2	1.0	9.0	8.3	6.6	7.8
326.8	321.3	223.6	151.2	111.6	0.3	7.5	8.1	6.3	5.6
–	–	–	–	107.9	5.2	2.1	3.3	1.4	3.9
–	–	–	–	117.5	17.7	9.3	10.5	12.6	8.4
–	–	–	–	108.7	-2.0	15.2	6.5	-1.9	4.3
30.9	22.0	24.6	9.2	64.2	7.1	-2.2	21.6	-32.2	-19.9
1.9	6.2	13.7	17.5	53.3	-21.1	-14.8	-4.8	-20.0	-27.0
47.2	26.5	23.3	60.9	126.1	12.3	2.6	-17.5	-13.5	12.3
433.0	239.2	137.4	118.9	85.1	12.6	11.7	2.9	6.9	-7.8

Note: 1. Due to the reform on the integrated survey of urban and rural residents, the indicators of housing has been changed to "Per Capita Self-owned Floor Space of Urban Residents" and "Per Capita Self-owned Floor Space of Rural Residents" since 2015, which are not comparable with those of the preceding years.

2. Due to the difference in the number of cities involved, the municipal construction is not comparable between different years. There are 23 cities in 2019—2020 and 24 since 2021.

1—4 国民经济和社会发展结构指标
Composition Indicators on National Economic and Social Development

单位：% (%)

指 标	Indicators	2005	2010	2015	2020	2021	2022
人口	**Population**						
性别结构（总人口口径）	Gender Composition						
男	Male	52.5	52.5	52.8	52.6	52.6	52.6
女	Female	47.5	47.5	47.2	47.4	47.4	47.4
城乡结构（常住人口口径）	Urban and Rural Composition (Permanent Population)						
市镇人口	Urban	33.6	40.0	48.0	54.2	55.1	55.7
乡村人口	Rural	66.4	60.0	52.0	45.8	44.9	44.3
从业人员	**Employment**						
第一产业	Primary Industry	56.2	54.1	50.0	33.9	33.1	34.2
第二产业	Secondary Industry	11.9	18.7	19.2	25.6	25.9	25.3
第三产业	Tertiary Industry	31.9	27.1	30.9	40.5	41.0	40.5
国民经济核算	**National Accounts**						
地区生产总值（生产法）	Regional GDP (Production Approach)						
第一产业	Primary Industry	24.2	19.2	17.3	16.5	16.1	16.2
第二产业	Secondary Industry	35.4	40.5	36.4	31.9	33.8	34.0
第三产业	Tertiary Industry	40.4	40.3	46.2	51.7	50.2	49.8
人民生活	**People's Livelihoods**						
城镇居民人均消费支出	Per Capita Consumption Expenditure of Urban Households						
#食品类	Food	42.5	38.1	34.4	33.9	31.4	32.0
衣着类	Clothing	7.3	8.1	5.2	4.2	4.4	4.0
居住	Housing	11.5	10.2	22.2	22.2	20.9	21.2
生活用品及服务	Daily Necessities and Services	5.9	7.4	5.8	5.9	6.1	5.6
农村居民人均消费支出	Per Capita Consumption Expenditure of Rural Households						
#食品类	Food	50.5	48.5	35.4	34.6	33.3	32.1
衣着类	Clothing	3.4	3.2	3.1	2.8	3.2	3.0
居住	Housing	16.2	20.0	22.8	21.4	19.9	21.2
生活用品及服务	Daily Necessities and Services	4.1	5.6	6.0	5.4	5.5	4.9
财政	**Government Finance**						
财政收入结构	Government Revenue Composition						
中央	Central Government	40.5	37.2	35.1	38.7	40.5	36.9
地方	Local Government	59.5	62.8	64.9	61.3	59.5	63.1
财政支出结构	Government Expenditure Composition						
#社会保障和就业	Social Security and Employment	–	10.8	11.3	14.9	15.9	16.7
农林水事务	Affairs of Agriculture, Forestry and Water Resources	–	13.0	12.2	14.6	13.1	12.5
教育	Education	–	18.3	19.4	17.2	18.8	19.4

注：因城乡住户一体化改革造成指标变动，城乡居民家庭设备用品及服务指标从2015开始改为生活用品及服务。

Note: Due to the reform on the integrated survey of urban and rural residents, the data on "Household Equipment and Services" of urban and rural livelihood has been changed to "Daily Necessities and Services" since 2015.

1—4 续表1 continued

单位：% (%)

指 标	Indicators	2005	2010	2015	2020	2021	2022
能源	**Energy**						
能源生产总量结构	Composition of Energy Production						
原煤	Raw Coal	29.4	22.0	6.9	5.1	5.1	5.5
原油	Crude Oil	0.4	0.2	2.4	1.8	1.9	2.3
电及其他	Electricity and Others	70.2	77.9	90.7	93.1	93.0	92.2
能源消费总量结构	Composition of Energy Consumption						
煤炭	Coal	56.0	53.9	46.0	48.9	49.3	49.5
石油	Petroleum	17.6	16.6	18.0	12.5	12.6	13.4
电及其他	Electricity and Others	17.6	19.2	35.9	38.7	38.1	37.1
进出口	**Imports and Exports**						
出口	Exports	55.5	54.3	54.7	55.7	49.6	56.1
进口	Imports	44.5	45.7	45.3	44.3	50.4	43.9
农林牧渔业总产值	**Gross Output Value of Agriculture, Forestry, Animal Husbandry and Fishery**						
农业	Agriculture	49.1	49.2	51.1	55.3	56.6	57.3
林业	Forestry	4.3	6.4	7.5	7.4	8.2	7.9
牧业	Animal Husbandry	35.3	32.0	27.2	24.1	22.0	21.8
渔业	Fishery	9.9	9.1	10.2	8.6	8.5	8.3
农林牧渔服务业	Service Industry for Agriculture,Forestry,Animal Husbandry,Fishery and Subsidiary Activities	1.4	3.3	4.0	4.7	4.6	4.7
建筑业总产值（三级及三级以上企业）	**Gross Output Value of Construction Industry (Three Grade and Above Enterprises)**						
国有及国有控股企业	State-owned and State-holding Enterprises	58.4	52.8	45.2	42.0	47.5	49.8
城镇集体企业	Urban Collective-owned Enterprises	15.0	9.6	6.5	3.4	2.6	2.3
交通运输业	**Transport**						
货运量结构	Composition of Freight Traffic						
#铁路	Railways	20.8	6.2	3.9	4.9	4.2	4.6
公路	Highways	67.9	82.5	79.6	77.5	78.2	76.5
水运	Waterways	11.3	11.3	16.5	17.5	17.6	18.9
客运量结构	Composition of Passenger Traffic						
#铁路	Railways	3.9	4.1	13.8	21.3	30.5	27.6
公路	Highways	93.4	93.8	81.4	72.8	61.4	66.9
水运	Waterways	1.7	0.5	1.0	0.9	1.7	0.9
来华旅游人数	**Composition of Overseas Tourists**						
外国人	Foreigners	59.7	56.5	53.2	49.2	60.2	60.3
港澳台同胞	Compatriots from Hong Kong, Macao and Taiwan	40.1	43.5	46.8	50.8	39.8	39.7

1—4 续表2 continued

单位：% (%)

指　　标	Indicators	2005	2010	2015	2020	2021	2022
教育	**Education**						
专任教师结构	Composition of Full-time Teachers						
大学	Colleges and Universities	5.1	7.3	8.5	8.9	9.3	9.6
中学	Secondary School	42.1	41.9	42.7	44.6	42.7	44.7
小学	Primary School	52.8	50.8	48.8	46.6	48.0	45.7
在校学生结构	Composition of Enrolled Students						
大学生	College and University Students	4.2	6.7	8.5	11.3	12.2	12.8
中学生	Secondary School Students	40.3	42.3	41.6	40.4	40.1	40.2
小学生	Primary School Students	55.5	51.0	49.9	48.3	47.7	47.0
科技	**Science and Technology**						
政府部门从事科技活动人员结构	Composition of Personnel in Scientific and Technological Activities in Government Departments						
＃自然科学	Natural Sciences	8.5	9.8	10.9	15.2	16.7	15.8
农业科学	Agricultural Sciences	39.6	36.3	33.2	33.8	35.0	33.9
医药科学	Medical Sciences	13.1	15.9	17.4	16.4	14.8	16.2
工程与技术科学	Engineering and Technology Sciences	28.6	28.7	29.9	25.9	24.6	25.6
人文与社会科学	Humanities and Social Sciences	10.2	9.3	8.6	8.7	8.8	8.5
卫生	**Public Health**						
卫生技术人员结构	Composition of Medical Technical Personnel						
＃执业（助理执业）医师	Licensed Doctors and Licensed Assistant Doctors	42.3	36.2	33.3	33.7	33.5	33.4
注册护士	Registered Nurses	34.5	37.6	41.2	45.0	46.3	46.5
环境	**Environment**						
工业污染治理投资结构	Composition of Funds Used in Industrial Pollution Treatment						
治理废水	Waste Water Treatment	32.5	51.0	6.4	21.5	2.8	0.6
治理废气	Waste Gas Treatment	54.8	29.3	75.9	57.4	94.6	98.3
治理固体废物	Solid Waste Treatment	1.8	18.3	10.8	0.5	…	0
治理噪声	Noise Treatment	0.5	0.1	0	0	…	0
其他	Others	10.4	1.2	6.9	20.6	2.5	1.1

注：本表在校生和专任教师结构自2013年起，大学生包括研究生和普通高等学校在校生，专任教师仅指普通高校专任教师，中学包括普通中等专业学校、技工学校和普通中学（高中、初中）。科技活动人员结构范围为县及县以上政府部门。

Note: Since 2013, the “College and University Students” has included postgraduate students and students of higher education institutions, the “Full-time Teachers” only includes full-time teachers in institutions of higher education, the “Secondary School” includes specialized secondary schools, technician training schools and regular secondary schools (senior, junior). The “Composition of Personnel in Scientific and Technological Activities” only includes personnel in governmental departments at and above county level.

1—5 国民经济和社会发展比例和效益指标
Proportion and Efficiency Indicators on National Economic and Social Development

指 标	Indicators	2005	2010	2015	2020	2021	2022
人口	**Population**						
人口出生率（‰）	Birth Rate (‰)	14.26	14.13	14.05	11.36	9.68	8.51
人口死亡率（‰）	Death Rate (‰)	6.09	5.48	6.15	6.46	6.80	7.08
人口自然增长率（‰）	Natural Growth Rate (‰)	8.17	8.65	7.90	4.90	2.88	1.43
就业	**Employment**						
三次产业就业者比例（以第一产业为100）	Employment Ratio by Types of Industry (Employment in primary industry=100)						
第一产业	Primary Industry	100.0	100.0	100.0	100.0	100.0	100.0
第二产业	Secondary Industry	21.2	34.6	38.3	75.6	78.3	74.1
第三产业	Tertiary Industry	56.7	50.1	61.8	119.7	123.9	118.6
城镇登记失业率（%）	Registered Unemployment Rate in Urban Area (‰)	4.2	3.7	2.9	2.8	2.5	-
国民核算	**National Accounts**						
三次产业增加值比例（以第一产业为100）	Ratio of Value-added by Types of Industry (Value-added in primary industry=100)						
第一产业	Primary Industry	100.0	100.0	100.0	100.0	100.0	100.0
第二产业	Secondary Industry	146.4	211.3	210.1	193.3	210.2	209.3
第三产业	Tertiary Industry	167.2	210.3	266.7	313.4	312.1	306.6
全员劳动生产率（元/人）（不变价）	Overall Labor Productivity (yuan/person)	13984	31015	56969	86477	93599	97260
第一产业	Primary Industry	5931	9798	19088	40131	46394	48966
第二产业	Secondary Industry	43777	83398	113137	110107	115336	120921
第三产业	Tertiary Industry	18024	51610	88048	113206	118630	122240
人民生活	**People's Livelihoods**						
城镇居民家庭恩格尔系数（%）	Engle Coefficient of Urban Households (%)	42.5	38.1	34.4	33.9	31.4	32.0
农村居民家庭恩格尔系数（%）	Engle Coefficient of Rural Households (%)	50.5	48.5	35.4	34.6	33.3	32.1
财政	**Government Finance**						
财政收入与地区生产总值之比（%）	Proportion of Financial Revenue to Regional GDP (%)	12.7	14.4	15.8	12.6	-	-
一般公共预算收入与地区生产总值之比（%）	Proportion of Public Budget Income to Regional GDP (%)	7.6	9.0	10.2	7.8	7.1	6.4
一般公共预算支出与地区生产总值之比（%）	Proportion of Public Budget Expenditure to Regional GDP (%)	16.3	23.5	27.5	27.9	23.0	22.4
能源生产与消费	**Production and Consumption of Energy**						
能源消费弹性系数	Elasticity Ratio of Energy Consumption	1.18	0.84	0.32	1.95	1.23	3.17
万元地区生产总值能源消耗量（吨标准煤）	Energy Consumption per 10 000 yuan of GDP (tce/10 000 yuan)	1.14	0.77	0.66	0.55	0.53	0.50
对外贸易	**International Trade**						
进出口总额与地区生产总值之比（%）（按人民币计算）	Proportion of Total Value of Exports & Imports to GDP (%)	11.2	13.8	21.6	22.0	23.5	25.1

1—5 续表 continued

指 标	Indicators	2005	2010	2015	2020	2021	2022
农业	**Agriculture**						
每公顷播种面积农产品产量（公斤）	Output of Farm Crops per Hectare of Sown Area (kg)						
粮食	Grain	4525	4614	4857	4882	4912	4924
甘蔗	Sugarcane	68950	66583	77073	84730	85859	83926
工业	**Industry**						
成本费用利润率（%）	Ratio of Profits to Cost (%)	5.82	8.8	6.7	6.1	6.6	4.2
建筑业	**Construction**						
技术装备率（元/人）	Value of Machinery per Laborer (yuan/person)	8843	6960	5292	2365	4199	4020
产值利税率（%）	Ratio of Per-tax Profits to Gross Output Value (%)	3.8	3.9	3.8	1.7	2.2	2.3
全员劳动生产率（元/人，按总产值计算）	Overall Labor Productivity (yuan/person, in terms of gross output value)	125917	257132	344720	536561	533283	563236
运输邮电业	**Transport, Postal and Telecommunication Services**						
铁路网密度（公里/万平方公里）	Railway Density (km/10 000 sq.km)	115	133	214	219	220	225
公路网密度（公里/万平方公里）	Highway Density (km/10 000 sq.km)	2619	4284	4966	5541	6760	7255
电话普及率（部/万人，含移动电话）	Access to Telephones (set/10 000 persons, including mobilephone)	3853	6177	8572	11304	11830	–
金融	**Finance**						
金融机构存款与地区生产总值之比（%）	Proportion of Deposits of Financial Institutions to GDP (%)	113.9	138.1	154.0	156.7	146.3	152.9
金融机构贷款与地区生产总值之比（%）	Proportion of Loans of Financial Institutions to GDP (%)	83.0	105.0	122.4	159.1	158.1	169.9
教育	**Education**						
学龄儿童入学率（%）	Enrollment Ratio of School-age Children (%)	99.1	99.4	99.4	99.9	99.6	99.4
每万人在校小学生（人）	Number of Primary School Students per 10 000 Persons (person)	926	934	918	1012	1024	1022
每万人在校中学生（人）	Number of Secondary School Students per 10 000 Persons (person)	711	799	768	847	862	876
每万人在校大学生（人）	Number of University and College Students per 10 000 Persons (person)	69	123	157	303	262	279
科技	**Science and Technology**						
研究与发展经费内部支出相当于地区生产总值比例（%）	Proportion of R&D Inner Expenditure to GDP (%)	0.4	0.7	0.72	0.78	0.79	0.83
文化	**Culture**						
广播人口覆盖率（%）	Listener Rating (%)	88.7	95.0	96.7	98.2	98.6	98.8
电视人口覆盖率（%）	Viewer Rating (%)	93.5	97.0	98.3	99.2	99.3	99.5
卫生	**Public Health**						
每万人卫生技术人员（人）	Number of Medical Technical Personnel per 10 000 Persons (person)	26.3	36.0	57.3	74.2	78.1	82.3
每万人医院、卫生院病床数（张）	Number of Hospital Beds per 10 000 Persons (unit)	17.7	26.0	40.6	54.8	59.1	63.3

1－6 各个时期主要经济指标合计与平均增速

Aggregate and Average Annual Growth Rate of Main Economic Indicators in Each Period

单位：亿元 (100 million yuan)

时 期	Periods	地区生产总值 Regional GDP	第一产业 Primary Industry	第二产业 Secondary Industry	第三产业 Tertiary Industry	#工业 Industry	固定资产投资 Investment in Fixed Assets
"一五"时期	"First Five-Year Plan" Period (1953—1957)	88.96	50.35	22.59	16.02	19.89	6.19
"二五"时期	"Second Five-Year Plan" Period (1958—1962)	125.03	57.92	37.65	29.46	31.64	19.58
	1963—1965	83.12	43.66	22.42	17.04	19.26	7.21
"三五"时期	"Third Five-Year Plan" Period (1966—1970)	165.90	89.17	41.41	35.32	36.68	19.42
"四五"时期	"Fourth Five-Year Plan" Period (1971—1975)	287.04	133.80	91.39	61.85	82.80	32.87
"五五"时期	"Fifth Five-Year Plan" Period (1976—1980)	393.84	172.14	132.55	89.15	119.91	48.79
"六五"时期	"Sixth Five-Year Plan" Period (1981—1985)	708.45	321.87	202.77	183.81	175.97	120.68
"七五"时期	"Seventh Five-Year Plan" Period (1986—1990)	1592.80	627.12	479.93	485.75	417.65	337.65
"八五"时期	"Eighth Five-Year Plan" Period (1991—1995)	4732.74	1465.25	1655.27	1612.19	1423.97	1314.72
"九五"时期	"Ninth Five-Year Plan" Period (1996—2000)	9477.90	2829.42	3283.83	3364.65	2772.24	2808.14
"十五"时期	"Tenth Five-Year Plan" Period (2001—2005)	14648.50	3552.86	5044.50	6051.14	4179.12	5586.27
"十一五"时期	"Eleventh Five-Year Plan" Period (2006—2010)	32013.34	6726.64	12325.16	12961.54	10310.25	22565.56
"十二五"时期	"Twelfth Five-Year Plan" Period (2011—2015)	62437.47	11402.37	23990.14	27044.96	19030.47	64774.33
"十三五"时期	"Thirteenth Five-Year Plan" Period (2016—2020)	96893.05	15735.27	32545.35	48612.43	24508.63	-
"十四五"时期	"Fourteenth Five-Year Plan" Period (2021—2022)	51509.96	8321.11	17452.43	25736.42	13215.64	-

单位：% (%)

时 期	Periods	地区生产总值 Regional GDP	第一产业 Primary Industry	第二产业 Secondary Industry	第三产业 Tertiary Industry	#工业 Industry	固定资产投资 Investment in Fixed Assets
"一五"时期	"First Five-Year Plan" Period (1953—1957)	10.8	6.5	11.2	27.5	12.1	41.7
"二五"时期	"Second Five-Year Plan" Period (1958—1962)	1.2	-4.5	3.9	8.4	4.7	-0.9
	1963—1965	7.5	11.5	9.5	0.0	8.4	27.8
"三五"时期	"Third Five-Year Plan" Period (1966—1970)	5.1	2.6	5.3	8.7	5.1	15.6
"四五"时期	"Fourth Five-Year Plan" Period (1971—1975)	9.6	6.2	15.0	9.9	16.5	5.3
"五五"时期	"Fifth Five-Year Plan" Period (1976—1980)	6.2	3.9	4.8	12.2	5.5	10.5
"六五"时期	"Sixth Five-Year Plan" Period (1981—1985)	8.3	4.4	9.9	13.3	9.2	27.4
"七五"时期	"Seventh Five-Year Plan" Period (1986—1990)	6.1	5.0	8.7	4.4	9.7	10.2
"八五"时期	"Eighth Five-Year Plan" Period (1991—1995)	15.1	8.4	24.3	13.6	24.2	43.9
"九五"时期	"Ninth Five-Year Plan" Period (1996—2000)	8.5	6.5	8.6	9.7	8.5	9.3
"十五"时期	"Tenth Five-Year Plan" Period (2001—2005)	9.9	5.2	11.4	11.1	11.3	21.8
"十一五"时期	"Eleventh Five-Year Plan" Period (2006—2010)	11.5	5.1	14.9	14.9	11.7	34.7
"十二五"时期	"Twelfth Five-Year Plan" Period (2011—2015)	9.6	4.4	9.7	9.0	11.6	21.6
"十三五"时期	"Thirteenth Five-Year Plan" Period (2016—2020)	6.1	4.8	4.1	8.0	3.5	9.5
"十四五"时期	"Fourteenth Five-Year Plan" Period (2021—2022)	5.4	6.8	5.4	4.9	6.1	3.6

注：本表增长率按可比价格计算。
Note: The average growth rates in this table are calculated at comparable prices.

1—6 续表 continued

单位：亿元 (100 million yuan)

时期	Period	一般公共预算收入 Public Budget Revenue	一般公共预算支出 Public Budget Expenditure	外贸进出口总额(亿美元) Total Exports and Imports (100 million USD)	#出口总额 Total Exports	社会消费品零售总额 Total Retail Sales of Consumer Goods	货运量(万吨) Freight Traffic (10 000 tons)
"一五"时期	"First Five-Year Plan" Period (1953—1957)	15.33	12.61	1.74	1.74	41.80	4344
"二五"时期	"Second Five-Year Plan" Period (1958—1962)	23.66	34.70	1.48	1.48	59.36	12595
1963—1965		12.64	15.92	1.24	1.21	42.88	5191
"三五"时期	"Third Five-Year Plan" Period (1966—1970)	25.24	34.25	2.37	2.19	84.47	11523
"四五"时期	"Fourth Five-Year Plan" Period (1971—1975)	48.32	61.57	7.77	7.21	114.48	21750
"五五"时期	"Fifth Five-Year Plan" Period (1976—1980)	61.72	87.53	13.66	12.82	177.10	26379
"六五"时期	"Sixth Five-Year Plan" Period (1981—1985)	72.99	105.13	21.12	17.46	321.52	30448
"七五"时期	"Seventh Five-Year Plan" Period (1986—1990)	177.90	265.93	37.97	28.32	720.45	94604
"八五"时期	"Eighth Five-Year Plan" Period (1991—1995)	354.75	923.09	104.11	71.14	1645.27	138187
"九五"时期	"Ninth Five-Year Plan" Period (1996—2000)	589.95	1009.68	126.74	91.87	3346.50	155717
"十五"时期	"Tenth Five-Year Plan" Period (2001—2005)	1089.87	2334.06	168.91	99.86	5297.72	178259
"十一五"时期	"Eleventh Five-Year Plan" Period (2006—2010)	2672.81	6641.98	611.05	340.44	11306.81	389077
"十二五"时期	"Twelfth Five-Year Plan" Period (2011—2015)	6368.82	16284.48	1774.57	989.78	23530.14	736188
"十三五"时期	"Thirteenth Five-Year Plan" Period (2016—2020)	8381.68	26691.42	3059.34	1602.11	37083.13	896606
"十四五"时期	"Fourteenth Five-Year Plan" Period (2021— 2022)	3487.87	11699.86	1897.51	1001.33	17077.59	429531

单位：% (%)

时期	Period	一般公共预算收入 Public Budget Revenue	一般公共预算支出 Public Budget Expenditure	外贸进出口总额 Total Exports and Imports	#出口总额 Total Exports	社会消费品零售总额 Total Retail Sales of Consumer Goods	货运量 Freight Traffic
"一五"时期	"First Five-Year Plan" Period (1953—1957)	6.4	14.7	47.1	47.1	13.2	39.8
"二五"时期	"Second Five-Year Plan" Period (1958—1962)	2.7	2.0	-20.3	-20.3	6.1	1.7
1963—1965		12.9	18.7	37.1	33.5	7.1	19.9
"三五"时期	"Third Five-Year Plan" Period (1966—1970)	8.5	8.3	0.3	0.4	2.9	5.9
"四五"时期	"Fourth Five-Year Plan" Period (1971—1975)	8.6	7.5	33.5	33.2	8.1	11.5
"五五"时期	"Fifth Five-Year Plan" Period (1976—1980)	2.1	5.8	11.4	12.7	11.9	-2.4
"六五"时期	"Sixth Five-Year Plan" Period (1981—1985)	10.4	11.3	6.7	0.3	14.1	23.5
"七五"时期	"Seventh Five-Year Plan" Period (1986—1990)	18.3	16.9	11.4	14.4	14.6	9.0
"八五"时期	"Eighth Five-Year Plan" Period (1991—1995)	11.1	16.7	29.0	25.2	23.2	7.5
"九五"时期	"Ninth Five-Year Plan" Period (1996—2000)	13.1	13.0	-8.7	-7.8	10.1	1.8
"十五"时期	"Tenth Five-Year Plan" Period (2001—2005)	14.0	18.8	20.5	14.0	11.7	5.6
"十一五"时期	"Eleventh Five-Year Plan" Period (2006—2010)	22.2	26.8	27.9	27.3	18.7	22.6
"十二五"时期	"Twelfth Five-Year Plan" Period (2011—2015)	14.4	15.2	23.7	23.9	13.9	5.7
"十三五"时期	"Thirteenth Five-Year Plan" Period (2016—2020)	2.5	8.7	6.5	6.9	6.3	4.6
"十四五"时期	"Fourteenth Five-Year Plan" Period (2021—2022)	-0.9	-2.3	18.1	18.1	4.4	6.7

注：本表增长率按可比价格计算。

Note: The average growth rates in this table are calculated at comparable price.

1—7 主要指标人均量
Per Capita Output of Major Indicators

指 标	Indicators	2005	2010	2015	2020	2021	2022
人均地区生产总值（元/人）	Per Capita GDP (yuan/person)	8068	18070	30890	44237	49206	52164
人均一般公共预算收入（元/人）	Per Capita Public Budget Revenue (yuan/person)	607	1666	3163	3433	3580	3347
全区居民人均可支配收入（元/人）	Per Capita Disposable Income of Households (yuan)	–	–	16873	24562	26727	27981
城镇居民人均可支配收入（元/人）	Per Capita Disposable Income of Urban Households (yuan)	–	–	26416	35859	38530	39703
农村居民人均可支配收入（元/人）	Per Capita Disposable Income of Rural Households (yuan)	–	–	9467	14815	16363	17433
粮食产量（公斤）	Grain (kg)	309	298	299	274	276	276
油料产量（公斤）	Oil-bearing (kg)	13	10	12	15	15	15
甘蔗产量（公斤）	Sugarcane (kg)	1050	1504	1478	1482	1465	1411
水果产量（公斤）	Fruits (kg)	156	178	333	557	621	675
猪牛羊肉（公斤）	Pork, Beef and Mutton (kg)	65	55	60	38	52	56
水产品（公斤）	Aquatic Products (kg)	58	58	72	69	70	72
原煤（吨）	Raw Coal (ton)	0.14	0.16	0.09	0.08	0.07	0.08
发电量（千瓦时）	Electricity (kWh)	909	2181	2713	3941	4141	4014
水泥（公斤）	Cement (kg)	674	1588	2326	2430	2274	2067
糖产量（公斤）	Sugar (kg)	103	149	193	138	140	146
机制纸及纸板（公斤）	Machine-made Paper and Paperboard (kg)	26	48	59	63	67	111

注：本表2007年起按两年平均常住人口计算。自2013年起水果包括果用瓜。

Note: Since 2007, the data in this table has been calculated with the average permanent population in two years, and fruits has included fruit melons since 2013.

1－8　主要年份平均每天主要社会经济活动
Indicators on Average Daily Social and Economic Activities in Main Years

指　标	Indicators	2005	2010	2015	2020	2021	2022
每天创造的财富	**Daily Production**						
地区生产总值（亿元）	Regional GDP (100 million yuan)	10.25	23.43	40.54	60.44	69.07	72.06
第一产业	Primary Industry	2.48	4.49	7.03	9.96	11.10	11.70
第二产业	Secondary Industry	3.63	9.49	14.77	19.25	23.33	24.49
#工业	Industry	3.01	7.88	11.39	14.13	17.64	18.56
第三产业	Tertiary Industry	4.15	9.45	18.74	31.22	34.64	35.87
#运输、仓储及邮政业	Transport, Storage and Postal	0.57	1.17	1.89	2.43	2.95	3.01
批发、零售和住宿餐饮业	Wholesale, Retail, Hotel and Catering Services	1.22	2.41	4.23	5.89	6.76	6.96
一般公共预算收入（亿元）	General Public Budget Revenue (100 million yuan)	0.78	2.12	4.15	4.69	4.93	4.62
一般公共预算支出（亿元）	General Public Budget Expenditure (100 million yuan)	1.68	5.50	11.14	16.88	15.91	16.15
粮　食（万吨）	Grain (10 000 tons)	4.15	3.87	3.93	3.74	3.80	3.82
油　料（万吨）	Oil-bearing (10 000 tons)	0.17	0.13	0.16	0.20	0.21	0.21
甘　蔗（万吨）	Sugarcane (10 000 tons)	14.12	19.51	19.39	20.25	20.18	19.50
猪牛羊肉（万吨）	Pork, Beef and Mutton (10 000 tons)	0.88	0.71	0.79	0.52	0.72	0.77
水产品（万吨）	Aquatic Products (10 000 tons)	0.78	0.75	0.95	0.94	0.97	1.00
成品糖（万吨）	Machine-made Sugar (10 000 tons)	1.38	1.93	2.54	1.88	1.93	2.02
原　煤（万吨）	Raw Coal (10 000 tons)	1.92	2.08	1.17	1.13	0.96	1.04
发电量（亿千瓦时）	Electricity (100 million kWh)	1.22	2.83	3.56	5.44	5.70	5.54
粗　钢（万吨）	Crude Steel (10 000 tons)	1.36	3.30	5.88	9.43	10.03	10.39

1—8 续表 continued

指 标	Indicators	2005	2010	2015	2020	2021	2022
钢 材（万吨）	Rolled Steel (10 000 tons)	1.42	4.13	9.71	12.93	14.47	13.69
水 泥（万吨）	Cement (10 000 tons)	9.06	20.59	30.53	33.19	31.32	28.55
每天消费量	**Daily Consumption**						
能源消费量（万吨标准煤）	Energy Consumption (10 000 tce)	13.34	21.70	26.74	33.01	36.13	36.18
社会消费品零售总额（亿元）	Total Retail Sales of Consumer Goods (100 million yuan)	3.66	8.45	15.81	21.40	23.39	23.39
每天其他经济活动	**Other Daily Economic Activities**						
货运量（万吨）	Freight Traffic (10 000 tons)	112.40	310.81	410.21	512.17	592.28	584.51
客运量（万人）	Passenger Traffic (10 000 persons)	143.01	210.87	139.69	100.42	81.76	59.28
规模以上港口货物吞吐量（万吨）	Volume of Freight Handled at Coastal Ports Above the Designated Size (10 000 tons)	18.84	50.89	86.08	128.18	152.49	155.49
邮电业务总量（万元）	Revenue from Postal and Telecommunication Services (10 000 yuan)	8846	22132	17856	137764	19130	19180
进出口总额（万美元）	Total Exports and Imports (10 000 USD)	1420	4851	14044	19204	25124	26863
出口总额	Exports	788	2633	7678	10707	12452	14982
进口总额	Imports	632	2218	6366	8497	12672	11881
入境旅游者人数（人次）	Number of Overseas Tourists (10 000 persons-time)	4004	6856	12330	674	170	84
每天人口变动和婚姻	**Daily Population Changes and Marriages**						
出 生（人）	Birth (person)	1918	1973	1973	1557	1342	1178
死 亡（人）	Death (person)	822	685	822	874	932	986
结 婚（对）	Marriages (couple)	862	1439	1150	804	747	681
离 婚（对）	Divorces (couple)	133	200	228	316	193	205

1—9 按行业分组的法人单位数

单位：个

行业门类	Sector	2005	2006	2007	2008	2009
总计	**Total**	**130209**	**139566**	**149472**	**154748**	**180744**
农、林、牧、渔业	Farming, Forestry, Animal Husbandry and Fishery	3536	4034	4306	210	2630
采矿业	Mining	1639	1935	2225	2258	2716
制造业	Manufacturing	17110	18752	20307	19683	22156
电力、热力、燃气及水生产和供应业	Production and Supply of Electricity, Heating, Gas and Water	1723	1865	1999	2271	2508
建筑业	Construction	1821	2131	2455	2329	3130
批发和零售业	Wholesale and Retail Trades	16291	18775	22034	21560	33174
交通运输、仓储和邮政业	Transport, Storage and Post	2068	2282	2586	3178	3929
住宿和餐饮业	Hotels and Catering Services	2056	2258	2445	2152	2378
信息传输、软件和信息技术服务业	Information Transmission, Software and Information Technology	2721	3044	3479	5040	5610
金融业	Financial Intermediation	1191	1241	1280	636	938
房地产业	Real Estate	3644	4402	5218	5628	7084
租赁和商务服务业	Leasing and Business Services	5406	6140	7238	10535	12964
科学研究和技术服务业	Scientific Research and Technical Services	5083	5310	5573	7141	7627
水利、环境和公共设施管理业	Management of Water Conservancy, Environment and Public Facilities	1582	1626	1698	2081	2227
居民服务、修理和其他服务业	Service to Household, Repair and Other Services	1124	1339	1552	1607	2152
教育	Education	17477	17643	17786	16435	16776
卫生和社会工作	Health and Social Service	6204	6405	6480	6207	6363
文化、体育和娱乐业	Culture, Sports and Entertainment	2559	2667	2760	2600	2795
公共管理、社会保障和社会组织	Public Management, Social Security and Social Organization	36974	37717	38051	43197	43587

注：1. 2008年、2013年及2018年农、林、牧、渔业法人单位数为兼营第二、三产业的农、林、牧、渔业法人单位。
2. 本表2008年、2013年及2018年均为普查数据，其余为年报数据。
3. 本表数据2011年以前按GB/T4754—2002标准分类，2012年至2017年按GB/T4754—2011标准分类，2018年以后按GB/T4754—2017标准分类。

Number of Legal Entities by Sector

(unit)

2010	2011	2012	2013	2014	2015	2016	2017	2018	2019	2020	2021	2022
204970	**238483**	**274666**	**237572**	**334564**	**402586**	**474480**	**539342**	**490286**	**641499**	**754742**	**846683**	**923512**
4486	10310	22909	3420	49601	61109	76497	85439	6683	83238	89695	92537	95980
3079	3396	3641	2988	3386	3443	3686	3854	2672	3257	3914	4123	4303
24381	27106	27459	24215	28087	31491	34750	38027	37559	44771	53555	59340	64915
2628	2700	2771	2587	2750	2885	3055	3328	3290	3399	3738	4084	4614
3951	5035	5709	4730	7516	10728	15299	20038	23669	29992	38744	47148	54443
42384	54820	67375	64262	84623	106962	131838	153421	142714	165972	196525	225205	250762
4634	5459	6123	5105	6647	8512	10650	12514	13253	15801	20399	23792	26349
2764	3177	3466	3472	4103	5172	6264	7266	8451	10205	12713	15264	17372
5997	6508	3095	2546	3851	6486	9612	13404	18658	23516	27898	32107	36590
1249	1649	2021	729	2321	2972	2509	2703	2387	2781	3174	3788	4046
9013	10224	11042	8447	11513	13475	16006	18677	21498	26061	29887	32478	33303
15394	18798	21491	18610	25498	35285	46247	56993	68961	81127	100501	117249	127280
8397	9020	10246	10361	12613	15433	18547	21935	28686	32566	38701	43986	48979
2376	2571	2743	2762	3129	3496	3887	4344	4524	6432	8875	7630	8144
2666	3417	4276	3541	4709	6487	7572	8590	11192	13569	19648	27832	32826
17126	17497	17836	18301	20043	21541	22010	23151	26800	28171	32145	34342	35054
6446	6573	5356	5387	5745	6059	5021	5059	5822	6148	6598	6608	7115
3005	3180	7332	6665	7302	7962	8818	9168	11599	12679	14253	15897	17474
44994	47043	49775	49444	51127	53089	52212	51431	51868	51814	53777	53273	53963

Note: 1. The indicator of “Farming, Forestry, Animal Husbandry and Fishery” in 2008, 2013 and 2018 refers to the juridical entities operating secondary industry and tertiary industry on the side.

2. The data of this table in 2008, 2013 and 2018 are based on the Economic Census, and data in other years are based on the annual reports.

3. The data in this table is sorted out by the standard of GB/T4754—2002 before 2011, by the standard of GB/T4754—2011 between 2012—2017, and by the standard of GB/T4754—2017 after 2018.

1—10 各市按机构类型分组的法人单位数（2022年）

单位：个

地　区	Region	法人单位数 Number of Legal Entities	企业 Enterprise	事业单位 Institution
广西	**Guangxi**	**923512**	**760557**	**42419**
南宁市	Nanning	243808	224880	4988
柳州市	Liuzhou	92794	79590	3010
桂林市	Guilin	96788	78486	4092
梧州市	Wuzhou	44139	34577	2658
北海市	Beihai	43670	39170	1451
防城港市	Fangchenggang	25615	21497	1142
钦州市	Qinzhou	42208	33686	2491
贵港市	Guigang	55446	42634	3193
玉林市	Yulin	87187	70846	4401
百色市	Baise	54273	39063	4271
贺州市	Hezhou	31379	23882	2357
河池市	Hechi	44567	29180	3910
来宾市	Laibin	30001	21017	1913
崇左市	Chongzuo	31637	22049	2542

Number of Legal Entities by Region and Type of Institutions (2022)

(unit)

机关 Agency	社会团体 Social Organization	农民专业合作社 Specialized Farmers' Cooperative	其他法人 Others
8276	**11299**	**52137**	**48824**
912	2215	4295	6518
730	904	3935	4625
1102	1353	6429	5326
507	695	2450	3252
288	337	1068	1356
309	541	980	1146
398	570	2666	2397
416	526	5078	3599
581	871	5174	5314
877	962	4594	4506
412	463	2046	2219
759	930	5617	4171
468	484	3898	2221
517	448	3907	2174

1－11 各市按主要行业分组的法人单位数（2022年）

单位：个

地 区	Region	合计 Total	农、林、牧、渔业 Farming, Forestry, Animal Husbandry and Fishery	采矿业 Mining	制造业 Manufacturing	电力、热力、燃气及水生产和供应业 Production and Supply of Electricity, Heating, Gas and Water	建筑业 Construction	批发和零售业 Wholesale and Retail Trades	交通运输、仓储和邮政业 Transport, Storage and Post	住宿和餐饮业 Hotel and Catering Services
广西	**Guangxi**	**923512**	**95980**	**4303**	**64915**	**4614**	**54443**	**250762**	**26349**	**17372**
南宁市	Nanning	243808	10165	381	12094	467	15444	72973	5568	5270
柳州市	Liuzhou	92794	6213	229	7501	349	4374	28080	2820	1856
桂林市	Guilin	96788	10308	382	6735	1077	6522	25086	1947	2415
梧州市	Wuzhou	44139	4806	396	3451	285	2655	11803	1448	646
北海市	Beihai	43670	2312	89	2144	110	3056	12335	1471	1231
防城港市	Fangchenggang	25615	1949	123	1289	99	1744	6425	1717	487
钦州市	Qinzhou	42208	4574	197	3070	213	2612	11484	2167	662
贵港市	Guigang	55446	7380	199	7927	247	3108	12779	2036	655
玉林市	Yulin	87187	15190	352	7686	453	4835	25628	1823	1159
百色市	Baise	54273	8254	462	3422	355	2531	13189	1337	1071
贺州市	Hezhou	31379	4301	262	2574	334	2231	7363	785	430
河池市	Hechi	44567	9080	590	2590	285	2105	9454	871	681
来宾市	Laibin	30001	5692	405	2417	181	1830	6436	903	321
崇左市	Chongzuo	31637	5756	236	2015	159	1396	7727	1456	488

Number of Legal Entities by Region and Major Sector (2022)

(unit)

信息传输、软件和信息技术服务业 Information Transmission, software and Information Technology	金融业 Financial Interme-diation	房地产业 Real Estate	租赁和商务服务业 Leasing and Business Services	科学研究和技术服务业 Scientific Research and Technical Services	水利、环境和公共设施管理业 Management of Water Conservancy, Environment and Public Facilities	居民服务、修理和其他服务业 Service to Household, Repair and Other Services	教育 Education	卫生和社会工作 Health and Social Service	文化、体育和娱乐业 Culture, Sports and Entertain-men	公共管理、社会保障和社会组织 Public Management, Social Security and Social Organization
36590	**4046**	**33303**	**127280**	**48979**	**8144**	**32826**	**35054**	**7115**	**17474**	**53963**
16582	1649	9820	42808	18904	1451	9645	6680	1460	5719	6728
4356	267	3026	13773	5074	621	4861	2305	776	1898	4415
4787	384	3650	13371	4836	1058	2290	3003	756	1961	6220
1207	118	1442	5885	2127	486	1250	1973	346	664	3151
2084	223	3616	6467	1886	404	1900	1562	241	919	1620
593	107	1934	3535	1264	288	896	750	162	474	1779
977	153	1394	5023	2163	793	1131	1838	303	680	2774
1266	151	1695	5965	1977	621	1785	3034	456	936	3229
1381	158	2136	8522	2919	439	3044	5211	497	1280	4474
782	218	1352	6874	2561	607	1658	2195	620	818	5967
1060	330	698	3499	1284	302	601	1751	313	605	2656
649	102	1017	4827	1910	528	1433	2100	590	733	5022
425	112	698	3043	1130	274	1263	1331	240	436	2864
441	74	825	3688	944	272	1069	1321	355	351	3064

1—12 按行业、运营状态分组的企业法人单位数（2022年）

单位：个

行 业	Sector	单位数 Number of Legal Entities	正常运营 Operating	停业（歇业） Closed
总计	**Total**	**760557**	**705194**	**51181**
农、林、牧、渔业	Farming, Forestry, Animal Husbandry and Fishery	48267	45237	2730
采矿业	Mining	4302	3667	563
制造业	Manufacturing	64269	60036	3603
电力、热力、燃气及水生产和供应业	Production and Supply of Electricity, Heating, Gas and Water	4595	4372	151
建筑业	Construction	54443	51438	2736
批发和零售业	Wholesale and Retail Trades	247947	230262	16585
交通运输、仓储和邮政业	Transport, Storage and Post	26029	24521	1361
住宿和餐饮业	Hotels and Catering Services	17327	16285	935
信息传输、软件和信息技术服务业	Information Transmission, Software and Information Technology	36167	33041	2948
金融业	Financial Intermediation	4003	3528	435
房地产业	Real Estate	33194	30092	2983
租赁和商务服务业	Leasing and Business Services	108631	98463	9598
科学研究和技术服务业	Scientific Research and Technical Services	43156	39563	3325
水利、环境和公共设施管理业	Management of Water Conservancy, Environment and Public Facilities	6470	6116	304
居民服务、修理和其他服务业	Service to Household, Repair and Other Services	32432	31098	1243
教育	Education	10921	10502	371
卫生和社会工作	Health and Social Service	3044	2906	100
文化、体育和娱乐业	Culture, Sports and Entertainment	15360	14067	1210
公共管理、社会保障和社会组织	Public Management, Social Security and Social Organization			

Number of Legal Entities by Sector and Operating Status (2022)

(unit)

筹建 Preparing to Construct	当年关闭 Close Down in the Present Year	当年破产 Bankrupted in the Present Year	当年注销 Write-off in the Present Year	当年撤（吊）销 Revoked in the Present Year	其他 Others
3923	**19**				**240**
263					37
69					3
607	2				21
70					2
250	1				18
1036	8				56
140					7
98	4				5
170	1				7
39					1
100	3				16
532					38
257					11
47					3
86					5
45					3
35					3
79					4

1—13 按行业、登记注册类型分组的企业法人单位数（2022年）

单位：个

行业	Sector	合计 Total	内资 Domestic Funded	国有 State-owned	集体 Collective-owned	股份合作 Cooperative Share Holding
总计	**Total**	**760557**	**757517**	**2666**	**3830**	**407**
农、林、牧、渔业	Farming, Forestry, Animal Husbandry and Fishery	48267	48156	134	347	15
采矿业	Mining	4302	4281	24	26	5
制造业	Manufacturing	64269	63419	319	520	90
电力、热力、燃气及水生产和供应业	Production and Supply of Electricity, Heating, Gas and Water	4595	4494	218	166	28
建筑业	Construction	54443	54404	71	161	13
批发和零售业	Wholesale and Retail Trades	247947	247401	596	1434	79
交通运输、仓储和邮政业	Transport, Storage and Post	26029	25922	241	131	11
住宿和餐饮业	Hotels and Catering Services	17327	17237	97	58	15
信息传输、软件和信息技术服务业	Information Transmission, Software and Information Technology	36167	36020	11	7	4
金融业	Financial Intermediation	4003	3843	24	5	49
房地产业	Real Estate	33194	32919	332	420	28
租赁和商务服务业	Leasing and Business Services	108631	108317	236	325	31
科学研究和技术服务业	Scientific Research and Technical Services	43156	42995	198	137	16
水利、环境和公共设施管理业	Management of Water Conservancy, Environment and Public Facilities	6470	6438	46	16	2
居民服务、修理和其他服务业	Service to Household, Repair and Other Services	32432	32405	32	49	17
教育	Education	10921	10911	13	18	2
卫生和社会工作	Health and Social Service	3044	3034	7	5	
文化、体育和娱乐业	Culture, Sports and Entertainment	15360	15321	67	5	2
公共管理、社会保障和社会组织	Public Management, Social Security and Social Organization					

Number of Legal Entities by Sector and Status of Registration（2022）

(unit)

联营 Joint-owned	国有联营 State Joint-owned	集体联营 Collective Joint-owned	国有与集体联营 State and Collective Joint-owned	其他联营 Other Joint-owned	有限责任公司 Limited Liability Company	国有独资公司 State Sole Investment Companies	其他有限责任公司 Other Limited Companies
67	**11**	**26**	**6**	**24**	**40884**	**3229**	**37655**
10		7		3	2038	103	1935
					412	36	376
11		6	1	4	4051	224	3827
2	1		1		1263	180	1083
2			1	1	1841	156	1685
13	2	5		6	7652	494	7158
1	1				1594	200	1394
2	1			1	1154	67	1087
1				1	2202	54	2148
					513	48	465
7	2	1	1	3	3890	352	3538
6	2	3		1	8085	859	7226
4		2	1	1	3151	186	2965
1				1	763	156	607
4		2		2	770	27	743
2	1		1		394	12	382
					308	6	302
1	1				803	69	734

1—13 续表

行　业	Sector	股份有限公司 Share Holding Limited	私营 Individual	私营独资 Private Sole Investment	私营合伙 Private Partnership	私营有限责任公司 Private Limited Liability Companies	私营股份有限公司 Private Share Holding Limited Companies	其他内资 Other Domestic Funded
总计	**Total**	**1098**	**708539**	**65717**	**5416**	**636096**	**1310**	**26**
农、林、牧、渔业	Farming, Forestry, Animal Husbandry and Fishery	51	45560	20545	213	24750	52	1
采矿业	Mining	8	3805	567	151	3080	7	1
制造业	Manufacturing	128	58299	8468	690	48890	251	1
电力、热力、燃气及水生产和供应业	Production and Supply of Electricity, Heating, Gas and Water	78	2738	415	728	1591	4	1
建筑业	Construction	20	52295	554	44	51638	59	1
批发和零售业	Wholesale and Retail Trades	131	237488	25114	572	211558	244	8
交通运输、仓储和邮政业	Transport, Storage and Post	19	23924	711	38	23142	33	1
住宿和餐饮业	Hotels and Catering Services	15	15894	1121	116	14633	24	2
信息传输、软件和信息技术服务业	Information Transmission, Software and Information Technology	65	33730	439	238	32955	98	
金融业	Financial Intermediation	390	2862	23	247	2497	95	
房地产业	Real Estate	35	28207	196	76	27872	63	
租赁和商务服务业	Leasing and Business Services	83	99544	1902	1687	95756	199	7
科学研究和技术服务业	Scientific Research and Technical Services	42	39446	587	240	38510	109	1
水利、环境和公共设施管理业	Management of Water Conservancy, Environment and Public Facilities	11	5599	154	23	5396	26	
居民服务、修理和其他服务业	Service to Household, Repair and Other Services	4	31529	1696	114	29704	15	
教育	Education	10	10471	408	59	10000	4	1
卫生和社会工作	Health and Social Service	5	2708	494	94	2115	5	1
文化、体育和娱乐业	Culture, Sports and Entertainment	3	14440	2323	86	12009	22	
公共管理、社会保障和社会组织	Public Management, Social Security and Social Organization							

continued

港澳台商投资 Funded by Enterprises from HongKong, Macao and Taiwan	与港澳台商合资经营 Joint Venture	与港澳台商合作经营 Cooperative Operation	港澳台商独资 Sole Investment	港澳台商投资股份有限公司 Share Holding Limited	其他港澳台商投资 Others Funded by Enterprises from HongKong, Macao and Taiwan	外商投资 Foreign-funded	中外合资经营 Joint Venture	中外合作经营 Cooperative Operation	外资企业 Sole Investment	外商投资股份有限公司 Share Holding Limited	其他外商投资 Other Foreign-funded
1554	**467**	**54**	**989**	**23**	**21**	**1486**	**394**	**30**	**811**	**235**	**16**
74	26	3	41	3	1	37	9	1	18	8	1
15	5	1	7		2	6	1	1	3		1
501	136	4	354	5	2	349	127	5	195	20	2
57	14	3	39	1		44	17	2	23	1	1
19	3	2	14			20	9		7	4	
260	68	12	169	4	7	286	48	7	205	24	2
57	14	8	35			50	15		31	4	
50	23	3	23	1		40	17		22	1	
65	13	4	44	1	3	82	16	1	46	19	
13	3		9		1	147	6		34	106	1
144	61	8	74	1		131	49	3	73	6	
158	42	3	107	3	3	156	37	3	84	26	6
86	37	2	43	3	1	75	20	5	39	10	1
20	9		10	1		12	4	1	6	1	
12	4		8			15	5	1	6	3	
3	3					7	5		2		
5	3		1		1	5	2		2		1
15	3	1	11			24	7		15	2	

1—14 各市按三次产业分组的法人单位数（2022年）

Number of Legal Entities by Three Strata of Industry (2022)

单位：个 (unit)

地 区	Region	法人单位数 Number of Legal Entities	第一产业 Primary Industry	第二产业 Secondary Industry	第三产业 Tertiary Industry
广西	**Guangxi**	**923512**	**86986**	**127200**	**709326**
南宁市	Nanning	243808	9144	28030	206634
柳州市	Liuzhou	92794	5638	12288	74868
桂林市	Guilin	96788	8747	14635	73406
梧州市	Wuzhou	44139	4508	6731	32900
北海市	Beihai	43670	2042	5316	36312
防城港市	Fangchenggang	25615	1698	3218	20699
钦州市	Qinzhou	42208	4067	6032	32109
贵港市	Guigang	55446	6627	11411	37408
玉林市	Yulin	87187	14553	13288	59346
百色市	Baise	54273	7436	6726	40111
贺州市	Hezhou	31379	3989	5369	22021
河池市	Hechi	44567	8259	5545	30763
来宾市	Laibin	30001	5133	4814	20054
崇左市	Chongzuo	31637	5145	3797	22695

主要统计指标解释

发展速度 是表示某一时期内某一指标发展程度的相对数，它是报告期与基期水平之比，一般用百分数表示，即把基期水平定为1（或100%），以报告期的指标数值除以基期指标数值的商乘100%，即得发展速度。由于比较的标准时期不同，发展速度可分为定期发展速度和环比发展速度两种。发展速度的计算公式为：

发展速度=（指标当期数值/指标基期数值）×100%

增长速度 是反映社会经济增长程度的指标，它是报告期增长量与基期水平之比，又称增长率。其计算公式为：

增长速度=（指标当期数值/指标基期数值-1）×100%

或=发展速度-1（或100%）。

平均每年增长速度 我国计算平均增长速度有两种方法,一种是习惯上经常使用的“水平法”，又称几何平均法，是以间隔最后一年的水平同基期水平对比来计算平均每年增长（或下降）的速度；另一种是“累计法”又称代数平均法或方程法，是以间隔年内各年水平的总和同基期水平对比来计算平均每年增长（或下降）的速度。

在一般正常情况下，两种方法计算的平均每年增长速度比较接近，但在经济发展不平衡出现大起大落时，两种方法计算的结果差别较大。

本年鉴内所列的平均每年增长速度都是用水平法计算的。从某年到某年平均增长速度的年份，均不包基期年在内。如1981—2004年平均每年增长速度，是以1980年为基期，2004年为报告期，年份从1981年算起，共24年。

当年价格 是报告期当年的实际价格，也称现价或现行价格。使用当年价格计算的以货币表现的物量指标，反映当年的实际情况，可用于考核社会经济效益，便于对生产、流通、分配、消费之间进行经济核算和综合平衡。

可比价格 亦称固定价格。指在不同时期的价值指标对比时，扣除了价格变动因素，以确切反映物量的变化。按可比价格计算有两种方法：一种是直接用于产品产量乘其不变价格；一种是指数法换算。

不变价格 用某一时期的同类产品的平均价格作为固定价格，来计算各个时期的产品价值。目的是为消除各个时期价格变动的影响，保证各时期间、地区间的可比性。

指数 指数是一种表明社会经济现象动态的相对数，一般用百分数表示。运用指数可以测定不能直接相加和直

Explanatory Notes on Main Statistical Indicators

Development Rate is a relative indicator that reflects the extend of a certain indicator's development in a certain period. It is calculated by comparing the level of report period to the level of base period, typically expressed with percentage. Namely to set the value of base period for 1 (or 100%), the development rate equals to multiply the quotient that the indicator valve in report period comparing to base period by 100%. Development rate can be classified into fixed-base development rate and chain-based development rate because of the different standard period of comparison. The formula is:

Development Rate = (Value of Indicator in Current Period/Value of Indicator in Base Period) ×100%

Growth Rate is an indicator that reflects the growth of social economy, and is calculated by growth level of report period to base period. The formula is:

Growth Rate = (Value of Indicator in Report Period/Value of Indicator in Base Period–1) ×100%

Or = Development Rate –1 (or 100%)

Average Annual Growth Rate Two methods for calculating average annual growth rate are applied in China. One is often called level approach or the method of calculating geometric average, which is derived by comparing the level of the last year of the interval with that of the beginning year. The other is called accumulative approach or algebraic average or equation method, which is derived by the summation of the actual figure of each year in the interval divided by the figure in the base year.

Usually the results calculated by the two methods are fairly close, but they differ sharply when uneven economic development occurs with striking fluctuations in growth.

The average annual growth rates listed in the *Yearbook* are calculated by level approach. The base year is not listed in the duration for which average annual growth rates are computed. For instance, the average annual growth rate of 24 years since 1980 is listed as average annual growth rate of 1981-2004, among which 1980 is the base year and 2004 is the reference year.

Current Price refers to the actual price in the reference period, also called current price. The quantity-based indicators expressed in monetary terms and calculated in current price can reflect the actual situation in the reference year. It can be used to check the social economic performance, and to facilitate economic accounting and comprehensive balance between production, circulation, distribution and consumption.

Comparable Price also called fixed price. It is applied when comparing value indicators over time and deducting factors of price changes to reflect accurately changes in quantity. Two methods are used for calculating comparable prices: (1) multiplying the output of products by their constant prices of certain year; (2) conversion of the data in current prices by relevant price index.

Constant Price refers to usage of the average price of similar products in a certain period as fixed price to calculate the value of products in various periods. The purpose is to eliminate the impact of price changes in each period and ensure comparability between periods and regions.

Index is a kind of relative indicator that reflects the trend of social economic phenomena, and is usually expressed with percentage. Indexes can

接对比的社会经济现象的总动态；可以分析社会经济现象总变动中各因素变动的影响程度；可以研究总平均指标变动中各组标志水平和总体结构变动的作用。它是在把各个年份的产值换算成可比价格的基础上，根据定基数等于相应各个环比指数的连乘积这个换算关系计算出来的。

本《年鉴》所列“国内生产总值指数”等都是按可比价格计算的，如计算有关年份产值增长情况，可用定期指数（即简称年度为100的定基指数）直接进行对比。例如，求2000年国内生产总值为1980年的百分比，按表上2000年指数，1980年指数，两者相除即得，其余以此类推。

各个计划时期 本年鉴表内所用各个“时期”代表的年份如下：第一个五年计划时期（简称“一五”时期）为1953到1957年；第二个五年计划时期（简称“二五”时期）为1958到1962年；第三个五年计划时期（简称“三五”时期）为1966到1970年；第四个五年计划时期（简称“四五”时期）为1971到1975年；第五个五年计划时期（简称“五五”时期）为1976到1980年；第六个五年计划时期（简称“六五”时期）为1981到1985年；第七个五年计划时期（简称“七五”时期）为1986到1990年；第八个五年计划时期（简称“八五”时期）为1991到1995年；第九个五年计划的时期（简称“九五”时期）为1996到2000年；第十个五年计划时期（简称“十五”时期）为2001到2005年；第十一个五年计划时期（简称“十一五”时期）为2006到2010年；第十二个五年计划时期（简称“十二五”时期）为2011年到2015年；第十三个五年计划时期（简称“十三五”时期）为2016年到2020年；第十四个五年计划时期（简称“十四五”时期）为2021年到2025年。

法人单位 指有权拥有资产、承担负债，并独立从事社会经济活动（或与其他单位进行交易）的组织。法人单位应同时具备以下条件：

（一）依法成立，有自己的名称、组织机构和场所，能够独立承担民事责任；

（二）独立拥有（或授权使用）资产或者经费，承担负债，有权与其他单位签订合同；

（三）具有包括资产负债表在内的账户，或者能够根据需要编制账户。

企业法人 指依据《中华人民共和国公司登记管理条例》《中华人民共和国企业法人登记管理条例》等国家法律和法规，经各级工商行政管理机关登记注册，领取《企业法人营业执照》的企业。包括：1.公司制企业法人；2.非公司制企业法人；3.依据《中华人民共和国个人独资企业法》《中华人民共和国合伙企业法》，经各级工商行政管理机关登记注册，领取《营业执照》的个人独资企业、合伙企业。

be used to determine the whole trend of social economic phenomena that cannot be added up or compared directly; to analyse the degree of various factors' impacts on the overall changes in social economic phenomena; and to research the actions of levels and general construction movements of groups of indicators during the variation of total average indicator. It is calculated on the converting relation that fixed cardinal number equals to cumulative product of corresponding chain index, when the output value in various years has been converted into comparable prices.

All of GDP indexes listed in the *Yearbook* are calculated at comparable prices. The output growth in certain years can be calculated by comparing fixed base indexes (index number is defined as 100). For instance, the percentage of GDP in 2000 compared to 1980 can be calculated by dividing the index value for 2000 by the index value for 1980.

Plan Periods The years represented by the various "periods" in tables of the *Yearbook* are as follows: First Five-Year Plan Period refers to 1953 to 1957; Second Five-Year Plan Period refers to 1958 to 1962; Third Five-Year Plan Period refers to 1966 to 1970; Fourth Five-Year Plan Period refers to 1971 to 1975; Fifth Five-Year Plan Period refers to 1976 to 1980; Sixth Five-Year Plan Period refers to 1981 to 1985; Seventh Five-Year Plan Period refers to 1986 to 1990; Eighth Five-Year Plan Period refers to 1991 to 1995; Ninth Five-Year Plan Period refers to 1996 to 2000; Tenth Five-Year Plan Period refers to 2001 to 2005; Eleventh Five-Year Plan Period refers to 2006 to 2010; Twelfth Five-Year Plan Period refers to 2011 to 2015; Thirteenth Five-Year Plan Period refers to 2016 to 2020; Fourteenth Five-Year Plan Period refers to 2021 to 2025.

Legal Entity refers to an organization that has the right to own assets, assume liabilities, and engage in social and economic activities independently (or engage in transactions with other entities). The legal entity shall simultaneously meet the following conditions:

(1) It is established according to laws, has its own name, organizational structure and site and can independently bear civil liabilities;

(2) It independently owns (or is authorized to use) assets or funds, bears liabilities and has the right to sign contracts with other entities;

(3) It has accounts including balance sheets or is able to prepare accounts as required.

Enterprise Legal Person refers to an enterprise that has been registered by the administrative authorities for industry and commerce at all levels and obtained the Business License of Enterprise Legal Person according to the Regulations of the People's Republic of China on the Administration of Company Registration and the Regulations of the People's Republic of China on the Administration of Enterprise Legal Person Registration and other national laws and regulations. It includes: 1. incorporated legal person; 2. unincorporatedlegal person;

Sole-proprietorship enterprise or partnership enterprise registered by the administrative authorities for industry and commerce at all levels and obtained a Business License in accordance with the Law of the People's Republic of China on Sole proprietorship Enterprise and Partnership Enterprise Law of the People's Republic of China.

第二篇 人　口

CHAPTER 2　POPULATION

（编辑：周慧妮）

简要说明

（本篇资料由自治区统计局人口和就业处调查提供，电话：0771-5867222）

一、本篇资料主要内容

广西及各市、县（市、区）主要人口指标数据。

二、调查方法

按国家统计报表制度规定的调查方法获取，包括户籍统计年报统计制度、人口普查数据资料、人口变动情况抽样调查制度。

三、其他情况说明

户籍统计年报表数据口径为户籍人口，由自治区公安厅提供；人口普查及人口变动情况抽样调查数据口径为常住人口。

Brief Introduction

(This chapter is complied by the Population and Employment Department of the Guangxi Zhuang Autonomous Region Bureau of Statistics, Tel: 0771-5867222)

Main Content

Data of main population indicators of Guangxi Zhuang Autonomous Region, cities and counties (cities and districts).

2—1 总人口及其构成
Total Population and Its Composition

年 份 Year	总户数 (万户) Total Households (10 000 households)	总人口 (万人) Total Population (10 000 persons)	男性 Male	女性 Female	性别比 (以女性为100) Sex Ratio (Female=100)	常住人口(万人) Permanent Population (10 000 persons)	人口密度 (人/平方公里) Population Density (person/sq.km)
1978	661	3402	1753	1649	106.31		144
1980	676	3538	1822	1716	106.18		149
1985	757	3873	2005	1868	107.33		164
1990	896	4242	2205	2037	108.25		179
1991	918	4324	2250	2074	108.49		183
1992	950	4380	2285	2095	109.07		185
1993	973	4438	2317	2121	109.24		187
1994	997	4493	2346	2147	109.27		190
1995	1020	4543	2377	2166	109.74		192
1996	1040	4589	2398	2191	109.45		194
1997	1069	4633	2421	2212	109.45		196
1998	1092	4675	2442	2233	109.37		198
1999	1110	4713	2463	2250	109.51		199
2000	1140	4751	2484	2267	109.56		201
2001	1178	4788	2506	2282	109.90		202
2002	1197	4822	2521	2301	109.73		204
2003	1235	4857	2542	2315	109.84		205
2004	1285	4889	2559	2330	109.86		206
2005	1329	4925	2587	2338	110.65	4660	208
2006	1374	4961	2612	2349	111.16	4719	209
2007	1416	5002	2634	2368	111.19	4768	201
2008	1459	5049	2659	2390	111.25	4816	203
2009	1499	5092	2681	2411	111.18	4856	205
2010	1347	5159	2708	2451	110.50	4610	195
2011	1359	5199	2730	2469	110.54	4655	196
2012	1361	5240	2759	2481	110.51	4694	198
2013	1383	5282	2772	2510	110.42	4731	199
2014	1567	5475	2891	2584	111.84	4770	201
2015	1575	5518	2913	2605	111.79	4811	202
2016	1586	5579	2943	2636	111.61	4857	204
2017	1586	5600	2951	2649	111.38	4907	206
2018	1600	5659	2980	2679	111.26	4947	208
2019	1607	5695	2998	2697	111.18	4982	210
2020	1620	5718	3009	2709	111.08	5019	211
2021	1657	5733	3016	2717	110.98	5037	212
2022	1676	5743	3021	2722	110.99	5047	212

注：2000年总人口根据第五次人口普查数据推算，2010年为人口普查数。常住人口为人口普查、人口抽样调查数据推算数，2011—2019年常住人口数据根据第七次人口普查数据进行了修订。人口密度从2007年起按常住人口计算。

Note: Total population in 2000 is estimated by data from the 5th Population Census. The data in 2010 is from the population census. Permanent population is estimated by population census and population sample surveys, and Permanent Population data from 2011 to 2019 are revised based on the 7th Population Census. Population density has been calculated by permanent population since 2007.

2—2　人口自然变动情况
Natural Changes of Population

年　份 Year	总人口比上年增减 Total Population Increases or Decreases Over the Previous Year		出生人口（万人）Birth Population (10 000 persons)	出生率（‰）Birth Rate (‰)	死亡人口（万人）Death Population (10 000 persons)	死亡率（‰）Death Rate (‰)	自然增长率（‰）Natural Growth Rate (‰)
	绝对数（万人）Absolute Population (10 000 persons)	增长速度（%）Growth Rate (%)					
1978	73	2.19	83	24.69	19	5.79	18.90
1980	68	1.96	88	25.17	20	5.80	19.37
1985	67	1.76	98	25.51	22	5.60	19.91
1990	92	2.22	85	20.20	28	6.60	13.60
1991	63	1.48	93	21.89	31	7.24	14.65
1992	56	1.30	87	20.19	32	7.28	12.91
1993	58	1.32	86	19.58	28	6.35	13.23
1994	55	1.24	84	18.84	29	6.60	12.24
1995	50	1.11	79	17.54	29	6.53	11.01
1996	46	1.01	77	16.83	31	6.82	10.01
1997	44	0.96	74	15.93	30	6.40	9.53
1998	42	0.91	74	15.87	32	6.86	9.01
1999	38	0.81	70	14.96	32	6.93	8.03
2000	38	0.81	64	13.60	26	5.70	7.90
2001	37	0.78	66	13.80	29	6.07	7.73
2002	34	0.71	64	13.30	30	6.30	7.00
2003	35	0.73	67	13.86	32	6.57	7.29
2004	32	0.66	65	13.32	30	6.12	7.20
2005	36	0.74	70	14.26	30	6.09	8.17
2006	36	0.73	71	14.44	30	6.10	8.34
2007	41	0.83	71	14.19	30	5.99	8.20
2008	47	0.94	72	14.40	29	5.70	8.70
2009	43	0.85	72	14.17	29	5.64	8.53
2010	67	1.32	72	14.13	25	5.48	8.65
2011	40	0.78	71	13.71	31	6.04	7.67
2012	41	0.79	74	14.20	33	6.31	7.89
2013	42	0.80	75	14.28	33	6.35	7.93
2014	53	0.98	72	14.07	30	6.21	7.86
2015	43	0.79	72	14.05	30	6.15	7.90
2016	61	1.11	77	13.82	29	5.95	7.87
2017	21	0.37	82	15.14	32	6.22	8.92
2018	59	1.06	71	14.12	30	5.96	8.16
2019	36	0.64	66	13.31	31	6.14	7.17
2020	23	0.40	57	11.36	32	6.46	4.90
2021	15	0.26	49	9.68	34	6.80	2.88
2022	10	0.18	43	8.51	36	7.08	1.43

注：1. 本表“三率”数据为人口普查、人口抽样调查数据推算数，1978、1980年的“三率”数字，根据第三次人口普查数据进行了调整。
2. 2011—2013年总人口增减绝对数、增长速度为人口抽样调查推算数，其余年份为户籍统计年报数。

Note: 1. The “three rate” are birth rate, death rate and natural growth rate, which are estimated by population census and population sample surveys. Data about “three rate” in 1978 and 1980 were adjusted by the 3rd Population Census.
2. The absolute figures of the total population variation, and the growth rate from 2011 to 2013 are estimated by population sample surveys, and the rest are based on the annual reports of household registration.

2—3 主要年份少数民族人口数量
Population of Ethnic Groups in Main Years

单位：万人 (10 000 persons)

年 份 Year	总人口中 Total Population				常住人口中 Permanent Population			
	少数民族人口数量 Population of Ethnic Groups	占总人口比重(%) Proportion in Total Population (%)	壮族人口数量 Population of Zhuang Ethnicity	占总人口比重(%) Proportion in Total Population (%)	少数民族人口数量 Population of Ethnic Groups	占常住人口比重（%）Proportion in Permanent Population (%)	壮族人口数量 Population of Zhuang Ethnicity	占常住人口比重（%）Proportion in Permanent Population (%)
1953					741.49	37.91	650.33	33.25
1964					874.27	37.69	770.70	33.23
1982	1405.41	38.15	1243.14	33.74	1393.59	38.26	1232.40	33.84
1990	1649.86	38.90	1423.62	33.56	1657.69	39.24	1421.54	33.65
2000	1809.97	38.31	1553.11	32.88	1722.26	38.37	1454.54	32.40
2010	1957.56	37.94	1658.72	32.15	1711.05	37.18	1444.84	31.39
2011	1972.50	37.94	1671.48	32.15	1730.73	37.18	1461.20	31.39
2012	1988.00	37.94	1684.66	32.15	1745.23	37.18	1473.45	31.39
2013	2004.00	37.94	1698.16	32.15	1758.99	37.18	1485.06	31.39
2014	2077.21	37.94	1760.21	32.15	1783.03	37.38	1502.07	31.49
2015	2140.87	38.80	1795.96	32.55	1786.81	37.14	1513.54	31.46
2016	2185.32	39.17	1809.36	32.43	1814.58	37.36	1527.53	31.45
2017	2179.48	38.92	1821.11	32.52	1837.18	37.44	1547.67	31.54
2018	2204.51	38.95	1839.74	32.51	1855.26	37.50	1563.79	31.61
2019	2220.28	38.98	1850.95	32.50	1870.24	37.54	1574.81	31.61
2020	2231.07	39.02	1857.72	32.49	1883.13	37.52	1573.96	31.36
2021	2238.03	39.04	1862.02	32.48	1891.43	37.55	1579.24	31.35
2022	2244.16	39.08	1865.80	32.49	1895.24	37.55	1582.16	31.35

注：本表数字按当年行政区划计算。总人口均为户籍统计年报数，常住人口为人口普查、人口抽样调查数据推算数。2011—2019年常住人口根据第七次全国人口普查数据进行了修订。

Note: The data in this table is calculated on the administrative division of the year. Data of total population is from the annual reports of household registration. Data of permanent population is estimated by population census and population sample surveys, and data from 2011 to 2019 are revised based on the 7th Population Census.

2—4 主要年份按居住地分的城乡人口
Urban and Rural Population in Main Years

单位：万人 (10 000 persons)

年 份 Year	按城乡分 Population in Urban and Rural Areas		占总人口比例（%） Percentage in Total Population (%)	
	市镇人口 Urban	乡村人口 Rural	市镇人口 Urban	乡村人口 Rural
1990	641	3601	15.10	84.90
1995	838	3705	18.45	81.55
2000	1337	3414	28.15	71.85
2001	1350	3438	28.20	71.80
2002	1365	3457	28.30	71.70
2003	1411	3446	29.06	70.94
2004	1550	3339	31.70	68.30
2005	1567	3093	33.62	66.38
2006	1635	3084	34.64	65.36
2007	1728	3040	36.24	63.76
2008	1838	2978	38.16	61.84
2009	1904	2952	39.20	60.80
2010	1845	2765	40.02	59.98
2011	1950	2705	41.90	58.10
2012	2041	2653	43.48	56.52
2013	2134	2597	45.11	54.89
2014	2220	2550	46.54	53.46
2015	2309	2502	47.99	52.01
2016	2392	2465	49.24	50.76
2017	2482	2425	50.59	49.41
2018	2564	2383	51.82	48.18
2019	2639	2343	52.98	47.02
2020	2721	2298	54.20	45.80
2021	2775	2262	55.08	44.92
2022	2809	2238	55.65	44.35

注：本表数据为人口普查、人口抽样调查数据推算数，2011—2019年数据根据第七次人口普查数据进行了修订。2005年起为常住人口数。

Note: Data in this table are estimated by population census and population sample surveys, and data from 2011 to 2019 are revised based on the 7th Population Census. And the data since 2005 is based on permanent population.

2—5 主要年份各市按居住地分的城乡人口
Urban and Rural Population by City in Main Years

单位：万人 (10 000 persons)

地区 Region	按城乡分 Population by Urban and Rural	2010	2015	2017	2018	2019	2020	2021	2022
南宁市	市镇 Urban	351.22	468.47	521.46	548.12	577.16	603.10	616.40	625.62
Nanning	乡村 Rural	316.00	295.19	290.04	285.15	276.67	272.15	266.88	263.55
柳州市	市镇 Urban	207.25	252.05	269.18	276.56	283.45	291.14	293.65	295.80
Liuzhou	乡村 Rural	169.22	142.27	134.94	132.00	128.83	125.18	123.88	123.32
桂林市	市镇 Urban	184.32	226.96	240.79	247.37	253.31	259.60	264.20	268.14
Guilin	乡村 Rural	291.23	259.04	249.16	244.16	239.32	234.14	230.39	227.49
梧州市	市镇 Urban	124.07	146.84	153.11	156.10	157.14	159.73	157.09	157.34
Wuzhou	乡村 Rural	164.61	140.00	132.37	128.60	126.35	122.72	125.58	125.76
北海市	市镇 Urban	74.94	85.60	91.56	93.85	96.01	98.06	110.25	111.67
Beihai	乡村 Rural	79.23	81.64	85.01	86.09	86.56	87.50	76.99	76.43
防城港市	市镇 Urban	41.92	52.10	56.96	59.29	61.74	64.45	66.09	66.70
Fangchenggang	乡村 Rural	44.91	42.27	41.58	41.28	40.83	40.29	39.59	39.21
钦州市	市镇 Urban	94.73	118.15	126.36	130.64	135.02	138.92	141.77	144.96
Qinzhou	乡村 Rural	213.73	202.78	199.48	197.19	194.43	191.72	189.31	186.85
贵港市	市镇 Urban	165.92	191.94	202.85	207.52	212.05	216.08	219.45	221.86
Guigang	乡村 Rural	246.62	232.18	225.02	221.66	218.42	216.09	215.58	213.70
玉林市	市镇 Urban	217.65	257.67	269.98	276.91	282.98	288.75	293.11	297.53
Yulin	乡村 Rural	331.96	308.49	303.85	299.20	295.34	291.66	288.47	284.77
百色市	市镇 Urban	92.36	130.46	142.11	146.32	149.45	155.35	159.17	161.78
Baise	乡村 Rural	254.87	223.58	213.64	210.09	207.48	202.25	198.03	194.42
贺州市	市镇 Urban	69.07	85.63	91.94	94.52	96.34	99.05	100.66	101.54
Hezhou	乡村 Rural	126.65	112.84	107.82	105.82	104.31	101.99	102.00	101.56
河池市	市镇 Urban	92.30	128.74	138.83	144.44	147.61	153.60	157.03	158.94
Hechi	乡村 Rural	245.16	211.29	202.40	197.26	194.33	188.63	184.88	182.02
来宾市	市镇 Urban	69.76	86.51	93.52	95.31	98.00	100.80	102.04	102.27
Laibin	乡村 Rural	140.55	122.86	115.30	113.23	110.15	106.92	105.74	105.51
崇左市	市镇 Urban	59.47	77.58	83.80	86.59	88.96	91.89	93.64	94.75
Chongzuo	乡村 Rural	140.28	127.87	123.94	121.73	119.76	117.24	115.13	113.51

注：本表数据为人口普查、人口抽样调查数据推算数，按常住人口口径统计。2011—2019年数据根据第七次人口普查数据进行了修订。

Note: Data in this table are estimated by population census and population sample surveys, which are calculated by permanent population range. And data from 2011 to 2019 are revised based on the 7th Population Census.

2-6 各市县人口数（2022年末）

Population by City and County（End of 2022）

单位：万人 (10 000 persons)

市、县	City and County	户籍户数（万户）Total Households (10 000 households)	户籍人口 Total Household Registered Population	男性 Male	女性 Female	#城镇户籍人口 Urban Household Registered Population	常住人口 Permanent Population	#城镇常住人口 Urban Permanent Population
广西	**Guangxi**	**1676.48**	**5743.13**	**3021.15**	**2721.98**	**1994.95**	**5047.00**	**2808.90**
南宁市	**Nanning**	**269.98**	**810.08**	**418.69**	**391.38**	**390.21**	**889.17**	**625.62**
市辖区	District	148.66	430.35	216.01	214.34	285.91	608.77	511.97
兴宁区	Xingning District	14.23	40.59	19.91	20.68	29.90	63.19	56.33
青秀区	Qingxiu District	30.94	89.03	43.60	45.44	76.74	114.45	107.95
江南区	Jiangnan District	21.98	61.39	30.51	30.88	44.55	100.77	86.82
西乡塘区	Xixiangtang District	30.42	87.01	43.05	43.95	69.01	167.01	153.44
良庆区	Liangqing District	12.55	38.99	19.72	19.27	23.17	60.03	50.98
邕宁区	Yongning District	12.60	40.29	21.12	19.17	20.18	33.97	19.45
武鸣区	Wuming District	25.94	73.06	38.11	34.95	22.37	69.35	37.00
隆安县	Long'an	12.44	41.91	22.38	19.53	9.26	33.06	11.58
马山县	Mashan	16.60	56.73	30.05	26.69	10.52	38.55	12.19
上林县	Shanglin	16.12	49.80	26.36	23.44	10.40	36.49	12.81
宾阳县	Binyang	33.04	104.65	56.39	48.26	34.08	81.36	38.20
横州市	Hengzhou	43.12	126.63	67.49	59.14	40.03	90.94	38.87
柳州市	**Liuzhou**	**118.57**	**398.47**	**204.58**	**193.90**	**203.25**	**419.12**	**295.80**
市辖区	District	60.14	191.25	95.52	95.73	143.55	254.16	223.92
城中区	Chengzhong District	6.59	19.61	9.51	10.10	19.17	24.61	24.36
鱼峰区	Yufeng District	14.35	45.27	22.34	22.93	36.75	67.65	63.03
柳南区	Liunan District	14.26	41.88	20.85	21.03	37.17	62.38	59.39
柳北区	Liubei District	11.93	35.92	17.73	18.19	32.34	48.79	45.99
柳江区	Liujiang District	13.01	48.57	25.09	23.48	18.12	50.73	31.15
柳城县	Liucheng	12.26	40.72	21.02	19.70	16.72	31.64	15.46
鹿寨县	Luzhai	11.67	41.14	21.66	19.48	17.03	33.91	19.05
融安县	Rong'an	10.25	32.48	17.33	15.14	9.82	25.52	11.62
融水苗族自治县	Rongshui	13.34	52.42	27.68	24.74	10.43	41.53	16.34
三江侗族自治县	Sanjiang	10.90	40.48	21.37	19.10	5.70	32.36	9.41
桂林市	**Guilin**	**170.04**	**541.21**	**279.33**	**261.88**	**225.66**	**495.63**	**268.14**
市辖区	District	44.94	138.17	68.44	69.72	102.75	173.80	140.80
秀峰区	Xiufeng District	4.13	12.08	5.80	6.29	12.08	16.19	16.19
叠彩区	Diecai District	5.92	16.40	7.82	8.59	15.56	20.42	17.83
象山区	Xiangshan District	8.88	23.98	11.54	12.44	23.35	28.77	28.54
七星区	Qixing District	8.31	24.35	11.64	12.71	22.85	38.98	38.64
雁山区	Yanshan District	2.16	7.04	3.52	3.52	2.03	13.36	6.81
临桂区	Lingui District	15.55	54.31	28.13	26.18	26.89	56.08	32.79
阳朔县	Yangshuo	9.86	32.90	16.99	15.91	8.67	27.39	9.19

2－6 续表1 continued

单位：万人 (10 000 persons)

市、县	City and County	户籍户数(万户) Total Households (10 000 households)	户籍人口 Total Household Registered Population	男性 Male	女性 Female	#城镇户籍人口 Urban Household Registered Population	常住人口 Permanent Population	#城镇常住人口 Urban Permanent Population
灵川县	Lingchuan	12.20	39.69	19.96	19.73	10.00	42.72	21.62
全州县	Quanzhou	24.40	83.46	45.09	38.37	21.64	56.90	22.49
兴安县	Xing'an	12.31	38.68	19.92	18.76	12.44	30.76	12.05
永福县	Yongfu	8.68	28.85	15.23	13.62	7.45	22.92	9.06
灌阳县	Guanyang	10.88	29.41	15.73	13.68	9.45	20.86	8.78
龙胜各族自治县	Longsheng	4.99	17.18	8.71	8.47	3.65	13.97	5.00
资源县	Ziyuan	5.62	17.98	9.38	8.61	3.79	13.95	5.24
平乐县	Pingle	14.86	46.22	24.50	21.73	19.64	34.17	10.46
恭城瑶族自治县	Gongcheng	9.21	30.42	15.75	14.67	8.83	24.60	8.39
荔浦市	Lipu	12.08	38.25	19.63	18.61	17.35	33.59	15.06
梧州市	**Wuzhou**	**101.82**	**354.81**	**188.89**	**165.91**	**167.50**	**283.10**	**157.34**
市辖区	District	26.62	81.22	41.54	39.69	61.18	86.39	64.29
万秀区	Wanxiu District	10.27	27.83	13.99	13.83	21.77	27.31	23.12
长洲区	Changzhou District	7.44	21.48	10.59	10.89	17.62	30.10	27.90
龙圩区	Longxu District	8.90	31.91	16.95	14.96	21.80	28.98	13.27
苍梧县	Cangwu	10.56	41.38	22.30	19.08	12.14	27.80	7.94
藤　县	Tengxian	30.83	112.55	61.06	51.49	44.20	79.73	38.73
蒙山县	Mengshan	7.29	22.26	11.76	10.50	5.94	16.50	6.93
岑溪市	Cenxi	26.51	97.39	52.23	45.15	44.04	72.68	39.45
北海市	**Beihai**	**48.08**	**183.38**	**95.74**	**87.64**	**69.60**	**188.10**	**111.67**
市辖区	District	20.74	72.45	36.32	36.13	43.79	100.42	78.27
海城区	Haicheng District	10.52	33.51	16.52	16.99	32.17	53.56	52.49
银海区	Yinhai District	5.71	19.84	9.98	9.86	9.08	32.03	23.00
铁山港区	Tieshangang District	4.51	19.11	9.82	9.29	2.55	14.83	2.78
合浦县	Hepu	27.34	110.92	59.42	51.50	25.81	87.68	33.40
防城港市	**Fangchenggang**	**26.08**	**102.32**	**54.99**	**47.34**	**41.63**	**105.91**	**66.70**
市辖区	District	15.05	60.74	32.44	28.31	25.72	64.48	43.39
港口区	Gangkou District	4.46	15.08	7.76	7.32	10.13	24.86	21.66
防城区	Fangcheng District	10.59	45.66	24.68	20.98	15.59	39.62	21.73
上思县	Shangsi	6.86	25.29	14.11	11.18	7.12	19.67	7.40
东兴市	Dongxing	4.17	16.29	8.44	7.85	8.79	21.76	15.91
钦州市	**Qinzhou**	**102.14**	**420.44**	**228.83**	**191.62**	**101.30**	**331.81**	**144.96**
市辖区	District	36.46	155.62	85.15	70.47	49.64	140.84	79.06
钦南区	Qinnan District	16.87	67.44	35.86	31.58	27.63	68.45	42.70

2－6 续表2 continued

单位：万人 (10 000 persons)

市、县	City and County	户籍户数（万户）Total Households (10 000 households)	户籍人口 Total Household Registered Population	男性 Male	女性 Female	#城镇户籍人口 Urban Household Registered Population	常住人口 Permanent Population	#城镇常住人口 Urban Permanent Population
钦北区	Qinbei District	19.59	88.18	49.28	38.90	22.01	72.39	36.36
灵山县	Lingshan	42.23	169.07	91.83	77.25	31.96	122.27	42.25
浦北县	Pubei	23.45	95.75	51.85	43.90	19.70	68.70	23.65
贵港市	**Guigang**	**165.28**	**565.10**	**300.60**	**264.50**	**143.46**	**435.56**	**221.86**
市辖区	District	64.71	207.05	108.21	98.84	61.69	171.96	95.24
港北区	Gangbei District	25.21	76.86	39.24	37.63	39.75	77.10	53.66
港南区	Gangnan District	21.27	69.51	37.04	32.47	15.43	52.07	21.62
覃塘区	Qintang District	18.23	60.68	31.94	28.74	6.52	42.79	19.96
平南县	Pingnan	43.73	154.92	83.65	71.27	39.73	111.14	59.88
桂平市	Guiping	56.84	203.12	108.73	94.39	42.04	152.46	66.74
玉林市	**Yulin**	**219.29**	**743.97**	**398.87**	**345.10**	**256.27**	**582.30**	**297.53**
市辖区	District	35.85	118.98	62.13	56.84	64.25	123.40	89.94
玉州区	Yuzhou District	23.59	74.76	38.01	36.75	49.87	91.40	76.26
福绵区	Fumian District	12.27	44.22	24.12	20.10	14.38	32.00	13.68
容　县	Rongxian	29.26	87.90	46.67	41.23	23.81	65.72	28.48
陆川县	Luchuan	35.30	111.40	59.64	51.75	31.81	80.89	37.24
博白县	Bobai	53.70	193.48	106.08	87.40	66.18	139.57	62.02
兴业县	Xingye	21.52	75.31	40.94	34.37	18.68	51.04	19.64
北流市	Beiliu	43.67	156.91	83.40	73.51	51.53	121.68	60.21
百色市	**Baise**	**109.49**	**422.62**	**219.78**	**202.84**	**111.68**	**356.20**	**161.78**
市辖区	District	20.53	73.51	36.92	36.58	27.98	77.89	53.13
右江区	Youjiang District	10.51	38.05	19.08	18.97	17.00	47.14	35.04
田阳区	Tianyang District	10.02	35.45	17.84	17.62	10.98	30.75	18.09
田东县	Tiandong	11.21	43.89	22.93	20.96	10.44	35.05	15.80
德保县	Debao	10.14	36.49	19.43	17.05	8.69	26.74	9.49
那坡县	Napo	5.98	21.81	11.46	10.34	4.55	17.11	4.38
凌云县	Lingyun	5.73	22.93	11.97	10.96	5.08	18.81	7.36
乐业县	Leye	4.94	18.27	9.68	8.60	3.50	14.58	5.40
田林县	Tianlin	6.79	26.64	13.73	12.91	5.95	22.46	6.65
西林县	Xilin	4.17	16.52	8.58	7.94	1.63	14.20	5.03
隆林各族自治县	Longlin	9.78	44.07	22.71	21.36	9.40	35.05	9.54
靖西市	Jingxi	16.19	66.03	34.92	31.11	17.29	48.82	16.56
平果市	Pingguo	14.02	52.48	27.45	25.02	17.18	45.49	28.44
贺州市	**Hezhou**	**67.35**	**249.53**	**131.69**	**117.83**	**49.09**	**203.10**	**101.54**
市辖区	District	33.40	123.33	64.31	59.02	25.20	106.58	57.59
八步区	Babu District	21.09	77.57	40.19	37.38	20.19	66.32	34.76

2－6 续表3 continued

单位：万人 (10 000 persons)

市、县	City and County	户籍户数（万户）Total Households (10 000 households)	户籍人口 Total Household Registered Population	男性 Male	女性 Female	#城镇户籍人口 Urban Household Registered Population	常住人口 Permanent Population	#城镇常住人口 Urban Permanent Population
平桂区	Pinggui District	12.31	45.77	24.12	21.64	5.01	40.26	22.83
昭平县	Zhaoping	12.92	45.06	24.30	20.75	7.21	33.39	16.31
钟山县	Zhongshan	11.88	46.75	24.97	21.78	9.65	36.16	16.01
富川瑶族自治县	Fuchuan	9.15	34.38	18.11	16.28	7.03	26.97	11.63
河池市	**Hechi**	**125.94**	**432.72**	**225.67**	**207.05**	**110.94**	**340.96**	**158.94**
市辖区	District	32.19	101.55	52.48	49.07	33.77	92.52	52.12
金城江区	Jinchengjiang District	11.44	34.82	17.95	16.87	17.58	37.42	27.48
宜州区	Yizhou District	20.75	66.73	34.53	32.20	16.19	55.10	24.64
南丹县	Nandan	9.38	32.78	17.23	15.55	11.56	27.45	14.34
天峨县	Tian'e	5.05	17.63	9.29	8.33	3.93	14.21	6.49
凤山县	Fengshan	6.06	22.17	11.71	10.46	2.99	16.83	6.12
东兰县	Donglan	8.48	31.20	16.53	14.67	4.26	21.75	6.89
罗城仫佬族自治县	Luocheng	12.27	38.61	19.97	18.64	12.15	27.11	12.63
环江毛南族自治县	Huanjiang	11.99	37.82	20.06	17.76	7.65	27.51	11.53
巴马瑶族自治县	Bama	7.87	29.87	15.58	14.29	5.63	23.65	9.44
都安瑶族自治县	Du'an	19.44	72.53	37.69	34.85	20.91	53.56	25.34
大化瑶族自治县	Dahua	13.21	48.56	25.13	23.43	8.09	36.37	14.04
来宾市	**Laibin**	**80.63**	**267.77**	**140.96**	**126.81**	**71.11**	**207.78**	**102.27**
兴宾区	Xingbin District	32.41	114.54	60.62	53.92	33.99	92.92	53.95
忻城县	Xincheng	12.92	42.50	22.12	20.38	8.29	29.80	11.23
象州县	Xiangzhou	11.61	36.58	19.28	17.29	8.40	28.19	11.76
武宣县	Wuxuan	13.80	45.71	24.30	21.41	11.51	34.05	15.43
金秀瑶族自治县	Jinxiu	5.13	15.50	7.98	7.53	4.19	12.92	4.95
合山市	Heshan	4.75	12.95	6.67	6.29	4.74	9.90	4.95
崇左市	**Chongzuo**	**71.80**	**250.71**	**132.53**	**118.18**	**53.24**	**208.26**	**94.75**
江州区	Jiangzhou District	11.30	38.19	20.50	17.69	11.40	43.80	27.33
扶绥县	Fusui	15.05	45.89	24.53	21.37	12.27	40.82	19.81
宁明县	Ningming	11.53	44.14	23.56	20.57	8.10	31.79	11.04
龙州县	Longzhou	8.06	27.31	13.98	13.33	5.35	23.02	8.62
大新县	Daxin	10.32	38.17	19.76	18.41	6.68	28.06	10.55
天等县	Tiandeng	12.03	45.35	24.14	21.21	5.71	27.86	9.07
凭祥市	Pingxiang	3.51	11.67	6.06	5.61	3.73	12.91	8.33

注：本表户籍人口为公安户籍统计年报数，常住人口根据人口抽样调查数据推算。

Note: The data in this table is based on the annual report from Public Security Bureau of Guangxi, and the permanent population is estimated by the population sample surveys.

2－7 主要年份婚姻情况
Marital Status in Main Years

项 目	Item	2000	2005	2010	2015	2019	2020	2021	2022
内地居民登记结婚（万对）	Registered Marriages of Inland Residents (10 000 couples)	31.86	31.47	52.51	41.97	32.66	29.42	27.28	24.87
涉外婚姻（对）	Registered Foreign Marriage (couple)	3700	3411	2018	1613	4258	3018	2555	814
#国内公民（人）	Domestic Individuals (person)	3700	3411	2017	1611	4258	3018	2543	814
初婚（万人）	First Marriage (10 000 persons)	43.53	56.53	96.35	73.30	52.36	47.69	43.81	42.45
再婚（万人）	Remarriage (10 000 persons)	1.40	2.67	6.83	10.64	12.95	11.76	10.75	7.29
离婚人数（万对）	Divorces (10 000 couples)	0.98	2.96	5.49	8.33	12.14	11.58	7.06	7.49

注：本表为民政部门统计数。
Note: The data in this table is provided by Civil Affairs Department.

2—8　主要年份各种规模家庭户构成

Composition of Various Size of Family Household in Main Years

单位：%　　(%)

年份 Year	合计 Total	1人户 One Person	2人户 Two Persons	3人户 Three Persons	4人户 Four Persons	5人户 Five Persons	6人户 Six Persons	7人户 Seven Persons	8人及以上户 Eight Persons and Over	家庭户平均每户人数（人）Average Population of One Family (person)	城镇家庭户平均每户人数 Average Population of One Urban Family	乡村家庭户平均每户人数 Average Population of One Rural Family
1995	100	6.50	9.58	16.84	23.75	19.30	12.50	6.40	5.12	4.31		
2000	100	10.05	13.86	21.67	23.43	17.54	7.63	3.34	2.48	3.81		
2005	100	11.18	20.45	24.71	21.82	13.02	5.25	1.98	1.59	3.37		
2007	100	6.75	18.06	26.33	26.67	13.29	5.67	1.89	1.34	3.56		
2008	100	6.87	19.17	26.56	26.69	12.62	5.31	1.66	1.12	3.48		
2009	100	4.79	9.97	20.81	28.04	20.11	9.28	3.92	3.09	3.53		
2010	100	11.30	12.98	20.23	23.41	16.35	7.97	4.00	3.76	3.34	3.15	
2011	100	13.82	22.09	24.87	19.70	10.99	5.29	1.64	1.61	3.24	3.19	
2012	100	13.27	21.01	23.86	20.68	11.75	5.86	1.87	1.70	3.32	3.03	
2013	100	14.43	20.73	23.32	21.09	10.99	5.61	2.03	1.80	3.29	3.25	
2014	100	13.73	21.13	24.41	19.78	11.29	5.77	2.08	1.81	3.30	3.22	
2015	100	12.57	18.72	22.70	20.96	12.74	6.55	2.81	2.95	3.51	3.46	
2016	100	12.90	19.34	22.91	21.01	12.32	6.36	2.62	2.55	3.46	3.35	3.56
2017	100	13.30	19.96	22.16	20.85	12.17	6.40	2.63	2.53	3.44	3.38	3.50
2018	100	15.16	20.33	21.44	20.13	11.41	6.47	2.62	2.44	3.37	3.31	3.45
2019	100	17.51	22.13	21.27	18.66	10.58	5.66	2.29	1.90	3.20	3.17	3.24
2020	100	25.13	23.71	20.13	15.19	8.28	4.33	1.78	1.45	2.87	2.83	2.91
2021	100	25.45	23.79	20.21	15.12	8.10	4.27	1.73	1.33	2.84	2.78	2.91
2022	100	25.55	23.94	19.81	14.79	8.09	4.52	1.80	1.50	2.87	2.84	2.90

注：本表数据为人口普查、人口抽样调查数据推算数，按常住人口口径统计。

Note: Data in this table are estimated by population census and population sample surveys, which are calculated by permanent population range.

2—9　主要年份人口年龄构成
Population Composition by Age in Main Years

单位：%　　　　(%)

年　份 Year	0-14岁占总人口的比重 Ages Ranging from 0 to 14 as Percentage of Total Population	15-64岁占总人口的比重 Ages Ranging from 15 to 64 as Percentage of Total Population	65岁及以上占总人口的比重 Ages in & above 65 as Percentage of Total Population
1990	33.38	61.20	5.42
2000	26.20	66.49	7.31
2005	23.76	66.67	9.57
2007	22.28	68.45	9.27
2008	22.07	68.48	9.45
2009	22.10	68.50	9.40
2010	21.71	69.05	9.24
2011	21.80	68.37	9.83
2012	21.96	68.30	9.74
2013	21.57	68.77	9.66
2014	21.58	68.75	9.67
2015	22.09	67.94	9.97
2016	22.08	67.97	9.95
2017	22.11	67.94	9.95
2018	22.06	67.98	9.96
2019	22.03	67.97	10.00
2020	23.62	64.18	12.20
2021	22.91	64.50	12.59
2022	22.15	64.71	13.14

注：本表数据为人口普查、人口抽样调查数据推算数，按常住人口口径统计。
Note: Data in this table are estimated by population census and population sample surveys, which are calculated by permanent population range.

2—10 主要年份人口受教育程度构成
Population Composition of Educational Attainment in Main Years

单位：%　　　　(%)

年 份 Year	小学 Primary Schools	初中 Junior Secondary Schools	高中（含中职） Senior Secondary Schools (including specialized secondary schools)	大专及以上 Junior Colleges & above
2000	45.60	35.20	10.40	2.60
2005	39.84	38.19	9.89	3.96
2007	34.64	42.50	12.37	4.64
2008	34.70	43.63	11.39	4.51
2009	33.30	44.42	11.38	5.06
2010	34.85	42.64	12.14	6.58
2011	34.80	42.60	12.20	6.60
2012	33.28	43.97	12.40	6.63
2013	32.57	44.17	12.72	6.92
2014	32.32	44.17	12.79	7.10
2015	31.20	41.10	13.65	9.21
2016	31.12	41.08	13.98	9.21
2017	30.75	41.07	14.50	9.22
2018	30.34	41.05	15.10	9.26
2019	30.26	40.88	15.75	9.26
2020	28.97	37.84	13.48	11.24
2021	28.84	37.61	13.59	11.56
2022	28.66	37.40	13.65	11.89

注：本表数据为人口普查、人口抽样调查数据推算数，按常住人口口径统计。2020—2022年数据为3岁及以上人口，其余年份为6岁及以上人口。

Note: Data in this table are estimated by population census and population sample surveys, which are calculated by permanent population range. Data of 2020—2022 are for the population aged 3 years and above, and the rest years are for the population aged 6 years and above.

2－11 各市人口自然变动情况（2020—2022年）
Natural Population Changes by City（2020—2022）

单位：‰ (‰)

地区	Region	2020			2021			2022		
		出生率 Birth Rate	死亡率 Death Rate	自然增长率 Natural Growth Rate	出生率 Birth Rate	死亡率 Death Rate	自然增长率 Natural Growth Rate	出生率 Birth Rate	死亡率 Death Rate	自然增长率 Natural Growth Rate
广　西	Guangxi	11.36	6.46	4.90	9.68	6.80	2.88	8.51	7.08	1.43
南宁市	Nanning	11.22	5.76	5.46	9.82	6.01	3.80	8.40	6.25	2.15
柳州市	Liuzhou	9.89	6.36	3.53	9.02	6.59	2.43	7.29	6.84	0.45
桂林市	Guilin	9.26	6.65	2.61	8.33	7.18	1.15	6.67	7.57	-0.90
梧州市	Wuzhou	12.88	6.32	6.56	10.82	6.87	3.95	9.05	7.21	1.84
北海市	Beihai	11.43	5.88	5.55	9.92	6.06	3.86	8.58	6.34	2.24
防城港市	Fangchenggang	11.67	5.07	6.60	10.49	5.50	4.99	8.70	5.67	3.03
钦州市	Qinzhou	12.90	5.65	7.25	10.99	5.99	5.00	9.93	6.37	3.56
贵港市	Guigang	11.88	6.35	5.53	10.27	6.92	3.35	9.30	7.24	2.06
玉林市	Yulin	12.83	6.38	6.45	10.90	6.88	4.02	9.64	7.23	2.41
百色市	Baise	10.60	6.82	3.78	8.89	7.10	1.79	8.16	7.40	0.76
贺州市	Hezhou	13.42	6.24	7.18	11.06	6.50	4.56	9.76	6.90	2.86
河池市	Hechi	11.19	7.08	4.11	9.96	7.70	2.26	8.35	7.97	0.38
来宾市	Laibin	11.29	7.41	3.88	9.68	7.95	1.73	8.52	8.37	0.15
崇左市	Chongzuo	9.76	7.53	2.23	8.42	7.99	0.43	7.48	8.39	-0.91

注：本表数据为人口普查、人口抽样调查数据推算数，按常住人口口径统计。
Note: Data in this table are estimated by population census and population sample surveys, which are calculated by permanent population range.

2—12 各市人口年龄构成（2022年末）
Age Composition of Population by City（End of 2022）

单位：万人 (10 000 persons)

地区	Region	常住人口 Permanent Population	各年龄组人口 Population by Age 0-14岁 Age 0-14	15-59岁 Age 15-59	60岁及以上 Ages in & above 60	#65岁及以上 Ages in & above 65
广　西	Guangxi	5047.00	1118.16	3047.78	881.06	663.10
南宁市	Nanning	889.17	173.38	579.00	136.79	102.10
柳州市	Liuzhou	419.12	75.47	268.36	75.29	56.37
桂林市	Guilin	495.63	90.68	299.84	105.11	80.22
梧州市	Wuzhou	283.10	70.20	163.36	49.54	37.56
北海市	Beihai	188.10	38.39	118.08	31.63	23.44
防城港市	Fangchenggang	105.91	23.79	66.55	15.57	11.54
钦州市	Qinzhou	331.81	89.54	186.98	55.29	41.11
贵港市	Guigang	435.56	106.77	254.28	74.51	56.45
玉林市	Yulin	582.30	158.67	327.36	96.27	72.40
百色市	Baise	356.20	73.58	219.77	62.85	47.69
贺州市	Hezhou	203.10	52.21	114.67	36.22	27.24
河池市	Hechi	340.96	79.21	197.96	63.79	47.98
来宾市	Laibin	207.78	45.55	123.44	38.79	29.10
崇左市	Chongzuo	208.26	40.72	128.13	39.41	29.90

注：本表数据为人口抽样调查数据推算数，按常住人口口径统计。
Note: Data in this table are estimated by population census and population sample surveys, which are calculated by permanent population range.

主要统计指标解释

户数 包括家庭户（含单身独居）和集体户。

人口数 指一定时点、一定地区范围内有生命的个人的总和。

人口出生率 指在一定时期内（通常为一年）一定地区的出生人数与同期平均人数（或期中人数）之比，一般用千分率表示。计算公式：

$$人口出生率=\frac{年出生人口}{年平均人口}\times 1000‰$$

式中：出生人数指活产婴儿，即胎儿脱离母体时（不管怀孕月数），有过呼吸或其他生命现象。年平均人数指年初、年底人口数的平均数，也可用年中人口数代替。

出生人数 指活产婴儿，即胎儿脱离母体时（不管怀孕月数），有过呼吸或其他生命现象。

人口死亡率 指在一定时期内（通常为一年）一定地区的死亡人数与同期平均人数（或期中人数）之比，一般用千分率表示。计算公式：

$$人口死亡率=\frac{年死亡人数}{年平均人数}\times 1000‰$$

人口自然增长率 指在一定时期内（通常为一年）人口自然增加数（出生人数减死亡人数）与该时期内平均人数（或期中人数）之比，一般用千分率表示。计算公式：

$$人口自然增长率=\frac{本年出生人数-本年死亡人数}{年平均人数}\times 1000‰$$

或人口自然增长率=人口出生率－人口死亡率

性别比 反映两性人口间比例的指标，指在总人口中或各年龄组人口中，男性人数与女性人数之比。通常以每100个女性人口相对应的男性人口数来表示。计算公式：

$$性别比=\frac{男性人数}{女性人数}\times 100$$

常住人口 包括：

（一）居住本乡、镇、街道，并已在本乡、镇、街道办理常住户口登记的人；

（二）居住在本乡、镇、街道，户口在外乡、镇、街道，离开户口登记地半年以上的人。

（三）居住本乡、镇、街道，户口待定的人；

（四）原住本乡、镇、街道，在国外工作或者学习，暂无常住户口的人。

Explanatory Notes on Main Statistical Indicators

Households include family household (including single household) and collective households.

Total Population refers to the total number of people alive at a certain point of time within a given area.

Birth Rate refers to the ratio of the number of births to the average population (or mid-period population) during a certain period of time (usually a year) in a certain region, which is often expressed in ‰. The following formula is used:

$$\text{Birth Rate}=\frac{\text{Number of Births}}{\text{Annual Average Population}}\times 1000‰$$

In this formula, number of births refers to live births, i.e. the births babies had breathed or showed any vital phenomena regardless of the length of pregnancy, and annual average number of population refers to the average number of population at the beginning and end of the year. Sometimes it is substituted by the mid-year population.

Number of Births refers to live births, i.e. the births babies had breathed or showed any vital phenomena regardless of the length of pregnancy.

Death Rate refers to the ratio of the number of deaths to the average population (or mid-period population) during a certain period of time (usually a year) which is often expressed in ‰. The following formula is used:

$$\text{Death Rate}=\frac{\text{Number of Deaths}}{\text{Annual Average Population}}\times 1000‰$$

Natural Growth Rate of Population refers to the ratio of natural increase in population (number of births minus number of deaths) in a certain period of time (usually a year) to the average population (or mid-period population) to the same period which is often expressed in ‰. The following formula is applied:

$$\text{Natural Growth Rate of Population}=\frac{\text{Number of Births}-\text{Number of Deaths}}{\text{Annual Average Population}}\times 1000‰$$

or: Natural Growth Rate of Population = Birth Rate – Death Rate

Sex Ratio is the indicator reflects the ratio of the population of male to female in total population or various age groups. Generally, it is often expressed in the ratio of male population to 100 female. The calculating formula:

$$\text{Sex Ratio}=\frac{\text{Male Population}}{\text{Female Population}}\times 100$$

Permanent Population includes:

1. The population living in the local countries, towns or streets, and registered as permanent residences in the local countries, towns or streets.

2. The population having been living in the local countries, towns or streets and registered as permanent residences in the local countries, towns or streets, but having been apart from the countries, towns or streets where registered their permanent residences for more than half a year.

3. The population having been living in the local countries, towns or streets for less than half a year, but 4. The population living in the local countries, towns or streets, with undetermined residences.

4. The population once living in the local countries, towns or streets, working or studying in foreign countries now, and without permanent residences temporarily.

市人口 指居住在城区区域上的人口。城区是指在市辖区和不设区的市，区、市政府驻地的实际建设连接到的居民委员会和其他区域。

镇人口 指居住在镇区区域上的人口。镇区是指在城区以外的县人民政府驻地和其他镇，政府驻地的实际建设连接到的居民委员会和其他区域。

户籍人口 是指公民依照《中华人民共和国户口登记条例》，已在其经常居住地的公安户籍管理机关登记了常住户口的人。这类人口不管其是否外出，也不管外出时间长短，只要在某地注册有常住户口，则为该地区的户籍人口。

城镇户籍人口 指城镇区域范围内的户籍人口。

家庭户规模 家庭的大小，亦即家庭成员的多少。

City Population refers to the population living in the urban area. Urban area refers to the municipal districts, the cities without district being set up, the neighborhood committees connected with the actual construction of governments of districts and cities and other areas.

Town Population refers to the population living in the town areas. The town area refers to the seat of town governments and other town beside the urban areas, the neighborhood committees connected with the seat of governments and other areas.

Total Household Registered Population refers to the population of citizen registered permanent residence in the public security household registration authorities of their permanent living places in accordance with the Regulations of the People's Republic of China on Residence Registration. Those who registered permanent residence are counted as household registered population, whether and how long they go out.

Urban Household Registered Population refers to the household registered population in the urban areas.

Household Size refers to the size of a family, or the number of family members.

第三篇 国民经济核算

CHAPTER 3 NATIONAL ECONOMIC ACCOUNTING

（编辑：韦冬艺　熊一珊）

简要说明

(本篇资料由自治区统计局国民经济核算处提供，电话：0771-5854446)

一、本篇资料主要内容

本篇资料反映广西生产总值的基本情况，包括广西生产总值总量、构成及指数，人均生产总值总量及指数，三次产业贡献率，广西各市生产总值总量、人均生产总值及指数等指标。

二、数据来源和统计方法

省、自治区、直辖市生产总值核算由国家统计局国民经济核算司组织实施，各省、自治区、直辖市统计局依据国家统计局统一制定的国民经济核算统计报表制度和方法，利用政府有关部门的行政记录以及统计局相关统计调查的数据资料进行核算。广西各市生产总值由广西壮族自治区统计局依据广西生产总值核算制度和方法进行核算。

三、其他情况说明

本篇2022年地区生产总值有关数据为快报数，其他年份为年度核算数据。

Brief Introduction

(The chapter is provided by the National Accounts Department of the Guangxi Zhuang Autonomous Region Bureau of Statistics, Tel: 0771-5854446)

Main Content

This material reflects the basic situation of GDP in Guangxi, including Guangxi's GDP, composition and indices of GDP, per capita GDP, indices of per capita GDP, share of contributions of the three strata of industry, as well as GDP, per capita GDP, and indices of GDP by city, etc.

The GDP data for 2022 are preliminary figures, while the data for other years are annual accounting data.

3—1 广西生产总值
Gross Domestic Product of Guangxi

（按当年价格计算） (calculated at current prices) 单位：亿元 (100 million yuan)

年份 Year	广西生产总值 Gross Domestic Product	第一产业 Primary Industry	第二产业 Secondary Industry	第三产业 Tertiary Industry	#工业 Industry	#建筑业 Construction	#交通运输、仓储及邮政业 Transport, Storage and Post	#批发、零售和住宿餐饮业 Wholesale, Retail Trade, Hotel and Catering Services	人均地区生产总值（元/人） Per Capita GDP (yuan/person)
1978	75.85	30.77	25.74	19.34	23.29	2.52	3.67	4.43	225
1979	84.59	37.28	27.90	19.41	25.12	2.86	2.94	3.98	246
1980	97.33	43.73	30.70	22.90	27.78	3.01	3.80	5.00	278
1981	113.46	52.17	32.91	28.38	29.71	3.30	4.01	10.40	317
1982	129.15	62.66	34.62	31.87	30.98	3.74	4.25	11.36	354
1983	134.60	63.10	36.99	34.51	32.39	4.70	4.70	11.17	363
1984	150.27	65.75	43.15	41.37	36.97	6.29	5.46	12.31	399
1985	180.97	76.89	54.55	49.53	45.92	8.77	6.11	14.56	471
1986	205.46	84.96	68.85	51.65	58.41	10.62	7.17	12.30	525
1987	241.56	99.17	81.57	60.82	70.96	10.83	9.14	13.55	607
1988	313.28	117.34	100.42	95.52	86.38	14.31	12.46	28.23	770
1989	383.44	148.82	109.67	124.95	97.11	12.86	16.21	44.41	927
1990	449.06	175.40	118.13	155.53	104.79	13.66	20.45	57.53	1066
1991	518.59	193.66	140.64	184.29	123.66	17.36	30.65	62.03	1211
1992	646.60	231.23	186.99	228.38	161.44	26.04	38.96	74.92	1490
1993	871.70	250.11	320.26	301.33	273.03	48.07	48.49	101.66	1982
1994	1198.29	333.79	468.57	395.93	404.59	65.22	55.12	130.96	2675
1995	1497.56	453.15	534.45	509.96	461.25	74.61	73.76	168.97	3304
1996	1697.90	534.88	585.83	577.19	503.32	84.05	88.77	200.72	3706
1997	1817.25	582.74	612.46	622.05	524.49	89.58	95.20	223.52	3928
1998	1911.30	586.70	665.57	659.03	561.34	105.95	98.65	247.04	4346
1999	1971.41	567.72	680.59	723.10	570.76	111.58	114.07	267.96	4444
2000	2080.04	557.38	730.88	791.78	612.33	120.43	125.36	290.02	4652
2001	2279.34	576.34	769.22	933.78	639.54	131.64	145.86	312.68	5058
2002	2523.73	601.99	844.75	1076.99	699.15	147.74	174.63	342.28	5558
2003	2798.17	659.59	955.14	1183.44	788.41	169.15	182.20	376.89	6119
2004	3305.12	810.14	1151.14	1343.84	953.64	200.42	201.05	425.46	7182
2005	3742.14	904.80	1324.25	1513.09	1098.38	229.24	207.27	445.35	8068
2006	4417.77	1024.31	1604.68	1788.78	1343.19	265.61	215.42	493.31	9421
2007	5474.79	1214.87	2073.99	2185.93	1762.12	317.27	247.82	572.21	11542
2008	6455.43	1422.25	2466.03	2567.15	2088.03	384.40	308.75	649.41	13471
2009	7112.91	1425.54	2715.26	2972.11	2241.40	480.73	342.35	743.30	14708
2010	8552.44	1639.67	3465.20	3447.57	2875.51	598.50	427.94	878.62	18070
2011	10299.94	2006.43	4241.18	4052.33	3504.07	747.85	515.73	1081.09	22234
2012	11303.55	2126.41	4503.08	4674.06	3643.80	870.44	541.43	1296.31	24181
2013	12448.36	2290.64	4709.33	5448.39	3699.72	1013.03	580.43	1418.15	26416
2014	13587.82	2413.44	5145.55	6028.83	4023.83	1125.97	624.32	1463.35	28603
2015	14797.80	2565.45	5391.00	6841.35	4159.05	1232.81	689.28	1542.28	30890
2016	16116.55	2800.29	5620.96	7695.30	4307.32	1315.03	737.16	1652.14	33340
2017	17790.68	2878.30	6138.25	8774.13	4680.06	1465.96	804.61	1808.49	36441
2018	19627.81	3021.09	6692.87	9913.85	5101.92	1606.58	867.14	1950.26	39837
2019	21237.14	3389.67	7046.43	10801.04	5246.57	1816.05	902.04	2135.82	42778
2020	22120.87	3645.92	7046.84	11428.11	5172.76	1889.00	889.69	2154.39	44237
2021	25209.09	4051.30	8513.86	12643.93	6439.75	2091.67	1077.87	2466.27	50137
2022	26300.87	4269.81	8938.57	13092.49	6775.89	2180.36	1098.29	2542.19	52164

注：1. 表中数据行业分类依据《国民经济行业分类》（GB/T4754—2017）确定。三次产业分类依据国家统计局2018年修订的《三次产业划分规定》确定。

2. 2003—2018年数据依据全国第四次经济普查结果进行修订。

Note: 1. The data in this table has been adjusted by *National Economical Industry Classification* (GB/T4754—2017). Classification of three industries was based on *Regulations on the division of three industries* by National Bureau of statistics 2018.

2. Data from 2003 to 2018 has been revised according to The Fourth National Economic Census.

3－2 广西生产总值构成

Composition of Gross Domestic Product

（按当年价格计算） (calculated at current prices) 单位：%（%）

年份 Year	广西生产总值 Gross Domestic Product	第一产业 Primary Industry	第二产业 Secondary Industry	第三产业 Tertiary Industry	#工业 Industry	#建筑业 Construction	#交通运输、仓储及邮政业 Transport, Storage and Post	#批发、零售和住宿餐饮业 Wholesale, Retail Trade, Hotel and Catering Services
1978	100.0	40.6	33.9	25.5	30.7	3.3	4.8	5.8
1979	100.0	44.1	33.0	22.9	29.7	3.4	3.5	4.7
1980	100.0	44.9	31.5	23.5	28.5	3.1	3.9	5.1
1981	100.0	46.0	29.0	25.0	26.2	2.9	3.5	9.2
1982	100.0	48.5	26.8	24.7	24.0	2.9	3.3	8.8
1983	100.0	46.9	27.5	25.6	24.1	3.5	3.5	8.3
1984	100.0	43.8	28.7	27.5	24.6	4.2	3.6	8.2
1985	100.0	42.5	30.1	27.4	25.4	4.8	3.4	8.0
1986	100.0	41.4	33.5	25.1	28.4	5.2	3.5	6.0
1987	100.0	41.1	33.8	25.2	29.4	4.5	3.8	5.6
1988	100.0	37.5	32.1	30.5	27.6	4.6	4.0	9.0
1989	100.0	38.8	28.6	32.6	25.3	3.4	4.2	11.6
1990	100.0	39.1	26.3	34.6	23.3	3.0	4.6	12.8
1991	100.0	37.3	27.1	35.5	23.8	3.3	5.9	12.0
1992	100.0	36.0	28.9	35.0	25.0	4.0	6.0	11.6
1993	100.0	28.7	36.7	34.6	31.3	5.5	5.6	11.7
1994	100.0	27.9	39.1	33.0	33.8	5.4	4.6	10.9
1995	100.0	30.3	35.7	34.1	30.8	5.0	4.9	11.3
1996	100.0	31.5	34.5	34.0	29.6	5.0	5.2	11.8
1997	100.0	32.1	33.7	34.2	28.9	4.9	5.2	12.3
1998	100.0	30.7	34.8	34.5	29.4	5.5	5.2	12.9
1999	100.0	28.8	34.5	36.7	29.0	5.7	5.8	13.6
2000	100.0	26.8	35.1	38.1	29.4	5.8	6.0	13.9
2001	100.0	25.3	33.7	41.0	28.1	5.8	6.4	13.7
2002	100.0	23.9	33.5	42.7	27.7	5.9	6.9	13.6
2003	100.0	23.6	34.1	42.3	28.2	6.0	6.5	13.5
2004	100.0	24.5	34.8	40.7	28.9	6.1	6.1	12.9
2005	100.0	24.2	35.4	40.4	29.4	6.1	5.5	11.9
2006	100.0	23.2	36.3	40.5	30.4	6.0	4.9	11.2
2007	100.0	22.2	37.9	39.9	32.2	5.8	4.5	10.5
2008	100.0	22.0	38.2	39.8	32.3	6.0	4.8	10.1
2009	100.0	20.0	38.2	41.8	31.5	6.8	4.8	10.5
2010	100.0	19.2	40.5	40.3	33.6	7.0	5.0	10.3
2011	100.0	19.5	41.2	39.3	34.0	7.3	5.0	10.5
2012	100.0	18.8	39.8	41.4	32.2	7.7	4.8	11.5
2013	100.0	18.4	37.8	43.8	29.7	8.1	4.7	11.4
2014	100.0	17.8	37.9	44.4	29.6	8.3	4.6	10.8
2015	100.0	17.3	36.4	46.2	28.1	8.3	4.7	10.4
2016	100.0	17.4	34.9	47.7	26.7	8.2	4.6	10.3
2017	100.0	16.2	34.5	49.3	26.3	8.2	4.5	10.2
2018	100.0	15.4	34.1	50.5	26.0	8.2	4.4	9.9
2019	100.0	16.0	33.2	50.9	24.7	8.6	4.2	10.1
2020	100.0	16.5	31.9	51.7	23.4	8.5	4.0	9.7
2021	100.0	16.1	33.8	50.2	25.5	8.3	4.3	9.8
2022	100.0	16.2	34.0	49.8	25.8	8.3	4.2	9.7

3—3 广西生产总值指数

Indices of Gross Domestic Product

(按可比价格计算，以上年为100) (calculated at comparable prices, preceding year = 100)

年 份 Year	广西生产总值 Gross Domestic Product	第一产业 Primary Industry	第二产业 Secondary Industry	第三产业 Tertiary Industry	#工业 Industry	#建筑业 Construction	#交通运输、仓储及邮政业 Transport, Storage and Post	#批发、零售和住宿餐饮业 Wholesale, Retail Trade, Hotel and Catering Services	人均地区生产总值 Per Capita GDP
1978	112.0	102.3	100.3	147.5	100.0	103.9	119.3	123.7	109.9
1979	103.3	105.5	105.4	98.4	105.2	108.9	100.9	91.7	101.3
1980	110.1	112.6	107.4	110.2	108.5	91.9	129.0	115.1	108.0
1981	108.2	102.8	105.5	122.1	106.9	92.7	106.1	205.2	105.8
1982	112.3	118.5	105.0	110.6	104.1	114.7	109.9	106.8	110.2
1983	103.5	99.3	107.0	106.9	105.0	125.6	104.1	100.6	101.9
1984	107.3	97.8	113.6	115.4	112.6	121.9	117.8	108.0	105.5
1985	111.2	105.0	119.1	111.1	117.8	128.4	107.7	109.2	109.2
1986	106.4	105.7	118.1	93.9	119.4	109.2	106.5	79.7	104.5
1987	109.3	105.7	111.9	110.7	114.5	92.6	119.6	103.4	107.6
1988	104.8	94.2	108.8	113.5	108.1	114.9	117.7	137.2	102.3
1989	103.4	112.4	99.2	99.0	100.7	86.0	102.3	82.9	101.8
1990	107.0	108.5	106.4	105.8	106.6	104.5	93.4	96.8	104.9
1991	112.8	109.7	116.0	113.8	114.8	125.0	131.7	106.2	110.9
1992	118.3	112.9	128.0	116.6	127.9	128.5	119.7	112.9	116.8
1993	118.3	99.6	144.9	115.2	145.1	143.8	108.4	116.9	116.7
1994	115.2	106.0	127.3	110.8	128.3	120.0	111.7	104.2	113.2
1995	111.4	115.6	108.6	111.1	108.2	111.4	116.0	111.2	110.0
1996	108.3	107.2	109.3	108.2	109.4	108.8	113.5	113.3	107.2
1997	108.0	111.2	106.3	107.2	106.4	106.1	106.6	111.3	107.0
1998	110.0	106.8	112.8	109.8	112.7	113.7	101.9	117.8	115.7
1999	107.9	107.6	106.6	109.8	106.1	109.5	113.9	109.6	107.0
2000	107.6	100.2	108.3	113.4	108.2	108.9	112.1	108.6	106.8
2001	108.3	103.4	108.0	111.8	108.0	108.2	107.2	109.7	107.4
2002	110.6	107.3	111.3	112.0	110.9	113.1	110.6	110.1	109.7
2003	109.1	104.0	111.5	110.3	111.1	113.9	112.5	109.2	108.4
2004	110.3	104.4	112.6	111.7	112.0	115.2	116.8	103.8	109.6
2005	111.1	107.2	113.8	110.8	113.8	113.6	107.3	110.3	110.2
2006	111.1	106.6	114.2	111.1	114.7	111.8	104.4	104.9	109.9
2007	113.0	104.0	117.6	113.9	119.0	110.6	102.1	107.0	111.7
2008	110.3	104.9	113.2	110.4	114.2	107.6	116.9	104.2	109.1
2009	111.5	105.1	114.7	111.5	112.6	126.8	107.4	113.3	110.4
2010	111.7	104.8	114.9	111.8	114.3	118.0	118.7	111.2	114.2
2011	111.5	104.9	115.3	110.8	115.3	115.1	108.1	115.5	113.9
2012	110.1	105.4	110.4	112.0	109.5	114.7	100.2	114.0	109.1
2013	110.0	104.0	109.4	113.2	107.6	116.7	110.3	108.9	109.1
2014	108.3	103.9	108.0	110.4	108.0	108.2	107.4	105.5	107.5
2015	107.9	103.9	105.6	111.7	104.7	109.4	109.0	103.5	107.0
2016	107.0	103.4	104.9	110.0	104.3	107.3	105.9	106.4	106.0
2017	107.1	104.2	104.1	110.3	104.0	105.0	105.4	108.0	106.0
2018	106.8	105.5	103.8	109.3	104.2	103.1	106.9	106.3	105.8
2019	106.0	105.6	105.5	106.4	104.0	110.4	105.8	105.6	105.2
2020	103.7	105.4	102.1	104.1	101.2	104.8	98.2	100.4	102.9
2021	107.9	108.7	107.5	108.0	109.3	102.9	116.0	112.2	107.3
2022	102.9	105.0	103.2	102.0	103.1	103.8	98.2	101.7	102.6

3－4 广西生产总值指数
Indices of Gross Domestic Product

(按可比价格计算，以1978年为100) (calculated at comparable prices, year of 1978 = 100)

年 份 Year	广西生产总值 Gross Domestic Product	第一产业 Primary Industry	第二产业 Secondary Industry	第三产业 Tertiary Industry	#工业 Industry	#建筑业 Construction	#交通运输、仓储及邮政业 Transport, Storage and Post	#批发、零售和住宿餐饮业 Wholesale, Retail Trade, Hotel and Catering Services	人均地区生产总值 Per Capita GDP
1978	100.0	100.0	100.0	100.0	100.0	100.0	100.0	100.0	100.0
1979	103.3	105.5	105.4	98.4	105.2	108.9	100.9	91.7	101.3
1980	113.7	118.8	113.2	108.4	114.1	100.0	130.2	105.5	109.4
1981	123.0	122.1	119.5	132.4	122.0	92.7	138.1	216.5	115.7
1982	138.1	144.8	125.4	146.4	127.0	106.3	151.8	231.3	127.5
1983	143.0	143.7	134.2	156.5	133.4	133.6	158.0	232.8	129.9
1984	153.3	140.6	152.5	180.6	150.2	162.8	186.1	251.4	137.0
1985	170.5	147.6	181.5	200.5	176.9	209.0	200.5	274.6	149.6
1986	181.5	156.0	214.3	188.2	211.2	228.2	213.5	218.9	156.3
1987	198.4	164.9	239.9	208.5	241.8	211.3	255.3	226.2	168.1
1988	207.9	155.4	260.9	236.6	261.4	242.9	300.5	310.5	172.0
1989	214.9	174.7	258.8	234.2	263.3	209.0	307.4	257.5	175.1
1990	229.9	189.5	275.4	247.8	280.6	218.3	287.2	249.2	183.8
1991	259.2	207.8	319.4	282.0	322.2	272.9	378.2	264.6	203.8
1992	306.6	234.6	408.8	328.9	412.0	350.7	452.7	298.6	237.9
1993	362.6	233.7	592.4	378.9	597.9	504.3	490.8	349.1	277.6
1994	417.8	247.7	754.0	419.6	767.1	605.1	548.2	363.8	314.2
1995	465.3	286.4	818.6	466.2	830.0	674.2	636.0	404.5	345.7
1996	504.1	307.0	895.0	504.4	908.0	733.4	721.8	458.3	370.5
1997	544.6	341.4	951.8	541.0	965.9	778.2	769.4	510.1	396.4
1998	599.3	364.4	1073.4	593.8	1088.2	884.4	784.0	600.9	458.8
1999	646.7	392.3	1143.7	652.2	1155.1	968.8	892.9	658.6	490.9
2000	695.9	393.1	1238.5	739.5	1249.8	1055.1	1000.9	715.2	524.2
2001	753.3	406.6	1338.1	827.0	1349.9	1141.6	1073.0	784.6	562.9
2002	832.8	436.3	1488.8	926.5	1497.0	1291.2	1186.8	863.8	617.8
2003	909.0	453.6	1660.5	1021.5	1662.6	1470.7	1335.2	943.6	669.5
2004	1002.5	473.5	1869.0	1141.2	1862.2	1694.3	1559.4	979.0	733.6
2005	1113.7	507.7	2126.0	1264.7	2118.8	1924.7	1673.3	1079.5	808.8
2006	1237.3	541.0	2428.5	1405.0	2431.1	2151.2	1747.1	1131.9	888.8
2007	1397.7	562.7	2855.2	1600.7	2893.1	2378.6	1784.2	1211.5	992.5
2008	1541.0	590.4	3231.2	1766.4	3304.4	2560.0	2086.6	1262.9	1083.3
2009	1717.6	620.7	3707.6	1969.1	3720.5	3246.2	2240.9	1430.3	1196.3
2010	1918.8	650.4	4261.7	2201.5	4253.4	3831.4	2660.6	1590.8	1365.7
2011	2139.1	682.5	4911.7	2439.5	4903.9	4408.2	2876.8	1837.0	1555.5
2012	2355.8	719.5	5420.2	2732.5	5367.6	5054.5	2882.0	2094.0	1697.6
2013	2591.0	748.0	5929.1	3091.8	5773.5	5897.9	3177.7	2279.6	1852.1
2014	2807.0	776.9	6405.6	3412.7	6236.4	6380.9	3412.2	2404.7	1990.5
2015	3029.8	807.5	6765.0	3810.9	6529.5	6979.9	3719.6	2490.0	2130.4
2016	3241.8	835.1	7099.8	4190.3	6808.0	7488.8	3937.5	2649.6	2259.0
2017	3470.5	870.0	7391.1	4621.2	7079.2	7859.7	4151.2	2860.9	2394.6
2018	3705.4	917.5	7673.5	5051.0	7375.6	8103.2	4436.3	3041.8	2533.3
2019	3925.9	968.4	8096.8	5372.8	7672.3	8945.9	4693.6	3211.9	2663.8
2020	4069.6	1020.3	8269.3	5595.4	7768.1	9372.5	4609.8	3225.8	2741.3
2021	4392.7	1108.8	8892.1	6040.6	8493.0	9647.3	5349.4	3618.7	2942.8
2022	4519.7	1164.1	9180.8	6161.6	8752.5	10011.9	5255.5	3680.0	3019.5

3—5 三次产业贡献率（1990—2022年）

Share of Contributions of the Three Strata of Industry（1990—2022）

（按可比价格计算）（calculated at comparable prices） 单位：%（%）

年 份 Year	地区生产总值 Gross Domestic Product	第一产业 Primary Industry	第二产业 Secondary Industry	第三产业 Tertiary Industry	#工业 Industry	建筑业 Construction
1990	100.0	42.6	35.1	22.4	33.0	
1991	100.0	29.6	33.0	37.5	27.1	
1992	100.0	26.8	41.4	31.8	36.3	
1993	100.0	-0.8	72.1	28.7	63.5	8.8
1994	100.0	12.0	64.3	23.7	58.6	5.9
1995	100.0	38.6	29.9	31.5	25.3	4.7
1996	100.0	25.2	43.2	31.6	38.4	4.9
1997	100.0	40.2	30.8	29.0	27.3	3.5
1998	100.0	20.0	48.9	31.1	42.8	6.2
1999	100.0	27.8	32.6	39.6	27.0	5.7
2000	100.0	0.8	42.3	57.0	36.8	5.6
2001	100.0	11.2	34.3	54.6	28.6	5.8
2002	100.0	17.7	37.4	44.9	30.3	7.2
2003	100.0	10.8	44.5	44.7	35.6	9.0
2004	100.0	10.1	44.0	45.9	35.0	9.1
2005	100.0	14.6	45.6	39.8	37.8	7.9
2006	100.0	14.3	45.3	40.4	39.0	6.5
2007	100.0	7.2	49.3	43.5	44.4	5.0
2008	100.0	10.2	48.6	41.2	44.3	4.5
2009	100.0	9.1	50.0	40.9	36.4	13.8
2010	100.0	7.8	51.0	41.1	40.9	10.3
2011	100.0	8.2	53.8	38.0	44.8	9.2
2012	100.0	9.7	42.8	47.5	32.5	10.5
2013	100.0	6.9	39.5	53.7	26.2	12.6
2014	100.0	7.6	40.2	52.2	32.5	7.8
2015	100.0	7.8	29.4	62.8	20.0	9.4
2016	100.0	8.5	25.8	65.8	17.1	8.7
2017	100.0	9.9	20.8	69.3	15.5	5.9
2018	100.0	13.1	19.6	67.2	16.5	3.7
2019	100.0	15.0	31.3	53.7	17.6	13.8
2020	100.0	23.5	19.6	56.9	8.7	10.7
2021	100.0	18.0	30.2	51.8	27.5	3.2
2022	100.0	28.6	35.6	35.8	25.0	10.6

3-6 各市生产总值、人均地区生产总值（2022年）
GDP and Per Capita GDP by City（2022）

（按当年价格计算）（calculated at current prices） 单位：亿元（100 million yuan）

城 市	City	地 区 生产总值 Gross Domestic Product	第一产业增加值 Primary Industry	第二产业增加值 Secondary Industry	第三产业增加值 Tertiary Industry	#工业 Industry	建筑业 Construction	人均地区生产总值（元/人） Per Capita GDP (yuan/person)
南宁市	Nanning	5218.34	601.51	1182.81	3434.03	640.84	544.38	58883
柳州市	Liuzhou	3109.09	285.23	1292.44	1531.42	1067.17	235.04	74322
桂林市	Guilin	2435.75	620.12	527.63	1288.00	314.06	214.51	49196
梧州市	Wuzhou	1419.67	200.70	584.19	634.78	492.84	92.84	50185
北海市	Beihai	1674.21	239.55	761.53	673.14	689.88	73.03	89211
防城港市	Fangchenggang	968.08	125.14	517.84	325.09	464.44	53.53	91505
钦州市	Qinzhou	1917.00	338.38	678.61	900.01	519.72	158.99	57838
贵港市	Guigang	1572.10	277.87	556.34	737.89	437.74	119.00	36116
玉林市	Yulin	2167.46	430.67	625.46	1111.33	399.86	225.90	37245
百色市	Baise	1729.10	309.45	788.55	631.10	662.64	126.06	48475
贺州市	Hezhou	972.16	177.04	387.47	407.66	282.82	104.71	47918
河池市	Hechi	1135.54	260.08	337.71	537.75	265.00	72.76	33258
来宾市	Laibin	901.23	196.56	282.08	422.59	212.90	69.27	43374
崇左市	Chongzuo	1081.00	207.57	415.77	457.66	325.81	90.33	51843

3-7 各市生产总值、人均地区生产总值指数（2022年）
Indices of GDP and Per Capita GDP by City（2022）

(按可比价格计算，以上年为100)　　(calculated at comparable prices, preceding year = 100)

城　市	City	地　区 生产总值 Gross Domestic Product	第一产业 Primary Industry	第二产业 Secondary Industry	第三产业 Tertiary Industry	#工业 Industry	建筑业 Construction	人均地区 生产总值 Per Capita GDP
南宁市	Nanning	101.4	104.4	100.1	101.2	101.1	99.0	100.6
柳州市	Liuzhou	99.0	104.6	98.4	98.6	97.7	102.3	98.7
桂林市	Guilin	102.5	106.0	103.2	100.6	104.3	101.5	102.3
梧州市	Wuzhou	104.0	104.4	100.2	106.7	99.5	103.5	103.9
北海市	Beihai	103.5	104.1	106.9	100.3	107.3	103.9	102.8
防城港市	Fangchenggang	105.1	104.2	105.5	104.8	108.7	86.0	104.5
钦州市	Qinzhou	108.2	105.0	111.0	108.0	109.3	115.1	108.1
贵港市	Guigang	103.2	104.2	103.2	102.9	102.2	106.9	102.8
玉林市	Yulin	102.5	104.6	101.3	102.3	98.6	105.4	102.3
百色市	Baise	104.2	105.2	105.3	102.6	104.9	107.5	104.4
贺州市	Hezhou	103.4	105.9	106.2	100.3	105.7	107.4	102.9
河池市	Hechi	103.9	105.7	105.5	102.2	105.4	105.5	104.1
来宾市	Laibin	103.6	105.2	103.1	103.2	102.5	104.7	103.6
崇左市	Chongzuo	106.1	104.7	114.0	101.6	113.5	115.6	106.4

主要统计指标解释

国内生产总值（GDP） 指按市场价格计算的一个国家所有常住单位在一定时期内生产活动的最终成果。国内生产总值有三种表现形态，即价值形态、收入形态和产品形态。从价值形态看，它是所有常住单位在一定时期内生产的全部货物和服务价值与同期投入的全部非固定资产货物和服务价值的差额，即所有常住单位的增加值之和；从收入形态看，它是所有常住单位在一定时期内创造并分配给常住单位和非常住单位的初次收入之和；从产品形态看，它是所有常住单位在一定时期内最终使用的货物和服务价值与货物和服务净出口价值之和。在实际核算中，国内生产总值有三种计算方法，即生产法、收入法和支出法。三种方法分别从不同的方面反映国内生产总值及其构成。

对于一个地区来说，称为地区生产总值或地区GDP。

三次产业 三次产业的划分是世界上较为常用的产业结构分类，但各国的划分不尽一致。根据国家统计局《三次产业划分规定》和《国民经济行业分类》（GB/T 4754—2017），我国的三次产业划分是：

第一产业是指农、林、牧、渔业（不含农、林、牧、渔专业及辅助性活动业）。

第二产业是指采矿业（不含开采专业及辅助活动），制造业（不含金属制品、机械和设备修理业），电力、热力、燃气及水生产和供应业，建筑业。

第三产业即服务业，是指除第一、二产业以外的其他行业。

增加值 是指常住单位生产过程中创造的新增价值和固定资产的转移价值。它可以按生产法计算，也可以按收入法计算。按生产法计算，它等于总产出减去中间投入后的差额；按收入法计算，它等于劳动者报酬、生产税净额、固定资产折旧和营业盈余之和。

Explanatory Notes on Main Statistical Indicators

Gross Domestic Product refers to the final products produced by all resident units in a country during a certain period of time. Gross domestic product (GDP) is expressed in three different perspectives, namely value, income, and products respectively. GDP in its value perspective refers to the balance of total value of all goods and services produced by all resident units during a certain period of time, minus the total value of input of goods and services of the nature of non-fixed assets; in other words, it is the sum of the value-added of all resident units. GDP from the perspective of income refers to the sum of all kinds of revenue, including compensation of employees, net taxes on production, depreciation of fixed assets, and operating surplus. GDP from the perspective of products refers to the value of all goods and services for final demand by all resident unit plus the net exports of goods and services during a given period of time. In the practice of national accounting, gross domestic product is calculated by three approaches, namely production approach, income approach and expenditure approach, which reflect gross domestic product and its composition from different angles.

For a region, it is called as gross regional product (GRP) or regional GDP.

Three Strata of Industry Classification of economic activities into three strata of industries is a common practice in the world, although the grouping varies to some extent from country to country. In China, according to *Industrial Classification for National Economic Activities* (GB/T 4754-2017) and *Rules on Division of Three Strata of Industries*, economic activities are categorized into the following three strata of industries:

Primary industry refers to agriculture, forestry, animal husbandry and fishery industries (not including services in support of agriculture, forestry, animal husbandry and fishery industries, and its subsidiary activities).

Secondary industry refers to mining and quarrying (not including support activities for mining), manufacturing (not including repair service of metal products, machinery and equipment), production and supply of electricity, heat, gas and water, and construction.

Tertiary industry refers to all other economic activities not included in the primary or secondary industries.

Value Added refers to the newly increased value and the transfer value of fixed assets created by all resident units. It can be calculated by production approach and income approach. In terms of product approach, it is the balance of total output minus intermediate input. In terms of income approach, it is the summation of laborers remuneration, net taxes on production, depreciation of fixed assets and operating surplus.

第四篇　从业人员和职工工资

CHAPTER 4　EMPLOYMENT AND WAGES

（编辑：韦　昆）

简要说明

（本篇资料由自治区统计局人口和就业统计处整理编辑，电话：0771-5858494）

一、本篇资料主要内容及来源

（一）广西年度就业及职工工资（劳动报酬）水平情况。（自治区统计局人口处）

（二）基本医疗保险的数据来源为自治区医保局，其他数据来源为自治区人力资源和社会保障厅。

二、调查方法

（一）从4—2表至4—13表的主要数据来源于工资统计调查，调查方法为全面调查与抽样调查相结合，调查范围是城镇地域非私营单位。4—3表中从业人员总计和一、二、三产次从业人员为推算数据，与4—1表相对应。采取抽样调查后，按照最新的工资统计制度要求，5人以下法人单位不纳入统计调查范围也不进行数据推算，所以本篇4—4、4—5、4—11、4—12表相关城镇单位从业人员数据并不全面。

（二）4—16表的数据来源于工资统计调查，调查方法主要为抽样调查，调查范围是城镇地域私营单位。抽样代表性仅为省（自治区）一级，没有地级市、县（区）数据。

三、其他情况说明

（一）本篇自2022年起，由“城镇单位”调整为“城镇非私营单位”。对应的统计指标，如“城镇单位在岗职工平均工资”均为“城镇非私营单位在岗职工平均工资”。

（二）4—1表中的“劳动力资源总数”“从业人员合计”“城镇从业人员”“乡村从业人员”根据人口普查、人口变动调查及有关统计数据综合推算得出（自2010年起按常住人口口径推算）。2010—2019年相关推算数据根据第七次全国人口普查结果进行了修订。

（三）由于统计制度调整，从2021年鉴开始，4—4、4—5、4—6、4—7、4—8表中“按企业、事业、机关分”改为“按执行会计类别分”，不再设置“事业”“机关”，统一为“政府”。

（四）市场监管局自2020年度起取消相关从业人员指标，原4—1表中“私营企业”“个体”从业人员指标自2020年度起相应删除。

（五）原4—18主要年份离休、退休、退职人员和保险福利费用情况表（2019及以前年份统计年鉴），数据来源单位为自治区人力资源和社会保障厅，因人社机构改革职能发生变动，根据数据来源单位提出的要求，该表自2020年鉴起取消。

Brief Introduction

(This information is compiled and edited by the Population and Employment Division of the Guangxi Zhuang Autonomous Region Bureau of Statistics, Tel: 0771-5858494)

Main Contents and Sources

(i)Annual employment and wage (remuneration) level of employees in Guangxi. (by Population Division of the Guangxi Zhuang Autonomous Region Bureau of Statistics)

(ii)Basic Medical Insurance by Medical Insurance Bureau of Guangxi, Others by Department of Human Resources and Social Security of Autonomous Region.

4—1 主要年份就业和劳动报酬基本情况

指 标	Items	1995	2000	2005
劳动力资源总数（万人）	**Total of Labor Force (10 000 persons)**	**2907**	**3203**	**3536**
占人口总数比重（%）	Proportion in Total Population (%)	64.0	67.4	71.8
劳动力资源利用率（%）	Utilization Ratio of Labor Force (%)	82.0	80.1	76.4
从业人员合计（万人）	**Total Employed Persons (10 000 persons)**	**2383**	**2566**	**2703**
第一产业	Primary Industry	1583	1571	1519
第二产业	Secondary Industry	282	278	322
第三产业	Tertiary Industry	518	717	862
从业人员构成（%）	**Composition of Employment Person (%)**			
第一产业	Primary Industry	66.4	61.2	56.2
第二产业	Secondary Industry	11.8	10.8	11.9
第三产业	Tertiary Industry	21.8	28.0	31.9
按城乡分从业人员	**Employed Persons by Urban and Rural Areas**			
城镇从业人员（万人）	Urban Employed (10 000 persons)	405	421	785
乡村从业人员（万人）	Rural Employed (10 000 persons)	1965	2145	2275
按登记注册类型分城镇非私营单位就业人员（万人）	**Number of Employed Person in Urban Non-private Units by Status of Registratio (10 000 persons)**			
国有单位	State-owned Units	293.45	234.52	199.00
城镇集体单位	Urban Collective-owned Units	48.72	28.36	20.00
股份合作单位	Cooperative Share-holding Units		1.39	2.00
联营单位	Joint-owned Units	0.42	0.34	1.00
有限责任公司	Limited-liability Companies		15.09	34.00
股份有限公司	Share-holding Limited Companies	6.00	8.79	11.00
港澳台商投资单位	Units with investment from Hong Kong, Macao and Taiwan	1.62	2.97	5.50
外商投资单位	Foreign-invested Enterprises	5.66	3.83	6.20
在岗职工人数（万人）	Number of Staff and Workers at Post (10 000 persons)	343.00	283.00	269.00
国有单位	State-owned Units	283.00	225.00	189.00
城镇集体单位	Urban Collective-owned Units	47.00	26.00	18.00
其他类型单位	Others	13.00	32.00	62.00
城镇单位从业人员劳动报酬	**Remuneration of Employed Persons in Urban Units**			
非私营单位从业人员平均劳动报酬（元）	Average Remuneration of Employed Persons in Non-private Enterprises (Yuan)	5105	6772	15079
国有单位	State-owned Units	5226	7081	15668
城镇集体单位	Urban Collective-owned Units	4064	4471	10392
城镇私营单位从业人员平均劳动报酬（元）	**Average Remuneration of Employed Persons in Private Units (Yuan)**			
城镇登记失业人数（万人）	**Number of Registered Unemployed Persons in Urban Areas (10 000 persons)**	**10.10**	**11.30**	**18.51**
城镇登记失业率（%）	**Registered Unemployed Rate in Urban Areas (%)**	**2.4**	**3.2**	**4.2**

注：1.劳动力资源总数、从业人员人数为人口普查、人口抽样调查数据推算数，自2010年起为常住人口口径。2010—2019年数据根据最新的第七次全国人口普查结果进行了修订。

2.根据国家劳动统计报表制的统一规定，从2013年年报起，将原属于乡镇企业的“四上”企业（即规模以上工业企业，有资质的建筑业及全部房地产开发经营企业，限额以上批发和零售业、限额以上住宿餐饮业企业，部分规模以上服务业企业）纳入城镇单位从业人员与工资统计范围。

Employment and Remuneration in Main Years

2010	2015	2016	2017	2018	2019	2020	2021	2022
3335	**3449**	**3479**	**3514**	**3543**	**3571**	**3604**	**3630**	**3650**
72.3	71.7	71.6	71.6	71.6	71.7	71.9	72.1	72.3
79.9	75.2	74.3	73.0	72.3	71.6	71.0	70.1	68.7
2666	**2595**	**2583**	**2566**	**2562**	**2558**	**2558**	**2544**	**2508**
1786	1297	1207	1110	1024	951	866	842	857
315	497	528	556	597	625	655	659	635
565	801	848	900	941	982	1037	1043	1016
67.0	50.0	46.7	43.3	40.0	37.2	33.9	33.1	34.2
11.8	19.2	20.4	21.7	23.3	24.4	25.6	25.9	25.3
21.2	30.9	32.8	35.1	36.7	38.4	40.5	41.0	40.5
984	1198	1228	1260	1289	1313	1339	1359	1331
1682	1397	1355	1306	1273	1245.0	1219	1185	1177
203.32	202.37	201.82	201.61	199.10	195.52	190.92	187.6	189.29
17.27	13.27	13.21	12.44	10.85	10.20	7.51	6.03	4.90
2.96	2.06	1.88	1.67	1.51	1.55	2.67	2.48	2.13
0.75	0.14	0.11	0.07	0.07	0.04	0.12	0.11	0.12
49.82	125.21	123.25	125.95	125.28	146.88	152.44	154.07	146.07
15.15	27.55	27.41	24.62	25.41	22.33	23.94	25.87	23.52
8.23	16.36	16.17	16.38	11.27	10.06	8.24	8.56	7.87
8.99	12.92	12.98	11.39	10.49	12.26	17.28	17.46	14.79
291.98	329.60	325.50	316.73	304.44	319.81	325.64	334.3	333.55
187.53	178.80	178.36	175.28	173.45	175.55	174.69	171.92	172.21
13.57	10.08	9.62	8.78	7.45	6.95	4.81	4.03	3.32
90.87	140.72	137.50	132.67	123.54	137.32	146.14	158.35	158.03
30673	52982	57878	63821	70606	76479	82751	88170	92066
32587	57247	63751	70407	76904	82203	90320	96057	100334
21533	40510	43064	46457	51855	55747	48952	50220	52828
		36089	**38227**	**39948**	**42949**	**45238**	**48494**	**49951**
19.07	**18.13**	**18.13**	**14.72**	**16.71**	**19.66**	**22.89**	**22.74**	**22.75**
3.7	**2.9**	**2.9**	**2.2**	**2.3**	**2.6**	**2.77**	**2.49**	**2.47**

Note: 1. Total Resource of Labor Force, Employed Persons in this table are estimated by population census and population sample survey, which are calculated by permanent population range. And data from 2010 to 2019 are revised based on the 7th Population Census.

2. According to the standard of National Statistical System of Labor Report, the enterprises of "four above" (industrial enterprises above designated size, qualified construction enterprises and all of the enterprises of real estate development and management, wholesale and retail trade, hotels and catering above designated size, and some service enterprises above designated size) belonged to rural enterprises have been included to the statistical range of employment and wages of urban units since 2013.

4—2 城乡从业人员及城镇非私营单位在岗职工平均工资

Average Wage of Employed Persons in Urban and Rural Areas and Staff and Workers at Post in Urban Non-Private Units

年 份 Year	从业人员（万人） Employed Persons (10 000 persons)			城镇非私营单位在岗职工平均工资 Average Wages of Staff and Workers at Post in Urban Non-Private Units	
	第一产业 Primary Industry	第二产业 Secondary Industry	第三产业 Tertiary Industry	绝对数（元） Absolute Number (yuan)	指数（上年=100） Indices (Preceding year=100)
1978	1171	153	132	462	104.5
1980	1283	125	142	609	108.5
1985	1463	160	207	1077	99.9
1986	1501	177	218	1282	128.6
1987	1529	193	239	1438	108.1
1988	1548	205	259	1720	106.9
1989	1575	203	269	1819	108.9
1990	1614	207	288	2049	137.2
1991	1643	215	313	2262	105.7
1992	1628	235	355	2634	111.8
1993	1594	253	428	3368	111.0
1994	1589	268	479	4468	130.4
1995	1583	282	518	5105	121.4
1996	1600	283	534	5397	118.2
1997	1606	283	565	5540	107.5
1998	1620	283	596	5779	108.2
1999	1619	276	619	6254	108.1
2000	1571	278	717	7650	118.9
2001	1570	275	733	9075	117.1
2002	1571	270	748	10774	121.6
2003	1556	279	766	11953	108.7
2004	1532	283	817	13579	110.1
2005	1519	322	862	15461	115.1
2006	1521	334	905	18064	118.8
2007	1521	419	829	21898	116.3
2008	1528	424	847	25660	115.0
2009	1561	516	771	28302	121.0
2010	1786	315	565	31842	107.0
2011	1697	348	610	34150	104.0
2012	1590	381	661	37614	113.0
2013	1489	417	706	42637	114.5
2014	1391	456	753	46846	110.0
2015	1297	497	801	54983	118.0
2016	1207	528	848	60239	109.5
2017	1110	556	900	66456	108.6
2018	1024	597	941	73553	108.2
2019	951	625	982	79516	104.2
2020	866	655	1037	86111	105.3
2021	842	659	1043	91369	105.2
2022	857	635	1016	94766	101.8

注：2022年以前出版的《广西统计年鉴》中，“城镇单位在岗职工平均工资”均指“城镇非私营单位在岗职工平均工资”。

Note: In the Guangxi Statistical Yearbook published before 2022, the term “Average Wage of Staff and Workers at Post in Urban Units” refers specifically to the “Average Wage of Staff and Workers at Post in Urban Non-Private Units.”

4—3　按产业、经济类型分组的从业人员（2022年）
Number of Employed Persons by Industry and Categories of Economy（2022）

单位：万人　　(10 000 persons)

行　业	Sector	从业人员 Employed Persons	其中：城镇非私营单位 Urban Non-Private Units		
			国有单位 State-owned Units	集体单位 Collective-owned Units	其他类型单位 Others
总　计	**Total**	**2508.00**	**189.29**	**4.90**	**201.62**
第一产业	**Primary Industry**	**857.00**	**1.66**	**0.02**	**1.38**
农、林、牧、渔业	Agriculture, Forestry, Animal Husbandry and Fishery		1.66	0.02	1.38
第二产业	**Secondary Industry**	**635.00**	**2.37**	**3.91**	**105.19**
工业	Industry		1.85	0.36	65.01
采矿业	Mining		0.04	0.00	0.76
制造业	Manufacturing		0.90	0.29	54.46
电力、热力、燃气及水生产和供应业	Electricity, Heat, Gas and Water Production and Supply		0.91	0.07	9.79
建筑业	Construction		0.53	3.55	40.17
第三产业	**Tertiary Industry**	**1016.00**	**185.26**	**0.97**	**95.06**
批发和零售业	Wholesale and Retail Sales		1.15	0.18	12.87
交通运输、仓储和邮政业	Transport, Storage and Postal Services		1.29	0.08	15.95
住宿和餐饮业	Hotel and Catering Services		0.17	0.02	4.40
信息传输、软件和信息技术服务业	Information Transmission, Software and Information Technology		0.28	0.00	5.46
金融业	Finance		0.45	0.00	15.57
房地产业	Real Estate		0.37	0.09	8.00
租赁和商务服务业	Leasing and Business Service		1.63	0.06	15.54
科学研究和技术服务业	Scientific Research and Technical Services		4.51	0.08	4.53
水利、环境和公共设施管理业	Water Conservancy, Environment and Public Facility Management		4.96	0.01	2.10
居民服务、修理和其他服务业	Services to Households, Repair and Other Services		0.25	0.01	1.11
教育	Education		72.33	0.29	6.24
卫生和社会工作	Public Health and Social Service		37.05	0.10	2.02
文化、体育和娱乐业	Culture, Sports and Entertainment		2.08	0.01	1.23
公共管理、社会保障和社会组织	Public Administration, Social Security and Social Organizations		58.76	0.03	0.03

4—4 城镇非私营单位从业人员（2022年）
Number of Employed Persons in Urban Non-Private Units （2022）

单位：人 （person）

项 目	Item	从业人员年末人数 Total Employed Persons at Year End	在岗职工 Staff and Workers at Post	劳务派遣工Labor-dispatched Workers	其他从业人员 Others
总 计	**Total**	**3958105**	**3335515**	**415853**	**206737**
按登记注册类型分	**By Status of Registered**				
国有单位	State-owned Units	1892903	1722065	93764	77075
集体单位	Collective-owned Units	48956	33152	1477	14327
其他类型单位	Others	2016245	1580298	320612	115336
内资	Domestic Capital	3731486	3133913	405671	191902
港、澳、台投资	Enterprises with Investment from by Hong Kong, Macao and Taiwan	78678	73970	3815	892
外商投资	Foreign Investment	147941	127632	6366	13943
按执行会计标准类别分	**By Type of Accounting Standards Implemented**				
企业	Enterprise	2113026	1654212	324638	134176
政府	Government	1785661	1624659	90769	70233
民间非营利组织	Nongovernmental Nonprofit Organizations	58541	55883	380	2278
其他	others	876	760	66	50
按国民经济行业分	**By Sector**				
农、林、牧、渔业	Agriculture, Forestry, Animal Husbandry and Fishery	30506	26134	452	3920
采矿业	Mining	8014	7420	469	125
制造业	Manufacturing	556512	512254	32803	11455
电力、热力、燃气及水生产和供应业	Electricity, Heat, Gas and Water Production and Supply	107714	102768	3168	1778
建筑业	Construction	442476	161658	238842	41976
批发和零售业	Wholesale and Retail Sales	142026	134151	3856	4020
交通运输、仓储和邮政业	Transport, Storage and Postal Services	173190	151721	9264	12206
住宿和餐饮业	Hotel and Catering Services	45900	40961	1237	3702
信息传输、软件和信息技术服务业	Information Transmission, Software and Information Technology	57419	53742	1655	2021
金融业	Finance	160262	118152	10686	31424
房地产业	Real Estate	84651	76846	6323	1482
租赁和商务服务业	Leasing and Business Service	172318	144800	13113	14405
科学研究和技术服务业	Scientific Research and Technical Services	91254	84693	3363	3199
水利、环境和公共设施管理业	Water Conservancy, Environment and Public Facility Management	70697	59212	7098	4387
居民服务、修理和其他服务业	Services to Households, Repair and Other Services	13773	12469	698	606
教育	Education	788596	726409	31283	30904
卫生和社会工作	Public Health and Social Service	391600	377174	6951	7475
文化、体育和娱乐业	Culture, Sports and Entertainment	33097	30206	1155	1736
公共管理、社会保障和社会组织	Public Administration, Social Security and Social Organizations	588098	514745	43436	29917

4—5 按行业、经济类型分组的城镇非私营单位女性从业人数（2022年）

Number of Female Employed in Urban Non-Private Units by Industry and Categories of Economy (2022)

单位：人 (person)

行业	Sector	合计 Total	国有单位 State-owned Units	集体单位 Collective-owned Units	其他类型单位 Others
总计	**Total**	**1791430**	**1039162**	**12202**	**740066**
按执行会计标准类别分	**By Type of Accounting Standards Implemented**				
企业	Enterprise	752804	40404	10160	702241
政府	Government	993545	992981	458	106
民间非营利组织	Nongovernmental Nonprofit Organizations	44658	5749	1584	37325
其他	others	424	29	0	395
按国民经济行业分	**By Sector**				
第一产业	**Primary Industry**	**9491**	**4106**	**55**	**5330**
农、林、牧、渔业	Agriculture, Forestry, Animal Husbandry and Fishery	9491	4106	55	5330
第二产业	**Secondary Industry**	**304687**	**6798**	**6690**	**291199**
工业	Industry	246290	5876	1607	238807
采矿业	Mining	1884	81	0	1803
制造业	Manufacturing	215022	2909	1416	210696
电力、热力、燃气及水生产和供应业	Electricity, Heat, Gas and Water Production and Supply	29385	2887	191	26308
建筑业	Construction	58397	922	5083	52392
第三产业	**Tertiary Industry**	**1477252**	**1028258**	**5457**	**443537**
批发和零售业	Wholesale and Retail Sales	78271	3523	783	73965
交通运输、仓储和邮政业	Transport, Storage and Postal Services	40374	3900	345	36129
住宿和餐饮业	Hotel and Catering Services	28739	937	124	27678
信息传输、软件和信息技术服务业	Information Transmission, Software and Information Technology	23067	1085	24	21958
金融业	Finance	87842	1932	0	85909
房地产业	Real Estate	38297	1476	409	36411
租赁和商务服务业	Leasing and Business Service	63727	6612	208	56907
科学研究和技术服务业	Scientific Research and Technical Services	32482	16581	316	15585
水利、环境和公共设施管理业	Water Conservancy, Environment and Public Facility Management	35830	24818	19	10994
居民服务、修理和其他服务业	Services to Households, Repair and Other Services	8426	1261	71	7095
教育	Education	526150	474231	2233	49685
卫生和社会工作	Public Health and Social Service	275403	259628	767	15009
文化、体育和娱乐业	Culture, Sports and Entertainment	16527	10454	35	6038
公共管理、社会保障和社会组织	Public Administration, Social Security and Social Organizations	222118	221819	125	174

4—6 城镇非私营单位从业人员工资总额（2022年）
Total Wages of Employed Persons in Urban Non-Private Units (2022)

单位：万元 (10 000 yuan)

指 标	Item	从业人员工资总额 Total Wage Bill of Employed Persons	在岗职工工资总额 Total Wage Bill of Staff and Workers at Post	劳务派遣工工资总额 Total Wage Bill of Labor-Dispatched Workers	其他从业人员工资总额 Total Wage Bill of Other Employed Persons
总　　计	**Total**	**36155174**	**32625812**	**2577328**	**952034**
按登记注册类型分	**By Status of Registered**				
国有单位	State-owned Units	18760426	18116385	362612	281429
集体单位	Collective-owned Units	243748	166427	11267	66055
其他类型单位	Others	17151000	14343000	2203449	604551
内资	Domestic Capital	34260935	30864379	2506877	889679
港、澳、台投资	Enterprises with Investment from by Hong Kong, Macao and Taiwan	514214	491309	18319	4586
外商投资	Foreign Investment	1380026	1270125	52132	57770
按执行会计标准类别分	**By Type of Accounting Standards Implemented**				
企业	Enterprise	18080808	15167361	2228281	685167
政府	Government	17781350	17176678	347599	257073
民间非营利组织	Nongovernmental Nonprofit Organizations	287692	277046	1285	9361
其他	others	5324	4727	162	434
按国民经济行业分	**By Sector**				
农、林、牧、渔业	Agriculture, Forestry, Animal Husbandry and Fishery	222700	209445	2027	11228
采矿业	Mining	61563	58598	2432	533
制造业	Manufacturing	4151139	3910506	195004	45629
电力、热力、燃气及水生产和供应业	Electricity, Heat, Gas and Water Production and Supply	1346793	1315790	23938	7065
建筑业	Construction	3300728	1338362	1711538	250827
批发和零售业	Wholesale and Retail Sales	1136103	1097977	23543	14584
交通运输、仓储和邮政业	Transport, Storage and Postal Services	1806328	1664275	59641	82412
住宿和餐饮业	Hotel and Catering Services	197730	189304	4784	3642
信息传输、软件和信息技术服务业	Information Transmission, Software and Information Technology	699971	677403	10829	11739
金融业	Finance	2187475	1950909	74202	162363
房地产业	Real Estate	752563	710916	34070	7576
租赁和商务服务业	Leasing and Business Service	1118735	994076	62004	62654
科学研究和技术服务业	Scientific Research and Technical Services	1005480	965692	24938	14850
水利、环境和公共设施管理业	Water Conservancy, Environment and Public Facility Management	440553	399828	24320	16404
居民服务、修理和其他服务业	Services to Households, Repair and Other Services	65253	59415	3804	2033
教育	Education	7118132	6913819	110843	93469
卫生和社会工作	Public Health and Social Service	4658744	4561361	44757	52625
文化、体育和娱乐业	Culture, Sports and Entertainment	286325	276247	4954	5124
公共管理、社会保障和社会组织	Public Administration, Social Security and Social Organizations	5598860	5331888	159699	107274

4—7 城镇非私营单位从业人员平均工资（2022年）

Average Wage of Employed Persons in Urban Non-Private Units（2022）

单位：元　　　　(yuan)

指 标	Item	单位从业人员平均工资 Average Remuneration of Employed Persons	国有单位 State-owned Units	集体单位 Collective-owned Units	其他类型单位 Others
总 计	**Total**	**92066**	**100334**	**52828**	**85280**
按执行会计标准类别分	**By Type of Accounting Standards Implemented**				
企业	Enterprise	85827	93623	52728	86162
政府	Government	100856	100872	72717	62191
民间非营利组织	Nongovernmental Nonprofit Organizations	50868	66803	46965	48172
其他	others	64290	54364		64996
按国民经济行业分	**By Sector**				
农、林、牧、渔业	Agriculture, Forestry, Animal Husbandry and Fishery	73860	78620	49027	68154
采矿业	Mining	78017	44809	60000	79362
制造业	Manufacturing	76265	64104	52449	76595
电力、热力、燃气及水生产和供应业	Electricity, Heat, Gas and Water Production and Supply	123837	79177	39988	128553
建筑业	Construction	74226	63217	54460	75959
批发和零售业	Wholesale and Retail Sales	80196	149723	42464	74525
交通运输、仓储和邮政业	Transport, Storage and Postal Services	103680	95758	49949	104591
住宿和餐饮业	Hotel and Catering Services	43050	52559	41394	42692
信息传输、软件和信息技术服务业	Information Transmission, Software and Information Technology	122753	89257	81186	124518
金融业	Finance	131414	143933	17143	131067
房地产业	Real Estate	86410	62526	36444	88059
租赁和商务服务业	Leasing and Business Service	66536	84194	64944	64644
科学研究和技术服务业	Scientific Research and Technical Services	111105	103576	52425	119830
水利、环境和公共设施管理业	Water Conservancy, Environment and Public Facility Management	60713	62062	42813	57692
居民服务、修理和其他服务业	Services to Households, Repair and Other Services	52768	81482	42408	45634
教育	Education	92297	96445	47507	45816
卫生和社会工作	Public Health and Social Service	121271	123695	54021	80183
文化、体育和娱乐业	Culture, Sports and Entertainment	85575	92186	58891	74843
公共管理、社会保障和社会组织	Public Administration, Social Security and Social Organizations	95462	95490	69199	55635

4—8 城镇非私营单位在岗职工平均工资（2022年）
Average Wage of Staff and Workers at Post in Urban Non-Private Units（2022）

单位：元 (yuan)

项　目	Item	在岗职工 Staff and Workers at Post	国有单位 State-owned Units	集体单位 Collective-owned Units	其他类型单位 Others
总　　计	**Total**	**94766**	**103023**	**51633**	**87702**
按执行会计标准类别分	**By Type of Accounting Standards Implemented**				
企业	Enterprise	88500	97657	51262	88679
政府	Government	103455	103472	73409	62191
民间非营利组织	Nongovernmental Nonprofit Organizations	51122	69742	48580	48012
其他	others	62528	54364		63145
按国民经济行业分	**By Sector**				
农、林、牧、渔业	Agriculture, Forestry, Animal Husbandry and Fishery	80307	86705	45496	72764
采矿业	Mining	78676	45416	60000	80014
制造业	Manufacturing	76850	65728	53343	77143
电力、热力、燃气及水生产和供应业	Electricity, Heat, Gas and Water Production and Supply	125313	81016	40605	129906
建筑业	Construction	76034	73975	52791	77412
批发和零售业	Wholesale and Retail Sales	81413	150816	42964	75615
交通运输、仓储和邮政业	Transport, Storage and Postal Services	106226	97360	50048	107256
住宿和餐饮业	Hotel and Catering Services	45906	54090	41636	45604
信息传输、软件和信息技术服务业	Information Transmission, Software and Information Technology	126133	91294	81186	127998
金融业	Finance	157671	144823	17143	158146
房地产业	Real Estate	87317	65939	36651	88760
租赁和商务服务业	Leasing and Business Service	68127	87439	65024	65994
科学研究和技术服务业	Scientific Research and Technical Services	113231	105593	52701	122081
水利、环境和公共设施管理业	Water Conservancy, Environment and Public Facility Management	63463	63953	52604	62253
居民服务、修理和其他服务业	Services to Households, Repair and Other Services	53738	82739	43901	46285
教育	Education	94740	99157	48509	45809
卫生和社会工作	Public Health and Social Service	122268	124669	54969	81093
文化、体育和娱乐业	Culture, Sports and Entertainment	89231	95386	95433	78864
公共管理、社会保障和社会组织	Public Administration, Social Security and Social Organizations	98602	98633	69832	56372

4－9 全区城镇非私营单位工资统计主要指标情况（2022年）
Major Indicators of Wage of Employed Persons in Urban Non-Private Units（2022）

指 标	Item	城镇非私营单位 Urban Non-Private Units	国有单位 State-owned Units	集体单位 Collective-owned Units	其他类型单位 Others
在岗职工人数（人）	Number of Staff and Workers at Post (person)	3335515	1722065	33152	1580298
在岗职工平均工资（元）	Average Wage of Staff and Workers at Post (yuan)	94766	103023	51633	87702
从业人员工资总额（万元）	Total Wage Bill of Employed Persons (10000 yuan)	36155174	18760426	243748	17151000
从业人员平均工资（元）	Average Wage of Employed Persons (yuan)	92066	100334	52828	85280

注：总计含自治区直管单位。
Note: Data include departments under the direct management of Autonomous Region.

4－10 分市城镇非私营单位工资统计主要指标情况（2022年）
Major Indicators of Wage of Employed Persons in Urban Non-Private Units by City（2022）

指 标	Item	从业人员工资总额（万元） Total Wage Bill of Employed Persons (10000 yuan)	从业人员平均工资（元） Average Wage of Employed Persons (yuan)	在岗职工人数（人） Number of Staff and Workers at Post (person)	在岗职工平均工资（元） Average Wage of Staff and Workers at Post (yuan)
南宁市	Nanning	11003830	103755	864393	107581
柳州市	Liuzhou	4686902	93970	358427	95792
桂林市	Guilin	3549798	87453	335522	89309
梧州市	Wuzhou	1388516	80405	154799	82920
北海市	Beihai	1241473	85884	118949	90760
防城港市	Fangchenggang	737071	91913	73261	92928
钦州市	Qinzhou	1638828	84562	186475	85354
贵港市	Guigang	1661092	82619	177100	85021
玉林市	Yulin	2373704	78348	278602	80363
百色市	Baise	2075410	91371	204442	95309
贺州市	Hezhou	1017610	85461	107200	89826
河池市	Hechi	1710730	89422	180707	91439
来宾市	Laibin	1096276	80941	111519	83545
崇左市	Chongzuo	1142430	86730	126268	88511

4－11　城镇非私营单位分市分行业从业人员（2022年）

Number of Employed Persons in Urban Non-Private Units by City and Sector (2022)

单位：人　　(person)

地　区	Region	合计 Total	农、林、牧、渔业 Agriculture, Forestry, Animal Husbandry and Fishery	采矿业 Mining	制造业 Manufacturing	电力、热力、燃气及水生产和供应业 Electricity, Heat, Gas and Water Production and Supply	建筑业 Construction	批发和零售业 Wholesale and Retail Sales	交通运输、仓储和邮政业 Transport, Storage and Postal Services	住宿和餐饮业 Hotel and Catering Services	信息传输、软件和信息技术服务业 Information Transmission, Software and Information Technology
总　计	**Total**	**3958105**	**30506**	**8014**	**556512**	**107714**	**442476**	**142026**	**173190**	**45900**	**57419**
南宁市	Nanning	1075202	6993	55	114428	55758	158010	57142	45099	22149	30977
柳州市	Liuzhou	495305	3072	489	116338	4195	110761	18323	10610	5248	3549
桂林市	Guilin	403716	1641	223	60569	5853	61078	13050	10108	5667	3993
梧州市	Wuzhou	173554	859	444	36128	4253	5180	6661	5027	2064	1497
北海市	Beihai	146379	1957	526	26826	978	11906	3343	2852	1692	3178
防城港市	Fangcheng-gang	80823	381	0	6357	3050	13652	1344	6101	871	964
钦州市	Qinzhou	198561	267	24	26851	2387	12820	5495	7565	1510	1404
贵港市	Guigang	197126	613	373	20872	1851	9063	5890	4020	519	1150
玉林市	Yulin	310113	1750	1111	47910	6097	34747	12455	4738	1579	3330
百色市	Baise	228357	3178	430	20599	8300	6456	5577	4782	1429	1845
贺州市	Hezhou	120200	820	1150	13914	3429	999	2317	1597	389	1208
河池市	Hechi	192384	1984	2842	17435	5085	5229	4934	5404	1115	1879
来宾市	Laibin	140584	4141	148	24662	2654	11329	2669	1314	413	1081
崇左市	Chongzuo	134413	2848	200	23623	3823	1246	2828	2586	1255	1364

注：总计含自治区直管单位。

Note: The total data include departments under the direct management of Autonomous Region.

4－11　续表　continued

单位：人　　(person)

地　区	Region	金融业 Finance	房地产业 Real Estate	租赁和商务服务业 Leasing and Business Service	科学研究和技术服务业 Scientific Research and Technical Services	水利、环境和公共设施管理业 Water Conservancy, Environment and Public Facility Management	居民服务、修理和其他服务业 Services to Households Repair and Other Services	教育 Education	卫生和社会工作 Public Health and Social Services	文化、体育和娱乐业 Culture, Sports and Entertainment	公共管理、社会保障和社会组织 Public Administration, Social Security and Social Organizations
总　计	**Total**	**160262**	**84651**	**172318**	**91254**	**70697**	**13773**	**788596**	**391600**	**33097**	**588098**
南宁市	Nanning	53429	32294	72030	48327	15426	3342	160191	85119	13271	101161
柳州市	Liuzhou	21264	10586	14996	9042	8783	1704	60329	47021	2792	46204
桂林市	Guilin	18707	9724	16694	8785	8152	1582	73715	37960	5966	60248
梧州市	Wuzhou	6818	3709	4156	2665	2598	724	39462	22671	997	27641
北海市	Beihai	6267	3376	4998	2857	4841	460	31820	13197	1020	24285
防城港市	Fangchenggang	3612	1478	1973	1729	2922	145	14688	5721	573	15262
钦州市	Qinzhou	4041	3527	20446	2300	2834	477	53216	24723	481	28192
贵港市	Guigang	5747	3022	9639	2306	6309	664	67398	20452	741	36498
玉林市	Yulin	9082	5865	6571	4561	4060	2263	84006	38159	1884	39945
百色市	Baise	11295	2908	5958	2241	4919	685	50389	32887	1586	62893
贺州市	Hezhou	4560	1406	4629	1114	1350	495	34316	11223	1072	34214
河池市	Hechi	7943	2012	3012	2294	3268	492	55640	23597	1451	46769
来宾市	Laibin	3531	2826	2788	1032	2415	446	31819	16146	644	30526
崇左市	Chongzuo	3967	1918	4428	2001	2820	294	31608	12724	620	34261

4—12 城镇非私营单位分市分行业女性从业人数（2022年）

Number of Female Employed in Urban Non-Private Units by City and Sector (2022)

单位：人 (person)

地 区	Region	合计 Total	农、林、牧、渔业 Agriculture, Forestry, Animal Husbandry and Fishery	采矿业 Mining	制造业 Manufacturing	电力、热力、燃气及水生产和供应业 Electricity, Heat, Gas and Water Production and Supply	建筑业 Construction	批发和零售业 Wholesale and Retail Sales	交通运输、仓储和邮政业 Transport, Storage and Postal Services	住宿和餐饮业 Hotel and Catering Service	信息传输、软件和信息技术服务业 Information Transmission, Software and Information Technology
总 计	**Total**	**1791430**	**9491**	**1884**	**215022**	**29385**	**58397**	**78271**	**40374**	**28739**	**23067**
南宁市	Nanning	466964	2722	11	46507	14902	20168	31150	10069	13738	11653
柳州市	Liuzhou	190565	979	79	31510	1246	10450	11097	3340	3233	1586
桂林市	Guilin	178638	521	50	25245	1991	7593	7651	3131	3397	1941
梧州市	Wuzhou	86807	270	61	15770	1085	1072	3857	1498	1491	604
北海市	Beihai	71771	707	66	12349	349	1682	1642	966	1093	1378
防城港市	Fangchenggang	33861	61	0	1740	600	3707	651	1413	549	394
钦州市	Qinzhou	100187	38	7	11710	575	2133	2737	1911	876	543
贵港市	Guigang	101582	141	92	9245	522	2329	2962	1523	295	491
玉林市	Yulin	152640	377	259	20355	1629	5049	7953	1634	963	1362
百色市	Baise	109664	755	55	7043	2575	1165	2337	1536	1060	702
贺州市	Hezhou	61911	228	248	5990	910	306	1115	539	208	558
河池市	Hechi	94297	498	890	7822	1398	841	2112	2286	770	829
来宾市	Laibin	71049	1340	39	11085	622	1613	1435	391	262	504
崇左市	Chongzuo	62447	853	27	8650	981	288	1572	1089	804	522

注：总计含自治区直管单位。

Note: The total data include departments under the direct management of Autonomous Region.

4—12 续表 continued

单位：人 (person)

地区	Region	金融业 Finance	房地产业 Real Estate	租赁和商务服务业 Leasing and Business Service	科学研究和技术服务业 Scientific Research and Technical Services	水利、环境和公共设施管理业 Water Conservancy, Environment and Public Facility Management	居民服务、修理和其他服务业 Services to Households Repair and Other Services	教育 Education	卫生和社会工作 Public Health and Social Services	文化、体育和娱乐业 Culture, Sports and Entertainment	公共管理、社会保障和社会组织 Public Administration, Social Security and Social Organizations
总计	**Total**	**87842**	**38297**	**63727**	**32482**	**35830**	**8426**	**526150**	**275403**	**16527**	**222118**
南宁市	Nanning	31741	14743	30055	17364	8366	2028	105685	59565	6488	40008
柳州市	Liuzhou	13004	4858	5122	3040	4591	1077	42405	33494	1473	17980
桂林市	Guilin	9457	4426	4620	2962	3724	991	48714	26929	3044	22250
梧州市	Wuzhou	3044	1530	1358	960	1197	507	25879	15417	464	10745
北海市	Beihai	3301	1541	1924	1131	2739	227	22114	9820	553	8189
防城港市	Fangchenggang	1785	604	574	569	1549	46	9371	4022	315	5910
钦州市	Qinzhou	1902	1557	7861	841	1489	209	37205	17040	238	11315
贵港市	Guigang	2691	1575	2028	819	3278	430	46980	14174	362	11646
玉林市	Yulin	4770	2559	2484	1505	1634	1351	57441	26465	821	14027
百色市	Baise	6040	1211	2464	963	2660	552	31287	23499	844	22917
贺州市	Hezhou	2649	649	1536	372	413	249	23822	7979	548	13590
河池市	Hechi	3744	841	957	793	1840	260	34407	16435	701	16873
来宾市	Laibin	1716	1459	1431	389	799	359	21844	11821	342	13599
崇左市	Chongzuo	1998	743	1313	775	1551	139	18996	8743	335	13067

4—13 城镇非私营单位分市分行业从业人员平均工资（2022年）

Average Wage of Employed Persons in Urban Non-Private Units by City and Sector (2022)

单位：元 (yuan)

地区	Region	合计 Total	农、林、牧、渔业 Agriculture, Forestry, Animal Husbandry and Fishery	采矿业 Mining	制造业 Manufacturing	电力、热力、燃气及水生产和供应业 Electricity, Heat, Gas and Water Production and Supply	建筑业 Construction	批发和零售业 Wholesale and Retail Sales	交通运输、仓储和邮政业 Transport, Storage and Postal Services	住宿和餐饮业 Hotel and Catering Service	信息传输、软件和信息技术服务业 Information Transmission, Software and Information Technology
总计	**Total**	**92066**	**73860**	**78017**	**76265**	**123837**	**74226**	**80196**	**103680**	**43050**	**122753**
南宁市	Nanning	103755	80619	65073	75404	142002	83130	86331	88244	43760	117295
柳州市	Liuzhou	93970	90697	68547	95600	99587	79132	72636	76706	46324	116295
桂林市	Guilin	87453	70004	55377	67396	95205	74893	71776	69807	39415	131222
梧州市	Wuzhou	80405	70417	87853	62629	95961	67868	65055	79475	37437	127326
北海市	Beihai	85884	57715	137236	73095	84454	58956	70081	108542	45744	118533
防城港市	Fangchenggang	91913	61595		91653	203371	52668	85466	117583	46519	127921
钦州市	Qinzhou	84562	48868	109870	74319	117749	54214	81664	107588	41989	132112
贵港市	Guigang	82619	70034	122458	57520	103621	66281	73398	80230	42522	137463
玉林市	Yulin	78348	74475	77648	72948	88142	51903	70997	79326	46010	132150
百色市	Baise	91371	61896	74208	85745	100051	55984	85657	92172	37574	141565
贺州市	Hezhou	85461	66994	66387	70522	105091	55513	108669	73227	39422	143347
河池市	Hechi	89422	73890	70881	65074	99091	53116	95312	73307	39918	134130
来宾市	Laibin	80941	70813	37952	61200	111544	55840	78292	62844	38798	135466
崇左市	Chongzuo	86730	78117	85418	70383	86771	60680	80442	92032	45869	122404

注：总计含自治区直管单位。

Note: The total data include departments under the direct management of Autonomous Region.

4－13　续表　continued

单位：元　　(yuan)

地　区	Region	金融业 Finance	房地产业 Real Estate	租赁和商务服务业 Leasing and Business Service	科学研究和技术服务业 Scientific Research and Technical Services	水利、环境和公共设施管理业 Water Conservancy, Environment and Public Facility Management	居民服务、修理和其他服务业 Services to Households Repair and Other Services	教育 Education	卫生和社会工作 Public Health and Social Services	文化、体育和娱乐业 Culture, Sports and Entertainment	公共管理、社会保障和社会组织 Public Administration, Social Security and Social Organizations
总　计	**Total**	**131414**	**86410**	**66536**	**111105**	**60713**	**52768**	**92297**	**121271**	**85575**	**95462**
南宁市	Nanning	151893	99811	75989	127335	71645	58479	105798	151741	115493	114137
柳州市	Liuzhou	111706	82168	58683	97923	62214	49690	102506	137696	62845	104000
桂林市	Guilin	156102	74843	55197	89261	54934	55636	99497	109281	55019	98756
梧州市	Wuzhou	129547	66084	92835	77078	50285	49946	84250	98096	60438	81152
北海市	Beihai	118246	95063	74343	103222	50745	59873	96687	99706	67942	89073
防城港市	Fangcheng-gang	132180	83081	59804	97022	56020	59136	95233	108031	76022	88868
钦州市	Qinzhou	127571	77549	50483	91274	60937	78924	87512	117111	83268	85619
贵港市	Guigang	108601	93677	51935	88756	67556	47736	77506	116840	79992	97673
玉林市	Yulin	116867	80225	59425	94813	52158	44066	78334	110274	61140	70056
百色市	Baise	90175	72095	56278	87411	58176	35289	95351	113726	79950	90785
贺州市	Hezhou	106978	79820	64506	90618	74235	53290	80042	114208	74179	86068
河池市	Hechi	112419	70735	72332	99131	56229	55293	91709	100345	72119	96754
来宾市	Laibin	132337	56228	94736	94835	47931	46105	85350	99229	78269	87361
崇左市	Chongzuo	101300	75913	56600	94031	58754	44758	85145	102943	70053	99850

4—14 参加社会保险人员
Number of Persons Joined Social Insurance

单位：人 (person)

项 目	Item	2019	2020	2021	2022
一、截至年末参加城镇职工基本养老保险人员总数	**Total Number of Persons Joined Basic Pension Insurance for Urban Employees at Year End**	**8695229**	**9195235**	**9852530**	**10326012**
#离休退休退职人数	Total Number of Retired, VCSR & RRSW	2683603	2746256	2810947	2866383
（一）执行企业养老保险制度	Enterprise Basic Pension Insurance System	6926001	7370092	7948904	8386320
1.企业	Enterprises	4414330	4720758	5255380	5290631
国有企业	State-owned Units	2034302	1825607	2033251	
集体企业	Collective-owned Units	200712	188574	194813	
其他企业	Others	2069787	2612868	2963277	
港、澳、台及外资企业	Foreign-Funded Units and Units with Funds from Hong Kong, Macao and Taiwan	109529	93709	64039	
2.其他人员	Other Staffs	2410657	2549543	2693524	2756000
（二）执行机关事业单位养老保险制度	Institution and Agency Basic Pension Insurance System	1769228	1825143	1903626	1939692
1.机关	Institution	492461	475737	476849	467783
2.事业	Agency	1273088	1347271	1421762	1466806
3.其他单位	Others	3679	2135	5015	5103
二、截至年末参加失业保险人员总数	**Total Number of Persons Joined Unemployment Insurance at Year End**	**3629553**	**4105835**	**4750404**	**5094280**
（一）企业	Enterprise	2398787	2736148	3252254	3508340
1.内资企业	Domestic Capital	2262550	2567212	3140492	3437561
2.港、澳、台及外资企业	Foreign Investment Units and Enterprises with Funds from by Hong Kong, Macao and Taiwan	136237	168936	111762	70779
（二）事业单位	Agency	1101704	1197948	1238472	1355429
（三）其他单位	Others	129062	171739	259678	230511
三、截至年末参加基本医疗保险人员总数	**Total Number of Persons Joined Basic Medical Insurance at Year End**	**52071526**	**52172359**	**52492701**	**52018527**
（一）城镇职工基本医疗保险参保人数	**Number of Persons Joined Basic Medical Insurance for Urban Employees**	**6205149**	**6562271**	**7147712**	**7303858**
#退休人数	Total Number of VCSR	1760341	1776498	1833517	1883708
1.企业	Enterprise	3415994	3585308	3870491	4012327
2.事业	Institution	1588218	1727965	1972853	2006726
3.机关	Agency	518881	536547	579383	583384
4.其他人员	Other Staffs	682056	712451	724985	701421
（二）城乡居民基本医疗保险参保人数	**Number of Persons Joined Basic Medical Insurance for Urban and Rural Residents**	**45866377**	**45610088**	**45344992**	**44714669**
四、截至年末参加工伤保险人员总数	**Total Number of Persons Joined Work Injury Insurance at Year End**	**4422273**	**4855651**	**5513076**	**6012561**
五、截至年末参加生育保险人员总数	**Total Number of Persons Joined Maternity Insurance at Year End**	**4059275**	**4772392**	**5234897**	**5083128**
六、截至年末参加城乡居民基本养老保险人数	**Total Number of Persons Joined Basic Pension Insurance for Urban and Rural Residents at Year End**	**19836785**	**24377344**	**20673970**	**23067983**

注：1. 基本医疗保险数据由自治区医保局提供，其余数据由自治区人社厅提供。
2. 因社会保险制度改革，城镇居民基本医疗保险与新农合从2017年起整合为城乡居民基本医疗保险。
3. 截至年末参加城乡居民基本养老保险人数指标由于2021年调查口径调整，与2020年数据不可比。

Note: 1. The data about Basic Medical Insurance in this table is provided by Medical Security Bureau of Guangxi, and the rest provided by Department of Human Resources and Social Security of Guangxi.
2. Due to the reform on social insurance system, Basic Medical Insurance for Urban Residents and New Rural Cooperative Medical System have been adjusted to Basic Medical Insurance for Urban and Rural Residents since 2017.
3. The data of Total Number of Persons Joined Basic Pension Insurance for Urban and Rural Residents at Year End has been adjusted since 2021, which is incomparable with previous years.

4—15　分市社会保险参保人数（2022年）

Number of Persons Joined Social Security by City（2022）

单位：人　　(person)

地　区	City	城镇基本养老保险人数 Number of Persons Joined Urban Basic Pension Insurance	执行企业职工基本养老保险制度 Enterprise Basic Pension Insurance System	执行机关事业单位职工基本养老保险制度 Institution and Agency Basic Pension Insurance System	失业保险人数 Number of Persons Joined Unemployment Insurance	基本医疗保险人数 Number of Persons Joined Basic Medical Insurance	工伤保险人数 Number of Persons Joined Work Injury Insurance	生育保险人数 Number of Persons Joined Maternity Insurance	城乡居民基本养老保险参保人数 Number of Residents Joined Basic Pension Insurance for Urban and Rural Residents
总　计	**Total**	**10326012**	**8386320**	**1939692**	**5094280**	**52018527**	**6012561**	**5083128**	**23067983**
南宁市	Nanning	2251899	2034664	217235	1185308	7470694	1424871	1206560	2683164
柳州市	Liuzhou	1282976	1139676	143300	582324	3732311	606371	609198	1292479
桂林市	Guilin	1151665	965226	186439	538237	4975154	644895	518364	2249745
梧州市	Wuzhou	512537	412925	99612	221156	3189696	261300	241740	1333108
北海市	Beihai	407310	342828	64482	185172	1672189	265921	195112	684357
防城港市	Fangchenggang	211305	174585	36720	123543	944672	151381	137060	383563
钦州市	Qinzhou	374127	277775	96352	164499	3661805	181996	213806	1590698
贵港市	Guigang	446388	321954	124434	188941	4846493	258961	236873	2391317
玉林市	Yulin	714114	536778	177336	291454	6100718	325465	345138	2699034
百色市	Baise	480391	341088	139303	259283	3968186	309439	295160	2244679
贺州市	Hezhou	286358	212257	74101	132527	2175465	183953	145417	1111004
河池市	Hechi	453258	316247	137011	202152	3954935	250520	238949	2045235
来宾市	Laibin	285152	204996	80156	137167	2391417	150066	165285	1143004
崇左市	Chongzuo	307371	222957	84414	146909	2382762	196056	162630	1216596

注：1. 此表关于基本医疗保险数据由自治区医保局提供，其余数据由自治区人社厅提供。
2. 总计含自治区本级。
3. 基本医疗保险人数包括城镇职工基本医疗保险与城镇居民基本医疗保险能参保人数之和。
4. 执行机关事业单位基本养老保险制度的统计指标从2016年起建立。

Note: 1. The data about Basic Medical Insurance in this table is provided by Medical Security Bureau of Guangxi, and the rest provided by Department of Human Resources and Social Security of Guangxi.
2. The total item include the Autonomous Region itself.
3. The Number of Persons Joined Basic Medical Insurance include Number of Persons Joined Basic Medical Insurance for Urban Employees and Number of Persons Joined Basic Medical Insurance for Urban Residents.
4. The items about "Institution and Agency Basic Pension Insurance System" start at 2016.

4—16 城镇私营单位从业人员平均工资（2022年）
Average Wage of Employed Persons in Urban Private Units (2022)

单位：元 (yuan)

行业	Sector	2018	2019	2020	2021	2022
总计	**Total**	**39948**	**42949**	**45238**	**48494**	**49951**
农、林、牧、渔业	Agriculture, Forestry, Animal Husbandry and Fishery	33700	36244	38061	47289	51838
采矿业	Mining	43167	45326	46449	54567	56013
制造业	Manufacturing	41201	44638	47420	51694	54954
电力、热力、燃气及水生产和供应业	Electricity, Heat, Gas and Water Production and Supply	40541	44467	48339	51962	55623
建筑业	Construction	39776	43060	45473	48331	49623
批发和零售业	Wholesale and Retail Sales	38881	40765	43442	45090	46467
交通运输、仓储和邮政业	Transport, Storage and Postal Services	40128	46049	47094	47222	51201
住宿和餐饮业	Hotel and Catering Services	33157	35900	35123	39352	41654
信息传输、软件和信息技术服务业	Information Transmission, Software and Information Technology	46841	51501	55545	63082	68587
金融业	Finance	47627	53144	55481	63343	68484
房地产业	Real Estate	45846	43464	44581	49266	47452
租赁和商务服务业	Leasing and Business Services	40350	44522	46836	48120	47876
科学研究和技术服务业	Scientific Research and Technical Services	46948	49129	53240	58711	56275
水利、环境和公共设施管理业	Water Conservancy, Environment and Public Facility Management	33753	39311	39910	41503	41001
居民服务、修理和其他服务业	Services to Households, Repair and Other Services	34950	38980	36736	39344	38777
教育	Education	33871	34159	32227	33921	36371
卫生和社会工作	Public Health and Social Services	41713	52859	54615	57621	59272
文化、体育和娱乐业	Culture, Sports and Entertainment	32223	35667	37337	40797	41990

注：城镇私营单位工资统计采取抽样调查方式，样本代表性仅为省（自治区）级，无市、县（区）数据。

Note: The data of "Average Wage of Employed Persons in Urban Private Units" are based on sampling surveys, and the sample representation is only at the provincial (autonomous region) level. There is no data available at the city or county (district) level.

4－17　各市就业人员（2022年末）
Employed Person by City（End of 2022）

单位：万人　　(10 000 persons)

地区	Region	就业人员 Employed Persons	按城乡分 By Urban and Rural Areas		按三次产业分 By Three Industries		
			城镇 Urban	乡村 Rural	第一产业 Primary Industry	第二产业 Secondary Industry	第三产业 Tertiary Industry
广　西	Guangxi	2508.00	1331.00	1177.00	857.00	635.00	1016.00
南宁市	Nanning	499.76	338.44	161.32	129.83	108.65	261.28
柳州市	Liuzhou	224.57	150.92	73.65	59.59	62.68	102.30
桂林市	Guilin	249.03	123.67	125.36	95.03	52.58	101.42
梧州市	Wuzhou	121.54	66.36	55.18	39.58	32.31	49.65
北海市	Beihai	97.63	53.96	43.67	31.25	22.22	44.16
防城港市	Fangchenggang	54.57	33.38	21.19	12.26	15.61	26.70
钦州市	Qinzhou	149.61	61.98	87.63	51.08	43.27	55.26
贵港市	Guigang	200.81	98.19	102.62	68.17	62.85	69.79
玉林市	Yulin	244.57	119.03	125.54	69.46	84.26	90.85
百色市	Baise	184.96	75.66	109.30	82.82	42.87	59.27
贺州市	Hezhou	97.21	45.68	51.53	37.73	26.11	33.37
河池市	Hechi	156.32	65.92	90.40	62.31	40.21	53.80
来宾市	Laibin	109.44	50.13	59.31	53.37	22.19	33.88
崇左市	Chongzuo	117.98	47.68	70.30	64.52	19.19	34.27

注：本表数据为人口普查、人口抽样调查数据推算数，按常住人口口径统计。
Note: Data in this table are estimated by population census and population sample surveys, which are calculated by permanent population range.

主要统计指标解释

劳动力资源总数 指在劳动年龄内人口（16周岁及以上）总数中，具有劳动能力，参加或要求参加社会经济活动的人口。包括就业人员和失业人员。

从业人员 指年满16周岁，为取得报酬或经营利润，在调查周内从事了1小时（含1小时）以上劳动的人员；或由于在职学习、休假等原因在调查周内暂时未工作的人员；或由于停工、单位不景气等原因临时未工作的人员。

单位从业人员 指报告期末最后一日在本单位工作，并取得工资或其他形式劳动报酬的人员数。该指标为时点指标，不包括最后一日当天及以前已经与单位解除劳动合同关系的人员，是在岗职工、劳务派遣人员及其他从业人员之和。单位从业人员不包括：

（1）离开本单位仍保留劳动关系，并定期领取生活费的人员；

（2）在本单位实习的各类在校生；

（3）本单位以劳务外包形式使用的人员，如：建筑业整建制使用的人员。

就业人员 指年满16周岁，为取得报酬或经营利润，在调查周内从事了1小时（含1小时）以上劳动的人员；或由于在职学习、休假等原因在调查周内暂时未工作的人员；或由于停工、单位不景气等原因临时未工作的人员。

城镇登记失业人员 指有非农业户口，在一定的劳动年龄内（16岁及以上男50岁以下，女45岁以下），有劳动能力，无业而要求就业，并在当地就业服务机构进行求职登记的人员。

城镇登记失业率 城镇登记失业人员与城镇单位从业人员（扣除使用的农村劳动力、聘用的离退休人员、港澳台及外方人员）、城镇单位中的不在岗职工、城镇私营业主、个体户主、城镇私营企业和个体从业人员、城镇登记失业人员之和的比。计算公式为：

$$\text{城镇登记失业率}=\frac{\text{城镇登记失业人数}}{\text{（城镇登记单位从业人员－使用的农村劳动力－聘用的离退休人员－聘用的港澳台及外方人员）＋不在岗职工＋城镇私营业主＋城镇个体户主＋城镇私营企业及个体从业人员＋城镇登记失业人数}}\times 100\%$$

Explanatory Notes on Main Statistical Indicators

Labor Force Refers to the population aged 16 and over who are capable of working, are participating in or willing to participate in economic activities, including employed persons and unemployed persons.

Employed Persons refer to persons, aged 16 and over, who performed some work for compensation or business gains for one hour or more during the reference period; or persons who do not work for the reasons of study or on holiday; or persons who are temporarily absent from a job for disorganization or suspension of work, recession, etc.

Persons Employed in Various Units Refer to the total number of employees who work at his unit on the last day and obtain wages or other forms of payment at the end of the reporting period. This indicator is a kind of time point index and it equals to the sum of the number of employed staff and workers, labor dispatch personnel and other employed persons, excluding those who have terminated labor contracts with working unit on or before the last day of the reporting period. Employed persons do not include:

1)persons who have left their working units while keeping their labour contract (employment relation) unchanged and receiving regular alimony;

2)all kinds of enrolled students who do internship in various units;

3)persons employed due to labor outsourcing, for example, persons employed in the organizational system of construction industry.

Employed Persons Refer to persons, aged 16 and over, who performed some work for compensation or business gains for one hour or more during the reference period; or persons who do not work for the reasons of study or on holiday; or persons who are temporarily absent from a job for disorganization or suspension of work, recession, etc.

Registered Urban Unemployed Persons Refer to the persons who are registered as permanent residents in the urban areas engaged in non-agricultural activities, aged within the range of working age (16 age and over, while male below 50 and female below 45), capable to labor, unemployed but desirous to be employed and have been registered at the local employment service agencies to apply for a job.

Registered Urban Unemployment Rate Refers to the ratio of the number of the registered unemployed persons to the sum of the number of persons employed in various units and in private enterprises in urban areas, urban self-employed individuals and the registered urban unemployed persons (excluding the employed rural labor force, re-employed retirees, and HongKong, Macao, Taiwan or foreign employees). The formula is as follows:

$$\text{Registered urban unemployment rate}=\frac{\text{Number of registered urban unemployed persons}}{\text{(Number of persons employed in urban units-employed rural labor force-reemployed retirees-HongKong, Macao, Taiwan or foreign employees) +number of staff and workers out of post+number of urban self-employed individuals+number of personnel in urban privately enterprises and self-employed individuals+number of personnel in urban privately enterprises and self-employed laborers+number of the registered urban unemployed persons}}\times 100\%$$

工资总额 指根据《关于工资总额组成的规定》（1990年1月1日国家统计局发布的一号令）进行修订，本单位在报告期内（季度或年度）直接支付给本单位全部从业人员的劳动报酬总额。包括计时工资、计件工资、奖金、津贴和补贴、加班加点工资、特殊情况下支付的工资，是在岗职工工资总额、劳务派遣人员工资总额和其他从业人员工资总额之和。

工资总额是税前工资，包括单位从个人工资中直接为其代扣或代缴的房费、水费、电费、住房公积金和社会保险基金个人缴纳部分等。

工资总额不论是计入成本的还是不计入成本的，不论是以货币形式支付的还是以实物形式支付的，均应列入工资总额的计算范围。

平均工资 指单位从业人员在一定时期内平均每人所得的工资额。它表明一定时期工资收入的高低程度，是反映从业人员工资水平的主要指标。计算公式为：

$$平均工资=\frac{报告期从业人员工资总额}{报告期从业人员平均人数}$$

平均实际工资 是指扣除物价变动因素后的从业人员平均工资。计算公式为：

$$平均实际工资=\frac{报告期从业人员工资平均工资}{报告期城市居民消费价格指数}$$

参加城镇职工基本养老保险的职工人数 指报告期末参加城镇职工基本养老保险并在社会保险经办机构已建立缴费记录档案的职工人数，包括中断缴费但未终止养老保险关系的职工人数，不包括只登记未建立缴费记录档案的人数。

参加城镇职工基本养老保险的离休、退休、退职人员人数 指报告期末参加城镇职工基本养老保险并由养老保险基金支付养老金的离休人员、退休人员、退职人员人数（包括扩面工作中增加的人员），其中离休人员指离休干部。

参加失业保险人员总数 指报告期末城镇企业、事业单位职工参加失业保险的人数及按地方规定参加失业保险的其他人员人数之和。

参加职工基本医疗保险人员人数 指报告期末参加职工基本医疗保险（实施统账结合和单建统筹基金）的职工人数和退休人数的合计。

Total Wage Bill It is revised according to the “Provision of Composition of Total Wages” (Order No.1 by National Bureau of Statistics on January, 1st, 1990), total wage bill refers to the total remuneration payment to all employed persons in various units during the reporting period (by quarter or by year), including hourly-paid wages, piece-rate wages, bonuses, allowance and subsidies, overtime wages and wages paid under special circumstances. It equals to the sum of total wages of employed staff and workers, dispatch labors and other employed persons.

Total wage bill is pre-tax wages, including the room charges, utility bills, housing funds and social insurance paid or withheld by employee's units.

Total wage bill, whether or not included in cost, whether or not paid in money or in kind, shall be included in the calculation of total wage.

Average Wage Refers to the average per capita wage during a certain period of time for employed persons. It shows the general level of wage income during a certain period of time and it's one major indicator to reflect the wage level. It is calculated as follows:

$$\text{Average Wage of Staff and Workers}=\frac{\text{Total Wages of Staff and Workers in Reference Period}}{\text{Average Number of Staff and Workers in Reference Period}}$$

Average Real Wage Refers to the average wage of employed persons after removing the effects of the price changes. It is calculated as follows:

$$\text{Average Real Wage of Staff and Workers}=\frac{\text{Average Wage of Staff and Workers in Reference Period}}{\text{Urban Consumer Prices Index in Reference Period}}$$

Total Number of Employees Participating in Basic Old-age Insurance for Urban Workers Refers to the number of workers who participated in the for urban employees at the end of the reporting period and who have set up payment records in the social insurance agencies, including those who interrupted payment but did not terminate the endowment insurance relationship, excluding those who only registered but did not set up payment records.

Number of retirees, retirees and retirees participating in basic pension insurance for urban workers Refers to the number of retirees, retirees and retirees (including those who have increased in the expansion work) who participated in the basic old-age insurance for urban workers and paid pensions by the old-age insurance fund at the end of the reporting period. Among them, retirees refer to retired cadres.

Total number of persons participating in unemployment insurance Refers to the total number of employees of urban enterprises and institutions participating in unemployment insurance and other persons participating in unemployment insurance according to local regulations at the end of the reporting period.

Number of employees participating in basic medical insurance Refers to the total number of employees and retirees who participated in the basic medical insurance (Implementing the integration of unified accounts and the unified fund for individual construction) at the end of the reporting period.

第五篇 物 价

CHAPTER 5 PRICE

（编辑：蒋志华 肖静月）

简要说明

一、本篇资料主要内容及来源

本篇价格指数资料，反映生产、流通、消费与投资等环节的价格变动趋势和变动幅度。主要包括居民消费价格指数、商品零售价格指数、农产品生产者价格指数、工业生产者出厂价格指数、工业生产者购进价格指数、固定资产投资价格指数、房地产价格指数、农产品集贸市场价格及指数等。

本篇所有数据均来源于国家统计局广西调查总队。

二、其他说明

价格指数编制由国家统计局城市社会经济调查司和农村社会经济调查司组织实施。由各省、自治区、直辖市及抽选出的市、县调查队依据国家统计局统一制定的价格统计调查制度从基层采集原始数据汇总后上报。

Brief Introduction

Main Contents and Sources

Data on price indices in this chapter show the trends and rates of changes in the prices of production, distribution and consumption, including mainly consumer price indices, retail price indices, producer price indices for farm products, producer price indices for industrial products, purchasing price indices for industrial producers, price indices for investment in fixed assets, real estate price indices, agricultural product market price and indices, etc.

All the data in this article come from Survey Office of the National Bureau of Statistics in Guangxi.

5—1 居民消费及商品零售价格指数
Consumer and Retail Price Indices

(上年=100) (preceding year=100)

年 份 Year	居民消费价格指数 Consumer Price Index			商品零售价格指数 Retail Price Index		
	全 区 Total	城 市 Urban Areas	农 村 Rural Areas	全 区 Total	城 市 Urban Areas	农 村 Rural Areas
1978	99.8	99.8		100.0	99.8	100.1
1979	102.8	102.8		102.3	102.9	101.7
1980	112.6	112.6		109.2	113.1	106.1
1981	102.7	102.7		101.7	103.0	100.5
1982	104.1	104.1		103.1	104.4	102.4
1983	103.0	103.0		102.8	103.0	102.7
1984	103.3	104.6	102.4	104.2	104.5	104.1
1985	113.0	114.7	111.8	111.2	114.5	109.3
1986	106.2	106.2	106.2	105.1	106.0	104.4
1987	108.2	110.2	105.8	108.0	110.5	105.5
1988	120.8	123.3	118.4	121.0	123.2	119.4
1989	121.1	119.7	123.3	121.3	119.1	123.5
1990	101.1	98.3	104.4	100.1	97.4	102.4
1991	102.8	102.7	103.0	102.5	102.5	102.5
1992	105.9	107.0	105.4	104.6	106.2	103.9
1993	122.0	123.3	119.1	118.9	121.9	114.8
1994	126.0	125.4	126.5	124.4	122.7	125.6
1995	118.4	118.0	118.6	116.4	115.0	117.7
1996	106.5	105.5	107.4	104.5	104.1	104.9
1997	100.8	100.7	100.8	99.6	99.9	99.4
1998	97.0	97.1	96.8	96.3	96.7	95.9
1999	97.7	97.2	98.2	97.2	96.8	97.6
2000	99.7	100.0	99.5	98.6	98.4	98.8
2001	100.6	101.3	99.6	97.8	97.3	99.0
2002	99.1	98.9	99.3	98.1	98.2	98.0
2003	101.1	100.9	101.3	100.2	99.6	100.8
2004	104.4	104.1	104.9	103.9	103.4	104.4
2005	102.4	103.0	101.6	101.1	101.3	101.0
2006	101.3	101.6	100.9	100.3	100.8	99.8
2007	106.1	105.6	106.8	104.8	104.2	105.3
2008	107.8	107.6	108.5	107.6	107.6	108.3
2009	97.9	97.9	97.5	98.0	98.1	96.9
2010	103.0	102.9	103.4	103.0	103.0	103.2
2011	105.9	105.7	106.4	106.0	105.7	106.6
2012	103.2	103.2	103.3	102.3	102.2	102.4
2013	102.2	102.1	102.4	101.2	101.1	101.3
2014	102.1	102.2	101.9	101.4	101.5	101.1
2015	101.5	101.5	101.5	100.1	100.1	100.1
2016	101.6	101.6	101.7	100.4	100.4	100.3
2017	101.6	101.9	101.1	101.2	101.2	100.8
2018	102.3	102.4	102.2	101.6	101.6	101.7
2019	103.7	103.5	104.1	103.2	103.1	103.5
2020	102.8	102.5	103.5	101.4	101.3	102.1
2021	100.9	101.1	100.5	101.1	101.2	100.4
2022	101.9	101.8	102.2	102.2	102.1	102.4

注：1994年起商品零售价格指数不包括农资。
Note: Retail Price Index since 1994 has excluded agricultural means of production.

5—2 各地区商品零售价格指数（2022年）

（上年=100）

地 区	Region	总指数 Retail Price Index	一、食品类 Food	粮食 Grain	食用油 Edible Oil and Fats	菜及食用菌 Vegetables & Edible Fungi	畜肉 Meat of Livestock	禽肉 Meat of Poultry	水产品 Aquatic Products
全区平均	**Average of Guangxi**	**102.2**	**102.1**	**100.3**	**105.7**	**101.2**	**93.7**	**105.5**	**104.4**
南宁市	Nanning	102.2	101.9	100.6	105.7	100.2	93.7	106.1	104.6
柳州市	Liuzhou	101.3	101.7	100.9	106.1	95.2	95.0	106.1	104.5
桂林市	Guilin	102.6	103.0	101.3	105.8	102.6	96.5	104.0	104.1
梧州市	Wuzhou	103.1	101.8	101.2	103.9	103.0	90.4	103.7	108.1
北海市	Beihai	102.5	103.3	95.5	107.4	103.1	96.2	111.9	106.2
防城港市	Fangchenggang	102.6	103.1	101.7	102.0	104.6	94.2	107.1	103.2
钦州市	Qinzhou	102.5	103.2	100.8	105.1	104.5	93.4	106.5	103.1
贵港市	Guigang	102.4	101.2	99.1	105.9	103.1	94.4	100.6	103.5
玉林市	Yulin	102.1	103.4	95.9	109.5	112.5	92.2	102.9	106.3
百色市	Baise	102.6	101.5	101.0	106.2	100.3	93.2	105.5	103.4
贺州市	Hezhou	102.6	102.2	102.4	102.1	100.8	93.8	104.6	105.7
河池市	Hechi	102.8	102.1	101.6	105.3	101.6	93.6	105.7	104.8
来宾市	Laibin	102.5	101.1	99.9	105.6	102.2	91.3	104.0	101.4
崇左市	Chongzuo	102.3	101.8	100.4	107.9	104.8	92.5	104.7	102.3
城市平均	**Average of Urban Areas**	**102.1**	**102.1**	**100.3**	**105.9**	**101.0**	**94.0**	**105.4**	**104.6**
农村平均	**Average of Rural Areas**	**102.4**	**101.5**	**100.5**	**103.8**	**102.7**	**91.8**	**105.8**	**103.3**

Retail Price Indices by Region（2022）

（preceding year=100）

干鲜瓜果 Fruits and Nuts	其他食品 Other Foods	二、饮料、烟酒类 Beverages, Tobacco and Liquor	三、服装、鞋帽类 Garments, Shoes and Hats	服装 Garments	鞋袜帽 Footwear, Socks and Hats	四、纺织品类 Textiles
111.6	**100.1**	**100.9**	**100.5**	**100.6**	**100.1**	**99.9**
109.5	96.5	100.3	99.5	99.6	99.1	100.6
113.3	99.5	102.2	101.8	101.9	102.2	98.0
113.7	104.4	102.1	101.7	102.3	98.8	101.2
109.4	102.8	102.4	102.2	102.2	102.4	102.4
104.7	100.4	100.1	99.4	99.2	100.9	97.2
114.3	99.5	101.2	101.5	102.1	99.0	101.6
116.0	102.7	100.6	98.3	98.6	96.8	100.2
113.0	102.5	99.6	99.5	100.1	96.0	96.5
118.8	102.4	100.9	98.4	98.3	98.3	97.7
106.4	104.1	100.1	101.9	101.9	102.0	98.0
114.0	103.0	100.6	101.8	102.1	100.1	101.5
112.3	104.8	99.5	103.0	102.3	106.5	101.4
114.6	97.5	99.5	98.6	98.3	99.9	98.2
111.1	102.0	100.5	100.2	100.1	100.7	90.2
111.8	**99.8**	**101.0**	**100.4**	**100.6**	**100.0**	**99.6**
110.9	**101.6**	**100.3**	**100.8**	**100.7**	**101.0**	**102.1**

5-2 续表 1

(上年=100)

地 区	Region	五、家用电器及音像器材 Household Appliances, Music and Video Equipment	家庭设备 Household Appliances	文娱用耐用消费品 Durable Consumer Goods for Recreational	专业音像器材类 Professional Music and Video Equipment	六、文化办公用品 Culture and Office Articles	七、日用品 Articles for Daily Use
全区平均	**Average of Guangxi**	**97.9**	**99.5**	**94.9**	**99.4**	**100.0**	**100.3**
南宁市	Nanning	96.0	98.4	92.4	96.6	99.5	102.0
柳州市	Liuzhou	96.8	99.3	92.0	99.3	99.4	99.1
桂林市	Guilin	100.8	102.1	98.5	102.7	100.2	99.5
梧州市	Wuzhou	99.7	101.2	97.4	102.6	102.5	100.1
北海市	Beihai	99.8	100.4	98.3	104.0	100.9	98.4
防城港市	Fangchenggang	99.7	100.7	97.8	100.4	99.7	100.5
钦州市	Qinzhou	97.9	97.8	97.6	101.0	100.1	98.0
贵港市	Guigang	100.5	102.3	97.6	99.6	97.5	99.6
玉林市	Yulin	95.9	97.4	92.2	101.5	100.2	98.5
百色市	Baise	98.8	99.3	98.1	97.9	100.6	99.9
贺州市	Hezhou	96.3	95.6	97.4	97.0	103.0	99.7
河池市	Hechi	99.3	99.8	98.1	101.9	100.4	96.8
来宾市	Laibin	99.3	99.9	98.2	100.2	99.5	99.0
崇左市	Chongzuo	101.1	98.6	105.1	102.4	100.8	99.5
城市平均	**Average of Urban Areas**	**97.6**	**99.3**	**94.6**	**99.3**	**99.8**	**100.2**
农村平均	**Average of Rural Areas**	**100.0**	**100.6**	**98.3**	**101.0**	**101.3**	**100.4**

continued

(preceding year=100)

八、体育娱乐用品 Sports and Recreation Articles	体育户外用品 Sports Articles	娱乐用品 Recreation Goods	九、交通、通信用品 Transportation and Communication Articles	交通运输机械 Transportation Facilities	通讯器材类 Communication Appliances	十、家具 Furniture
102.5	**105.1**	**101.2**	**98.5**	**99.4**	**96.5**	**101.2**
105.4	106.9	104.7	99.5	99.6	99.4	106.0
99.2	102.4	97.7	97.7	97.5	98.0	95.1
102.6	108.6	99.7	96.1	98.8	90.9	101.1
102.4	103.8	101.8	100.7	101.0	100.0	101.6
100.2	105.4	98.2	98.9	100.3	95.5	101.1
101.1	103.8	99.9	99.3	101.1	95.0	99.9
102.0	105.1	100.7	98.0	99.3	95.2	96.5
100.7	103.0	99.6	96.0	96.8	94.4	100.5
100.1	103.1	98.9	97.7	100.6	91.8	96.5
102.1	107.2	99.9	98.1	100.2	93.6	100.2
99.1	106.1	96.1	97.8	99.6	94.3	97.1
100.0	99.9	100.0	99.1	101.3	95.0	100.2
100.1	100.4	99.9	99.9	102.4	95.2	102.5
101.1	104.6	99.6	99.6	100.8	97.4	95.5
102.4	**105.2**	**101.2**	**98.4**	**99.2**	**96.6**	**101.3**
102.6	**105.0**	**101.3**	**99.4**	**100.7**	**95.0**	**100.8**

5—2 续表 2

(上年=100)

地 区	Region	十一、化妆品类 Cosmetics	十二、金银饰品 Gold and Silver Ornaments	十三、中西药品及医疗保健用品类 Traditional Chinese and Western Medicines and Health Care Articles	医疗卫生器具 Medical Instrument
全区平均	**Average of Guangxi**	**101.6**	**100.6**	**98.9**	**96.7**
南宁市	Nanning	102.1	100.0	96.7	94.0
柳州市	Liuzhou	101.3	99.0	98.8	97.3
桂林市	Guilin	101.3	100.8	99.5	97.5
梧州市	Wuzhou	101.6	100.3	100.1	90.1
北海市	Beihai	101.3	100.7	99.2	94.0
防城港市	Fangchenggang	100.6	101.5	99.4	96.4
钦州市	Qinzhou	101.6	100.8	102.4	100.9
贵港市	Guigang	102.5	105.0	103.5	105.2
玉林市	Yulin	99.7	102.1	101.1	99.5
百色市	Baise	104.0	99.2	98.6	98.0
贺州市	Hezhou	99.5	99.9	101.7	101.8
河池市	Hechi	101.9	100.8	101.9	101.4
来宾市	Laibin	99.3	105.3	100.3	99.0
崇左市	Chongzuo	100.7	100.8	100.6	100.3
城市平均	**Average of Urban Areas**	**101.6**	**100.5**	**98.9**	**96.5**
农村平均	**Average of Rural Areas**	**101.5**	**101.8**	**99.0**	**98.0**

continued

(preceding year=100)

中药 Traditional Chinese Medicines	西药 Western Medicines	保健器具及用品 Health Care Instruments and Articles	十四、书报杂志及电子出版物类 Books, Newspapers, Magazines and Electronic Publications	十五、燃料 Fuels	十六、建筑材料及五金电料 Building Materials and Hardware
104.6	**97.0**	**98.1**	**101.4**	**118.8**	**100.3**
107.7	94.1	93.5	101.2	117.4	100.5
100.9	97.1	101.7	101.6	118.0	97.1
100.5	99.7	100.0	100.4	118.5	102.3
106.7	99.7	105.2	99.8	119.9	99.2
106.8	96.8	100.7	104.3	118.2	100.4
101.2	99.2	100.3	99.9	118.0	104.0
110.4	98.3	99.5	101.8	121.4	102.9
108.0	100.8	99.6	101.1	122.6	101.4
106.1	99.1	99.9	103.5	118.6	101.2
101.5	96.8	100.1	101.7	123.4	100.1
107.1	98.5	101.8	98.2	122.8	99.7
102.2	103.2	97.7	100.4	124.8	99.0
100.4	100.9	100.0	99.8	122.6	98.3
102.0	99.5	101.4	100.2	117.9	101.1
105.0	**96.9**	**98.0**	**101.4**	**118.8**	**99.9**
101.4	**98.0**	**99.2**	**101.5**	**118.6**	**102.0**

5—3 各地区居民消费价格指数（2022年）

（上年=100）

地 区	Region	总指数 Consumer Price Index	一、食品烟酒 Food, Tobacco and Liquor	1.食品 Food	（1）粮食 Grain	（2）薯类 Tubers	（3）豆类 Beans	（4）食用油 Edible Oil and Fats	（5）菜及食用菌 Vegetables & Edible Fungi	（6）畜肉类 Meat of Livestock
全区平均	**Average of Guangxi**	**101.9**	**101.9**	**102.3**	**100.4**	**105.3**	**105.0**	**104.8**	**101.7**	**93.2**
南宁市	Nanning	101.7	102.1	102.0	100.6	105.2	105.8	105.7	100.2	93.7
柳州市	Liuzhou	101.8	101.8	102.1	100.9	97.6	103.8	106.2	95.2	95.1
桂林市	Guilin	101.6	102.9	103.8	101.3	111.4	101.7	105.8	102.6	96.5
梧州市	Wuzhou	102.2	102.2	102.3	101.3	108.6	106.8	103.9	103.0	90.5
北海市	Beihai	101.8	102.8	103.6	95.5	109.7	104.2	107.5	103.0	96.2
防城港市	Fangchenggang	101.4	103.0	103.5	101.7	105.6	109.2	102.1	104.6	94.2
钦州市	Qinzhou	101.7	103.0	103.6	100.8	105.3	107.8	105.1	104.5	93.4
贵港市	Guigang	102.0	101.2	101.8	99.1	98.9	105.6	106.0	103.2	94.4
玉林市	Yulin	101.9	103.2	104.7	95.9	103.8	108.4	109.5	112.5	92.3
百色市	Baise	101.9	101.4	101.4	101.0	107.6	104.3	106.2	100.3	93.2
贺州市	Hezhou	101.8	102.1	102.8	102.4	107.0	105.8	102.1	100.8	93.9
河池市	Hechi	102.0	102.0	102.5	101.6	104.0	101.3	105.3	101.6	93.6
来宾市	Laibin	101.4	101.2	101.4	99.9	103.7	106.4	105.6	102.2	91.4
崇左市	Chongzuo	102.3	102.0	102.5	100.4	109.2	98.9	107.9	104.8	92.6
城市平均	**Average of Urban Areas**	**101.8**	**102.2**	**102.6**	**100.4**	**104.6**	**105.0**	**105.8**	**101.1**	**94.1**
农村平均	**Average of Rural Areas**	**102.2**	**101.4**	**101.8**	**100.5**	**107.2**	**105.1**	**103.7**	**102.7**	**91.8**

Consumer Price Indices by Region (2022)

(preceding year=100)

(7) 禽肉类 Meat of Poultry	(8) 水产品 Aquatic Products	(9) 蛋类 Eggs	(10) 奶类 Milk	(11) 干鲜瓜果类 Fruits and Nuts	(12) 糖果糕点类 Candy and Cake	(13) 调味品 Flavoring	(14) 其他食品类 Other Foods	2.茶及饮料 Tea and Beverages
105.6	**104.0**	**106.8**	**98.1**	**111.6**	**103.6**	**103.2**	**100.7**	**101.2**
106.1	104.6	107.2	97.6	109.5	103.0	101.8	96.4	102.7
106.1	104.4	108.5	99.8	113.3	103.0	107.6	99.5	101.7
104.1	104.0	108.3	101.6	113.7	105.7	101.2	104.4	103.8
103.7	108.1	108.1	100.1	109.4	103.5	104.5	102.8	103.6
111.9	106.1	105.4	97.1	104.7	107.5	105.9	100.4	99.3
107.1	103.1	103.5	99.1	114.3	103.0	102.5	99.5	100.3
106.5	103.1	101.7	97.7	116.0	100.2	101.1	102.7	99.1
100.6	103.4	101.8	100.4	113.0	99.1	100.8	102.5	96.6
102.9	106.2	109.1	100.6	118.9	101.9	101.9	102.4	99.1
105.5	103.4	105.8	93.8	106.4	104.6	103.0	104.0	101.5
104.6	105.6	105.6	96.9	114.0	105.7	101.8	103.0	100.7
105.6	104.7	104.4	98.1	112.3	104.1	104.6	104.8	100.1
104.1	101.4	103.9	90.1	114.7	100.8	100.3	97.5	99.2
104.7	102.3	107.2	96.7	111.2	104.3	104.0	101.9	99.8
105.5	**104.4**	**106.6**	**98.5**	**112.0**	**103.4**	**103.0**	**99.9**	**101.5**
105.9	**103.1**	**107.3**	**97.5**	**110.9**	**104.0**	**103.6**	**101.8**	**100.6**

5－3 续表1

(上年=100)

地 区	Region	3.烟酒 Tobacco and Liquor	(1) 烟草 Tobacco	(2) 酒类 Liquor	4.在外餐饮 Dining Out	二、衣着 Clothing	1.服装 Garments	(1) 男式服装 Male
全区平均	**Average of Guangxi**	**100.5**	**100.4**	**100.8**	**101.6**	**100.7**	**100.7**	**101.2**
南宁市	Nanning	99.8	100.0	99.3	103.0	99.5	99.6	100.0
柳州市	Liuzhou	102.4	102.1	103.0	101.1	101.9	101.8	104.4
桂林市	Guilin	101.6	100.0	103.7	101.1	102.2	102.7	103.0
梧州市	Wuzhou	102.1	101.4	103.4	101.7	102.3	102.1	103.3
北海市	Beihai	100.3	100.6	99.9	101.9	99.6	99.4	102.1
防城港市	Fangchenggang	101.4	100.4	103.5	102.5	101.5	101.7	102.6
钦州市	Qinzhou	101.1	100.0	103.6	102.7	98.5	98.7	99.1
贵港市	Guigang	100.4	100.7	99.8	100.3	99.7	100.3	99.9
玉林市	Yulin	101.3	100.0	104.2	100.4	98.3	98.3	94.4
百色市	Baise	99.8	100.0	99.3	102.0	101.9	101.9	102.2
贺州市	Hezhou	100.6	101.3	99.0	101.1	101.9	102.1	100.6
河池市	Hechi	99.4	100.9	96.3	101.7	103.2	102.3	99.5
来宾市	Laibin	99.6	100.5	97.7	101.4	98.8	98.4	98.8
崇左市	Chongzuo	100.7	100.3	101.5	101.3	100.4	100.1	99.3
城市平均	**Average of Urban Areas**	**100.8**	**100.6**	**101.1**	**101.9**	**100.6**	**100.7**	**101.1**
农村平均	**Average of Rural Areas**	**100.2**	**100.1**	**100.5**	**100.5**	**100.8**	**100.7**	**101.4**

continued

(preceding year=100)

(2) 女式服装 Female	(3) 儿童服装 Children	(4) 衣着材料及配件 Clothing Material and Accessories	(5) 衣着服务费 Clothing Service Fees	5.鞋类 Footwear	三、居住 Residence	1.租赁房房租 Rent of Rental Housing	2.住房保养维修及管理 Housing Maintenance and Management	3.水电燃料 Water, Electricity and Fuels	4.自有住房 Private Housing
100.5	**100.1**	**99.6**	**102.1**	**100.6**	**100.4**	**98.8**	**101.3**	**103.8**	**99.1**
99.4	99.3	100.5	99.5	98.9	100.6	99.7	100.0	103.8	99.8
101.0	100.1	97.3	97.6	102.5	98.9	97.8	99.7	100.8	98.3
102.8	99.6	99.2	112.0	99.9	99.7	99.6	103.6	102.3	97.8
101.9	101.6	99.2	100.0	103.4	100.5	99.6	100.7	103.6	99.5
99.0	94.9	96.9	102.7	101.2	98.4	92.9	102.1	102.6	96.7
102.8	100.0	96.5	100.4	100.1	96.9	95.2	102.1	101.8	94.0
97.6	99.8	100.4	105.4	97.3	98.3	94.0	102.3	104.1	95.9
101.2	98.5	97.2	100.1	96.3	100.4	99.2	100.3	106.6	98.6
98.5	102.5	102.9	105.2	98.4	100.8	98.9	102.6	106.8	98.7
101.9	101.6	102.5	101.4	102.2	100.7	99.5	99.9	104.4	100.0
104.3	100.0	97.4	99.9	100.7	100.8	99.9	98.8	105.3	100.0
104.4	103.3	99.0	103.4	107.3	99.4	94.3	99.0	105.3	98.4
98.0	98.1	96.3	102.7	100.3	101.4	101.6	100.0	107.1	99.9
100.0	101.5	95.7	102.8	102.0	101.0	99.1	106.3	102.2	99.4
100.7	**99.8**	**99.2**	**102.1**	**100.3**	**99.9**	**98.5**	**100.8**	**103.5**	**98.6**
100.0	**101.1**	**101.0**	**102.1**	**101.2**	**101.3**	**100.1**	**102.1**	**104.4**	**100.1**

5-3 续表2

(上年=100)

地 区	Region	四、生活用品及服务 Articles for Daily Use and Services	1.家具及室内装饰品 Furniture and Interior Decorations	2.家用器具 Home Appliances	3.家用纺织品 Home Textiles	4.家庭日用杂品 Household Articles for Daily Use	5.个人护理用品 Personal Care Supplies	6.家庭服务 Household Services	五、交通和通信 Transportation and Communication	1.交通 Trans-port	2.通信 Commu-nication
全区平均	**Average of Guangxi**	**100.5**	**100.9**	**99.8**	**100.2**	**99.9**	**101.2**	**103.3**	**104.5**	**106.9**	**98.2**
南宁市	Nanning	101.6	105.4	98.4	100.7	101.2	102.5	103.0	104.5	106.5	98.9
柳州市	Liuzhou	99.3	95.9	99.3	96.9	98.2	100.2	106.8	104.6	106.6	98.8
桂林市	Guilin	101.3	100.9	102.1	101.9	99.2	101.5	103.8	104.8	107.8	97.0
梧州市	Wuzhou	101.1	101.5	101.2	101.3	100.3	102.2	100.2	104.9	107.4	99.4
北海市	Beihai	99.7	100.9	100.4	97.5	97.7	98.2	105.3	105.7	109.1	97.4
防城港市	Fangchenggang	101.4	100.2	100.7	101.8	102.0	101.1	103.8	104.6	106.7	98.4
钦州市	Qinzhou	99.2	96.6	97.8	99.9	97.9	100.1	106.5	104.5	107.2	97.0
贵港市	Guigang	100.9	100.6	102.4	97.6	100.7	101.1	99.5	102.5	104.6	97.4
玉林市	Yulin	99.3	96.8	97.4	99.8	99.0	101.5	104.7	103.5	106.4	96.7
百色市	Baise	100.2	100.3	99.3	96.6	99.2	103.9	99.5	104.0	106.3	97.2
贺州市	Hezhou	97.8	97.2	95.6	99.0	98.4	99.4	101.0	105.4	108.1	98.0
河池市	Hechi	98.7	100.1	99.8	98.0	94.3	101.4	100.4	103.8	106.0	97.6
来宾市	Laibin	99.8	102.2	99.8	98.8	98.9	98.0	103.0	104.4	106.8	97.4
崇左市	Chongzuo	98.6	95.4	98.6	91.5	99.6	100.4	102.1	104.8	106.9	98.8
城市平均	**Average of Urban Areas**	**100.4**	**101.0**	**99.4**	**99.5**	**99.5**	**101.3**	**103.6**	**104.5**	**106.8**	**98.1**
农村平均	**Average of Rural Areas**	**100.7**	**100.7**	**100.4**	**102.1**	**100.5**	**100.9**	**102.2**	**104.7**	**107.1**	**98.2**

continued

(preceding year=100)

六、教育文化和娱乐 Education, Culture and Recreation	1.教育 Education	2.文化娱乐 Culture and Recreation	七、医疗保健 Health Care	1.药品及医疗器具 Medicine and Medical Instrument	2.医疗服务 Medical Services	八、其他用品和服务 Others Articles and Services	1.其他用品类 Other Articles	2.其他服务类 Other Services
104.0	**105.2**	**101.3**	**100.9**	**99.1**	**101.9**	**101.0**	**101.1**	**101.0**
102.6	103.4	101.2	99.1	96.7	100.5	103.1	102.5	103.6
104.9	107.0	101.3	102.1	98.8	103.9	100.0	100.5	99.6
101.1	101.1	101.1	99.3	99.5	99.1	97.7	96.7	98.5
104.2	105.5	101.9	100.8	100.1	101.1	101.7	103.6	100.3
104.5	106.4	100.9	99.7	99.2	100.0	99.6	98.9	100.1
102.4	102.3	102.6	101.2	99.4	102.1	100.0	100.5	99.6
104.6	104.5	104.6	100.8	102.4	99.9	101.7	100.7	102.3
107.4	109.9	101.8	103.3	103.5	103.2	99.4	102.7	96.8
102.7	103.9	100.2	101.6	101.0	101.9	101.7	101.2	102.1
104.3	105.4	102.1	100.9	98.6	102.2	100.9	100.7	101.0
103.1	103.8	101.6	99.1	101.7	97.5	99.2	98.5	99.8
107.0	109.9	100.5	101.6	101.9	101.4	99.8	101.7	98.0
101.2	102.2	99.3	100.6	100.3	100.7	102.6	102.7	102.6
103.5	103.4	103.8	105.0	100.6	107.2	100.5	100.0	100.9
103.5	**104.7**	**101.4**	**100.5**	**99.1**	**101.2**	**101.0**	**101.0**	**101.0**
104.8	**106.0**	**101.1**	**101.8**	**99.0**	**102.9**	**101.1**	**101.3**	**100.7**

5—4 主要年份工业品出厂价格（工业生产者出厂价格）分类指数
Producer Price Indices of Industrial Products in Main Years

（上年=100） (preceding year=100)

指 标	Item	2000	2005	2010	2015	2017	2018	2019	2020	2021	2022
总 指 数	**General Index**	**105.5**	**104.9**	**112.0**	**97.0**	**107.6**	**103.2**	**99.3**	**99.4**	**108.9**	**102.5**
按轻重工业分	**By Light and Heavy Industry**										
轻工业	Light Industry	109.0	105.8	115.0	100.6	104.8	98.8	99.9	102.6	105.1	105.2
以农产品为原料	Using Farm Products as Raw Materials	109.9	107.5	118.9	100.8	105.1	98.3	99.8	103.2	105.5	105.4
以非农产品为原料	Using Non-farm Products as Raw Materials	100.4	101.8	105.6	99.7	103.3	101.2	100.0	99.8	103.7	104.6
重工业	Heavy Industry	103.1	104.2	110.3	95.7	108.6	104.7	99.0	98.3	109.9	101.8
采 掘	Mining and Quarrying Industry	106.1	126.5	129.1	97.9	115.9	103.8	97.8	100.2	110.2	111.1
原材料	Raw Materials Industry	106.1	105.2	113.0	96.2	108.4	105.2	96.7	95.7	112.6	108.7
加 工	Processing Industry	96.0	101.5	106.3	95.3	108.1	104.6	100.3	99.4	108.1	96.9
按两大部类分	**By Production and Living Materials**										
生产资料	Production Materials	103.2	104.0	110.3	95.5	109.1	104.9	98.6	98.2	110.8	102.3
生活资料	Living Materials	110.4	106.8	118.2	101.3	103.1	97.7	101.2	103.2	101.4	102.9
按工业部门分	**By Department of Industry**										
冶金工业	Metallurgical Industry	108.5	106.4	118.1	89.2	123.0	106.0	96.4	97.2	121.5	98.2
电力工业	Power Industry	112.5	100.9	102.0	99.4	99.4	99.9	97.7	97.5	102.7	105.2
煤炭及炼焦工业	Coal and Coking Industry	104.1	133.1	111.0	93.1	120.3	103.9	101.9	94.4	114.3	120.0
化学工业	Chemical Industry	95.6	108.0	114.7	97.7	105.3	105.5	99.8	98.5	114.7	109.8
机械工业	Machine Building Industry	95.7	100.6	102.3	99.8	100.3	100.5	100.7	100.3	100.7	99.5
建筑材料工业	Building Materials Industry	100.6	98.3	106.6	97.4	107.0	109.1	102.9	100.9	102.8	95.3
森林工业	Timber Industry	101.4	100.5	106.4	99.4	101.5	102.3	100.2	98.1	102.3	101.9
食品工业	Food Industry	111.1	109.4	120.3	101.0	104.6	96.0	100.4	105.0	104.4	105.6
纺织工业	Textile Industry	115.5	99.9	126.8	95.3	115.4	108.0	89.3	90.8	113.4	104.3
造纸工业	Paper Making Industry	111.2	102.0	113.5	101.2	109.2	105.9	99.2	96.3	107.9	105.2
其他工业	Others	98.4	103.8	117.0	98.3	103.4	103.0	99.6	99.8	104.8	105.0

注：2011年基期轮换后，工业生产者出厂价格行业数据计算有新行业和旧行业之分，但数据对外公布均使用新行业数据，2016年基期轮换后，行业数据计算均为新行业。

Note: The data calculation of producer ex-factory price indices of industrial products is classified by new industry and old industry, and published in new industry after the base period rotation in 2011. The data is calculated completely in new industry after the base period rotation in 2016.

5—4 续表 continued

(上年=100) (preceding year=100)

指 标	Item	2019	2020	2021	2022
按工业行业分	**By Sector**				
煤炭开采和洗选业	Mining and Washing of Coal	101.9	94.4	114.3	120.0
石油和天然气开采业	Extraction of Petroleum and Natural Gas	103.2	70.8	134.5	147.5
黑色金属矿采选业	Mining and Processing of Ferrous Metals Ores	98.8	101.9	108.2	112.1
有色金属矿采选业	Mining and Processing of Non-ferrous Metals Ores	92.5	99.4	121.4	116.8
非金属矿采选业	Mining and Processing of Non-metal Ores	104.2	103.9	98.1	98.2
农副食品加工业	Processing of Food from Agricultural Products	100.0	106.6	106.7	106.8
食品制造业	Manufacturing of Food	100.8	98.9	106.4	110.6
酒、饮料和精制茶制造业	Manufacturing of Alcohol, Beverages and Refined Tea	101.6	102.4	101.1	103.0
烟草制品业	Manufacturing of Tobacco	102.0	100.7	100.0	100.0
纺织业	Textile Industry	89.3	90.8	113.4	104.3
纺织服装、服饰业	Textiles, Clothing and Accessories Manufacturing	99.6	99.9	101.6	101.9
皮革、毛皮、羽毛及其制品和制鞋业	Manufacturing of Leather, Fur, Feather and Related Products and Shoes	103.7	100.0	100.3	102.2
木材加工和木、竹、藤、棕、草制品业	Timber Processing, Manufacturing of Wood, Bamboo, Rattan, Palm Fiber and Straw Products	100.0	98.1	102.5	101.7
家具制造业	Manufacturing of Furniture	101.3	98.9	96.1	105.0
造纸和纸制品业	Manufacturing of Paper and Paper Products	99.2	96.3	107.9	105.2
印刷和记录媒介复制业	Printing and Reproduction of Record Media	101.4	101.5	100.1	99.3
文教、工美、体育和娱乐用品制造业	Manufacturing of Articles for Culture, Education, Arts and Crafts, Sports and Entertainment Activities	100.4	104.4	100.8	100.7
石油、煤炭及其他燃料加工业	Processing of Petroleum, Coking and Other Fuels	96.4	91.7	126.6	126.6
化学原料和化学制品制造业	Manufacturing of Raw Chemical Materials and Chemical Products	97.2	96.3	120.2	111.2
医药制造业	Manufacturing of Medical and Pharmaceutical Products	104.9	101.3	98.2	104.2
橡胶和塑料制品业	Manufacturing of Rubber and Plastic Products	101.7	99.0	100.1	103.6
非金属矿物制品业	Manufacturing of Non-metallic Minerals Products	102.5	100.5	103.7	96.1
黑色金属冶炼和压延加工业	Smelting and Pressing of Ferrous Metals	96.7	95.9	124.4	92.1
有色金属冶炼和压延加工业	Smelting and Pressing of Non-ferrous Metals	95.3	96.1	119.9	106.1
金属制品业	Manufacturing of Metal Products	100.2	100.7	104.0	102.5
通用设备制造业	Manufacturing of General Purpose Machinery	101.3	100.3	102.6	100.9
专用设备制造业	Manufacturing of Special Purposes Machinery	99.9	100.6	99.0	100.2
汽车制造业	Manufacturing of Automobiles	100.8	100.1	99.2	99.2
铁路、船舶、航空航天和其他运输设备制造业	Manufacturing of Railway, Ship, Aerospace and Other Transportation Equipment	104.5	100.0	100.7	98.2
电气机械和器材制造业	Manufacturing of Electric Equipment and Apparatus	100.0	99.2	110.8	101.6
计算机、通信和其他电子设备制造业	Manufacturing of Computer, Communication and Other Electronic Equipment	101.3	101.7	100.5	98.9
仪器仪表制造业	Manufacturing of Measuring Instruments and Machinery	102.8	100.3	100.2	103.5
其他制造业	Other Manufacturing	99.5	97.7		
废弃资源综合利用业	Utilization of Waste Resources	97.2	103.0	117.0	100.2
电力、热力生产和供应业	Production and Supply of Electricity and Heat	97.7	97.5	102.7	105.2
燃气生产和供应业	Production and Supply of Gas	103.0	94.6	101.8	122.3
水的生产和供应业	Production and Supply of Water	98.9	98.5	101.7	99.9

5—5 主要年份工业生产者购进价格指数

Purchasing Price Indices for Industrial Producers in Main Years

（上年=100） (preceding year=100)

指 标	Item	2000	2005	2010	2015	2017	2018	2019	2020	2021	2022
总 指 数	**General Index**	**100.9**	**108.2**	**111.2**	**95.7**	**106.5**	**103.4**	**99.5**	**98.5**	**110.7**	**107.3**
燃料、动力类	Fuel and Power	98.9	112.1	109.3	95.1	108.2	106.9	100.9	95.0	118.5	126.0
黑色金属材料类	Ferrous Metals	103.0	111.3	103.7	90.9	109.4	102.0	99.7	97.3	114.8	98.2
其中：钢材	Steel	105.0	105.9	105.7	93.1	108.1	102.0	98.3	98.2	114.6	99.4
有色金属材料及电线类	Non-ferrous Metals and Wire	123.8	114.5	128.6	95.4	112.5	99.7	96.2	100.0	122.1	109.1
化工原料类	Raw Chemical Materials	104.5	110.0	112.3	98.0	105.8	103.8	98.0	95.5	109.6	107.6
木材及纸浆类	Timber and Paper Pulp	99.8	94.4	111.2	99.6	103.8	104.4	97.2	97.1	104.9	106.9
建筑材料及非金属类	Building Materials and Nonmetal Mineral	92.6	103.6	114.6	95.7	107.2	109.3	102.4	102.1	106.5	105.5
其他工业原材料及半成品类	Other Industrial Raw Materials and Semi-manufactured Products	104.7	103.7	110.3	97.9	103.5	102.1	99.9	100.6	104.1	99.5
农副产品类	Agricultural Products	90.3	116.8	116.6	93.8	105.6	99.7	98.3	102.5	108.4	105.8
纺织原料类	Textile Materials	106.3	90.6	121.4	99.7	101.4	101.1	100.8	95.7	105.8	103.5

主要统计指标解释

居民消费价格指数　是反映一定时期内居民所消费商品及服务项目的价格水平变动趋势和变动程度的相对数。居民消费价格水平的变动率在一定程度上反映了通货膨胀（或紧缩）的程度。编制居民消费价格指数的目的，在于分析消费品价格和服务价格变动对社会经济和居民生活的影响，满足各级政府制定政策和计划、进行宏观调控的需要，以及为国民经济核算提供参考依据。

商品零售价格指数　是反映市场商品零售价格的变动趋势和变动程度的相对数。编制商品零售价格指数，其目的在于掌握商品价格的变动趋势，为国家宏观调控和国民经济核算提供参考依据。

工业生产者出厂价格指数　反映工业企业产品第一次出售时的出厂价格的变化趋势和变动幅度。

工业生产者购进价格指数　反映工业企业产品作为中间投入产品的购进价格的变化趋势和变动幅度。

Explanatory Notes on Main Statistical Indicators

Consumer Price Indices　are relative figures reflecting the trend and degree of changes in prices of consumer goods and services purchased by households during a given period. The rate of change of Consumer Price Index (CPI) reflects the degree of currency inflation (or deflation) to a certain extent. The purpose of compiling CPI is analyzing the effect of the price changes of consumer goods and services on the social economy and household livelihood, meeting the needs of all levels of governments to make policies and plans and carry out macroeconomic control, and providing reference for national accounting.

Retail Price Indices　are relative figures reflecting the trend and degree of changes in retail prices of commodities during a given period. The purpose of compiling RPI is obtaining the trend of the price changes of goods, and providing reference for macroeconomic control and national accounting.

Producer Price Indices for Industrial Products　reflect the trend and degree of the general ex-factory prices of all manufactured products in the first sale.

Purchasing Price Indices for Industrial Producers　reflect the trend and degree of the purchasing prices of industrial products as intermediate inputs.

第六篇　人民生活

CHAPTER 6　PEOPLE'S LIVELIHOODS

（编辑：谢定杰）

简要说明

一、本篇资料主要内容及来源

本篇资料反映广西人民生活现状及变化，主要有城镇居民收支情况和消费情况、农村居民收支情况和消费情况。

从2012年四季度起，国家统计局对分别进行的城乡住户调查实施了一体化改革，统一了城乡居民收入指标名称、分类和统计标准，建立了城乡统一的一体化住户调查。广西从2014年开始，正式发布此项改革后的一体化城乡住户收支与生活状况调查数据。

本篇所有数据均来源于国家统计局广西调查总队。

二、调查方式

（一）城镇住户调查数据来源在2012年及以前，由国家统计局城市司组织开展城镇住户调查。调查内容主要包括家庭人口及其构成、家庭现金收支、主要商品购买数量及支出金额、劳动就业状况、居住状况和耐用消费品的拥有量等。调查对象在2001年以前为全国非农业住户，2002至2012年改为全国城市市区和县城关镇区住户。城镇调查户的抽选工作分两步进行。第一步进行一次性的大样本调查；第二步从大样本调查中抽出一个小样本，作为经常性调查户，开展记账工作。

（二）农村住户调查数据在2012年及以前，由国家统计局农村司组织开展农村住户调查。主要内容包括农村居民家庭基本情况、住房情况、收入、生活消费支出、主要食品消费量、耐用消费品拥有量等。为解决调查户的厌烦情绪及样本老化问题，增强抽样调查网点的代表性，更加准确、及时地反映农村社会经济情况，对农村住户调查网点实行样本轮换制度，每五年为一个周期。

Brief Introduction

Main Contents and Sources

Data in this chapter show the people's living conditions and their changes in Guangxi, mainly including income and expenditure and consumption of urban and rural households. In the fourth quarter of 2012, the NBS launched its reform on the household survey programme, to develop an integrated survey, instead of two separate urban and rural household surveys. The reform aims at regulating the division of urban and rural areas, integrating the concepts, classifications and standards, implementing the integrated household survey. Since 2014, Guangxi has officially released the survey data of income and expenditure and living conditions of integrated urban and rural households after the reform.

All the data in this article come from Survey Office of the National Bureau of Statistics in Guangxi.

6—1 城乡居民家庭人均收入及恩格尔系数
Per Capita Income and Engle Coefficient of Urban and Rural Households

年份 Year	全区居民人均可支配收入 Per Capita Disposable Income of Households		城镇居民人均可支配收入 Per Capita Disposable Income of Urban Households		农村居民人均可支配收入 Per Capita Disposable Income of Rural Households		城镇居民家庭恩格尔系数(%) Engle Coefficient of Urban Households (%)	农村居民家庭恩格尔系数(%) Engle Coefficient of Rural Households (%)
	绝对数（元）Value (yuan)	比上年±% Growth Rate Over Previous Year (%)	绝对数（元）Value (yuan)	比上年±% Growth Rate Over Previous Year (%)	绝对数（元）Value (yuan)	比上年±% Growth Rate Over Previous Year (%)		
1980			455		173		57.3	63.5
1981			429	-5.7	204	17.9	58.7	67.6
1982			427	-0.6	235	15.2	61.5	66.2
1983			444	4.1	262	11.5	59.2	66.2
1984			563	26.8	267	1.9	57.2	64.6
1985			683	21.4	303	13.5	56.6	62.2
1986			784	14.7	316	4.3	58.0	61.9
1987			899	14.7	354	12.0	59.1	62.1
1988			1159	28.9	424	19.8	54.6	59.6
1989			1304	12.5	483	13.9	59.3	58.3
1990			1448	11.0	639	3.5	58.6	64.4
1991			1614	11.4	658	3.0	55.3	62.0
1992			2104	30.4	732	11.2	55.9	61.8
1993			2895	37.6	885	20.9	53.7	63.6
1994			3981	37.5	1107	25.1	50.4	59.0
1995			4792	20.4	1446	30.6	51.0	61.3
1996			5033	5.0	1703	17.8	50.4	58.2
1997			5110	1.5	1875	10.1	47.4	58.2
1998			5412	5.9	1972	5.2	46.3	57.2
1999			5620	3.8	2048	3.9	44.3	58.3
2000			5834	3.8	1865	-9.0	39.9	55.4
2001			6666	14.3	1944	4.3	37.7	52.3
2002			7315	9.8	2013	3.5	40.7	51.9
2003			7785	6.4	2095	4.1	40.0	51.3
2004			8177	5.0	2305	10.0	44.0	54.3
2005			8917	9.0	2495	8.2	42.5	50.5
2006			9899	11.0	2771	11.1	42.1	49.5
2007			12200	23.2	3224	16.3	41.7	50.2
2008			14146	16.0	3690	14.5	42.4	53.4
2009			15451	9.2	3980	7.9	39.9	48.7
2010			17064	10.4	4543	14.1	38.1	48.5
2011			18854	10.5	5231	15.1	39.5	43.8
2012			21243	12.7	6008	14.8	39.0	42.8
2013	14082		23305	9.7	6791	13.0	37.9	40.0
2014	15557	10.5	24669	8.7	8683	11.4	35.2	36.9
2015	16873	8.5	26416	7.1	9467	9.0	34.4	35.4
2016	18305	8.5	28324	7.2	10359	9.4	34.4	34.5
2017	19905	8.7	30502	7.7	11325	9.3	33.2	32.2
2018	21485	7.9	32436	6.3	12435	9.8	30.7	30.1
2019	23328	8.6	34745	7.1	13676	10.0	30.5	30.9
2020	24562	5.3	35859	3.2	14815	8.3	33.9	34.6
2021	26727	8.8	38530	7.4	16363	10.4	31.4	33.3
2022	27981	4.7	39703	3.0	17433	6.5	32.0	32.1

注：自2014年起为一体化城乡住户收支调查后新口径数据，与2013年及以前数据不可比。从2014年开始为农村常住居民可支配收入。

Note: Since 2014, the data is based on the new statistical range of the integrated household survey of income and expenses, and it is not comparable with the data prior to 2013. Since 2014, the data has been revised to disposable income of permanent rural households.

6—2　主要年份城镇居民家庭基本情况

Basic Conditions of Urban Households in Main Years

单位：人　　(person)

项　目	Item	2015	2018	2019	2020	2021	2022
期内住户常住成员数	**Number of Permanent Residents**	**9218**	**8340**	**8245**	**8225**	**8306**	**8236**
调查样本住户数(户)	**Number of Households Surveyed (household)**	**2701**	**2330**	**2330**	**2330**	**2330**	**2330**
期内人均自有现住房面积（平方米）	**Per Capita Living Floor Space of Period (sq.m)**	**38.63**	**40.55**	**41.65**	**42.31**	**47.40**	**47.9**
常住成员从业人数	**Number of Employees of Permanent Residents**	**5036**	**4103**	**3983**	**3845**	**3995**	**3874**
户主文化程度	**Education of Householder**						
1.未上过学	Not on school	31	18	15	15	10	10
2.小学	Primary School	319	400	385	376	257	252
3.初中	Junior Secondary School	1001	868	873	875	914	913
4.高中	Senior Secondary School	696	565	566	577	569	564
5.大学专科	Junior College	386	296	308	303	322	329
6.大学本科	Undergraduate	241	169	170	172	242	247
7.研究生	Postgraduate	27	14	13	12	16	15
本年度就业类型	**Type of Employment in Current Year**						
1.雇主	Employer	86	50	44	22	24	20
2.公职人员	Public Officials	256	158	135	112	121	124
3.事业单位人员	Institutions Personnel	501	307	295	247	319	313
4.国有企业雇员	Employees of SOE	244	151	151	130	181	177
5.其他雇员	Other Employees	2182	2102	2160	2177	2179	2113
6.农业自营	Self-employed Farmer	903	749	616	552	539	496
7.非农自营	Non-Self-employed Farmer	864	586	582	605	632	631
本年度从事主要行业	**Major Industries Engaged in Current Year**						
1.第一产业	Primary Industry	969	804	686	624	609	563
2.第二产业	Secondary Industry	954	725	754	735	800	773
3.第三产业	Tertiary Industry	3114	2574	2543	2486	2586	2538

注：国家统计局对城乡住户调查实施了一体化改革，统一了城乡居民收入指标名称、分类和统计标准，建立了城乡统一的一体化住户调查。广西从2014年开始，正式发布此项改革后的一体化城乡住户收支与生活状况调查数据。本篇表2至21内的数据均来源于一体化城乡住户收支调查，与2013年及以前公布的年鉴数据不可比。

Note: National Bureau of Statistics launched its reform on the household survey programme, to develop an integrated survey, instead of two separate urban and rural household surveys. The reform aims at regulating the division of urban and rural areas, integrating the concepts, classifications and standards, implementing the integrated household survey. Since 2014, Guangxi has formally released the data on the integrated household survey of income, expenses and livelihood. The data in tables from 2 to 21 is based on the integrated household survey of income, expenses, and it is not comparable with the data released prior to 2013.

6—3 主要年份城镇居民人均可支配收入及构成
Per Capita Disposable Income of Urban Households and Its Composition in Main Years

单位：元 (yuan)

项 目	Item	2015	2018	2019	2020	2021	2022
可支配收入	**Disposable Income**	**26416**	**32436**	**34745**	**35859**	**38530**	**39703**
一、工资性收入	Income of Wages and Salaries	15163	18084	19344	20241	20640	21321
（一）工资	Wages and Salaries	14051	16980	18138	18833	19299	19865
（二）实物福利	Physical Benefits	63	110	156	212	267	293
（三）其他	Other Income	1050	994	1050	1196	1073	1163
二、经营净收入	Net Business Income	3665	5595	5965	5375	6848	7222
（一）第一产业经营净收入	Net Business Income of Primary Industry	563	960	966	680	1557	1830
1.农业	Farming	397	424	567	437	969	1201
2.林业	Forestry	19	109	104	51	207	209
3.牧业	Animal Husbandry	82	405	280	181	344	379
4.渔业	Fishery	64	22	15	11	37	42
（二）第二产业经营净收入	Net Business Income of Secondary Industry	371	761	822	1004	781	468
（三）第三产业经营净收入	Net Business Income of Tertiary Industry	2731	3874	4177	3691	4510	4924
三、财产净收入	Net Income for Property	2308	2889	2932	3217	4015	4206
四、转移净收入	Net Income for Transfer	5280	5868	6504	7026	7027	6954
（一）转移性收入	Transfer Income	6630	7767	8519	9143	9004	9259
#养老金或离退休金	Pensions for Old People and Retirement	5490	5945	6054	6452	5528	5901
（二）转移性支出	Transfer Expenditures	1351	1899	2015	2117	1977	2305
#社会保障支出	Social Relief Expenditures	1006	1466	1666	1793	1721	1950

6—4 主要年份城镇居民人均现金可支配收入及构成
Per Capita Cash Disposable Income of Urban Households and Its Composition in Main Years

单位：元 (yuan)

项 目	Item	2015	2018	2019	2020	2021	2022
现金可支配收入	**Disposable income in Cash**	**25146**	**30856**	**32596**	**33602**	**35998**	**36920**
一、现金工资性收入	Income of Wages and Salaries	15100	17973	19187	20029	20373	21028
（一）工资	Wages and Salaries	14051	16979	18138	18833	19299	19865
（二）其他工资性收入	Other Income	1050	994	1049	1196	1073	1163
二、现金经营净收入	Net Business Income	3895	5966	6165	5620	7065	7180
（一）第一产业现金经营净收入	Net Business Income of Primary Industry	469	862	841	538	1304	1500
1.农业	Farming	263	325	470	335	774	910
2.林业	Forestry	1	101	93	47	188	199
3.牧业	Animal Husbandry	74	415	266	148	309	354
4.渔业	Fishery	132	21	12	8	33	37
（二）第二产业现金经营净收入	Net Business Income of Secondary Industry	451	982	978	1154	885	522
（三）第三产业现金经营净收入	Net Business Income of Tertiary Industry	2974	4122	4346	3928	4875	5158
三、现金财产净收入	Net Income from Property	1098	1502	1528	1695	2410	2550
四、现金转移净收入	Net Income from Transfer	5053	5415	5716	6258	6151	6163
（一）现金转移性收入	Transfer Income	6417	7315	7731	8375	8128	8468
#养老金或离退休金	Pensions for Old People and Retirement	5490	5945	6054	6452	5528	5901
（二）现金转移性支出	Transfer Expenditures	1364	1900	2015	2117	1977	2305
#社会保障支出	Social Secuity Expenditures	1006	1466	1666	1793	1721	1950

6−5 主要年份城镇居民人均消费支出
Per Capita Consumption Expenditure of Urban Households in Main Years

单位：元 (yuan)

项 目	Item	2015	2018	2019	2020	2021	2022
消费支出	**Consumption Expenditure**	**16321**	**20159**	**21591**	**20907**	**22555**	**22438**
一、食品烟酒	Food, Tobacco and Liquor	5610	6180	6578	7092	7089	7172
二、衣着	Clothing and Footwear	846	968	974	874	996	905
三、居住	Housing	3629	4236	4468	4645	4704	4760
四、生活用品及服务	Daily Necessities and Services	952	1254	1256	1233	1371	1250
五、交通通信	Transportation and Communication	2249	2903	3176	2602	3009	3033
六、教育文化娱乐	Education, Cultural and Recreation	1845	2467	2609	2181	2812	2791
七、医疗保健	Health Care and Medical Services	866	1699	2071	1904	2163	2097
八、其他用品和服务	Miscellaneous Goods and Services	323	452	459	376	413	429

6−6 主要年份城镇居民人均现金消费支出
Per Capita Consumption Expenditure in Cash of Urban Households in Main Years

单位：元 (yuan)

项 目	Item	2015	2018	2019	2020	2021	2022
消费支出	**Consumption Expenditure**	**13808**	**16966**	**17910**	**16996**	**18337**	**18230**
一、食品烟酒	Food, Tobacco and Liquor	5461	5968	6305	6749	6562	6624
二、衣着	Clothing and Footwear	846	967	973	873	995	905
三、居住	Housing	1485	1729	1844	1857	1892	1858
四、生活用品及服务	Daily Necessities and Services	942	1212	1197	1174	1333	1224
五、交通通信	Transportation and Communication	2243	2899	3173	2599	3004	3021
六、教育文化娱乐	Education, Cultural and Recreation	1843	2465	2608	2181	2810	2790
七、医疗保健	Health Care and Medical Services	668	1284	1361	1202	1348	1393
八、其他用品和服务	Miscellaneous Goods and Services	319	442	449	361	393	414

6—7 主要年份城镇居民人均消费支出细项

Statement of Per Capita Consumption Expenditure of Urban Households in Main Years

单位：元 (yuan)

项 目	Item	2015	2018	2019	2020	2021	2022
消费支出	**Consumption Expenditure**	**16321**	**20159**	**21591**	**20907**	**22555**	**22438**
一、食品烟酒	Food, Tobacco and Liquor	5610	6180	6578	7092	7089	7172
（一）食品	Food	4470	4499	4657	5275	4944	5032
（二）烟酒	Tobacco and Liquor	272	317	328	352	418	428
（三）饮料	Beverages	84	94	101	108	134	143
（四）饮食服务	Catering Services	784	1270	1492	1357	1592	1569
二、衣着	Clothing	846	968	974	874	996	905
（一）衣类	Garments	666	796	808	731	833	747
（二）鞋类	Shoes	179	172	166	143	162	158
三、居住	Housing	3629	4236	4468	4645	4704	4760
（一）租赁房房租	Rent of Rental Housing	139	190	144	115	115	96
（二）住房维修及管理	Housing Maintenance and Management	489	717	881	868	878	804
（三）水电燃料及其他	Water, Electricity, Fuels Fee and Others	884	831	834	887	919	973
（四）自有住房折算租金	Conversion Rent of Owner-occupied Housing	2118	2498	2609	2775	2791	2888
四、生活用品及服务	Daily Necessities and Services	952	1254	1256	1233	1371	1250
（一）家具及室内装饰品	Furniture and Interior Decoration	162	201	175	208	208	178
（二）家用器具	Household Appliances	279	298	336	306	379	330
（三）家用纺织品	Home Textiles	72	110	112	93	107	97
（四）家庭日用杂品	Goods for Daily Use	263	309	288	287	292	276
（五）个人用品	Personal Items	131	239	231	245	270	246
（六）家庭服务	Household Services	45	97	114	94	115	122
五、交通通信	Transportation and Communication	2249	2903	3176	2602	3009	3033
（一）交通	Transport	1513	2170	2514	1910	2300	2299
（二）通信	Communications	737	733	662	692	708	734
六、教育文化娱乐	Education, Cultural and Recreation Services	1845	2467	2609	2181	2812	2791
（一）教育	Education	1009	1552	1779	1635	2278	2349
（二）文化娱乐	Cultural and Recreational	836	915	830	546	533	442
七、医疗保健	Health Care and Medical Services	866	1699	2071	1904	2163	2097
（一）医疗器具及药品	Medical Apparatus and Medicine	308	473	417	439	425	445
（二）医疗服务	Medical Services	558	1226	1654	1465	1738	1652
八、其他用品和服务	Miscellaneous Goods and Services	323	452	459	376	413	429
（一）其他用品	Miscellaneous Goods	172	182	185	146	164	186
（二）其他服务	Miscellaneous Services	151	270	274	230	249	243

6—8　主要年份城镇居民人均现金消费支出细项

Statement of Per Capita Consumption Expenditure in Cash of Urban Households in Main Years

单位：元　(yuan)

项　目	Item	2015	2018	2019	2020	2021	2022
现金消费支出	**Cash Consumption Expenditure**	**13808**	**16966**	**17910**	**16996**	**18337**	**18230**
一、食品烟酒	Food, Tobacco and Liquor	5461	5968	6305	6749	6562	6624
(一) 食品	Food	4345	4344	4475	5057	4606	4686
(二) 烟酒	Tobacco and Liquor	272	317	328	352	418	428
(三) 饮料	Beverages	84	94	101	107	134	143
(四) 饮食服务	Catering Services	760	1213	1401	1233	1404	1368
二、衣着	Clothing	846	967	973	873	995	905
(一) 衣类	Garments	666	795	808	730	833	747
(二) 鞋类	Shoes	179	172	165	143	162	158
三、居住	Housing	1485	1729	1844	1857	1892	1858
(一) 租赁房房租	Rent of Rental Housing	139	190	143	115	115	96
(二) 住房维修及管理	Housing Maintenance and Management	489	717	881	869	878	804
(三) 水电燃料及其他	Water, Electricity, Fuels Fee, etc.	857	822	820	873	899	958
四、生活用品及服务	Daily Necessities and Services	942	1212	1197	1174	1333	1224
(一) 家具及室内装饰品	Furniture and Interior Decoration	162	201	176	205	208	178
(二) 家用器具	Household Appliances	279	298	336	306	379	330
(三) 家用纺织品	Home Textiles	72	110	112	93	107	97
(四) 家庭日用杂品	Goods for Daily Use	253	267	228	231	254	250
(五) 个人用品	Personal Items	131	239	231	245	270	246
(六) 家庭服务	Household Services	45	97	114	94	115	122
五、交通通信	Transportation and Communication	2243	2899	3173	2599	3004	3021
(一) 交通	Transport	1507	2166	2511	1907	2296	2288
(二) 通信	Communications	737	733	662	692	708	734
六、教育文化娱乐	Education, Cultural and Recreation Services	1843	2465	2608	2181	2810	2790
(一) 教育	Education	1009	1552	1779	1635	2278	2349
(二) 文化娱乐	Cultural and Recreational	834	913	829	546	532	442
七、医疗保健	Health Care and Medical Services	668	1284	1361	1202	1348	1393
(一) 医疗器具及药品	Medical Apparatus and Medicine	308	473	416	438	393	434
(二) 医疗服务	Medical Services	360	811	945	764	955	958
八、其他用品和服务	Miscellaneous Goods and Services	319	442	449	361	393	414
(一) 其他用品	Miscellaneous Goods	171	177	182	144	157	181
(二) 其他服务	Miscellaneous Services	147	265	267	217	236	233

6—9 主要年份城镇居民人均消费主要食品数量

Per Capita Consumption of Major Foods of Urban Households in Main Years

单位：公斤 (kg)

项目	Item	2015	2016	2017	2018	2019	2020	2021	2022
食品消费情况（含自产自用）	Foods Consumption (including self production and consumption)								
一、粮食	Grain	106.25	102.18	97.69	97.15	95.61	103.28	118.62	103.51
（一）谷物	Cereal	97.84	93.34	89.13	89.53	87.27	95.11	110.78	96.41
（二）薯类	Tuber	1.20	1.25	1.36	1.31	1.29	1.31	1.10	1.08
（三）豆类	Beans and Products	7.22	7.59	7.20	6.31	7.05	6.87	6.69	6.02
#大豆	Soybean	0.64	0.57	0.54	0.43	0.38	0.33	0.32	0.28
二、油脂类	Edible Oil and Fat	9.25	8.46	8.81	7.62	7.90	8.32	8.77	8.04
（一）植物油	Edible Vegetable Oil	8.71	7.91	8.12	6.84	7.26	7.89	8.13	7.42
三、蔬菜及菜制品	Vegetables and Its Products	100.06	100.07	99.08	92.81	94.56	96.89	97.33	92.62
（一）鲜菜	Fresh Vegetables	95.31	94.84	94.33	89	90.71	93.24	94.51	90.00
四、肉类	Meat and Products	36.65	36.34	36.63	38.31	31.47	27.41	36.14	36.94
（一）猪肉	Pork	30.26	29.00	29.25	31.63	25.16	21.75	30.23	31.44
（二）牛肉	Beef	2.55	2.95	3.16	2.92	3.16	3.03	2.74	2.53
（三）羊肉	Mutton	0.77	1.17	1.24	0.94	0.81	0.71	0.77	0.70
五、禽类	Poultry	19.96	20.76	20.06	19.77	24.76	28.96	25.33	22.55
六、水产品	Aquatic Products	14.23	14.10	14.28	12.95	16.60	16.47	15.35	14.19
七、蛋类及蛋制品	Eggs and Its Products	6.45	6.42	6.45	6.48	6.90	8.15	6.55	6.49
八、奶和奶制品	Milk and Its Products	10.38	9.83	9.58	9.20	8.14	9.04	9.50	7.33
九、干鲜瓜果类	Dried and Fresh Melons and Fruits	49.35	50.73	51.55	50.87	52.15	50.39	50.30	-
（一）鲜瓜果	Fresh Melons and Fruits	45.84	47.03	47.84	47.14	48.81	47.20	47.38	43.57
（三）坚果类	Nuts and Processed Products	2.69	2.86	2.83	2.86	2.59	2.52	2.32	-
十、糖果糕点类	Sweets and Cakes	5.87	5.45	5.46	5.59	5.48	5.04	5.00	-
#食糖	Sugar	1.75	1.66	1.56	1.41	1.22	1.33	1.12	1.08

6—10 主要年份城镇居民每百户主要耐用消费品拥有量
Major Durable Goods Owned Per 100 Urban Households in Main Years

项 目	Item	2015	2016	2017	2018	2019	2020	2021	2022
耐用消费品拥有情况	**Major Durable Consumer Goods Owned**								
1.家用汽车（辆）	Automobile (unit)	30.90	36.06	38.48	40.34	43.34	45.41	48.11	48.71
2.摩托车（辆）	Motorcycle (unit)	46.34	43.81	41.80	32.71	31.83	31.23	42.10	40.00
3.助力车（辆）	Electric Bicycle (unit)	70.47	81.04	87.17	89.36	98.79	104.89	115.23	121.37
4.洗衣机（台）	Washing Machine (set)	92.59	96.51	98.79	98.59	101.52	103.17	102.77	103.82
5.电冰箱（台）	Refrigerator (set)	94.66	97.97	99.78	102.82	105.09	106.29	106.46	107.21
6.微波炉（台）	Microwave Oven (set)	64.92	65.39	66.43	65.00	67.59	70.24	69.13	69.44
7.彩色电视机（台）	Color Television Set (set)	115.87	112.90	113.89	110.31	112.37	112.85	112.73	113.09
8.空调器（台）	Air Conditioner (set)	121.13	128.57	133.84	158.49	170.03	177.04	183.18	190.39
9.淋浴热水器（台）	Water Heater (set)	95.54	100.43	103.31	103.41	107.03	109.48	105.82	107.00
10.排油烟机（台）	Kitchen Ventilator (set)	61.19	62.29	64.41	65.21	69.27	71.36	66.36	68.45
11.固定电话（部）	Telephone (set)	38.91	31.93	24.23	19.59	9.05	8.46	4.61	3.99
12.移动电话（部）	Mobile Telephone (set)	249.87	260.09	267.69	269.13	276.99	276.24	285.93	289.57
13.家用电脑（台）	Computer (set)	88.10	88.69	88.28	79.73	79.23	79.43	63.60	65.02
14.照相机（架）	Camera (set)	33.36	24.98	23.46	20.51	18.81	19.23	8.97	8.80

6—11 主要年份城镇居民人均第二、三产业生产经营收支情况
Operating Income and Expenditure per Capita in Secondary and Tertiary Industries for Urban Households in Main Years

单位：元 (yuan)

项 目	Item	2015	2018	2019	2020	2021	2022
第二产业经营收入	**Operating Income of Secondary Industry**	**717**	**1800**	**1628**	**1852**	**2533**	**1383**
第二产业经营现金收入	Operating Income of Secondary Industry in Cash	717	1800	1628	1852	2533	1383
第二产业经营费用支出	Operating Expenditures of Secondary Industry	266	819	650	698	1648	861
第二产业经营现金费用支出	Operating Expenditures of Secondary Industry in Cash	266	819	650	698	1648	861
第三产业经营收入	**Operating Income of Tertiary Industry**	**3767**	**4974**	**5060**	**4867**	**6036**	**6255**
第三产业经营现金收入	Operating Income of Tertiary industries in Cash	3767	4974	5060	4867	6036	6255
第三产业经营费用支出	Operating Expenditures of Tertiary Industry	793	852	715	940	1161	1097
第三产业经营现金费用支出	Operating Expenditures of Tertiary Industry in Cash	793	852	715	940	1161	1097

6—12 主要年份农村居民家庭基本情况
Basic Conditions of Rural Households in Main Years

单位：人 (person)

项　目	Item	2015	2018	2019	2020	2021	2022
期内住户常住成员数	**Number of Permanent Residents**	**8361**	**9787**	**9643**	**9663**	**9630**	**9472**
调查样本住户数（户）	**Number of Households Surveyed (household)**	**2345**	**2670**	**2670**	**2670**	**2670**	**2670**
期内人均自有现住房面积（m^2）	**Per Capita Living Floor Space of Period (sq.m)**	**45.22**	**49.71**	**52.50**	**53.02**	**56.50**	**57.93**
常住成员从业人数	**Number of Employees of Permanent Residents**	**4907**	**5327**	**5144**	**5063**	**5243**	**5129**
户主文化程度	**Education of Householder**						
1.未上过学	Not on school	29	40	29	29	29	28
2.小学	Primary School	712	859	833	824	714	703
3.初中	Junior Secondary School	1246	1325	1340	1353	1483	1488
4.高中	Senior Secondary School	343	403	423	421	379	383
5.大学专科	Junior College	15	38	41	39	52	54
6.大学本科	Undergraduate		5	4	4	13	14
7.研究生	Postgraduate						
本年度就业类型	**Type of Employment in Current Year**						
一、雇主	Employer	32	14	10	4	13	8
二、公职人员	Public Officials	8	18	14	9	6	7
三、事业单位人员	Institutions Personnel	31	71	77	69	106	103
四、国有企业雇员	Employees of SOE	5	10	10	8	6	7
五、其他雇员	Other Employees	910	1514	1630	1785	1863	1847
六、农业自营	Self-employed Farmer	3566	3246	2915	2668	2676	2586
七、非农自营	Non-Self-employed Farmer	355	454	488	520	573	571
本季度从事主要行业	**Major industries Engage in Current Year**						
一、第一产业	Primary Industry	3578	3261	3032	2899	2870	2777
二、第二产业	Secondary Industry	604	941	901	936	1001	955
三、第三产业	Tertiary Industry	725	1125	1211	1228	1372	1397

6—13 主要年份农村居民人均可支配收入及构成
Per Capita Disposable Income of Rural Households

单位：元 (yuan)

项 目	Item	2015	2018	2019	2020	2021	2022
可支配收入	**Disposable Income**	**9467**	**12435**	**13676**	**14815**	**16363**	**17433**
一、工资性收入	Income of Wages and Salaries	2549	3691	4259	4638	5536	5922
（一）工资	Wages and Salaries	2057	3432	4055	4524	5280	5650
（二）实物福利	Physical Benefits	10	17	52	60	117	121
（三）其他	Other Income	481	242	152	54	139	150
二、经营净收入	Net Business Income	4359	5393	5619	5868	6391	6982
（一）第一产业经营净收入	Net Business Income of Primary Industry	3509	3961	4016	4066	4270	4756
1.农业	Farming	2299	2436	2405	2409	2653	2998
2.林业	Forestry	326	517	626	594	691	761
3.牧业	Animal Husbandry	754	837	830	908	763	827
4.渔业	Fishery	130	171	155	155	163	169
（二）第二产业经营净收入	Net Business Income of Secondary Industry	135	177	220	278	278	250
（三）第三产业经营净收入	Net Business Income of Tertiary Industry	715	1255	1383	1524	1842	1976
三、财产净收入	Net Income for Property	116	242	340	352	385	430
四、转移净收入	Net Income for Transfer	2442	3109	3458	3957	4051	4099
（一）转移性收入	Transfer Income	2594	3435	3871	4390	4696	4842
#养老金或离退休金	Pensions for Old People and Retirement	424	793	856	905	942	1016
（二）转移性支出	Transfer Expenditures	152	326	413	433	645	743
#社会保障支出	Social Relief Expenditures	125	259	328	363	526	617

6—14 主要年份农村居民人均现金可支配收入及构成
Per Capita Disposable Income in Cash of Rural Households and Its Composition in Main Years

单位：元 (yuan)

项 目	Item	2015	2018	2019	2020	2021	2022
现金可支配收入	**Disposable income in Cash**	**8330**	**11534**	**12449**	**13625**	**14809**	**15880**
一、现金工资性收入	Income of Wages and Salaries	2539	3674	4207	4578	5419	5801
（一）工资	Wages and Salaries	2057	3432	4055	4524	5280	5650
（二）其他工资性收入	Other Income	481	242	152	53	139	150
二、现金经营净收入	Net Business Income	3439	4954	4905	5256	5637	6202
（一）第一产业现金经营净收入	Net Business Income of Primary Industry	2498	3340	3135	3288	3356	3837
1.农业	Farming	1447	1817	1739	1806	1873	2114
2.林业	Forestry	250	458	485	577	611	711
3.牧业	Animal Husbandry	678	900	765	766	722	856
4.渔业	Fishery	124	165	146	139	150	156
（二）第二产业现金经营净收入	Net Business Income of Secondary Industry	149	215	244	307	303	268
（三）第三产业现金经营净收入	Net Business Income of Tertiary Industry	791	1399	1526	1661	1978	2097
三、现金财产净收入	Net Income from Property	116	241	340	352	385	430
四、现金转移净收入	Net Income from Transfer	2236	2665	2997	3440	3368	3447
（一）现金转移性收入	Transfer Income	2388	2991	3410	3873	4013	4190
#养老金或离退休金	Pensions for Old People and Retirement	424	793	856	905	942	1016
（二）现金转移性支出	Transfer Expenditures	152	326	413	433	645	743
#社会保障支出	Social Security Expenditures	125	259	328	363	526	617

6—15 主要年份农村居民人均消费支出
Per Capita Consumption Expenditure of Rural Households in Main Years

单位：元 (yuan)

项　目	Item	2015	2018	2019	2020	2021	2022
消费支出	**Consumption Expenditure**	**7582**	**10617**	**12045**	**12431**	**14165**	**14658**
一、食品烟酒	Food, Tobacco and Liquor	2681	3195	3724	4297	4715	4704
二、衣着	Clothing and Footwear	237	327	373	354	460	444
三、居住	Housing	1730	2469	2669	2659	2814	3112
四、生活用品及服务	Daily Necessities and Services	456	604	680	667	784	718
五、交通通信	Transportation and Communication	822	1528	1716	1682	2003	1904
六、教育文化娱乐	Education, Cultural and Recreation	842	1247	1498	1408	1821	2041
七、医疗保健	Health Care and Medical Services	710	1088	1231	1228	1393	1539
八、其他用品和服务	Miscellaneous Goods and Services	106	159	154	136	175	196

6—16 主要年份农村居民人均现金消费支出
Per Capita Consumption Expenditure in Cash of Rural Households in Main Years

单位：元 (yuan)

项　目	Item	2015	2018	2019	2020	2021	2022
现金消费支出	**Cash Consumption Expenditure in Cash**	**5577**	**8201**	**9297**	**9591**	**10735**	**11198**
一、食品烟酒	Food, Tobacco and Liquor	1931	2579	2964	3365	3700	3656
二、衣着	Clothing and Footwear	237	326	373	353	460	443
三、居住	Housing	634	1021	1081	1192	1030	1270
四、生活用品及服务	Daily Necessities and Services	446	555	605	607	733	693
五、交通通信	Transportation and Communication	819	1527	1713	1681	2003	1904
六、教育文化娱乐	Education, Cultural and Recreation	842	1246	1497	1408	1820	2041
七、医疗保健	Health Care and Medical Services	563	802	921	856	829	1006
八、其他用品和服务	Miscellaneous Goods and Services	104	145	143	129	160	185

6—17　主要年份农村居民人均消费支出明细
Statement of Per Capita Consumption Expenditure of Rural Households in Main Years

单位：元 (yuan)

项　目	Item	2015	2018	2019	2020	2021	2022
消费支出	**Consumption Expenditure**	**7582**	**10617**	**12045**	**12431**	**14165**	**14658**
一、食品烟酒	Food, Tobacco and Liquor	2681	3195	3724	4297	4715	4704
（一）食品	Food	2327	2672	3027	3596	3732	3729
（二）烟酒	Tobacco and Liquor	211	292	332	341	413	415
（三）饮料	Beverages	44	54	69	73	97	101
（四）饮食服务	Catering Services	100	177	296	287	473	458
二、衣着	Clothing	237	327	373	354	460	444
（一）衣类	Garments	180	258	295	282	368	351
（二）鞋类	Shoes	57	69	78	72	92	93
三、居住	Housing	1730	2469	2669	2659	2814	3112
（一）租赁房房租	Rent of Rental Housing	12	30	39	26	32	33
（二）住房维修及管理	Housing Maintenance and Management	321	599	605	715	450	621
（三）水电燃料及其他	Water, Electricity, Fuels Fee and Others	375	519	605	464	629	668
（四）自有住房折算租金	Conversion Rent of Owner-occupied Housing	1021	1321	1420	1454	1704	1789
四、生活用品及服务	Daily Necessities and Services	456	604	680	667	784	718
（一）家具及室内装饰品	Furniture and Interior Decoration	84	109	115	100	128	106
（二）家用器具	Household Appliances	131	157	174	180	217	196
（三）家用纺织品	Home Textiles	36	35	42	38	44	52
（四）家庭日用杂品	Goods for Daily Use	140	210	236	226	235	212
（五）个人用品	Personal Items	56	81	96	107	139	129
（六）家庭服务	Household Services	9	12	17	16	21	24
五、交通通信	Transportation and Communication	822	1528	1716	1682	2003	1904
（一）交通	Transport	560	1118	1307	1244	1447	1337
（二）通信	Communications	262	410	409	438	556	567
六、教育文化娱乐	Education, Cultural and Recreation Services	842	1247	1498	1408	1821	2041
（一）教育	Education	693	1047	1287	1222	1653	1828
（二）文化娱乐	Cultural and Recreational	149	200	211	186	168	214
七、医疗保健	Health Care and Medical Services	710	1088	1231	1228	1393	1539
（一）医疗器具及药品	Medical Apparatus and Medicine	134	245	219	201	279	268
（二）医疗服务	Medical Services	576	843	1012	1027	1113	1271
八、其他用品和服务	Miscellaneous Goods and Services	106	159	154	136	175	196
（一）其他用品	Miscellaneous Goods	72	91	84	68	93	110
（二）其他服务	Miscellaneous Services	33	68	70	68	82	86

6—18 主要年份农村居民人均现金消费支出明细
Statement of Per Capita Consumption Expenditure in Cash of Rural Households in Main Years

单位：元 (yuan)

项目	Item	2015	2018	2019	2020	2021	2022
现金消费支出	**Consumption Expenditure in Cash**	**5577**	**8201**	**9297**	**9591**	**10735**	**11198**
一、食品烟酒	Food, Tobacco and Liquor	1931	2579	2964	3365	3700	3656
（一）食品	Food	1586	2067	2307	2715	2819	2787
（二）烟酒	Tobacco and Liquor	210	292	332	341	413	415
（三）饮料	Beverages	44	53	67	71	94	99
（四）饮食服务	Catering Services	92	167	258	238	374	354
二、衣着	Clothing	237	326	373	353	460	443
（一）衣类	Garments	180	257	295	281	368	350
（二）鞋类	Shoes	57	69	78	72	92	93
三、居住	Housing	634	1021	1081	1192	1030	1270
（一）租赁房房租	Rent of Rental Housing	12	30	39	26	32	33
（二）住房维修及管理	Housing Maintenance and Management	321	599	605	715	450	621
（三）水电燃料及其他	Water, Electricity, Fuels Fee, etc.	301	392	437	451	548	616
四、生活用品及服务	Daily Necessities and Services	446	555	605	607	733	693
（一）家具及室内装饰品	Furniture and Interior Decoration	82	100	113	99	128	106
（二）家用器具	Household Appliances	131	157	174	180	217	196
（三）家用纺织品	Home Textiles	36	35	42	38	44	52
（四）家庭日用杂品	Goods for Daily Use	132	170	163	167	184	187
（五）个人用品	Personal Items	56	81	96	107	139	129
（六）家庭服务	Household Services	9	12	17	16	21	24
五、交通通信	Transportation and Communication	819	1527	1713	1681	2003	1904
（一）交通	Transport	557	1117	1305	1243	1447	1337
（二）通信	Communications	262	410	408	438	556	567
六、教育文化娱乐	Education, Cultural and Recreation Services	842	1246	1497	1408	1820	2041
（一）教育	Education	693	1046	1287	1222	1652	1827
（二）文化娱乐	Cultural and Recreation	149	200	210	186	168	214
七、医疗保健	Health Care and Medical Services	563	802	921	856	829	1006
（一）医疗器具及药品	Medical Apparatus and Medicine	134	245	219	201	247	258
（二）医疗服务	Medical Services	429	557	702	655	582	748
八、其他用品和服务	Miscellaneous Goods and Services	104	145	143	129	160	185
（一）其他用品	Miscellaneous Goods	71	83	83	67	86	107
（二）其他服务	Miscellaneous Services	33	62	60	62	74	79

6—19 主要年份农村居民人均消费主要食品数量
Per Capita Consumption of Major Foods by Rural Households in Main Years

单位：公斤 (kg)

项 目	Item	2015	2018	2019	2020	2021	2022
食品消费情况（含自产自用）	**Foods Consumption (including self production and consumption)**						
一、粮食	Grain	172.21	154.01	165.74	175.10	171.27	161.93
（一）谷物	Cereal	167.04	148.43	158.93	167.66	164.59	155.56
（二）薯类	Tuber	0.65	1.02	0.83	0.81	0.77	0.62
（三）豆类	Beans and Products	4.52	4.55	5.98	6.63	5.91	5.75
#大豆	Soybean	0.74	0.64	0.53	0.49	0.44	0.50
二、油脂类	Edible Oil and Fat	7.39	8.42	8.66	9.73	10.37	9.29
（一）植物油	Edible Vegetable Oil	5.30	6.61	7.24	8.42	8.64	7.66
三、蔬菜及菜制品	Vegetables and Its Products	87.44	78.83	79.01	83.50	96.04	93.55
（一）鲜菜	Fresh Vegetables	86.41	77.61	77.62	82.13	94.73	92.30
四、肉类	Meat and Products	27.69	33.61	27.45	21.82	33.19	36.93
（一）猪肉	Pork	26.10	30.99	24.81	19.79	30.54	34.40
（二）牛肉	Beef	0.38	0.96	1.07	0.92	1.04	0.96
（三）羊肉	Mutton	0.18	0.51	0.41	0.27	0.36	0.33
五、禽类	Poultry	17.58	17.52	24.87	32.18	26.79	23.19
六、水产品	Aquatic Products	7.01	7.29	10.62	10.92	10.59	10.06
七、蛋类及蛋制品	Eggs and Its Products	5.19	4.63	5.72	7.12	6.19	5.97
八、奶和奶制品	Milk and Its Products	1.99	2.56	2.33	2.56	3.46	2.96
九、干鲜瓜果类	Dried and Fresh Melons and Fruits	27.86	29.12	30.78	29.63	33.66	–
（一）鲜瓜果	Fresh Melons and Fruits	26.83	27.32	28.86	27.84	31.99	30.30
（三）坚果类	Nuts and Processed Products	0.87	1.55	1.68	1.56	1.43	–
十、糖果糕点类	Sweets and Cakes	3.45	3.55	4.11	3.75	4.02	–
#食糖	Sugar	1.20	1.04	1.12	1.15	1.08	1.04

6—20 主要年份农村居民每百户主要耐用消费品拥有量
Major Durable Goods Owned Per 100 Rural Households in Main Years

项 目	Item	2015	2018	2019	2020	2021	2022
耐用消费品拥有情况	**Major Durable Consumer Goods Owned**						
一、家用汽车（辆）	Automobile (unit)	6.77	15.46	20.41	19.95	23.40	31.16
二、摩托车（辆）	Motorcycle (unit)	100.51	91.26	92.66	89.41	88.23	85.47
三、助力车（辆）	Electric Bicycle (unit)	31.26	54.14	67.08	69.55	84.41	94.94
四、洗衣机（台）	Washing Machine (set)	54.48	73.09	82.77	84.82	90.41	93.97
五、电冰箱（台）	Refrigerator (set)	79.56	94.56	100.00	101.36	103.64	104.98
六、微波炉（台）	Microwave Oven (set)	14.89	20.86	26.25	32.40	36.70	39.51
七、彩色电视机（台）	Color Television Set (set)	110.74	104.02	108.84	107.30	107.41	108.91
八、空调（台）	Air Conditioner (set)	16.86	37.39	53.33	55.47	76.77	95.09
九、热水器（台）	Water Heater (set)	50.32	73.90	84.00	88.10	91.79	95.28
十、排油烟机（台）	Kitchen Ventilator (set)	6.29	11.44	16.89	17.42	22.94	27.83
十一、固定电话（部）	Telephone (set)	18.56	8.94	5.06	2.55	1.21	1.20
十二、移动电话（部）	Mobile Telephone (set)	261.97	294.45	295.16	283.42	285.37	295.99
十三、计算机（台）	Computer (set)	17.15	19.97	22.77	20.76	21.88	24.57
十四、照相机（架）	Camera (set)	1.78	0.89	0.86	0.68	0.41	0.60

6—21　主要年份农村居民人均第一产业生产经营收支情况
Operating Income and Expenditure Per Capita in Primary Industry for Rural Households in Main Years

单位：元　　(yuan)

项　目	Item	2015	2018	2019	2020	2021	2022
第一产业经营收入	**Operating Income of Primary industry**	**6078**	**7232**	**7430**	**7489**	**8422**	**9174**
一、农业	Farming	3551	4092	4379	4401	4655	5162
二、林业	Forestry	450	638	771	765	904	1001
三、牧业	Animal Husbandry	1828	2184	2029	2083	2549	2690
四、渔业	Fishery	249	318	251	240	314	321
第一产业现金经营收入	**Operating Income of Primary industry in Cash**	**4721**	**6187**	**6175**	**6244**	**7037**	**7645**
一、农业	Farming	2503	3289	3545	3558	3697	4081
二、林业	Forestry	374	578	627	746	822	947
三、牧业	Animal Husbandry	1605	2015	1768	1720	2223	2314
四、渔业	Fishery	239	305	235	220	295	303
第一产业经营费用支出	**Operating Expenditures of Primary industry**	**2413**	**3092**	**3222**	**3222**	**3895**	**4194**
一、农业	Farming	1139	1542	1856	1874	1896	2069
二、林业	Forestry	123	120	143	168	211	236
三、牧业	Animal Husbandry	1035	1289	1132	1097	1641	1740
四、渔业	Fishery	116	141	91	83	148	148
第一产业经营现金费用支出	**Operating Expenditures of Primary industry in Cash**	**2223**	**2848**	**3041**	**2956**	**3681**	**3808**
一、农业	Farming	1056	1472	1806	1752	1824	1967
二、林业	Forestry	123	120	142	168	211	236
三、牧业	Animal Husbandry	927	1115	1003	955	1501	1458
四、渔业	Fishery	116	141	90	81	145	147

6—22 各市城镇和农村居民人均可支配收入

Per Capita Disposable Income of Urban and Rural Households by City

单位：元 (yuan)

地　区 Region	城乡居民人均可支配收入 Per Capita Disposable Income of Urban and Rural Households					城镇居民人均可支配收入 Per Capita Disposable Income of Urban Households					农村居民人均可支配收入 Per Capita Disposable Income of Rural Households				
	2018年	2019年	2020年	2021年	2022年	2018年	2019年	2020年	2021年	2022年	2018年	2019年	2020年	2021年	2022年
南宁市 Nanning	26798	28929	30114	32679	33903	35276	37675	38542	41394	42636	13654	15047	16130	17808	19001
柳州市 Liuzhou	27041	29209	30500	33036	34110	34849	37358	38479	41442	42478	13451	14715	15848	17369	18515
桂林市 Guilin	24289	26381	27745	29964	31167	34649	37178	38145	40739	42043	14626	16045	17345	18993	20095
梧州市 Wuzhou	21936	23827	25140	27338	28584	31209	33518	34591	37185	38524	12238	13474	14660	16331	17474
北海市 Beihai	25374	27684	29196	31602	32595	33954	36602	37956	40727	41704	13998	15510	16797	18460	19475
防城港市 Fangchenggang	25824	27679	28880	31222	32065	34325	36385	37185	39676	40470	14617	15962	17223	19031	19944
钦州市 Qinzhou	20749	22556	24061	26413	27406	33488	35732	37126	40170	41094	12816	14149	15352	17041	18081
贵港市 Guigang	21894	23930	25326	27664	28756	30506	32916	34002	36756	37748	13786	15289	16619	18381	19576
玉林市 Yulin	24041	25882	27401	29912	31156	33960	36133	37362	40314	41564	14984	16348	17721	19635	20872
百色市 Baise	18065	19669	20962	22817	23985	30611	32784	33964	36375	37721	11086	12195	13305	14755	15817
贺州市 Hezhou	20160	21975	23185	25248	26502	30864	33179	34075	36665	38058	11548	12737	13832	15312	16445
河池市 Hechi	15865	17379	18637	20414	21416	27468	29665	30881	33351	34518	9177	10141	11074	12325	13225
来宾市 Laibin	20844	22498	23849	25874	27065	32910	34950	36173	38705	40021	11752	12810	13950	15317	16405
崇左市 Chongzuo	19140	20967	22253	24114	25242	30916	33297	34562	36947	38166	12000	13320	14306	15694	16761

主要统计指标解释

住户 指居住在一个住宅内，共同分享生活开支或收入的一群人。居住在同一房间内、不共同分享生活开支的人群，每个人都视为一个住户。住家保姆、住家家庭帮工视为单独的住户。

常住居民 指住户成员中，经常在家居住,或调查期内居住时间超过一半的人员，以及本住户供养的学生。常住居民是住户收支的调查对象。

居民人均可支配收入 指居民可用于最终消费支出和储蓄的总和，即居民可用于自由支配的收入，既包括现金收入，也包括实物收入。按照收入的来源，可支配收入包含四项，分别为：工资性收入、经营净收入、财产净收入、转移净收入。

工资性收入 指就业人员通过各种途径得到的全部劳动报酬和各种福利，包括受雇于单位或个人、从事各种自由职业、兼职和零星劳动得到的全部劳动报酬和福利。

经营净收入 指住户或住户成员从事生产经营活动所获得的净收入，是全部经营收入中扣除经营费用、生产性固定资产折旧和生产税净额（生产税减去生产补贴）之后得到的净收入。计算公式具体为：

经营净收入＝经营收入–经营费用–生产性固定资产折旧–生产税净额（生产税–生产补贴）

财产净收入 指住户或住户成员将其所拥有的金融资产和自然资源交由其他机构单位、住户或个人支配而获得的回报并扣除相关的费用之后得到的净收入。计算公式为：财产净收入＝财产性收入–财产性支出

转移净收入 指国家、单位、社会团体对住户的各种经常性转移支付和住户之间的经常性收入转移。包括政府、非行政事业单位、社会团体对居民转移的养老金或退休金、社会救济和补助、政策性生活补贴、救灾款、经常性捐赠和赔偿以及报销医疗费等；住户之间的赡养收入、经常性捐赠和赔偿以及农村地区（村委会）在外（含国外）工作的本住户非常住成员寄回带回的收入等。计算公式为：转移净收入＝转移性收入–转移性支出

居民人均生活消费支出 指居民用于满足家庭日常生活消费需要的全部支出，既包括现金消费支出，也包括实物消费支出。根据用途不同，消费支出可划分为食品烟酒、衣着、居住、生活用品及服务、交通通信、教育文化娱乐、医疗保健、其他用品及服务八大类。

Explanatory Notes on Main Statistical Indicators

Household refers to a group of people living in the same residence, sharing the living expenses or incomes together. If the group of people living in the same residence, but not sharing the living expenses or incomes together, then each people in this group is count as one household. The live-in caregiver or live-in journeyman is count as one household.

Permanent Residents refer to household members who frequently reside at home or spend more than half of the survey period residing at home, as well as students supported by the household. Permanent residents are the subjects of income and expenditure surveys within the household.

Disposable Income of Residents refers to the income of residents for purpose of final expenditure and savings. It includes income both in cash and in kind. By sources of income, disposable income includes four categories: income from wages and salaries, net business income, net income from properties and net income from transfer.

Income from Wages and Salaries refers to remuneration and benefits of all kinds of employed persons, including those employed by other units or individuals, freelance workers, part-time jobs, and sporadic workers.

Net Business Income refers to net income earned by households and their members engaged in production and business activities. It refers to the net income of operating revenue minus operating costs, depreciation of productive fixed assets, and production tax (deducting productive subsidy from productive taxes) from the total operating income. The formula is:

Net business income = operating revenue–operating costs–depreciation of productive fixed assets–production tax (productive tax–productive subsidy)

Net Income from Property refers to the net income received as returns by households or members through lending of their financial assets, non-financial assets such as housing, to other institutions, households or individuals, minus relevant costs. Its calculating formulation is:

Property net income = property income–property expenses

Net Income from Transfer refers to the regular transfer received from governments, institutions, social organizations to households and between households. It includes old-age and retirement pension, regular donation and compensation, reimbursement of medical fees, supporting income between households, income from non-resident members of households, etc. Its calculating formulation is:

Net Income from Transfer = Transfer Income–Transfer Expenses

Per Capita Consumption Expenditure for Livelihood of Household refers to the total expenses meeting the households' needs of daily livelihood consumption, including the consumption expenses in cash and in kind. Consumption expenditure can be divided into 8 categories: food, alcohol and tobacco, clothing, residence, daily necessities and services, transport and communications, education, culture and recreation, healthcare and medical services and other articles and services.

第七篇　财政、金融和保险

CHAPTER 7　FINANCE, BANKING AND INSURANCE

（编辑：黄浩洲）

简要说明

（本篇资料由自治区统计局综合处整理，电话：0771-5893401）

一、本篇资料主要内容及来源

（一）一般公共预算收支总额及指数、主要年份财政分项目收入及支出（广西壮族自治区财政厅）。

（二）主要年份金融机构期末存贷款情况、当年全社会金融机构信贷收支平衡表（中国人民银行南宁中心支行）。

（三）主要年份保险业务（中国银行保险监督管理委员会广西监管局）。

二、其他情况说明

2022年财政数据提供时间为2023年6月15日，非最终数，仅供参考。

Brief Introduction

(This chapter is compiled by the General Office of the Guangxi Zhuang Autonomous Region Bureau of Statistics, Tel: 0771-5893401)

Main Contents and Sources

(i) Total volume and index of public budget revenue and expenditure, local government revenue and expenditure by items in main years (Department of Finance of Guangxi Zhuang Autonomous Region).

(ii) Deposits and loans balanced at end-year of financial institutions in main years, and balance sheet of credit funds of total financial institutions in that year (Nanning Central Sub-branch of the People's Bank of China).

(iii) Insurance business in main years (Guangxi Regulatory Bureau of China Bank & Insurance Regulatory Commission).

7—1　一般公共预算收支总额及指数

Total Volume and Index of General Public Budget Revenue and Expenditure

单位：万元　　(10 000 yuan)

年　份 Year	一般公共预算收入 General Public Budget Revenue	一般公共预算支出 General Public Budget Expenditure	收支差额 Revenue and Expenditure Balance	指数（以上年为100）Index (preceding year =100)	
				一般公共预算收入 General Public Budget Revenue	一般公共预算支出 General Public Budget Expenditure
1978	149029	207838	-58809	123.4	143.2
1979	123898	205987	-82089	83.1	99.1
1980	125791	174440	-48649	101.5	84.7
1981	130329	160412	-30083	103.6	92.0
1982	133183	174422	-41239	102.2	108.7
1983	138862	188416	-49554	104.3	108.0
1984	137567	230558	-92991	99.1	122.4
1985	201773	297485	-95712	146.7	129.0
1986	252306	422199	-169893	125.0	141.9
1987	305368	476958	-171590	121.0	113.0
1988	338871	532723	-193852	111.0	111.7
1989	414130	577433	-163303	122.2	108.4
1990	468305	650005	-181700	113.1	112.6
1991	559225	716089	-156864	119.4	110.2
1992	611953	784754	-172801	109.4	109.6
1993	959269	1074853	-115584	156.8	137.0
1994	622617	1249283	-626666	64.9	116.2
1995	794422	1405892	-611470	127.6	112.5
1996	905102	1570121	-665019	113.9	111.7
1997	991568	1708345	-716777	109.6	108.8
1998	1196720	1983609	-786889	120.7	116.1
1999	1335647	2249775	-914128	111.6	113.4
2000	1470539	2584866	-1114327	110.1	114.9
2001	1786706	3516498	-1729792	121.5	136.0
2002	1867320	4198575	-2331255	104.5	119.4
2003	2036578	4436023	-2399445	109.1	105.7
2004	2377721	5074721	-2697000	116.8	114.4
2005	2830359	6114806	-3284447	119.0	120.5
2006	3425788	7295172	-3869384	121.0	119.3
2007	4188265	9859433	-5671168	122.3	135.2
2008	5184245	12971100	-7786855	123.8	131.6
2009	6209888	16218218	-10008330	119.8	125.0
2010	7719918	20075907	-12355989	124.3	123.8
2011	9477209	25452778	-15975569	122.8	126.8
2012	11660614	29852261	-18191647	123.0	117.3
2013	13176035	32086656	-18910621	113.0	107.5
2014	14222803	34797922	-20575119	107.9	108.4
2015	15151562	40655144	-25503582	106.5	116.8
2016	15562677	44417035	-28854358	102.7	109.3
2017	16151273	49085507	-32934234	103.8	110.5
2018	16814466	53107410	-36292944	104.1	108.2
2019	18118934	58509609	-40390675	107.8	110.2
2020	17169400	61794664	-44625264	94.8	105.6
2021	18001542	58065420	-40063878	104.8	94.0
2022	16877196	58933203	-42056007	93.8	101.5

说明：本表中一般公共预算收入和一般公共预算支出2010年以前为地方财政收入和地方财政支出。财政数据来源于广西壮族自治区财政厅。

Note: The indicators of "General Public Revenue" and "General Public Budget Expenditure" refer to local financial revenue and local financial expenditure before 2010. Data is from Department of Finance of Guangxi.

7—2 主要年份财政分项目收入

单位：万元

指 标	Item	2010	2011	2012
组织财政收入	**Total Financial Revenue**	**12286122**	**15422300**	**18101386**
#上划中央收入	Revenue transferred to the Central Government	4566204	5945091	6440772
一般公共预算收入	**General Public Budget Revenue**	**7719918**	**9477209**	**11660614**
税收收入	**Tax Revenue**	**5338656**	**6448003**	**7624567**
增值税	Value-Added Tax	774782	861253	848105
企业所得税	Corporate Income Tax	589533	856453	859532
个人所得税	Individual Income Tax	258422	294069	241900
资源税	Resource Tax	69713	85553	101929
城市维护建设税	City Maintenance and Construction Tax	296697	405098	420483
房产税	House Property Tax	116542	142581	173472
印花税	Stamp Tax	70265	81757	100136
城镇土地使用税	Urban Land Use Tax	95713	118644	128883
土地增值税	Land Appreciation Tax	222740	339912	593007
车船税	Tax on Vehicles and Boat Operation	43253	54222	74962
耕地占用税	Farm Land Occupation Tax	309510	339006	906846
契税	Deed Tax	411765	453475	540723
烟叶税	Tobacco Leaf Tax	5670	8525	11377
环境保护税	Environment Protection Tax			
其他税收收入	Other Tax Revenue			
非税收入	**Non-tax Revenue**	**2381262**	**3029206**	**4036047**
专项收入	Special Program Receipts	226704	303745	314887
行政事业性收费收入	Charge of Administrative and Institutional Units	650728	956031	1214518
罚没收入	Penalty Receipts	312924	297410	381689
国有资本经营收入	Operating Income from Government Capital	661566	756247	991353
国有资源（资产）有偿使用收入	Income from Use of Stated-owned Resources	358740	531203	833992
其他收入	Other Non-tax Receipts	170600	184570	299608

注：1. 上划中央收入包括上划中央的国内增值税、国内消费税（含成品油消费税）、企业所得税、个人所得税、成品油价格和税费改革城市维护建设税划入及成品油价格和税费改革教育费附加收入。

2.“非税收入”下“其他收入”包括捐赠收入、政府住房基金收入、其他收入（款）。

3. 2022年度财政决算尚未完成法定审批程序，表中数据为草案数，非最终确定数据，7-3表同此。

Local Government Revenue by Item in Main Years

(10 000 yuan)

2013	2014	2015	2016	2017	2018	2019	2020	2021	2022
20012643	**21625390**	**23330330**	**24540771**	**26043209**	**27903173**	**29692233**	**28006125**	–	–
6836608	7402587	8178768	8978094	9891936	11088707	11573299	10836725	12277607	9872249
13176035	**14222803**	**15151562**	**15562677**	**16151273**	**16814466**	**18118934**	**17169400**	**18001542**	**16877196**
8757432	**9780659**	**10316473**	**10362194**	**10576905**	**11220870**	**11467823**	**11132234**	**11910856**	**9303716**
987547	1264512	1399850	2854605	4289926	4677376	4978566	4566426	5012086	3155610
940375	1093533	1097392	1170262	1277460	1512423	1678853	1701272	1734802	1492344
277433	302214	347596	401563	501884	608237	385634	466591	495952	490930
119681	171015	180612	172170	167753	166851	166389	180940	225857	216648
495948	531407	635556	611496	682807	735014	758724	773933	852819	783199
211833	235635	275218	307071	326690	331671	500633	359125	479637	505865
116984	139617	142669	142017	191137	212241	234534	264790	308296	318754
159986	234488	260456	261403	311135	266135	251568	191179	220860	217295
651611	683037	570897	625848	727915	846525	950580	948686	753493	562890
90121	105881	124882	146200	172217	187407	206972	237783	259993	280168
917856	1041784	1282505	1220729	904305	411623	384375	371797	333678	295474
731220	752373	771470	880330	1013488	1229226	918373	1016734	1178641	931731
14881	12552	8326	8483	10188	8008	6526	8114	9566	9413
					28133	38801	41850	43386	41549
				0	0	7295	3014	1790	1846
4418603	**4442144**	**4835089**	**5200483**	**5574368**	**5593596**	**6651111**	**6037166**	**6090686**	**7573480**
407379	429901	1273125	1201637	1347960	1379025	1306557	1096284	1263728	1250410
1202154	1140393	978068	1051235	971369	894727	924108	890223	940349	1073577
381520	352951	400054	409964	450768	550860	684268	874817	1069120	1294740
966988	1038912	882447	857632	690621	560521	454963	200184	52943	185532
1163824	1067260	965871	1150319	1616865	1651521	2836298	2355830	2388963	3387066
296738	412727	335524	529696	496785	556942	444917	619828	375583	382155

Note: 1. The revenue transferred to the Central Government includes domestic value-added tax, domestic consumption tax (including consumption tax on refined oil), corporate income tax, individual income tax, revenue from refined oil price, reformed tax on urban maintenance and establishment, and additional revenue from refined oil price as well as reformed educational fees, etc.

2. Under non-tax revenue, other non-tax receipts include donation income, governmental housing fund income and other incomes, etc.

3. The legal review and approval procedures for the final financial accounts of 2022 have not been completed. The data in the table are draft numbers, and not final ones, the same applies to table 7-3.

7—3 主要年份财政分项目支出

单位：万元

指 标	Item	2010	2011	2012	2013
一般公共预算支出	**General Public Budget Expenditure**	**20075907**	**25452778**	**29852261**	**32086656**
一般公共服务	General Public Services	2687583	3221799	3863708	4131959
外交	Foreign Affairs				
国防	National Defense	72561	82131	76619	79199
公共安全	Public Security	1251395	1394382	1523891	1788149
教育	Education	3668362	4568882	5892383	6099303
#普通教育	Regular Education	2982905	3719736	4887114	5022462
职业教育	Vocational Education	349163	355561	406955	424441
科学技术	Science and Technology	216554	282470	428120	543579
#应用研究	Application Research	31212	32775	39412	55164
技术研究与开发	Technological Research and Development	89541	126866	263396	354225
科学技术普及	Popularization of Science and Technology	12345	13656	16724	18462
文化、旅游、体育与传媒	Culture, Tourism, Sports and Media	327718	374814	455212	498502
社会保障和就业	Social Security and Employment	2170733	2506400	2823276	3481154
#财政对基本养老保险基金的补助	Subsidy of Finance to Fund of Basic Pension	446204	687335	988788	1265318
财政对其他社会保险基金的补助	Subsidy of Finance to Fund of other Social Security				
行政事业单位养老	Retire of Administrative Department	577000	530725	483010	588726
最低生活保障	Minimum Subsistence Allowances				
#城市最低生活保障	Lowest Cost-of-Living of Citizens in Urban Area	129143	158387	137102	146328
农村最低生活保障	Lowest Cost-of-Living of Peasants in Rural Area	254607	353717	309049	408039
卫生健康	Medical and Health Care	1654911	2328800	2531744	2856114
节能环保支出	Energy Conservation and Environment Protection	639887	538979	600090	642258
#污染防治	Pollution Prevention and Treatment	181610	113020	146243	145133
退耕还林还草	Returning Land for Farming to Forestry	123239	98495	94228	91273
城乡社区支出	Community Affair in Urban and Rural Area	1038717	1187324	1620715	2123282
农林水支出	Expenditure of Agriculture, Forestry and Water Conservancy	2602616	3148555	3690650	3718964
#农业农村	Agriculture and rural area	1233650	1099138	1347723	1356624
扶贫	Poverty Alleviation	182179	200648	270335	302349
交通运输	Transportation	937145	2489779	2427442	2389886
其他支出（类）	Other Expenditures	640716	395567	451465	517669

注：1. 财政对基本养老保险基金的补助，2017年前该指标及数据为“财政对社会保险基金的补助”，与2018年后不可比较。
2. 原“文化、体育与传媒”指标自2019年起调整为“文化、旅游、体育与传媒”，“医疗卫生与计划生育”自2019年起调整为“卫生健康”，与往年不可比。

Local Government Expenditure by Item in Main Years

(10 000 yuan)

2014	2015	2016	2017	2018	2019	2020	2021	2022
34797922	**40655144**	**44417035**	**49085507**	**53107410**	**58509609**	**61794664**	**58065420**	**58933203**
4059911	3952989	4507770	4553497	5272465	5923605	5204816	5012438	4548048
	4569	1103	107	-135	25	0	0	0
99268	98706	90216	87757	82208	90830	104138	98747	117932
1922172	2205544	2632819	2831720	3133761	3121799	3148679	2883794	2914252
6605347	7896904	8545468	9202033	9332207	10145198	10611041	10940834	11417166
5578061	6498328	7012212	7558151	7758862	8370338	8843350	9038563	9610122
473987	789090	784253	862985	808957	917548	1007259	1139117	1161955
599250	496321	451977	600392	644335	723268	662640	711283	1041211
50772	65724	59836	57799	59145	62699	59735	68283	70474
414686	266765	231450	338843	373275	303765	352739	386930	444503
19347	27401	23707	24509	26209	29306	21059	22435	24046
685192	790041	710815	643565	635936	763287	1094901	885109	813563
3871792	4606296	5389523	6786517	7697002	8167574	9182490	9230543	9864328
1417965	1882014	2094332	2429290	2530358	2524988	2736132	2908870	2983223
			24733	18070	10741	13613	428	3628
709171	876652	1218638	2081257	2787202	2842839	3103183	3220704	3480746
	551199	620500	535690	521578	586940	945586	707942	832073
139813	133889	148491	83568	85981	83446	165461	144281	174437
408318	417310	472009	452122	435597	503494	780125	563661	657636
3553263	4138687	4681866	5123130	5465216	5652862	6248416	6137485	6356070
839981	986801	906993	851119	794489	998405	1007442	834964	908143
155892	179542	241227	272591	230514	373088	408346	332365	348053
78883	86536	66376	55834	35643	28400	8156	4944	1423
2693394	3175179	3649854	5296946	6488388	8350912	4193260	3564341	3118379
3912868	4975252	5734793	6468687	6565799	7472063	9043764	7578036	7370679
1397472	1642166	1669941	1564502	1489377	1562341	2040125	1937271	1951190
367640	590863	1570837	2403265	2740156	3210432	3590210	2758617	2839834
2049153	2378280	2171215	2440922	2820316	2194908	4177847	3355107	2919424
393346	267313	265715	84927	99067	11391	121427	89849	87940

Note: 1. The indicator of "Subsidy of Finance to the Fund of Basic Endowment Insurance" was referred to "Subsidy of Finance to the Fund of Social Security" before 2017, which is not comparable after 2018.

2. The indicator of "Culture, Sports and Media" has been adjusted to "Culture, Tourism, Sports and Media" and "Medical, Health Care and Family Planning" has been adjusted to "Medical and Health Care" since 2019, which is not comparable with the former years.

7—4 金融机构存贷款情况（期末余额，2005—2022年）
Deposits and Loans of Financial Institutions (Balance at Year-end, 2005—2022)

单位：亿元 (100 million yuan)

年 份 Year	本外币存款 Deposits in RMB and Foreign Currencies	本外币贷款 Loans in RMB and Foreign Currencies	人民币存款 Deposits in RMB	人民币贷款 Loans in RMB
2005	4262.30	3104.60	4202.84	3056.86
2006	5029.47	3636.90	4971.86	3595.25
2007	5801.04	4331.03	5749.94	4287.79
2008	7075.02	5110.06	7024.10	5066.68
2009	9638.89	7360.43	9583.13	7268.41
2010	11813.90	8979.87	11746.77	8867.52
2011	13527.97	10646.43	13453.20	10408.54
2012	15966.65	12355.52	15856.00	11941.44
2013	18400.48	14081.01	18267.24	13653.38
2014	20298.54	16070.95	20078.97	15585.46
2015	22793.54	18119.30	22566.96	17656.76
2016	25477.80	20640.54	25257.56	20175.77
2017	27899.64	23226.14	27714.24	22781.81
2018	29789.78	26688.31	29620.03	26143.38
2019	31646.01	30497.39	31504.98	29988.52
2020	34665.55	35196.77	34515.57	34738.99
2021	36879.44	39851.13	36706.23	39325.29
2022	40212.38	44689.79	40032.65	44197.23

7－5 2022年全社会金融机构本外币信贷收支平衡表（期末余额）
Balance Sheet of Credit Funds in RMB and Foreign Currencies of Total Financial Institutions in 2022（Balance at Year-end）

单位：亿元 (100 million yuan)

资金来源项目	Sources of Capital	2021年 余额 Balance	2021年 比年初增加 Increase Compared to the Beginning of the Year	2022年 余额 Balance	2022年 比年初增加 Increase Compared to the Beginning of the Year
一、各项存款	Total Deposits	36879.44	2213.89	40212.38	3332.95
（一）境内存款	Domestic Deposits	36813.26	2216.41	40151.33	3338.08
1.住户存款	Household Deposits	21000.85	2009.84	23552.64	2551.79
（1）活期存款	Current Deposits	10028.93	478.75	10652.03	623.10
（2）定期及其他存款	Fixed Deposits and Others	10971.92	1531.09	12900.61	1928.69
2.非金融企业存款	Deposits of Non-financial Enterprises	9322.95	267.02	9866.86	574.58
（1）活期存款	Current Deposits	4510.36	-96.57	4462.60	-45.17
（2）定期及其他存款	Fixed deposits and Others	4812.60	363.59	5404.26	619.75
3.机关团体存款	Deposits of Govement Departments & Organization	4863.61	-174.56	5090.35	226.71
4.财政性存款	Fiscal Deposits	286.55	-181.59	160.60	-125.95
5.非银行业金融机构存款	Deposits of Non-banking Financial Institutions	1339.31	295.70	1480.88	110.95
（二）境外存款	Overseas Deposits	66.18	-2.53	61.04	-5.13
二、金融债券	Financial Bonds	347.92	145.96	433.94	86.03
其中：境外发行	Overseas Issue				
三、卖出回购资产	Financial Assets Sold for Repurchase	2.16	-0.32	31.00	28.84
四、借款及非银行业金融机构拆入	Borrowing and Loans from Non-banking Financial Institutions	16.50	7.43	17.68	1.18
五、联行往来（净）	Interbank Transactions (net)	6001.34	2011.93	7685.55	1656.31
六、应付及暂收款	Accounts Payable and Receivable	749.86	134.21	872.03	123.08
七、各项准备	Other Reserve Funds	1007.21	133.50	1187.54	180.17
八、所有者权益	Creditor's Equity	1929.89	142.45	2036.43	121.13
其中：实收资本	Paid-in Capital	558.42	20.00	616.24	57.83
九、其他	Others	-1340.48	852.88	-1283.63	76.57
资金来源总计	**Total Capital Sources**	**45593.85**	**5641.92**	**51192.92**	**5606.26**

7—5 续表 continued

单位：亿元 (100 million yuan)

资金运用项目	Application of Funds	2021年 余额 Balance	2021年 比年初增加 Increase Compared to the Beginning of the Year	2022年 余额 Balance	2022年 比年初增加 Increase Compared to the Beginning of the Year
一、各项贷款	Total Loans	39851.13	4654.35	44689.79	4838.66
（一）境内贷款	Domestic Loans	39555.46	4695.96	44344.44	4814.26
1.住户贷款	Household Loans	15061.40	1000.66	15505.89	444.69
（1）短期贷款	Short-term Loans	1950.67	267.43	2232.14	281.47
消费贷款	Consumption Loans	1007.23	71.12	1071.61	64.38
经营贷款	Operating Loans	943.44	196.31	1160.54	217.09
（2）中长期贷款	Medium and Long-term Loans	13110.73	733.23	13273.75	163.22
消费贷款	Consumption Loans	10946.78	699.13	10953.09	7.13
经营贷款	Operating Loans	2163.95	34.10	2320.66	156.09
2.企（事）业单位贷款	Loans to Non-financial Enterprises and Goverment	24494.06	3695.30	28838.55	4369.58
（1）短期贷款	Short-term Loans	5199.24	735.39	5764.49	569.63
（2）中长期贷款	Medium and Long-term Loans	17516.01	2669.94	20930.81	3435.51
（3）票据融资	Bill Financing	1734.00	305.91	2098.39	364.39
（4）融资租赁	Finance Lease	38.18	-2.70	33.27	-4.91
（5）各项垫款	Advance Money	6.63	-13.24	11.58	4.96
3.非银行业金融机构贷款	Loans to Non-banking Financial Institution				
（二）境外贷款	Overseas Loans	295.67	-41.60	345.34	24.40
二、债券投资	Investment in Bonds	2664.34	366.23	3374.39	710.04
其中：境外债券	Overseas Bonds				
三、股权及其他投资	Stock Rights and Other Investments	1616.98	55.42	1674.04	57.05
四、买入返售资产	Buying Back the Sale of Assets	496.68	247.80	447.37	-49.31
五、存放非银行业金融机构款项	Deposits of Non-banking Financial Institutions	44.40	32.75	53.29	8.89
六、联行往来（净）	Interbank Transactions (net)				
其中：境内存放二级准备金	Domestic Deposits of Secondary Reserves	62.39	1.24	63.17	0.78
七、金银占款	Funds Outstanding for Gold and Silver				
八、中央银行外汇占款	Funds Outstanding for Foreign Exchange				
九、应收及预付款	Accounts Payable and Suspense Credit	617.72	301.12	647.70	29.98
十、投资性房地产	Real Estate for Investment	2.41	-0.13	5.42	3.02
十一、固定资产	Fixed Assets	300.18	-15.63	300.93	7.94
资金运用总计	**Total Capital Applications**	**45593.85**	**5641.92**	**51192.92**	**5606.26**

7—6 2022年全社会金融机构人民币信贷收支平衡表（期末余额）
Balance Sheet of Credit Funds in RMB of Total Financial Institutions in 2022 (Balance at Year-end)

单位：亿元 (100 million yuan)

资金来源项目	Sources of Capital	2021年 余额 Balance	2021年 比年初增加 Increase Compared to the Beginning of the Year	2022年 余额 Balance	2022年 比年初增加 Increase Compared to the Beginning of the Year
一、各项存款	Total Deposits	36706.23	2190.66	40032.65	3326.43
（一）境内存款	Domestic Deposits	36656.63	2184.86	39983.14	3326.52
1.住户存款	Household Deposits	20949.82	2010.77	23501.14	2551.31
（1）活期存款	Current Deposits	9995.78	478.97	10620.55	624.78
（2）定期及其他存款	Fixed Deposits and Others	10954.05	1531.80	12880.58	1926.53
2.非金融企业存款	Deposits of Non-financial Enterprises	9225.66	225.93	9762.00	567.01
（1）活期存款	Current Deposits	4434.09	-130.23	4410.80	-20.70
（2）定期及其他存款	Fixed deposits and Others	4791.57	356.17	5351.20	587.71
3.机关团体存款	Deposits of Govement Departments & Organization	4856.07	-165.65	5079.30	223.19
4.财政性存款	Fiscal Deposits	286.55	-181.59	160.60	-125.95
5.非银行业金融机构存款	Deposits of Non-banking Financial Institutions	1338.52	295.39	1480.11	110.97
（二）境外存款	Overseas Deposits	49.60	5.80	49.51	-0.09
二、金融债券	Financial Bonds	347.92	145.96	433.94	86.03
其中：境外发行	Overseas Issue				
三、卖出回购资产	Financial Assets Sold for Repurchase	2.16	-0.32	31.00	28.84
四、借款及非银行业金融机构拆入	Borrowing and Loans from Non-banking Financial Institutions	1.91	-0.04	3.91	2.00
五、联行往来（净）	Interbank Transactions (net)	5819.82	2082.53	7478.14	1631.12
六、应付及暂收款	Accounts Payable and Receivable	735.75	122.88	865.60	130.75
七、各项准备	Other Reserve Funds	982.29	135.10	1095.81	113.36
八、所有者权益	Creditor's Equity	1923.43	129.63	2094.58	185.06
其中：实收资本	Paid-in Capital	558.42	20.00	616.24	57.83
九、其他	Others	-1466.95	765.03	-1360.98	125.69
资金来源总计	**Total Capital Sources**	**45052.57**	**5571.43**	**50674.66**	**5629.28**

7—6 续表 continued

单位：亿元 (100 million yuan)

资金运用项目	Application of Funds	2021年 余额 Balance	2021年 比年初增加 Increase Compared to the Beginning of the Year	2022年 余额 Balance	2022年 比年初增加 Increase Compared to the Beginning of the Year
一、各项贷款	Total Loans	39325.29	4586.30	44197.23	4871.95
（一）境内贷款	Domestic Loans	39276.74	4587.66	44135.60	4867.18
1.住户贷款	Household Loans	15061.23	1000.67	15505.64	444.61
（1）短期贷款	Short-term Loans	1950.50	267.43	2231.90	281.39
消费贷款	Consumption Loans	1007.06	71.12	1071.36	64.30
经营贷款	Operating Loans	943.44	196.31	1160.54	217.09
（2）中长期贷款	Medium and Long-term Loans	13110.72	733.23	13273.74	163.22
消费贷款	Consumption Loans	10946.78	699.13	10953.08	7.13
经营贷款	Operating Loans	2163.95	34.10	2320.66	156.09
2.企（事）业单位贷款	Loans to Non-financial Enterprises and Goverment	24215.51	3587.00	28629.95	4422.57
（1）短期贷款	Short-term Loans	4977.50	640.18	5618.07	642.47
（2）中长期贷款	Medium and Long-term Loans	17459.49	2656.99	20868.64	3415.38
（3）票据融资	Bill Financing	1734.00	305.92	2098.39	364.39
（4）融资租赁	Finance Lease	38.18	-2.70	33.27	-4.91
（5）各项垫款	Advance Money	6.34	-13.39	11.58	5.25
3.非银行业金融机构贷款	Loans to Non-banking Financial Institution				
（二）境外贷款	Overseas Loans	48.55	-1.36	61.64	4.76
二、债券投资	Investment in Bonds	2656.08	363.25	3367.36	711.28
其中：境外债券	Overseas Bonds				
三、股权及其他投资	Stock Rights and Other Investments	1616.98	55.42	1674.04	57.05
四、买入返售资产	Buying Back the Sale of Assets	496.68	247.80	447.37	-49.31
五、存放非银行业金融机构款项	Deposits of Non-banking Financial Institutions	40.01	33.28	44.18	4.16
六、联行往来（净）	Interbank Transactions (net)				
其中：境内存放二级准备金	Domestic Deposits of Secondary Reserves	62.39	1.24	63.17	0.78
七、金银占款	Funds Outstanding for Gold and Silver				
八、中央银行外汇占款	Funds Outstanding for Foreign Exchange				
九、应收及预付款	Accounts Payable and Suspense Credit	614.93	301.14	638.13	23.20
十、投资性房地产	Real Estate for Investment	2.41	-0.13	5.42	3.02
十一、固定资产	Fixed Assets	300.18	-15.63	300.93	7.94
资金运用总计	**Total Capital Applications**	**45052.57**	**5571.43**	**50674.66**	**5629.28**

7—7 主要年份保险业务
Major Indicators of Insurance Business in Main Years

单位：万元 (10 000 yuan)

项 目	Item	2005	2010	2015	2019	2020	2021	2022
全部业务	**All Insurance Business**							
保费收入	**Premium Income**	**731142**	**1790516**	**3857457**	**6649211**	**7343295**	**7806048**	**8096114**
保险密度（元）	Insurance Density (yuan)	149.39	389.02	804.31	1341	1465	1555	1604
保险深度（%）	Insurance Depth (%)	1.8	1.9	2.3	3.1	3.3	3.2	3.1
财产保险公司业务	**Property Insurance Companies**							
保费收入	Premium Income	238790	691943	1606792	2520244	2827355	2851300	3074420
企业财产保险	Enterprise Property Insurance	31204	44305	56043	61859	64864	64081	86261
机动车辆保险	Motor Vehicle Insurance	160592	529660	1172478	1476015	1556095	1628589	1660814
货物运输保险	Freight Transport Insurance	9228	13727	19597	13138	13050	15151	19166
其他财产保险	Other Property Insurance	9084	16228	55889	87021	107339	111340	104633
责任保险	Liability Insurance	8060	23152	52424	119888	120114	144635	171617
信用保证保险	Credit and Guarantee Insurance	7878	12005	51578	217564	219236	81936	98145
农业保险	Agriculture Insurance	347	7454	63413	192354	251605	366582	473984
短期健康保险	Short-term Health Insurance	308	10517	76974	222513	340905	270868	292614
意外伤害险	Accident Insurance	12089	24078	58395	129892	154146	168117	167185
储金	Deposits From Insured	5611	4901	133093	4352	4335	4318	4301
赔案件数（万件）	Number of Claims (10 000 cases)	28.24	79.93	294.21	623	1088	1122	1462
赔款支出	Indemnity Expenditure	117165	270387	791312	1458485	1589184	1832037	1799264
企业财产保险	Enterprise Property Insurance	13173	10984	42648	28529	25705	22553	33539
机动车辆保险	Motor Vehicle Insurance	72637	217688	549783	782432	866551	1013730	979251
货物运输保险	Freight Transport Insurance	18904	4831	10080	8626	6798	5651	6632
其他财产保险	Other Property Insurance	3322	5270	28066	36677	45472	35242	43664
责任保险	Liability Insurance	2571	9114	20546	66668	55443	58573	62300
信用保证保险	Credit and Guarantee Insurance	1921	765	19682	89628	159085	214527	134049
农业保险	Agriculture Insurance	116	7148	52591	179385	133448	243241	330047
短期健康保险	Short-term Health Insurance	61	5523	49320	220942	245071	178013	151338
意外伤害险	Accident Insurance	4459	6860	18596	45595	51611	60511	58444
未决赔款	Outstanding Claims	55668	158487	349303	496453	521053	604253	713503

注：2001—2007年保险密度使用平均总人口计算，2008年及以后保险密度使用平均常住人口计算，请使用时注意口径区别。

Note: The data on "Insurance Density" from 2001 to 2007 is calculated by average total population, while the data in 2008 and after is calculated by average permanent population. Please pay attention to the difference of coverage.

7—7 续表 continued

单位：万元 (10 000 yuan)

项　目	Item	2005	2010	2015	2019	2020	2021	2022
人身保险公司业务	**Life Insurance Companies**							
保费收入	**Premium Income**	**492352**	**1098573**	**2250665**	**4128968**	**4515940**	**4954749**	**5021694**
个人业务	Personal Business							
人寿保险	Life Insurance	383881	970539	1848424	2982826	3252424	3453833	3627442
分红产品	Participation in Profit Product	250131	837623	882007	1477903	1440737	1345140	1186301
投资连接产品	Investment Link Product		603	969	1842	1839	1731	1743
其他产品	Others	133750	132314	965448	1503081	1809848	2106963	2439398
意外伤害险	Accident Insurance	6847	21642	59499	87085	83516	77698	61567
健康险	Health Insurance	21642	57851	193886	713573	786481	800445	754919
团体业务	Group Insurance							
人寿保险	Life Insurance	43950	15804	5773	6801	5692	4029	4103
分红产品	Participation in Profit Product	33443	0	18	663	41	26	160
投资连接产品	Investment Link Product				0	0	0	0
其他产品	Others	10507	15804	5755	6138	5651	4003	3942
意外伤害险	Accident Insurance	17875	14765	34242	36640	40313	39457	34412
健康险	Health Insurance	18157	17972	108841	302043	347514	579286	539251
#新单保费	New Insurance Premium	244075	615763	1257626	1577401	1753898	2049747	2028369
有效保单件数（万件）	Number of Policies In Force (10 000 cases)	590	1063	1594	2759	3036	3147	2928
赔款和给付支出	Reparations and Payment Expenditure	52123	173078	536356	920826	961870	1102477	1147162
个人业务	Personal Business							
年金给付	Annuity Payment	11836	24995	81108	166695	144380	148673	147260
满期给付	Maturity Benefit	6972	90873	313774	288438	271692	194104	234961
死伤医疗给付	Benefit of Deaths, Injury and Medical Treatment	7936	14436	43817	107235	124062	147343	165587
团体业务	Group Insurance							
年金给付	Annuity Payment	2952	6904	8346	7547	4809	5690	6905
满期给付	Maturity Benefit	313	3182	3615	1696	1633	2215	2481
死伤医疗给付	Benefit of Deaths, Injury and Medical Treatment	934	1085	12720	12413	12870	14642	4788
退保	Insurance Cancellation	83367	82797	417756	633196	443887	509659	653928

注：1. 本表由中国银行保险监督管理委员会广西监管局提供。
2. 2005年人身保险公司业务中人寿保险的个人业务和团体业务“投资连接保险”并入其他产品中统计。
3. 2005年赔款和给付支出中“赔款支出”从“死伤医疗给付”中剔除，但包含在赔款和给付支出总额中。

Note: 1. The data in this table is provided by Guangxi Management and Supervision Bureau of Chinese Insurance Management and Supervision Committee.
2. The statistics of “Investment Link Insurance” in personal insurance and group insurance of life insurance business in life insurance companies, was merged into other businesses in 2005.
3. The “Reparation Expenditure” was eliminated from “Benefit of Deaths, Injury and Medical Treatment” in “Benefit Paid” in 2005, but it is still included in the “Reparation and Payment Expenditure”.

主要统计指标解释

组织财政收入 指由全区各级财政、税务部门组织增收的各项财政收入。包括按照现行财政体制规定留归我区地方财政的收入和上划中央财政收入。

全区组织的财政收入=全区一般公共预算收入+上划中央收入。

一般公共预算收入 即通常所指的“地方财政收入”，2011年以前统称为“一般预算收入”，它是指按照现行分税制财政体制，全区各级财政、税务部门组织征收的财政收入中属于我区可自主支配的财政收入，主要包括:增值税（50%分享部分）、企业所得税（40%分享部分）、个人所得税（40%分享部分）、契税、耕地占用税等地方独享税收收入，以及专项收入、行政事业性收费收入、罚没收入、国有资本经营收入、国有资源（资产）有偿使用收入、捐赠收入、政府住房基金收入等非税收入。

一般公共预算支出 即以前统称的“一般预算支出”或“公共财政预算支出”，一般指某一级政府本身当年的实际支出。一般公共预算支出按照其功能分类，包括一般公共服务支出，外交、公共安全、国防支出，农业、环境保护支出，教育、科技、文化、卫生、体育支出，社会保障及就业支出和其他支出；按照其经济性质分类，包括工资福利支出、商品和服务支出、资本性支出和其他支出。

信贷资金 指金融机构以信用方式积聚和分配的货币资金。金融机构信贷资金的来源有各项存款，对省外（国际）金融机构负债、流通中货币、银行自有资金及当年结益等；信贷资金的运用有各项贷款、黄金占款、外汇占款、财政借款及在省外（国际）金融机构中的资产等。

存款 机构或个人在保留资金或货币所有权的条件下，以不可流通的存款凭证为依据，暂时让渡或接受资金使用权所形成的债权或债务。

贷款 机构或个人在保留资金或货币所有权的条件下，以不可流通的贷款凭证或类似凭证为依据，暂时让渡或接受资金使用权所形成的债权或债务。

保险公司 在中国境内的、经过保险监督部门批准设立，并依法登记注册的各类商业保险公司。

保险金额 又叫承保额、保额，是指保险人承担赔偿或者给付保险金责任的最高限额。它是保险合同上的最高责任额，也是计算保费的依据。

Explanatory Notes on Main Statistical Indicators

Organized Financial Revenue Refers to various financial revenues organized by the finance and taxation departments at all levels in the entire region. This includes local financial revenue and revenue transferred to the central government.

Organized financial revenue=general public budget revenue of the entire region+revenue transferred to the central government.

General Public Budget Revenue commonly Referred to as “local financial revenue,” before 2011 was known as “general budget revenue.” It refers to the financial revenue collected by various levels of financial and taxation departments in the region in accordance with the current fiscal decentralization system and can be independently allocated by the Guangxi government. It mainly includes shared tax revenues such as value-added tax (50% share), corporate income tax (40% share), individual income tax (40% share), deed tax, farm land occupation tax, as well as special program receipts, charge income of administrative and institutional units, penalty receipts, operating income from government capital, income from use of state-owned resources (assets), donations, and government housing fund income, etc., which are non-tax revenues.

General Public Budget Expenditure Formerly known as “general budget expenditure” or “public financial budget expenditure,” generally refers to the actual expenditure of a government at a certain level in a given year. General public budget expenditure can be classified based on its function, including expenditure for general public services, expenditure for diplomatic affairs, public security, and national defense, expenditure for agriculture and environmental protection, expenditure for education, science and technology, culture, and health and sports, expenditure for social safety net and employment effort, and other expenditures. It is also classified based on its economic nature, including wage and welfare expenditure, expenditure for goods and services, capital expenditure, and other expenditures.

Credit Funds Credit Funds Refer to the monetary fund accumulated and distributed in the means of credit by financial institutions. The sources of credit funds of the financial institutions include various deposits, liabilities to financial institutions in other provinces, autonomous regions and municipalities (overseas), currency in circulation, self-owned funds and current retained profits, etc. The credit funds can be used in forms of loans, gold, foreign exchange, government debt and assets of financial institutions in other provinces, autonomous regions and municipalities (overseas).

Deposit Refers to creditor's right or debts formed by temporarily transfer or accept the right to use the funds in the reservation of funds or currency ownership, of which institutions or individuals take non-negotiable deposit certificates as the basis.

Loan Refers to creditor's right or debts formed by temporarily transfer or accept the right to use the funds in the retention of funds or currency ownership, of which institutions or individuals take the non-negotiable loan documents or similar document as the basis.

Insurance Companies Refer to commercial insurance companies of various forms registered by law and established in China with the approval of insurance regulatory agencies.

Amount Insured Also called sum insured, refers to the maximum that the insurant will get for the claim of the case insured. It represents the highest liability limit specified in the insurance contract and serves as the basis for calculating insurance premiums

保费 又叫保险费，是指投保人为取得保险人在约定范围内所承担赔偿责任而支付给保险人的费用。

赔款 指保险人根据保险合同的规定，向被保险人支付的赔偿保险责任损失的金额。

给付 包括死伤医疗给付和满期给付。死伤医疗给付是指保险人根据人寿保险及长期健康保险合同的规定，因被保险人在保险期内发生保险责任范围内的保险事故支付给被保险人（或受益人）的金额。满期给付是指被保险人生存期满，保险人按人寿保险合同规定支付给被保险人的满期保险金额。

Premium is the fee paid by the insurant to the insurer to obtain the obligation of compensation from insurance within the agreed terms.

Settle Claim is the compensation paid by the insurer to the insurant in accordance with the insurance contact.

Payment Includes payment for death, injury or medical treatment and payment at maturity. Payment for death, injury or medical treatment refers to the money paid to the insurant (of the beneficiary) in accordance with the life or health insurance contract when the insurant encounters accidents within the insured period covered in the contract. Payment at maturity refers to the payment to the insurant in accordance with the life insurance contract at the end of the insured period.

第八篇 资源与环境

CHAPTER 8 NATURAL RESOURCES AND ENVIRONMENT

（编辑：黄浩洲）

简要说明

（本篇资料由自治区统计局综合处整理，电话：0771-5848296）

一、本篇资料主要内容及来源

（一）自然资源情况（广西壮族自治区自然资源厅、海洋局、林业局）。

（二）水及河流资源（广西壮族自治区水利厅）。

（三）气象情况（广西壮族自治区气象局）。

（四）城市市政情况（广西壮族自治区住房城乡建设厅）。

（五）城市交通情况（广西壮族自治区交通运输厅）。

（六）污染及治理情况（广西壮族自治区生态环境厅、广西壮族自治区住房城乡建设厅）。

二、其他情况说明

根据第二次全国污染源普查数据，对2016—2019年工业源污染物排放量指标数据进行了修正。

Brief Introduction

(This Chapter is compiled by the General Office of the Guangxi Zhuang Autonomous Region Bureau of Statistics, Tel: 0771-5848296)

Main Contents and Sources

(i) Natural resources conditions (Department of Natural Resources of Guangxi Zhuang Autonomous Region, Oceanic Administration of Guangxi Zhuang Autonomous Region, Department of Forestry of Guangxi Zhuang Autonomous Region).

(ii) Water and river resources (Department of Water Resources of Guangxi Zhuang Autonomous Region).

(iii) Meteorological conditions (Meteorological Administration of Guangxi Zhuang Autonomous Region).

(iv) Municipal situation of the city (Department of Housing and Urban-Rural development of Guangxi Zhuang Autonomous Region).

(v) Urban traffic conditions (Department of Transport of Guangxi Zhuang Autonomous Region).

(vi) Pollution and control (Department of Ecology and Environment of Guangxi Zhuang Autonomous Region, Department of Housing and Urban-Rural Development of Guangxi Zhuang Autonomous Region).

8－1 自然资源
Natural Resources

指　标	Indicators	2015	2019	2020	2021	2022
一、土地	**Land**					
土地面积（万平方公里）	Land Area (10 000 sq.km)	23.76	23.76	23.76	23.76	23.76
按土地特征分：（平方公里）	By Land Use (10 000 hectares)					
林地面积	Area of Forests Land	133153	132949	160803	160803	160226
农用地面积	Area of Farmland		187645	210519	210519	218584
建设用地面积	Area of Construction		12675	11745	11745	12439
二、海洋	**Ocean and Sea**					
海岸线长度（公里）	Length of Coastline (km)	1629	1629	1629	1629	1629
浅海面积（平方公里）	Shallow Sea Area (sq.km) (Data in 2011)	6488	6488	6488	6488	6488
滩涂面积（平方公里）	Mud Flat Area (sq.km) (Data in 2011)	1005	900	900	900	900
三、气候	**Climate**					
年平均气温（℃）	Annual Average Temperature (℃)	21.5	21.1	21.2	21.6	20.9
年日照时数（小时）	Annual Sunshine Time (hour)	1354	1398	1361	1675	1546
年降水量（毫米）	Annual Precipitation (mm)	1937	1609	1630	1335	1651
四、森林	**Forest**					
森林面积（万公顷）	Forest Area (10 000 hectares)	1478	1484	1485	1486	
人均森林面积（亩，按常住人口平均）	Per Capita Forest Area (mu, Average by Permanent Population)	4.81	4.47	4.44	4.43	
活立木蓄积量（万立方米）	Stock Volume of Forest (10 000 cu.m)	70308	93571	94902	97843	
森林覆盖率（%）	Forest Coverage Rate (%)	62.24	62.45	62.50	62.55	

注：本表资料由自治区自然资源厅、海洋局、林业局、气象局提供。
Note: The data in this table were provided by Guangxi Zhuang Autonomous Region Department of Natural Resources, Bureau of Oceanic, Department of Forestry and Meteorological Bureau.

8－1 续表 continued

指 标	Indicators	2015	2019	2020	2021	2022
森林覆盖率按市分（%）	Forest Coverage Rate Grouped by City (%)					
南宁市	Nanning	47.66	48.75	48.78	48.86	
柳州市	Liuzhou	65.02	66.75	67.02	67.22	
桂林市	Guilin	70.91	71.62	71.87	71.97	
梧州市	Wuzhou	75.85	75.25	75.27	75.35	
北海市	Beihai	36.30	32.62	32.64	32.80	
防城港市	Fangchenggang	58.53	61.85	61.97	62.33	
钦州市	Qinzhou	54.21	57.35	57.78	57.83	
贵港市	Guigang	46.30	46.85	46.96	46.99	
玉林市	Yulin	61.00	62.33	62.37	62.40	
百色市	Baise	67.37	72.45	72.81	73.03	
贺州市	Hezhou	72.87	72.65	72.95	73.19	
河池市	Hechi	68.73	71.02	71.32	71.54	
来宾市	Laibin	51.35	53.01	53.45	53.65	
崇左市	Chongzuo	54.70	55.39	55.50	55.76	
五、矿产资源（保有资源储量，万吨）	**Ensured Reserves of Mineral Resources (10 000 tons)**					
锰矿（矿石）	Manganese (ore)	46463	44842	48309	44316	47632
锡（Sn）	Tin	68	73	65	52	51
砷（As）	Arsenic	37	57	48	75	74
钨（Wo3）	Wolfram	36	48	46	44	44
锑（Sb）	Stibium	48	53	50	43	42
铝土矿（矿石）	Bauxite (ore)	87064	108823	93974	70687	66395
滑石（矿石）	Talcum (ore)	1064	1469	1733	1723	1741
重晶石（矿石）	Barite (ore)	4735	5496	5679	4427	4281
镁（白云岩，矿石）	Magnesium (dolomite, ore)	161	161	161	161	161
硫铁矿（矿石）	Troilite (ore)	25955	31695	32216	34047	34463
煤矿（矿石）	Coal (ore)	207477	203675	196686	184548	185610

8—2 主要河流基本情况（2022年）
Major Rivers（2022）

河流名称	River	流域面积（万平方公里）Drainage Area (10 000 sq.km)	年径流量（亿立方米）Annual Volume of Runoff (100 million cu.m)	水力资源蕴藏量（万千瓦）Water Power Resource (10 000 kW)	流域面积占全区总面积的比重(%) As Percentage of Total Drainage Area of Guangxi (%)
全自治区	**Total**	**23.67**	**1541**	**2173.9**	**100.00**
红水河（含西江下游区）	Hongshuihe River (Include Downstream of Xijiang River)	2.65	219.84	251.6	11.20
郁　江	Yujiang River	3.86	220.72	674.74	16.31
桂　江	Guijiang River	4.20	377.96	408.2	17.74
南流江	Nanliujiang River	2.14	126.55	294.26	9.04
柳　江	Liujiang River	3.05	134.41	221.2	12.89
贺　江	Hejiang River	3.76	172.35	144.46	15.89

注：本表数据由自治区水利厅提供。
Note: The data in this table is provided by Guangxi Zhuang Autonomous Region Water Conservancy Department.

8—3　供水用水情况（2022年）
Water Supply and Water Use（2022）

单位：亿立方米　　(100 million cu.m)

地　区	Region	供水总量 Total Volume of Water Supply	# 地表水 Surface Water	用水总量 Total Volume of Water Use	# 农田灌溉用水 Water for Irrigation of Agricultural Land	工业用水 Water Use for Industry	居民生活用水 Water Use for Household
全自治区	**Total**	**264.01**		**264.01**	**189.95**	**31.63**	**36.11**
南宁市	Nanning	39.65		39.65	22.46	5.85	8.31
柳州市	Liuzhou	16.00		16.00	11.02	1.31	3.23
桂林市	Guilin	33.39		33.39	28.12	0.90	3.57
梧州市	Wuzhou	11.76		11.76	9.04	0.54	2.08
北海市	Beihai	9.19		9.19	6.75	0.84	1.50
防城港市	Fangchenggang	5.52		5.52	3.14	1.27	1.00
钦州市	Qinzhou	15.25		15.25	11.57	1.17	1.96
贵港市	Guigang	28.53		28.53	19.83	5.58	2.93
玉林市	Yulin	22.64		22.64	18.41	1.16	2.87
百色市	Baise	17.59		17.59	13.79	1.43	2.16
贺州市	Hezhou	14.02		14.02	11.97	0.69	1.28
河池市	Hechi	14.58		14.58	11.72	0.35	2.35
来宾市	Laibin	24.48		24.48	13.11	9.81	1.45
崇左市	Chongzuo	11.41		11.41	9.03	0.71	1.42

注：本表数据由自治区水利厅提供。
Note: The data in this table is provided by Guangxi Zhuang Autonomous Region Water Conservancy Department.

8-4 水资源基本情况
Water Resources of Guangxi

年份与市别	Year and City	地表水资源量(亿立方米) Volume of Surface Water Resources (100 million cu.m)	地下水资源量(亿立方米) Volume of Underground Water Resources (100 million cu.m)	人均水资源量(立方米/人) Per Capita Water Resources (cu.m/person)
2000		1592.10	385.01	3375
2001		2415.10	438.78	5031
2002		2372.60	514.50	4942
2003		1807.10	575.30	3740
2004		1604.52	321.53	3282
2005		1720.82	365.69	3494
2006		1881.00	453.20	3792
2007		1377.83	341.30	2891
2008		2282.45	504.77	4739
2009		1484.31	256.84	3069
2010		1823.60	355.80	3962
2011		1350.02	271.21	2909
2012		2086.36	587.34	4476
2013		2057.33	478.12	4360
2014		1978.06	402.97	4163
2015		2432.20	467.28	5074
2016		2177.00	529.15	4503
2017		2386.05	426.57	4889
2018		1830.00	441.00	3717
2019		2103.83	444.96	4244
2020		2114.80	445.37	4219
2021		1541.20	349.20	3060
2022		2207.60	436.90	4374
南宁市	Nanning	97.64	23.64	1105
柳州市	Liuzhou	163.77	28.91	3922
桂林市	Guilin	328.83	68.22	6649
梧州市	Wuzhou	79.42	25.66	2810
北海市	Beihai	16.67	4.40	890
防城港市	Fangchenggang	73.21	19.34	6928
钦州市	Qinzhou	57.58	13.46	1739
贵港市	Guigang	49.52	10.48	1138
玉林市	Yulin	49.81	13.84	856
百色市	Baise	179.70	42.52	5031
贺州市	Hezhou	71.75	15.99	3540
河池市	Hechi	210.01	42.86	6142
来宾市	Laibin	80.59	20.23	3879
崇左市	Chongzuo	82.72	19.65	3962

注：本表数据由自治区水利厅提供。

Note: The data in this table is provided by Guangxi Zhuang Autonomous Region Water Conservancy Department.

8－5　主要城市气象站点平均气温（2022年）
Monthly Average Temperature at Meteorological Stations by City（2022）

单位：℃　　(℃)

城　市	City	1月 Jan.	2月 Feb.	3月 Mar.	4月 Apr.	5月 May	6月 Jun.
南　宁	Nanning	13.2	9.8	20.7	22.1	23.6	27.7
柳　州	Liuzhou	9.5	6.6	18.4	20.4	21.3	26.0
桂　林	Guilin	9.4	7.1	18.1	20.5	21.8	26.7
梧　州	Wuzhou	13.6	10.0	20.9	21.9	23.7	27.5
北　海	Beihai	16.3	12.3	21.8	22.7	25.3	28.8
防城港	Fangchenggang	14.9	11.3	20.8	22.5	24.6	28.0
钦　州	Qinzhou	14.2	10.8	21.0	22.5	24.4	28.1
贵　港	Guigang	13.4	10.0	21.1	22.5	24.0	27.9
玉　林	Yulin	14.4	10.8	21.6	22.6	24.1	27.9
百　色	Baise	14.3	11.6	21.7	23.6	23.9	28.5
贺　州	Hezhou	10.3	7.3	19.2	20.5	22.3	26.8
河　池	Hechi	11.2	8.8	19.3	21.3	22.3	27.2
来　宾	Laibin	11.5	8.8	19.9	21.4	22.8	27.5
崇　左	Chongzuo	14.0	10.7	21.6	22.8	24.0	28.4

城　市	City	7月 Jul.	8月 Aug.	9月 Sept.	10月 Oct.	11月 Nov.	12月 Dec.	年平均 Annual Average
南　宁	Nanning	29.0	28.4	28.0	24.6	22.3	13.3	21.9
柳　州	Liuzhou	28.4	28.6	27.9	23.2	19.6	10.0	20.0
桂　林	Guilin	30.3	30.7	29.7	24.0	19.9	10.0	20.7
梧　州	Wuzhou	29.4	28.8	28.4	24.6	21.5	12.1	21.9
北　海	Beihai	29.8	28.5	28.3	24.8	23.6	14.4	23.1
防城港	Fangchenggang	29.3	28.4	28.3	24.4	23.1	14.4	22.5
钦　州	Qinzhou	29.2	28.3	27.9	24.2	22.8	13.8	22.3
贵　港	Guigang	29.9	29.2	29.1	25.2	22.5	13.1	22.3
玉　林	Yulin	29.3	28.3	28.0	24.7	22.7	13.0	22.3
百　色	Baise	30.2	29.9	27.4	23.8	22.2	13.8	22.6
贺　州	Hezhou	29.6	29.4	28.3	23.5	19.7	9.8	20.6
河　池	Hechi	29.5	29.1	27.6	23.8	20.8	12.1	21.1
来　宾	Laibin	29.2	29.0	28.0	24.0	21.2	11.6	21.2
崇　左	Chongzuo	29.3	28.5	27.1	23.4	22.2	13.8	22.2

注：本表数据由自治区气象局提供。
Note: The data in this table is provided by Meteorological Bureau of Guangxi.

8—6 主要城市气象站点降水量（2022年）
Monthly Precipitation at Meteorological Stations by City（2022）

单位：毫米 (mm)

城 市	City	1月 Jan.	2月 Feb.	3月 Mar.	4月 Apr.	5月 May	6月 Jun.
南 宁	Nanning	69.7	160.8	64.4	49.6	249.4	142.7
柳 州	Liuzhou	140.9	173.4	109.6	84.1	354.0	361.7
桂 林	Guilin	115.4	138.6	105.8	305.7	381.7	871.8
梧 州	Wuzhou	53.7	239.3	96.4	122.5	261.2	272.1
北 海	Beihai	32.5	147.4	20.1	96.4	229.9	426.9
防城港	Fangchenggang	62.6	230.2	72.1	46.8	219.4	333.6
钦 州	Qinzhou	70.1	228.5	55.4	102.6	409.4	275.5
贵 港	Guigang	69.7	156.4	96.6	133.1	199.1	342.7
玉 林	Yulin	69.3	227.1	74.4	230.8	244.6	236.2
百 色	Baise	54.1	48.7	46.8	31.2	335.9	79.4
贺 州	Hezhou	85.1	197.3	105.3	170.9	391.1	480.1
河 池	Hechi	83.9	73.8	53.3	160.6	273.3	335.0
来 宾	Laibin	106.4	153.1	65.5	55.2	330.3	412.9
崇 左	Chongzuo	82.0	132.5	56.6	17.4	234.0	152.5

城 市	City	7月 Jul.	8月 Aug.	9月 Sept.	10月 Oct.	11月 Nov.	12月 Dec.	年 Annual
南 宁	Nanning	115.7	92.1	56.0	27.6	72.3	5.4	1105.7
柳 州	Liuzhou	136.4	86.3	1.7	21.1	128.1	26.7	1624.0
桂 林	Guilin	102.1	49.5	2.3	2.9	76.9	15.4	2168.1
梧 州	Wuzhou	144.0	91.0	148.5	30.1	168.6	4.1	1631.5
北 海	Beihai	181.9	450.8	85.6	22.2	52.3	2.2	1748.2
防城港	Fangchenggang	162.7	592.6	69.6	314.8	57.7	0.9	2163.0
钦 州	Qinzhou	335.6	424.2	115.2	46.8	78.1	4.2	2145.6
贵 港	Guigang	135.3	145.3	26.5	13.8	119.5	1.1	1439.1
玉 林	Yulin	181.4	278.8	62.1	45.7	123.7	7.0	1781.1
百 色	Baise	36.5	68.2	64.0	68.6	44.3	11.8	889.5
贺 州	Hezhou	222.7	61.9	48.1	0.0	153.7	14.8	1931.0
河 池	Hechi	243.5	116.4	76.9	18.9	13.5	11.0	1460.1
来 宾	Laibin	106.8	95.1	21.9	2.1	55.7	6.1	1411.1
崇 左	Chongzuo	141.9	141.2	207.4	99.3	31.5	7.2	1303.5

注：本表数据由自治区气象局提供。
Note: The data in this table is provided by Meteorological Bureau of Guangxi.

8—7 主要年份城市公用事业基本情况
Basic Statistics on Urban Public Utilities in Main Years

指 标	Item	2010	2015	2019	2020	2021	2022
全年供水总量（万吨）	Total Volume of Tap Water Supply (10 000 tons)	147291	173266	181326	185974	196368	200675
#生活用水量	Households Water Consumption	72823	93869	118418	121671	128211	133170
人均日生活用水量（升）	Per Capita Daily Water Consumption (liter)	250	256	269	263	262	274
用水普及率（%）	Percentage of Population with Access to Tap Water (%)	94.7	97.5	98.9	99.4	99.8	99.9
人均城市道路面积（平方米）	Per Capital Urban Road Area (sq.m)	14.31	16.28	19.86	23.76	23.9	24.4
建成区路网密度（公里/平方公里）	Road Network Density of Developed Area (km/sq.km)			7.2	8.4	8.5	8.5
建成区道路面积率（%）	Road Area Ratio of Developed Area (%)			15.2	16.5	16.8	16.0
排水管道总长度（公里）	Length of Drainpipes (km)	6417	10588	17571	19174	20468	22537
污水处理厂座数（座）	Number of Effluent Treatment Plants (unit)	32	41	56	63	73	76
污水处理厂能力（万立方米/日）	Treatment Capacity of Polluted Water (10 000 cu.m/day)	221	303	392	452	506	515
污水处理厂集中处理率（%）	Rate of Centralized Treatment of Polluted Water (%)	46.8	67.8	88.6	88.7	90.8	92.9
液化石油气供气总量（吨）	Total Liquefied Petroleum Gas Supply (ton)	303804	262313	304973	317494	312278	296883
#家庭用量	Households Consumption	263720	212108	226697	233803	211375	201144
人工煤气供气总量（万立方米）	Total Manufactured Gas Supply (10 000 cu.m)	4517	4439	4199	4627	5359	5194
#家庭用量	Households Consumption	3993	3671	2919	3388	3793	3919
天然气供气总量（万立方米）	Total Natural Gas Supply (10 000 cu.m)	10320	38789	87444	156757	191610	206967
#家庭用量	Households Consumption	4403	15726	35767	44231	47016	55524
用气普及率（%）	Rate of Households with Access to Natural Gas (%)	92.4	94.5	98.8	99.7	99.5	99.4
园林绿地面积（公顷）	Area of Gardens and Green Space (hectare)	60225	82382	100426	74719	76105	81236
公园绿地面积（公顷）	Area of Green Space of Parks (hectare)	8331	12111	23671	16332	18529	15570
人均公园绿地面积（平方米）	Per Capita Public Green Space of Parks (sq.m)	9.8	11.6	13.4	12.9	13.8	11.7
建成区绿化覆盖率（%）	Coverage Area of Forestation of Developed Area (%)	35.0	37.6	40.5	41.3	40.2	42.2
公园个数（个）	Number of Parks (unit)	146	216	619	346	414	474
公园面积（公顷）	Area of Parks (hectare)	5842	8579	20078	15222	15937	16921
道路清扫保洁面积（万平方米）	Area Under Cleaning Program (10 000 sq.m)	11005	18189	25962	27715	29136	30506
生活垃圾及粪便清运量（万吨）	Volume of Garbage, Excrement and Urine Disposal (10 000 tons)	268	394	498	520	583	601
公共厕所数（座）	Number of Public Lavatories (unit)	1487	1496	1784	1934	1987	3039
生活垃圾无害化处理率（%）	Rate of Garbage No Harmful Disposal (%)	91.1	98.7	100	100	100	100

注：1. 本篇7至13表2018、2019年数据指14个地级市市辖区（城区，不含所辖各县）和8个县级市（荔浦市、岑溪市、东兴市、桂平市、北流市、靖西市、合山市和凭祥市）等22个城市数据或平均水平。2020年增加平果市，为23个城市；2021年增加横州市，为24个城市数据或平均水平，各年份间不可比。

2. 城市建设资料由自治区住房和城乡建设厅提供；有关公共交通的指标由自治区交通厅提供。

Note: 1. Data in Table 7 to 13 of 2018, 2019 refers to data or average data from 14 cities (Only urban area and exclude their counties) and 8 county-level cities (including Lipu, Cenxi, Dongxing, Guiping, Beiliu, Jingxi, Heshan and Pingxiang). Pingguo is added in 2020, and Hengzhou is added in 2021, resulting in a total of 24 cities. Please note that the data between different years are not comparable.

2. The data on city construction is provided by the Guangxi Housing and Urban and Rural Construction Department. The data on public transportation is provided by the Guangxi Transportation Department.

8－8 城市市政公用设施水平（2022年）
Level of Urban Public Utilities by City (2022)

地 区	Region	人口密度（人/平方公里）Population Density (person/sq.km)	人均日生活用水量（升）Per Capita Daily Consumption of Tap Water for Residential Use (litre)	用水普及率（%）Rate of Population with Access to Water (%)	用气普及率（%）Rate of Population with Access to Gas (%)	建成区排水管道密度（公里/平方公里）Density of Drainpipes of Developed Area	人均城市道路面积（平方米）Per Capital Urban Road Area (sq.m)	建成区路网密度（公里/平方公里）Road Network Density of Developed Area (km/sq.km)
全区城市	**All Cities**	**2473**	**274**	**99.9**	**99.4**	**12.3**	**24.4**	**8.5**
南宁市	Nanning	4575	318	100.0	99.8	14.4	20.7	8.1
柳州市	Liuzhou	3751	269	100.0	99.2	8.3	24.8	8.5
桂林市	Guilin	1696	307	99.7	97.5	8.6	20.6	8.3
梧州市	Wuzhou	1283	266	99.6	99.0	12.0	27.1	8.7
北海市	Beihai	2420	250	100.0	99.0	14.6	25.5	10.1
防城港市	Fangchenggang	1076	349	100.0	100.0	18.9	37.8	8.1
钦州市	Qinzhou	1161	308	98.6	100.0	12.4	37.5	6.5
贵港市	Guigang	1343	290	100.0	100.0	13.5	40.1	9.1
玉林市	Yulin	2557	174	100.0	99.9	12.0	17.8	9.0
百色市	Baise	1012	236	100.0	99.4	12.9	28.7	8.6
贺州市	Hezhou	3358	246	100.0	100.0	12.7	33.6	9.2
河池市	Hechi	2646	256	100.0	100.0	17.4	21.7	9.4
来宾市	Laibin	3786	264	99.9	98.7	13.2	26.0	4.9
崇左市	Chongzuo	4062	263	100.0	100.0	14.0	27.5	7.5

注：本表为24个设市城市平均水平。
Note: The data in this table refers to the average level of the 24 administratively designated cities of Guangxi.

8－8　续表　continued

地　区	Region	建成区道路面积率（%）Road Area Ratio of Developed Area (%)	人均公园绿地面积（平方米）Public Green Space of Parks per Population (sq.m)	建成区绿地率（%）Rate of Green Land of Developed Area (%)	建成区绿化覆盖率（%）Coverage Area of Forestation of Developed Area (%)	污水处理率（%）Treatment Rate of Polluted Water (%)	#污水处理厂集中处理率（%）Concentrated Treatment Rate by Factory (%)	生活垃圾无害化处理率（%）Harmless Treatment Rate of Household Waste (%)
全区城市	**All Cities**	**16.0**	**11.7**	**36.9**	**42.2**	**98.8**	**92.9**	**100.0**
南宁市	Nanning	13.6	4.7	37.0	43.0	98.1	93.9	100.0
柳州市	Liuzhou	17.6	13.4	37.1	44.0	99.2	93.4	100.0
桂林市	Guilin	16.6	14.1	38.5	44.1	99.9	99.9	100.0
梧州市	Wuzhou	14.8	15.0	40.1	43.0	99.1	84.1	100.0
北海市	Beihai	19.8	12.7	37.2	42.1	99.8	99.8	100.0
防城港市	Fangchenggang	17.9	28.9	40.1	46.5	99.2	77.5	100.0
钦州市	Qinzhou	16.2	12.7	35.1	41.0	99.1	95.6	100.0
贵港市	Guigang	18.7	15.0	37.4	42.2	99.1	97.8	100.0
玉林市	Yulin	17.6	15.2	38.6	43.1	99.3	90.4	100.0
百色市	Baise	15.9	12.9	34.2	39.7	98.2	81.8	100.0
贺州市	Hezhou	15.2	22.2	41.3	43.1	99.6	95.1	100.0
河池市	Hechi	15.7	11.6	35.3	40.6	98.5	95.9	100.0
来宾市	Laibin	16.7	12.2	34.3	41.1	100.0	100.0	100.0
崇左市	Chongzuo	13.6	21.4	36.7	40.7	97.4	55.0	100.0

8—9 城市人口和建设用地（2022年）
Population and Construction Areas by City (2022)

地 区	Region	市区人口（万人）City Population (10 000 persons)	市区面积（平方公里）City Area (sq.km)	城区人口（万人）Urban Population (10 000 persons)	城区（县城）暂住人口（万人）Transient Urban Population (counties) (10 000 persons)	城区面积（平方公里）Urban Area (sq.km)	建成区面积（平方公里）Developed Area (sq.km)	城市建设用地面积（平方公里）Land for Construction in Cities (sq.km)	#居住用地 Land for Residence	公共管理与公共服务用地 Land for Public Utilities	工业用地 Land for Industry
全区城市	**All Cities**	**2688.19**	**78641.38**	**1027.98**	**306.09**	**5394.85**	**1809.48**	**1643.12**	**491.33**	**143.47**	**237.36**
南宁市	Nanning	430.35	9947.00	265.80	154.94	919.64	442.52	310.37	104.23	37.13	18.32
柳州市	Liuzhou	190.92	3555.16	136.59	51.64	501.78	261.52	261.52	74.83	22.95	57.91
桂林市	Guilin	138.24	2767.00	98.76	5.17	612.63	128.81	125.72	42.41	13.22	13.16
梧州市	Wuzhou	81.22	1850.20	49.60	12.62	485.01	74.91	70.40	20.74	6.62	11.47
北海市	Beihai	72.45	957.00	40.78	25.74	274.90	85.98	84.97	34.68	6.60	5.00
防城港市	Fangchenggang	60.68	2816.40	18.61	7.08	238.72	51.60	51.44	11.55	2.99	9.05
钦州市	Qinzhou	155.62	4767.20	34.16	7.00	354.38	90.53	90.16	18.14	6.75	21.68
贵港市	Guigang	207.28	3533.00	38.02	2.46	301.50	86.09	84.14	24.38	7.02	14.73
玉林市	Yulin	118.90	1251.30	62.70	14.54	302.04	78.10	73.57	28.32	3.70	5.22
百色市	Baise	73.63	6096.00	32.68	6.90	390.98	71.46	67.89	21.58	7.06	9.49
贺州市	Hezhou	122.86	5676.60	23.69	2.50	78.00	57.88	54.32	13.66	5.60	8.19
河池市	Hechi	101.55	6209.00	33.89	1.96	135.49	49.48	46.10	15.36	3.46	7.28
来宾市	Laibin	114.54	4363.00	32.25	2.58	92.00	54.45	54.26	12.88	2.78	8.76
崇左市	Chongzuo	37.99	2951.00	17.65	2.66	50.00	41.05	40.18	8.21	3.20	6.30

注：1. 本表为24个设市城市数据。
2. 市区、城区人口及面积统计范围以国家住房和城乡建设部城市（县城）建设统计报表制度为准。即市区面积指的是城市行政区域内的全部土地面积（包括水域面积），城区面积指的是设市城市的城建统计的范围面积，市区、城区人口统计范围同。

Note: 1. The data in this table refers to the average level of the 24 administratively designated cities of Guangxi.
2. The statistical scope of population and area of urban area and cities is subject to the statistical report system of city (county seat) construction from the Ministry of Housing and Urban-Rural Development of the People's Republic of China. The area of city refers to the total land area (including the area of water) in the administrative areas of city, and the urban area refers to the statistical scope of city construction in a city, and so as the statistical scope of the population of city and urban area.

8—10　城市供水情况（2022年）
Water Supply by City（2022）

地　区	Region	供水综合生产能力（万立方米/日）Comprehensive Productive Capacity of Water Supply (10 000 cu.m/day)	供水管道长度（公里）Length of Water Supply Pipelines (km)	供水总量（万立方米）Total Volume of Water Supply (10 000 cu.m)	#家庭用量 Households Consumption	用水人口（万人）Number of Residents with Access to Tap Water (10 000 persons)
全区城市	**All Cities**	**776.28**	**26593.44**	**200674.71**	**102384.59**	**1332.88**
#南宁市	Nanning	228.50	5690.88	66267.34	37833.52	420.74
柳州市	Liuzhou	84.16	3129.57	31495.27	13631.90	188.22
桂林市	Guilin	76.50	3034.23	16257.61	7168.13	103.63
梧州市	Wuzhou	47.04	794.16	9067.09	4147.82	61.99
北海市	Beihai	25.54	1765.29	8406.04	3917.79	66.52
防城港市	Fangchenggang	24.20	1167.00	5736.06	2649.13	25.69
钦州市	Qinzhou	30.03	1352.44	7420.19	3290.74	40.59
贵港市	Guigang	35.95	1450.11	7578.89	2931.17	40.48
玉林市	Yulin	38.80	1028.48	8903.70	4679.03	77.24
百色市	Baise	25.50	964.00	5695.60	2676.91	39.58
贺州市	Hezhou	10.00	1054.03	3645.77	2099.92	26.19
河池市	Hechi	39.98	582.49	4694.48	3293.58	35.85
来宾市	Laibin	12.00	1135.93	4298.30	2593.41	34.78
崇左市	Chongzuo	12.00	380.77	3043.00	1942.00	20.31

注：本表为24个设市城市数据。
Note: The data in this table refers to the average level of the 24 administratively designated cities of Guangxi.

8—11 城市园林绿化情况（2022年）
Basic Statistics on Parks, Gardens and Green Areas by City（2022）

地 区	Region	绿化覆盖面积（公顷）Coverage Area of Forestation (hectare)	#建成区 Developed Area	园林绿地面积（公顷）Area of Gardens and Green Area (hectare)	#建成区 Developed Area	公园绿地面积 Area of Parks and Green Area (hectare)	公园面积（公顷）Area of Parks (hectare)
全区城市	**All Cities**	**93391.38**	**76382.62**	**81235.50**	**66693.76**	**15570.12**	**16921.23**
#南宁市	Nanning	19041.73	19041.73	16377.74	16377.74	1956.89	5530.83
柳州市	Liuzhou	12385.50	11509.50	10673.78	9706.94	2520.58	2520.58
桂林市	Guilin	5960.82	5680.24	5220.07	4952.72	1465.21	1129.01
梧州市	Wuzhou	4520.25	3224.30	4222.43	3001.72	935.02	964.23
北海市	Beihai	5981.90	3618.77	5559.39	3196.26	846.13	622.49
防城港市	Fangchenggang	2398.16	2398.16	2068.21	2068.21	743.15	677.52
钦州市	Qinzhou	13210.06	3713.98	11429.15	3174.66	522.02	484.48
贵港市	Guigang	3654.22	3635.73	3235.99	3220.12	607.72	317.56
玉林市	Yulin	3678.09	3365.05	3442.95	3013.31	1173.29	1050.44
百色市	Baise	3831.91	2837.18	2762.93	2441.12	510.47	261.99
贺州市	Hezhou	2495.34	2495.34	2388.58	2388.58	581.10	628.58
河池市	Hechi	2074.90	2010.11	1810.10	1745.31	417.04	417.04
来宾市	Laibin	2306.06	2236.02	1938.25	1868.21	423.82	72.97
崇左市	Chongzuo	1734.24	1670.44	1549.91	1505.11	433.56	460.21

注：本表为24个设市城市数据。
Note: The data in this table refers to the average level of the 24 administratively designated cities of Guangxi.

8－12　城市市政设施情况（2022年）
Basic Statistics on Municipal Utilities by City（2022）

地　区	Region	城市道路长度（公里）Length of Roads (km)	城市道路面积（万平方米）Area of Roads in city (10 000 sq.m)	路灯盏数（盏）Number of Street Lights (unit)	排水管道长度（公里）Length of Drainpipes (km)	污水年排放量（万吨）Discharged Volume of Polluted Water (10 000 tons)	污水处理厂集中处理能力（万吨/日）Concentrated Treatment Capacity of Polluted Water by Factory (10 000 tons/day)	污水处理总量（万吨）Processed Total Volume of Polluted Water (10 000 tons)
全区城市	**All Cities**	**15822.05**	**32557.36**	**817816**	**22536.76**	**176309.55**	**515.10**	**174156.25**
#南宁市	Nanning	3585.16	8691.24	107445	6374.13	64420.33	188.00	63170.30
柳州市	Liuzhou	2264.96	4657.80	98817	2176.92	25162.22	72.00	24951.81
桂林市	Guilin	1064.02	2141.92	59741	1107.52	12218.00	40.00	12209.28
梧州市	Wuzhou	902.24	1688.13	129283	942.15	7425.95	22.25	7360.79
北海市	Beihai	872.16	1698.08	34626	1252.73	8645.00	30.00	8628.00
防城港市	Fangchenggang	443.68	971.56	33941	1166.06	4588.80	8.00	4551.44
钦州市	Qinzhou	612.11	1543.02	30596	1126.80	6799.82	22.50	6738.00
贵港市	Guigang	790.80	1623.77	33204	1167.57	5937.81	20.30	5881.31
玉林市	Yulin	702.87	1371.53	35691	936.88	7990.73	20.50	7931.60
百色市	Baise	615.17	1135.93	42429	919.23	4225.75	8.00	4151.23
贺州市	Hezhou	532.48	880.48	32014	736.32	2916.80	7.00	2904.80
河池市	Hechi	463.56	778.69	32995	864.87	3569.97	11.00	3518.00
来宾市	Laibin	265.18	906.44	17359	718.40	3461.56	12.00	3459.84
崇左市	Chongzuo	309.24	557.94	17104	575.01	2130.10	5.00	2075.00

注：本表为24个设市城市数据。
Note: The data in this table refers to the average level of the 24 administratively designated cities of Guangxi.

8－13 城市公共交通、清洁卫生和供气情况（2022年）
Indicators on Public Traffic, Urban Sanitation and Gas Supply by City (2022)

地 区	Region	年末实有公共汽车营运车辆（辆）Number of Operating Public Buses at year-end (vehicle)	年末实有公共汽车标台营运车辆（标台）Number of Operating Standard Public Buses at year-end (standard vehicle)	运营线路网长度（公里）Length of Public Transportation Routes (km)	公共汽车客运总量（万人次）Total Passenger Traffic (10 000 person-times)	巡游出租汽车数（辆）Cruise Taxis (vehicle)	道路清扫保洁面积（万平方米）Area Under Cleaning Program (10 000 sq.m)	生活垃圾清运量（万吨）Volume of Garbage Disposal (10 000 tons)
全区城市	**All Cities**	**9985**	**11314**	**22245.9**	**52682.6**	**17260**	**30506**	**601.46**
#南宁市	Nanning	3841	4680	6122.7	18224.2	6830	8066	186.75
柳州市	Liuzhou	1311	1569	3277.7	9675.5	2692	5467	71.65
桂林市	Guilin	800	1080	1479.0	10520.3	2250	2284	49.18
梧州市	Wuzhou	595	470	878.8	4693.3	612	891	23.62
北海市	Beihai	454	512	518.4	234.4	463	2216	32.62
防城港市	Fangchenggang	229	203	840.5	313.4	315	1179	13.24
钦州市	Qinzhou	210	206	1713.8	422.1	383	1064	36.30
贵港市	Guigang	460	484	649.1	692.4	634	1459	20.45
玉林市	Yulin	231	231	469.0	1417.4	406	1406	33.93
百色市	Baise	120	120	302.0	438.8	305	951	23.75
贺州市	Hezhou	288	319	621.2	890.9	194	561	12.29
河池市	Hechi	227	227	764.4	2132.5	475	505	19.07
来宾市	Laibin	317	322	873.2	883.5	494	956	20.80
崇左市	Chongzuo	90	87	549.0	102.9	68	453	6.15

注：本表为24个设市城市数据。
Note: The data in this table refers to the average level of the 24 administratively designated cities of Guangxi.

8—13 续表 continued

地 区	Region	垃圾无害化处理量（万吨）Volume of Waste Harmless Treatment (10 000 tons)	公共厕所座数（座）Number of Public Lavatories (unit)	市容环卫专用车辆设备总数（辆）Environmental Sanitation Equipment (unit)	液化石油气供气总量（吨）Total Volume of Liquid Petrol Gas Supply (ton)	人工煤气供气总量（万立方米）Total Volume of Manufactured Gas Supply (10 000 cu.m)	天然气供气总量（万立方米）Total Volume of Natural Gas Supply (10 000 cu.m)
全区城市	**All Cities**	**601.46**	**3039**	**13044**	**296883**	**5193.68**	**206966.96**
#南宁市	Nanning	186.75	1254	6962	119837		37664.33
柳州市	Liuzhou	71.65	297	918	25178	5193.68	17733.19
桂林市	Guilin	49.18	362	512	15969		10547.55
梧州市	Wuzhou	23.62	65	622	10881		21048.38
北海市	Beihai	32.62	174	353	12896		70157.97
防城港市	Fangchenggang	13.24	57	268	4255		4691.85
钦州市	Qinzhou	36.30	109	774	14160		9536.23
贵港市	Guigang	20.45	131	338	9433		5203.41
玉林市	Yulin	33.93	92	190	10360		6402.13
百色市	Baise	23.75	54	500	8119		9996.35
贺州市	Hezhou	12.29	128	89	8644		3494.66
河池市	Hechi	19.07	54	98	11446		1504.93
来宾市	Laibin	20.80	32	80	5728		2811.55
崇左市	Chongzuo	6.15	21	151	4632		1036.00

8—14 主要年份工业污染治理项目建设情况
Construction of Industrial Pollution Management Projects in Main Years

指 标	Item	2005	2010	2015	2019	2020	2021	2022
汇总工业企业数（个）	Total Number of Industrial Enterprises (unit)	255	126	108	85	52	81	21
施工项目本年投资来源合计（万元）	Total Funds of Projects under Construction in Current Year (10 000 yuan)	103730	92845	247151	48620	35534	119600	22841
排污费补助	Pollution Charges Subsidies	9533	770	168	0	0	0	0
政府其他补助	Other Government Subsidies	284	388	2367	291	275	315	3200
企业自筹	Self-raising Funds	93914	91687	244616	48329	35259	119285	19641
#银行贷款	Loans from Banks	32665	30	1260	2000	0	3154	391
施工项目本年完成投资额（万元）	Completed Investment in Construction Projects in Current Year (10 000 yuan)	103730	92845	247151	48620	35534	119600	22841
治理废水	Treatment of Waste Water	33678	47388	15939	14708	7644	3323	132
治理废气	Treatment of Waste Gas	56863	27250	187490	17299	20387	113170	22456
治理固体废物	Treatment of Solid Wastes	1849	17024	26722	30	185	34	0
治理噪声	Treatment of Noise Pollution	505	80	50	175	0	22	0
治理污染搬迁	Pollution Control and Relocation	10	0	0	0	6200	0	0
治理其他	Treatment of Other Pollution	10824	1104	16950	16408	1117	3005	253
施工和竣工项目（个）	Projects under Construction and Projects Completed (unit)	695	341	236	98	85	143	44
当年施工项目（个）	Projects under Construction (unit)	389	175	137	58	45	82	24
# 治理废水	Treatment of Waste Water	166	109	36	13	11	10	6
治理废气	Treatment of Waste Gas	174	36	65	34	17	63	13
治理固体废物	Treatment of Solid Wastes	34	22	7	1	2	2	0
治理噪声	Treatment of Noise Pollution	7	1	2	1	0	1	0
治理污染搬迁	Pollution Control and Relocation	1	0	0	0	1	0	0
治理其他	Treatment of Other Pollution	7	7	27	9	14	6	5
当年竣工项目（个）	Projects Completed (unit)	307	166	99	40	40	61	20
# 治理废水	Treatment of Waste Water	124	104	29	11	10	7	6
治理废气	Treatment of Waste Gas	138	34	45	23	14	50	10
治理固体废物	Treatment of Solid Wastes	30	20	5	1	2	2	0
治理噪声	Treatment of Noise Pollution	7	1	1	1	0	1	0
治理污染搬迁	Pollution Control and Relocation	1	0	0	0	0	0	0
治理其他	Treatment of Other Pollution	7	7	19	4	14	1	4

注：环保类数据提供单位为自治区生态环境厅。

Note: The environmental protection data were provided by Guangxi Zhuang Autonomous Region Ecological Environment Department.

8－15　主要年份工业污染排放及处理利用情况
Discharge, Treatment and Utilization of Industrial Pollution in Main Years

指　标	Item	2005	2010	2015	2019	2020	2021	2022
汇总工业企业数（个）	Total Number of Industrial Enterprises (unit)	1738	4443	3543	3258	3106	3027	3239
工业废水排放量（万吨）	Volume of Industrial Waste Water Discharged (10 000 tons)	145609	165211	63253	37165	30559	30588	38521
#经过处理达标	Treated Waste Water up to Discharge Standard	121873	160139		–	–	–	–
工业废气排放总量（亿标立方米）	Volume of Industrial Waste Gas Discharged (100 million cu.m)	8339	14520	16773	16634	23454	22014	19950
#燃料燃烧过程中废气排放量	Volume of Waste Gas in Process of Fuel Burning	4370	8584		–	–	–	–
生产工艺过程中废气排放量	Volume of Waste Gas in Process of Production	3969	5936		–	–	–	–
二氧化硫排放总量（万吨）	Volume of Sulfur Dioxide Discharged (10 000 tons)	97	85	39	10	8	7	6
颗粒物排放量（烟/粉/尘）（万吨）	Volume of Smoke (Dust) Discharged (10 000 tons)			33	16	10	8	6
烟尘排放总量（万吨）	Volume of Soot Discharged (10 000 tons)	54	26		–	–	–	–
工业粉尘排放量（万吨）	Volume of Dust Discharged (10 000 tons)	56	32		–	–	–	–
一般工业固体废物产生量（万吨）	Volume of Industrial Solid Waste Generated (10 000 tons)	3489	6232	7023	10278	9030	9386	10280
一般工业固体废物处置量（万吨）	Volume of Industrial Solid Waste Treated (10 000 tons)	109	1563	546	1338	1396	1367	1178
一般工业固体废物综合利用量（万吨）	Volume of Comprehensive Utilization of Industrial Solid Waste (10 000 tons)	2165	4231	4433	5408	4389	4296	5228
一般工业固体废物排放量（万吨）	Volume of Industrial Solid Wastes Discharged (10 000 tons)	110	9	0	0	0	0	0
“三废”综合利用产品产值（万元）	Output Value of Products Made from Utilization of Waste Gas, Waste Water and Waste Residues (10 000 yuan)	238923	510233		–	–	–	–

注：1. 从“十二五”起，环境统计数据不再对烟尘、粉尘细分，统计数据为烟（粉）尘排放总量；2020年起，该指标调整为颗粒物排放量。
2. 本表根据第二次全国污染源普查数据，对2016—2019年工业源污染物排放量指标数据进行了修正。

Note: 1. Since the 12th “Five Year Plan”, environmental statistical data no longer distinguishes between smoke and dust. The statistics now represent the total emissions of smoke and dust. And since 2020, the indicator has been adjusted to PM (particulate matter) emissions.
2. Based on data from the second National Survey of Pollution Sources, data about industrial source pollutants emission from 2016 to 2019 in this table have been revised.

8—16 环境污染治理投资情况
Investment in Environment Pollution Treatment

指　标	Item	2015	2017	2018	2019	2020	2021	2022
环境污染源治理投资总额（万元）	**Total Investment in Treatment of Environmental Pollution (10 000 yuan)**	**2329068**	**1799172**	**1356107**	**1192850**	**3478983**	–	–
一、工业污染源治理项目本年完成投资	Completed Investment in Treatment of Industrial Pollution Sources Projects in Current Year	247151	75847	58273	48620	35534	119600	22841
二、当年完成环保验收项目环保投资	Environmental Protection Investment in Environmental Protection Acceptance Projects in Current Year	596962	220897	150309	92953	46470	23411	2745064
三、城市环境基础设施建设本年完成投资额（全区口径）	Investment in Urban Environmental Infrastructure Construction Completed in Current Year	1484955	1502428	1147239	1051276	3396979	–	–
燃气工程建设	Engineering Construction of Gas	115689	124129	93414	78119	113572	–	–
排水工程建设	Engineering Construction of Drainage	546952	463399	456002	465375	1071503	–	–
园林绿化工程建设	Engineering Construction of Landscaping	754666	793495	450495	367121	1949115	–	–
市容环境卫生	Sanitation of Cities	67648	121405	147328	140662	262789	–	–

主要统计指标解释

自然资源 指人类可以直接从自然界获得，并用于生产和生活的物质资源。自然资源一般可以分成可再生资源和非再生资源两大类。可再生资源指在较短时间内可以再生、可以循环利用的资源，包括土地资源、水资源、气候资源、生物资源和海洋资源等。非再生资源指在使用后不能再生的资源，包括矿产资源和地热能源。

土地资源 土地是指陆地的表层部分，它主要由岩石、岩石的风化物和土壤构成。根据《土地管理法》，土地资源按土地用途可以分为农用地、建设用地和未利用地。农用地是指直接用于农业生产的土地，包括耕地、林地、草地、农田水利用地、养殖水面等；建设用地是指建造建筑物、构筑物的土地，包括城乡住宅和公共设施用地、工矿用地、交通水利设施用地、旅游用地、军事设施用地等；未利用地是指农用地和建设用地以外的土地。

林地面积 根据《森林法》，林地，是指县级以上人民政府规划确定的用于发展林业的土地。包括郁闭度0.2以上的乔木林地以及竹林地、灌木林地、疏林地、采伐迹地、火烧迹地、未成林造林地、苗圃地等。林地面积指的是县级以上人民政府规划确定的用于发展林业的土地面积。包括郁闭度0.2以上的乔木林地以及竹林地、灌木林地、疏林地、采伐迹地、火烧迹地、未成林造林地、苗圃地等面积。

草地面积 指生长草本植物为主的土地面积，包括乔木郁闭度＜0.1的疏林草地、灌木覆盖度＜40%的灌丛草地面积，不包括生长草本植物的湿地、盐碱地面积。

海洋 是海和洋的统称。洋为地球表面上相连接的广大咸水水体的主体部分。海为地球表面相连接的广大咸水水体被陆地、岛礁、半岛包围或分隔的边缘部分。

海岸线 指多年大潮平均高潮位时海陆分界痕迹线。

浅海 未有国标定义，在海洋管理部门中一般指0m-10m等深线的海域。

滩涂 未有国标定义，在海洋管理部门中一般指大潮高潮位与低潮位之间的潮侵地带。

森林面积 根据《森林法》，森林，包括乔木林、竹林和国家特别规定的灌木林。森林面积指乔木林、竹林和国家特别规定的灌木林总面积。

活立木蓄积量 指一定范围内土地上全部树木蓄积的总量，包括森林蓄积、疏林蓄积、散生木蓄积和四旁树

Explanatory Notes on Main Statistical Indicators

Natural Resources refer to the material resources that can be obtained from nature directly and used for production and life. Natural resources usually can be divided into two kinds, renewable resources and non-renewable resources. Renewable resources refer to the resources that can reproduce or recycle in a comparatively short time, including land resource, water resource, climate resource, biology resource, and ocean and sea resource. Non-renewable resources refer to the resources that cannot reproduce after using, including mineral resources and geothermal resource.

Land Resource Land refers to the surface of the earth, mainly consisting of rocks and its weathering and earth. Land resource can be classified, by its utilization, as land for agriculture, land for construction and unused land. Land for agriculture includes cultivated land, garden land, forest land, grassland and waters. Land for construction includes land for residential purpose, for manufacturing and mining, for transportation and for water conservancy projects. Unused land refers to land exclude land for agriculture and construction, including mud beaches, deserts, Gobi, glaciers and tor.

Area of Forest Land According to the Forest Law, forest land refers to the land used for forestry development designated by the people's government at or above the county level. It includes arbor forest lands, bamboo forest lands, shrub lands, sparse forest lands, cutting sites, burning sites, land planned for forestation, tree nursery sites, etc, with canopy density above 0.2. The area of forest land refers to the size of the land used for forestry development designated by the people's government at or above the county level. It includes the total area of arbor forest lands, bamboo forest lands, shrub lands, sparse forest lands, cutting sites, burning sites, land planned for forestation, tree nursery sites, etc, with canopy density above 0.2.

Area of Grassland refers to the area of land mainly for the growth of herbaceous forage crops. It includes sparse forest grassland with tree canopy density less than 0.1, shrub grassland with shrub coverage less than 40%, excluding wetlands with herbaceous plants.

Oceans and Seas Oceans refer to the principal part of the interconnected large bodies of saltwater on the surface of the earth. Seas refer to the edges that the interconnected large bodies of saltwater on the surface of the earth encircled or isolated by land, islands, reefs and peninsulas.

Coastline refers to the demarcation line between land and the sea at the mean high tide of spring tides over several years.

Shallow Sea There is no national standard definition. It refers to the sea area with 0-10 meter isobaths in marine management departments.

Mud Beaches There is no national standard definition. It generally refers to the tidal invasion zone between high and low tide in marine management departments.

Forest Area According to the Forest Law, forests include arbor forests, bamboo forests and shrub lands specially designated by the state. Forest area refers to the total area of arbor forests, bamboo forests and shrubbery specially designated by the state.

Stock Volume of Forest refers to total stock volume of timber of tree trunk in a given forest area, including trees in forest, trees in sparse forest,

蓄积。

森林覆盖率 指一个国家或地区森林面积占土地总面积的百分比。根据《森林法》对于森林的定义，森林面积包括乔木林、竹林和国家特别规定的灌木林。计算公式为：

$$森林覆盖率（\%）=\frac{森林面积}{土地总面积}\times 100\%$$

矿产资源保有储量 指探明的矿产储量（包括工业储量和远景储量）扣除已开采部分和地下损失量后的年底实有储量。它反映国家矿产资源的现状。

径流量 指在一定时段内通过河流某一过水断面的水量，用以反映一个国家或地区水资源的丰歉程度。计算公式为：

径流量=降水量－蒸发量

气温 指地面气象观测中测定百叶箱等防辐射装置内距地面1.5m高度的空气温度，简称气温。单位为摄氏度（℃）。

月平均气温 由该月逐日平均气温的总和除以该月总日数求得。

年平均气温 由一年12个月的月平均气温相加除以12求得。

降水量 指某段时间内的未经蒸发、渗透、流失的降水，在地面上积聚的深度。

月降水量 由该月逐日降水量相加求得。

年降水量 由一年12个月的月降水总量相加求得。

日照时数 指在一给定时段内太阳直接辐照度大于或等于120W/m^{2}的各分段时间的总和。统计方法与降水量相同。

工业废水排放量 指经过企业厂区所有排放口排到企业外部的工业废水量。包括生产废水、外排的直接冷却水、废气治理设施废水、超标排放的矿井地下水和与工业废水混排的厂区生活污水，不包括外排的间接冷却水（清污不分流的间接冷却水应计算在内）。

工业废气排放量 指企业厂区内排入空气中含有污染物的气体的总量，以标准状态（273K，101325Pa）计。

二氧化硫排放量 指企业在燃料燃烧和生产工艺过程中排入大气的二氧化硫数量。

一般工业固体废物产生量 指当年全年调查对象实际

scattered trees and trees planted by the side of villages, farm houses and along roads and rivers.

Forest Coverage Rate refers to the percentage of area of forested land to the area of total land. As defined by the Forest Law, area of forest land includes arbor forest, bamboo forest and shrubbery specially stipulated by the state. The formula for calculating forest coverage rate is as follows:

Forest Coverage Rate (%) = (Area of Forest Land / Area of Total Land) ×100%

Ensured Reserves of Mineral Resources refer to the proven reserves of mineral resources (including industrial reserves and future reserves), which equal to the basic reserves and volume of resources minus the part mined and underground losses. They reflect the situation of mineral resources of countries.

Volume of Runoff refers to the total volume of water that run through a certain cross section of a river during a given period, and it reflects the abundance of water resource in a country or region. The formula for calculating the volume of runoff is as follows:

Volume of Runoff = Amount of Precipitation – Amount of Evaporation

Air Temperature refers to the temperature of the air as observed in an instrument shelter or other radiation protection devices at 1.5m above the ground surface. It is measured in Celsius.

Monthly Average Temperature is calculated by dividing the sum of the average daily air temperature of the month by the total number of days in the month.

Annual Average Temperature is calculated by dividing the sum of the monthly average temperature of 12 months in a year by 12.

Precipitation refers to the depth of water falling from atmosphere onto the ground without being evaporated, percolating or running off.

Monthly Precipitation amounts to the sum of daily precipitation of the month.

Annual Precipitation amounts to the sum of monthly precipitation in a year.

Sunshine Hours refers to the sum of the time of the solar direct irradiance greater than or equal to 120 W/m^2 in a given period. The statistical calculating method is the same as precipitation.

Industrial Waste Water Discharged Refers to the volume of industrial waste water discharged through all outlets to the outside of industrial enterprises, including waste water produced, direct-cooling water, Wastewater from exhaust gas treatment facilities, underground water from mines that does not meet the standard of discharge, and the domestic sewage mixed up with industrial waste water when discharged. It does not include indirectly discharged cooling water (indirectly discharged cooling water without separate treatment should be included in the calculation).

Industrial Waste Gas Emission Refers to the waste gase containing pollutants discharged into the air in the area of factory. The measurement is done based on standard conditions (273K, 101325Pa).

Industrial Sulphur Dioxide Discharged Refers to the volume of sulphur dioxide discharged to the air in the process of fuel burning and production processes.

Common Industrial Solid Wastes Generated refers to the amount of

产生的一般工业固体废物的量。一般工业固体废物指企业在工业生产过程中产生且不属于危险废物的工业固体废物。

common industrial solid wastes the surveyed units actual generated over the year. The common industrial solid wastes refers to the industrial solid wastes that are generated during the industrial process and are not hazardous wastes.

一般工业固体废物综合利用量 指调查年度企业通过回收、加工、循环、交换等方式，从固体废物中提取或者使其转化为可以利用的资源、能源和其他原材料的固体废物量（包括当年利用的往年工业固体废物累计贮存量）。如用作农业肥料、生产建筑材料、筑路、用作充填回填材料等。综合利用量由原产生固体废物的单位统计。

Common Industrial Solid Wastes Integrated Use refers to amount of solid wastes from which useable materials can be extracted or converted into usable resources, energy or other materials through reclamation, processing, recycling and exchange (including utilizing in the year the stocks of industrial solid wastes of the previous year) generated by surveyed units over the year of the survey, e.g. being used as agricultural fertilizers, building materials, material for paving road or as backfill material. The information should be measured as the unit of generating wastes.

一般工业固体废物处置量 指调查年度企业将工业固体废物焚烧和用其他改变工业固体废物的物理、化学、生物特性的方法，达到减少或者消除其危险成分的活动，或者将工业固体废物最终置于符合生态环境保护规定要求的填埋场的活动中，所消纳固体废物的量。

Common Industrial Solid Wastes Disposed refers to the amount of industrial solid wastes disposed, which covers the amount of previous years, through incineration or other methods to change its physical, chemical and biological properties to reduce or eliminate the hazards or land filled in the sites following the requirements for environmental protection by surveyed units over the year of the survey.

一般工业固体废物倾倒丢弃量 指调查年度企业将所产生的固体废物倾倒或者丢弃到固体废物污染防治设施、场所以外的量。

Common Industrial Solid Wastes Discharged refers to the amount of industrial solid wastes dumped or discharged by producing enterprises to disposal facilities or to other sites over the year of the survey.

“三废”综合利用产品产值 指利用“三废”（废液、废气、废渣）作为主要原料生产的产品价值（现行价）；已经销售或准备销售的应计算产品价值，留作生产自用的不应计算产品价值。

Output Value of Products Made from Utilization of Waste Gas, Waste Water and Industrial Solid Wastes refers to the value of products (calculated at current price) made by industrial enterprises using recovered waste water, waste gas or solid wastes as main raw materials. The value of the products, which have been sold or are ready to be sold should be included. The value of the products, which will be used in the production of the enterprises, should not be included.

城市统计范围 根据住房和城乡建设部的新规定，设市城市按城区范围统计，县的统计范围为县城。

Statistical Scope of City According to the new regulation of the Ministry of Housing and Urban-Rural Development of the People's Republic of China, the statistical scope of administratively designated city refers to the urban area, and the statistical scope of county refers to the county seat.

设市城市的城区 包括：

（一）街道办事处所辖地域；

（二）城市公共设施、居住设施和市政公用设施等连接到的其他镇（乡）地域；

（三）常住人口在3000人以上独立的工矿区、开发区、科研单位、大专院校等特殊区域。

Urban Area of Administratively Designated City includes:

1. The area under the jurisdiction of sub-district offices;

2. The area of other towns (townships) are connected to urban public facilities, residential facilities, municipal public facilities, etc.

3. The special area such as independent industrial and mining areas, development zones, research institutions, and universities and colleges with a permanent population above 3000 people.

县城 包括：

（一）县政府驻地的镇（城关镇）或街道办事处地域；

（二）县城公共设施、居住设施和市政公用设施等连接到的其他镇（乡）地域；

（三）常住人口在3000人以上独立的工矿区、开发区、科研单位、大专院校等特殊区域。

County includes:

1. The area of towns under the jurisdiction of the county government or sub-district offices;

2. The area of other towns (townships) that are connected to county public facilities, residential facilities, municipal public facilities, etc;

3. The special area such as independent industrial and mining areas, development zones, research institutions, and universities and colleges with a permanent population above 3000 people.

市区面积 指城市行政区域内的全部土地面积（包括水域面积）。地级城市行政区不包括市辖县（市），以国务院批准的行政区划面积为准。

Area of City refers to the total land area within the administrative boundaries of a city, including water bodies. For prefecture-level cities, the administrative area does not include the counties (or districts) under its jurisdiction. The area is determined based on the approved administrative divisions by the State Council.

城区面积 指设市城市的城建统计的范围面积。

Urban Area refers to the range of areas included in the urban construction statistics of a city designated at the prefecture level or above.

市区（县）人口 指城市（县）行政区域内有常住户口和未落常住户口的人，以及被注销户口的在押犯、劳改、劳教人员。未落常住户口是指持出生、迁移、复员转业、劳改释放、解除劳教等证件未落常住户口的、无户口的人员以及户口情况不明且定居一年以上的流入人口。

Population of City (County) refers to the total population of a city (or county) within its administrative boundaries, including both registered residents and non-registered residents, as well as incarcerated individuals, individuals undergoing reform through labor, and individuals who have had their household registration cancelled. Non-registered residents refer to individuals who do not have a registered residence but hold documents such as birth certificates, migration documents, demobilization or career transition documents, release documents from reform through labor, or release documents from re-education through labor. It also includes individuals whose household registration status is unclear but have resided in the area for one year or longer.

城区（县城）人口 指划定的城区（县城）范围的人口数。

Population of Urban Area (County) refers to the population within the designated urban area (or county seat).

第九篇　能源生产与消费

CHAPTER 9　ENERGY PRODUCTION AND CONSUMPTION

（编辑：刘　蒙　毛琬灵　白　平）

简要说明

（本篇资料由自治区统计局能源处调查提供，电话：0771-5876156）

一、本篇资料的主要内容

本篇资料主要内容有能源生产、消费及品种构成，能源利用效益和能源消费水平，能源消费弹性系数和电力消费弹性系数，分行业、分主要能源品种的消费，生活用能源消费量和能源可供量，分行业、分行政区划电力消费量等。2020年起增加能源加工转换效率等指标。

二、本篇资料的统计范围

9—6表规模以上工业统计范围为年主营业务收入2000万元以上工业企业。其他表的数据统计范围为全社会口径。

三、本篇的资料来源

规模以上工业综合能源消费量由统计范围内企业在联网直报平台报送，自治区统计局、各市统计局按能源统计报表制度汇总整理；电力数据由广西电网公司提供，进、出口量由南宁海关提供，其他数据由自治区统计局汇总整理。

四、关于数据口径与计算方法的说明

1. 能源加工转换效率表中，电力折标煤系数采用当量值计算。

2. 2018年起数据行业分类按2017年《国民经济行业分类》（GB/T4754—2017）标准执行。

3. 价值指标按当年价格计算，因1998年后价值指标做调整，故相关数据资料相应变化。

Brief Introduction

(This Chapter is compliled by the Energy Department of the Guangxi Zhuang Autonomous Region Bureau of Statistics, Tel: 0771-5876156)

I. Main Contents

The main contents of this chapter include energy production, consumption, and composition, energy utilization efficiency and energy consumption level, elasticity ratio of energy consumption and electricity consumption, consumption by sector and main energy type, household energy consumption and energy availability, electricity consumption by sector and administrative division, etc. From 2020, the indicator of efficiency of energy transformation is added.

II. Resources

The data of comprehensive energy consumption of industrial enterprises above designated size is directly submitted by enterprises within the statistical scope on the online report platform, and the Guangxi Zhuang Autonomous Region Bureau of Statistics and the municipal statistic bureaus compile the data according to the energy statistics reporting system; the power data is taken from the statistical data of Guangxi Power Grid, the import volume and export volume are collected from statistical data of the customs, and other data are compiled by the Guangxi Zhuang Autonomous Region Bureau of Statistics.

9—1 广西能源生产、消费总量
Production and Consumption of Energy

单位：万吨标准煤 (10 000 tce)

年 份 Year	能源生产总量 Total Production of Energy	原煤 Raw Coal	原油 Crude Oil	电力及其他能源 Electricity and Other Energy	能源消费总量 Total Consumption of Energy	煤炭 Coal	石油 Petroleum	电力及其他能源 Electricity and Other Energy
1978	508.59	382.26		126.33	781.00	479.53	175.14	126.33
1979	475.57	341.44		134.13	765.00	437.58	193.29	134.13
1980	415.21	287.79		127.42	730.00	413.91	188.69	127.40
1981	440.82	288.59		152.23	717.00	391.55	173.22	152.23
1982	481.92	306.91		175.01	769.00	439.95	154.04	175.01
1983	524.21	333.76	3.07	187.38	810.00	461.21	161.41	187.38
1984	526.19	324.50	4.50	197.19	854.00	487.63	169.18	197.19
1985	638.52	330.16	5.13	303.23	1008.21	530.60	125.70	351.91
1986	571.19	264.64		306.55	1022.77	542.36	125.89	354.52
1987	628.55	315.04	5.39	308.12	1135.66	648.80	133.47	353.39
1988	684.25	417.56	5.20	261.49	1160.21	728.76	121.75	309.70
1989	706.28	465.87	4.67	235.74	1200.28	776.59	127.22	296.47
1990	704.63	416.27	17.14	271.22	1308.21	820.62	151.81	335.78
1991	693.59	426.95	4.49	262.15	1386.88	903.22	155.70	327.96
1992	783.88	492.88	4.59	286.41	1549.30	1034.80	157.16	357.34
1993	958.47	502.35	4.40	451.72	1809.21	1068.67	179.18	561.36
1994	1064.73	575.91	4.61	484.21	2047.95	1232.19	193.60	622.16
1995	1103.39	561.90	14.53	526.96	2256.52	1261.41	227.49	767.62
1996	1035.50	531.33	5.14	499.03	2301.11	1303.05	244.90	753.16
1997	1065.84	472.81	5.60	587.43	2327.74	1190.25	245.92	891.57
1998	975.93	430.71	4.50	540.72	2417.68	1218.87	318.95	879.86
1999	855.47	346.25	5.00	504.22	2472.73	1299.03	327.89	845.81
2000	833.28	300.26	4.70	528.32	2487.40	1226.29	378.09	883.02
2001	838.35	260.31	4.64	573.21	2700.97	1372.09	461.87	867.01
2002	770.23	185.31	5.00	579.93	2778.58	1322.61	536.27	919.71
2003	729.67	188.12	4.69	651.15	3187.66	1632.08	678.97	876.61
2004	908.43	267.06	5.13	636.24	4014.56	1971.15	863.13	1180.28
2005	1220.99	358.78	4.90	857.31	4536.74	2540.57	798.47	1197.70
2006	1359.27	288.54	4.84	1065.88	5022.95	2697.33	863.95	1461.67
2007	1467.60	305.91	4.11	1157.58	5588.61	3297.28	927.71	1363.62
2008	1926.42	191.30	4.09	1730.91	6054.22	3396.42	974.73	1683.07
2009	1820.23	259.86	4.13	1556.24	6592.74	3876.53	1068.02	1648.19
2010	1951.85	428.48	3.84	1519.53	7379.23	3977.40	1224.95	2176.88
2011	1777.24	445.37	3.24	1328.63	8005.79	4315.12	1377.00	2313.67
2012	2129.80	440.96	3.27	1685.57	8530.55	4555.32	1408.13	2567.11
2013	2517.35	369.26	62.50	2084.26	9100.37	5229.98	1443.41	2426.98
2014	2869.84	341.29	83.86	2444.69	9515.34	5025.22	1593.11	2897.01
2015	3274.39	224.60	79.30	2970.49	9805.66	4523.03	1559.77	3722.86
2016	3147.49	227.45	67.72	2852.32	10110.15	4657.47	1757.00	3695.67
2017	3255.17	206.45	62.96	2985.76	10456.02	4744.37	1774.17	3937.48
2018	3756.69	224.80	74.12	3457.77	10823.39	5094.24	1720.49	4008.66
2019	3604.68	180.07	71.80	3352.81	11270.05	5502.72	1555.31	4212.02
2020	3800.42	194.23	69.66	3536.53	12081.05	5904.22	1504.21	4672.62
2021	3495.53	177.43	66.89	3251.21	13189.02	6501.74	1661.39	5025.89
2022	4040.76	221.96	93.99	3724.81	13207.10	6539.03	1769.96	4898.11

注：1. 本表指标均为常规能源折合标准煤。
2. 从1988年起电力折标系数调整，2000年—2013年因第三次经济普查数据做调整，2015年—2018年部分数据依据第四次经济普查调整。

Note: 1. The items in this table are converted into SCE.
2. Since 1988, the coefficient for the conversion of electric power into SCE has been adjusted. The data from 2000 to 2013 has been adjusted based on the 3rd Economic Census. And some data from 2015 to 2018 has been adjusted based on the 4th Economic Census.

9—2　广西能源生产、消费构成
Composition of Energy Production and Consumption

单位：%　　(%)

年　份 Year	能源生产总量 Total Production of Energy	原煤 Raw Coal	原油 Crude Oil	电力及其他能源 Electricity and Other Energy	能源消费总量 Total Consumption of Energy	煤炭 Coal	石油 Oil	电力及其他能源 Electricity and Other Energy
1978	100	75.2		24.8	100	61.4	22.4	16.2
1979	100	71.8		28.2	100	57.2	25.3	17.5
1980	100	69.3		30.7	100	56.7	25.9	17.4
1981	100	65.5		34.5	100	54.6	24.2	21.2
1982	100	63.7		36.3	100	57.2	20.0	22.8
1983	100	63.7	0.5	35.8	100	56.9	19.9	23.2
1984	100	61.7	0.8	37.5	100	57.1	19.8	23.1
1985	100	51.7	0.8	47.5	100	52.6	12.4	35.0
1986	100	46.3	0.9	53.7	100	53.0	12.3	34.7
1987	100	50.1	0.9	49.0	100	57.1	11.8	31.1
1988	100	61.0	0.8	38.2	100	62.8	10.5	26.7
1989	100	66.0	0.7	33.4	100	64.7	10.6	24.7
1990	100	59.1	2.4	38.5	100	62.7	11.6	25.7
1991	100	61.6	0.6	37.8	100	65.1	11.2	23.7
1992	100	62.9	0.6	36.5	100	66.8	10.1	23.1
1993	100	52.4	0.5	47.1	100	59.1	9.9	31.0
1994	100	54.1	0.4	45.5	100	60.2	9.5	30.3
1995	100	50.9	1.3	47.8	100	55.9	10.1	34.0
1996	100	51.3	0.5	48.2	100	56.6	10.6	32.8
1997	100	44.4	0.5	55.1	100	51.1	10.6	38.3
1998	100	44.1	0.5	55.4	100	50.4	13.2	36.4
1999	100	40.5	0.6	58.9	100	52.5	13.6	33.9
2000	100	36.0	0.6	63.4	100	49.3	15.2	35.5
2001	100	31.1	0.6	68.3	100	50.8	17.1	32.1
2002	100	24.1	0.7	75.2	100	47.6	19.3	33.1
2003	100	25.8	0.6	73.6	100	51.2	21.3	27.5
2004	100	32.3	0.8	66.9	100	49.1	21.5	29.4
2005	100	29.4	0.4	70.2	100	56.0	17.6	26.4
2006	100	21.2	0.4	78.4	100	53.7	17.2	29.1
2007	100	20.8	0.3	78.9	100	59.0	16.6	24.4
2008	100	9.9	0.2	89.9	100	56.1	16.1	27.8
2009	100	14.3	0.2	85.5	100	58.8	16.2	25.0
2010	100	22.0	0.2	77.9	100	53.9	16.6	29.5
2011	100	25.1	0.2	74.8	100	53.9	17.2	28.9
2012	100	20.7	0.2	79.1	100	53.4	16.5	30.1
2013	100	18.7	3.2	78.3	100	57.5	15.9	26.6
2014	100	15.6	3.5	82.1	100	52.8	16.7	30.5
2015	100	6.9	2.4	90.7	100	46.1	15.9	38.0
2016	100	7.2	2.2	90.6	100	46.1	17.4	36.6
2017	100	6.3	1.9	91.8	100	45.4	17.0	37.7
2018	100	6.0	2.0	92.0	100	47.1	15.9	37.0
2019	100	5.0	2.0	93.0	100	48.8	13.8	37.4
2020	100	5.1	1.8	93.1	100	48.9	12.5	38.7
2021	100	5.1	1.9	93.0	100	49.3	12.6	38.1
2022	100	5.5	2.3	92.2	100	49.5	13.4	37.1

9—3 能源利用效益主要指标
Economic Results Indicators for the Utilization of Energy

年份 Year	每万元地区生产总值消费能源（吨标准煤） Energy Consumption Per 10 000 Yuan GDP (tce)	每吨能源消费实现的地区生产总值（元） GDP Achieved Per Ton of Energy Consumption (yuan)
1985	5.57	1795
1990	2.91	3431
1991	2.67	3739
1992	2.40	4173
1993	2.08	4818
1994	1.71	5851
1995	1.51	6637
1996	1.36	7379
1997	1.28	7807
1998	1.27	7906
1999	1.27	7973
2000	1.20	8362
2001	1.18	8439
2002	1.10	9083
2003	1.13	8850
2004	1.17	8553
2005	1.14	8182
2006	1.06	9449
2007	0.96	10420
2008	0.86	11597
2009	0.85	11769
2010	0.77	12969
2011	0.68	14640
2012	0.65	15280
2013	0.63	15799
2014	0.61	16156
2015	0.66	15091
2016	0.63	15941
2017	0.59	17015
2018	0.55	18135
2019	0.53	18844
2020	0.55	18310
2021	0.53	18759
2022	0.50	19914

注：1. 价值指标按当年价格计算。因1998年后价值指标做调整，故本表资料相应变化。
2. 2000年—2013年数据根据第三次经济普查调整，2015年—2018年数据依据第四次经济普查调整。

Note: 1. The data in value terms in this table are calculated at current prices. Due to the indicators of value have been readjusted since 1998, the data in this table have been relatively changed.
2. The data from 2000 to 2013 has been adjusted based on the 3rd Economic Census. And 2015 to 2018 has been adjusted based on the 4th Economic Census.

9－4　能源消费弹性系数
Elasticity Ratio of Energy Consumption

年　份 Year	能源消费比上年增长（%）Growth Rate of Energy Consumption over Preceding Year (%)	电力消费比上年增长（%）Growth Rate of Electricity Consumption over Preceding Year (%)	地区生产总值比上年增长（%）Growth Rate of GDP over Preceding Year (%)	能源消费弹性系数 Elasticity Ratio of Energy Consumption	电力消费弹性系数 Elasticity Ratio of Electricity Consumption
1985	6.4	15.1	11.0	0.58	1.37
1990	8.2	11.8	7.0	1.17	1.69
1991	6.0	7.8	12.7	0.47	0.61
1992	11.7	13.1	18.3	0.64	0.72
1993	16.8	10.1	18.3	0.92	0.55
1994	13.2	13.0	15.2	0.87	0.85
1995	10.2	19.8	11.4	0.90	1.74
1996	2.0	7.5	8.3	0.24	0.90
1997	1.2	3.3	8.0	0.15	0.41
1998	3.9	7.9	10.0	0.39	0.79
1999	2.3	5.7	8.0	0.29	0.71
2000	8.0	11.4	7.9	1.01	1.44
2001	8.6	3.1	8.3	1.03	0.37
2002	2.8	7.5	10.6	0.26	0.73
2003	14.7	16.5	10.2	1.44	1.58
2004	25.9	9.9	11.8	2.19	0.84
2005	15.6	11.7	13.2	1.18	0.89
2006	10.7	13.6	13.6	0.79	1.00
2007	11.3	17.6	15.1	0.75	1.17
2008	8.3	11.7	12.8	0.65	0.91
2009	8.9	11.7	13.9	0.64	0.84
2010	11.9	16.0	14.2	0.84	1.13
2011	8.5	12.0	12.3	0.69	0.98
2012	6.6	3.7	11.3	0.58	0.33
2013	6.7	7.3	10.2	0.66	0.72
2014	4.6	5.6	8.5	0.54	0.66
2015	2.6	2.0	8.1	0.32	0.25
2016	3.1	1.9	7.0	0.44	0.27
2017	3.4	6.1	7.1	0.48	0.87
2018	3.5	17.8	6.8	0.52	2.63
2019	4.1	12.0	6.0	0.68	2.00
2020	7.2	6.2	3.7	1.95	1.68
2021	9.2	10.2	7.5	1.23	1.36
2022	0.1	-0.9	2.9	3.17	-0.31

9—5 主要年份分行业能源消费量和构成

行业名称	Sector	2000 消费总量(万吨标准煤) Total Consumption (10 000 tce)	2000 构成(%) Composition (%)	2005 消费总量(万吨标准煤) Total Consumption (10 000 tce)	2005 构成(%) Composition (%)
消费总计	**Total Consumption**	**2487.40**	**100.0**	**4536.74**	**100.0**
农、林、牧、渔业	**Agriculture, Forestry, Animal Husbandry and Fishery**	**52.73**	**2.1**	**96.18**	**2.1**
工业	**Industry**	**1893.66**	**76.1**	**3341.76**	**73.7**
采矿业	**Mining**	**83.58**	**3.4**	**92.10**	**2.0**
煤炭开采和洗选业	Mining and Washing of Coal	25.87	1.0	14.06	0.3
石油和天然气开采业	Extraction of Petroleum and Natural Gas	0.50	…	0.45	…
黑色金属矿采选业	Mining and Processing of Ferrous Metal Ores	7.96	0.3	21.78	0.5
有色金属矿采选业	Mining and Processing of Non-Ferrous Metal Ores	40.30	1.6	39.02	0.9
非金属矿采选业	Mining and Processing of Nonmetal Ores	6.47	0.3	13.16	0.3
开采辅助活动	Support Activities for Mining				
其他采矿业	Mining of Other Ores	2.49	0.1	3.18	0.1
制造业	**Manufacturing**	**1679.99**	**67.5**	**3104.04**	**68.4**
农副食品加工业	Processing of Food from Agricultural Products	239.29	9.6	286.72	6.3
食品制造业	Manufacture of Foods	20.65	0.8	12.70	0.3
酒、饮料和精制茶制造业	Manufacturing of Liquor, Beverages and Refined Tea	12.93	0.5	24.04	0.5
烟草制品业	Manufacture of Tobacco	3.73	0.2	6.35	0.1
纺织业	Manufacture of Textile	16.17	0.7	20.87	0.5
纺织服装、服饰业	Manufacture of Textile, Wearing Apparel and Accessories	0.99	…	1.36	…
皮革、毛皮、羽毛及其制品业和制鞋业	Manufacture of Leather, Fur, Feather, Related Products and Footwear	2.24	0.1	4.54	0.1
木材加工及木、竹、藤、棕、草制品业	Processing of Timber, Manufacture of Wood, Bamboo, Rattan, Palm and Straw Products	16.91	0.7	25.41	0.6
家具制造业	Manufacture of Furniture	1.49	0.1	3.18	0.1
造纸及纸制品业	Manufacture of Paper and Paper Products	61.94	2.5	120.22	2.7
印刷业和记录媒介的复制	Printing, Reproduction of Recording Media	1.74	0.1	6.35	0.1
文教、工美、体育和娱乐用品制造业	Manufacture of Articles for Culture, Education, Arts and Crafts, Sport and Entertainment Activities	0.25	…	0.45	…
石油加工、炼焦和核燃料加工业	Processing of Petroleum, Coking, Processing of Nuclear Fuel	9.45	0.4	33.12	0.7
化学原料及化学制品制造业	Manufacture of Raw Chemical Materials and Chemical Products	221.63	8.9	355.23	7.8

注：2000年、2005年、2011年、2012年和2013年数据根据第三次经济普查作调整。2018年起行业分类按2017年《国民经济行业分类》（GB/T4754—2017）标准。2015—2018年数据依据第四次经济普查调整。

Consumption and Composition of Energy by Sector in Main Years

2015		2018		2019		2020		2021		2022	
消费总量(万吨标准煤) Total Consumption (10 000 tce)	构成(%) Composition (%)	消费总量(万吨标准煤) Total Consumption (10 000 tce)	构成(%) Composition (%)	消费总量(万吨标准煤) Total Consumption (10 000 tce)	构成(%) Composition (%)	消费总量(万吨标准煤) Total Consumption (10 000 tce)	构成(%) Composition (%)	消费总量(万吨标准煤) Total Consumption (10 000 tce)	构成(%) Composition (%)	消费总量(万吨标准煤) Total Consumption (10 000 tce)	构成(%) Composition (%)
9805.66	**100.0**	**10823.39**	**100.0**	**11270.05**	**100.0**	**12081.05**	**100.0**	**13189.02**	**100.0**	**13207.1**	**100.0**
192.23	**2.4**	**210.45**	**1.9**	**208.95**	**1.9**	**236.12**	**2.0**	**272.95**	**2.1**	**285.78**	**2.2**
7097.92	**70.3**	**7641.35**	**70.6**	**7737.41**	**68.7**	**8387.70**	**69.4**	**9080.02**	**68.8**	**8966.16**	**67.9**
87.74	**0.9**	**115.02**	**1.1**	**127.11**	**1.1**	**117.02**	**1.0**	**116.34**	**0.9**	**119.22**	**0.9**
5.41	0.1	5.94	0.1	10.17	0.1	11.70	0.1	5.19	0.0	5.44	…
1.42	…	0.10	…	0.06	0.0	0.10	0.0	0.61	0.0	0.95	…
12.51	0.1	14.57	0.1	6.8	0.1	5.04	0.0	3.81	0.0	2.77	…
34.78	0.4	23.55	0.2	33.77	0.3	21.18	0.2	25.77	0.2	27.37	0.2
33.53	0.3	47.35	0.4	52.66	0.5	59.78	0.5	64.25	0.5	69.34	0.5
		0.00	…	0	0.0	0.00	0.0	0.00	0.0	13.35	0.1
0.09	…	23.51	0.2	23.65	0.2	19.23	0.2	16.71	0.1	0	0.0
6512.78	**64.2**	**7036.03**	**65.0**	**6947.74**	**61.6**	**7756.77**	**64.2**	**8120.54**	**61.6**	**8256.93**	**62.5**
425.05	4.3	405.19	3.7	443.7	3.9	474.93	3.9	313.51	2.4	306.9	2.3
64.88	0.7	46.25	0.4	47.63	0.4	54.82	0.5	56.93	0.4	60.41	0.5
61.42	0.6	27.89	0.3	28.25	0.3	28.99	0.2	30.26	0.2	31.51	0.2
3.85	…	5.22	0.0	5.03	0.0	4.30	0.0	4.59	0.0	4.64	…
34.24	0.3	27.14	0.3	39.78	0.4	28.86	0.2	33.31	0.3	40.92	0.3
9.00	0.1	4.34	0.0	6.55	0.1	6.66	0.1	9.99	0.1	11.89	0.1
7.36	0.1	6.20	0.1	6.58	0.1	6.98	0.1	7.43	0.1	7.68	0.1
129.65	1.4	146.63	1.4	188.21	1.7	203.41	1.7	168.85	1.3	187.75	1.4
6.70	0.1	1.81	0.0	1.93	0.0	2.68	0.0	3.01	0.0	3.49	…
220.10	2.3	203.85	1.9	220.71	2.0	201.29	1.7	226.54	1.7	261.41	2.0
4.95	0.1	3.19	0.0	3.46	0.0	3.44	0.0	4.06	0.0	4.29	…
3.03	…	3.88	0.0	4.05	0.0	4.14	0.0	5.35	0.0	5.77	…
222.97	2.3	286.79	2.6	317.59	2.8	249.62	2.1	413.27	3.1	539.95	4.1
544.19	5.6	316.10	2.9	249.19	2.2	205.67	1.7	280.37	2.1	291.7	2.2

Note: The data for 2000, 2005, 2011, 2012 and 2013 has been adjusted by the 3rd Economic Census, and the industry classification is based on the standard of National Economic Industry Classification (GB/T4754—2017) in 2011. And data for 2015 to 2018 has been adjusted based on the 4th Economic Census.

9—5 续表

行业名称	Sector	2000		2005	
		消费总量（万吨标准煤）Total Consumption (10 000 tce)	构 成（%）Composition (%)	消费总量（万吨标准煤）Total Consumption (10 000 tce)	构 成（%）Composition (%)
医药制造业	Manufacture of Medicines	9.95	0.4	19.51	0.4
化学纤维制造业	Manufacture of Chemical Fibers	11.94	0.5	5.44	0.1
橡胶和塑料制品业	Manufacture of Rubber and Plastic Products	12.19	0.5	9.53	0.2
非金属矿物制品业	Manufacture of Non-metallic Mineral Products	493.00	19.8	587.05	12.9
黑色金属冶炼及压延加工业	Smelting and Pressing of Ferrous Metals	242.52	9.8	1043.45	23.0
有色金属冶炼及压延加工业	Smelting and Pressing of Nonferrous Metals	211.18	8.5	370.65	8.2
金属制品业	Manufacture of Metal Products	13.18	0.5	21.78	0.5
通用设备制造业	Manufacture of General Purpose Machinery	13.93	0.6	19.96	0.4
专用设备制造业	Manufacture of Special Purpose Machinery	4.48	0.2	7.26	0.2
汽车制造业	Manufacture of Automobiles	9.20	0.4	40.38	0.9
铁路、船舶、航空航天和其他运输设备制造业	Manufacturing of Railway, Ship, Aerospace and Other Transportation Equipment				
电气机械及器材制造业	Manufacture of Electrical Machinery and Equipment	7.71	0.3	9.53	0.2
通信设备、计算机及其他电子设备制造业	Manufacture of Communication Equipment, Computers and Other Electronic Equipment	1.49	0.1	3.18	0.1
仪器仪表制造业	Manufacture of Measuring Instruments and Machinery	0.50	…	0.91	…
其他制造业	Other Manufacturing			51.72	1.1
废弃资源综合利用业	Utilization of Waste Resources			5.44	0.1
金属制品业、机械和设备修理业	Repair Services of Metal Product, Machinery and Equipment				
电力、燃气及水的生产和供应业	**Production and Supply of Electric Power, Gas and Water**	**130.09**	**5.2**	**145.63**	**3.2**
电力、热力的生产和供应业	Production and Distribution of Electric Power and Heat Power	118.90	4.8	119.77	2.6
燃气生产和供应业	Production and Distribution of Gas	0.25	…	8.17	0.2
水的生产和供应业	Production and Distribution of Water	10.70	0.4	17.69	0.4
建筑业	**Construction**	**7.46**	**0.3**	**33.12**	**0.7**
交通运输储运业和邮政业	**Transport, Storage and Post**	**213.67**	**8.6**	**382.90**	**8.4**
批发、零售业和住宿、餐饮业	**Wholesale and Retail Trade, Hotels and Catering Services**	**35.32**	**1.4**	**109.34**	**2.4**
其他行业	**Others**	**46.76**	**1.9**	**117.96**	**2.6**
生活消费	**Households Consumption**	**237.80**	**9.6**	**455.49**	**10.0**

continued

2015		2018		2019		2020		2021		2022	
消费总量（万吨标准煤）Total Consumption (10 000 tce)	构 成（%）Composition (%)	消费总量（万吨标准煤）Total Consumption (10 000 tce)	构 成（%）Composition (%)	消费总量（万吨标准煤）Total Consumption (10 000 tce)	构 成（%）Composition (%)	消费总量（万吨标准煤）Total Consumption (10 000 tce)	构 成（%）Composition (%)	消费总量（万吨标准煤）Total Consumption (10 000 tce)	构 成（%）Composition (%)	消费总量（万吨标准煤）Total Consumption (10 000 tce)	构 成（%）Composition (%)
32.29	0.3	23.95	0.2	24.07	0.2	23.65	0.2	24.89	0.2	27.4	0.2
0.03	…	1.43	0.0	1.12	0.0	0.95	0.0	0.83	0.0	0.64	...
49.30	0.5	115.75	1.1	34.96	0.3	40.96	0.3	48.27	0.4	51.58	0.4
1374.95	14.1	1484.91	13.7	1522.91	13.5	1685.02	13.9	1637.28	12.4	1761.54	13.3
2030.19	20.8	2338.49	21.6	2119.11	18.8	2666.43	22.1	2802.55	21.2	2857.78	21.6
776.67	8.0	1379.41	12.7	1459.13	12.9	1628.17	13.5	1769.92	13.4	1514.22	11.5
50.95	0.5	54.97	0.5	59.04	0.5	55.58	0.5	54.62	0.4	46.06	0.3
28.67	0.3	33.20	0.3	30.5	0.3	31.51	0.3	33.28	0.3	30.3	0.2
19.25	0.2	16.81	0.2	6.28	0.1	7.69	0.1	7.40	0.1	7.08	0.1
89.72	0.9	28.97	0.3	38.31	0.3	39.49	0.3	41.94	0.3	39.86	0.3
5.53	0.1	11.30	0.1	9.39	0.1	8.10	0.1	5.60	0.0	5.06	...
43.34	0.4	2.63	0.0	6.39	0.1	10.35	0.1	16.12	0.1	26.63	0.2
15.61	0.2	15.14	0.1	15.78	0.1	19.17	0.2	30.77	0.2	32.38	0.3
1.89	…	1.32	0.0	0.72	0.0	0.71	0.0	0.81	0.0	0.75	...
3.88	…	33.69	0.3	44.02	0.4	43.92	0.4	51.25	0.4	66.18	0.5
1.44	…	3.99	0.0	6.16	0.1	11.90	0.1	29.73	0.2	24.02	0.2
0.16	…	5.60	0.1	7.19	0.1	7.40	0.1	7.81	0.1	7.13	0.1
505.11	**5.2**	**490.29**	**4.5**	**662.56**	**5.9**	**513.91**	**4.3**	**843.14**	**6.4**	**590.01**	**4.5**
487.54	5.0	456.36	4.2	623.97	5.5	471.80	3.9	792.88	6.0	536.62	4.1
1.34	…	4.31	0.0	4.18	0.0	3.92	0.0	5.49	0.0	4.75	...
16.23	0.2	29.62	0.3	34.41	0.3	38.20	0.3	44.77	0.3	48.64	0.4
59.90	**0.6**	**97.78**	**0.9**	**117.2**	**1.0**	**153.80**	**1.3**	**173.33**	**1.3**	**157.56**	**1.2**
932.88	**9.6**	**1078.12**	**10.0**	**1115.76**	**9.9**	**970.79**	**8.0**	**1059.13**	**8.0**	**1040.08**	**7.9**
233.90	**2.4**	**250.56**	**2.3**	**286.0**	**2.5**	**288.85**	**2.4**	**348.41**	**2.6**	**362.42**	**2.7**
310.49	**3.2**	**420.04**	**3.9**	**450.38**	**4.0**	**490.24**	**4.1**	**569.36**	**4.3**	**620.51**	**4.7**
1125.77	**11.5**	**1293.11**	**11.9**	**1354.36**	**12.0**	**1553.55**	**12.9**	**1685.8**	**12.8**	**1774.6**	**13.4**

9—6 主要年份规模以上工业分行业综合能源消费量

单位：万吨标准煤

指 标	Sector
规模以上工业企业合计	**Industry above Designated Size**
采矿业	**Mining and Quarrying**
煤炭开采和洗选业	Mining and Washing of Coal
石油和天然气开采业	Extraction of Petroleum and Natural Gas
黑色金属矿采选业	Mining and Processing of Ferrous Metal Ores
有色金属矿采选业	Mining and Processing of Non-Ferrous Metal Ores
非金属矿采选业	Mining and Processing of Nonmetal Ores
开采辅助活动	Support Activities for Mining
其他采矿业	Mining of Other Ores
制造业	**Manufacturing**
农副食品加工业	Processing of Food from Agricultural Products
食品制造业	Manufacture of Foods
酒、饮料和精制茶制造业	Manufacturing of Liquor, Beverages and Refined Tea
烟草制品业	Manufacture of Tobacco
纺织业	Manufacture of Textile
纺织服装、服饰业	Manufacture of Textile, Wearing Apparel and Accessories
皮革、毛皮、羽毛及其制品和制鞋业	Manufacture of Leather, Fur, Feather, Related Products and Footwear
木材加工和木、竹、藤、棕、草制品业	Processing of Timber, Manufacture of Wood, Bamboo, Rattan, Palm and Straw Products
家具制造业	Manufacture of Furniture
造纸和纸制品业	Manufacture of Paper and Paper Products
印刷和记录媒介复制业	Printing, Reproduction of Recording Media
文教、工美、体育和娱乐用品制造业	Manufacture of Articles for Culture, Education, Arts and Crafts, Sport and Entertainment Activities
石油加工、炼焦和核燃料加工业	Processing of Petroleum, Coking, Processing of Nuclear Fuel
化学原料和化学制品制造业	Manufacture of Raw Chemical Materials and Chemical Products
医药制造业	Manufacture of Medicines
化学纤维制造业	Manufacture of Chemical Fibers
橡胶和塑料制品业	Manufacture of Rubber and Plastic Products
非金属矿物制品业	Manufacture of Non-metallic Mineral Products
黑色金属冶炼和压延加工业	Smelting and Pressing of Ferrous Metals
有色金属冶炼和压延加工业	Smelting and Pressing of Nonferrous Metals
金属制品业	Manufacture of Metal Products
通用设备制造业	Manufacture of General Purpose Machinery
专用设备制造业	Manufacture of Special Purpose Machinery
汽车制造业	Manufacture of Automobiles
铁路、船舶、航空航天和其他运输设备制造业	Manufacturing of Railway, Ship, Aerospace and Other Transportation Equipment
电气机械和器材制造业	Manufacture of Electrical Machinery and Equipment
计算机、通信和其他电子设备制造业	Manufacture of Communication Equipment, Computers and Other Electronic Equipment
仪器仪表制造业	Manufacture of Measuring Instruments and Machinery
其他制造业	Other Manufacturing
废弃资源综合利用业	Utilization of Waste Resources
金属制品、机械和设备修理业	Repair Services of Metal Product, Machinery and Equipment
电力、燃气及水的生产和供应业	**Production and Supply of Electric Power, Gas and Water**
电力、热力生产和供应业	Production and Distribution of Electric Power and Heat Power
燃气生产和供应业	Production and Distribution of Gas
水的生产和供应业	Production and Distribution of Water

注：本表中数据统计范围为年主营业务收入2000万元以上工业企业。数据采用电热当量计算法。

Consumption of Comprehensive Energy by Sector above Designated Size in Main Years

(10 000 tce)

2010	2014	2015	2016	2017	2018	2019	2020	2021	2022
4549.11	**6116.29**	**5802.01**	**5929.64**	**6148.87**	**6543.56**	**6967.68**	**7399.74**	**8453.28**	**8357.81**
35.91	**55.01**	**60.39**	**58.80**	**58.27**	**59.54**	**48.00**	**38.98**	**44.63**	**42.72**
3.85	2.39	2.83	1.68	2.44	1.99	1.78	1.57	1.49	1.43
	2.12	2.17	2.66	2.76	2.52	3.12	2.95	2.92	3.01
11.08	20.36	23.26	25.10	21.43	25.08	19.12	4.24	3.78	0.73
12.99	14.71	15.48	11.36	12.32	9.69	7.38	8.03	12.82	8.47
7.91	15.43	16.55	17.84	19.16	20.19	16.61	22.19	23.62	29.08
	0.01	0.01	0.02	0.01	…	0.00	0.00	0	0
0.09		0.10	0.15	0.13	0.08	0.00	0.00	0	0
3583.14	**4966.20**	**4904.69**	**4972.24**	**5148.87**	**5167.11**	**5317.79**	**5703.65**	**6533.66**	**6477.27**
350.12	433.79	386.23	366.50	363.11	355.06	317.75	271.96	273.64	276.17
19.59	38.62	37.64	38.02	35.31	30.48	29.28	30.06	34.9	36.73
44.71	45.21	44.96	43.24	43.63	27.74	25.75	25.94	27.98	30.22
2.76	2.15	2.11	1.85	1.88	1.98	1.80	1.63	1.61	1.77
20.19	21.56	25.15	22.59	21.69	21.34	23.98	23.82	26.51	33.40
0.94	3.53	3.63	3.60	3.88	3.95	3.67	1.83	2.02	1.05
4.08	3.09	3.26	2.87	2.87	2.54	2.25	2.14	2.33	2.67
43.69	75.37	79.74	83.34	82.93	75.54	77.17	71.28	81.54	99.55
1.17	2.40	2.62	2.66	2.76	2.07	0.62	0.67	0.44	0.38
123.52	198.64	176.69	172.85	196.36	186.84	188.47	173.45	183.41	266.15
1.25	1.66	1.90	2.10	2.38	1.94	0.96	0.80	0.96	1.10
0.25	1.18	1.38	1.27	1.50	1.24	1.02	1.04	1.25	1.41
84.78	264.13	247.17	253.73	275.83	299.89	250.96	190.96	360.38	487.35
302.90	381.40	342.58	286.50	269.53	233.23	170.21	173.99	211.36	237.36
18.89	20.84	20.46	22.01	20.85	17.16	15.71	14.21	14.2	15.94
0.01	0.00	0.01	0.01	0.02	0.00	0.00	0.00	0	0
13.43	19.66	22.78	21.12	18.50	10.45	10.81	13.17	14.55	15.84
896.25	1163.39	1146.94	1261.36	1337.57	1318.04	1388.50	1483.32	1478.38	1403.82
1077.81	1635.54	1621.92	1649.38	1678.14	1623.82	1707.53	2091.73	2488.46	2320.43
500.08	553.60	628.51	626.29	673.56	863.36	1022.42	1054.09	1221.9	1146.29
11.54	20.71	24.85	24.57	24.87	12.84	9.65	10.15	13.01	14.63
16.80	11.32	10.24	12.19	12.24	8.62	7.69	8.49	8.47	7.15
6.72	7.88	7.78	8.46	9.54	7.87	4.45	3.80	3.58	3.41
27.44	32.73	35.80	36.24	38.20	34.05	28.91	25.70	26.92	26.28
	2.29	2.19	2.03	1.41	1.61	1.29	1.33	1.43	1.57
7.64	17.44	18.24	16.14	16.79	13.68	12.71	11.96	9.59	9.18
2.77	5.37	6.10	7.06	8.78	7.73	7.83	10.80	17.23	18.23
0.47	0.43	0.68	0.66	1.16	0.40	0.22	0.20	0.28	0.25
1.99	1.54	2.39	2.43	1.99	1.07	0.95	0.88	0.75	0.45
1.35	0.71	0.71	1.15	0.95	1.88	4.54	3.72	25.98	17.93
	0.00	0.01	0.01	0.64	0.69	0.68	0.53	0.62	0.55
930.06	**1095.08**	**836.92**	**898.59**	**941.74**	**1316.90**	**1601.89**	**1657.11**	**1874.99**	**1837.82**
924.48	1088.66	829.85	888.21	933.84	1307.13	1590.31	1644.76	1858.93	1818.02
0.14	0.64	0.76	3.70	0.87	1.73	2.43	1.69	1.49	0.41
5.45	5.78	6.31	6.69	7.03	8.04	9.14	10.66	14.57	19.38

Note: The data refer to industrial enterprises with annual income of the major business over 20 million yuan. The data of this table was calculated the Electra-thermal Equivalent Calculation Method.

9—7 主要年份电力消费量

单位：亿千瓦时

指　标	Item
消费总计	**Total Consumption**
农、林、牧、渔业	**Agriculture, Forestry, Animal Husbandry and Fishery**
工业	**Industry**
采矿业	**Mining**
煤炭开采和洗选业	Mining and Washing of Coal
石油和天然气开采业	Extraction of Petroleum and Natural Gas
黑色金属矿采选业	Mining & Processing of Ferrous Metal Ores
有色金属矿采选业	Mining and Processing of Non-Ferrous Metal Ores
非金属矿采选业	Mining and Processing of Nonmetal Ores
开采辅助活动	Mining Assist Activities
其他采矿业	Support Activities for Mining
制造业	**Manufacturing**
农副食品加工业	Processing of Food from Agricultural Products
食品制造业	Manufacture of Foods
酒、饮料和精制茶制造业	Manufacturing of Liquor, Beverages and Refined Tea
烟草制品业	Manufacture of Tobacco
纺织业	Manufacture of Textile
纺织服装、服饰业	Manufacture of Textile, Wearing Apparel and Accessories
皮革、毛皮、羽毛及其制品业和制鞋业	Manufacture of Leather, Fur, Feather, Related Products and Footwear
木材加工及木、竹、藤、棕、草制品业	Processing of Timber, Manufacture of Wood, Bamboo, Rattan, Palm and Straw Products
家具制造业	Manufacture of Furniture
造纸及纸制品业	Manufacture of Paper and Paper Products
印刷和记录媒介的复制	Printing, Reproduction of Recording Media
文教、工美、体育和娱乐用品制造业	Manufacture of Articles for Culture, Education, Arts and Crafts, Sport and Entertainment Activities
石油加工、炼焦及核燃料加工业	Processing of Petroleum, Coking, Processing of Nuclear Fuel
化学原料及化学制品制造业	Manufacture of Raw Chemical Materials and Chemical Products
医药制造业	Manufacture of Medicines
化学纤维制造业	Manufacture of Chemical Fibers
橡胶和塑料制品业	Manufacture of Rubber and Plastic Products
非金属矿物制品业	Manufacture of Non-metallic Mineral Products
黑色金属冶炼及压延加工业	Smelting and Pressing of Ferrous Metals
有色金属冶炼及压延加工业	Smelting and Pressing of Nonferrous Metals
金属制品业	Manufacture of Metal Products
通用设备制造业	Manufacture of General Purpose Machinery
专用设备制造业	Manufacture of Special Purpose Machinery
汽车制造业	Manufacture of Automobiles
铁路、船舶、航空航天和其他运输设备制造业	Manufacturing of Railway, Ship, Aerospace and Other Transportation Equipment
电气机械及器材制造业	Manufacture of Electrical Machinery and Equipment
通信设备、计算机和其他电子设备制造业	Manufacture of Communication Equipment, Computers and Other Electronic Equipment
仪器仪表制造业	Manufacture of Measuring Instruments and Machinery
其他制造业	Other Manufacturing
废弃资源综合利用业	Utilization of Waste Resources
金属制品、机械和设备修理业	Repair Services of Metal Product, Machinery and Equipment
电力、燃气及水的生产和供应业	**Production and Supply of Electric Power, Gas and Water**
电力、热力的生产和供应业	Production and Distribution of Electric Power and Heat Power
燃气生产和供应业	Production and Distribution of Gas
水的生产和供应业	Production and Distribution of Water
建筑业	**Construction**
交通运输储运业和邮政业	**Transport, Storage and Post**
批发、零售业和住宿、餐饮业	**Wholesale and Retail Trade, Hotels and Catering Services**
其他行业	**Others**
生活消费	**Households Consumption**

注：2018年起行业分类按2017年《国民经济行业分类》（GB/T4754—2017）标准。

Consumption of Electricity in Main Years

(100 million kwh)

2000	2005	2010	2015	2018	2019	2020	2021	2022
322.02	**510.15**	**993.24**	**1334.32**	**1702.75**	**1907.17**	**2025.25**	**2236.23**	**2216.89**
13.17	**14.01**	**20.09**	**26.61**	**32.56**	**34.29**	**35.33**	**46.46**	**50.65**
211.41	**384.44**	**737.55**	**892.63**	**1096.56**	**1234.10**	**1291.70**	**1400.92**	**1338.85**
14.80	**16.56**	**18.91**	**20.58**	**29.03**	**33.63**	**29.65**	**30.52**	**32.00**
4.30	2.53	2.94	1.52	1.83	1.87	1.71	1.50	1.60
0.16	0.13	0.50	0.32	0.03	0.02	0.03	0.19	0.31
0.87	2.96	1.80	1.32	2.60	1.19	1.04	0.70	0.85
9.00	8.11	8.54	9.97	6.62	10.25	6.35	6.54	8.19
0.22	1.80	3.87	7.45	10.57	12.89	14.46	16.28	16.76
						0.00	0.00	
0.25	0.83	1.26		7.39	7.42	6.06	5.30	4.29
179.80	**306.51**	**618.13**	**732.21**	**905.11**	**1056.60**	**1102.73**	**1198.96**	**1136.69**
15.03	18.13	34.14	35.50	41.21	44.48	42.03	44.17	45.27
1.26	1.56	4.32	8.19	7.84	8.93	11.20	11.14	11.55
0.89	1.40	6.59	6.86	2.09	2.89	3.13	3.05	3.08
0.33	0.89	1.14	0.75	1.27	1.23	1.06	1.18	1.17
3.58	4.01	3.55	5.82	3.74	3.62	3.38	4.18	4.80
0.21	0.35	0.58	2.73	1.29	2.04	2.09	3.09	3.77
0.45	0.65	1.15	1.53	1.53	1.66	1.82	1.98	1.93
3.35	4.73	10.71	19.55	27.55	30.15	31.76	40.35	41.80
0.38	0.76	0.27	1.72	0.41	0.57	0.78	0.94	1.10
7.67	9.95	15.86	31.92	34.25	36.12	37.25	40.93	57.20
0.54	0.96	0.57	1.51	0.99	1.04	1.07	1.28	1.34
0.05	0.05	0.04	0.92	1.17	1.25	1.29	1.69	1.85
0.83	0.92	4.03	14.73	16.81	17.60	14.28	21.51	19.88
26.18	36.01	50.77	61.00	38.85	38.09	38.66	50.40	55.39
0.65	1.86	1.99	5.40	3.54	3.95	4.26	4.64	4.91
3.73	1.21	2.14	0.01	0.45	0.35	0.30	0.26	0.20
1.99	3.12	5.96	12.07	8.13	9.69	11.21	13.46	14.47
24.27	40.98	89.03	111.26	121.95	132.90	145.43	147.98	139.47
30.56	94.12	192.27	225.49	240.19	280.04	293.69	318.21	271.71
41.74	52.62	148.67	117.64	292.17	375.95	390.56	412.07	373.54
2.50	5.06	9.08	13.12	16.73	17.83	16.85	16.66	14.07
3.11	3.77	4.52	6.64	9.19	9.00	9.21	9.73	9.01
1.00	1.16	2.37	5.66	2.11	1.68	2.15	2.17	2.14
2.18	6.45	8.45	20.79	9.06	8.69	10.08	10.71	10.19
			1.41	3.55	2.84	2.44	1.71	1.56
1.63	2.06	4.63	13.39	0.82	1.71	2.82	4.47	8.29
0.49	0.68	1.29	4.89	4.75	4.94	5.86	9.42	9.55
0.12	0.22	0.25	0.51	0.23	0.22	0.22	0.25	0.24
5.07	11.73	13.38	0.74	10.35	13.59	13.64	16.12	21.28
	1.10	0.38	0.41	1.12	1.45	1.98	2.86	3.73
			0.05	1.76	2.12	2.23	2.35	2.19
16.81	**61.37**	**100.51**	**139.84**	**162.41**	**143.86**	**159.33**	**171.44**	**170.16**
13.45	56.73	94.65	134.54	152.10	131.99	146.08	156.31	154.68
0.02	0.94	0.19	0.21	1.02	1.10	1.22	1.63	1.52
3.34	3.70	5.68	5.09	9.30	10.77	12.02	13.50	13.97
1.00	**5.02**	**9.84**	**16.79**	**21.14**	**25.76**	**31.90**	**37.66**	**32.61**
4.39	**6.87**	**11.52**	**23.29**	**40.00**	**43.93**	**44.06**	**51.03**	**47.76**
5.97	**13.11**	**23.92**	**43.13**	**54.09**	**37.94**	**67.06**	**83.68**	**88.86**
9.67	**17.26**	**46.20**	**80.86**	**122.78**	**160.85**	**148.74**	**173.90**	**188.81**
49.58	**69.44**	**144.12**	**251.01**	**335.62**	**370.30**	**406.46**	**442.57**	**469.35**

Note: The industry classification has been based on the standard of *National Economic Industry Classification* (GB/T4754—2017) since 2018.

9—8 按行政区域分广西全社会用电量（2020—2022年）
Consumption of Electricity by City（2020—2022）

单位：亿千瓦时 (100 million kwh)

各市名称	City	2020年	2021年	2022年
全 区	**Total**	**2025.25**	**2236.23**	**2216.89**
南 宁	Nanning	262.34	295.93	305.77
柳 州	Liuzhou	193.23	205.09	203.75
桂 林	Guilin	145.54	164.40	163.44
梧 州	Wuzhou	94.82	110.80	119.40
北 海	Beihai	93.20	101.56	114.22
防城港	Fangchenggang	109.58	110.07	101.00
钦 州	Qinzhou	105.48	122.15	133.21
贵 港	Guigang	114.53	123.00	116.77
玉 林	Yulin	106.99	120.22	126.32
百 色	Baise	419.07	446.88	436.08
贺 州	Hezhou	81.14	100.89	85.73
河 池	Hechi	90.45	97.99	103.69
来 宾	Laibin	140.24	139.20	116.71
崇 左	Chongzuo	88.16	98.03	93.35

注：数据来源于广西电网公司。
Note: The data is from Guangxi Power Grid Company.

9—9 能源加工转换效率（2020—2022年）
Efficiency of Energy Transformation（2020—2022）

单位：% (%)

指 标	Item	2020年	2021年	2022年
总效率	**Total**	**68.25**	**69.34**	**70.22**
发电及电站供热	Power Generation and Heating	43.52	43.43	45.73
炼焦	Coking	97.13	95.78	95.56
炼油	Oil Refining	97.85	96.29	95.54

注：本表中数据采用电热当量计算法。
Note: The data of this table was calculated by using the Electra-thermal Equivalent Calculation Method.

9—10 能源消费水平
Annual Average Per Capita Energy Consumption

年　份 Year	每人每年平均用能 (千克标准煤) Annual Average Per Capita Energy Consumption (kilo of SCE)	每人每年平均用电 (千瓦小时) Annual Average Per Capita Electricity Consumption (kWh)	每人每年平均生活用能 (千克标准煤) Annual Average Per Capita Household Energy Consumption (kilo of SCE)	每人每年生活用电 (千瓦小时) Annual Average Per Capita Household Electricity Consumption (kWh)
1985	251	197	25	27
1990	299	275	25	41
1991	313	293	31	48
1992	345	327	31	51
1993	408	379	38	59
1994	456	424	36	64
1995	497	502	38	69
1996	501	535	42	73
1997	502	547	48	78
1998	517	585	49	84
1999	525	613	51	92
2000	526	678	52	104
2001	566	696	56	101
2002	578	743	60	115
2003	659	857	63	127
2004	824	938	69	123
2005	974	1095	98	149
2006	1071	1228	102	171
2007	1178	1429	112	195
2008	1263	1580	120	226
2009	1363	1771	140	267
2010	1559	2099	152	305
2011	1730	2405	177	367
2012	1829	2474	194	393
2013	1936	2633	213	450
2014	2009	2760	217	503
2015	2038	2773	234	522
2016	2082	2799	253	556
2017	2131	2899	250	586
2018	2188	3442	261	678
2019	2262	3828	272	743
2020	2407	4035	310	810
2021	2618	4440	335	879
2022	2617	4392	352	930

注：从2005年起按常住人口调整，2000年—2013年因第三经济普查数据作相应调整。2015—2018年数据依据第四次经济普查调整。

Note: The data for this table is adjusted by permanent population since 2005. The data from 2000 to 2013 has been adjusted by the 3rd Economic Census. And data from 2015 to 2018 has been adjusted based on the 4th Economic Census.

9—11 能源主要产品生活消费量
Household Energy Consumption of Main Energy Products

年 份 Year	生活用能合计 (万吨标准煤) Total Household Energy Consumption (10 000 tce)	液化石油气 (万吨) Liquefied Petroleum Gas (10 000 tons)	电力 (亿千瓦时) Electricity (100 million kWh)
1985	76.12	0.07	10.56
1990	106.83	0.09	17.45
1991	133.21	6.03	20.59
1992	135.10	6.06	22.14
1993	169.27	7.89	25.97
1994	161.79	8.46	28.66
1995	174.69	15.66	31.19
1996	193.14	22.42	33.31
1997	221.23	24.40	36.30
1998	228.79	27.81	39.50
1999	238.00	32.26	43.27
2000	255.07	32.24	49.58
2001	273.02	38.94	48.44
2002	296.32	43.11	55.31
2003	316.72	45.76	61.48
2004	372.42	50.26	60.07
2005	493.28	54.26	69.44
2006	552.73	65.70	80.53
2007	582.82	70.04	93.01
2008	635.55	74.57	109.09
2009	682.64	75.80	129.00
2010	772.44	79.52	144.12
2011	878.67	84.56	169.89
2012	969.77	96.58	183.43
2013	1003.04	50.46	211.56
2014	1028.90	51.61	238.50
2015	1064.58	62.45	251.01
2016	1148.17	64.66	270.21
2017	1173.78	51.04	287.61
2018	1292.98	38.62	335.62
2019	1354.36	21.78	370.30
2020	1553.55	51.69	406.45
2021	1685.82	54.39	442.57
2022	1774.60	64.19	469.35

注：2000年—2013年数据因第三次经济普查调整。2015—2018年数据依据第四次经济普查调整。

Note: The data from 2000 to 2013 has been adjusted by the 3rd Economic Census. And data from 2015 to 2018 has been adjusted based on the 4th Economic Census.

9—12 主要年份石油及燃料消费量
Consumption of Petroleum and Fuel in Main Years

品 名	Type	2000	2005	2010	2015	2017	2018	2019	2020	2021	2022
原 油（万吨）	Crude Oil (10 000 tons)	61.41	97.71	396.02	1428.77	1563.03	1599.33	1637.28	1276.20	1698.17	1594.58
汽 油（万吨）	Gasoline (10 000 tons)	65.87	127.75	182.68	270.89	356.97	334.15	256.68	286.16	305.09	329.79
煤 油（万吨）	Kerosene (10 000 tons)	3.79	7.00	2.73	56.36	50.95	52.2	46.36	20.27	23.53	22.36
柴 油（万吨）	Diesel Oil (10 000 tons)	136.82	234.06	332.37	485.34	535.01	486.67	487.19	435.86	452.77	510.77
燃料油（万吨）	Fuel Oil (10 000 tons)	7.67	20.96	24.64	24.10	10.45	16.28	17.99	19.96	33.75	24.97
液化石油气（万吨）	Liquefied Petroleum Gas (10 000 tons)	35.27	50.70	84.85	91.32	88.65	84.23	83.26	94.83	107.14	123.30
煤 气（亿立方米）	Coal Gas (100 million cu.m)	5.83	12.31	228.97	337.40	393.92	400.42	448.98	536.27	588.86	596.11

注：2015—2018年部分数据依据第四次经济普查调整。
Note: Some of the data from 2015 to 2018 has been adjusted based on the 4th Economic Census.

9—13 能源可供量（2022年）
Energy Available for Consumption（2022）

品 名	Type	综合能源可供量 Total Energy Available	生产量 Output	调入量 Transfer From Other Regions	进口量 Imports	调出量 Transfer to Other Province Regions	年初年末库存差额 Stock Balance in This Year
综合能源（万吨标准煤）	Total Energy (10 000 tce)	13207.10	4040.76	11304.28	1632.60	-3823.46	52.93
煤炭（万吨）	Coal (10 000 tons)	9070.81	380.59	8896.18	1055.00	-1358.32	97.37
原油（万吨）	Crude Oil (10 000 tons)	1594.58	65.79	1003.85	685	-127.43	-32.63
电力（亿千瓦时）	Electricity (100 million kWh)	2216.89	2115.91	310.41		-209.44	

注：电力可供生产量为水电、火电可供生产量，未包括回收能。
Note: Data on electricity available output refers to the total available output of hydro-power and thermal power, excluding the recycled energy.

主要统计指标解释

能源生产总量 指一定时期内一个国家或地区一次能源生产量的总和，是观察全国能源生产水平、规模、构成和发展速度的总量指标。一次能源生产量包括原煤、原油、天然气、水电、核能及其他动力能（如风能、地热能等）发电量，不包括低热值燃料生产量、生物质能、太阳能等的利用和由一次能源加工转换而成的二次能源产量。

能源消费总量 指一定时期内一个国家或地区物质生产部门、非物质生产部门和生活消费的各种能源的总和，是观察能源消费水平、构成和增长速度的总量指标。能源消费总量包括原煤和原油及其制品、天然气、电力，不包括低热值燃料、生物质能和太阳能等的利用。能源消费总量分为终端能源消费量、能源加工转换损失量和损失量三部分。

（1）终端能源消费量：指一定时期内一个国家或地区生产和生活消费的各种能源在扣除了用于加工转换二次能源消费量和损失量以后的数量。

（2）能源加工转换损失量:指一定时期内一个国家或地区投入加工转换的各种能源数量之和与产出各种能源产品之和的差额，是观察能源在加工转换过程中损失量变化的指标。

（3）能源损失量：指一定时期内一个国家或地区能源在输送、分配、储存过程中发生的损失和由客观原因造成的各种损失量，不包括各种气体能源放空、放散量。

能源加工转换效率 指一定时期内，能源经过加工、转换后，产出的各种能源产品的数量与同期内投入加工转换的各种能源数量的比率。该指标是观察能源加工转换装置和生产工艺先进与落后、管理水平高低等的重要指标。

能源消费弹性系数 是反映能源消费增长速度与国民经济增长速度之间比例关系的指标。计算公式为：

$$\text{能源消费弹性系数} = \frac{\text{能源消费量年平均增长速度}}{\text{国民经济年平均增长速度}}$$

电力消费弹性系数 反映电力消费增长速度与国民经济增长速度之间比例关系的指标。计算公式为：

Explanatory Notes on Main Statistical Indicators

Total Energy Production refers to the total production of primary energy by all energy production enterprises in a country or region in a given period of time. It is a comprehensive indicator to show the capacity, scale, composition and pace of development of energy production of the country. The production of primary energy includes that of coal, crude oil, natural gas, hydro-power and electricity generated by nuclear energy and other means such as wind power and geothermal power. However, it excludes the production of fuels of low calorific value, bio-energy and solar energy and the secondary energy converted from the primary energy.

Total Energy Consumption refers to the total consumption of energy of various kinds by material production sectors, non-material production sectors and households in a country or region in a given period of time. It is a comprehensive indicator to show the scale, composition and pace of development of energy consumption. The total energy consumption includes that of coal, crude oil and their products, natural gas and electricity. However, it excludes the consumption of fuel of low calorific value, bio-energy and solar energy. Total energy consumption can be divided into three parts: end-use energy consumption, loss during the process of energy conversion and energy loss.

(1) Volume of End-use Energy Consumption refers to the total energy consumption by the production sectors and the households in a country or region during a given period. It does not include the consumption during the conversion of primary energy into secondary energy and the loss in the process of energy conversion.

(2) Volume of Loss During the Process of Energy Conversion refers to the total input of various kinds of energy for conversion, minus the total output of various kinds of energy in the country or region in a given period of time. It is an indicator to show the loss that occurs during the process of energy conversion.

(3) Volume of Energy Loss refers to the total loss of energy in transportation, distribution and storage and the loss caused by any objective reason in a given period of time. It excludes the loss of various kinds of gas due to gas discharges and stocktaking.

Efficiency of Energy Transformation refers to the ratio of the total output of various kinds of energy products after transformation to the total input various kinds of energy for transformation during the given period. It is an important indicator to show the current conditions of energy transformation equipment, production technique and management.

Elasticity Ratio of Energy Consumption is an indicator to show the relationship between the growth rate of energy consumption and the growth rate of the national economy. The formula is:

Elaelasticity Ratio of Energy Consumption =

$$\frac{\text{Average Annual Growth Rate of Energy Consumption}}{\text{Average Annual Growth Rate of National Economy}}$$

Elasticity Ratio of Electricity Consumption is an indicator to show the relationship between the growth rate of electricity consumption and the growth rate of the national economy. The formula is:

$$\text{电力消费弹性系数}=\frac{\text{电力消费量年平均增长速度}}{\text{国民经济年平均增长速度}}$$

发电煤耗计算方法　指电力按当年平均火力发电煤耗换算成标准煤。

电热当量计算法　指电力按自身热功当量换算成标准煤。

$$\textbf{Elasticity Ratio of Electricity Consumption} = \frac{\text{Average Annual Growth Rate of Electricity Consumption}}{\text{Average Annual Growth Rate of National Economy}}$$

Calculation Method of Generation Electricity and Coal Consumption Electricity is converted into standard coal (SCE) according to the average coal-fired power consumption of the year.

Electro-thermal Equivalent Calculation Method Electricity is converted into SCE according to its own thermal equivalent.

第十篇　固定资产投资

CHAPTER 10　INVESTMENT IN FIXED ASSETS

（编辑：李泰锋）

简要说明

（本篇资料由自治区统计局固定资产投资处调查提供，电话：0771-5876651）

一、本篇资料主要内容

本篇资料反映广西固定资产投资的基本情况，包括各项固定资产投资、国有单位固定资产投资、按登记注册类型分的固定资产投资、分行业更新改造投资、分行业更新改造投资项目和新增固定资产、国有单位和集体、私营个体的固定资产投资和新增固定资产的增长速度及主要年份房地产开发主要指标等。

二、调查方法

固定资产投资统计由国家统计局投资司组织实施，各省、自治区、直辖市统计局依据国家统计局统一制定的固定资产投资统计报表制度和房地产开发统计报表制度从基层采集原始数据后上报。

固定资产投资统计的统计起点为辖区内计划总投资500万元及以上项目的投资情况，不包括农户投资。项目由企业直接通过联网直报平台报送。

三、其他情况说明

国家统计局制度规定，对2021年起的固定资产投资项目到位资金统计范围进行调整，2022年口径正式更改为计划总投资500万元及以上项目（不包含房地产开发）。

表中特殊符号“***”表示去年同期数为0，无法计算增速。

Brief Introduction

(This information is compiled by Department of Fixed Assets Investment of the Guangxi Zhuang Autonomous Region Bureau of Statistics, Tel: 0771-5876651)

Main Contents

This chapter reflects the basic situation of investment in fixed assets in Guangxi, including investment in fixed assets and its growth rate, and major indicators of real estate development in main years, etc.

10－1　全社会固定资产投资增长速度

Growth Rate of Total Investment in Fixed Assets

单位：%　　(%)

年 份 Year	全社会投资总额 Total Investment	城镇投资 Urban Investment	按管理渠道分 By Channel of Management 基本建设投资 Capital Construction	更新改造投资 Renovation	其他固定资产投资 Others	房地产开发投资 Real Estate Development	农村投资 Village Investment	全社会投资总额中住宅 Residential Buildings
1978	22.1		22.1					17.2
1980	24.2		7.4	809.7				84.2
1985	49.9		54.9	55.9	129.4			72.7
1990	-4.6		2.5	-13.1	-33.5			16.4
1991	30.7	32.1	35.7	30.1	19.8	6.3	27.8	29.1
1992	57.3	68.7	80.7	54.9	79.1	94.8	31.3	32.5
1993	97.2	117.8	110.6	54.4	173.7	596.8	36.9	79.9
1994	37.6	22.4	28.0	24.8	-30.4	3.8	108.3	62.0
1995	10.7	14.5	11.6	4.1	11.2	56.8	0.2	9.7
1996	12.5	6.2	11.1	4.0	-35.4	-16.1	32.2	27.2
1997	0.7	0.9	4.9	-17.1	38.1	-22.4	0.3	8.3
1998	19.2	23.2	31.5	18.0	8.1	-2.5	9.0	11.3
1999	8.5	10.1	9.3	0.5	151.0	0.9	3.9	3.6
2000	6.4	12.5	7.0	14.4	50.4	17.3	-11.9	-14.3
2001	10.8	13.6	15.2	8.0	9.2	43.7	0.0	5.5
2002	14.2	16.4	14.9	21.9	-6.2	58.8	4.4	15.7
2003	18.2	22.3	20.5	35.3	2.7	58.9	-1.5	27.0
2004	28.0	32.3	39.6	39.1	36.0	50.9	1.6	12.3
2005	40.0	35.7	43.7	38.3	-29.2	35.5	73.9	19.3
2006	27.0	31.1	29.9	35.5	38.0	29.0	1.7	16.5
2007	32.2	31.6	22.9	41.6	51.4	44.9	36.7	39.8
2008	27.2	27.6	25.5	45.9	20.7	15.9	25.5	19.8
2009	50.8	53.9	44.8	101.9	18.1	29.7	27.2	38.1
2010	37.7	38.8	33.1	42.7	45.7	48.2	27.4	33.5
2011	29.3	29.6	20.3	37.9	100.8	25.8	26.2	26.7
2012	24.4	23.7	18.9	39.4	32.9	2.5	31.0	3.0
2013	21.4	19.8	17.8	30.0	14.6	3.8	38.5	7.3
2014	16.3	17.2	20.4	16.7	-2.7	13.9	7.2	10.2
2015	17.2	17.8	23.3	17.0	15.9	3.8	11.6	7.1
2016	12.4	12.8	21.9	10.6	63.6	25.6	1.9	17.0
2017	12.4	12.8	40.5	-18.4	-21.3	11.9	1.2	-6.9
2018	10.2	10.8	16.9	-9.7	-6.6	11.9	0.9	12.0
2019	9.2	9.5	3.8	-9.6	44.9	27.0	3.9	24.4
2020	3.7	4.2	1.2	31.3	-7.0	0.8	-5.5	3.1
2021	7.7	7.6	14.9	1.1	6.4	-2.9	10.3	-2.0
2022	-0.3	0.1	17.5	9.3	21.1	-38.2	-9.0	-34.3

注：1. 1978年至1981年为全民投资总额，1982年以后为全社会投资总额。2008年的数据根据经济普查数予以调整。

2. 根据相关制度要求，2013年我区固定资产投资统计起点由项目计划总投资50万元提高到500万元；2013年各增长数据根据2012年度国家口径作为基数计算；2013年度全区固定资产投资与国家公布的各省数据口径完全一致（不包含跨省项目投资）。

3. 根据制度设计，2016年制度取消城乡分组，故农村投资仅包含农村居民家庭固定资产，增速为同口径增速。

Note: 1. Investment in fixed assets during the years from 1978 to 1981 refers to total people investment, and has been revised into total social investment since 1982. The data in 2008 was adjusted according to the 2nd Economic Census.

2. According to the National Statistical System, the statistical floor level of total planned investment in fixed assets of Guangxi has been raised from 500 000 Yuan to 5 000 000 Yuan in 2013. The data on growth rates in 2013 is calculated on the data of national statistical coverage in 2012. The statistical coverage of data on investment in fixed assets of Guangxi is completely the same as the data of other provinces published by National Bureau of Statistic (excluding investment in inter-provincial projects). Due to the investment in inter-provincial projects is included in the investment of cities separately, there are differences between the summary of investment of cities and investment of Guangxi.

3. According to the National Statistical System, the urban-rural classification was abolished in 2016. Therefore, rural investment only includes fixed assets of rural households and the growth rate is calculated on a comparable basis.

10－2 国有单位固定资产投资及增长速度
Growth Rate of Investment in Fixed Assets by State-owned Units

单位：% (%)

年 份 Year	投资总额 Total Investment	中央项目 Central	地方项目 Local	新增固定资产 New Fixed Assets
1978	20.9	32.3	18.8	-8.5
1980	24.2	-4.3	36.5	13.0
1985	50.6	57.4	47.0	19.6
1990	-0.6	-8.0	1.6	2.5
1991	31.7	44.4	28.3	11.8
1992	70.9	79.6	68.2	45.5
1993	82.7	71.3	86.5	57.5
1994	14.5	31.6	9.3	13.5
1995	11.5	20.2	8.3	76.0
1996	9.2	-11.7	17.6	-8.6
1997	-5.6	-15.1	-2.8	11.0
1998	24.1	24.4	24.0	10.0
1999	9.7	18.6	7.4	-1.4
2000	8.3	44.3	-2.2	48.7
2001	8.8	-7.3	15.7	-25.7
2002	12.5	7.4	14.3	-2.7
2003	11.7	6.3	13.4	38.4
2004	20.1	-11.5	29.7	4.9
2005	31.2	21.8	33.2	28.9
2006	16.2	4.8	18.4	-3.3
2007	22.3	-1.9	26.3	24.4
2008	26.3	23.8	26.6	7.5
2009	85.1	166.4	74.7	92.1
2010	30.4	44.5	27.7	6.9
2011	13.6	-6.6	18.1	41.1
2012	10.1	4.2	11.1	17.0
2013	9.1	-48.3	18.5	28.3
2014	13.7	7.6	14.1	12.8
2015	18.7	-8.5	20.6	16.3
2016	10.5	11.2	10.4	12.6
2017	20.2	-42.9	23.4	23.2
2018	9.3	22.4	8.9	10.7
2019	6.6	191.4	-15.8	-26.3
2020	6.7	8.8	7.5	56.7
2021	-3.2	-59.8	6.1	-32.5
2022	17.0	24.3	44.9	63.6

10—3 按登记注册类型分的固定资产投资增长速度（2022年）

单位：%

指　标	Item	投资合计 Total Investment
合　计	**Total**	**0.1**
内资	**Domestic Fund**	**-0.4**
国有	State-owned	8.0
集体	Collective-owned	17.2
股份合作	Cooperative Share Holding	26.1
国有联营	State Joint-owned	5933.3
集体联营	Collective Joint-owned	188.3
国有与集体联营	State and Collective Joint-owned	-13.1
其他联营	Other Joint-owned	-100.0
国有独资公司	State Sole Investment	20.7
其他有限责任公司	Other Limited Companies	-6.7
股份有限公司	Share Holding Limited	8.0
私营	Private	-14.9
其他	Others	21.3
港澳台商投资	**Funds from Hong Kong, Macao and Taiwan**	**54.4**
合资经营	Joint Venture	25.6
合作经营	Cooperative Operation	-68.4
独资	Sole Investment	70.0
股份有限	Share Holding Limited	-60.1
其他	Others	0.7
外商投资	**Foreign-funded**	**-16.2**
合资经营	Joint Venture	-24.1
合作经营	Cooperative Operation	-34.2
独资	Sole Investment	-5.8
股份有限	Share Holding Limited	-16.6
其他	Others	9.7
个体经营	**Individual**	**-0.9**
个体户	Private	-2.4
个人合伙	Individual Partnership	12.2

注：本表数据合计含城镇基建、更改、其他和房地产四部分。

Growth Rate of Investment in Fixed Assets by Registration Status (2022)

(%)

基本建设 Capital Construction	更新改造 Renovation	其他 Others	房地产 Real Estate Development
17.5	**9.3**	**21.1**	**-38.2**
16.7	**9.8**	**21.1**	**-38.6**
8.9	2.9	-11.5	94.7
47.9	-34.2	-34.5	-100.0
85.9	-92.8	***	-66.9
5933.3	***	***	***
188.3	***	***	***
-13.1	***	***	***
-100.0	***	***	***
25.2	20.9	136.5	-10.3
23.7	2.6	70.5	-48.0
-1.5	46.4	-65.6	-49.7
-4.1	11.8	-12.5	-29.8
22.1	14.1	16.4	***
127.1	**6.5**	**-38.2**	**-24.2**
49.4	5.9	249.6	-11.2
***	***	***	-90.0
161.6	10.6	-78.4	-24.2
-83.2	-53.0	***	***
0.7	***	***	***
-19.5	**-1.6**	**46.5**	**-28.7**
-29.7	-14.7	-87.0	-21.1
-42.0	298.1	***	***
-2.5	-3.1	358.8	-37.5
-37.2	19.0	-99.4	***
36.0	-100.0	***	***
-5.0	**3.7**	**517.7**	***
-4.8	0.3	258.4	***
-6.8	***	***	***

Note: Total investment in this table includes capital construction, renovation, other investment and real estate development.

10—4 按登记注册类型分的投资资金来源增长速度（2022年）

单位：%

指 标	Item	本年资金来源小计 Sources of Fund in This Year	预算内资金 Budgetary Appropriation
合 计	**Total**	**25.9**	**39.9**
内资企业	**Domestic Fund**	**25.2**	**39.9**
国有企业	State-owned	19.0	28.6
集体企业	Collective-owned	49.0	399.4
股份合作企业	Cooperative Share Holding	20.6	-21.3
联营企业	Joint-owned	112.9	-45.3
国有联营企业	State Joint-owned	5933.3	***
集体联营企业	Collective Joint-owned	379.4	***
国有与集体联营企业	State & Collective Joint-owned	-100.0	-100.0
其他联营企业	Other Joint-owned	-100.0	***
有限责任公司	Limited Companies	31.8	57.3
国有独资公司	State Sole Investment	41.6	82.9
其他有限责任公司	Other Limited Companies	27.0	25.6
股份有限公司	Share Holding Limited	21.0	-75.2
私营企业	Private	9.3	16.7
其他企业	Others	40.3	34.0
港、澳、台商投资企业	**Funds from Hong Kong, Macao and Taiwan**	**78.1**	***
合资经营企业（港或澳、台资）	Joint Venture	76.7	***
合作经营企业（港或澳、台资）	Cooperative Operation	***	***
港、澳、台商独资经营企业	Sole Investment	81.2	***
港、澳、台商投资股份有限公司	Share Holding Limited	-59.7	***
外商投资企业	**Foreign invested enterprises**	**15.9**	***
中外合资经营企业	Joint Venture	11.5	***
中外合作经营企业	Cooperative Operation	-66.1	***
外资企业	Foreign Operation	70.3	***
外商投资股份有限公司	Foreign Investment Share Holding Limited	-9.5	***
个体经营	**Individual**	**8.9**	**2508.0**
个体户	Private	7.6	2508.0
个人合伙	Individual Partnership	19.7	***

Growth Rate of Sources of Funds for Investment in Fixed Assets by Registration Status (2022)

(%)

国内贷款 Domestic Loans	利用外资 Foreign Investment	自筹资金 Fund raising	其他资金 Others
30.1	**108.9**	**23.8**	**20.3**
28.5	**163.9**	**23.8**	**18.4**
27.1	5.4	-7.7	43.5
-20.0	***	40.9	-25.0
-64.1	***	23.8	23.8
***	***	484.5	-100.0
***	***	5933.3	***
***	***	321.0	-100.0
***	***	***	***
***	***	***	-100.0
27.8	523.1	36.5	20.4
20.6	273.1	42.7	63.5
32.1	1244.1	34.4	-0.1
4.1	***	32.3	-12.5
59.2	-7.0	12.2	-35.6
34.6	23.3	20.6	114.5
422.6	**41.7**	**42.7**	**388.4**
182.0	2098.5	54.0	462.9
***	***	***	***
495.8	27.1	39.9	393.6
***	***	-55.9	-100.0
-9.0	**1128.9**	**0.7**	**226.6**
31.8	413.4	-13.7	122.7
-73.7	***	-57.5	***
524.9	2519.6	37.9	324.0
***	***	-18.1	687.1
-49.9	**404.9**	**10.0**	**10.3**
-23.3	404.9	11.7	-32.7
-100.0	***	-4.6	655.3

10—5 按登记注册类型分的新增固定资产增长速度（2022年）
Growth Rate of Sources of New Fixed Assets by Registration Status（2022）

单位：%　　(%)

指　标	Item	新增固定资产合计 Newly Increased Fixed Assets	基本建设 Basic Construction	更新改造 Innovation	其他 Others	房地产 Real Estate Development
合　计	**Total**	**31.3**	**42.3**	**36.9**	**27.1**	**5.9**
内资	**Domestic Fund**	**29.4**	**42.5**	**42.1**	**20.4**	**-3.1**
国有	State-owned	19.8	20.4	86.7	-43.4	453.7
集体	Collective-owned	154.0	146.0	32.0	***	***
股份合作	Cooperative Share Holding	-6.6	-6.6	***	***	***
国有联营	State Joint-owned	***	***	***	***	***
集体联营	Collective Joint-owned	159.7	159.7	***	***	***
国有与集体联营	State and Collective Joint-owned	-53.8	-53.8	***	***	***
其他联营	Other Joint-owned	-100.0	-100.0	***	***	***
国有独资公司	State Sole Investment	106.9	101.7	352.3	1201.3	53.3
其他有限责任公司	Other Limited Companies	15.0	31.0	12.0	268.7	-12.9
股份有限公司	Share Holding Limited	39.4	41.3	37.8	923.6	3.0
私营	Private	10.1	8.9	15.5	7.9	***
其他	Others	27.9	25.8	57.0	19.9	***
港澳台商投资	**Funds from Hong Kong, Macao and Taiwan**	**98.6**	**190.5**	**-14.4**	**28.7**	**131.9**
合资经营	Joint Venture	-27.1	4.4	-59.7	123.4	***
合作经营	Cooperative Operation	-100.0	***	***	***	-100.0
独资	Sole Investment	165.4	361.0	99.7	-48.9	125.9
股份有限	Share Holding Limited	-93.6	***	-93.6	***	***
其他	Others	121.7	121.7	***	***	***
外商投资	**Foreign-funded**	**83.8**	**-26.2**	**-24.2**	**1327.6**	**232.0**
合资经营	Joint Venture	-71.0	-70.7	-6.6	-100.0	-90.7
合作经营	Cooperative Operation	639.9	***	-100.0	***	***
独资	Sole Investment	614.7	106.8	-41.5	331815.0	2041.4
股份有限	Share Holding Limited	-40.0	-42.2	-34.7	***	***
其他	Others	***	***	***	***	***
个体经营	**Individual**	**13.7**	**10.8**	**6.6**	***	***
个体户	Private	9.4	6.3	2.7	***	***
个人合伙	Individual Partnership	76.3	71.5	***	***	***

注：本表仅含城镇基建、更改、其他和房地产四部分。

Note: The investment in fixed assets in this table just contains four parts by urban areas, including capital construction, renovation, others and real estate development.

10—6　分行业固定资产投资增长速度（2022）
Growth Rate of Investment in Fixed Assets by Sector（2022）

单位：%　　(%)

指　标	Item	投资总额 Total Investment	按隶属关系分 By Administrative Relationship	
			中　央 Central	地　方 Local
总　计	**Total**	**16.6**	**55.4**	**45.4**
按三次产业分	**By Three Strata of Industry**			
第一产业	Primary Industry	2.2	161.9	47.7
第二产业	Secondary Industry	28.5	57.5	105.0
第三产业	Tertiary Industry	10.1	52.6	33.3
按国民经济行业分	**By Sector**			
农、林、牧、渔业	Agriculture, Forestry, Animal Husbandry and Fishery	2.2	161.9	47.7
#农业	Farming	72.2	470.3	126.2
林业	Forestry	-2.5	-100.0	-13.2
工业	Industry	30.0	58.0	110.4
采矿业	Mining	7.7	117.7	237.2
制造业	Manufacturing	26.2	111.1	108.8
电力、热力、燃气及水的生产和供应业	Power, Gas and Water Production and Supply	48.2	50.7	110.9
建筑业	Construction	-25.1	-78.1	24.6
交通运输、仓储及邮政业	Transport, Storage and Postal	14.4	98.0	30.3
交通运输业	Transport	14.0	98.6	29.5
装卸搬运和仓储业	Loading, Unloading and Storage	29.4	126.3	87.8
邮政业	Postal	-9.8	-18.9	***
信息传输、软件和信息技术服务业	Information Transmission, Software and Information Technology Services	12.3	20.1	39.3
批发和零售业	Wholesale and Retail Trades	50.8	159.6	40.7
批发业	Wholesale Trade	83.3	287.7	-13.8
零售业	Retail Trade	38.5	51.0	51.3
住宿和餐饮业	Hotel and Catering Services	2.9	***	141.1
#餐饮业	Catering Services	114.1	***	375.1
金融业	Finance	17.5	-45.6	43.0
房地产业	Real Estate	-5.6	-81.3	44.9
租赁和商务服务业	Leasing and Business Services	5.0	352.2	96.0
科学研究和技术服务业	Scientific Research and Technical Services	-17.5	1.8	47.9
水利、环境和公共设施管理业	Management of Water Conservancy, Environment and Public Facilities	4.6	28.5	26.0
水利管理业	Water Conservancy	13.4	-41.7	58.3
公共设施管理业	Management of Public Facilities	0.0	150.3	13.3
居民服务、维修和其他服务业	Services to Households, Repairing and Others	29.3	***	88.4
教育	Education	10.0	-38.6	33.0
卫生和社会工作	Public and Social Service	17.4	-1.8	43.5
卫生	Public Health	21.9	3.1	48.1
文化、体育和娱乐业	Culture, Sports and Entertainment	11.5	77.2	113.5
公共管理和社会组织	Public Management and Social Organizations	-23.9	-34.7	-19.9
国际组织	International Organizations			

注：本表仅含城镇基建、更改、其他三部分，不含房地产开发投资。

Note: The investment in fixed assets in this table just contains three parts by urban areas: capital construction, renovation and others. It excludes real estate development.

10—7 工业分行业固定资产投资增长速度（2022年）
Growth Rate of Investment in Fixed Assets by Industrial Sector (2022)

单位：% (%)

指 标	Item	投资总额 Total Investment	按隶属关系分 By Administrative Relationship 中 央 Central	地 方 Local
合 计	**Total**	**30.0**	**58.0**	**110.4**
煤炭开采和洗选业	Coal Mining and Processing	-30.7	***	***
石油和天然气开采业	Extraction of Petroleum and Natural Gas	285.6	400.7	***
黑色金属矿采选业	Mining and Processing of Ferrous Metal Ores	45.5	***	***
有色金属矿采选业	Mining and Processing of Non-Ferrous Metal Ores	-63.4	204.8	82.9
非金属矿采选业	Mining and Processing of Non-metal Ores	35.7	-65.5	245.1
开采专业及辅助活动	Professional and Support Activities for Mining	266.8	***	***
其他采矿业	Mining of Other Ores	147.4	***	2209.9
农副食品加工业	Processing of Food from Agricultural Products	21.4	-58.1	302.3
# 制糖业	Manufacture of Sugar	36.9	-42.2	466.7
食品制造业	Manufacture of Foods	43.4	***	411.3
酒、饮料和精制茶制造业	Manufacturing of Alcohol, Beverages and Refined Tea	52.3	***	318.4
烟草制品业	Manufacturing of Tobacco	87.6	76.8	***
纺织业	Textile Industry	-15.0	***	89.6
纺织服装和服饰业	Manufacture of Textile, Wearing Apparel and Accessories	48.8	***	80.2
皮革、毛皮、羽毛（绒）及其制品业	Manufacture of Leather, Fur, Feather and Related Products	-29.6	***	108.5
木材加工及木、竹、藤、棕、草制品业	Processing of Timber, Manufacture of Wood, Bamboo, Rattan, Palm Fiber and Straw Products	22.1	-58.9	205.1
家具制造业	Manufacture of Furniture	37.0	***	186.6
造纸及纸制品业	Manufacture of Paper-making and Paper Products	25.8	***	2400.2
印刷业、记录、媒介的复制	Printing and Reproduction of Recording Media	17.9	***	23.4
文教体育用品制造业	Manufacture of Articles for Culture, Education, Arts and Crafts,	50.8	***	433.6
石油、煤炭及其他燃料加工业	Processing of Petroleum, Coal and Other Fuels	-5.4	248.4	1317.3
化学原料及化学制品制造业	Manufacture of Raw Chemical Materials and Chemical Products	33.4	210.2	86.6

注：本表仅含基建、更改、其他三部分。
Note: The investment in fixed assets in this table just contains three parts: capital construction, renovation and others.

10－7 续表 continued

单位：% (%)

指 标	Item	投资总额 Total Investment	按隶属关系分 By Administrative Relationship 中 央 Central	地 方 Local
医药制造业	Manufacture of Medicines and Pharmaceutical Products	66.9	-76.1	526.5
化学纤维制造业	Manufacture of Chemical Fibres	1046.3	***	***
橡胶和塑料制品业	Manufacture of Rubber and Plastics Products	20.6	4017.1	1836.9
非金属矿物制品业	Manufacture of Non-metallic Mineral Products	-4.6	0.1	-9.8
＃水泥制造业	Cements Products	-2.5	-76.5	-38.2
黑色金属冶炼及压延加工业	Smelting and Pressing of Ferrous Metals	7.9	***	-20.8
有色金属冶炼及压延加工业	Smelting and Pressing of Nonferrous Metals	25.8	4.1	228.7
金属制品业	Manufacture of Metal Products	1.0	***	92.1
通用设备制造业	Manufacture of General Purpose Machinery	0.1	***	22.0
专用设备制造业	Manufacture of Special Purpose Machinery	5.8	-32.9	144.2
汽车制造业	Manufacture of Automobiles	11.0	55.4	17.8
铁路、船舶、航空航天等制造业	Manufacture of Railway, Ship, Aerospace and Other Transport	18.0	***	100.5
电气机械及器材制造业	Manufacture of Electrical Machinery and Apparatus	181.1	7578.5	79.7
计算机、通信和其他电子设备制造业	Manufacturing of Computer, Communication and Other Electronic Equipment	29.0	68.2	147.4
仪器仪表制造业	Manufacture of Measuring Instruments and Machinery	-2.9	-99.4	224.1
其他制造业	Other Manufacture	73.6	-100.0	165.7
废弃资源综合利用业	Utilization of Waste Resources	67.8	-100.0	118.1
金属制品、机械和设备修理业	Repair Service of Metal Products, Machinery and Equipment	-74.9	55.7	-62.4
电力、热力的生产和供应业	Production and Supply of Electric Power and Heat Power	54.4	42.0	178.1
＃水电	Hydro power	35.9	12915.1	7095.0
火电	Thermal Power	-4.2	-11.5	464.0
煤气生成和供应业	Production and Supply of Gas	39.0	***	41.2
自来水的生成和供应业	Production and Supply of Water	28.1	24.2	49.2

10－8 基本建设分行业固定资产投资增长速度（2022年）
Growth Rate of Investment in Fixed Assets in Capital Construction by Sector（2022）

单位：% (%)

指　标	Item	投资总额 Total Investment	按隶属关系分 By Administrative Relationship	
			中　央 Central	地　方 Local
总　计	**Total**	**17.5**	**68.6**	**50.2**
按三次产业分	**Grouped By Three Strata of Industry**			
第一产业	Primary Industry	-0.2	161.9	45.2
第二产业	Secondary Industry	33.1	104.6	144.5
第三产业	Tertiary Industry	11.1	48.3	36.4
按国民经济行业分	**By Sector**			
农、林、牧、渔业	Agriculture, Forestry, Animal Husbandry and Fishery	-0.2	161.9	45.2
#农业	Farming	71.9	470.3	125.8
林业	Forestry	-2.5	-100.0	-13.2
工业	Industry	35.3	105.6	156.8
采矿业	Mining	-4.0	56.1	441.8
制造业	Manufacturing	28.8	321.8	164.3
电力、热力、燃气及水的生产和供应业	Power, Gas and Water Production and Supply	66.5	92.5	133.5
建筑业	Construction	-27.2	-78.1	20.9
交通运输、仓储及邮政业	Transportation, Storage and Postal	16.9	97.0	34.4
交通运输业	Transportation	16.5	97.6	33.7
装卸搬运和仓储业	Loading, Unloading and Storage	32.4	127.0	85.7
邮政业	Postal	-18.7	-18.9	***
信息传输、软件和信息技术服务业	Information Transmission, Software and Information Technology	1.4	3.3	34.2
批发和零售业	Wholesale and Retail Trades	44.8	52.0	40.1
批发业	Wholesale Trade	50.7	38.1	-14.0
零售业	Retail Trade	42.6	54.6	52.4
住宿和餐饮业	Hotel and Catering Services	-1.6	***	158.8
#餐饮业	Catering Services	113.5	***	951.7
金融业	Finance	19.8	-45.6	48.2
房地产业	Real Estate	-7.6	-86.6	43.2
租赁和商务服务业	Leasing and Business Services	2.6	335.3	95.4
科学研究和技术服务业	Scientific Research and Technical Services	-17.1	5.2	52.1
水利、环境和公共设施管理业	Management of Water Conservancy, Environment and Public Facilities	6.6	25.4	29.6
水利管理业	Water Conservancy	15.0	-41.3	61.8
公共设施管理业	Management of Public Facilities	1.8	147.8	16.2
居民服务、维修和其他服务业	Services to Households, Repairing and Others	24.6	***	88.7
教育	Education	11.8	-37.8	37.4
卫生和社会工作	Health and Social Service	16.5	5.9	43.1
卫生	Public Health	22	12.6	48.8
文化、体育和娱乐业	Culture, Sports and Entertainment	6.6	77.2	101.9
公共管理和社会组织	Public Management and Social Organizations	-22.2	-46	-17.2
国际组织	International Organizations			

10—9　工业行业基本建设投资增长速度（2022年）
Growth Rate of Investment in Capital Construction by Industrial Sector（2022）

单位：%　　(%)

指　标	Item	投资总额 Total Investment	按隶属关系分 By Administrative Relationship 中　央 Central	地　方 Local
合　计	**Total**	**35.3**	**105.6**	**156.8**
煤炭开采和洗选业	Coal Mining and Processing	-26.9	***	***
石油和天然气开采业	Extraction of Petroleum and Natural Gas	265.2	344.4	***
黑色金属矿采选业	Mining and Processing of Ferrous Metal Ores	30.3	***	***
有色金属矿采选业	Mining and Processing of Non-Ferrous Metal Ores	-83.4	0.9	***
非金属矿采选业	Mining and Processing of Non-metal Ores	37.2	-65.5	327.9
开采专业及辅助活动	Professional and Support Activities for Mining	702.6	***	***
其他采矿业	Mining of Other Ores	127.3	***	2209.9
农副食品加工业	Processing of Food from Agricultural Products	35.8	***	333.8
#制糖业	Manufacture of Sugar	179.7	***	47345.8
食品制造业	Manufacture of Foods	50.0	***	683.8
酒、饮料和精制茶制造业	Manufacturing of Alcohol, Beverages and Refined Tea	101.7	***	332.3
烟草制品业	Manufacturing of Tobacco	***	***	***
纺织业	Textile Industry	-6.4	***	55.2
纺织服装和服饰业	Manufacture of Textile, Wearing Apparel and Accessories	46.5	***	79.6
皮革、毛皮、羽毛（绒）及其制品业	Manufacture of Leather, Fur, Feather and Related Products	-36.5	***	294.7
木材加工及木、竹、藤、棕、草制品业	Processing of Timber, Manufacture of Wood, Bamboo, Rattan, Palm Fiber and Straw Products	28.3	-58.9	320.5
家具制造业	Manufacture of Furniture	31.1	***	186.6
造纸及纸制品业	Manufacture of Paper-making and Paper Products	-1.4	***	4892.4
印刷业、记录、媒介的复制	Printing and Reproduction of Recording Media	-1.4	***	20.7
文教体育用品制造业	Manufacture of Articles for Culture, Education, Arts and Crafts,	66.7	***	433.6
石油、煤炭及其他燃料加工业	Processing of Petroleum, Coal and Other Fuels	2.5	***	***
化学原料及化学制品制造业	Manufacture of Raw Chemical Materials and Chemical Products	30.1	***	88.1

10－9 续表 continued

单位：% (%)

指 标	Item	投资总额 Total Investment	按隶属关系分 By Administrative Relationship 中 央 Central	地 方 Local
医药制造业	Manufacture of Medicines and Pharmaceutical Products	80.4	-100.0	734.5
化学纤维制造业	Manufacture of Chemical Fibres	854.0	***	***
橡胶和塑料制品业	Manufacture of Rubber and Plastics Products	58.1	***	3555.4
非金属矿物制品业	Manufacture of Non-metallic Mineral Products	-17.3	-13.3	9.5
# 水泥制造业	Cements Products	-21.7	-99.2	-100.0
黑色金属冶炼及压延加工业	Smelting and Pressing of Ferrous Metals	-18.9	***	914.2
有色金属冶炼及压延加工业	Smelting and Pressing of Nonferrous Metals	-19.1	-9.5	137.5
金属制品业	Manufacture of Metal Products	14.9	***	118.8
通用设备制造业	Manufacture of General Purpose Machinery	2.2	***	20.0
专用设备制造业	Manufacture of Special Purpose Machinery	11.2	-100.0	202.6
汽车制造业	Manufacture of Automobiles	27.1	192.1	121.3
铁路、船舶、航空航天等制造业	Manufacture of Railway, Ship, Aerospace and Other Transport	67.6	***	95.5
电气机械及器材制造业	Manufacture of Electrical Machinery and Apparatus	194.2	***	157.6
计算机、通信和其他电子设备制造业	Manufacturing of Computer, Communication and Other Electronic Equipment	51.9	125.5	134.1
仪器仪表制造业	Manufacture of Measuring Instruments and Machinery	-4.3	-99.4	277.7
其他制造业	Other Manufacture	56.5	***	139.8
废弃资源综合利用业	Utilization of Waste Resources	43.3	-100.0	16.0
金属制品、机械和设备修理业	Repair Service of Metal Products, Machinery and Equipment	-73.9	***	-62.4
电力、热力的生产和供应业	Production and Supply of Electric Power and Heat Power	80.5	81.3	258.7
# 水电	Hydro power	30.5	***	11301.3
火电	Thermal Power	-71.2	***	***
煤气生成和供应业	Production and Supply of Gas	-100.0	***	***
自来水的生成和供应业	Production and Supply of Water	34.1	194.9	58.5

10—10 基本建设分行业投资项目和新增固定资产（2022年）
Capital Construction Projects and New Fixed Assets by Sector（2022）

项 目	Item	施工项目（个）Project Under Construction (unit)	全部建成投产项目（个）Projects Completed and Put into Use (unit)	项目建投产率（%）Rate of Projects Put into Use (%)
总 计	**Total**	**14750**	**4887**	**33.1**
按三次产业分	**Grouped By Three Strata of Industry**			
第一产业	Primary Industry	1468	659	44.9
第二产业	Secondary Industry	4844	1367	28.2
第三产业	Tertiary Industry	8438	2861	33.9
按国民经济行业分	**By Sector**			
农、林、牧、渔业	Agriculture, Forestry, Animal Husbandry and Fishery	1468	659	44.9
#农业	Farming	491	227	46.2
林业	Forestry	45	11	24.4
工业	Industry	4750	1338	28.2
采矿业	Mining	190	56	29.5
制造业	Manufacturing	3618	1022	28.2
电力、热力、燃气及水的生产和供应业	Power, Gas and Water Production and Supply	942	260	27.6
建筑业	Construction	94	29	30.9
交通运输、仓储及邮政业	Transportation, Storage and Postal	1610	496	30.8
交通运输业	Transportation	1389	438	31.5
装卸搬运和仓储业	Loading, Unloading and Storage	206	50	24.3
邮政业	Postal	15	8	53.3
信息传输、软件和信息技术服务业	Information Transmission, Software and Information Technology	196	68	34.7
批发和零售业	Wholesale and Retail Trades	253	127	50.2
批发业	Wholesale Trade	62	25	40.3
零售业	Retail Trade	191	102	53.4
住宿和餐饮业	Hotel and Catering Services	171	98	57.3
#餐饮业	Catering Services	35	26	74.3
金融业	Finance	31	12	38.7
房地产业	Real Estate	496	77	15.5
租赁和商务服务业	Leasing and Business Services	291	70	24.1
科学研究和技术服务业	Scientific Research and Technical Services	82	23	28.0
水利、环境和公共设施管理业	Management of Water Conservancy, Environment and Public Facilities	2936	1086	37.0
水利管理业	Water Conservancy	634	250	39.4
公共设施管理业	Management of Public Facilities	2117	793	37.5
居民服务、维修和其他服务业	Services to Households, Repairing and Others	75	35	46.7
教育	Education	1108	384	34.7
卫生和社会工作	Health and Social Service	583	177	30.4
卫生	Public Health	532	159	29.9
文化、体育和娱乐业	Culture, Sports and Entertainment	358	134	37.4
公共管理和社会组织	Public Management and Social Organizations	248	74	29.8
国际组织	International Organizations			

10－11　分行业更新改造投资增长速度（2022年）

Growth Rate of Investment in Renovation by Sector（2022）

单位：%　　(%)

指　标	Item	投资总额 Total Investment	按隶属关系分 By Administrative Relationship 中　央 Central	地　方 Local
总　计	**Total**	**9.3**	**14.3**	**11.1**
按三次产业分	**Grouped By Three Strata of Industry**			
第一产业	Primary Industry	92.7	***	105.2
第二产业	Secondary Industry	13.4	0.2	28.8
第三产业	Tertiary Industry	-3.7	181.6	-7.2
按国民经济行业分	**By Sector**			
农、林、牧、渔业	Agriculture, Forestry, Animal Husbandry and Fishery	92.7	***	105.2
#农业	Farming	59.9	***	102.5
林业	Forestry	0.0	0.0	0.0
工业	Industry	13.1	0.2	27.7
采矿业	Mining	61.2	413.4	11.1
制造业	Manufacturing	15.3	24.2	21.0
电力、热力、燃气及水的生产和供应业	Power, Gas and Water Production and Supply	-3.8	-11.2	53.0
建筑业	Construction	355.7	***	657.9
交通运输、仓储及邮政业	Transportation, Storage and Postal	-20.0	697.0	-20.8
交通运输业	Transportation	-19.9	846.7	-21.6
装卸搬运和仓储业	Loading, Unloading and Storage	-22.1	-61.0	***
邮政业	Postal	0.0	0.0	0.0
信息传输、软件和信息技术服务业	Information Transmission, Software and Information Technology	294.4	201.7	1036.4
批发和零售业	Wholesale and Retail Trades	34.7	-100.0	55.1
批发业	Wholesale Trade	453.5	-100.0	-100.0
零售业	Retail Trade	0.4	-100.0	55.7
住宿和餐饮业	Hotel and Catering Services	102.5	***	-6.5
#餐饮业	Catering Services	187.9	***	59.1
金融业	Finance	-100.0	***	-100.0
房地产业	Real Estate	11.1	***	34.6
租赁和商务服务业	Leasing and Business Services	254.0	***	373.9
科学研究和技术服务业	Scientific Research and Technical Services	-40.5	***	-100.0
水利、环境和公共设施管理业	Management of Water Conservancy, Environment and Public Facilities	-16.5	114.1	-9.5
水利管理业	Water Conservancy	-9.4	-87.8	13.8
公共设施管理业	Management of Public Facilities	-18.0	775.8	-13.9
居民服务、维修和其他服务业	Services to Households, Repairing and Others	177.4	***	50.8
教育	Education	-13.5	***	-28.5
卫生和社会工作	Health and Social Service	91.6	-100.0	84.9
卫生	Public Health	97.4	-100.0	84.8
文化、体育和娱乐业	Culture, Sports and Entertainment	1691.2	***	2768.5
公共管理和社会组织	Public Management and Social Organizations	-72.2	***	-80.5
国际组织	International Organizations			

10－12　工业分行业更新改造投资增长速度（2022年）
Growth Rate of Investment in Renovation by Industrial Sector（2022）

单位：%　　　　(%)

指　标	Item	投资总额 Total Investment	按隶属关系分 By Administrative Relationship	
			中　央 Central	地　方 Local
合　计	**Total**	**13.1**	**0.2**	**27.7**
煤炭开采和洗选业	Coal Mining and Processing	-37.5	***	***
石油和天然气开采业	Extraction of Petroleum and Natural Gas	***	***	***
黑色金属矿采选业	Mining and Processing of Ferrous Metal Ores	56.6	***	***
有色金属矿采选业	Mining and Processing of Non-Ferrous Metal Ores	106.3	339.2	34.0
非金属矿采选业	Mining and Processing of Non-metal Ores	31.6	***	-59.4
开采专业及辅助活动	Professional and Support Activities for Mining	-100.0	***	***
其他采矿业	Mining of Other Ores	272.2	***	***
农副食品加工业	Processing of Food from Agricultural Products	-23.4	-58.1	77.5
＃制糖业	Manufacture of Sugar	16.9	-42.2	83.7
食品制造业	Manufacture of Foods	30.8	***	95.1
酒、饮料和精制茶制造业	Manufacturing of Alcohol, Beverages and Refined Tea	-36.3	***	10.1
烟草制品业	Manufacturing of Tobacco	6.5	6.5	***
纺织业	Textile Industry	-39.5	***	1811.0
纺织服装和服饰业	Manufacture of Textile, Wearing Apparel and Accessories	142.3	***	***
皮革、毛皮、羽毛（绒）及其制品业	Manufacture of Leather, Fur, Feather and Related Products	5.1	***	-53.2
木材加工及木、竹、藤、棕、草制品业	Processing of Timber, Manufacture of Wood, Bamboo, Rattan, Palm Fiber and Straw Products	1.3	***	-32.7
家具制造业	Manufacture of Furniture	78.4	***	***
造纸及纸制品业	Manufacture of Paper-making and Paper Products	809.2	***	256.1
印刷业、记录、媒介的复制	Printing and Reproduction of Recording Media	104.4	***	-77.9
文教体育用品制造业	Manufacture of Articles for Culture, Education, Arts and Crafts	-67.5	***	***
石油、煤炭及其他燃料加工业	Processing of Petroleum, Coal and Other Fuels	-40.5	-84.6	254.2
化学原料及化学制品制造业	Manufacture of Raw Chemical Materials and Chemical Products	52.0	210.2	-60.5

10—12 续表 continued

单位：% (%)

指 标	Item	投资总额 Total Investment	按隶属关系分 By Administrative Relationship 中 央 Central	地 方 Local
医药制造业	Manufacture of Medicines and Pharmaceutical Products	4.1	***	-33.0
化学纤维制造业	Manufacture of Chemical Fibres	***	***	***
橡胶和塑料制品业	Manufacture of Rubber and Plastics Products	-32.4	432.1	-74.7
非金属矿物制品业	Manufacture of Non-metallic Mineral Products	17.1	581.5	-37.0
#水泥制造业	Cements Products	-29.7	200.6	-38.2
黑色金属冶炼及压延加工业	Smelting and Pressing of Ferrous Metals	-11.4	***	-37.0
有色金属冶炼及压延加工业	Smelting and Pressing of Nonferrous Metals	193.8	320.0	598.7
金属制品业	Manufacture of Metal Products	-50.3	***	-72.4
通用设备制造业	Manufacture of General Purpose Machinery	-6.4	***	33.0
专用设备制造业	Manufacture of Special Purpose Machinery	-27.4	-27.5	-38.7
汽车制造业	Manufacture of Automobiles	-0.9	***	-15.5
铁路、船舶、航空航天等制造业	Manufacture of Railway, Ship, Aerospace and Other Transport	-58.2	***	***
电气机械及器材制造业	Manufacture of Electrical Machinery and Apparatus	118.6	***	-89.5
计算机、通信和其他电子设备制造业	Manufacturing of Computer, Communication and Other Electronic Equipment	-6.6	-31.3	468.0
仪器仪表制造业	Manufacture of Measuring Instruments and Machinery	27.4	***	-100.0
其他制造业	Other Manufacture	157.5	-100.0	241.4
废弃资源综合利用业	Utilization of Waste Resources	189.9	***	627.1
金属制品、机械和设备修理业	Repair Service of Metal Products, Machinery and Equipment	-75.1	55.7	***
电力、热力的生产和供应业	Production and Supply of Electric Power and Heat Power	-4.0	-18.5	79.1
#水电	Hydro power	186.2	358.4	223.4
火电	Thermal Power	217.7	37.7	278.6
煤气生成和供应业	Production and Supply of Gas	41.2	***	41.2
自来水的生成和供应业	Production and Supply of Water	-15.3	-46.1	-23.9

10—13 分行业更新改造投资项目和新增固定资产（2022年）
Investment in Renovation Projects and New Fixed Assets by Sector（2022）

指 标	Item	施工项目（个）Project Under Construction (unit)	全部建成投产项目（个）Projects Completed and Put into Use (unit)	项目建成投产率（%）Rate of Projects Put into Use (%)
总 计	**Total**	**2569**	**906**	**35.3**
按三次产业分	**Grouped By Three Strata of Industry**			
第一产业	Primary Industry	39	15	38.5
第二产业	Secondary Industry	1804	595	33.0
第三产业	Tertiary Industry	726	296	40.8
按国民经济行业分	**By Sector**			
农、林、牧、渔业	Agriculture, Forestry, Animal Husbandry and Fishery	39	15	38.5
＃农业	Farming	17	4	23.5
林业	Forestry			***
工业	Industry	1799	593	33.0
采矿业	Mining	76	27	35.5
制造业	Manufacturing	1470	485	33.0
电力、热力、燃气及水的生产和供应业	Power, Gas and Water Production and Supply	253	81	32.0
建筑业	Construction	5	2	40.0
交通运输、仓储及邮政业	Transportation, Storage and Postal	159	49	30.8
交通运输业	Transportation	148	46	31.1
装卸搬运和仓储业	Loading, Unloading and Storage	11	3	27.3
邮政业	Postal			***
信息传输、软件和信息技术服务业	Information Transmission, Software and Information Technology	12	7	58.3
批发和零售业	Wholesale and Retail Trades	18	9	50.0
批发业	Wholesale Trade	3	1	33.3
零售业	Retail Trade	15	8	53.3
住宿和餐饮业	Hotel and Catering Services	32	17	53.1
＃餐饮业	Catering Services	10	4	40.0
金融业	Finance			***
房地产业	Real Estate	75	30	40.0
租赁和商务服务业	Leasing and Business Services	22	14	63.6
科学研究和技术服务业	Scientific Research and Technical Services	1		0
水利、环境和公共设施管理业	Management of Water Conservancy, Environment and Public Facilities	295	119	40.3
水利管理业	Water Conservancy	62	26	41.9
公共设施管理业	Management of Public Facilities	211	83	39.3
居民服务、维修和其他服务业	Services to Households, Repairing and Others	12	11	91.7
教育	Education	35	11	31.4
卫生和社会工作	Health and Social Service	39	20	51.3
卫生	Public Health	37	18	48.6
文化、体育和娱乐业	Culture, Sports and Entertainment	17	4	23.5
公共管理和社会组织	Public Management and Social Organizations	9	5	55.6
国际组织	International Organizations			

10－14 国有单位分行业投资项目和新增固定资产（2022年）
Investment Projects and New Fixed Assets of States-owned Units by Sector（2022）

指 标	Item	施工项目（个）Project Under Construction (unit)	全部建成投产项目（个）Projects Completed and Put into Use (unit)	项目建成投产率（%）Rate of Projects Put into Use (%)
总 计	**Total**	**7606**	**2582**	**33.9**
按三次产业分	**Grouped By Three Strata of Industry**			
第一产业	Primary Industry	530	207	39.1
第二产业	Secondary Industry	992	260	26.2
第三产业	Tertiary Industry	6084	2115	34.8
按国民经济行业分	**By Sector**			
农、林、牧、渔业	Agriculture, Forestry, Animal Husbandry and Fishery	530	207	39.1
#农业	Farming	266	113	42.5
林业	Forestry	23	5	21.7
工业	Industry	946	245	25.9
采矿业	Mining	15	0	0.0
制造业	Manufacturing	469	90	19.2
电力、热力、燃气及水的生产和供应业	Power, Gas and Water Production and Supply	462	155	33.5
建筑业	Construction	46	15	32.6
交通运输、仓储及邮政业	Transportation, Storage and Postal	1113	374	33.6
交通运输业	Transportation	1048	353	33.7
装卸搬运和仓储业	Loading, Unloading and Storage	59	15	25.4
邮政业	Postal	6	6	100
信息传输、软件和信息技术服务业	Information Transmission, Software and Information Technology	63	26	41.3
批发和零售业	Wholesale and Retail Trades	33	9	27.3
批发业	Wholesale Trade	4	1	25
零售业	Retail Trade	29	8	27.6
住宿和餐饮业	Hotel and Catering Services	29	11	37.9
#餐饮业	Catering Services	5	1	20
金融业	Finance	5	3	60
房地产业	Real Estate	305	43	14.1
租赁和商务服务业	Leasing and Business Services	126	32	25.4
科学研究和技术服务业	Scientific Research and Technical Services	42	8	19
水利、环境和公共设施管理业	Management of Water Conservancy, Environment and Public Facilities	2326	877	37.7
水利管理业	Water Conservancy	623	241	38.7
公共设施管理业	Management of Public Facilities	1561	604	38.7
居民服务、维修和其他服务业	Services to Households, Repairing and Others	38	15	39.5
教育	Education	978	365	37.3
卫生和社会工作	Health and Social Service	635	223	35.1
卫生	Public Health	598	211	35.3
文化、体育和娱乐业	Culture, Sports and Entertainment	195	74	37.9
公共管理和社会组织	Public Management and Social Organizations	196	55	28.1
国际组织	International Organizations			

注：本表仅含基建、更改、其他三部分。
Note: The investment in fixed assets in this table just contains three parts: Capital construction, renovation and others.

10－15 集体分行业投资项目和新增固定资产（2022年）
Investment Projects and New Fixed Assets of Collective-owned Units by Sector（2022）

指 标	Item	施工项目（个）Project Under Construction (unit)	全部建成投产项目（个）Projects Completed and Put into Use (unit)	项目建成投产率（%）Rate of Projects Put into Use (%)
总 计	**Total**	**89**	**42**	**47.2**
按三次产业分	**Grouped By Three Strata of Industry**			
第一产业	Primary Industry	17	10	58.8
第二产业	Secondary Industry	15	9	60.0
第三产业	Tertiary Industry	57	23	40.4
按国民经济行业分	**By Sector**			
农、林、牧、渔业	Agriculture, Forestry, Animal Husbandry and Fishery	17	10	58.8
#农业	Farming	9	5	55.6
林业	Forestry	1	0	0.0
工业	Industry	13	7	53.8
采矿业	Mining	0	0	***
制造业	Manufacturing	12	7	58.3
电力、热力、燃气及水的生产和供应业	Power, Gas and Water Production and Supply	1	0	0.0
建筑业	Construction	2	2	100.0
交通运输、仓储及邮政业	Transportation, Storage and Postal	5	3	60.0
交通运输业	Transportation	4	3	75.0
装卸搬运和仓储业	Loading, Unloading and Storage	1	0	0.0
邮政业	Postal	0	0	***
信息传输、软件和信息技术服务业	Information Transmission, Software and Information Technology	0	0	***
批发和零售业	Wholesale and Retail Trades	6	2	33.3
批发业	Wholesale Trade	2	1	50.0
零售业	Retail Trade	4	1	25.0
住宿和餐饮业	Hotel and Catering Services	2	1	50.0
#餐饮业	Catering Services	1	1	100.0
金融业	Finance	0	0	***
房地产业	Real Estate	7	3	42.9
租赁和商务服务业	Leasing and Business Services	4	0	0.0
科学研究和技术服务业	Scientific Research and Technical Services	1	0	0.0
水利、环境和公共设施管理业	Management of Water Conservancy, Environment and Public Facilities	18	9	50.0
水利管理业	Water Conservancy	1	0	0.0
公共设施管理业	Management of Public Facilities	17	9	52.9
居民服务、维修和其他服务业	Services to Households, Repairing and Others	1	1	100.0
教育	Education	3	0	0.0
卫生和社会工作	Health and Social Service	3	2	66.7
卫生	Public Health	3	2	66.7
文化、体育和娱乐业	Culture, Sports and Entertainment	4	0	0.0
公共管理和社会组织	Public Management and Social Organizations	3	2	66.7
国际组织	International Organizations			

注：本表仅含基建、更改、其他三部分。
Note: The investment in fixed assets in this table just contains three parts: capital construction, renovation and others.

10－16 主要年份房地产开发主要指标

指　标	Item	2000	2005	2010
一、企业（单位）个数（个）	**Number of Enterprises (unit)**	**528**	**1730**	**3212**
内资企业	Domestic Funds	407	1542	3035
＃国有	State-owned	164	205	159
集体	Collective-owned	78	74	42
港澳台商投资企业	Funds from HongKong, Macao and Taiwan	92	112	99
外商投资企业	Foreign Funded	29	76	78
二、土地开发及购置（万平方米）	**Land Development and Purchase (10 000 sq.m)**			
购置土地面积	Purchased Land Area	195.30	1218.06	1193.71
三、完成投资（万元）	**Investment Completed (10 000 yuan)**	**386747**	**2867915**	**12062211**
＃住宅	Residential Building	207861	1907662	8788924
四、本年实际到位资金（万元）	**Actual Funds Available for Investment (10 000 yuan)**	**502039**	**3395656**	**15383429**
＃国内贷款	Domestic Loans	92998	555493	2473098
利用外资	Foreign Investment	12916	59114	85861
自筹资金	Self-raised Funds	131654	1128707	5417241
五、房屋建筑面积及价值	**Floor Space and Value of Buildings**			
施工面积（万平方米）	Floor Space Under Construction (10 000 sq.m)	766.19	4082.76	12048.73
＃住宅	Residential Building	595.25	3164.96	9767.64
竣工面积（万平方米）	Floor Space Completed (10 000 sq.m)	226.74	1330.74	1564.31
＃住宅	Residential Building	191.17	1090.30	1342.87
竣工价值（万元）	Value of Floor Space Completed (10 000 yuan)	164650	1167764	2306901
＃住宅	Residential Building	131042	913452	1922323
六、商品房屋销售	**Sales of Commercial Housing**			
销售面积（万平方米）	Floor Space sold (10 000 sq.m)	191.36	1438.40	2793.92
＃住宅	Residential Building	177.80	1314.37	2607.15
销售额（万元）	Total Sales of Commercial Housing (10 000 yuan)	277384	2896410	9951860
＃住宅	Residential Building	245721	2398083	8817021
七、商品房待售面积（万平方米）	**Space of Commercial Houses for Sale (10 000 sq.m)**	**119.29**	**269.86**	**192.49**
＃住宅	Residential Building	74.15	145.09	181.02
八、新增固定资产（万元）	**New Fixed Assets (10 000 yuan)**	**183837**	**1635726**	**3164161**
九、实收资本（万元）	**Paid-in Capital (10 000 yuan)**	**543513**	**2099130**	**4812635**
十、营业收入（万元）	**Total Revenue (10 000 yuan)**	**338043**	**192426**	**643311**
＃土地转让收入	Revenue from Transferring Land	44056	79030	45917

Major Indicators on Real Estate Development in Main Years

2015	2016	2017	2018	2019	2020	2021	2022
2423	**2470**	**2451**	**2684**	**3056**	**3277**	**3370**	**3242**
2329	2377	2368	2622	2985	3198	3291	3168
52	35	32	27	21	17	16	16
11	10	7	6	6	5	5	3
57	58	48	37	36	38	38	36
37	35	35	25	35	41	41	38
415.94	639.10	675.19	602.95	1186.93	1434.53	811.19	263.06
19090933	**23979862**	**26834830**	**30041257**	**38144125**	**38456156**	**37339329**	**22062665**
14077508	17252858	19835172	22174998	29241851	29835115	29028894	17239498
23392870	**31597167**	**35180380**	**39895083**	**50538887**	**49793028**	**43318270**	**26186511**
3320395	4683828	4866248	5048379	6932708	6807497	5230564	2707721
15667		3400	502	9097	2427	967	264
8237208	11150353	10650091	10678283	14229356	13432206	13602783	7917188
18608.36	21134.65	22689.62	25399.02	29807.03	32184.05	34175.70	32203.25
13750.52	15339.29	16453.90	18522.84	22061.19	23779.14	25219.48	23818.31
1675.18	1735.05	1856.24	2192.94	2037.85	2129.16	2433.25	2345.43
1310.52	1373.27	1478.96	1654.54	1515.99	1561.89	1887.69	1847.65
4704296	4337348	5181252	6198818	5824455	8053305	8058440	9340425
3589766	3350444	3958877	4663146	4268624	5987451	6355046	7539380
3523.41	4215.39	5170.99	6212.90	6711.77	6729.02	6178.26	4192.78
3181.51	3864.01	4687.41	5589.89	6076.88	6007.45	5281.50	3176.13
17477650	22074664	30166388	38265045	43662356	42514679	36724887	22946000
14594268	19482272	26357435	33307489	39134020	38035549	31644134	18317367
1677.60	**1772.74**	**1598.85**	**1380.19**	**1268.96**	**1281.21**	**1461.10**	**1745.49**
1124.51	1187.21	989.74	792.46	702.44	668.82	730.03	937.77
5858064	**507952**	**6638749**	**8507388**	**7400453**	**9952491**	**9527642**	**10044710**
10763586	**10421965**	**10314624**	**12303602**	**14874143**	**15998125**	**20982926**	**19421808**
11496584	**13950467**	**15926898**	**21682105**	**24368725**	**23196057**	**30260310**	**28820660**
80760	221189	238491	110334	169482	193711	209023	220189

10—17 私营个体固定资产投资和新增固定资产（2022年）
Investment in Fixed Assets and New Fixed Assets of Private and Individual Units（2022）

指　标	Item	施工项目（个）Project Under Construction (unit)	全部建成投产项目（个）Projects Completed and Put into Use (unit)	项目建成投产率（%）Rate of Projects Put into Use (%)
总　计	**Total**	**4422**	**1597**	**36.1**
按三次产业分	**Grouped By Three Strata of Industry**			
第一产业	Primary Industry	503	247	49.1
第二产业	Secondary Industry	3101	1020	32.9
第三产业	Tertiary Industry	818	330	40.3
按国民经济行业分	**By Sector**			
农、林、牧、渔业	Agriculture, Forestry, Animal Husbandry and Fishery	503	247	49.1
#农业	Farming	92	40	43.5
林业	Forestry	11	2	18.2
工业	Industry	3096	1017	32.8
采矿业	Mining	144	58	40.3
制造业	Manufacturing	2853	923	32.4
电力、热力、燃气及水的生产和供应业	Power, Gas and Water Production and Supply	99	36	36.4
建筑业	Construction	5	3	60.0
交通运输、仓储及邮政业	Transportation, Storage and Postal	138	46	33.3
交通运输业	Transportation	61	22	36.1
装卸搬运和仓储业	Loading, Unloading and Storage	73	22	30.1
邮政业	Postal	4	2	50.0
信息传输、软件和信息技术服务业	Information Transmission, Software and Information Technology	10	5	50.0
批发和零售业	Wholesale and Retail Trades	122	73	59.8
批发业	Wholesale Trade	26	12	46.2
零售业	Retail Trade	96	61	63.5
住宿和餐饮业	Hotel and Catering Services	105	68	64.8
#餐饮业	Catering Services	23	18	78.3
金融业	Finance	3	0	0.0
房地产业	Real Estate	83	17	20.5
租赁和商务服务业	Leasing and Business Services	73	22	30.1
科学研究和技术服务业	Scientific Research and Technical Services	18	10	55.6
水利、环境和公共设施管理业	Management of Water Conservancy, Environment and Public Facilities	88	20	22.7
水利管理业	Water Conservancy	4	2	50.0
公共设施管理业	Management of Public Facilities	63	15	23.8
居民服务、维修和其他服务业	Services to Households, Repairing and Others	21	12	57.1
教育	Education	51	17	33.3
卫生和社会工作	Health and Social Service	30	13	43.3
卫生	Public Health	27	10	37.0
文化、体育和娱乐业	Culture, Sports and Entertainment	73	26	35.6
公共管理和社会组织	Public Management and Social Organizations	3	1	33.3
国际组织	International Organizations			

注：本表仅含基建、更改、其他三部分。

Note: The investment in fixed assets in this table just contains three parts: Capital construction, renovation and others.

主要统计指标解释

全社会固定资产投资　是以货币形式表现的在一定时期内全社会建造和购置固定资产活动的工作量以及与此有关的费用的总称，它是反映固定资产投资规模、结构和发展速度的综合性指标，又是观察工程进度和考核投资效果的重要依据。全社会固定资产投资按登记注册类型可分为国有、集体、个体、联营、股份制、外商、港澳台商、其他等。按照管理渠道可分为：基本建设、更新改造、房地产开发和其他固定资产投资四个部分。

基本建设投资　基本建设指企业、事业、行政单位以扩大生产能力或工程效益为主要目的的新建、扩建工程及有关工作。其范围为总投资500万元以上（含500万元）的基本建设项目。

更新改造投资　更新改造指企业、事业单位对原有设施进行技术改造（包括固定资产更新）以及相应配套的辅助性生产、生活福利设施等工程和有关工作。其范围为总投资500万元以上的更新改造单位（或项目）。

其他固定资产投资　指全社会固定资产投资中未列入基本建设、更新改造和房地产开发投资的建造和购置固定资产的活动。

固定资产投资的资金来源　根据固定资产投资的资金来源不同，分为国家预算内资金、国内贷款、利用外资、自筹资金和其他资金来源。2018年起固定资产投资项目到位资金统计范围由计划总投资500万元及以上调整为5000万元及以上项目（不包含房地产开发）。2022年起口径正式更改为计划总投资500万元及以上项目（不包含房地产开发），并在2022年年鉴数据中反映。

（1）国家预算内资金：指中央财政和地方财政中由国家统筹安排的基本建设拨款和更新改造拨款，以及中央财政安排的专项拨款中用于基本建设的资金和基本建设拨款改贷款的资金等。

（2）国内贷款：指报告期内企、事业单位向银行及非银行金融机构借入的用于固定资产投资的各种国内借款。

（3）利用外资：指报告期内收到的用于固定资产投资的国外资金，包括统借统还、自借自还的国外贷款，中外合资项目中的外资，以及对外发行债券和股票等。国家统借统还的外资指由我国政府出面同外国政府、团体或金

Explanatory Notes on Main Statistical Indicators

Total Investment in Fixed Assets　refers to the volume of activities in construction and purchases of fixed assets and related fees, expressed in monetary terms during the reference period. It is a comprehensive indicator which shows the size, structure and growth of the investment in fixed assets, providing a basis for observing the progress of construction projects and evaluating results of investment. Total investment in fixed assets includes, by type of ownership, the investment by State-owned units, collective-owned units, individuals, joint ownership units, share-holding units, as well as investments by entrepreneurs from Hong Kong, Macao and Taiwan, foreign investors and others. According to Chinese current management systems, the investment in fixed assets is classified into the following four parts: investment in capital construction, investment in innovation, investment in real estate development and other investment in fixed assets.

Investment in Capital Construction　refers to new construction, expansion projects, and related work undertaken by enterprises, institutions, and administrative units with the primary purpose of expanding production capacity or improving project efficiency. The scope includes capital construction projects with a total investment of 5 million yuan or more (including 5 million yuan).

Investment in Renovation　refers to enterprises and institutions conducting technological renovation (including fixed asset upgrading) and related projects such as supporting production facilities and welfare facilities. The scope includes units (or projects) for renovation with a total investment of more than 5 million yuan.

Other Investment in Fixed Assets　refers to the construction and purchases of fixed assets not listed in the investment in capital construction, investment in renovation and investment in real estate development.

Sources of Funds for Investment in Fixed Assets　According to various sources of funds of investment in fixed assets, it is divided into funds from the State budget, domestic loans, foreign investment, self-raised funds, and other sources of funds. The statistical scope of available funds for fixed asset investment projects was adjusted from the planned total investment of 5 million yuan or above to 50 million yuan or above (excluding real estate development) since 2018. And from 2022, the statistical scope of available funds for fixed asset investment projects was adjusted from the planned total investment of 5 million yuan(excluding real estate development) in *GuangXi Statistical Yearbook* 2022.

(1) Funds from the State budget　refers to appropriation in the budget of the central and local governments earmarked for capital construction and for renovation projects, and the special appropriation from the budget of the central government for capital construction and for the transfer fund to banks to be issued as loans for capital construction projects.

(2) Domestic loans　refer to various funds borrowed by enterprises and institutions from banks and non-bank financial institutions during the reference period for the purpose of investment in fixed assets.

(3) Foreign investment　refers to foreign funds received during the reference period for the purpose of investment in fixed assets, including foreign funds borrowed and managed by the government, by individual units, foreign fund in joint ventures, and issue of bonds and stocks at the international

融组织签订贷款协议、并负责偿还本息的国外贷款。

financial markets. The foreign funds borrowed and managed by the government refer to foreign loans borrowed by the government from foreign governments, organizations, or financial institutions under official agreements signed by both parties, under which government is responsible for the repayment of both the principal and interests of the foreign loans.

（4）自筹资金：指建设单位报告期内收到的，用于进行固定资产投资的上级主管部门、地方和企、事业单位自筹资金。

(4) Self-raised funds refer to funds received by construction enterprises from their higher responsible authorities, local governments, or raised by enterprises or institutions themselves for the purpose of investment in fixed assets during the reference period.

（5）其他资金来源：指报告期内收到的除以上各种拨款、借款、自筹资金以外其他用于固定资产投资的资金。

(5) Others refer to funds received during the reference period, which are not included in the above-mentioned sources.

固定资产投资按国民经济行业分 建设项目归哪个行业，按其建成投产后的主要产品或主要用途及社会经济活动性质来确定。基本建设按建设项目划分国民经济行业，更新改造、国有单位其他固定资产投资根据整个企业、事业单位所属的行业来划分。一般情况下，一个建设项目或一个企业、事业单位只能属于一种国民经济行业。为了更准确地反映国民经济各行业之间的比例关系，联合企业（总厂）所属分厂属于不同行业的，原则上按分厂划分行业。

Investment in Fixed Assets by Sector The classification of construction projects by sector is determined by the major products or the purpose of the projects when they are put into production or use, and by the nature of their social economic activities. The investment in capital construction is classified by construction projects, while investment in renovation, other investment by state-owned units are classified according to the sector which the whole enterprises or institution belongs to. In general, one project or one enterprise or institution can only belong to one sector. In order to reflect more accurately the proportions among various sectors, if branch factories of joint enterprises (main factories) belong to different industries, the industry classification is generally based on the division of the branch factories.

固定资产投资按建设性质分 建设项目的性质一般分为新建、扩建、改建、迁建、恢复。基本建设按建设项目划分建设性质，更新改造、国有单位其他固定资产投资等按整个企业、事业单位的建设情况确定建设性质，房地产开发单位、农村投资等投资不划分建设性质。

Investment in Fixed Assets by Type of Construction The construction projects in general can be classified by the type of construction into new construction, expansion, reconstruction, moving and restoration. In capital construction, the type of construction is determined by the condition of the project. In investment in renovation, other investment by state-owned units and investment by collective-owned units, the type of construction is determined by the condition of the whole enterprise or institution. Investment by type of construction is not applied to investment by real-estate development units or by rural households.

（1）新建：一般是指从无到有、“平地起家”新开始建设的单位。有的单位原有的基础很小，经过建设后其新增加的固定资产价值超过原有固定资产价值（原值）三倍以上的也算新建。

(1) New construction in general refers to construction projects, which start from scratch. In case the size of the existing unit is quite small, and the value of newly added fixed assets is more than three times of the original value, the expansion will be considered as new construction.

（2）扩建：一般是指为扩大原有产品的生产能力，在厂内或其他地点增建主要生产车间（或主要工程）、独立的生产线或分厂的企业，事业单位和行政单位在原单位增建业务用房（如学校增建教学用房、医院增建门诊部或病床用房、行政机关增建办公楼等）也作为扩建。

(2) Expansion refers to construction of new major production workshop or independent production line within a factory or in other locations, or construction of a branch factory so as to increase the original production capacity. Newly constructed accommodation for the operation of institutions and administrative organizations (such as newly constructed buildings for teaching in schools, buildings for clinics or wards in hospitals, office buildings in administrative departments, etc.)

（3）改建：一般是指现有企业、事业单位为了技术进步，提高产品质量，增加花色品种，促进产品升级换代，降低消耗和成本，加强资源综合利用和三废治理、劳保安全等，采用新技术、新工艺、新设备、新材料等对现有设施、工艺条件进行技术改造或更新（包括相应配套的辅助性生产、生活福利设施）。有的企业为充分发挥现有

(3) Reconstruction refers to construction projects by existing enterprises or institutions in innovation or technical transformation of the old facilities (including auxiliary production equipment and welfare facilities) for the purposes of pursuing technological advancement, improving product quality, enlarging variety of products, promoting new generation of products, reducing production consumption and cost, promoting comprehensive utilization of

生产能力，进行填平补齐而增建不增加本单位主要产品生产能力的车间等，也属于改建。

resources, strengthening treatment of waste gas, waste water and solid wastes, and safety in production, etc. It applies new technologies and techniques, new equipment and new materials. Construction of new workshops to bring the designed production capacity into full play through a more balanced production process on production lines is also considered as reconstruction.

大中小型基本建设项目划分 是根据基本建设项目的建设总规模（设计生产能力或工程效益）或计划总投资，按照《基本建设项目大中小型划分标准》划分的建设项目类型。建设项目总规模或计划总投资划分标准原则上应按照上级批准的设计任务书或初步设计所确定的总规模或总投资为准；没有正式批准设计任务书或初步设计的，按国家或省、自治区、直辖市基本建设投资计划中所列的总规模或总投资划分；上述两条均不具备的，按本年计划施工工程的建设总规模或总投资划分。

Capital Construction Projects by Size is the types of construction projects based on the total scale (designed producing capacity or project efficiency) or total planned investment, according to Standards for the Classification of Construction Projects into Large, Medium-sized and Small Ones. The classification of size of construction projects or total planned investment should be determined according to the total scale or total investment set in the approved construction plan by higher responsible authorities or in the tentative design, otherwise according to the total scale or total investment set in the current capital construction plan of the state, provinces, autonomous regions, and municipalities directly under central government. If not equipped with the above, it is divided by the total construction scale or total investment of planned construction project in current year.

施工项目 指报告期内曾进行建筑或安装工程施工活动的建设项目，凡是报告期内施过工的建设项目，不论施工时间长短，均作为施工项目统计。施工项目个数可以反映一定时期固定资产投资的实际规模，与同期建成投产的建设项目个数相比，可以从建设速度的角度反映固定资产投资的效果。根据建设项目施工活动的不同性质，施工项目又分为本年正式施工项目，本年收尾项目和以前年度全部停缓建项目。

Projects Under Construction refer to projects having construction and installation activities undertaken in the reference period, irrespective of the length of construction. The number of projects under construction can reflect the actual size of investment in fixed assets during a certain period, and when compared with the number of projects completed and put into use, it can reflect the efficiency of investment in fixed assets from the perspective of the speed of construction. Depending on the nature of construction activities, projects under construction can also be classified into projects under construction in current year, winding-up projects in current year and stopped or suspended projects in previous years.

全部建成投产项目 工业项目是指设计文件规定形成生产能力的主体工程及其相应配套的辅助设施全部建成，经负荷试运转，证明具备生产设计规定合格产品的条件，并经过验收鉴定合格或达到竣工验收标准，与生产性工程配套的生活福利设施可以满足近期正常生产的需要，正式移交生产的建设项目。非工业项目是指设计文件规定的主体工程和相应的配套工程全部建成，能够发挥设计规定的全部效益，经验收鉴定合格或达到竣工验收标准，正式移交使用的建设项目。

Projects Completed and Put into Use Industrial projects refer to the major projects and accessory facilities completed which result in forming production capacity and have been checked and accepted while the living and welfare facilities have been completed and can ensure normal production and formally put into production. Non-industrial projects refer to the major projects and accessory facilities completed which posses the designed capacity and have been checked, accepted and formally put into production.

新增生产能力 指通过固定资产投资活动而增加的设计能力或工程效益，它是用实物形态表示的固定资产投资的成果的指标，也是考核投资经济效果的重要依据之一。

Newly Increased Production Capacity refers to the increase of designed capacity and project efficiency through investment in fixed assets, which reflects the accomplishment of investment in fixed assets in kind and is one of the important indicators of observing the economic efficiency of investment.

房屋建筑面积 指从房屋外墙线算起的各层平面面积的总和，包括可供使用的有效面积和房屋结构（如柱、墙）占用的面积。多层建筑按各层（包括地下室）面积总和计算。

Floor Space of Buildings refers to total floor space in each story of buildings calculated from the outside line of building walls, including both usable space and the space occupied by constructions like pillars or walls. The floor space of multi-story buildings includes the total floor space of each story (including basement).

住宅建筑面积 指施工和竣工房屋建筑面积中供居住用的施工和竣工房屋建筑面积。

Floor Space of Residential Buildings refers to the floor space of the residential buildings under construction and completed among the total space of buildings under construction and completed.

施工面积 指报告期内施工的全部房屋建筑面积。包

Floor Space under Construction refers to total floor space of all

括本期新开工的面积、上期跨入本期继续施工的房屋面积、上期停建在本期恢复施工的房屋面积、本期竣工及本期施工后又停缓建的房屋面积。

buildings under construction during the reference period, including floor space of newly started buildings during the reference period, floor space of buildings carried forward from the previous period and continued construction in the current period, floor space of buildings suspended in the previous period and resumed construction in the current period, floor space of buildings completed during the current period and buildings constructed and subsequently suspended or delayed in the current period.

竣工面积 指在报告期内房屋建筑按照设计要求已全部完工，达到住人和使用条件，经验收鉴定合格（或达到竣工验收标准），正式移交使用单位的各栋房屋建筑面积的总和。

Floor Space of Buildings Completed refers to the total floor space of buildings completed in the reference period, which have come up to the designed standards and have been put into use. It is the summation of floor space of each building that is formally transferred to the using unit after inspection and getting acceptance certificate (or reaches the completion acceptance standard).

房屋建筑面积竣工率 指一定时期内房屋竣工面积占同期房屋施工面积的比率。它是从房屋建筑施工速度的角度反映投资效果和建筑业经济效益的指标。

Completed Rate of Floor Space of Buildings refers to the ratio of the floor space of buildings completed in certain period of time to the floor space of buildings under construction in the same period that reflects the investment effectiveness and economic efficiency of the construction industry from the perspective of the speed of project construction.

新增固定资产 指报告期内已经完成建造和购置过程，并已交付生产或使用单位的固定资产价值。该指标是表示固定资产投资成果的价值指标，也是反映建设进度，计算固定资产投资效果的指标。

New Fixed Assets refers to the value of new fixed assets that have been constructed, purchased, and delivered to production or use during the reference period. It is a value indicator that represents the results of fixed asset investment and reflects the progress of construction, as well as calculates the effectiveness of fixed asset investment.

建设项目投产率 指一定时期内全部建成投入生产项目个数与同期正式施工项目个数的比率。它是从项目建设速度的角度反映投资效果的指标。

Rate of Projects Put into Use refers to the ratio of the number of construction projects completed and put into use in certain period of time to the number of projects under construction in the same period. It reflects the investment efficiency from the perspective of the speed of project construction.

固定资产交付使用率 指一定时期新增固定资产与同期完成投资额的比率。它是反映各个时期固定资产动用速度，衡量建设过程中投资效果的一个综合性指标。

Utilization Rate of Fixed Assets refers to the ratio of new fixed assets to the total investment made during the same period. It is a comprehensive indicator that reflects the speed at which fixed assets are put into use during different periods and measures the investment effectiveness during the construction process.

房地产开发投资 指各种登记注册类型的房地产开发公司、商品房建设公司及其他房地产开发法人单位和附属于其他法人单位实际从事房地产开发或经营的活动单位统一开发的包括统代建、拆迁还建的住宅、厂房、仓库、饭店、宾馆、度假村、写字楼、办公楼等房屋建筑物和配套的服务设施，土地开发工程（如道路、给水、供电、供热、通讯、平整场地等基础设施工程）的投资，不包括单纯的土地交易活动。

Real Estate Development and Investment It includes the investment by the real estate development companies of various registration types, commercial building construction companies and other real estate development units of various types of ownership in the construction of buildings, such as residential buildings, factory buildings, warehouses, hotels, guesthouses, holiday villages, office buildings, and the complementary service facilities and land development projects, such as roads, water supply, power supply, heating, telecommunications, land leveling and other projects of infrastructure. It excludes activities in simple land transactions.

商品房建设投资额 是指房地产开发企业（单位）开发建设的供出售、出租用的商品住宅、厂房、仓库、饭店、度假村、写字楼、办公楼、拆迁、回迁还建用房等房屋工程及其配套的服务设施所完成的投资额。

Investment in Commercial Buildings refers to the investment amount completed for residential projects such as commercial apartments, factories, warehouses, hotels, resorts, office buildings, commercial buildings, demolition, relocation, and reconstruction buildings, as well as their supporting service facilities, developed and constructed by real estate development enterprises (units) for sale or rental.

住宅 是指专供居住的房屋，包括别墅、公寓、职工家属宿舍和集体宿舍、职工单身宿舍和学生宿舍等。但不包括住宅楼中作为人防用、不住人的地下室等。

Residential Buildings refers to the houses for living, including villas, apartments, dormitories for employees' families and collective dormitories, single dormitories for employees and student dormitories, excluding basements

商业营业用房 是指商业、粮食、供销、饮食服务业等部门对外营业的用房，如度假村、饭店、商店、门市部、粮店、书店、供销店、饮食店、菜店、加油站、日杂等房屋。

完成开发土地面积 是指报告期内对土地进行开发并已完成七通一平等前期开发工程，具备进行房屋建筑物施工或出让条件的土地面积。

购置土地面积 是指报告期内通过各种方式获得土地使用权的土地面积。

商品房销售面积 指报告期内出售商品房屋合同总面积（即双方签署的正式买卖合同中所确定的建筑面积），由现房销售建筑面积和期房销售建筑面积两部分组成。

商品房销售额 指报告期内出售商品房屋的合同总价款（即双方签署的正式买卖合同中所确定的合同总价）。该指标与商品房销售面积同口径，由现房销售额和期房销售额两部分组成。

商品房待售面积 指报告期末已竣工的可供销售或出租的商品房屋建筑面积中，尚未销售或出租的商品房屋面积，包括以前年度竣工和本期竣工的房屋面积，但不包括报告期已竣工的拆迁还建、统建代建、公共配套建筑、房地产公司自用及周转房等不可销售或出租的房屋面积。

实收资本 是指企业实际收到的所有投资人投入的资本，包括以实物形式、货币形式、发明创造或技术成果等无形资产投入企业的资本。

in residential buildings used for civil defense or not intended for residential purposes.

Commercial Buildings refer to premises used by commercial, food, supply & marketing, and catering service sectors for external business operations, such as resorts, hotels, stores, retail outlets, grain stores, bookstores, supply & marketing stores, restaurants, vegetable stores, gas stations, sundry shops, and other buildings.

Developed Land Area Completed refers to the land area that has been developed and completed with the necessary infrastructure and conditions for construction or sale of buildings during the reference period.

Purchased Land Area refers to the land area acquired by various means in the reference period.

Area of Commercial Housing Sold refers to total contracted area of commercial housing (i.e. area of floor space as designated in the formal contracts signed by both sides) during the reference time. It constitutes floor space of completed housing and floor space of future housing.

Value of Commercial Housing Sold refers to the total contract value of commercial housing sold during the reference period (i.e., the total price determined in the official sales contract signed by both parties). This indicator has the same coverage as the area of commercial housing sold and is composed of two parts: value from the completed commercial housing and value from the commercial housing under construction.

Space of Commercial Houses for Sale refers to the space of completed commercial houses, which are available for sale or rental, but remain unsold or unrented at the end of the reference period. It includes the space of houses completed in previous years as well as in the current period. However, it does not include the space of completed houses used for demolition and reconstruction, cooperative construction, public facilities, real estate company's self-use, and temporary housing, which are not available for sale or rental.

Paid-in Capital refers to capital that enterprises actually got from all the investors, including capital in kind, in monetary form, or in the form of intangible assets such as inventions or technological achievements.

第十一篇 城市概况

CHAPTER 11 GENERAL SURVEY OF CITIES

（编辑：叶长芬）

简要说明

（本篇资料由自治区统计局城市处整理，电话：0771-5855876）

一、本篇资料主要内容及来源

广西14个市市辖区主要社会经济指标，根据国家城市基本情况统计报表制度收集整理。

二、其他情况说明

本篇数据为初步统计数，截至出版前（2023年10月30日）未经国家统计局审核反馈，仅供参考，请谨慎使用。

Brief Introduction

(This chapter is compiled by the Urban Department of the Guangxi Zhuang Autonomous Region Bureau of Statistics, Tel: 0771-5855876)

Main Contents and Sources

Main social and economic indicators of municipal districts of cities in Guangxi. Information is compiled according to the statistical reporting system of the city annual report in China.

11－1 广西各市市辖区社会经济主要指标（2022）

指 标	Item	南宁市 Nanning	柳州市 Liuzhou	桂林市 Guilin
一、人口规模	Population Size			
年末户籍人口（万人）	Total Household Registered Population at the Year-end (10 000 persons)	430.35	191.25	138.17
其中：城镇户籍人口	Urban Household Registered Population	285.91	143.55	102.75
年平均人口（万人）	Annual Average Population (10 000 persons)	425.16	190.19	137.52
年出生人口（人）	Annual Birth Population (person)	44621	14725	9970
年死亡人口（人）	Annual Mortality Population (person)	14072	7128	5557
年末总户数（万户）	Total Households at the Year-end (10 000 households)	148.66	60.14	44.94
二、资源环境	Natural Resources and Environment			
建成区面积（平方公里）	Developed Area (sq.km)	443	262	129
绿化覆盖面积（公顷）	Area of Forestation (hectare)	19042	12385	5680
建成区绿化覆盖率（%）	Coverage Area of Forestation of Developed Area (%)	43.03	44.01	44.20
绿地面积（公顷）	Area of Green Space (hectare)	16378	10674	4953
建成区绿地率（%）	Rate of Green Land of Developed Area (%)	37.01	37.12	38.54
公园绿地面积（公顷）	Park Green Area (hectare)	6398	2521	1465
公园面积（公顷）	Area of Park (hectare)	6480	2521	1129
三、经济发展	Economic Development			
（一）地区生产总值（当年价格，亿元）	Gross Domestic Product (current prices, 100 million yuan)	4253.14	2347.20	990.73
其中：第一产业增加值	Value Added of Primary Industry	328.86	84.21	68.49
第二产业增加值	Value Added of Secondary Industry	951.10	1070.16	264.83
#工业增加值	Industrial Added Value	501.45	912.66	157.47
第三产业增加值	Value Added of Tertiary Industry	2973.18	1192.83	657.41
人均地区生产总值（元）	Per Capita Gross Domestic Product (yuan)	70123	92541	57094
地区生产总值（2020年价格，亿元）	Gross Domestic Product (Prices in the year of 2020, 100 million yuan)	4071.39	2357.11	968.30
地区生产总值增长率	Growth Rate of Gross Domestic Product (%)	1.10	-1.90	1.55
（二）财政	Government Finance			
地方一般公共预算收入（万元）	Local Government Revenue (10 000 yuan)	3678970	1286455	868108
其中：税收收入	Various Taxes	2092607	869673	369437
地方一般公共预算支出（万元）	General Public Budget Expenditure of Local Government	6447170	2271930	1889713

注：本篇为上报数，出版前尚未经国家统计局审核反馈，仅供参考。

Main Social and Economic Indicators of Cities in Guangxi（2022）

梧州市 Wuzhou	北海市 Beihai	防城港市 Fangchenggang	钦州市 Qinzhou	贵港市 Guigang	玉林市 Yulin	百色市 Baise	贺州市 Hezhou	河池市 Hechi	来宾市 Laibin	崇左市 Chongzuo
81.22	72.46	60.74	155.62	207.05	118.98	73.51	123.33	101.55	114.54	38.19
61.18	43.80	25.72	49.64	61.69	64.25	27.98	25.20	33.77	33.99	11.40
81.12	72.13	60.57	155.33	206.80	118.42	73.44	123.61	101.63	114.55	38.16
6311	8616	5738	13170	18286	10365	5293	11732	6872	9524	2930
4309	6367	2030	7125	10009	4337	5089	7283	6415	5943	1921
26.62	20.74	15.05	36.46	64.71	35.85	20.53	33.40	32.19	32.41	11.30
75	86	52	91	100	78	71	58	49	54	41
4520	3619	2398	13210	3654	3678	3832	2495	2075	2306	1734
43.04	42.09	46.48	41.02	42.23	43.09	39.96	43.44	40.62	41.07	40.69
4222	5559	2068	11429	3236	3443	2763	2389	1810	1938	1550
40.07	37.17	40.08	35.10	37.40	38.58	34.38	41.60	35.27	34.31	36.67
935	846	743	519	608	1173	510	581	417	424	434
964	622	678	453	318	1050	262	629	417	73	460
708.54	1323.35	792.50	1256.56	881.38	696.87	520.58	598.88	403.20	445.63	259.99
25.99	115.35	67.73	166.39	107.56	60.02	84.13	78.05	89.67	70.87	39.22
327.51	682.44	479.41	529.02	408.81	208.94	207.15	275.04	86.09	159.35	89.97
286.24	633.79	437.99	528.32	328.23	136.49	176.65	209.66	74.89	126.22	69.24
355.04	525.56	245.36	561.15	365.01	427.91	229.30	245.79	227.44	215.41	130.80
82097	132097	123136	89280	52681	56544	66720	56075	43632	48013	59433
604.22	1097.46	694.40	1060.06	813.87	654.91	507.27	538.83	385.65	423.81	239.43
4.50	4.00	6.31	8.13	3.30	1.30	-3.33	2.59	3.74	3.80	7.50
192203	541121	365189	569649	407663	316706	312667	359585	107508	292933	143842
143815	289503	231148	297525	231961	149521	131107	147194	65227	104767	76942
478427	1323879	1020222	1557824	1578559	1193591	1262955	1244978	1074913	1057002	686395

Note: The data in this chapter are preliminary data that has not yet to be verified by National Bureau of Statistic before the date of publication. FYI only.

11−1 续表 1

指 标	Item	南宁市 Nanning	柳州市 Liuzhou	桂林市 Guilin
其中：一般公共服务支出	Expenditure for General Public Services	419056	191448	190752
科学技术支出	Expenditure for Science and Technology	181925	36427	32493
教育支出	Expenditure for Education	1112774	548494	313159
文化旅游体育与传媒支出	Expenditure for Culture,Tourism,Sport and Media	80759	34046	38098
卫生健康支出	Expenditure for Health Care	788312	267974	294929
节能环保支出	Expenditure for Energy Conservation and Environment Protection	269546	22040	21945
城乡社区支出	Expenditure for Community Affair in Urban and Rural Area	606420	209177	213267
交通运输支出	Expenditure for Transportation	116213	21729	26358
社会保障和就业支出	Expenditure for Social Security and Employment	651409	352480	288174
住房保障支出	Housing Security Expenditure	209188	84278	82075
（三）金融	Finance			
年末金融机构人民币各项存款余额（万元）	Year-end Deposit Balance of Financial Institutions in RMB (10 000 yuan)	115253553	37945534	28716716
其中：住户存款余额	Household Savings Deposits	42245253	18958541	15401641
年末金融机构人民币各项贷款余额（万元）	Year-end Loans Balance of Financial Institutions in RMB (10 000 yuan)	185768050	38729754	22347538
（四）房地产	Real Estate Development			
房地产开发投资（万元）	Investment in Real Estate Development	6833397	2431858	1065257
其中：住宅	Residential Buildings	4815540	1928997	852898
商品房销售面积（万平方米）	Floor Space of Selling Commercial Houses (10 000 sq.m)	1202.22	321.45	215.12
其中：住宅	Residential Building	591.32	256.39	178.24
商品房销售额（万元）	Total Sales of Commercial Buildings (10 000 yuan)	8323849	2364238	1224272
其中：住宅	Residential Building	5652674	1832785	1060529
待售面积（万平方米）	Space of Commercial Buildings for Sale (10 000 sq.m)	371.08	42.70	52.28
（五）对外经济贸易	Foreign Economic Relations and Trade			
新设立外商直接投资企业数（个）	Number of newly established Projects for Contracted Foreign Direct Investment (unit)	238	24	22
（六）规模以上工业	Industrial Enterprises Above Designated Size			
工业企业数（个）	Number Industrial Enterprises (unit)	977	869	211
其中：内资企业	Domestic Investment	882	824	191
#国有企业	State-owned Enterprises	5	1	2
私营企业	Private Enterprises	628	631	110
港、澳、台商投资企业	Enterprises with Funds from Hong Kong, Macao and Taiwan	51	7	6
外商投资企业	Foreign Funded Enterprises	44	38	14

continued

梧州市 Wuzhou	北海市 Beihai	防城港市 Fangchenggang	钦州市 Qinzhou	贵港市 Guigang	玉林市 Yulin	百色市 Baise	贺州市 Hezhou	河池市 Hechi	来宾市 Laibin	崇左市 Chongzuo
39639	153771	96123	133135	133018	77835	93857	71322	89957	122354	56143
14446	23478	17435	26182	22234	21973	21283	7650	16683	7550	9955
85495	233048	138543	264361	288129	214216	169284	170534	183315	182901	76392
988	35300	9339	10203	19455	11599	14148	4251	9752	8465	6717
25526	240494	112356	216842	311530	388363	278517	39785	290688	188483	162720
60816	10810	49191	16244	11732	11029	14235	2093	11715	8549	9576
61908	140237	162614	257738	62125	38975	49731	85255	23558	29551	52141
3458	13420	36204	93837	85753	22020	77337	9753	10869	6228	16952
46097	93802	111385	158718	167344	145343	142874	103931	169968	130204	76256
18590	44694	29052	25293	54576	34185	31845	18044	26244	32821	15084
9292340	11299288	8192918	9683813	9571313	11100245	7312973	6309277	6117328	4882468	3295595
5421944	6224698	3334207	5567044	6440687	6831438	3916709	3912911	4320760	2594956	1500997
9243511	10100641	8547105	10292652	10439125	10456391	7766760	6453765	4566287	6034197	3764755
496074	539665	249517	656793	1178655	767736	568081	326169	191741	91843	188703
413796	469205	174394	612596	915055	668588	475134	238503	148584	74988	165312
125.39	141.75	34.95	134.88	154.08	176.52	127.39	54.59	49.13	51.83	39.43
106.12	131.58	32.74	119.59	137.23	147.54	89.26	47.13	43.44	48.72	34.76
540796	902842	175291	608861	788730	894424	581367	285372	202563	215140	159821
479880	825620	164576	566433	717882	759991	454612	251962	186800	198103	146006
55.85	162.00	35.35	109.13	37.90	21.95	29.30	17.89	20.83	60.33	24.84
22	16	14	69	11	6	6	8	6	4	2
242	213	94	233	833	197	131	252	106	169	103
218	188	81	214	815	182	126	242	103	159	91
2	8	1	2	1	20	1	0	0	0	0
151	122	48	150	750	141	89	194	78	118	62
17	15	7	13	8	6	4	6	0	5	2
7	10	6	6	10	9	1	4	3	5	10

11-1 续表 2

指 标	Item	南宁市 Nanning	柳州市 Liuzhou	桂林市 Guilin
资产总计（万元）	Total Assets (10 000 yuan)	35656537	35167965	8530799
流动资产合计（万元）	Total Current Assets (10 000 yuan)	20268422	19663037	5389666
营业收入（万元）	Business Income (10 000 yuan)	22038172	35125887	5493585
营业成本（万元）	Operating Cost (10 000 yuan)	18084824	31690875	4415998
利润总额（万元）	Total After-tax Profits (10 000 yuan)	671245	100379	513734
（七）贸易	Trade			
社会消费品零售总额（万元）	Total Retail Sales of Consumer Goods (10 000 yuan)	21159036.90	11043215.94	4985552.20
限额以上批发零售业法人企业数（个）	Number of Enterprises Above Designated Size in Wholesale and Retail Trades (unit)	1626	976	348
其中：零售业	Retail Trade	572	358	195
限额以上批发零售业商品销售额（万元）	Total Sales of Enterprises Above Designated Size in Wholesale and Retail Trades (10 000 yuan)	74940508	18651497	4891315
四、公共服务	Public Service			
（一）教育	Education			
中等职业教育学校数（所）	Number of Secondary Schools for Vocational Education (unit)	22	14	7
普通中学学校数（所）	Number of Regular Secondary Schools (unit)	235	90	71
普通小学学校数（所）	Number of Primary Schools (unit)	558	188	168
中等职业教育专任教师数（人）	Number of Full-time Teachers of Secondary Schools for Vocational Education (person)	2424	2374	695
普通中学专任教师数（人）	Number of Full-time Teachers of Regular Secondary Schools (person)	22767	10640	7509
普通小学专任教师数（人）	Number of Full-time Teachers of Primary Schools (person)	31667	11254	8713
中等职业教育在校生数（人）	Student Enrollment of Secondary Schools for Vocational Education (person)	75919	69704	15819
普通中学在校生数（万人）	Student Enrollment of Regular Secondary Schools (10 000 persons)	31.54	14.68	10.12
普通小学在校生数（万人）	Student Enrollment of Primary Schools (10000 persons)	54.74	20.11	14.58
（二）文体	Culture and Sports			
公共图书馆数（个）	Number of Public Libraries (unit)	9	6	3
公共图书馆图书藏量（万册）	Total Collection of Public Libraries (10000 copies)	270.92	174.44	384.30
体育场地数（个）	Sports Fields (unit)	21077	7614	4801
（三）医疗	Health Care			
医疗卫生机构数（个）	Number of Hospitals and Health Institutions (unit)	3426	1399	1312
其中：医院数（个）	Number of Hospitals	110	54	38
医疗卫生机构床位数（张）	Total Number of Beds in Hospitals and Health Institutions (bed)	45204	20069	12647

continued

梧州市 Wuzhou	北海市 Beihai	防城港市 Fangchenggang	钦州市 Qinzhou	贵港市 Guigang	玉林市 Yulin	百色市 Baise	贺州市 Hezhou	河池市 Hechi	来宾市 Laibin	崇左市 Chongzuo
7348351	12962382	24864411	15858972	8194439	5408247	7252242	6474918	2779000	4609800	2672971
4582449	6562702	7923028	7223980	4784884	2253945	2638099	3379997	1050000	2486000	1332088
8199662	22212084	20977408	16413049	10716141	3682769	4100157	5204360	2102000	3838300	1973173
7183747	19739864	20032395	14418920	9711030	3115657	3352767	4572088	1937000	3502900	1664976
609747	770644	153528	433219	557839	212817	235144	239615	52000	129000	162880
1816575.70	3029797.82	1026011.20	2980110.47	2677595.95	5010783.00	1961010.76	1375419.60	1435410.17	652255.80	693315.50
196	163	84	321	244	348	167	112	168	85	62
105	91	36	90	132	203	121	60	104	44	33
4804616	3480339	6100886	16352242	3610952	5157630	6657861	4578420	4011758	2654812	1678134
8	5	1	7	9	12	13	9	5	3	5
40	61	32	61	76	61	31	59	44	47	23
137	101	192	340	350	230	69	157	168	110	25
566	653	199	863	556	1560	493	492	634	526	478
4053	4660	3067	7829	10949	7143	4328	5485	3663	1997	2466
4512	5204	3760	9715	10189	7141	3917	6975	4740	5693	1859
13264	17483	6179	20192	25133	35025	14677	10484	16150	13198	7034
5.54	6.19	4.37	12.30	17.55	10.96	6.31	7.98	5.64	7.56	3.53
8.76	9.22	6.87	17.16	19.10	14.45	6.72	12.78	8.46	9.69	3.43
1	2	3	3	4	3	3	2	1	2	1
67.44	64.22	95.74	50.06	285.87	92.63	81.03	44.31	13.67	75.28	23.45
2171	3434	2224	5095	3048	1660	1553	3090	3711	4	1837
570	603	383	658	1542	994	529	652	632	575	200
23	19	11	19	38	27	19	18	16	16	10
7698	4751	3804	11015	12217	14693	9486	6107	9402	6443	2466

11—1 续表 3

指 标	Item	南宁市 Nanning	柳州市 Liuzhou	桂林市 Guilin
其中：医院床位数（张）	Number of Beds in Hospitals	37031	17131	10837
卫生技术人员数（人）	Number of Health Technical Personnel (person)	71861	29529	20350
其中：执业（助理）医师数（人）	Number of Doctors (Licensed and Licensed Assistant Doctors)	26854	10636	7494
注册护士（人）	Registered Nurses (person)	33437	14200	10037
（四）社会保障	Social Security			
城镇职工基本养老保险参保人数（人）	Number of Urban Staff and Workers Joined Basic Pension Insurance (person)	1929976	1009794	632410
城乡居民基本养老保险参保人数（人）	Number of Persons Joined the Urban Basic Pension Insurance (person)	897822	334741	311300
职工基本医疗保险参保人数（人）	Number of Workers Joined the Basic Health Care Program (person)	1418371	782390	509815
城乡居民基本医疗保险参保人数（人）	Number of Persons Joined the Urban Basic Health Care Program (person)	2605158	1142292	881696
失业保险参保人数（人）	Number of Persons Joined Unemployment Insurance (person)	1060957	483850	350401
工伤保险参保人数（人）	Number of Persons Joined Industrial Injury Insurance (person)	1252970	497401	393697
城镇居民最低生活保障人数（人）	Number of Urban Residents under Lowest Cost-of-living Level (person)	40401	20960	12502
五、基础设施	Infrastructure			
（一）邮电	Postal and Telecommunication			
快递业务收入（万元）	Income of Express Delivery Business(10 000 yuan)	532288	137846	58340
（二）生活设施	Living Facilities			
年末排水管道长度（公里）	Length of Sewer Pipelines at the Year-end (km)	6374	2177	1108
年末公共供水管道长度（公里）	Length of Public Water Supply Pipelines (km)	5691	2343	2959
公共供水综合生产能力（万立方米/日）	Public Comprehensive Productive Capacity of Water Supply (10 000 cu.m/day)	228.50	66.10	64.00
公共供水总量（万立方米）	Public Volume of Water Supply (10 000 cu.m)	66267.34	24906.19	17142.88
天然气供气总量（人工煤气、天然气）（万立方米）	Total Volume of Gas Supply(Manufactured and Natural Gas) (10 000 cu.m)	37664.33	17733.19	10547.55
其中：居民家庭用量（万立方米）	Residential Use	20619.54	6904.72	4580.62
液化石油气供气总量（吨）	Total Volume of Liquid Petrol Gas Supply (ton)	119837	25178	15969
其中：居民家庭用量（吨）	Households Use	66154	16031	14462

continued

梧州市 Wuzhou	北海市 Beihai	防城港市 Fangchenggang	钦州市 Qinzhou	贵港市 Guigang	玉林市 Yulin	百色市 Baise	贺州市 Hezhou	河池市 Hechi	来宾市 Laibin	崇左市 Chongzuo
6724	3930	2804	7388	9333	12053	7692	4060	7483	4335	1870
11717	8864	5112	13310	12751	16163	11009	7918	11436	7414	3272
3668	3097	1736	4242	4361	5401	3505	2804	3664	2315	947
5878	4096	2292	6504	6079	8251	5461	3685	5423	3504	1524
304771	290994	128166	132556	237266	262840	206848	181659	112301	123815	82067
203363	181373	213216	558266	890622	352408	346317	499570	405202	442513	168855
224563	214149	130000	188517	185417	214044	167747	140718	74991	116976	61598
558462	515753	443600	1202270	1645653	853723	557328	979494	800164	871052	304427
122485	139276	88898	52766	99939	138131	100972	87663	46206	72703	45149
137579	189169	111386	99612	151370	168440	119110	117300	60025	75328	68348
6236	5554	3569	5797	9353	11342	8153	6173	5700	5718	3395
26567	26320	11790	21942	25482	36275	13471	13000	12412	11250	801
942	1253	1166	1126	1168	937	919	736	865	718	575
688	1765	1167	1351	1335	1028	964	1054	582	1136	381
43.20	25.00	24.20	30.06	31.25	38.80	25.50	10.00	39.98	12.00	10.00
8247.52	8265.30	5736.06	7551.92	6865.33	8903.70	4856.70	3645.77	4694.48	4298.00	2940.00
21048.38	70157.97	4691.85	9536.23	5203.41	6402.13	9996.35	3494.66	998.19	2812.00	1036.00
2137.87	4685.00	968.66	2886.80	2455.78	4391.94	861.34	347.40	628.57	1194.00	598.40
10881	12896	4255	14160	9433	10360	8119	8644	11446	5728	4632
7116	9925	3103	7419	7099	7560	5705	4900	10534	4674	2653

主要统计指标解释

建成区面积 指城区（县城）内实际已成片开发建设、市政公用设施和公共设施基本具备的区域。对核心城市，它包括集中连片的部分以及分散的若干个已经成片建设起来，市政公用设施和公共设施基本具备的地区；对一城多镇来说，它包括由几个连片开发建设起来的，市政公用设施和公共设施基本具备的地区组成。因此建成区范围，一般是指建成区外轮廓线所能包括的地区，也就是这个城市实际建设用地所达到的范围。

城市现状建设用地面积 指报告期末对应有关城市建设用地实际情况的面积。城市建设用地面积指城市内的居住用地、公共管理与公共服务设施用地、商业服务业设施用地、工业用地、物流仓储用地、道路交通设施用地、公用设施用地、绿地与广场用地。

居住用地 指住宅和相应服务设施的用地。

本年征用土地面积 指报告期内国家为公共利益的需要，依法对集体所有的土地征用的面积。征用之后的土地所有权性质从集体所有转变为国有。

绿地面积 指报告期末用作园林和绿化的各种绿地面积。包括公园绿地、生产绿地、防护绿地、附属绿地和其他绿地的面积。

公园绿地面积 指城市中向公众开放的、以游憩为主要功能，有一定的游憩设施和服务设施，同时兼有健全生态、美化景观、防灾减灾等综合作用的绿化用地面积总和。

绿化覆盖面积 指城市中的乔木、灌木、草坪等所有植被的垂直投影面积。包括公园绿地、防护绿地、生产绿地、附属绿地、其他绿地的绿化种植覆盖面积、屋顶绿化覆盖面积以及零散树木的覆盖面积，不含各类绿地中的水域面积以及没有被植被覆盖的面积（硬化道路、无屋顶绿化的建筑物等）。乔木树冠下重叠的灌木和草本植物不能重复计算。

城市居民最低生活保障人数 指在报告期末，共同生活的家庭成员人均收入低于当地最低生活保障标准，且家庭财产状况符合相关规定的城镇居民，并已发放补助经费的人数。

年末排水管道长度 指年末所有排水总管、干管、支管、检查井及连接井进出口等长度之和。计算时应按单管计算，即在同一条街道上如有两条或两条以上并排的排水管道时，应按每条排水管道的长度相加计算。

Explanatory Notes on Main Statistical Indicators

Developed Area refers to an area within the urban area (county) that has been actually developed and constructed, and where municipal public facilities are basically available. For core cities, it includes areas where concentrated parts and several decentralized parts have been developed and equipped with municipal public facilities. And for a city with many towns, it includes areas where several contiguous parts have been developed and equipped with municipal public facilities. The range of developed area generally refers to the area covered by the outer boundary of the developed area, which represents the extent of actual urban construction land.

Area of City Construction refers to the actual area of land dedicated to urban development at the end of the reference period. It includes residential land, land for public administration and public service facilities, land for commercial and service facilities, industrial land, land for logistics and storage, land for road and transportation facilities, land for public facilities, as well as land for green areas and squares within the urban area.

Area of Residential Land refers to lands for residential buildings and corresponding service facilities.

Area of Land Expropriated in Current Year refers to the total area of land that has been legally expropriated by the state from collective ownership for the purpose of public interest during the reference period. After expropriation, the ownership of the land changes from collective ownership to state ownership.

Area of Green Land refers to the area of all kinds of green land used as gardens and green areas by the end of reference period, including the area of park green land, production green land, protection green land, accessory green land and other kinds of green land.

Area of Park Green Land refers to green areas open to the public for amusement and rest with the facilities of amusement, rest and services. Its functions include perfecting ecology, beautifying landscape, and preventing and reducing disaster.

Coverage Area of Green Land refers to the area of vertical projections of trees, shrubs and lawn, including green plantation coverage area of park green land, protection green land, production green land, accessory green land and other kinds of green land, roof green coverage area and scattered trees coverage area. It excludes water area in various green lands and land without vegetation covering (such as hardening roads, buildings without green roof). Shrubs and herbs that overlap under the canopy of trees cannot be calculated repeatedly.

Number of Urban Residents Receiving Subsistence Allowances refers to number of residents who have received subsidy funds and whose average household income is below the minimum subsistence level stipulated by the local government and family financial situation meets the relevant requirements as of the end of the reference period.

Length of Drainage Pipelines at Year-end refers to the summation of length of all drainage main pipes, trunk pipes, branch pipes, inspection wells and connection wells inlet and outlet. The calculation shall be based on a single pipeline, that is, if there are two or more parallel drainage pipelines on the same street, the calculation shall be based on the added length of each drainage pipeline.

公共年末供水综合生产能力 指年末按供水设施取水、净化、送水、出厂输水干管等环节设计能力计算的综合生产能力。包括在原设计能力的基础上，经挖、革、改增加的生产能力。计算时，以四个环节中最薄弱的环节为主确定能力。原则上按设计能力填报，对于经过更新改造后，实际生产能力与设计能力相差很大的，按实际能力填报。

公共供水总量 指报告期内供水企业（单位）供出的全部水量，包括有效供水量和漏损水量。

有效供水量 指水厂将水供出厂外后，各类用户实际使用到的水量，包括售水量和免费供水量。

年末实有公共汽（电）车营运车辆数 指年末实际运营的公共汽车、公共电车的数量。

公共汽（电）车客运总量 指一年内公共汽车、公共电车总共搭载的人次。

年末实有巡游出租汽车运营车数 指年末已经领取出租汽车专用牌照的运营车辆，包括技术完好的、在修的、长期行驶的以及拟报废尚未经上级机关批准的车辆。

Comprehensive Productive Capacity of Water Supply at Year-end refers to the comprehensive production capacity calculated based on the design capacity of water supply facilities, including water intake, purification, distribution, and main pipelines for water transmission at the end of the year. It includes the production capacity that has been increased through excavation, renovation, and improvement based on the original design capacity. When calculating, the capacity is determined based on the weakest stage. In principle, it should be reported based on the design capacity. However, if the actual production capacity differs significantly from the design capacity after renovation, the actual capacity should be reported.

Volume of Water Supply refers to the total amount of water supplied by a water supply company (entity) during the reference period, including both the effective water supply volume and the leakage water volume.

Effective Water Supply refers to the amount of water actually used by users after water is supplied by the water company, including water supply for sale and free.

Number of Operating Buses and Trams at Year-end refers to total number of buses and trams in actual operation at the end of the year.

Passenger Volume of Buses and Trams refers to the total number of passengers carried by buses and trams within a year.

Number of Operational Taxi at Year-end refers to the vehicles that have obtained special taxi license plates by the end of the year. This includes vehicles that are in good technical condition, under repair, in long-term operation, and those intended to be scrapped but have not yet been approved by higher authorities.

第十二篇　对外经济贸易

CHAPTER 12　INTERNATIONAL TRADE AND ECONOMY COOPERATION

（编辑：张　茵）

简要说明

（本篇资料由自治区统计局贸经处整理，电话：0771-2441281）

本篇资料主要内容及来源

（一）主要年份广西外贸进出口总额、广西同主要国家（地区）进出口商品总值、广西与东盟进出口商品总值、各市进出口商品总值、主要出口商品、进口商品的数量及金额。2022年数据提供时间为2023年1月25日（南宁海关）。

（二）广西对外经济合作情况、主要年份广西及各市实际利用外资情况（广西壮族自治区商务厅）。

Brief Introduction

(This Chapter is compiled by the Department of Trade and Economy of the Guangxi Zhuang Autonomous Region Bureau of Statistics, Tel: 0771-2441281)

Main Contents and Sources

(i) Total import and export value of Guangxi's foreign trade in main years, total import and export value by major countries (regions), total import and export value from Guangxi to ASEAN, total import and export value by city, volume and value of the major export and import commodities. The data is provided on Jan 25, 2023 (Nanning Customs).

(ii) Guangxi's foreign economic cooperation, basic statistics of foreign capital actually utilized in Guangxi and different cities in main years (Department of Commerce of Guangxi Zhuang Autonomous Region).

12－1　广西外贸进出口总额
Total Import and Export Value of International Trade

年　份 Year	按人民币计算（万元）RMB (10 000 yuan)				按美元计算（万美元）USD (USD 10 000)			
	进出口总额 Total	出口总额 Export	进口总额 Import	差额顺差+、逆差- Balance +, -	进出口总额 Total	出口总额 Export	进口总额 Import	差额顺差+、逆差- Balance +, -
1978	45783	42305	3478	38827	26931	24885	2046	22839
1980	57112	55234	1878	53356	37823	36579	1244	35335
1985	153619	109260	44359	64901	52310	37205	15105	22100
1990	429517	348906	80611	268295	89797	72944	16853	56091
1991	544732	443062	101670	341392	102351	83248	19103	64145
1992	903567	611189	292378	318811	163850	110831	53019	57812
1993	1197113	763413	433700	329713	207760	132491	75269	57222
1994	2119857	1380777	739080	641697	245983	160222	85761	74461
1995	2689369	1880944	808425	1072519	321111	224585	96526	128059
1996	2349656	1590216	759440	830776	283132	191620	91512	100108
1997	2543484	1975177	568307	1406870	306821	238266	68555	169711
1998	2469994	2001785	468209	1533576	298377	241817	56560	185257
1999	1451332	1032287	419045	613242	175322	124701	50621	74080
2000	1686986	1236078	450908	785170	203789	149319	54470	94849
2001	1487461	1022629	464832	557797	179715	123554	56161	67393
2002	2011854	1248137	763717	484420	243032	150775	92257	58518
2003	2642161	1630853	1011308	619545	319173	197007	122166	74841
2004	3550058	1983071	1566987	416084	428847	239554	189293	50261
2005	4182696	2322127	1860569	461558	518289	287741	230548	57193
2006	5257761	2835001	2422761	412240	667398	359863	307535	52328
2007	6915250	3811510	3103740	707770	927686	511317	416369	94948
2008	9041850	5019577	4022274	997303	1324179	735117	589062	146055
2009	9699570	5715622	3983955	1731667	1420599	837110	583490	253620
2010	11808365	6408922	5399443	1009480	1770609	960988	809621	151367
2011	14818350	7912949	6905395	1007554	2333084	1245859	1087224	158635
2012	18525688	9722669	8803012	919657	2947369	1546841	1400527	146314
2013	20020330	11398148	8622181	2775967	3283690	1869499	1414191	455308
2014	24911476	14947146	9964330	4982816	4055305	2433004	1622301	810703
2015	31903077	17398601	14504476	2894125	5126215	2802570	2323645	478925
2016	31704215	15238340	16465875	-1227535	4789694	2302934	2486760	-183826
2017	38663414	18552015	20111398	-1559383	5721023	2745579	2975444	-229865
2018	41043509	21755161	19288348	2466813	6233834	3279902	2953932	325970
2019	46947028	25971475	20975553	4995922	6820238	3774054	3046184	727870
2020	48613446	27082084	21531362	5550722	7028563	3918665	3109898	808767
2021	59306259	29391052	29915208	-524156	9170155	4544965	4625189	-80224
2022	66035336	37053542	28981794	8071748	9804967	5468309	4336658	1131651

注：1. 外贸进出口数自1999年起（含1999年）采用海关统计数据；外贸进出口数据自2015年起（含2015年）包含边民互市贸易数据。
2. 按当年12月汇率计算。

Note: 1. The import and export figure of the foreign trade have adopted customs statistics data since 1999 (including 1999). The total import and export value has included the border trade since 2015 (including 2015).
2. The exchange rate of RMB yuan to US dollar is calculated as the exchange rate of December of current year.

12—2 主要年份外贸进出口总额（按贸易方式分）

Total Import and Export Value of International Trade in Main Years (By Type of Trade)

单位：万元 (RMB 10 000)

项 目	Item	2017	2018	2019	2020	2021	2022
合 计	**Total**	**38663414**	**41043509**	**46947028**	**48679681**	**59306259**	**66035336**
一般贸易	General Trade	14235946	13807716	16566188	15305672	18472368	28170433
国家间、国际组织无偿援助和赠送的物资	Donation Between Countries and from International Organizations			257	52		
华侨、港澳台同胞、外籍华人捐赠物资	Donation from Overseas Chinese, Compatriots in Hong Kong, Macao and Foreign Chinese				6773	2640	959
来料加工装配贸易	Processing and Assembly Trade with Customers Materials	1766039	760655	232026	313333	296389	703170
进料加工贸易	Processing Trade with Imported Materials	6276506	8395240	7894855	9073894	11103967	12122636
边境小额贸易	Border Small Value Trade	8363041	10762344	10908276	11253080	10716340	7897646
对外承包工程出口货物	Export Commodities for Contracted Projects with Foreign Countries and Regions	30116	48867	110130	13030	7463	24923
租赁贸易	Leasing Trade	33866	32342		147	2220	4700
外商投资企业作为投资进口的设备物资	Import Equipment and Materials as Investment of Foreign Investment Enterprises	26227	1402	2470	2424	29435	16685
易货贸易	Barter Trade				10		
保税监管场所进出境货物	Import and Export Commodities in Bonded Supervision Areas	680892	843649	1135956	2466712	3515519	2094986
海关特殊监管区域物流货物	Logistics Goods in Customs Special Supervision Areas	880359	981467	6066877	7342532	10684864	12658545
海关特殊监管区域进口设备	Imported Equipment in Customs Special Supervision Areas	16779	16496	28925	46320	60447	78815
其他	Others	6353643	5416917	4001068	2855703	4414607	2261840

注：2016年起，外贸进出口数据以人民币计价。
Note: The data of import and export value of foreign trade has been calculated by RMB since 2016.

12—3 主要年份外贸出口总额（按贸易方式分）

Total Export Value of International Trade in Main Years（By Type of Trade）

单位：万元 (RMB 10 000)

项　目	Item	2017	2018	2019	2020	2021	2022
合　计	**Total**	**18552015**	**21755161**	**25971475**	**27075009**	**29391052**	**37053542**
一般贸易	General Trade	5393717	5489430	8168811	7104108	6899566	15811128
国家间、国际组织无偿援助和赠送的物资	Donation Between Countries and from International Organizations			257	52		
华侨、港澳台同胞、外籍华人捐赠物资	Donation from Overseas Chinese, Compatriots in Hong Kong, Macao and Foreign Chinese				3762	2640	959
来料加工装配贸易	Processing and Assembly Trade with Customers Materials	828798	353025	152636	190195	176910	443953
进料加工贸易	Processing Trade with Imported Materials	3451510	4797411	4337903	4803310	5533215	5465181
边境小额贸易	Border Small Value Trade	7990166	10324950	10605324	10979250	10480310	7764418
对外承包工程出口货物	Export Commodities for Contracted Projects with Foreign Countries and Regions	30116	48867	110130	13030	7463	24923
租赁贸易	Leasing Trade	0	206		0	2188	4700
易货贸易	Barter Trade				10		
保税监管场所进出境货物	Import and Export Commodities in Bonded Supervision Areas	90633	98621	103402	148269	211408	89170
海关特殊监管区域物流货物	Logistics Goods in Customs Special Supervision Areas	283448	448419	2251502	3368019	5394054	7137236
其他	Others	483628	200505	241512	465005	683298	311875

12—4　主要年份外贸进口总额（按贸易方式分）

Total Import Value of International Trade in Main Years（By Type of Trade）

单位：万元　　　　(RMB 10 000)

项　目	Item	2017	2018	2019	2020	2021	2022
合　计	**Total**	**20111398**	**19305660**	**20975553**	**21604672**	**29915208**	**28981794**
一般贸易	General Trade	8842230	8318286	8397377	8201564	11572802	12359304
国家间、国际组织无偿援助和赠送的物资	Donation Between Countries and from International Organizations			0	0		
华侨、港澳台同胞、外籍华人捐赠物资	Donation from Overseas Chinese, Compatriots in Hong Kong, Macao and Foreign Chinese				3011		
来料加工装配贸易	Processing and Assembly Trade with Customers Materials	937241	407630	79391	123138	119479	259217
进料加工贸易	Processing Trade with Imported Materials	2824996	3597829	3556952	4270584	5570753	6657456
边境小额贸易	Border Small Value Trade	372875	437394	302952	273830	236030	133228
租赁贸易	Leasing Trade	33866	32135		147	32	
外商投资企业作为投资进口的设备物资	Import Equipment and Materials as Investment of Foreign Investment Enterprises	26227	1402		0	29435	16685
易货贸易	Barter Trade				0		
保税监管场所进出境货物	Import and Export Commodities in Bonded Supervision Areas	590259	745028	1032554	2318443	3304111	2005817
海关特殊监管区域物流货物	Logistics Goods in Customs Special Supervision Areas	596911	533048	3815375	3974513	5290810	5521309
海关特殊监管区域进口设备	Imported Equipment in Customs Special Supervision Areas	16779	16496	28925	46320	60447	78815
其他	Others	5870015	5216412	3759557	2390698	3731309	1949965

12—5 主要年份外贸进出口总额（按企业性质分）

单位：万元

项　目	Item	2017		2018	
		出口 Export	进口 Import	出口 Export	进口 Import
总　计	**Total**	**18552015**	**20111398**	**21755161**	**19288348**
国有企业	State-owned Enterprises	1258119	4985329	816036	4222599
外商投资企业	Foreign Funded Enterprises	3772075	5797114	4870790	5622486
#合作企业	Sino-foreign Cooperation	8599	2789	6526	1077
合资企业	Sino-foreign Joint Venture	2187572	4079646	1715230	2728392
独资企业	Wholly Foreign-owned	1575904	1714679	3149034	2893017
民营企业	Non-state-owned Enterprises	13055750	3458460	15874470	4236599
#集体企业	Collective-owned Enterprises	52656	1515	35247	1816
私营企业	Private Enterprises	13000579	3456870	15837185	4234734
个体工商户	Individual Business	2515	76	2039	49

Total Import and Export Value in Main Years (By Nature of Enterprises)

(RMB 10 000)

2019		2020		2021		2022	
出口 Export	进口 Import	出口 Export	进口 Import	出口 Export	进口 Import	出口 Export	进口 Import
25971475	**20975553**	**27075009**	**21604672**	**29391052**	**29915208**	**37053542**	**28981794**
702061	4567532	654707	5049489	1043969	7118246	1116549	9561895
3909770	3769010	3669135	4149929	4878384	5422605	5879004	5497843
7151	1642	3015	83	2649	269	2746	42
998811	1362894	919905	1439653	1494651	2024596	2148296	1930340
2903808	2404475	2746215	2710193	3381084	3397740	3727963	3567461
21118412	8877579	22287131	10016067	22993430	13646360	29969980	11974217
35617	870	16587	536	20973	345	19340	152
21081344	8876682	22268549	10015521	22970339	13645959	29948328	11973973
1451	28	1995	10	2118	56	2312	92

12－6 广西同主要国家（地区）进出口商品总值（2022年）
Total Import and Export Value by Country and Region（2022）

单位：万元 (RMB 10 000)

国别（地区）	Country (region)	进出口 Total	出口 Export	进口 Import	增长速度（%） Growth Rate (%) 进出口 Total	出口 Export	进口 Import
总　值	**Total**	**66035336**	**37053542**	**28981794**	**11.3**	**26.1**	**-3.2**
亚洲	**Asia**	**44568440**	**28559873**	**16008567**	**5.7**	**14.2**	**-6.8**
中国香港	Hong Kong, China	4716014	4500147	215866	-35.2	-35.0	-39.9
印度	India	789638	690272	99366	109.2	146.2	2.4
印度尼西亚	Indonesia	1577592	563541	1014051	73.8	94.6	64.0
日本	Japan	824260	519939	304321	-3.2	108.9	-49.5
马来西亚	Malaysia	1545044	1009297	535747	26.2	22.9	33.1
菲律宾	The Philippines	941042	720760	220282	128.4	365.0	-14.3
新加坡	Singapore	685321	546922	138399	99.1	100.1	95.0
韩国	Republic of Korea	1425330	477724	947606	82.1	158.2	58.5
泰国	Thailand	3068046	1570147	1497899	-38.7	174.4	-66.2
越南	Vietnam	19913426	15824940	4088486	-0.6	11.0	-29.3
中国台湾	Taiwan, China	2496373	230447	2265926	9.6	63.4	6.0
非洲	**Africa**	**2669164**	**922926**	**1746237**	**35.1**	**130.7**	**10.8**
加蓬	Gabon	59475	7750	51725	80.2	86.6	79.2
南非	South Africa	582438	82995	499443	-34.1	117.4	-40.9
欧洲	**Europe**	**3538262**	**2317511**	**1220750**	**59.4**	**90.8**	**21.5**
比利时	Belgium	146354	144006	2348	77.6	86.2	-53.7
英国	United Kingdom	371105	319274	51832	80.7	83.6	65.0
德国	Germany	357271	264448	92823	27.6	76.8	-28.8
法国	France	131241	120942	10298	23.2	55.6	-64.2
意大利	Italy	154401	127007	27394	60.6	77.0	12.4
荷兰	Netherlands	339133	334809	4324	52.1	53.0	3.9
西班牙	Spain	237517	114871	122646	50.8	33.7	71.4
芬兰	Finland	135122	6556	128566	21.4	129.9	18.5
瑞典	Sweden	68441	33957	34484	37.6	60.5	20.7
俄罗斯联邦	Russia Federation	744563	415738	328824	244.7	327.1	177.1
拉丁美洲	**Latin America**	**7716306**	**1512635**	**6203671**	**13.3**	**96.2**	**2.7**
北美洲	**North America**	**5699944**	**3325452**	**2374492**	**51.1**	**93.6**	**15.5**
加拿大	Canada	1384289	215368	1168921	9.9	98.8	1.5
美国	United States	4315655	3110084	1205571	71.8	93.3	33.4
大洋洲	**Oceanic**	**1838998**	**415145**	**1423853**	**-21.1**	**52.7**	**-30.8**
澳大利亚	Australia	1699696	355538	1344158	-19.6	47.1	-28.2
东南亚国家联盟	**Association of Southeast Asian Nations**	**28111267**	**20551499**	**7559769**	**-0.4**	**24.0**	**-35.1**
欧洲联盟	**European Union**	**1909432**	**1457043**	**452389**	**41.4**	**63.0**	**-0.8**
亚太经济合作组织	**Asia Pacific Economic Cooperation**	**50438621**	**30988887**	**19449733**	**0.8**	**17.3**	**-17.7**

注：东南亚国家联盟包括：文莱、印度尼西亚、马来西亚、菲律宾、新加坡、泰国、越南、缅甸、柬埔寨、老挝。
欧洲联盟包括：比利时、丹麦、英国、德国、法国、爱尔兰、意大利、卢森堡、荷兰、希腊、葡萄牙、西班牙、奥地利、芬兰、瑞典、塞浦路斯、匈牙利、马耳他、波兰、爱沙尼亚、拉脱维亚、立陶宛、斯洛文尼亚、捷克、斯洛伐克、罗马尼亚、保加利亚、克罗地亚。
亚太经济合作组织包括：文莱、中国香港、印度尼西亚、日本、马来西亚、菲律宾、新加坡、韩国、泰国、中华人民共和国、中国台湾地区、智利、墨西哥、加拿大、美国、澳大利亚、新西兰、巴布亚新几内亚、越南、俄罗斯、秘鲁。

Note: Association of Southeast Asian Nations includes: Brunei, Indonesia, Malaysia, the Philippines, Singapore, Thailand, Vietnam, Myanmar, Cambodia, Laos.
European Union includes: Belgium, Denmark, United Kingdom, Germany, France, Ireland, Italy, Luxembourg, Holland, Greece, Portugal, Spain, Portugal, Spain, Austria, Finland, Sweden, Cyprus, Hungary, Malta, Poland, Estonia, Lithuania , Latvia, Slovenia ,Czech , Slovakia, Romania, Bulgaria, Croatia.
Asia Pacific Economic Cooperation includes: Brunei, China Hong Kong, Indonesia, Japan, Malaysia, the Philippines, Singapore, Republic of Korea, Thailand, People's Republic of China, Chinese Taiwan, Chile, Mexico, Canada, United States, Australia, New Zealand, Papua New Guinea, Vietnam, Russia, Peru.

12—7 广西与东盟进出口商品总值（2020—2022年）
Total Import and Export Value from Guangxi to ASEAN（2020—2022）

单位：亿元 (RMB 100 million)

主要贸易方式	Main Mode of Trade	2020			2021			2022		
		进出口 Total	出口 Export	进口 Import	进出口 Total	出口 Export	进口 Import	进出口 Total	出口 Export	进口 Import
合 计	**Total**	**2374.41**	**1533.44**	**840.96**	**2821.17**	**1657.29**	**1163.88**	**2811.13**	**2055.15**	**755.98**
边境小额贸易	Border Small Value Trade	1125.63	1098.18	27.46	1071.62	1048.02	23.6	789.76	776.44	13.32
一般贸易	General Trade	387.41	209.48	177.93	467.94	222.17	245.77	872.88	579.01	293.87
其他贸易	Other Trade	283.31	45.08	238.24	440.54	68	372.55	225.48	30.91	194.57
海关特殊监管区域物流货物	Logistics Goods in Customs Special Supervision Areas	470.07	114.93	355.14	680.21	225.43	454.78	790.53	614.68	175.85
主要贸易国别	**Main Countries of Trade**									
#合计	Total	2374.41	1533.44	840.96	2821.17	1657.29	1163.88	2811.13	2055.15	755.98
越南	Vietnam	1762.14	1343.56	418.58	2003.93	1425.69	578.25	1991.34	1582.49	408.85
印度尼西亚	Indonesia	55.56	20.36	35.19	90.57	28.96	61.62	157.76	56.35	101.41
新加坡	Singapore	43.29	34.95	8.34	34.43	27.33	7.1	68.53	54.69	13.84
马来西亚	Malaysia	84.95	61.02	23.93	122.49	82.24	40.25	154.50	100.93	53.57
泰国	Thailand	380.46	46.65	333.81	500.47	57.21	443.26	306.80	157.01	149.79
菲律宾	The Philippines	28.77	12.69	16.07	40.77	15.5	25.27	94.10	72.08	22.03
柬埔寨	Cambodia	6.39	6.10	0.29	10.47	9.86	0.61	19.73	18.61	1.13
老挝	Laos	5.94	1.77	4.17	10.59	4.95	5.64	5.35	2.63	2.72
缅甸	Myanmar	6.71	6.13	0.57	7.36	5.47	1.88	12.40	10.04	2.36
文莱	Brunei	0.20	0.20	…	0.09	0.09	0	0.59	0.31	0.28

12—8 各市进出口商品总值（2020—2022年）
Total Import and Export Value by City（2020—2022年）

单位：万元 (RMB 10 000)

地区	Region	2020			2021			2022		
		进出口 Total	出口 Export	进口 Import	进出口 Total	出口 Export	进口 Import	进出口 Total	出口 Export	进口 Import
全 区	**Guangxi**	**48679681**	**27075009**	**21604672**	**59306259**	**29391052**	**29915208**	**66035336**	**37053542**	**28981794**
南宁市	Nanning	9858849	4707921	5150929	12319194	5819455	6499740	15100737	7426763	7673974
柳州市	Liuzhou	2318018	795772	1522246	3535109	1552487	1982622	2992330	2213483	778847
桂林市	Guilin	720010	645661	74349	916073	821351	94723	957430	883915	73515
梧州市	Wuzhou	644850	314402	330448	808065	405866	402199	1267939	429461	838477
北海市	Beihai	2687232	1287168	1400063	3001521	1126015	1875506	3440731	1179781	2260950
防城港市	Fangchenggang	7083267	2419837	4663431	8855611	779627	8075985	7845687	608648	7237039
钦州市	Qinzhou	2177208	816755	1360453	2560273	418469	2141804	6421881	815239	5606642
贵港市	Guigang	361457	166643	194814	457562	211325	246237	506276	306236	200040
玉林市	Yulin	315399	204924	110476	388607	260588	128019	434381	326307	108075
百色市	Baise	3330395	3017475	312920	4263338	3830328	433010	3857864	3586945	270920
贺州市	Hezhou	175306	119316	55990	212625	164762	47863	260057	234090	25967
河池市	Hechi	452546	99314	353231	584903	190150	394753	587586	196902	390684
来宾市	Laibin	110671	94011	16660	132289	120061	12228	165399	143735	21665
崇左市	Chongzuo	18444472	12385811	6058662	21271089	13690568	7580521	22197037	18702037	3495000

12－9　主要出口商品数量及金额（2022年）
Volume and Value of Major Export Commodities（2022）

单位：万元　　　　(RMB 10 000)

商品名称	Item	2021		2022	
		数量 Volume	金额 Value	数量 Volume	金额 Value
肉类（包含杂碎）（吨）	Meat (including entrails)(10 000 tons)	21	59	–	–
水产品（吨）	Aquatic and Seawater Products (ton)	36333	130582	34917	135914
蔬菜及食用菌（吨）	Vegetables & Edible Fungi (ton)	385429	389556	443071	378316
鲜或冷藏蔬菜（吨）	Vegetables (ton)	375570	371352	431827	359822
#干鲜瓜果及坚果（吨）	Fresh, Dried Fruits and Nuts (ton)	31231	39682	305912	282116
茶叶（吨）	Tea (ton)	1587	32982	1162	16773
粮食（吨）	Grain (ton)	83734	70777	89138	68782
罐头（吨）	Canned Food (ton)	15137	13183	19028	18055
酒类及饮料	Alcohol and Beverages	–	3707	–	6292
制盐（吨）	Salt Manufacturing (ton)	1	3	8348	746
水泥及水泥熟料（吨）	Cement and clinker (ton)	131136	2313	10259	387
钨品（吨）	Tungsten Products (ton)	6	216	1	60
煤及褐煤（吨）	Coal and Lignite (10 000 tons)	48	19	1	0.4
焦炭及半焦炭（吨）	Coke and Semi-coke (10 000 tons)	5870	1479	68289	20218
成品油（吨）	Petroleum Products Refined (10 000 tons)	100	267	394	602
氧化铝（吨）	Oxide of Aluminum (ton)	65	148	110	82
稀土及其制品（吨）	Rare Earth and Its Products (ton)	164	12329	705	68710
中药材（吨）	Chinese Medicinal Materials (ton)	6535	25346	9755	38682
中式成药（吨）	Traditional Chinese Medicaments (ton)	482	9630	464	10861
抗菌素（制剂除外）（吨）	Antibiotics (except preparations)(ton)	127	5936	249	13809
医用敷料（吨）	Medical Dressing (ton)	147	2040	192	1938
肥料（吨）	Chemical Fertilizers (10 000 tons)	166573	36389	132240	43598
合成有机染料（吨）	Synthetic Organic Dyestuffs (ton)	297	604	453	1151
美容化妆品及洗护用品（吨）	Beauty Cosmetics and Toiletries (ton)	2078	7309	1846	6036
烟花、爆竹（吨）	Fireworks and Firecrackers (ton)	18074	30167	21439	39423
塑料制品	Plastic Articles	–	950499	–	1064276
橡胶轮胎（吨）	Rubber Tire (tons)	18231	34017	9008	22249
皮革、毛皮及其制品	Leather, Fur and Their Products	–	86605	–	95309
箱包及类似容器（吨）	Luggage and Similar Containers(10 000 tons)	14556	150968	29604	353625
木及其制品（吨）	Wood and Its Products (10 000 tons)	353163	220347	262976	250918
纸浆、纸及其制品（吨）	Pulp, Paper and Its Products (10 000 tons)	220211	331095	741279	702649

12—9 续表 continued

单位：万元 (RMB 10 000)

商品名称	Item	2021 数量 Volume	2021 金额 Value	2022 数量 Volume	2022 金额 Value
纺织纱线、织物及其制品	Spin Yarn, Fabric and the Products	–	1945143	–	1565176
服装及衣着附件	Garments and Clothing Accessories	–	1576242	–	1990016
鞋靴（万双）	Footwear (10 000 pairs)	3456	340578	5299	565349
帽类（万顶）	Hats (10 000 units)	19178	25702	43005	45521
伞（万把）	Umbrellas (10 000 units)	224	14028	258	20021
花岗岩石材及其制品（吨）	Granite Stone and Its Products (10 000 tons)	6295	1868	17778	31801
陶瓷产品（吨）	Porcelain and Pottery Wares (ton)	266120	614051	204344	647330
玻璃及其制品	Glass and Its Products	–	303920	–	596030
珍珠、宝石及半宝石	Pearls, Precious or Semi-Stones	–	10028	–	10232
贵金属或包贵金属的首饰（吨）	Precious Metal or Jewelry of Rolled Precious Metal (ton)	1161	552	17894	2876
钢材（吨）	Rolled Steel (ton)	182745	149901	130509	322780
未锻轧铜及铜材（吨）	Unwrought Copper and Related Products (ton)	6829	42874	5030	34123
未锻轧铝及铝材（吨）	Unwrought Aluminum and Related Products (ton)	123267	272350	123110	323289
家具及其零件	Furniture and Parts	–	206627	–	502836
玩具	Toys	–	312303	–	678341
体育用品及设备	Sports Products and Equipment	–	148321	–	144230
笔及其零件	Pen and Its Parts	–	26465	–	39021
压缩机（万台）	Compressors (10 000 sets)	18	13420	14	13686
平板电脑（万台）	Tablets (10 000 units)	67	44288	31	19142
笔记本电脑（万台）	Laptops (10 000 units)	40	68335	15	62869
原电池（万个）	Primary Cells and Batteries (10 000 units)	4672	5546	3324	7357
蓄电池（万个）	Electric Accumulators (10 000 units)	6569	121116	12532	406533
手机（万台）	Cellphones (10 000 units)	248	49358	625	197844
电扇（万台）	Fans (10 000 units)	667	40489	465	49263
电视机（万台）	TV sets (10 000 units)	82	74117	121	94795
自行车（万辆）	Bicycles (10 000 units)	34	35665	40	54168
摩托车（万辆）	Motorcycles (10 000 units)	14	24927	15	39293
汽车（包含底盘）（辆）	Motor Vehicles and Chassis (unit)	97448	769425	150550	1118795
灯具、照明装置及其零件	Lights, Lighting Apparatus and Components	–	439394	–	564246
农产品（包括本目录已具体列名的农产品）	Agriculture Products (Including Those Have Been Show in This Content)	–	1171519	–	1487514
机电产品（包括本目录已具体列名的机电产品）	Mechanical and Electrical Products (Including Those Have Been Show in This Content)	–	17444101	–	21296902
高新技术产品（包括本目录已具体列名的机电产品）	High and New-tech Products (Including Those Have Been Show in This Content)	–	8865394	–	9500000

12－10 主要进口商品数量及金额（2022年）
Volume and Value of Major Import Commodities（2022）

单位：万元 （RMB 10 000）

商品名称	Item	2021		2022	
		数量 Volume	金额 Value	数量 Volume	金额 Value
干、鲜瓜果及坚果（吨）	Fresh and Dry Fruit, Nuts (ton)	472673	1080805	276305	445752
大豆（万吨）	Soybean (10 000 tons)	599	2223981	587	2640308
食用植物油（万吨）	Edible Vegetable Oil (10 000 tons)	8	43819	7	54491
天然及合成橡胶（包括胶乳）（吨）	Natural & Synthetic Rubber (including Latex, ton)	9419	8072	12557	11354
原木（万立方米）	Logs ($10KM^3$)	53841	66478	20387	26156
锯材（万立方米）	Wood Saw ($10KM^3$)	9069	23460	14154	45310
纸浆（吨）	Paper Pulp (ton)	757240	337524	897832	473825
纺织用合成纤维（吨）	Synthetic Fibers for Spinning (ton)				
铁矿砂及其精矿（万吨）	Iron Ore (10 000 tons)	3246	3711805	2332	1955924
锰矿砂及其精矿（万吨）	Manganese Ores and Concentrates (10 000 tons)				
煤及褐煤（万吨）	Coal and Lignite (10 000 tons)	657	835920	1055	1429194
成品油（万吨）	Petroleum Products Refined (10 000 tons)	1	4411	1	9208
医药材及药品（吨）	Pharmaceutical Materials and Drugs (ton)	13453	15167	15762	22185
初级形状的塑料（吨）	Primary Plastic (ton)	67736	78841	51889	65892
牛皮革及马皮革（吨）	Cattle Hide and Horsehide (ton)	36518	22202	33821	24859
棉纱线（吨）	Cotton Yarn (ton)	298	1505	141	681
合成纤维纱线（吨）	Yarn of synthetic Fibers (ton)	190	431	82	109
合成纤维长丝机织物（万米）	Synthetic Fiber Filament Woven Fabrics (10 000 m)				
针织或钩编织物	Knitted or Croche ted Fabric				
原油（万吨）	Crude Oil (10 000 ton)	51	188736	685	3432784
钢材（吨）	Rolled Steel (ton)	5580	8416	4982	7521
未锻轧的铜及铜材（吨）	Unwrought Copper and Related Products (ton)	46001	264643	97830	566537
未锻轧的铝及铝材（吨）	Unwrought Aluminum and Related Products (ton)	16166	26819	29918	45039
液泵及液体提升机（台）	Liquid Pump and Machine with Liquid Exaltation (unit)				
活塞式内燃机的零件（吨）	Accessories of Gas Engine with Liquid Exaltation (ton)				
空气调节器（台）	Air Conditioners (set)				
机械提升搬运装卸设备及零件	Portage, Load and Unload Equipment and Accessories with Machine Exaltation				
建筑及采矿用机械及零件	Building, Mining Machinery and Accessories				
食品.饮料工业用加工机械及零件	Food and Beverage Industry Processing Machinery and Accessories				
制造纸及纸制品用机械及零件	Paper-making and Paper Products Machinery and Accessories				
印刷、装订机械及零件	Printing and Binding Machinery and Accessories	–	52121	–	35254
纺织机械及零件	Spinning Machinery and Accessories				
金属加工机床（台）	Machine Tools (unit)				
橡胶或塑料加工机械及零件	Rubber or Plastic Processing Machinery and Accessories				
阀门以及类似装置（万套）	Valves and Similar Devices (10 000 sets)	17	30149	24	11581
自动数据处理设备及其部件	Automatic Data Processing Machines and Components (10 000 sets)	–	3893817	–	1381906
电话机（万台）	Telephone sets (10 000 set)				
通断及保护电路装置及零件	Electrical Apparatus for Switching or Protecting Electrical Circuit				
电线和电缆（吨）	Electric Wires and Cables (ton)	4801	346468	3826	361225
汽车（包括底盘）（辆）	Motor Vehicles (including Complete set of spare parts) (unit)	265	15783	142	7313
汽车零配件	Parts of Motor Vehicles	–	5567	–	2908
机电产品（包括本目录具体列名的机电产品）	Mechanical and Electrical Products (Including Those Have Been Show in This Content)	–	10221382	–	7105917
高新技术产品（包括本目录已具体列名的机电产品）	High and New-tech Products (Including Those Have Been Show in This Content)	–	8573988	–	5611625

12－11 广西对外经济合作情况（2020—2022年）
Guangxi Economic Cooperation with Foreign Countries or Regions（2020—2022年）

单位：万美元 (USD 10 000)

指 标	Item	2020	2021	2022
一、对外直接投资	**Foreign Direct Investment**			
协议投资企业数	Number of Contracted Investment Enterprises	46	30	20
协议投资总额	Total Value of Contracted Investment	188426	21708	90856
其中：中方协议投资额	Among: From China	79701	20662	52320
实际投资额	Actual Investment Value	47458	57980	45786
二、对外承包工程	**Contracted Projects**			
新签合同（份）	New Contracted Projects (unit)	27	24	22
合同额	Contracted Value	39820	122613	75534
营业额	Turnover	27009	37389	35766
期末在外劳务人数（人）	Workers Abroad by the End of Year (person)	1482	986	592
三、对外劳务合作	**Labor Services**			
合同工资总额	Total Contracted Wage	254	450	179
实际收入总额	Actual Total Income	545	440	637
期末在外人数（人）	Workers Abroad by the End of Year (person)	209	325	434

12－12 广西及各市实际利用外资情况（2022年）
Actual Utilization of Foreign Direct Investment by City（2022）

城 市	City	2022 总量（万美元） Total Amount (USD 10 000)	2022 比上年增减（%） Increase or Decrease over the Previous Year (%)
全 区	**Total**	**137154**	**46.4**
南宁市	Nanning	87253	163.69
柳州市	Liuzhou	8376	-2.07
桂林市	Guilin	1436	-63.35
梧州市	Wuzhou	4476	-28.58
北海市	Beihai	650	-89.54
防城港市	Fangchenggang	3345	98.05
钦州市	Qinzhou	1754	-61.71
贵港市	Guigang	3553	-40.62
玉林市	Yulin	11220	3.33
百色市	Baise	1274	-65.58
贺州市	Hezhou	779	-41.65
河池市	Hechi	2218	15.82
来宾市	Laibin	963	-50.62
崇左市	Chongzuo	9857	171.47

注：2022年起广西及各市实际利用外资情况表使用商务部反馈数据。

Note: The table of actual utilization of foreign investment in Guangxi and various cities has been based on the data provided by the Ministry of Commerce since 2022，which is incomparable with the former years.

主要统计指标解释

进出口总额　海关进出口总额指实际进出我国国境的货物总金额，它可用以观察一个国家在对外贸易方面的总规模。进出口总额统计范围包括：对外贸易实际进出口货物，来料加工装配进出口货物，国家间、联合国及国际组织无偿援助物资和赠送品，华侨、港澳台同胞和外籍华人捐赠品，租赁期满归承租人所有的租赁货物，进料加工进出口货物，边境地方贸易及边境地区小额贸易进出口货物，中外合资、合作、外商独资企业进出口货物和公用物品，到、离岸价格在规定限额以上的进出口货样和广告品（无商业价值、无使用价值和免费提供出口的除外），从保税仓库提取在中国境内销售的进口货物，以及其他进出口货物。我国规定出口货物按离岸价格统计，进口货物按到岸价格统计。

外商直接投资　指外方投资者在我国境内通过设立外商投资企业、合作企业、与中方投资者共同进行石油、天然气和煤层气等资源的合作勘探开发以及设立外国公司分支机构等方式进行投资。外方投资者可以用现金、实物、无形资产、股权等投资。该数据自2022年由商务部直接提供。

对外承包工程　根据《对外承包工程管理条例》，对外承包工程是指中国的企业或者其他单位承包境外建设工程项目的活动。

对外承包项目分为十一大类：房屋建筑项目、工业建设项目、制造加工设施建设项目、水利建设项目、废水（物）处理项目、交通运输建设项目、危险品处理项目、电力工程建设项目、石油化工项目、通讯工程项目、其他。

Explanatory Notes on Main Statistical Indicators

Total Import and Export Value　refers to the total value of commodities imported into and exported from the boundary of China. It can be used to observe the total scale in foreign trade of a country. It includes: the actual imports and exports through foreign trade, imported and exported goods under the processing and assembling trades and materials, supplies and gifts as aid given gratis between countries and by the United Nations and other international organizations, the donated products of overseas Chinese, compatriot from Hong Kong, Macao and Taiwan and Chinese of foreign nationality, lease goods belonging to lessee after expiring leasing period, the imports and exports of processing with imported materials, the local trade in the border and cargoes imported and exported of small trade of border area, the imported and exported commodities and articles for public use of the Sino-foreign joint ventures, cooperative enterprises and ventures exclusively with foreign own investment, imported and exported sample of regulation and advertising product that are in the stipulated above-norm of the cost insurance and freight (CIF) and free on board (FOB) (excluding which have no commercial value, using value and which export for free), the imports that are picked up from the bonded warehouse and sale in china, and other imports and exports. In our country, exports are calculated according to FOB, and imports are calculated according to CIF.

Foreign Direct Investment　refers to the investment made in Chinese area by foreign investors in establishing foreign-funded enterprises, cooperative enterprises, cooperating with Chinese investors on the exploration and development of oil, natural gas and coal bed methane resources, and investment in the form of branches of foreign companies, etc. Foreign investors can invest in cash, real assets, intangible assets and equities.

Overseas Contracted Projects　according to The Regulations on the Administration of oversea Contracted Projects, overseas contracted projects refers to the activities of Chinese enterprises or other entities contracting overseas construction projects.

The foreign contracting project is divided into eleven categories: Housing construction projects, industrial construction projects, manufacturing and processing facilities construction projects, water conservancy projects, waste water (material) treatment projects, transportation construction projects, dangerous goods treatment projects, electrical engineering construction projects, petrochemical projects, communication engineering projects, etc.

第十三篇　农　业

CHAPTER 13　AGRICULTURE

（编辑：杨海玲）

简要说明

(本篇资料由自治区统计局农村处整理，电话：0771-5862758)

一、本篇资料主要内容及来源

（一）农林牧渔业总产值及其构成、指数情况，主要农作物播种面积及其构成、主要农作物产品产量、单位面积产量等情况（自治区统计局、国家统计局广西调查总队共同完成）。

（二）林业生产情况（由统计部门与林业部门共同完成）。

（三）畜牧水产主要产品生产情况（由统计部门与畜牧、水产等部门共同完成）。

二、其他情况说明

1. 按照国家统计口径，2003年起农林牧渔业总产值包括农业、林业、牧业、渔业以及农林牧渔专业及辅助性活动产值。

2. 2006和2007年农林牧渔业总产值数据根据第二次全国农业普查数据进行了衔接修订，2016和2017年根据第三次全国农业普查数据进行了衔接修订。

3.“农作物播种面积”“经济作物”“蔬菜”中均不包含食用菌面积。

4. 2000年以后的水果产量包括园林水果和果用瓜；2009年起薯类包括马铃薯；2000年以前的木材和毛竹采伐量为村及村以下数量，2005年以后为全社会数量。

5. 1996年以前水产品产量按旧标准统计，即贝类5斤折1斤计量。1997年起按新标准统计，即海蜇按三矾后的成品、海藻按干品计量，其余所有的水产品均按捕捞起水时的鲜活实际重量计量。

6. 2007—2015年主要农作物播种面积及其构成、主要农作物产品产量、单位面积产量等数据根据第三次全国农业普查数据进行衔接修订；肉猪出栏头数、肉类总产量（包括猪肉、牛肉、羊肉、禽肉）、牛奶、禽蛋从2013年至2017年，蜂蜜、蚕茧从2015年至2017年，水产品产量从2016年至2018年，根据第三次全国农业普查数据进行了衔接修订。

Brief Introduction

(This chapter is compiled by the Rural Department of the Guangxi Zhuang Autonomous Region Bureau of Statistics, Tel: 0771-5862758)

Main Contents and Sources

(i) Gross output value of agriculture, forestry, animal husbandry and fishery, its composition and indices, the sown area and composition of major farm crops, the output of major farm crop, the output per hectare, etc. (Guangxi Zhuang Autonomous Region Bureau of Statistics, Survey Office of the National Bureau of Statistics in Guangxi).

(ii) Basic statistics on forestry (arranged by department of statistics and department of forestry).

(iii) Basic statistics on main products of animal husbandry and fishery (arranged by department of statistics, department of animal husbandry, department of fishery and other departments).

13－1　农林牧渔业总产值
Gross Output Value of Agriculture, Forestry, Animal Husbandry and Fishery

（当年价格）（At current prices）　　单位：亿元（100 million yuan）

年　份	Year	农林牧渔业总产值 Gross Output Value	农业产值 Agriculture	林业产值 Forestry	牧业产值 Animal Husbandry	渔业产值 Fishery	农林牧渔专业及辅助性活动 Output Value of Service Industry for Agriculture, Forestry, Animal Husbandry and Fishery and Subsidiary Activities
一、总产值	**Gross Output Value**						
1978		46.17	36.99	2.28	6.37	0.53	
1980		63.31	44.41	4.39	13.64	0.87	
1985		108.02	66.34	8.09	30.43	3.16	
1990		252.22	149.69	18.05	75.50	8.98	
1991		278.15	164.73	20.87	81.99	10.56	
1992		333.12	188.65	26.77	100.71	16.99	
1993		378.62	214.24	27.47	114.15	22.76	
1994		516.46	283.71	31.78	164.02	36.95	
1995		698.28	384.17	32.56	225.57	55.98	
1996		821.55	450.52	38.14	263.80	69.09	
1997		882.60	482.48	38.64	280.67	80.81	
1998		865.90	476.24	37.75	263.96	87.95	
1999		844.78	454.85	37.48	261.87	90.58	
2000		828.97	418.83	38.76	275.33	96.05	
2001		872.90	439.93	39.44	292.34	101.19	
2002		916.50	465.47	39.81	306.50	104.72	
2003		1030.89	500.82	53.80	342.83	115.53	17.91
2004		1294.53	623.09	58.07	460.68	133.78	18.91
2005		1448.37	711.89	61.68	511.60	143.61	19.59
2006		1622.22	807.90	79.75	540.17	135.40	59.00
2007		2026.22	970.55	99.78	710.17	178.32	67.40
2008		2389.79	1106.74	124.26	871.66	206.98	80.15
2009		2380.51	1134.98	132.27	812.46	216.95	83.85
2010		2720.99	1339.58	173.47	870.73	247.16	90.05
2011		3323.37	1602.48	217.41	1096.58	303.11	103.79
2012		3490.72	1724.00	245.26	1072.77	331.74	116.95
2013		3755.19	1868.30	287.64	1101.23	366.65	131.37
2014		3947.73	1993.98	303.17	1087.25	413.12	150.21
2015		4197.12	2146.37	313.90	1140.30	429.82	166.73
2016		4560.23	2342.20	323.53	1281.46	423.70	189.31
2017		4698.71	2538.87	346.43	1128.57	470.97	213.87
2018		4909.24	2717.48	379.86	1072.32	504.29	235.29
2019		5498.81	3102.27	410.54	1189.68	538.93	257.39
2020		5913.28	3268.80	437.36	1423.75	508.30	275.07
2021		6524.39	3690.73	538.10	1437.58	555.06	302.93
2022		6938.53	3977.68	548.46	1509.55	575.80	327.03

注：1. 按照国家统计口径，2003年起农林牧渔业总产值包括农业、林业、牧业、渔业以及农林牧渔专业及辅助性活动。
2. 本表2006和2007年数据为第二次全国农业普查衔接数；2016和2017年为第三次全国农业普查衔接数。

Note: 1. According to the statistic standard of our country, the gross output value of agriculture, forestry, animal husbandry and fishery has included the output value of professional and subsidiary activities of agriculture, forestry, animal husbandry and fishery since 2003.
2. Data of 2006 and 2007 in this table is in accordance with the Second National Agriculture Census. Data of 2016 and 2017 in this table is in accordance with the Third National Agriculture Census.

13—2 农林牧渔业总产值构成

Composition of Gross Output Value of Agriculture, Forestry, Animal Husbandry and Fishery

单位：% (%)

年份 Year	农林牧渔业总产值 Gross Output Value	农业产值 Agriculture	林业产值 Forestry	牧业产值 Animal Husbandry	渔业产值 Fishery	农林牧渔专业及辅助性活动 Output Value of Service Industry for Agriculture, Forestry, Animal Husbandry and Fishery and Subsidiary Activities
1978	100.0	80.1	4.9	13.8	1.2	
1980	100.0	70.1	6.9	21.6	1.4	
1985	100.0	61.4	7.5	28.2	2.9	
1990	100.0	59.3	7.2	29.9	3.6	
1991	100.0	59.2	7.5	29.5	3.8	
1992	100.0	56.6	8.1	30.2	5.1	
1993	100.0	56.6	7.3	30.1	6.0	
1994	100.0	54.9	6.1	31.8	7.2	
1995	100.0	55.0	4.7	32.3	8.0	
1996	100.0	54.8	4.7	32.1	8.4	
1997	100.0	54.7	4.4	31.8	9.1	
1998	100.0	55.0	4.4	30.5	10.1	
1999	100.0	53.9	4.4	31.0	10.7	
2000	100.0	50.6	4.6	33.2	11.6	
2001	100.0	50.4	4.5	33.5	11.6	
2002	100.0	50.8	4.4	33.4	11.4	
2003	100.0	48.6	5.2	33.3	11.2	1.7
2004	100.0	48.1	4.5	35.6	10.3	1.5
2005	100.0	49.1	4.3	35.3	9.9	1.4
2006	100.0	49.8	4.9	33.3	8.4	3.6
2007	100.0	47.9	4.9	35.1	8.8	3.3
2008	100.0	46.3	5.2	36.5	8.7	3.3
2009	100.0	47.7	5.6	34.1	9.1	3.5
2010	100.0	49.2	6.4	32.0	9.1	3.3
2011	100.0	48.2	6.6	33.0	9.1	3.1
2012	100.0	49.4	7.0	30.7	9.5	3.4
2013	100.0	49.7	7.7	29.3	9.8	3.5
2014	100.0	50.5	7.7	27.5	10.5	3.8
2015	100.0	51.1	7.5	27.2	10.2	4.0
2016	100.0	51.4	7.1	28.1	9.3	4.2
2017	100.0	54.0	7.4	24.0	10.0	4.6
2018	100.0	55.4	7.7	21.8	10.3	4.8
2019	100.0	56.4	7.5	21.6	9.8	4.7
2020	100.0	55.3	7.4	24.1	8.6	4.7
2021	100.0	56.6	8.2	22.0	8.5	4.6
2022	100.0	57.3	7.9	21.8	8.3	4.7

13－3 农林牧渔业总产值指数
Indices of Gross Output Value of Agriculture, Forestry, Animal Husbandry and Fishery

(按可比价格计算，以上年为100) (at comparable prices, preceding year =100) 单位：%

年份 Year	农林牧渔业总产值 Gross Output Value	农业产值 Agriculture	林业产值 Forestry	牧业产值 Animal Husbandry	渔业产值 Fishery	农林牧渔专业及辅助性活动 Output Value of Service Industry for Agriculture, Forestry, Animal Husbandry and Fishery and Subsidiary Activities
1978	101.8	101.9	100.8	105.0	72.8	
1979	104.8	106.1	109.7	96.9	85.2	
1980	104.2	105.2	98.9	99.0	112.8	
1981	106.0	104.1	122.7	111.7	106.4	
1982	116.2	115.4	104.6	123.5	126.3	
1983	100.7	100.6	92.5	102.7	112.0	
1984	99.7	97.0	113.7	105.6	104.2	
1985	102.1	99.6	110.5	107.2	112.5	
1986	103.4	103.1	104.2	103.3	114.5	
1987	104.9	106.6	93.1	102.7	112.5	
1988	98.1	96.7	102.7	100.4	107.0	
1989	110.3	111.4	94.5	111.8	109.4	
1990	108.0	105.4	125.1	111.3	113.9	
1991	108.1	105.3	113.0	112.9	112.2	
1992	114.9	115.3	106.7	116.1	122.9	
1993	104.7	101.3	104.2	108.9	126.6	
1994	107.3	102.4	108.0	111.5	136.0	
1995	114.9	114.0	96.2	117.2	135.9	
1996	105.0	99.6	100.3	112.5	120.4	
1997	109.9	110.7	97.4	107.7	120.4	
1998	105.2	106.5	95.5	102.9	110.1	
1999	107.9	111.4	99.8	103.6	106.2	
2000	100.2	94.7	101.9	109.4	105.3	
2001	104.9	104.9	103.5	106.0	103.4	
2002	107.8	111.2	100.7	105.2	102.7	
2003	104.3	100.0	114.8	109.2	106.9	104.0
2004	106.3	105.8	103.4	109.0	104.8	101.6
2005	107.4	105.8	107.0	110.6	105.0	101.1
2006	107.2	105.9	121.4	107.7	105.5	104.9
2007	105.8	108.1	110.3	102.0	105.2	104.7
2008	105.4	103.6	121.4	105.9	102.4	109.7
2009	105.4	105.3	102.1	105.6	106.2	106.3
2010	104.7	103.0	115.8	105.1	105.8	104.3
2011	104.8	105.8	110.9	101.4	105.9	108.7
2012	105.7	106.0	109.2	104.5	105.4	109.2
2013	104.4	104.7	108.2	102.3	105.4	108.9
2014	103.7	105.2	102.8	100.4	104.3	110.8
2015	103.7	105.1	106.3	99.7	104.0	107.8
2016	103.3	104.7	105.9	98.3	104.3	111.3
2017	104.4	105.3	105.1	101.4	104.2	110.2
2018	105.6	106.8	106.3	102.7	104.8	107.4
2019	104.8	107.4	107.3	96.1	106.2	106.8
2020	105.0	106.5	107.7	102.1	101.1	104.0
2021	109.2	106.4	107.6	119.0	102.6	108.0
2022	105.0	105.3	104.7	105.1	103.0	105.9

13－4 主要年份主要农业生产条件和农作物播种面积
Agricultural Production Conditions And Sown Area of Major Farm Crops in Main Years

单位：千公顷 (1 000 hectares)

指 标	Item	2010	2015	2018	2019	2020	2021	2022
农作物总播种面积	Total Sown Area	5815.5	5978.0	5974.7	5989.2	6107.32	6177.58	6271.40
#粮食作物	Grain Crops	3003.7	2950.6	2802.1	2747.0	2806.1	2822.94	2829.31
占总播种面积比重(%)	Percentage to Total Area (%)	51.6	49.4	46.9	45.9	45.9	45.7	45.1
#稻　谷	Rice	2040.8	1871.4	1752.6	1712.9	1760.12	1756.74	1758.03
#早　稻	Early Rice	940.1	837.9	790.5	767.9	805.18	807.52	810.65
晚　稻	Late Rice	954.6	894.1	826.6	810.9	821.2	811.93	813.80
玉　米	Corn	536.4	617.0	584.4	580.1	596.97	615.05	616.33
大　豆	Soybean	106.1	90.7	97.7	93.9	96.42	101.51	108.06
薯　类	Tubers	244.6	274.4	267.7	263.4	267.27	267.35	267.58
#经济作物	Economic Crops	2811.8	3027.4	3172.6	3242.2	3301.23	3354.64	3442.09
花　生	Peanuts	163.5	195.5	211.5	218.5	223.3	226.25	224.66
油菜籽	Rape Seeds	14.1	19.7	24.4	28.4	32.5	35.13	35.32
芝　麻	Sesame	4.0	3.0	3.0	3.1	3.0	2.96	3.12
黄红麻	Jute and Ambary Hemp	3.6	1.9	2.0	2.2	2.1	2.17	2.18
苎　麻	Ramie	0.4	0.3	0.4	0.4	0.4	0.41	0.41
甘　蔗	Sugarcane	1041.8	918.4	886.4	890.2	874.8	857.81	847.95
烤　烟	Flue-Cured Tobacco	11.6	12.1	8.9	8.5	8.9	8.51	10.13
木　薯	Cassava	233.0	213.3	182.3	178.0	173.8	165.50	155.54
蔬　菜（含菜瓜）	Vegetables (Including Vegetable Melons)	1033.2	1291.8	1439.7	1485.2	1535.9	1596.33	1653.69
化肥施用量（折纯量）(万吨)	Consumption of Chemical Fertilizers (10 000 tons)	237.16	259.86	255.05	252.04	247.85	251.89	249.20
氮　肥	Nitrogenous Fertilizer	69.94	74.23	73.81	72.82	71.2	68.2	65.69
磷　肥	Phosphate Fertilizer	28.85	31.06	29.97	29.49	28.56	27.62	26.76
钾　肥	Potash Fertilizer	53.23	58.34	55.95	55.09	54.38	51.95	50.07
复合肥	Compound Fertilizer	85.15	96.23	95.31	94.63	93.73	104.12	106.69

注：1.“农作物总播种面积”“经济作物”“蔬菜”中均不包含食用菌面积。
2. 本表2010—2017年根据第三次全国农业普查数据进行了衔接修订。

Note: 1. The indicators of “Sown Area of Crops”, “Economic Crops” and “Vegetables” do not include the area of eatable mushrooms.
2. Data of 2010—2017 in this table is in accordance with the Third National Agriculture Census.

13－5 主要年份主要农作物产品产量
Output of Major Crops in Main Years

单位：万吨 (10 000 tons)

指 标	Item	2010	2015	2018	2019	2020	2021	2022
粮食作物	Grain Crops	1374.08	1433.15	1372.8	1332.0	1370.0	1386.54	1393.15
#稻 谷	Rice	1092.60	1073.47	1016.2	991.95	1013.74	1017.90	1028.07
#早 稻	Early Rice	517.92	498.90	470.5	452.60	476.75	480.00	480.45
晚 稻	Late Rice	496.39	484.08	451.4	444.81	443.19	439.83	453.23
玉 米	Corn	207.63	277.45	273.4	261.21	273.33	285.15	280.4
大 豆	Soybean	15.87	13.42	16.2	14.87	15.44	15.94	16.83
薯 类	Tubers	47.84	53.67	50.71	48.69	52.60	53.10	53.74
油 料	Oil-bearing Crops	44.04	59.21	66.66	71.63	73.88	75.86	76.48
#花 生	Peanuts	41.72	55.23	62.67	67.20	69.23	71.12	71.68
油菜籽	Rapeseeds	1.33	2.08	2.34	2.80	3.14	3.36	3.58
芝 麻	Sesame	0.80	1.47	1.18	1.17	1.14	1.15	0.99
黄红麻	Jute and Ambary Hemp	0.84	0.49	0.61	0.64	0.65	0.67	0.65
苎 麻	Ramie	0.11	0.11	0.08	0.09	0.09	0.10	0.10
甘 蔗	Sugarcane	6936.77	7078.19	7292.76	7490.65	7412.47	7365.11	7116.54
烤 烟	Flue-Cured Tobacco	1.97	2.01	1.43	1.26	1.53	1.59	1.62
蔬 菜（含菌类）	Vegetables (including fungus)	2182.42	2944.78	3432.16	3636.36	3830.77	4047.46	4236.52
木 薯	Cassava	173.21	175.94	166.67	168.56	167.48	162.71	157.67
茶 叶	Tea	3.89	6.25	7.52	8.28	8.84	9.60	10.77
水 果（含园林和瓜果类）	Fruits (Including Grove and Melon Fruits)	1057.12	1592.94	2116.28	2472.14	2785.74	3121.14	3402.46
#园林水果	Grove Fruits	816.63	1279.41	1790.27	2140.17	2461.11	2798.08	3080.07
#蕉 类	Banana	190.97	311.79	351.2	343.03	337.61	348.12	342.03
沙田柚	Shatian Pomelo	44.92	60.18	73.41	88.61	99.93	108.74	124.64
柑桔橙	Citrus and Orange	268.29	459.07	759.12	1032.8	1281.52	1496.78	1678.6
菠 萝	Pineapple	2.76	3.43	3.60	3.69	3.68	3.18	3.48
龙 眼	Longan	35.07	41.38	51.88	50.74	50.28	60.69	62.55
荔 枝	Litchi	41.42	48.97	61.68	58.34	64.10	80.68	86.34
芒 果	Mango	15.62	48.98	63.57	79.81	94.66	110.53	128.74

注：本表2010—2017年根据第三次全国农业普查数据进行了衔接修订。
Note: Data of 2010—2017 in this table is in accordance with the Third National Agriculture Census.

13－6 主要年份主要农作物单位面积产量
Output of Major Crops Per Hectare in Main Years

单位：公斤/公顷 (kg/hectare)

指 标	Item	2010	2015	2018	2019	2020	2021	2022
粮食作物	Grain Crops	4575	4857	4899	4849	4882	4912	4924
#稻 谷	Rice	5354	5736	5799	5791	5759	5794	5848
#早 稻	Early Rice	5509	5954	5952	5894	5921	5944	5927
晚 稻	Late Rice	5200	5414	5461	5485	5397	5417	5569
玉 米	Corn	3870	4497	4678	4503	4579	4636	4550
大 豆	Soybean	1497	1480	1655	1584	1601	1570	1557
薯 类	Tubers	1956	1956	1895	1849	1968	1986	2008
花 生	Peanuts	2551	2825	2964	3076	3100	3144	3191
甘 蔗	Sugarcane	66583	77073	82274	84146	84730	85859	83926
烤 烟	Flue-Cured Tobacco	1694	1658	1615	1482	1709	1870	1599

13－7 主要年份农作物播种面积构成

Composition of Sown Area of Crops in Main Years

（以总播种面积为100） （Total Planting Area=100） 单位：%（%）

指 标	Item	2010	2015	2018	2019	2020	2021	2022
农作物播种面积	Total Sown Area	100	100	100	100	100	100	100
一、粮食作物	Grain Crops	51.6	49.4	46.9	45.9	45.9	45.7	45.1
#稻 谷	Rice	35.1	31.3	29.3	28.6	28.8	28.4	28.0
#早 稻	Early Rice	16.2	14.0	13.2	12.8	13.2	13.1	12.9
晚 稻	Late Rice	16.4	15.0	13.8	13.5	13.4	13.1	13.0
小 麦	Wheat	0.1	0.0	0.1	0.1	0.1	0.1	0.1
玉 米	Corn	9.2	10.3	9.8	9.7	9.8	10	9.8
大 豆	Soybean	1.8	1.5	1.6	1.6	1.6	1.6	1.7
薯 类	Tubers	4.2	4.6	4.5	4.4	4.4	4.3	4.3
二、经济作物	Economic Crops	48.4	50.6	53.1	54.1	54.1	54.3	54.9
#油料合计	Total of Oil-bearing Crops	3.2	3.8	4.1	4.2	4.3	4.3	4.2
#花 生	Peanuts	2.8	3.3	3.5	3.6	3.7	3.7	3.6
油菜籽	Rapeseeds	0.2	0.3	0.4	0.5	0.5	0.6	0.6
芝 麻	Sesame	0.1	0.1	0	0.1	0	0	…
麻 类	Fiber Crops	0.1	0	0	0	0	0	…
#黄红麻	Jute and Ambary Hemp	0.1	0	0	0	0	0	…
甘 蔗	Sugarcane and Fruit Canes	17.9	15.4	14.8	14.9	14.3	13.9	13.5
#糖 蔗	Sugarcane	17.8	15.4	14.4	14.4	13.9	13.5	13.1
烟 叶	Tobacco	0.3	0.2	0.2	0.2	0.2	0.2	0.2
#烤 烟	Flue-Cured Tobacco	0.2	0.2	0.1	0.1	0.1	0.1	0.2
木 薯	Cassava	4.0	3.5	3.1	3.0	2.8	2.7	2.5
蔬 菜（含菜用瓜）	Vegetables (Including Vegetable Melons)	17.8	21.6	24.1	24.8	25.1	25.8	26.4
绿 肥	Green Manure	0.9	1.1	1.2	1.2	1.2	1.2	1.6

注：1.“农作物总播种面积”“经济作物”“蔬菜”中均不包含食用菌面积。
2. 本表2010—2017年面积构成根据第三次全国农业普查衔接修订数计算。

Note: 1. The indicators of “Sown Area of Crops”, “Economic Crops” and “Vegetables” do not include the area of eatable mushrooms.
2. Data of 2010—2017 in this table is in accordance with the Third National Agriculture Census.

13－8 主要年份林业生产情况
Statistics on Forestry in Main Years

指 标	Item	2010	2015	2018	2019	2020	2021	2022
人工造林面积（年末成活率达85%以上，千公顷）	Afforested Area (Survival Rate above 85 (%) at Year-end, 1 000 hectares)	143.3	159.4	140.6	113.6	115	73.39	90.09
#飞播造林	Sown by Airplane							
用材林	Timber Forest	108	76.58	27.80	38.6	4.8	5.17	53.73
经济林	Economic Forest	9.3	29.90	28.65	38.8	15.0	26.2	20.81
防护林	Shelter Forest	25.6	23.30	8.02	9.73	5.5	5.87	4.48
当年迹地更新面积（千公顷）	Reforestation Area of Current Year (1 000 hectares)	119.9	141.9	154.10	148.23	162.24	165.3	172.24
育苗面积（千公顷）	Seedling Nursery Area (1 000 hectares)	1.8	16.3	16.39	18.37	22.83	8.91	7.14
当年四旁零星植树（按实际成活计，万株）	Four-side Tree Planting of Current Year (by Actual Survival Rate, 10 000 roots)	5052.00	7099.37	6769.03	5076.4	6235.45	8104.00	8229.00
森林抚育面积（千公顷）	Area of Forest Nursery (1 000 hectares)				728.62	861.89	927.53	1126.60
林产品产量（吨）	Output of Forestry Products (ton)							
油茶籽	Tea-oil Seeds	143749	192762	233218	261593	299387	350566	387956
油桐籽	Tung-oil Seeds	72536	83546	85473	85851	82562	73665	72806
松 脂	Pine Resin	495750	651234	704013	720900	724102	747705	770903
八 角	Anise	99626	135105	148227	149254	177201	193384	206517
桂 皮	Cassia Bark	28655	36707	35153	39228	42287	36145	48274
板 栗	Chestnuts	73059	100744	109313	110609	112453	111093	114409
核 桃	Walnuts	929	1455	2467	2546	4294	4767	8307
白 果	Ginkgo	7878	9001	8945	8913	9054	9246	9361
茴 油	Fennel Oil	2973	4152	4686	4652	4186	2463	2485
桂 油	Laurel Oil	1036	1330	1186	1359	1354	1349	1384
竹笋干	Bamboo Shoots	24477	34046	35726	37506	43111	40045	50184
橡 胶	Rubber	378	117	38	10	0	0	0
木材采伐量（万立方米）	Logging Volume of Timber (10 000 cu.m)	1743.02	2980.00	3512.20	4109.03	4203.52	4701.00	4864.97
毛竹采伐量（万根）	Logging Volume of Mao Bamboo (10 000 pieces)	8712.93	17030.02	15247.34	15884.00	16277.13	17194.19	17520.50

注：2000年以前的木材和毛竹采伐量为村及村以下数量，2005年以后为全社会数量。

Note: The logging volume of timber and mao bamboo before the year 2000 was quantified at the town and sub-town levels, while after 2005 it was calculated as the total volume for the entire society.

13－9 主要年份畜牧水产主要产品生产情况
Statistics on Main Products of Animal Husbandry and Fishery in Main Years

指 标	Item	2010	2015	2018	2019	2020	2021	2022
一、畜禽产品产量	**Output of Animal Products**							
肉猪出栏头数（万头）	Number of Slaughtered Fattened Hogs (10 000 heads)	3230.00	3581.73	3465.78	2505.76	2281.24	3113.89	3347.44
肉类总产量（万吨）	Output of Meat (10 000 tons)	387.77	441.00	426.85	380.01	380.25	440.97	454.94
#猪 肉	Pork	241.50	271.27	263.89	192.11	174.05	245.24	262.65
牛 肉	Beef	13.70	11.52	12.32	12.41	13.62	14.03	14.94
羊 肉	Mutton	3.30	4.11	3.37	3.46	3.64	4.02	4.31
禽 肉	Poultry	124.93	145.80	138.83	162.85	179.95	169.15	164.08
牛 奶（吨）	Milk (ton)	82000	81500	88700	87100	111800	130900	131242
蜂 蜜（吨）	Honey (ton)	9286	13422	16128	18532	26300	26431	28192
蚕 茧（吨）	Silkworm Cocoons (ton)	264716	327215	368872	378657	376507	407384	437070
禽 蛋（吨）	Eggs (ton)	200000	251700	223100	250900	267000	270800	293230
二、水产品产量（吨）	**Aquatic Products (ton)**	**2750934**	**3456249**	**3298098**	**3403345**	**3439560**	**3529400**	**3637733**
#海水产品产量	Seawater Aquatic Products	1540362	1794194	1922233	1976790	1990730	2066611	2132869
按生产性质分	By Production Character							
天然生产	Naturally Grown	662954	652028	559066	552131	484058	479415	476405
人工养殖	Artificially Cultured	877408	1142166	1363167	1424659	1506672	1587196	1656464
淡水产品产量	Freshwater Aquatic Products	1210572	1662055	1375865	1426555	1448830	1462789	1504864
按生产性质分	By Production Character							
天然生产	Naturally Grown	116871	140014	101030	97558	87677	85469	83313
人工养殖	Artificially Cultured	1093701	1522041	1274835	1328997	1361153	1377319	1421551

注：1996年以前水产品产量按旧标准统计，即贝类5斤折1斤计量。1997年起按新标准统计，即海蜇按三矾后的成品、海藻按干品计量，其余所有的水产品均按捕捞起水时的鲜活实际重量计量。畜禽产品产量从2013年至2017年，其中蜂蜜、蚕茧从2015年至2017年，水产品产量从2016年至2018年，根据第三次全国农业普查数据作了调整衔接。

Note: Before 1996, the production of aquatic products was measured according to the old standard, where 5 pounds of shellfish were counted as 1 pound. From 1997 onwards, the new standard was implemented, where jellyfish is measured based on the finished product after processing, seaweed is measured based on its dried weight, and the remaining aquatic products are measured based on their actual weight at the time of catch.

13－10　各市农林牧渔业总产值及构成（2022年）
Gross Output Value of Agriculture, Forestry, Animal Husbandry and Fishery and Its Composition by City（2022）

（按当年价格计算）　　(at current prices)

各市名称	City	农林牧渔业总产值 Gross Output Value	农业 Agriculture	林业 Forestry	牧业 Animal Husbandry	渔业 Fishery	农林牧渔专业及辅助性活动 Output Value of Service Industry for Agriculture, Forestry, Animal Husbandry and Fishery and subsidiary Activities
一、分市总产值合计（亿元）	**Gross Output Value (100 million yuan)**	**6951.2**	**3980.4**	**556.0**	**1514.9**	**576.1**	**323.8**
南宁市	Nanning	938.8	604.0	53.5	215.6	37.9	27.8
柳州市	Liuzhou	455.3	281.0	45.8	98.1	10.1	20.4
桂林市	Guilin	1010.4	763.7	39.7	159.4	15.3	32.4
梧州市	Wuzhou	346.7	195.5	57.3	65.9	13.6	14.4
北海市	Beihai	368.5	96.2	7.8	37.8	214.1	12.5
防城港市	Fangchenggang	195.2	54.9	29.0	16.6	83.8	11.0
钦州市	Qinzhou	538.9	284.0	40.7	101.9	86.0	26.3
贵港市	Guigang	441.4	227.6	30.4	118.4	39.3	25.8
玉林市	Yulin	677.5	322.6	33.6	241.6	24.0	55.7
百色市	Baise	485.3	278.1	64.1	104.7	13.4	25.1
贺州市	Hezhou	295.7	181.0	25.5	56.6	11.7	20.9
河池市	Hechi	444.5	195.1	49.2	173.7	9.4	17.1
来宾市	Laibin	351.9	216.7	28.3	78.9	8.7	19.2
崇左市	Chongzuo	401.2	280.0	51.0	45.9	8.9	15.4
二、构成（%）	**Composition (%)**						
南宁市	Nanning	100.0	64.3	5.7	23.0	4.0	3.0
柳州市	Liuzhou	100.0	61.7	10.1	21.5	2.2	4.5
桂林市	Guilin	100.0	75.6	3.9	15.8	1.5	3.2
梧州市	Wuzhou	100.0	56.4	16.5	19.0	3.9	4.2
北海市	Beihai	100.0	26.1	2.1	10.3	58.1	3.4
防城港市	Fangchenggang	100.0	28.1	14.9	8.5	42.9	5.6
钦州市	Qinzhou	100.0	52.7	7.6	18.9	16.0	4.9
贵港市	Guigang	100.0	51.6	6.9	26.8	8.9	5.8
玉林市	Yulin	100.0	47.6	5.0	35.7	3.5	8.2
百色市	Baise	100.0	57.3	13.2	21.6	2.8	5.2
贺州市	Hezhou	100.0	61.2	8.6	19.1	4.0	7.1
河池市	Hechi	100.0	43.9	11.1	39.1	2.1	3.8
来宾市	Laibin	100.0	61.6	8.1	22.4	2.5	5.5
崇左市	Chongzuo	100.0	69.8	12.7	11.4	2.2	3.8

13－11 各市农作物播种面积构成（2022年）
Composition of Sown Area of Crops by City（2022）

（以总播种面积为100）（Total Planting Area=100）　单位：%

各市名称 City	农作物播种面积 Sown Area of Crops	一、粮食作物 Grain Crops	#稻谷 Rice	玉米 Corn	二、经济作物 Economic Crops	#油料 Oil-bearing Crops	甘蔗 Sugarcane	木薯 Cassava	蔬菜（含菜用瓜）Vegetables (Including Vegetable Melons)
广西全区 Total	**100.0**	**45.1**	**28.0**	**9.8**	**54.9**	**4.2**	**13.5**	**2.5**	**26.4**
南宁市 Nanning	100.0	43.7	27.6	11.8	56.3	4.9	12.0	1.5	29.6
柳州市 Liuzhou	100.0	36.6	28.1	4.4	63.4	3.5	19.8	0.4	32.6
桂林市 Guilin	100.0	45.6	29.5	5.9	54.4	3.8	0.4	1.0	31.4
梧州市 Wuzhou	100.0	46.3	34.0	3.6	53.7	5.3	0.5	6.0	36.7
北海市 Beihai	100.0	36.9	20.8	6.5	63.1	8.4	17.9	6.1	26.6
防城港市 Fangchenggang	100.0	37.7	20.8	8.3	62.3	2.8	33.1	1.7	22.4
钦州市 Qinzhou	100.0	48.8	35.7	5.1	51.2	3.2	11.0	6.4	26.1
贵港市 Guigang	100.0	59.1	44.2	7.0	40.9	6.9	5.8	4.8	18.8
玉林市 Yulin	100.0	56.4	44.0	4.8	43.6	3.9	2.1	4.7	29.0
百色市 Baise	100.0	55.2	17.7	26.9	44.8	3.2	9.8	0.2	25.8
贺州市 Hezhou	100.0	45.3	32.7	5.7	54.7	6.1	0.6	2.2	35.0
河池市 Hechi	100.0	51.6	17.3	23.2	48.4	3.5	10.4	1.9	22.9
来宾市 Laibin	100.0	36.8	24.4	7.5	63.2	3.6	28.8	1.0	18.7
崇左市 Chongzuo	100.0	22.4	11.2	8.1	77.6	2.3	52.5	1.6	13.0

注："农作物总播种面积""经济作物""蔬菜"中均不包含食用菌面积。本表为全面调查数据。

Note: The indicators of "Planting Area of Farm Crops", "Economic Crops" and "Vegetables" do not include the area of eatable mushrooms. Data of this table comes from overall statistical survey.

13－12 各市主要农作物播种面积（2022年）

单位：千公顷

各市名称	City	农作物播种面积 Sown Area of Crops	一、粮食作物 Grain Crops	#稻谷 Rice	玉米 Corn
广西全区	**Total**	**6271.40**	**2829.31**	**1758.03**	**616.33**
南宁市	Nanning	974.11	426.16	268.53	114.62
柳州市	Liuzhou	405.92	148.40	114.25	17.95
桂林市	Guilin	747.29	340.55	220.25	43.91
梧州市	Wuzhou	304.28	140.94	103.56	10.93
北海市	Beihai	182.85	67.47	37.97	11.87
防城港市	Fangchenggang	121.58	45.88	25.27	10.12
钦州市	Qinzhou	388.66	189.61	138.93	20.00
贵港市	Guigang	467.65	276.15	206.85	32.96
玉林市	Yulin	518.86	292.89	228.14	25.08
百色市	Baise	469.13	258.89	82.94	126.29
贺州市	Hezhou	262.10	118.79	85.77	15.02
河池市	Hechi	489.69	252.73	84.87	113.77
来宾市	Laibin	419.26	154.13	102.38	31.63
崇左市	Chongzuo	520.01	116.73	58.32	42.17

注："农作物总播种面积"、"经济和其他农作物"、"蔬菜"中均不包含食用菌面积。本表为全面调查数据。

Note: The indicators of "Sown Area of Crops", "Economic Crops" and "Vegetables" do not include the area of eatable mushrooms. Data of this table comes from overall statistical survey.

Sown Area of Major Crops by City（2022）

（1 000 hectares）

二、经济作物 Economic Crops	#油料 Oil-bearing Crops	甘蔗 Sugarcane	木薯 Cassava	蔬菜 （含菜用瓜） Vegetables (Including Vegetable Melons)
3442.09	**265.58**	**847.95**	**155.54**	**1653.69**
547.95	47.75	117.17	14.70	287.89
257.51	14.11	80.19	1.67	132.47
406.74	28.17	3.14	7.52	234.94
163.34	16.12	1.61	18.14	111.60
115.38	15.32	32.73	11.08	48.69
75.70	3.46	40.25	2.12	27.21
199.06	12.45	42.84	24.92	101.30
191.49	32.40	26.89	22.55	87.71
225.97	20.36	10.97	24.29	150.71
210.24	15.14	45.91	0.96	120.92
143.32	16.10	1.47	5.79	91.74
236.96	17.02	51.02	9.06	112.28
265.13	15.07	120.94	4.29	78.47
403.28	12.11	272.81	8.46	67.76

13－13 各市主要农作物产量（2022年）

单位：万吨

各市名称	City	粮食作物 Grain Crops	#稻谷 Rice	玉米 Corn	大豆 Soybean	薯类 Tubers	油料 Oil-bearing Crops	#花生 Peanuts
广西全区	**Total**	**1393.15**	**1028.07**	**280.40**	**16.83**	**53.74**	**76.48**	**71.68**
南 宁 市	Nanning	212.54	150.64	54.65	2.63	3.88	14.74	14.61
柳 州 市	Liuzhou	74.62	63.67	8.16	0.45	1.96	3.33	2.94
桂 林 市	Guilin	178.24	138.35	22.26	4.04	9.33	8.35	7.15
梧 州 市	Wuzhou	71.57	61.84	4.69	0.81	3.18	5.09	5.00
北 海 市	Beihai	31.78	21.68	5.99	0.08	3.88	5.06	5.05
防城港市	Fangchenggang	17.89	11.36	4.39	0.15	1.85	0.80	0.77
钦 州 市	Qinzhou	94.56	79.16	9.88	0.36	4.48	3.78	3.72
贵 港 市	Guigang	149.30	123.05	18.18	0.41	6.60	13.13	13.08
玉 林 市	Yulin	165.17	143.35	13.18	0.50	7.17	7.58	7.54
百 色 市	Baise	113.32	49.54	56.41	2.47	2.94	2.16	1.13
贺 州 市	Hezhou	61.58	51.45	6.99	0.37	2.16	3.95	3.79
河 池 市	Hechi	97.73	47.87	43.13	2.66	3.23	1.87	0.61
来 宾 市	Laibin	73.67	55.73	14.38	0.83	1.86	3.90	3.57
崇 左 市	Chongzuo	51.19	30.38	18.12	1.05	1.21	2.76	2.74

注：本表为全面调查数据。薯类是折薯产量。

Note: Data of this table comes from comprehensive statistical survey. Potato output has been converted to the grain equivalent.

Output of Major Crops by City (2022)

(10 000 tons)

麻类 Fiber	甘蔗 Sugarcane	烤烟 Tobacco	木薯 Cassava	蔬菜（含食用菌） Vegetables (Including Edible Mushrooms)	茶叶 Tea	园林水果 Fruits	肉类总产量 Meats	水产品产量 Aquatic Products
0.76	**7116.54**	**1.62**	**157.67**	**4236.52**	**10.77**	**3080.07**	**454.94**	**363.77**
0.03	977.39	0	18.71	725.69	0.31	495.82	66.08	24.16
0.03	576.83	0	1.19	316.17	2.02	137.42	22.92	7.29
0.10	27.05	0	5.15	587.06	0.65	988.60	58.64	10.97
0	10.80	0	13.68	321.69	1.14	118.46	22.71	8.57
0.08	289.32	0	26.54	133.83	0	18.58	12.80	121.35
0	325.03	0	2.16	40.81	0.06	14.72	5.65	57.52
0	309.24	0	22.46	237.79	1.90	291.93	34.90	60.93
0.15	245.27	0	23.22	228.81	0.44	64.88	38.91	21.67
0.02	120.16	0	19.11	479.68	0.30	171.27	89.50	15.30
0	271.50	1.12	0.89	343.02	1.71	230.14	27.42	9.52
0	10.27	0.42	5.45	268.88	1.92	154.48	20.08	6.88
0.02	356.59	0.08	5.44	214.73	0.05	90.66	24.14	7.02
0.03	1059.16	0	4.40	181.67	0.13	186.40	16.94	6.35
0.31	2537.95	0	9.26	156.68	0.14	116.72	14.25	6.26

13－14 各市主要农产品人均占有量（2022年）

Ownership of Per Capita Major Agricultural Products by City（2022）

单位：公斤 (kg)

各市名称	City	粮食产量 Grain	油料产量 Oil-bearing Crops	甘蔗产量 Sugarcane	蔬菜产量（含菌类）Vegetable (Including Edible Mushrooms)	园林水果产量 Fruits	肉类总产量 Meats	水产品产量 Aquatic Products
全 区	**Total**	**276.31**	**15.17**	**1411.45**	**840.25**	**610.88**	**90.23**	**72.15**
南宁市	Nanning	239.83	16.63	1102.87	818.86	559.47	74.56	27.26
柳州市	Liuzhou	178.37	7.96	1378.90	755.80	328.50	54.78	17.43
桂林市	Guilin	360.00	16.86	54.63	1185.72	1996.73	118.43	22.16
梧州市	Wuzhou	253.00	17.99	38.18	1137.18	418.76	80.28	30.28
北海市	Beihai	169.36	26.96	1541.64	713.11	99.00	68.22	646.61
防城港市	Fangchenggang	169.06	7.56	3072.26	385.75	139.14	53.41	543.69
钦州市	Qinzhou	285.29	11.40	933.01	717.43	880.78	105.29	183.82
贵港市	Guigang	342.99	30.16	563.46	525.64	149.05	89.39	49.78
玉林市	Yulin	283.83	13.03	206.48	824.28	294.31	153.80	26.29
百色市	Baise	317.68	6.06	761.14	961.65	645.19	76.87	26.69
贺州市	Hezhou	303.51	19.47	50.62	1325.32	761.44	98.98	33.89
河池市	Hechi	286.22	5.48	1044.39	628.90	265.53	70.69	20.56
来宾市	Laibin	354.58	18.77	5097.51	874.34	897.10	81.54	30.56
崇左市	Chongzuo	245.49	13.24	12171.55	751.41	559.77	68.35	30.02

注：本表按两年常住人口平均计算。
Note: Data in the table are calculated by average permanent population over a two-year period.

主要统计指标解释

农林牧渔业总产值　农林牧渔业总产值是以货币表现的农林牧渔业的全部产品总量和农林牧渔服务业产值（即对农林牧渔业生产活动进行的各种支持性服务活动的价值）之和。它反映一定时期内农林牧渔业生产总规模和总成果，是观察农林牧渔业生产水平和发展速度，研究农林牧渔业内部比例关系、农林牧渔业与工业、农林牧渔业与国家建设、人民生活比例关系的重要指标，同时也是计算农林牧渔业劳动生产率和农林牧渔业增加值的基础资料。

农林牧渔业增加值　指农、林、牧、渔及农林牧渔服务业生产货物或提供服务活动而增加的价值，为农林牧渔业现价总产值扣除农林牧渔业现价中间投入后的余额。

农用化肥施用量　指在本年度内实际用于农业生产的化肥数量。包括：氮肥、磷肥、钾肥和复合肥。施用量分为按实物量及折纯量两种方法计算。按折纯量计算化肥数量，即把氮肥、磷肥、钾肥分别按含氮、含五氧化二磷、含氧化钾百分之一百折算。复合肥：是指多营养成分或元素组成的肥料，如磷铵等。其折纯量按所含的主要成分来折算。

农作物总播种面积　是指应该在本日历年度内收获农产品的各种农作物播种面积之和。其计算公式为：

农作物播种面积=上年秋冬播作物面积+本年春播作物面积+本年夏播作物面积

=本年春收作物播种面积+本年夏收作物播种面积+本年秋收作物播种面积

粮食产量　指全社会产量。包括国有经济经营、集体统一经营和农民家庭经营的粮食产量，还包括工矿企业家庭办的农场和其他生产单位的产量。

粮食：按三大类进行统计，一是谷物，包括稻谷、小麦、玉米、高粱、谷子及其他杂粮，谷物产量一律按脱粒后的原粮（晒干）计算（玉米按脱粒后的干粒计算）；二是豆类，包括大豆、绿豆、红小豆等，按去荚后的干豆计算；三是薯类（包括红薯、马铃薯，不包括芋头、木薯），1963年以前按4公斤鲜薯折1公斤粮食计算，从1964

Explanatory Notes on Main Statistical Indicators

Gross Output Value of Agriculture, Forestry, Animal Husbandry and Fishery　refers to the total value of products (expressed in monetary terms) of agriculture, forestry, animal husbandry, fishery products and the total value of services in support of agriculture, forestry, animal husbandry and fishery activities. It reflects the overall achievements and total scale of agricultural production in form of magnitude of value during a certain period. It serves as an important indicator for observing the production level and development speed of agriculture, forestry, animal husbandry, and fishery. It also facilitates the study of the internal proportion relationship within the sector, as well as the relationship between agriculture, forestry, animal husbandry, and fishery with industry, national development, and people's livelihood. Furthermore, it serves as the fundamental data for calculating labor productivity and value-added of agriculture, forestry, animal husbandry, and fishery.

Added Value of Agriculture, Forestry, Animal Husbandry and Fishery refers to the value that is added through the production of goods or the provision of services in the agricultural, forestry, animal husbandry, and fishery sectors, as well as in related agricultural, forestry, animal husbandry, and fishery service industries. It is calculated by subtracting the intermediate inputs from the gross output value of agriculture, forestry, animal husbandry and fishery which calculated by the current price.

Consumption of Chemical Fertilizers　refers to the quantity of chemical fertilizers applied in agriculture in the year, including nitrogenous fertilizer, phosphate fertilizer, potash fertilizer, and compound fertilizer. Consumption of chemical fertilizers is calculated by two methods: volume of actual fertilizers and volume of effective components. The latter methods means converting the gross weight of the respective fertilizers into weight containing effective component (e.g. nitrogen content in nitrogenous fertilizer, phosphorous pentoxide contents in phosphate fertilizer, and potassium oxide contents in potash fertilizer). Compound fertilizer refers to fertilizer composed by various of nutritional components or elements, converted in regard to its major components.

Sown Area of Crops　refers to area of all land (cultivated or non-cultivated area) sown or transplanted with crops that are harvested within the calendar year. Its calculation formula is:

Sown Area of Crops = Sown Area of Last Autumn and Winter + Sown Area of This Spring + Sown Area of This Summer = Harvesting Area of This Spring + Harvesting Area of This Summer + Harvesting Area of This Autumn

Output of Grain　refers to the output of the whole society. It includes the grain output from state-owned economy, collective-owned economy and farmer family management, and also includes the output from farms run by industrial and mining enterprises and families and other production units.

The statistics of grains is divided into three categories. 1. Cereals, including rice, wheat, corn, sorghum, millet and other coarse cereals. Output of cereals cover husked grain only. 2. Beans, including soybeans, mung beans and red beans etc. Output of beans refers to dry beans without pods. 3. Tubers, including sweet potatoes and potatoes, excluding taros and cassavas, are converted with

年以后改为按5公斤鲜薯折1公斤粮食计算；按国家制度，2015年开始，薯类按鲜薯重量计算，但在粮食合计中仍按5公斤鲜薯折1公斤粮食计算。2009年以前广西的马铃薯统计在蔬菜中，2009年以后统计在粮食的薯类中；2014年以前的甜玉米按粮食统计，自2014年年报始，甜玉米不在粮食统计中，纳入蔬菜统计。

the ratio 4：1, i.e. 4kg of fresh tubers was equivalent to 1 kg of grain before 1963. Since 1964, the ratio has been changed to 5：1. According to the national system, tubers have been calculated by the fresh weight since 2015, and 5 kg of fresh tubers is still calculated as 1 kg of grain. Before 2009, potato in Guangxi was categorized under vegetables. From 2009 onwards, potato was included in the grain category. Sweet corn was previously counted as grain before 2014. However, starting from the annual report in 2014, sweet corn is no longer included in grain statistics and is instead categorized under vegetables.

林产品产量 指从人工栽培的竹木上，不经砍伐竹木的根本而取得的各种林产品产量。包括生漆、棕片、五倍子、松脂、笋干、油茶籽、油桐籽、乌桕子、核桃、板栗等各种林木籽实以及修剪竹木所获得的枝叶（包括荆条、柳条、蒲葵叶5等。不包括桑叶、茶叶和水果。也不包括野生的林产品）。如果某些林产品人工栽培的和野生的混在一起，不易划分，应根据它的主要来源决定其应计入林产品产量还是其他农业的采集野生植物产量，不要两方面都算，以免重复。

Output of Forestry refers to the output of various forest products obtained from cultivated bamboo and timber without fundamentally cutting down the bamboo or timber. It includes raw lacquer, palm sheets, Chinese gallnuts, pine resin, bamboo shoots, tea-oil seeds, bancoul nuts, Chinese tallow tree seeds, walnuts, chestnuts and various seeds of trees and branches and leaves trimmed from bamboos and trees (including twigs of the chaste trees, twigs of the willow trees, leaves of palms etc.) It excludes leaves of mulberry, leaves of tea trees and fruits and also excludes the products from wild forests. If it is difficult to discriminate certain kinds of mixed forestry products from artificial ones to wild ones, it should be accounted into the output of forestry or the output of wild plants of other agriculture according to its major resource, and it shouldn't be calculated in both sides so as to avoiding repetition.

水果产量 指农业生产经营者日历年度内生产的乔木类和藤本类水果、多年草本水果及果用瓜。包括园林水果和非园林水果（瓜果类），不包括采集的野生水果。按鲜果产量计算。经脱水、晾干等处理的干果，如干枣、葡萄干、柿饼、桔饼等一律折合成鲜果计算。

园林水果：指农业生产经营者日历年度内在专业性果园、林地及零星种植果树（藤）上生产的水果。包括苹果、梨、柑桔类、热带及亚热带水果和其他园林水果如桃、葡萄、红枣等，不包括采集的野生水果。按实收的鲜果计算产量。经脱水、晾干等处理的干果，如干枣、葡萄干、柿饼、桔饼等一律折合成鲜果计算。

Output of Fruits refers to the output of fruits of trees, vines, perennial herbs and fruited melons produced by agricultural operators in the calendar year. It includes grove fruits and non-grove fruits (melons), but excludes collected wild fruits. The output of fruits is calculated with fresh weight. The dried fruits which have been dehydrated or dried out, such as dried dates, raisins, dried persimmon, and tangerine cake, should be converted into the fresh fruit and then calculated.

Grove fruits: refers to the fruits produced in professional groves, forest lands and sporadically planted trees (vines) by agricultural operators in the calendar year. It includes apples, pears, oranges, tropical and subtropical fruits and other grove fruits such as peaches, grapes and dates, and excludes collected wild fruits. The output of fruits is calculated with fresh weight of fruits actually harvested. The dried fruits which have been dehydrated or dried out, such as dried dates, raisins, dried persimmon, tangerine cake, should be converted into the fresh fruit and then calculated.

肉类总产量 指调查期内各种牲畜及家禽、兔等动物肉产量总计。猪、牛、羊、马、驴、骡、骆驼肉产量按去掉头蹄下水后带骨肉的胴体重量计算,兔禽肉产量按屠宰后去毛和内脏后的重量计算。猪牛羊禽四个品种肉产量由主要畜禽监测抽样调查获得，马、驴、骡、骆驼、兔肉产量由全面统计获得，其他特种养殖肉产量可用住户调查资料推算获得。

Total Output of Meat refers to total output of animal meat of various livestock, poultry and rabbits. The output of meat of pigs, cattle, sheep, horses, donkeys, mules and camels is calculated with the weight of carcasses gotten rid of heads, hooves and entrails, and the output of meat of rabbits and poultry is calculated with the weight of carcasses slaughtered and gotten rid of feather and entrails. The data of output of meat of pigs, cattle, sheep and poultry is gained from the sampling survey of major livestock and poultry, the output of meat of horses, donkeys, mules, camels and rabbits is gained from the comprehensive survey, and the output of meat of other culture of special species could be calculated by the data of household surveys.

水产品产量 指渔业（捕捞和养殖）生产活动的最终有效成果，包括全部海水和淡水鱼类、甲壳类（虾、蟹）、贝类、头足类、藻类和其他类渔业产品的最终产

Output of Aquatic Products refers to the final products of fishery (fishing and cultivating) producing activities, including the final volume of products of all the marine fishes, freshwater fishes, crustaceans (shrimps,

量。不包括渔业生产过程中的中间成果，如鱼苗、鱼种、亲鱼、转塘鱼、存塘鱼和自用作饵料的产品等。水产品在上岸前已经腐烂变质，不能供人食用或加工成其他制品的，不统计在水产品产量中。

crabs), shellfishes, cephalopods, algae and other fishery products, excluding the intermediate products in the fishery producing activities, such as fries, fingerlings, parent fishes, pond fishes, storage pond fishes and products for self-use of fodder. The aquatic products, which have rotten before shoring and cannot be eaten or processed to other products, should not be calculated as the output.

第十四篇　工　业

CHAPTER 14　INDUSTRY

（编辑：覃钲超）

简要说明

（本篇资料由自治区统计局工业处调查提供，电话：0771-5854417/2448090）

一、本篇资料主要内容

本篇资料反映广西工业经济的基本情况，包括规模以上工业企业按工业门类、企业规模、企业登记注册类型、工业行业分类和按地区分组的主要经济指标，以及规模以上工业主要工业产品产量等。

二、调查方法

主要根据工业统计年度报表有关资料整理汇总。

三、数据使用注意事项

规模以上工业企业主要指标数据与之前年份所公布的同指标数据之间存在不可比因素：

（一）根据统计制度，每年定期对规模以上工业企业调查范围进行调整。每年有部分企业达到规模标准纳入调查范围，也有部分企业因规模变小而退出调查范围，还有新建投产企业、破产、注（吊）销企业等变化。

（二）加强统计执法，对统计执法检查中发现的不符合规模以上工业统计要求的企业进行了清理，对相关基数依规进行了修正。

（三）加强数据质量管理，剔除跨地区、跨行业重复统计数据。根据国家统计局最新开展的企业组织结构调查情况，对企业集团（公司）跨地区、跨行业重复计算进行了剔重。

（四）“营改增”政策实施后，服务业企业改交增值税且税率较低，工业企业逐步将内部非工业生产经营活动剥离，转向服务业，使工业企业财务数据有所减小。

Brief Introduction

(This chapter is compiled by Department of Industries of the Guangxi Zhuang Autonomous Region Bureau of Statistics, Tel: 0771-5854417/2448090)

Main Contents

This data reflects the basic conditions of Guangxi's industrial sector, including the main economic indicators of industrial enterprises above designated size classified by industrial sector, by size of enterprise, by type of registration, by branch of industry and by region, as well as the output of main industrial products of industrial enterprises above designated size.

14—1 主要年份工业企业主要指标

指　标	Item	企业单位数（个） Number of Enterprises (unit)					
		2010	2015	2019	2020	2021	2022
总　计	**Total**	**6583**	**5518**	**6185**	**7099**	**8065**	**8959**
内资企业	**Domestic Funded Enterprises**	**6039**	**5057**	**5804**	**6681**	**7618**	**8502**
国有经济	State-owned	384	151	47	71	37	61
中央企业	Central Enterprises	45	19	1	3	4	9
地方企业	Local Enterprises	339	132	46	68	33	52
集体经济	Collective-owned Enterprises	256	98	35	33	28	26
股份合作企业	Cooperative Enterprises	50	16	5	5	5	4
联营企业	Joint Ownership Enterprises	9	3	1	3	0	1
有限责任公司	Limited Liability Corporations	1128	1544	1513	1266	1503	1696
股份有限公司	Share-holding Enterprises	212	210	189	99	85	91
私营企业	Private Enterprises	3931	2995	4013	5204	5952	6614
其他企业	Other Enterprises	69	40	1	0	8	9
港澳台商投资企业	**Enterprises with Funds from Hong Kong, Macao and Taiwan**	**293**	**272**	**208**	**217**	**229**	**241**
外商投资企业	**Foreign Funded Enterprises**	**251**	**189**	**173**	**201**	**218**	**216**
在总计中：	Of the Total:						
国有控股企业	State-holding Enterprises	632	570	589	657	713	770
在总计中：	Of the Total:						
轻工业	Light Industry	2442	2061	1847	2026	2244	2428
重工业	Heavy Industry	4141	3457	4338	5073	5821	6531
在总计中：	Of the Total:						
大型企业	Large-size Industrial Enterprises	48	195	95	86	95	100
中型企业	Medium-size Industrial Enterprises	798	1270	792	758	734	731
小型企业	Small-size Industrial Enterprises	5737	3820	4767	5471	6250	6868
微型企业	Micro-enterprises		233	531	784	986	1260

注：1. 本表的统计范围2000年为全部国有和年产品销售收入500万元及以上非国有工业法人企业，2005—2010年为年主营业务收入500万元及以上工业法人企业，2011年以后为年主营业务收入2000万元及以上工业法人企业。

Note: The statistic in the table of 2000 refers to all state-owned industrial enterprises and the non-state-owned industrial enterprises with an annual sales income of over 5 million yuan, and data from 2005 to 2010 refer to industrial enterprises with annual principal business sales over 5 million yuan. Since 2011, the data has been refered to industrial enterprises with annual principal business sales over 20 million yuan.

Major Indicators on Industrial Enterprises in Main Years

资产总计（万元）Total Capital (10 000 yuan)						流动资产合计（万元）Total Circulating Funds (10 000 yuan)					
2010	2015	2019	2020	2021	2022	2010	2015	2019	2020	2021	2022
86674477	**151222995**	**180209750.6**	**207099265**	**236220576**	**269129687**	**37005538**	**69815219**	**89458064**	**99903103**	**115408484**	**133105388**
70530596	**122819897**	**147584932.8**	**171012001**	**196349194**	**222717124**	**27707681**	**55272118**	**70857505**	**78793290**	**91571739**	**102700739**
17593341	9190004	806802	3302197	680335	5105737	5079458	3796361	261483	1231381	378625	1610895
8469133	1542788	94078	355196	395960	854160	1738270	777201	57933	76628	241707	357639
9124209	7647216	712724.5	2947001	284375	4251577	3341188	3019160	203550	1154753	136917	1253256
644112	664068	171182	129569	103424	95197	372093	339404	124267	94881	61076	59620
1382840	160513	20871	48032	20514	14559	314936	66341	10624	34873	7711	4199
114206	23003	1520	85822	0	735	50299	15742	230	57021	0	662
24963740	57366667	85631098	98036338	116231004	129248785	9029878	24256669	34923183	35873880	43465340	47346258
9131153	20382381	20807192	16557227	18452849	20399540	4319642	8145931	10147614	7452905	8369091	9406239
16312037	34614603	40144028	52852816	60846850	67838296	8280640	18440760	25388958	34048349	39277541	44260378
389166	418658	2239	0	14218	14276	260736	210910	1145	0	12355	12488
5068378	**8768632**	**10656722**	**10858332**	**11584249**	**13141980**	**2206277**	**4101874**	**5232874**	**5857159**	**6539657**	**7774658**
11075503	**19634467**	**21968096**	**25228932**	**28287134**	**33270582**	**7091581**	**10441228**	**13367685**	**15252654**	**17297088**	**22629991**
43684077	66257467	86810917	101622601	112813714	125370147	15727556	25559237	33767069	36742759	40914386	47310063
21304016	40505858	36304990	37805142	43558362	48871430	10784576	21275188	21613718	22986073	26723856	29876281
65370461	110717137	143904760	169294122	192662215	220258257	26220962	48540031	67844346	76917030	88684628	103229107
25311258	55857438	69678617	80641636	87542800	98495614	10757623	26536901	32924051	34767329	38272786	43337085
34583275	52394365	48507972	55370386	58278405	62176616	16173669	23140180	24505215	27909783	30748339	31708670
26779945	40418920	54275333	63844692	80355410	93853951	10074246	19071854	28989544	33748067	41767005	50762691
	2552272	7747828	7242551	10043961	14603506		1066285	3039253	3477924	4620355	7296942

14—1 续表 1

单位：万元

指　标	Item	应收账款（万元） Account Receivable (10 000 yuan) 2010	2015	2019	2020	2021	2022
总　计	**Total**	**6051252**	**13927991**	**20276493**	**22632256**	**27742898**	**39219361**
内资企业	**Domestic Funded Enterprises**	**4647241**	**11281937**	**15244663**	**17145134**	**21125382**	**25653062**
国有经济	State-owned	503488	580190	34999	330050	82713	269920
中央企业	Central Enterprises	217480	215808	15642	26722	69436	104480
地方企业	Local Enterprises	286007	364382	19357	303328	13277	165440
集体经济	Collective-owned Enterprises	78884	80802	22800	21496	12901	13490
股份合作企业	Cooperative Enterprises	41540	12772	5374	25999	5564	1601
联营企业	Joint Ownership Enterprises	12826	8146	20	24012	0	461
有限责任公司	Limited Liability Corporations	1463613	4708351	6741636	6715585	9464643	10837313
股份有限公司	Share-holding Enterprises	780315	1221741	1367515	922284	805711	1372542
私营企业	Private Enterprises	1648293	4614754	7071937	9105709	10751479	13152512
其他企业	Other Enterprises	118283	55182	383	0	2372	5224
港澳台商投资企业	**Enterprises with Funds from Hong Kong, Macao and Taiwan**	**625567**	**1538277**	**1476424**	**2047104**	**2887897**	**3767711**
外商投资企业	**Foreign Funded Enterprises**	**778444**	**1107777**	**3555405**	**3440018**	**3729619**	**9798588**
在总计中：	Of the Total:						
国有控股企业	State-holding Enterprises	1834127	3492966	5302206	6367321	7221724	13741344
在总计中：	Of the Total:						
轻工业	Light Industry	1528364	3857582	3267384	3542917	4421690	5899663
重工业	Heavy Industry	4522888	10070409	17009108	19089338	23321209	33319697
在总计中：	Of the Total:						
大型企业	Large-size Industrial Enterprises	1173185	4236384	5962342	5821047	6189225	12456823
中型企业	Medium-size Industrial Enterprises	2580651	4539335	4361556	5031994	5542138	6068941
小型企业	Small-size Industrial Enterprises	2297416	4918050	9049207	10674338	14016729	17187640
微型企业	Micro-size Enterprises		234222	903388	1104877	1994806	3505957

continued

(10 000 yuan)

存货（万元） Inventory (10 000 yuan)						负债合计（万元） Total Liabilities (10 000 yuan)					
2010	2015	2019	2020	2021	2022	2010	2015	2019	2020	2021	2022
10802775	**16711492**	**19604051**	**20831140**	**24729607**	**28119577**	**54132948**	**94028112**	**114648666**	**131850657**	**148946956**	**179496004**
8459668	**13329634**	**16133079**	**17134605**	**20184484**	**23340482**	**44287260**	**76601490**	**95383421**	**110495000**	**125371321**	**146506089**
1879074	1197474	52544	210468	92424	177430	12182305	6219571	438119	1810024	342275	3532707
622009	160252	17542	21679	75634	89565	6050848	950589	42199	220736	153326	458674
1257065	1037222	35002	188789	16790	87865	6131457	5268982	395920	1589287	188949	3074033
88818	81118	34594	19909	18509	19914	398331	230894	68033	45660	43825	42020
130958	16379	2122	5416	1158	1467	784013	90743	12886	35638	12356	7869
17341	5162	138	10229	0	171	64081	9004	814	78568	0	707
2550688	5601226	8198048	8133661	9470406	10541505	16144204	38223442	56150846	62413421	72643703	82201545
1073576	1659019	1699154	1003848	1671094	1695602	5084569	11114025	11704907	9932575	11105563	12674732
2653638	4699929	6146309	7751075	8926800	10900488	9452050	20474977	27007422	36179115	41210731	48034309
65575	69328	171	0	4093	3906	177708	238833	396	0	12867	12200
578210	**881977**	**1008514**	**1047215**	**1222555**	**1485209**	**2774814**	**4899449**	**5187101**	**5146388**	**6112073**	**7583674**
1764898	**2499881**	**2462457**	**2649319**	**3322568**	**3293887**	**7070873**	**12527174**	**14078145**	**16209269**	**17463562**	**25406241**
4847222	6390989	7868670	7927479	8820792	8524471	29019882	43679344	57067176	65925409	70657123	84296772
2925383	5401978	5649104	6091223	7051586	8327454	11830719	22920311	21981050	23143236	27319422	31110269
7877392	11309515	13954947	14739916	17678021	19792124	42302229	71107801	92667616	108707421	121627535	148385736
3598151	6382230	7264577	7366028	8618355	8963010	17013726	36771160	46585824	53343458	54667498	66756310
4274481	5287498	5737860	5859042	6884484	7591099	20990158	31265998	29425923	32492102	34835287	38453126
2930143	4803808	6230417	7112795	8488135	10570805	16129064	23963631	33992162	40588065	52306606	63518909
	237957	371197	493276	738634	994664		2027324	4644757	5427034	7137566	10767660

14—1 续表 2

单位：万元

指　标	Item	营业收入（万元）Business Revenue (10 000 yuan)					
		2010	2015	2019	2020	2021	2022
总　计	**Total**	**92358467**	**204425005**	**174411072**	**176463012**	**222740708**	**225962578**
内资企业	**Domestic Funded Enterprises**	**73048098**	**166875608**	**138899275**	**141394576**	**182677967**	**189230173**
国有经济	State-owned	12307051	8647019	484515	2450571	319554	1022994
中央企业	Central Enterprises	3407872	1118161	34157	59117	123613	185852
地方企业	Local Enterprises	8899179	7528858	450357	2391454	195941	837142
集体经济	Collective-owned Enterprises	1178772	2172943	374889	207368	159565	90785
股份合作企业	Cooperative Enterprises	983230	441146	26827	52937	9461	7025
联营企业	Joint Ownership Enterprises	119806	42129	4014	106024	0	2622
有限责任公司	Limited Liability Corporations	23025787	64524536	68873830	69351903	88178413	93808631
股份有限公司	Share-holding Enterprises	7091970	16610899	16285986	8291200	16261758	16788748
私营企业	Private Enterprises	27384971	73246126	52848027	60934574	77723799	77476804
其他企业	Other Enterprises	956511	1190809	1188	0	25417	32564
港澳台商投资企业	**Enterprises with Funds from Hong Kong, Macao and Taiwan**	**5349221**	**14020883**	**9925874**	**8314082**	**9206130**	**10056595**
外商投资企业	**Foreign Funded Enterprises**	**13961148**	**23528515**	**25585924**	**26754354**	**30856611**	**26675810**
在总计中：	Of the Total:						
国有控股企业	State-holding Enterprises	36027399	56807658	71662393	72241263	92041718	89767721
在总计中：	Of the Total:						
轻工业	Light Industry	24893120	55354189	36343633	34414309	41481364	46433691
重工业	Heavy Industry	67465346	149070816	138067440	142048703	181259344	179528886
在总计中：	Of the Total:						
大型企业	Large-size Industrial Enterprises	26390575	71744161	65274381	65810531	82748413	84355552
中型企业	Medium-size Industrial Enterprises	32014676	66019977	48336757	46585848	55658225	52091689
小型企业	Small-size Industrial Enterprises	33953216	65035250	56681087	60001632	79325094	83458478
微型企业	Micro-size Enterprises		1625616	4118847	4065001	5008976	6056859

注：主营业务收入（产品销售收入）栏2000年为产品销售收入，2005—2017年为主营业务收入；2017年及以前数据为主营业务收入和主营业务成本，2018年以后为主营业务收入和营业成本，以下相关表均同。

Note: In the table, data of Principal Business Sales (Sales Revenue) of 2000 is figure of Sales Revenue, and that from 2005 to 2017 are principal business sales. Data for 2017 and before is Principal Business Sales and Principal Business Costs and data was adjusted to Principal Business Sales and Operation Costs after 2018. This applies to other relevant tables.

continued

(10 000 yuan)

营业成本（万元） Business Cost (10 000 yuan)						销售费用（万元） Selling Expenses (10 000 yuan)					
2010	2015	2019	2020	2021	2022	2010	2015	2019	2020	2021	2022
77074150	**171981433**	**149311952**	**151004696**	**191712358**	**199270434**	**2390077**	**4730686**	**3917728**	**3815084**	**3998198**	**3393307**
61314675	**140413864**	**118857655**	**121026774**	**157043455**	**166284720**	**1578527**	**3553713**	**2797992**	**2694263**	**2833270**	**2702274**
10631171	7994233	397237	2101822	261493	821214	142464	65138	16968	23439	9886	18027
2743397	998725	25762	44701	100929	138427	32451	7421	1550	1227	1498	2030
7887774	6995508	371476	2057122	160565	682787	110012	57717	15418	22212	8388	15997
1024794	1734908	314557	180409	135944	73017	25214	52728	10440	4634	4421	3397
705123	337678	24694	49967	7611	5163	30883	10495	141	460	187	157
91871	28405	3987	96223	0	2425	2165	341	6	1784	0	83
19135167	54128371	59201141	59067817	75177400	82158728	461732	1473897	993021	822637	941670	889637
5602425	12610071	12421698	6140363	13099834	14172478	317867	492197	585684	402297	339003	300284
23338361	62554848	46493379	53390173	68336556	69021361	582582	1433531	1191701	1439013	1537961	1490274
785764	1025351	960	0	24616	30335	15622	25385	30	0	142	416
4333197	**12085639**	**8142162**	**6717834**	**7670875**	**9033060**	**127797**	**211924**	**173762**	**175147**	**194567**	**158539**
11426278	**19481929**	**22312135**	**23260088**	**26998029**	**23952654**	**683753**	**965049**	**945975**	**945674**	**970360**	**532494**
30044929	47094313	60046717	60732352	78088150	78703198	982397	1250171	1572955	1389196	1360067	857805
19701759	44646236	29989942	27761316	34025150	38501518	803343	1675940	1349160	1188382	1229316	1165156
57372391	127335197	119322010	123243380	157687208	160768916	1586735	3054746	2568568	2626701	2768882	2228151
21947370	60688280	56013319	56664015	71358655	75705744	798205	1991775	1619138	1442068	1409690	1019349
26539427	54296105	40140071	38534783	45904399	45056256	817888	1274600	868527	895468	932708	812408
28587353	55487812	49360046	52207268	69965168	73264974	773984	1446817	1394849	1430373	1596405	1481851
	1509235	3798517	3598629	4484136	5243460		17495	35214	47175	59395	79699

14—1 续表 3

单位：万元

指 标	Item	管理费用（万元） Management Expenses (10 000 yuan)					
		2010	2015	2019	2020	2021	2022
总 计	**Total**	**6482988**	**8467973**	**4983364**	**4776663**	**5226448**	**5486950**
内资企业	**Domestic Funded Enterprises**	**5477603**	**7044572**	**4241591**	**4122714**	**4478702**	**4727206**
国有经济	State-owned	1189017	478626	41206	66344	32231	44967
中央企业	Central Enterprises	484001	77571	4070	5163	13262	14285
地方企业	Local Enterprises	705016	401054	37136	61181	18969	30683
集体经济	Collective-owned Enterprises	85737	140174	21665	14169	15196	10870
股份合作企业	Cooperative Enterprises	44597	31690	773	1271	747	434
联营企业	Joint Ownership Enterprises	3206	7130	10	3802	0	85
有限责任公司	Limited Liability Corporations	1581042	2501329	1947899	1803538	2072025	2312440
股份有限公司	Share-holding Enterprises	484893	730143	460863	309565	319214	274246
私营企业	Private Enterprises	2047321	3117130	1769124	1924025	2038861	2083163
其他企业	Other Enterprises	41791	38350	52	0	429	1001
港澳台商投资企业	**Enterprises with Funds from Hong Kong, Macao and Taiwan**	**351299**	**429279**	**276732**	**215545**	**238776**	**246944**
外商投资企业	**Foreign Funded Enterprises**	**654086**	**994122**	**465041**	**438404**	**508969**	**512800**
在总计中：	Of the Total:						
国有控股企业	State-holding Enterprises	2463436	2301143	1843631	1784064	1928266	1945297
在总计中：	Of the Total:						
轻工业	Light Industry	1674655	2667869	1458035	1304567	1421788	1499732
重工业	Heavy Industry	4808334	5800104	3525330	3472096	3804659	3987218
在总计中：	Of the Total:						
大型企业	Large-size Industrial Enterprises	1073339	2682943	1299521	1243930	1371966	1487268
中型企业	Medium-size Industrial Enterprises	2749395	3157673	1696236	1361220	1360411	1365449
小型企业	Small-size Industrial Enterprises	2660254	2533678	1904506	2043456	2347079	2410861
微型企业	Micro-size Enterprises		93679	83102	128058	146992	223372

continued

(10 000 yuan)

财务费用（万元）
Financial Expenses (10 000 yuan)

2010	2015	2019	2020	2021	2022
1347695	**2402757**	**1750372**	**2061682**	**2029923**	**2156042**
1248842	**2103337**	**1601726**	**1823989**	**1879725**	**2058314**
368568	221504	3308	30950	-152	37418
168302	23163	-186	2349	-1568	6404
200266	198341	3494	28601	1416	31014
9356	12181	652	373	521	52
30430	1465	188	418	221	72
1566	10	6	1837	0	0
464953	1066018	1010809	1067880	1236545	1291429
114925	261808	117330	136148	114245	154516
255740	527666	469396	586384	528330	574768
3306	12685	37	0	14	60
65357	**84018**	**60782**	**54951**	**62649**	**38396**
33496	**215402**	**87864**	**182742**	**87550**	**59331**
765634	1076506	840697	980000	978684	1059523
282303	678297	419185	499322	449644	498915
1065392	1724461	1331187	1562359	1580279	1657127
415770	751862	494671	670776	580026	558185
463274	835136	555018	586639	487770	546104
468651	769772	637168	701496	834941	870977
	45987	63516	102771	127186	180776

14—1 续表 4

单位：万元

指 标	Item	利润总额（万元） Total Profits (10 000 yuan)					
		2010	2015	2019	2020	2021	2022
总 计	**Total**	**7715895**	**12790565**	**9237754**	**9904899**	**13466618**	**8935643**
内资企业	**Domestic Funded Enterprises**	**5753715**	**9854346**	**6924951**	**7470953**	**10874747**	**7527832**
国有经济	State-owned	482639	-49094	23637	165620	11818	93729
中央企业	Central Enterprises	227554	12800	1242	4739	5884	19440
地方企业	Local Enterprises	255086	-61894	22395	160881	5934	74289
集体经济	Collective-owned Enterprises	58512	176504	24773	7980	2452	3982
股份合作企业	Cooperative Enterprises	139148	57940	694	479	445	972
联营企业	Joint Ownership Enterprises	22429	5484	1	1860	0	28
有限责任公司	Limited Liability Corporations	1900513	3923457	3630074	3770335	5331065	3279278
股份有限公司	Share-holding Enterprises	802764	933516	762943	578191	1159708	797576
私营企业	Private Enterprises	2247046	4719419	2482724	2946489	4369114	3351522
其他企业	Other Enterprises	100663	87120	105	0	144	745
港澳台商投资企业	**Enterprises with Funds from Hong Kong, Macao and Taiwan**	**616372**	**1229916**	**1099653**	**1115571**	**1010941**	**458004**
外商投资企业	**Foreign Funded Enterprises**	**1345808**	**1706303**	**1213150**	**1318376**	**1580931**	**949807**
在总计中：	Of the Total:						
国有控股企业	State-holding Enterprises	2275089	2324215	3042708	3382879	4858355	2380977
在总计中：	Of the Total:						
轻工业	Light Industry	2683730	4052161	1559342	2003560	2361630	2462658
重工业	Heavy Industry	5032165	8738405	7678412	7901339	11104988	6472986
在总计中：	Of the Total:						
大型企业	Large-size Industrial Enterprises	1816122	4161190	3084807	3106472	4769735	1483331
中型企业	Medium-size Industrial Enterprises	2957365	4760550	2926864	3454607	4658220	2690902
小型企业	Small-size Industrial Enterprises	2942408	3927666	3081121	3179951	3897208	4496928
微型企业	Micro-size Enterprises		-58841	144961	163870	141456	264482

continued

(10 000 yuan)

全部从业人员年平均人数（人）
Average Employed Persons (person)

2010	2015	2019	2020	2021	2022
1505050	**1677994**	**1177347**	**1187007**	**1249319**	**1294477**
1263500	**1398837**	**987454**	**1000846**	**1052233**	**1108576**
150499	75162	7826	18288	5123	10537
28358	14730	589	774	756	920
122141	60432	7237	17514	4367	9617
37757	22233	5693	4783	3494	2549
15680	3020	223	243	225	176
2031	466	52	791	0	22
359050	498153	391187	346030	386231	410654
118552	117878	75567	49219	50871	50099
567856	670339	506863	581492	606289	634539
12075	11586	43	0	0	0
116632	**157183**	**94058**	**82541**	**83886**	**77339**
124918	**121974**	**95835**	**103620**	**113200**	**108562**
389784	363822	297040	305008	302993	297255
575986	649037	373729	345557	356790	374010
929064	1028957	803618	841450	892529	920467
265881	507829	281413	278160	290139	292786
535571	697617	422177	394783	383969	379667
703598	465241	460046	503602	561060	607743
	7307	13711	10462	14151	14281

14—2 工业企业分行业主要指标（2022年）

单位：万元

行 业	Sector	企业单位数（个）Number of Enterprises (unit)	资产总计 Total Assets
工业企业	**Industrial Enterprises**	**8959**	**269129687**
煤炭的开采和洗选业	Mining and Washing of Coal	9	483292
石油和天然气开采业	Extraction of Petroleum and Natural Gas	1	371781
黑色金属矿采选业	Mining and Processing of Ferrous Metal Ores	12	106997
有色金属矿采选业	Mining and Processing of Nonferrous Metals Ores	63	1812675
非金属矿采选业	Mining and Processing of Nonmetal Ores	303	3020331
开采辅助活动	Mining Assist Activities	0	0
其他采矿业	Mining of Other Ores	0	0
农副食品加工业	Processing of Food from Agricultural Products	655	17947335
#制糖业	Manufacture of Carbohydrate	85	6864203
食品制造业	Manufacture of Foods	219	2739942
#罐头制造业	Manufacture of Canned Food	15	117442
酒、饮料和精制茶制造业	Manufacture of Liquor, Beverages and Refined Tea	162	3397240
#酒的制造	Manufacture of Liquor	26	1785850
烟草制品业	Manufacture of Tobacco	2	2136013
#卷烟制造	Manufacture of Cigarettes	1	2073086
纺织业	Textile Industry	204	1819859
纺织服装、服饰业	Manufacture of Textiles, Wearing Apparel and Accessories	83	405992
皮革、毛皮、羽毛及其制品和制鞋业	Manufacture of Leather, Fur, Feather and Related Products and Footwear	89	472783
木材加工及木、竹、藤、棕、草制品业	Processing of Timber, Manufacture of Bamboo, Rattan, Palm and Straw Products	1942	9564024
家具制造业	Manufacture of Furniture	52	361785
造纸及纸制品业	Manufacture of Paper and Paper Products	177	9055499
#造纸	Manufacture of Paper	77	7241205
印刷和记录媒介复制业	Printing and Reproduction of Recording Media	54	553957

注：工业企业分行业主要指标统计范围为年主营业务收入2000万元及以上工业法人企业。
Note: The statistic coverage of major indicators of industrial enterprises by industrial sector is enterprises with annual principal business sales of over 20 million yuan.

Major Indicators on Industrial Enterprises by Industrial Sector（2022）

（10 000 yuan）

流动资产合计 Current Assets	应收账款 Account Receivable	存货 Inventories	负债合计 Total Liabilities	营业收入 Business Revenue	营业成本 Business Cost	销售费用 Selling Expenses	管理费用 Management Expenses	财务费用 Financial Expenses	利润总额 Total Profits
133105388	**39219361**	**28119577**	**179496004**	**225962578**	**199270434**	**3393307**	**5486950**	**2156042**	**8935643**
243330	78762	20804	234909	403549	354658	1877	12020	3532	17751
51555	189	905	71687	284846	78109	324	3454	-5776	193564
62265	13632	13391	70723	54720	43894	1004	4424	76	3515
787008	167123	116183	1136152	1276917	894659	11127	80716	12113	229721
1432446	504681	255203	2129200	2036435	1450989	167402	147931	20734	161832
0	0	0	0	0	0	0	0	0	0
0	0	0	0	0	0	0	0	0	0
12726068	2061012	2677494	12384696	22875486	21123361	273754	472601	262810	709487
4744045	344488	751250	4874879	4455861	3890335	70062	169073	133680	172160
1467877	324851	434057	1677392	2644488	2106312	150060	111702	22647	220358
75809	20379	16225	53943	82911	64456	7944	3646	-5	5336
2020337	273143	994196	1961722	2376865	1717123	162936	105159	19297	269253
1048593	51722	622588	1094968	979543	663573	55153	54995	9363	118593
1418644	79657	986299	677008	3034140	798297	45966	172632	-3108	180418
1367380	78128	984001	668725	3025357	792849	45966	169054	-2257	179982
1049582	196329	498446	1235052	1530929	1419665	14007	61928	19431	5727
275448	55567	82861	186048	417363	364765	4450	28005	602	21397
341834	117449	152632	294144	636012	576671	7800	20571	4037	24464
6123745	2040033	1712742	6641226	15579008	14208859	154483	289018	85447	748609
243246	65867	90375	250127	267888	232192	10030	13014	3484	6487
3888093	842824	773319	6161525	5273558	4459853	98279	143163	143164	323117
2880057	628036	547944	4835441	3913239	3315541	41657	77248	130414	261739
296713	94149	53935	246443	406486	326454	7624	24609	3902	50090

14−2 续表

单位：万元

行业	Sector	企业单位数（个）Number of Enterprises (unit)	资产总计 Total Assets
文教、工美、体育和娱乐用品制造业	Manufacture of Culture, Education, Arts and Crafts, Sport and Entertainment Goods	108	414984
石油、炼焦及其他燃料加工业	Processing of Petroleum, Coking and other Fuel	28	5848307
化学原料及化学制品制造业	Manufacture of Raw Chemical Materials and Chemical Products	432	11063859
医药制造业	Manufacture of Medical and Pharmaceutical Products	165	3921672
化学纤维制造业	Manufacture of Chemical Fiber	0	0
橡胶和塑料制品业	Manufacture of Rubber and Plastic Products	199	1801204
非金属矿物制品业	Manufacture of Nonmetal Mineral Products	1474	20684595
#水泥制造	Manufacture of Cement Products	109	6567854
黑色金属冶炼及压延加工业	Smelting and Pressing of Ferrous Metals	160	27940954
有色金属冶炼及压延加工业	Smelting and Pressing of Nonferrous Metals	187	21016184
金属制品业	Manufacture of Metal Products	299	2724011
通用设备制造业	Manufacture of General Purpose Machinery	131	3793720
专用设备制造业	Manufacture of Special Purposes Machinery	179	6733491
汽车制造业	Manufacture of Automobile	386	21224680
#汽车整车制造	Manufacture of Vehicle	8	12962151
铁路、船舶、航空航天和其他运输设备制造业	Manufacture of Railway, Ship, Aerospace and Other Transport Equipment	67	986794
电气机械及器材制造业	Manufacture of Electrical Machinery and Apparatus	260	5533609
计算机、通信和其他电子设备制造业	Manufacture of Computer, Communication and Other Electronic Equipment	301	15357044
仪器仪表制造业	Manufacture of Measuring Instruments and Machinery	35	272337
其他制造业	Other Manufacture	8	83452
废弃资源综合利用业	Comprehensive Utilization of Waste Resources	64	1570280
金属制品、机械和设备修理业	Repair Services of Metal Product, Machinery and Equipment	10	595080
电力、热力的生产和供应业	Production and Supply of Electric Power and Heat Power	313	56270164
#电力生产	Production of Electric Power	259	37251854.4
#火力发电	Thermal Power	20	5942054
水力发电	Hydropower	87	12885970
燃气生产和供应业	Production and Supply of Gas	53	1621787
水的生产和供应业	Production and Supply of Water	73	5421973

continued

(10 000 yuan)

流动资产合计 Current Assets	应收账款 Account Receivable	存货 Inventories	负债合计 Total Liabilities	营业收入 Business Revenue	营业成本 Business Cost	销售费用 Selling Expenses	管理费用 Management Expenses	财务费用 Financial Expenses	利润总额 Total Profits
289770	92296	101314	236560	657860	574613	13243	35126	1831	27329
3383940	463149	937264	2494372	12423503	10057747	37131	86605	-6045	356244
5565714	1397505	1647512	6862781	8425093	7124685	139929	260915	74028	691877
2315766	390379	495952	1974809	1944888	1059679	273164	134598	2535	430636
0	0	0	0	0	0	0	0	0	0
895492	304158	274794	1090919	1408079	1229702	32646	64189	10771	29367
10926017	3872548	1950775	11868699	14367082	11944973	556875	661380	144625	828506
2291075	248483	387303	3163510	3456430	2960894	59683	152554	36207	172242
12000932	721739	3054600	18007112	33373037	32895821	188397	511292	189247	-705069
10824902	833462	3102873	15481656	25317592	22566680	94588	303039	234759	1557300
1788599	673179	442672	1744636	2808456	2525810	42401	106382	22178	67972
2551589	628430	767182	2012546	2905761	2491951	98377	105419	8480	102240
4195180	1542849	670796	3797440	3397999	2839834	124158	147320	13636	199494
15524356	7728336	1564279	19248689	13814249	12462610	422444	464556	-90391	-22815
10313485	6140824	462834	14017106	7204830	6603202	293522	174677	-106926	-141700
542678	197324	139219	635646	1193000	1102604	11054	35098	3790	28000
3722031	1389063	864266	3956244	4524053	3993385	68240	123294	29779	186715
12461087	8029010	2197250	11338950	14678742	13703430	91396	210757	216	508127
191469	53768	45129	94008	145619	99848	5887	14388	-397	18642
45579	9811	11417	57304	64088	53846	3557	4006	232	920
1155459	322133	245543	1116445	3245294	3153143	15252	22683	15758	45281
394041	172820	64793	313563	260352	235529	1457	22348	-507	-2814
10009855	3089419	554250	37190169	19519313	16994034	4429	380819	822053	1291056
6169642.4	1969756	492360.2	24952028.5	7204350.7	5389827.1	748.4	161258.4	566943.3	1107842.2
1519842	553059	220898	4735579	3611111	3566144	373	45545	133497	-148104
1688586	290580	41699	7018809	1373428	593152	213	65522	136702	555638
580920	159593	58541	1083363	1675853	1515867	29458	30491	9049	77055
1311823	233123	66318	3532038	713976	488786	28102	71296	78026	53793

14—3 国有控股工业企业主要指标（2022年）

单位：万元

行　业	Sector	企业单位数（个）Number of Enterprises (unit)	资产总计 Total Assets
国有控股工业企业	**State-holding Industrial Enterprises**	**770**	**125370147**
在总计中：	**Of the Total:**		
轻工业	Light Industry	136	8781633
重工业	Heavy Industry	634	116588514
在总计中：	**Of the Total:**		
大型企业	Large-scale Industrial Enterprises	38	66535249
中型企业	Medium-scale Industrial Enterprises	172	23957573
小型企业	Small-scale Industrial Enterprises	433	28641243
微型企业	Micro-enterprises	127	6236083
煤炭的开采和洗选业	Mining and Washing of Coal	2	23103
石油和天然气开采业	Extraction of Petroleum and Natural Gas	0	0
黑色金属矿采选业	Mining and Processing of Ferrous Metal Ores	1	39701
有色金属矿采选业	Mining and Processing of Nonferrous Metals Ores	13	815864
非金属矿采选业	Mining and Processing of Nonmetal Ores	17	633528
开采辅助活动	Support Activities for Mining	0	0
其他采矿业	Mining of Other Ores	0	0
农副食品加工业	Processing of Food from Agricultural Products	62	3821314
#制糖业	Manufacture of Carbohydrate	37	2695288
食品制造业	Manufacture of Foods	9	191917
#罐头制造业	Manufacture of Canned Food	1	23961
酒、饮料和精制茶制造业	Manufacture of Liquor, Beverages and Refined Tea	10	727191
#酒的制造	Manufacture of Liquor	4	536268
烟草制品业	Manufacture of Tobacco	2	2136013
#卷烟制造	Manufacture of Cigarettes	1	2073086
纺织业	Textile Industry	8	202021
纺织服装、服饰业	Manufacture of Textiles, Wearing Apparel and Accessories	12	139958
皮革、毛皮、羽毛及其制品和制鞋业	Manufacture of Leather, Fur, Feather and Related Products and Footwear	0	0
木材加工及木、竹、藤、棕、草制品业	Processing of Timber, Manufacture of Bamboo, Rattan, Palm and Straw Products	23	1029158
家具制造业	Manufacture of Furniture	1	25248
造纸及纸制品业	Manufacture of Paper and Paper Products	10	418317
#造纸	Manufacture of Paper	4	271657
印刷和记录媒介复制业	Printing and Reproduction of Recording Media	10	194550

Major Indicators on State-owned and State-holding Industrial Enterprises (2022)

(10 000 yuan)

流动资产合计 Current Assets	应收账款 Account Receivable	存货 Inventories	负债合计 Total Liabilities	营业收入 Business Revenue	营业成本 Business Cost	销售费用 Selling Expenses	管理费用 Management Expenses	财务费用 Financial Expenses	利润总额 Total Profits
47310063	**13741344**	**8524471**	**84296772**	**89767721**	**78703198**	**857805**	**1945297**	**1059523**	**2380977**
5228188	556284	1917041	4819089	8863511	5750842	209355	387654	82640	500269
42081875	13185060	6607429	79477683	80904211	72952356	648450	1557643	976882	1880708
26562947	8730923	5031548	48484797	58454223	52427594	602144	1040502	419565	469811
10321163	2222873	2026179	14020408	19686523	16624322	146190	489225	197304	999083
8568805	2240499	1272601	17750257	10135219	8552009	97774	334233	333262	752379
1857149	547050	194143	4041311	1491756	1099273	11698	81337	109392	159705
15527	13665	212	23365	2796	4327	9	869	-2	-2396
0	0	0	0	0	0	0	0	0	0
10718	1906	979	19963	4460	2721	0	813	-5	639
253420	117990	30583	446117	319140	167852	668	26394	4421	95677
313416	66857	99121	334350	325713	238407	5865	14930	4094	49174
0	0	0	0	0	0	0	0	0	0
0	0	0	0	0	0	0	0	0	0
2249848	265558	578993	2676751	4226619	3912102	41135	107273	81721	42044
1378004	142798	284969	1898524	2034409	1790064	30123	85915	53239	49147
62114	11446	24144	91346	167921	131320	3959	3987	2697	22025
11082	6003	724	15527	9644	8380	134	134	324	58
398250	36814	154768	304227	496694	277586	41463	36492	-2423	106307
254769	29024	39289	196497	393751	223238	35804	27730	-3161	71017
1418644	79657	986299	677008	3034140	798297	45966	172632	-3108	180418
1367380	78128	984001	668725	3025357	792849	45966	169054	-2257	179982
113330	15798	50148	137537	87227	80141	965	8044	938	2096
78377	2527	4214	26838	71490	61719	444	13352	93	1738
0	0	0	0	0	0	0	0	0	0
427677	55271	106348	795131	332280	299900	11233	15725	18711	-19405
17028	10995	1497	24333	2580	2575	91	483	883	-1432
197631	27105	37370	438470	226558	196869	1795	16771	7516	-790
116353	12125	16483	364253	105180	99800	590	6006	7522	-10173
112437	45200	20720	75126	144541	114758	2231	10024	227	18465

14-3 续表

单位：万元

行业	Sector	企业单位数（个）Number of Enterprises (unit)	资产总计 Total Assets
文教、工美、体育和娱乐用品制造业	Manufacture of Culture, Education, Arts and Crafts, Sport and Entertainment Goods	1	7945
石油、炼焦及其他燃料加工业	Processing of Petroleum, Coking and Other Fuel	10	5396679
化学原料及化学制品制造业	Manufacture of Raw Chemical Materials and Chemical Products	35	1694295
医药制造业	Manufacture of Medical and Pharmaceutical Products	7	580968
化学纤维制造业	Manufacture of Chemical Fiber	0	0
橡胶和塑料制品业	Manufacture of Rubber and Plastic Products	3	170919
非金属矿物制品业	Manufacture of Nonmetal Mineral Products	88	3580116
#水泥制造	Manufacture of Cement Products	22	1732892
黑色金属冶炼及压延加工业	Smelting and Pressing of Ferrous Metals	15	15592936
有色金属冶炼及压延加工业	Smelting and Pressing of Nonferrous Metals	29	8825632
金属制品业	Manufacture of Metal Products	16	520106
通用设备制造业	Manufacture of General Purpose Machinery	15	521922
专用设备制造业	Manufacture of Special Purposes Machinery	22	4906992
汽车制造业	Manufacture of Automobile	30	15092431
#汽车整车制造	Manufacture of Vehicle	5	12249022
铁路、船舶、航空航天和其他运输设备制造业	Manufacture of Railway, Ship, Aerospace and Other Transport Equipment	8	537551
电气机械及器材制造业	Manufacture of Electrical Machinery and Apparatus	6	216427
计算机、通信和其他电子设备制造业	Manufacture of Computer, Communication and Other Electronic Equipment	16	1828811
仪器仪表制造业	Manufacture of Measuring Instruments and Machinery	1	2237
其他制造业	Other Manufacture	0	0
废弃资源综合利用业	Comprehensive Utilization of Waste Resources	5	236721
金属制品、机械和设备修理业	Repair Services of Metal Product, Machinery and Equipment	5	581095
电力、热力的生产和供应业	Production and Supply of Electric Power and Heat Power	212	49370685
#电力生产	Production of Electric Power	169	31007092
#火力发电	Thermal Power	12	4254612
水力发电	Hydropower	66	12033090
燃气生产和供应业	Production and Supply of Gas	14	504643
水的生产和供应业	Production and Supply of Water	52	4803156

continued

(10 000 yuan)

流动资产合计 Current Assets	应收账款 Account Receivable	存货 Inventories	负债合计 Total Liabilities	营业收入 Business Revenue	营业成本 Business Cost	销售费用 Selling Expenses	管理费用 Management Expenses	财务费用 Financial Expenses	利润总额 Total Profits
5980	0	0	1505	5468	2732	0	1395	0	1233
3067788	420802	895973	2143776	11870243	9547174	36181	78391	-11183	339894
809891	119150	175095	726159	1244922	981229	20568	56486	7323	162738
327445	39805	43498	266083	325117	107045	62515	11067	-2160	135590
0	0	0	0	0	0	0	0	0	0
114585	66341	14042	109047	92181	65961	6341	7611	524	1058
1714837	638107	328949	1844372	2535433	2110717	48378	96508	19635	218939
464726	52220	131095	778904	1290416	1045386	31238	49362	7547	129732
5115669	223250	1433058	9306774	20089639	20106614	46032	303325	157821	-698072
3822543	304660	1280044	6896799	9452151	8380360	22960	125795	97160	654495
378062	163144	40678	368737	509571	481487	1159	12467	2854	6187
388666	159784	88713	326460	514837	475899	8768	12825	-688	6149
2854666	1177103	400184	2744980	2099523	1832306	68975	73019	11866	90274
11637707	6510021	719815	15574796	9542891	8760581	327683	261563	-109124	-134349
9931972	5958474	422122	13777397	7138971	6540670	291357	171252	-108051	-135547
307108	113809	76037	341850	232904	217380	4093	15492	1405	-10461
131424	28270	14452	121419	78489	72625	1292	6561	4	-1395
1132297	283982	313059	858514	3110068	2941900	11670	34320	2578	94380
2161	1066	1016	802	1518	1323	34	143	-1	-47
0	0	0	0	0	0	0	0	0	0
129186	38177	5098	79435	301275	282763	106	5979	-1644	17408
386695	168915	62870	303929	245610	223378	1083	21029	-568	-3612
8034462	2322590	468262	32781967	16919601	14876175	3651	325059	693920	972945
4461878	1291360	411773	20910980	5396381	3937253	585	114264	443523	897426
841499	338740	154352	3589560	2432236	2489706	263	26278	96362	-200469
1522719	275020	41211	6555698	1290825	553628	159	57720	121538	535335
118699	15142	8166	291988	598966	568648	8105	8803	4338	3766
1161776	196437	60065	3136817	555158	378328	22388	59673	69700	29295

14—4 国有工业企业主要指标（2022年）

单位：万元

行　业	Sector	企业单位数（个）Number of Enterprises (unit)	资产总计 Total Assets
国有工业企业	**State-holding Industrial Enterprises**	**61**	**5105737**
在总计中:	**Of the Total:**		
轻工业	Light Industry	14	153259
重工业	Heavy Industry	47	4952478
在总计中:	**Of the Total:**		
大型企业	Large-scale Industrial Enterprises	1	2679369
中型企业	Medium-scale Industrial Enterprises	8	637869
小型企业	Small-scale Industrial Enterprises	45	1294374
微型企业	Micro-enterprises	7	494125
煤炭的开采和洗选业	Mining and Washing of Coal	0	0
石油和天然气开采业	Extraction of Petroleum and Natural Gas	0	0
黑色金属矿采选业	Mining and Processing of Ferrous Metal Ores	0	0
有色金属矿采选业	Mining and Processing of Nonferrous Metals Ores	1	3480
非金属矿采选业	Mining and Processing of Nonmetal Ores	0	0
开采辅助活动	Support Activities for Mining	0	0
其他采矿业	Mining of Other Ores	0	0
农副食品加工业	Processing of Food from Agricultural Products	7	103334
#制糖业	Manufacture of Carbohydrate	1	37681
食品制造业	Manufacture of Foods	1	2364
#罐头制造业	Manufacture of Canned Food	0	0
酒、饮料和精制茶制造业	Manufacture of Liquor, Beverages and Refined Tea	0	0
#酒的制造	Manufacture of Liquor	0	0
烟草制品业	Manufacture of Tobacco	0	0
#卷烟制造	Manufacture of Cigarettes	0	0
纺织业	Textile Industry	1	16911
纺织服装、服饰业	Manufacture of Textiles, Wearing Apparel and Accessories	0	0
皮革、毛皮、羽毛及其制品和制鞋业	Manufacture of Leather, Fur, Feather and Related Products and Footwear	0	0
木材加工及木、竹、藤、棕、草制品业	Processing of Timber, Manufacture of Bamboo, Rattan, Palm and Straw Products	2	20946
家具制造业	Manufacture of Furniture	0	0
造纸及纸制品业	Manufacture of Paper and Paper Products	0	0
#造纸	Manufacture of Paper	0	0
印刷和记录媒介复制业	Printing and Reproduction of Recording Media	3	12429

Major Indicators of State-owned Industrial Enterprises（2022）

(10 000 yuan)

流动资产合计 Current Assets	应收账款 Account Receivable	存货 Inventories	负债合计 Total Liabilities	营业收入 Business Revenue	营业成本 Business Cost	销售费用 Selling Expenses	管理费用 Management Expenses	财务费用 Financial Expenses	利润总额 Total Profits
1610895	**269920**	**177430**	**3532707**	**1022994**	**821214**	**18027**	**44967**	**37418**	**93729**
91259	7001	17946	164028	121852	110054	4057	3962	4562	-1853
1519636	262919	159484	3368679	901142	711161	13969	41005	32856	95583
634090	108848	4170	1885477	317498	253505	0	748	21498	42079
217310	41306	62774	368896	262248	218055	8451	10262	1761	16094
506195	57438	58827	933572	341374	269670	9363	23902	8341	33654
253300	62329	51659	344762	101875	79985	213	10056	5817	1901
0	0	0	0	0	0	0	0	0	0
0	0	0	0	0	0	0	0	0	0
0	0	0	0	0	0	0	0	0	0
787	0	106	5551	2882	3039	0	640	111	-572
0	0	0	0	0	0	0	0	0	0
0	0	0	0	0	0	0	0	0	0
0	0	0	0	0	0	0	0	0	0
58595	318	8240	113259	90758	85098	1953	2022	3807	-2410
23452	1	283	87024	5942	4827	112	34	3749	-2841
1394	674	154	3265	1867	1358	560	183	25	-263
0	0	0	0	0	0	0	0	0	0
0	0	0	0	0	0	0	0	0	0
0	0	0	0	0	0	0	0	0	0
0	0	0	0	0	0	0	0	0	0
0	0	0	0	0	0	0	0	0	0
5576	21	4315	21799	7916	6321	113	499	452	133
0	0	0	0	0	0	0	0	0	0
0	0	0	0	0	0	0	0	0	0
18524	2485	6934	23541	29063	27697	1438	619	708	-1575
0	0	0	0	0	0	0	0	0	0
0	0	0	0	0	0	0	0	0	0
0	0	0	0	0	0	0	0	0	0
9764	3079	3238	6208	12639	10374	701	882	-4	316

14—4 续表

单位：万元

行　业	Sector	企业单位数（个）Number of Enterprises (unit)	资产总计 Total Assets
文教、工美、体育和娱乐用品制造业	Manufacture of Culture, Education, Arts and Crafts, Sport and Entertainment Goods	0	0
石油、炼焦及其他燃料加工业	Processing of Petroleum, Coking and Other Fuel	2	439497
化学原料及化学制品制造业	Manufacture of Raw Chemical Materials and Chemical Products	1	29308
医药制造业	Manufacture of Medical and Pharmaceutical Products	1	15068
化学纤维制造业	Manufacture of Chemical Fiber	0	0
橡胶和塑料制品业	Manufacture of Rubber and Plastic Products	1	3153
非金属矿物制品业	Manufacture of Nonmetal Mineral Products	5	87089
#水泥制造	Manufacture of Cement Products	1	2426
黑色金属冶炼及压延加工业	Smelting and Pressing of Ferrous Metals	1	142532
有色金属冶炼及压延加工业	Smelting and Pressing of Nonferrous Metals	0	0
金属制品业	Manufacture of Metal Products	1	63858
通用设备制造业	Manufacture of General Purpose Machinery	0	0
专用设备制造业	Manufacture of Special Purposes Machinery	0	0
汽车制造业	Manufacture of Automobile	0	0
#汽车整车制造	Manufacture of Vehicle	0	0
铁路、船舶、航空航天和其他运输设备制造业	Manufacture of Railway, Ship, Aerospace and Other Transport Equipment	1	127598
电气机械及器材制造业	Manufacture of Electrical Machinery and Apparatus	0	0
计算机、通信和其他电子设备制造业	Manufacture of Computer, Communication and Other Electronic Equipment	0	0
仪器仪表制造业	Manufacture of Measuring Instruments and Machinery	0	0
其他制造业	Other Manufacture	0	0
废弃资源综合利用业	Comprehensive Utilization of Waste Resources	0	0
金属制品、机械和设备修理业	Repair Services of Metal Product, Machinery and Equipment	2	332898
电力、热力的生产和供应业	Production and Supply of Electric Power and Heat Power	15	3298638
#电力生产	Production of Electric Power	11	554224
#火力发电	Thermal Power	0	0
水力发电	Hydropower	6	127896
燃气生产和供应业	Production and Supply of Gas	2	150176
水的生产和供应业	Production and Supply of Water	14	256459

continued

(10 000 yuan)

流动资产合计 Current Assets	应收账款 Account Receivable	存货 Inventories	负债合计 Total Liabilities	营业收入 Business Revenue	营业成本 Business Cost	销售费用 Selling Expenses	管理费用 Management Expenses	财务费用 Financial Expenses	利润总额 Total Profits
0	0	0	0	0	0	0	0	0	0
199084	17547	20129	432539	18190	11512	11	356	1300	4976
20517	1572	9938	11212	28968	24645	550	1331	93	1346
13562	1402	1558	17433	5944	4473	672	266	245	289
0	0	0	0	0	0	0	0	0	0
2369	1506	440	2064	2728	2430	60	111	37	82
52572	18329	15988	52418	74405	52782	4819	5820	368	7889
430	188	66	43	27270	21107	1526	2055	1	2264
13496	203	7135	112683	68010	63592	-4	369	489	1420
0	0	0	0	0	0	0	0	0	0
46721	884	973	51357	23631	20730	125	1169	8	90
0	0	0	0	0	0	0	0	0	0
0	0	0	0	0	0	0	0	0	0
0	0	0	0	0	0	0	0	0	0
0	0	0	0	0	0	0	0	0	0
94360	26372	37379	74158	49867	41011	1970	2994	48	2083
0	0	0	0	0	0	0	0	0	0
0	0	0	0	0	0	0	0	0	0
0	0	0	0	0	0	0	0	0	0
0	0	0	0	0	0	0	0	0	0
0	0	0	0	0	0	0	0	0	0
215750	69669	51245	157356	82328	65342	0	9306	-102	4043
743838	117203	5239	2228149	410491	316747	0	8345	28858	57805
101765	7864	222	336997	61395	33606	0	5686	7372	15686
0	0	0	0	0	0	0	0	0	0
43071	657	222	71504	18696	12849	0	4485	351	1733
17995	6553	1720	47201	68499	54003	3228	1441	373	9453
95991	2103	2697	172514	44809	30062	1832	8617	602	8624

14—5 非公经济工业企业主要指标（2022年）

单位：万元

行 业	Sector	企业单位数（个）Number of Enterprises (unit)	资产总计 Total Assets
非公经济工业企业	**Non-public Industrial Enterprises**	**8140**	**141996203**
在总计中:	**Of the Total:**		
轻工业	Light Industry	2273	38973389
重工业	Heavy Industry	5867	103022813
在总计中:	**Of the Total:**		
大型企业	Large-scale Industrial Enterprises	61	31818395
中型企业	Medium-scale Industrial Enterprises	553	37692954
小型企业	Small-scale Industrial Enterprises	6402	64131078
微型企业	Micro-enterprises	1124	8353776
煤炭的开采和洗选业	Mining and Washing of Coal	7	460189
石油和天然气开采业	Extraction of Petroleum and Natural Gas	1	371781
黑色金属矿采选业	Mining and Processing of Ferrous Metal Ores	11	67296
有色金属矿采选业	Mining and Processing of Nonferrous Metals Ores	50	996811
非金属矿采选业	Mining and Processing of Nonmetal Ores	284	2378627
开采辅助活动	Support Activities for Mining	0	0
其他采矿业	Mining of Other Ores	0	0
农副食品加工业	Processing of Food from Agricultural Products	587	13254463
#制糖业	Manufacture of Carbohydrate	48	4168915
食品制造业	Manufacture of Foods	208	2528897
#罐头制造业	Manufacture of Canned Food	14	93482
酒、饮料和精制茶制造业	Manufacture of Liquor, Beverages and Refined Tea	151	2669365
#酒的制造	Manufacture of Liquor	22	1249581
烟草制品业	Manufacture of Tobacco	0	0
#卷烟制造	Manufacture of Cigarettes	0	0
纺织业	Textile Industry	195	1605603
纺织服装、服饰业	Manufacture of Textiles, Wearing Apparel and Accessories	71	266035
皮革、毛皮、羽毛及其制品和制鞋业	Manufacture of Leather, Fur, Feather and Related Products and Footwear	89	472783
木材加工及木、竹、藤、棕、草制品业	Processing of Timber, Manufacture of Bamboo, Rattan, Palm and Straw Products	1919	8534866
家具制造业	Manufacture of Furniture	51	336537
造纸及纸制品业	Manufacture of Paper and Paper Products	164	8587391
#造纸	Manufacture of Paper	70	6919758
印刷和记录媒介复制业	Printing and Reproduction of Recording Media	43	353779

Major Indicators of Non-public Industrial Enterprises (2022)

(10 000 yuan)

流动资产合计 Current Assets	应收账款 Account Receivable	存货 Inventories	负债合计 Total Liabilities	营业收入 Business Revenue	营业成本 Business Cost	销售费用 Selling Expenses	管理费用 Management Expenses	财务费用 Financial Expenses	利润总额 Total Profits
84704316	**25354635**	**19444808**	**94152425**	**135413161**	**119895222**	**2517545**	**3502838**	**1086221**	**6436824**
23867163	5313268	6341127	25532937	37040682	32281874	946678	1093508	409723	1860820
60837153	20041367	13103680	68619487	98372478	87613348	1570866	2409330	676498	4576004
16640711	3715942	3908521	18186450	25827980	23232619	413958	440539	139356	1002886
21165838	3773192	5513883	24202852	32241583	28297709	659730	864516	345237	1681498
41465055	14909527	9224552	45043074	72789462	64230441	1376392	2057621	530274	3646677
5432712	2955976	797852	6720049	4554136	4134453	67465	140162	71354	105763
227803	65097	20591	211544	400753	350331	1868	11152	3534	20147
51555	189	905	71687	284846	78109	324	3454	-5776	193564
51547	11726	12412	50760	50260	41173	1004	3610	81	2875
533588	49133	85600	690035	957777	726806	10459	54322	7691	134044
1115462	437136	155581	1789257	1704593	1210705	160769	129535	16642	112698
0	0	0	0	0	0	0	0	0	0
0	0	0	0	0	0	0	0	0	0
9888587	1781745	2077687	9112086	18288155	16873601	228676	359588	175405	577978
3366041	201689	466282	2976355	2421452	2100271	39939	83158	80441	123012
1392880	313422	403200	1572146	2455861	1956468	146035	106589	19777	197473
64727	14376	15501	38416	73267	56076	7809	3512	-328	5277
1621719	236252	839137	1657068	1876783	1436245	121432	68643	21719	162920
793824	22698	583299	898471	585792	440335	19349	27265	12524	47576
0	0	0	0	0	0	0	0	0	0
0	0	0	0	0	0	0	0	0	0
926750	178962	440451	1086193	1432561	1329630	12989	53682	17989	3506
197072	53040	78648	159210	345874	303046	4006	14653	509	19660
341834	117449	152632	294144	636012	576671	7800	20571	4037	24464
5696068	1984762	1606394	5846095	15246728	13908959	143250	273293	66736	768014
226218	54872	88878	225795	265308	229617	9939	12532	2602	7919
3672273	812134	729573	5676935	5000689	4220759	94883	123389	134562	323639
2745514	612326	525086	4425066	3761748	3173517	39465	68239	121807	271644
178822	48046	33021	170373	261031	210650	5394	14401	3675	31931

14－5 续表

单位：万元

行业	Sector	企业单位数（个）Number of Enterprises (unit)	资产总计 Total Assets
文教、工美、体育和娱乐用品制造业	Manufacture of Culture, Education, Arts and Crafts, Sport and Entertainment Goods	106	406518
石油、炼焦及其他燃料加工业	Processing of Petroleum, Coking and Other Fuel	18	451628
化学原料及化学制品制造业	Manufacture of Raw Chemical Materials and Chemical Products	388	9317228
医药制造业	Manufacture of Medical and Pharmaceutical Products	158	3340704
化学纤维制造业	Manufacture of Chemical Fiber	0	0
橡胶和塑料制品业	Manufacture of Rubber and Plastic Products	195	1630286
非金属矿物制品业	Manufacture of Nonmetal Mineral Products	1379	17072217
#水泥制造	Manufacture of Cement Products	85	4834074
黑色金属冶炼及压延加工业	Smelting and Pressing of Ferrous Metals	145	12348019
有色金属冶炼及压延加工业	Smelting and Pressing of Nonferrous Metals	158	12190553
金属制品业	Manufacture of Metal Products	283	2203905
通用设备制造业	Manufacture of General Purpose Machinery	112	3032193
专用设备制造业	Manufacture of Special Purposes Machinery	154	1652485
汽车制造业	Manufacture of Automobile	353	5865200
#汽车整车制造	Manufacture of Vehicle	3	713128
铁路、船舶、航空航天和其他运输设备制造业	Manufacture of Railway, Ship, Aerospace and Other Transport Equipment	57	444183
电气机械及器材制造业	Manufacture of Electrical Machinery and Apparatus	253	5302624
计算机、通信和其他电子设备制造业	Manufacture of Computer, Communication and Other Electronic Equipment	285	13528233
仪器仪表制造业	Manufacture of Measuring Instruments and Machinery	33	259371
其他制造业	Other Manufacture	8	83452
废弃资源综合利用业	Comprehensive Utilization of Waste Resources	59	1333559
金属制品、机械和设备修理业	Repair Services of Metal Product, Machinery and Equipment	4	13986
电力、热力的生产和供应业	Production and Supply of Electric Power and Heat Power	101	6899479
#电力生产	Production of Electric Power	90	6244762
#火力发电	Thermal Power	8	1687442
水力发电	Hydropower	21	852879
燃气生产和供应业	Production and Supply of Gas	39	1117144
水的生产和供应业	Production and Supply of Water	21	618817

continued

(10 000 yuan)

流动资产合计 Current Assets	应收账款 Account Receivable	存货 Inventories	负债合计 Total Liabilities	营业收入 Business Revenue	营业成本 Business Cost	销售费用 Selling Expenses	管理费用 Management Expenses	财务费用 Financial Expenses	利润总额 Total Profits
283281	92278	101299	234795	650253	570169	13115	33507	1829	26024
316152	42347	41291	350596	553261	510573	951	8215	5137	16350
4728878	1274018	1457551	6100833	7117038	6090627	118575	200709	66014	525271
1988322	350574	452454	1708725	1619771	952633	210649	123531	4695	295046
0	0	0	0	0	0	0	0	0	0
780907	237817	260752	981872	1315898	1163741	26305	56578	10247	28309
9202634	3231163	1619234	10014240	11813910	9820479	506821	563447	124857	607666
1825883	196406	256024	2384138	2162073	1911839	28396	103110	28660	42307
6885264	498489	1621542	8700339	13283398	12789206	142365	207967	31426	-6998
7002359	528801	1822829	8584858	15865441	14186320	71628	177244	137599	902805
1410537	510035	401994	1375899	2298885	2044324	41242	93915	19325	61785
1997829	403527	630273	1525427	2289465	1937002	85579	87217	6518	93145
1180855	349515	243544	946831	1197985	936889	51898	67483	2310	97804
3822365	1208357	837292	3625238	4238994	3674515	93189	198841	18618	104442
381513	182350	40712	239710	65858	62532	2166	3425	1125	-6153
231401	81642	62122	291615	953947	879573	6960	17929	2386	39272
3576421	1359012	847018	3827003	4442753	3918925	66948	116707	29775	187176
11328790	7745028	1884191	10480437	11568674	10761530	79725	176438	-2362	413748
179289	52432	40312	91648	137992	94032	5847	12595	-200	18663
45579	9811	11417	57304	64088	53846	3557	4006	232	920
1026273	283956	240445	1037010	2944019	2870381	15146	16704	17402	27873
7346	3904	1923	9633	14741	12152	373	1319	61	797
1975393	766829	85988	4408202	2599712	2117859	778	55760	128134	318111
1707765	678397	80587	4041049	1807970	1452574	164	46994	123420	210416
678343	214319	66545	1146019	1178875	1076438	110	19268	37135	52365
165867	15559	488	463110	82603	39524	54	7802	15164	20303
462221	144452	50375	791375	1076887	947219	21353	21688	4710	73289
150047	36686	6254	395221	158818	110458	5714	11623	8326	24499

14－6　私营工业企业主要指标（2022年）

单位：万元

行　业	Sector	企业单位数（个）Number of Enterprises (unit)	资产总计 Total Assets
私营工业企业	**Collective-owned Industrial Enterprises**	**6614**	**67838296**
在总计中:	**Of the Total:**		
轻工业	Light Industry	1716	17211632
重工业	Heavy Industry	4898	50626664
在总计中:	**Of the Total:**		
大型企业	Large-scale Industrial Enterprises	17	10009407
中型企业	Medium-scale Industrial Enterprises	291	13452844
小型企业	Small-scale Industrial Enterprises	5367	39438018
微型企业	Micro-enterprises	939	4938027
煤炭的开采和洗选业	Mining and Washing of Coal	4	151463
石油和天然气开采业	Extraction of Petroleum and Natural Gas	0	0
黑色金属矿采选业	Mining and Processing of Ferrous Metal Ores	11	67296
有色金属矿采选业	Mining and Processing of Nonferrous Metals Ores	37	491542
非金属矿采选业	Mining and Processing of Nonmetal Ores	238	1888430
开采辅助活动	Support Activities for Mining	0	0
其他采矿业	Mining of Other Ores	0	0
农副食品加工业	Processing of Food from Agricultural Products	421	7361048
#制糖业	Manufacture of Carbohydrate	25	2666751
食品制造业	Manufacture of Foods	150	867712
#罐头制造业	Manufacture of Canned Food	10	34905
酒、饮料和精制茶制造业	Manufacture of Liquor, Beverages and Refined Tea	106	1208103
#酒的制造	Manufacture of Liquor	13	468484
烟草制品业	Manufacture of Tobacco	0	0
#卷烟制造	Manufacture of Cigarettes	0	0
纺织业	Textile Industry	162	1000363
纺织服装、服饰业	Manufacture of Textiles, Wearing Apparel and Accessories	60	196567
皮革、毛皮、羽毛及其制品和制鞋业	Manufacture of Leather, Fur, Feather and Related Products and Footwear	73	287606
木材加工及木、竹、藤、棕、草制品业	Processing of Timber, Manufacture of Bamboo, Rattan, Palm and Straw Products	1867	6961107
家具制造业	Manufacture of Furniture	47	255527
造纸及纸制品业	Manufacture of Paper and Paper Products	131	1232842
#造纸	Manufacture of Paper	58	477181
印刷和记录媒介复制业	Printing and Reproduction of Recording Media	36	299732

Major Indicators of Private Industrial Enterprises (2022)

(10 000 yuan)

流动资产合计 Current Assets	应收账款 Account Receivable	存货 Inventories	负债合计 Total Liabilities	营业收入 Business Revenue	营业成本 Business Cost	销售费用 Selling Expenses	管理费用 Management Expenses	财务费用 Financial Expenses	利润总额 Total Profits
44260378	**13152512**	**10900488**	**48034309**	**77476804**	**69021361**	**1490274**	**2083163**	**574768**	**3351522**
11853472	2402963	3099197	11780648	17877265	15712772	435867	575492	216441	777122
32406906	10749549	7801292	36253661	59599540	53308589	1054408	1507671	358326	2574400
5147705	611834	1323265	6326513	10164084	9302671	170788	157802	56803	258548
8570862	1161880	2274827	9206419	13455406	11937820	269578	355563	128716	638969
26803028	9373748	6664185	28433289	50521651	44720210	995098	1476215	353082	2390218
3738783	2005050	638211	4068088	3335663	3060660	54811	93583	36166	63787
97269	15508	14849	144373	297365	281770	1138	4655	1235	-1180
0	0	0	0	0	0	0	0	0	0
51547	11726	12412	50760	50260	41173	1004	3610	81	2875
221499	24398	43485	335860	593643	459668	6995	29080	5820	78012
883651	339480	127177	1397640	1390582	985115	133515	103063	13078	98373
0	0	0	0	0	0	0	0	0	0
0	0	0	0	0	0	0	0	0	0
5752246	887270	962170	5387252	8563686	7893970	86707	199485	131642	261177
2363661	75625	186959	2022212	1173303	1011875	8999	43949	54905	45670
542905	141203	201830	581905	1180048	939440	87424	48980	9254	83571
21801	7358	10960	23725	39703	33381	2002	1292	549	2100
715613	154260	319691	730770	981748	771248	52072	35128	15445	80380
253479	8540	164970	272803	414668	318066	11344	15634	7560	43111
0	0	0	0	0	0	0	0	0	0
0	0	0	0	0	0	0	0	0	0
629789	121374	313380	758084	1072388	997708	9389	33577	13748	10127
151503	38441	61970	122124	252218	218083	2766	9368	1015	17369
224066	73319	101921	203290	367632	330514	4471	9274	3540	17666
5033630	1861765	1478209	4989352	14444548	13214006	128809	240994	58083	699794
167970	52303	73230	166052	233821	203238	7670	10149	2151	8838
677551	92210	188432	793913	1445042	1243292	61187	58635	10971	46801
184093	36837	79715	301926	653791	584782	10840	18797	4178	24371
156636	34216	27751	144023	224523	180552	4739	11200	3488	30593

14－6 续表

单位：万元

行 业	Sector	企业单位数（个）Number of Enterprises (unit)	资产总计 Total Assets
文教、工美、体育和娱乐用品制造业	Manufacture of Culture, Education, Arts and Crafts, Sport and Entertainment Goods	74	205995
石油、炼焦及其他燃料加工业	Processing of Petroleum, Coking and Other Fuel	14	119334
化学原料及化学制品制造业	Manufacture of Raw Chemical Materials and Chemical Products	276	3026773
医药制造业	Manufacture of Medical and Pharmaceutical Products	99	1395094
化学纤维制造业	Manufacture of Chemical Fiber	0	0
橡胶和塑料制品业	Manufacture of Rubber and Plastic Products	171	945487
非金属矿物制品业	Manufacture of Nonmetal Mineral Products	1167	8922487
#水泥制造	Manufacture of Cement Products	60	864085
黑色金属冶炼及压延加工业	Smelting and Pressing of Ferrous Metals	115	9795283
有色金属冶炼及压延加工业	Smelting and Pressing of Nonferrous Metals	117	4684241
金属制品业	Manufacture of Metal Products	243	1714561
通用设备制造业	Manufacture of General Purpose Machinery	91	565020
专用设备制造业	Manufacture of Special Purposes Machinery	115	1038920
汽车制造业	Manufacture of Automobile	265	2644569
#汽车整车制造	Manufacture of Vehicle	0	0
铁路、船舶、航空航天和其他运输设备制造业	Manufacture of Railway, Ship, Aerospace and Other Transport Equipment	46	254144
电气机械及器材制造业	Manufacture of Electrical Machinery and Apparatus	185	2299117
计算机、通信和其他电子设备制造业	Manufacture of Computer, Communication and Other Electronic Equipment	167	5273278
仪器仪表制造业	Manufacture of Measuring Instruments and Machinery	24	163623
其他制造业	Other Manufacture	5	52082
废弃资源综合利用业	Comprehensive Utilization of Waste Resources	51	1140494
金属制品、机械和设备修理业	Repair Services of Metal Product, Machinery and Equipment	4	13986
电力、热力的生产和供应业	Production and Supply of Electric Power and Heat Power	25	1091625
#电力生产	Production of Electric Power	23	1084791
#火力发电	Thermal Power	1	279923
水力发电	Hydropower	11	187928
燃气生产和供应业	Production and Supply of Gas	11	84835
水的生产和供应业	Production and Supply of Water	6	138008

continued

(10 000 yuan)

流动资产合计 Current Assets	应收账款 Account Receivable	存货 Inventories	负债合计 Total Liabilities	营业收入 Business Revenue	营业成本 Business Cost	销售费用 Selling Expenses	管理费用 Management Expenses	财务费用 Financial Expenses	利润总额 Total Profits
141991	31401	52246	119344	367311	324225	9871	17455	2733	9798
81585	21549	14494	115693	116276	109403	628	2813	2024	969
1780046	415984	551117	2041790	3313622	2919831	70204	115995	29984	120341
882335	179089	234615	739395	673979	479610	50341	48443	5208	71414
0	0	0	0	0	0	0	0	0	0
571933	204662	175524	635777	809704	707370	15795	37726	9370	26241
5644883	2308821	1038204	5940351	7826295	6511067	376188	370499	77523	386937
487004	71039	74504	567709	605429	572356	14379	27542	6436	-28101
5224109	336595	1417048	6894283	10529433	10211664	122343	146991	8476	-26498
2787455	293436	796008	3720306	8347840	7228738	41109	90783	68236	721251
1122379	404957	319679	1061693	1902850	1686455	35732	77858	16181	55375
363465	124351	127099	358292	403737	334162	10403	25908	5343	16365
688072	194068	147616	563044	771463	597180	31135	41440	26	71438
1794068	468820	420819	1868409	2242306	1941054	44820	118388	13397	65933
0	0	0	0	0	0	0	0	0	0
130619	24179	32233	162238	504059	463149	2288	12503	1457	21208
1543609	612716	442247	1545220	2057626	1765386	32101	60149	15281	107259
4740629	3121998	934395	4651906	3359770	3058534	31576	76317	15019	111269
108603	33376	23912	49583	101488	71257	4622	8163	156	12705
32110	5553	7547	40053	35973	29974	2678	2380	132	12
856545	268054	228394	880430	2441995	2392992	14148	12863	15894	21395
7346	3904	1923	9633	14741	12152	373	1319	61	797
376282	237877	1639	658409	417613	296043	0	7736	15392	118313
373537	236158	1439	655308	410429	290602	0	7252	15370	117094
112092	109774	31	119450	283104	210962	0	200	-2	89792
67497	3632	180	143696	27969	13769	0	4589	3348	6167
33920	10642	4311	69896	86975	75955	2204	4881	1256	2894
42521	3007	2913	103164	54245	45386	3826	5353	2070	1713

14—7 大中型工业企业分行业主要指标（2022年）

单位：万元

行 业	Sector	企业单位数（个）Number of Enterprises (unit)	资产总计 Total Assets
大中型工业企业	**Large-scale and Medium-scale Industrial Enterprises**	**831**	**160672230**
在总计中:	**Of the Total:**		
轻工业	Light Industry	332	28612444
重工业	Heavy Industry	499	132059786
在总计中:	**Of the Total:**		
大型企业	Large-scale Industrial Enterprises	100	98495614
中型企业	Medium-scale Industrial Enterprises	731	62176616
煤炭的开采和洗选业	Mining and Washing of Coal	2	302507
石油和天然气开采业	Extraction of Petroleum and Natural Gas	0	0
黑色金属矿采选业	Mining and Processing of Ferrous Metal Ores	0	0
有色金属矿采选业	Mining and Processing of Nonferrous Metals Ores	9	824241
非金属矿采选业	Mining and Processing of Nonmetal Ores	6	407051
开采辅助活动	Support Activities for Mining	0	0
其他采矿业	Mining of Other Ores	0	0
农副食品加工业	Processing of Food from Agricultural Products	92	8700434
#制糖业	Manufacture of Carbohydrate	64	5889243
食品制造业	Manufacture of Foods	27	1246913
#罐头制造业	Manufacture of Canned Food	2	51297
酒、饮料和精制茶制造业	Manufacture of Liquor, Beverages and Refined Tea	17	1702028
#酒的制造	Manufacture of Liquor	7	1292609
烟草制品业	Manufacture of Tobacco	2	2136013
#卷烟制造	Manufacture of Cigarettes	1	2073086
纺织业	Textile Industry	31	888837
纺织服装、服饰业	Manufacture of Textiles, Wearing Apparel and Accessories	12	106487
皮革、毛皮、羽毛及其制品和制鞋业	Manufacture of Leather, Fur, Feather and Related Products and Footwear	13	157221
木材加工及木、竹、藤、棕、草制品业	Processing of Timber, Manufacture of Bamboo, Rattan, Palm and Straw Products	46	1207060
家具制造业	Manufacture of Furniture	3	57542
造纸及纸制品业	Manufacture of Paper and Paper Products	28	7755837
#造纸	Manufacture of Paper	12	6739588
印刷和记录媒介复制业	Printing and Reproduction of Recording Media	3	165374

注：工业企业分行业主要指标统计范围为年主营业务收入2000万元及以上工业法人企业。

Note: The statistic coverage of major indicators of industrial enterprises by industrial sector is enterprises with business income of the main products of over 20 million yuan.

Major Indicators of Large-scale and Medium-scale Industrial Enterprises by Industrial Sector (2022)

(10 000 yuan)

流动资产合计 Current Assets	应收账款 Account Receivable	存货 Inventories	负债合计 Total Liabilities	营业收入 Business Revenue	营业成本 Business Cost	销售费用 Selling Expenses	管理费用 Management Expenses	财务费用 Financial Expenses	利润总额 Total Profits
75045755	**18525764**	**16554108**	**105209436**	**136447241**	**120762000**	**1831757**	**2852717**	**1104289**	**4174233**
16852135	2566774	4840870	16924827	22760392	17227332	731658	783545	255844	1667945
58193620	15958990	11713238	88284609	113686849	103534668	1100098	2069172	848445	2506287
43337085	12456823	8963010	66756310	84355552	75705744	1019349	1487268	558185	1483331
31708670	6068941	7591099	38453126	52091689	45056256	812408	1365449	546104	2690902
126729	49064	3372	63175	93488	59651	730	5912	2248	21155
0	0	0	0	0	0	0	0	0	0
0	0	0	0	0	0	0	0	0	0
261431	110013	31087	404564	461813	271031	2239	29742	5045	125267
230971	20723	101659	182965	211796	151824	6742	10770	2073	31042
0	0	0	0	0	0	0	0	0	0
0	0	0	0	0	0	0	0	0	0
6316263	631528	1219028	5681717	8194134	7421770	124193	207051	111101	363849
4330899	314816	707510	4149092	4105929	3573490	66880	149589	108304	197084
640431	134595	185786	617490	1405009	1103082	89721	37985	8230	152126
34361	3167	6389	12305	27741	20428	4984	1914	-736	760
1051021	74818	636502	1016453	1100661	720171	107027	56521	8981	134879
794809	34889	502740	816166	743525	491464	46277	37857	7290	102802
1418644	79657	986299	677008	3034140	798297	45966	172632	-3108	180418
1367380	78128	984001	668725	3025357	792849	45966	169054	-2257	179982
535271	90197	278286	545242	711562	667114	5118	22851	7762	9821
72151	23675	28910	48880	143741	129732	1831	7573	-2	3681
101978	33149	40376	99424	247552	227799	4298	10956	823	3641
513232	140425	179850	798888	1118885	984314	14291	25889	19222	70011
34480	7920	18473	41703	43247	35608	2473	2836	621	635
3224070	610357	602828	5103501	3924174	3241411	77056	93089	128752	290567
2653724	563138	471137	4484953	3284907	2751285	29886	56844	123271	245003
89068	38196	13814	61015	141182	110873	2004	10428	1410	18020

14—7 续表

单位：万元

行　业	Sector	企业单位数（个）Number of Enterprises (unit)	资产总计 Total Assets
文教、工美、体育和娱乐用品制造业	Manufacture of Culture, Education, Arts and Crafts, Sport and Entertainment Goods	29	185400
石油、炼焦及其他燃料加工业	Processing of Petroleum, Coking and Other Fuel	5	4784003
化学原料及化学制品制造业	Manufacture of Raw Chemical Materials and Chemical Products	41	5803865
医药制造业	Manufacture of Medical and Pharmaceutical Products	21	2455316
化学纤维制造业	Manufacture of Chemical Fiber	0	0
橡胶和塑料制品业	Manufacture of Rubber and Plastic Products	13	702339
非金属矿物制品业	Manufacture of Nonmetal Mineral Products	90	9196604
#水泥制造	Manufacture of Cement Products	27	4843244
黑色金属冶炼及压延加工业	Smelting and Pressing of Ferrous Metals	28	24917094
有色金属冶炼及压延加工业	Smelting and Pressing of Nonferrous Metals	49	17854576
金属制品业	Manufacture of Metal Products	11	372121
通用设备制造业	Manufacture of General Purpose Machinery	16	2964034
专用设备制造业	Manufacture of Special Purposes Machinery	19	4997417
汽车制造业	Manufacture of Automobile	56	17924856
#汽车整车制造	Manufacture of Vehicle	5	12739189
铁路、船舶、航空航天和其他运输设备制造业	Manufacture of Railway, Ship, Aerospace and Other Transport Equipment	8	609887
电气机械及器材制造业	Manufacture of Electrical Machinery and Apparatus	28	3141999
计算机、通信和其他电子设备制造业	Manufacture of Computer, Communication and Other Electronic Equipment	69	6348233
仪器仪表制造业	Manufacture of Measuring Instruments and Machinery	3	95900
其他制造业	Other Manufacture	1	14926
废弃资源综合利用业	Comprehensive Utilization of Waste Resources	2	184517
金属制品、机械和设备修理业	Repair Services of Metal Product, Machinery and Equipment	2	214124
电力、热力的生产和供应业	Production and Supply of Electric Power and Heat Power	39	28731711
#电力生产	Production of Electric Power	14	10710403
#火力发电	Thermal Power	9	3146353
水力发电	Hydropower	3	518889
燃气生产和供应业	Production and Supply of Gas	4	771450
水的生产和供应业	Production and Supply of Water	6	2744316

continued

(10 000 yuan)

流动资产合计 Current Assets	应收账款 Account Receivable	存货 Inventories	负债合计 Total Liabilities	营业收入 Business Revenue	营业成本 Business Cost	销售费用 Selling Expenses	管理费用 Management Expenses	财务费用 Financial Expenses	利润总额 Total Profits
135928	56868	51705	114084	297399	257993	5005	18754	-1601	14186
2704487	336978	842250	1598653	11583203	9269293	32749	73467	-14775	336476
2502643	404335	847374	3465655	3286599	2637930	38564	102814	30935	425117
1440332	216374	268124	980509	1159301	506038	209099	62866	-9023	373477
0	0	0	0	0	0	0	0	0	0
265526	66959	92945	361360	557818	496992	17221	19459	1756	846
3997874	732522	876900	4495799	5273622	4372366	144824	219914	48816	383140
1820944	182103	230245	2134817	2277218	1904901	39763	104455	22632	153544
9757703	546725	2629547	15522285	29632304	29295967	161414	459707	188102	-773419
8562251	565591	2594735	12892333	18804077	16620842	61694	236486	212736	1222232
176998	51011	27449	260485	623549	576351	9068	19514	3448	9579
1959961	442971	607389	1546301	2276055	1957252	84434	70758	4825	75626
2971258	1120953	439108	2781734	2241330	1921163	80192	70636	4573	122578
13332569	7024497	991542	16982330	11031853	10050057	362802	326420	-110467	-81384
10223064	6132364	433993	13887452	7182829	6579826	291886	167829	-109354	-129676
353367	138117	92040	409388	628846	588801	5565	16347	2163	10106
1954435	710873	482010	2308069	2591755	2314657	40305	55619	14850	93397
4313055	2288077	931681	3528250	9628468	9077409	57195	101476	-15671	329993
52051	7317	16386	25990	40374	27098	1754	5569	-121	5018
5699	2067	1542	9820	7553	7254	402	462	-53	-507
103131	10091	8064	77739	153924	123388	8113	4847	-728	16708
152975	93455	11625	134421	143444	141051	1083	10361	-464	-9098
5039192	1486849	383137	19886467	14716364	13815411	3228	248797	396647	171868
1527961	448620	326398	8024216	3337097	3019648	352	50128	147833	87141
943163	359755	141959	2404321	2412324	2484952	319	30226	76483	-211723
110267	10170	1198	216278	189271	76436	0	9610	5399	94474
232166	67168	20900	521584	597387	552650	9017	7539	4000	26591
416417	111649	11388	1964157	340633	229362	14342	26674	51185	16593

14—8 主要年份主要工业产品产量

产品名称	Item	2000	2005	2010	2015
锰矿石（万吨）	Manganese Ore (10 000 tons)	118.65	75.18	564.39	821.99
铁矿石（万吨）	Iron Ore (10 000 tons)	68.61	62.16	353.06	799.28
粗钢（万吨）	Crude Steel (10 000 tons)	104.73	496.29	1204.57	2146.05
生铁（万吨）	Crude Iron (10 000 tons)	125.32	485.39	1113.46	1222.00
钢材（万吨）	Rolled Steel (10 000 tons)	102.63	519.88	1560.34	3545.75
铁合金（万吨）	Ferroalloys (10 000 tons)	41.58	126.28	269.44	542.39
十种有色金属（吨）	10 Nonferrous Metals (ton)	605902	666284	1405548	1576687
#铝	Aluminum	185867	246263	667180	575629
锌	Zinc	235535	170110	500762	501797
锡	Tin	45874	35338	29306	11664
氧化铝（万吨）	Aluminum Oxide (10 000 tons)	40.81	92.46	528.84	846.01
发电量（亿千瓦小时）	Electricity Generation (100 million kwh)	289.09	446.04	1032.15	1299.90
#水电	Hydropower	168.87	195.82	475.26	749.30
原煤（万吨）	Raw Coal (10 000 tons)	706.67	700.34	757.57	425.50
硫酸（万吨）	Sulfuric Acid (10 000 tons)	86.04	171.77	264.27	368.32
烧碱（吨）	Caustic Soda (ton)	140719	240172	430064	437556
农用化肥（折100%，万吨）	Chemical Fertilizers (10 000 tons)	53.30	84.02	86.90	116.91
水泥（万吨）	Cement (10 000 tons)	2198.35	3306.13	7516.51	11144.43
汽车（辆）	Motor Vehicles (set)	131238	377184	1366096	2294032
#客车	Buses	59137	288683	1076891	5340
小型拖拉机（台）	Mini-tractors (set)	90966	117804	282254	163181
纱（万吨）	Yarn (10 000 tons)	9.22	11.87	11.01	9.76
布（万米）	Cloth (10 000 m)	8714	5472	4633	4506
机制纸及纸板（万吨）	Machine-made Paper and Paperboard (10 000 tons)	82.55	125.37	225.11	284.05
成品糖（万吨）	Machine-made Sugar (10 000 tons)	325.76	504.34	705.46	925.74
发酵酒精（万吨）	Liquor (10 000 tons)	21.46	22.45	55.76	69.56
化学药品原药（吨）	Chemical Medicine (ton)	2482	5449	5920	7197
中成药（吨）	Traditional Chinese Medicine (ton)	49719	74712	213336	344856
表（万只）	Watches (10 000 units)	1016.88	95.34	102.15	76.34
原盐（万吨）	Salt (10 000 tons)	15.62	10.72	8.80	7.90
卷烟（万箱）	Cigarettes (10 000 cases)	72.33	106.90	143.30	156.84
罐头（吨）	Canned Food (ton)	135747	171994	478805	565830
饮料酒（千升）	Alcoholic Beverages (kilo-liter)	546848	832112	1878833	2391867
发动机（万千瓦）	Engine (10 000 kw)			15377.04	18551.83

注：本表统计范围为全部工业产品产量。

Note: The statistical coverage of this table is the total output of industrial enterprises.

Output of Major Industrial Products in Main Years

2016	2017	2018	2019	2020	2021	2022
977.48	1127.52	82.70	103.72	83.56	158.36	192.05
495.82	283.32	80.35	17.15	10.87	0	29.43
2109.57	2265.26	2243.43	2662.71	3452.23	3660.88	3793.23
1216.59	1310.75	1426.77	1466.12	1457.30	3015.29	3013.35
3645.08	3271.11	3194.09	3346.74	4731.54	5282.09	4995.56
521.08	521.15	346.55	324.79	306.94	286.34	248.43
1804491	2302130	2859201	3737872	4139839.26	4280419	3992237
783554	1205529	1676019	2278022	2177657.57	2304442	1965802
462049	461717	498538	502591	660998	570746	631251
11028	15033	9227	8036	10117	9185	9496
906.00	1045.80	818.58	846.46	941.06	1133.45	1279.28
1346.50	1401.11	1752.02	1846.27	1970.88	2081.94	2023.92
654.40	629.34	701.12	593.41	614.47	517.36	605.78
432.50	442.68	487.90	406.16	413.58	352.03	380.59
367.37	385.32	337.35	383.34	444.10	432.84	463.43
462022	957397	537121	617227	823733	865580	902799
95.56	84.90	41.15	30.54	54.11	41.22	43.80
12056.42	12218.75	11327.73	11938.45	12148.76	11432.9	10419.98
2454531	2486056	2148946	1830327	1744888	1900836	1770041
6286	4616	2910	2627	2949	2919	646
150438	138258	19277	6002	3952	5792	5445
10.08	10.44	7.64	6.85	5.33	6.17	4.84
4478	21077	4005	5247	3648	8150	8491
289.03	301.21	281.44	324.16	313.70	336.22	558.05
914.69	936.20	647.44	792.2	688.90	702.74	735.83
59.74	79.25	30.60	38.20	55.14	49.50	37.08
7237	9260	28679	16599	26913	36163	32248
437518	502580	322078	186481	130087	134184	111161
32.21	52.93	41.38	51.06	50.75	60.22	70.78
7.08	3.84	3.02	…	0	0	0
147.73	144.26	140.01	140.26	141.34	143.29	143.63
541756	589115	226270	185744	171509	84339	180573
2186628	1933313	1672929	1322559	1230514	1220882	1172437
19657.61	20585.59	19300.72	18162.94	19938.78	20576.96	15026.82

14—9 广西分市规模以上工业企业主要经济指标（2022年）

单位：万元

分市名称	Sector	企业单位数（个）Number of Enterprises (unit)	资产总计 Total Assets	流动资产合计 Current Assets
广西	Guangxi	8959	269129687	133105388
南宁市	Nanning	1391	42584768	23694579
柳州市	Liuzhou	1300	44542327	26649159
桂林市	Guilin	659	16321458	8942822
梧州市	Wuzhou	620	11797946	6554313
北海市	Beihai	350	15762227	7631095
防城港市	Fangchenggang	173	26385454	8427669
钦州市	Qinzhou	436	17909677	8225852
贵港市	Guigang	1127	14421831	6420958
玉林市	Yulin	782	13510223	6602147
百色市	Baise	501	24551130	11018871
贺州市	Hezhou	393	8817442	4156066
河池市	Hechi	314	10033343	3897026
来宾市	Laibin	404	9184491	4131158
崇左市	Chongzuo	523	10689217	5875850

Major Economic Indicators on Industrial Enterprises above Designated Size by City (2022)

(10 000 yuan)

应收账款 Account Receivable	存货 Inventories	负债合计 Total Liabilities	营业收入 Business Revenue	营业成本 Business Cost	销售费用 Selling Expenses	管理费用 Management Expenses	财务费用 Financial Expenses	利润总额 Total Profits
39219361	28119577	179496004	225962578	199270434	3393307	5486950	2156042	8935643
11348464	4307204	29704375	27617970	24050599	443085	790130	264997	940407
10417684	4198478	33295434	35994635	32241098	759776	1012742	74178	131223
2218650	1571170	10586269	10683815	8973099	374716	424825	106788	608972
1575929	1808594	7463773	13495577	11635133	242820	410099	83763	1014079
2031909	1936670	10153660	24447435	21765575	171997	359340	147120	832068
1388641	2785288	17200173	22033857	20965992	199727	253815	233666	176125
1898080	2119437	11318239	17654088	15517610	162634	263845	159150	464352
1714975	1571641	8557100	13178594	11876513	154199	275271	111099	632737
1558499	1648677	8332914	11001951	9644296	247589	449611	94536	423288
1545084	1893303	17204203	18000409	15348682	124583	335849	224341	1475513
869246	844578	6167001	7520838	6565975	198409	184152	104179	428116
572435	1212010	7019129	6517147	5210257	58863	215853	115229	854258
937307	772369	6562515	6726010	6088796	103730	193720	103347	195129
1111181	1421594	6705981	9915009	8235504	148305	244357	136876	1011801

主要统计指标解释

工业　指从事自然物质资源采掘和对工业品原料及农产品原料进行加工和再加工的物质生产部门。具体包括：（1）对自然资源的开采，如采矿、晒盐等，但不包括禽兽捕猎和水产捕捞；（2）对农副产品的加工、再加工，如粮油加工、食品加工、缫丝、纺织、制革等；（3）对采掘品的加工、再加工，如炼铁、炼钢、化工生产、石油加工、机器制造、木材加工等，以及电力、自来水、煤气的生产和供应等；（4）对工业品的修理、翻新，如机器设备的修理、交通运输工具（如汽车）的修理等。

独立核算法人工业企业　指从事工业生产经营活动的单位。独立核算法人工业企业应同时具备以下条件：①依法成立，有自己的名称、组织机构和场所，能够承担民事责任；②独立拥有和使用资产，承担负债，有权与其他单位签订合同；③独立核算盈亏，并能够编制资产负债表。

集体企业　指企业资产归集体所有，并按《中华人民共和国企业法人登记管理条例》规定登记注册的经济组织。是社会主义公有制经济的组成部分。包括城乡所有使用集体投资举办的企业，以及部分个人通过集资自愿放弃所有权并依据工商行政管理机关认定为集体所有制的企业。

国有控股　包括：（1）在企业的全部实收资本中，国有经济成分的出资人拥有的实收资本（股本）所占企业全部实收资本（股本）的比例大于50%的国有绝对控股。（2）在企业的全部实收资本中，国有经济成分的出资人拥有的实收资本（股本）所占比例虽未大于50%，但相对大于其他任何一方经济成分的出资人所占比例的国有相对控股；或者虽不大于其他经济成分，但根据协议规定拥有企业实际控制权的国有协议控股。（3）投资双方各占50%，且未明确由谁绝对控股的企业，若其中一方为国有经济成分的，一律按国有控股处理。

股份制经济　是指以合作制为基础，由企业职工共同出资入股，吸收一定比例的社会资产投资组建，实行自主经营，自负盈亏，按劳分配与按股分红相结合的一种集体经济组织。

联营企业　是指两个及两个以上相同或不同所有制性质的企业法人或事业单位法人，按自愿、平等、互利的原则，共同投资组成的经济组织。包括国有联营、集体联营、国有与集体联营、其他联营等。

有限责任公司　是指根据《中华人民共和国公司登记

Explanatory Notes on Main Statistical Indicators

Industry　refers to the material production sector which is engaged in excavation of natural material resources, processing and reprocessing of industrial and agricultural raw materials, including: (1) exploitation of natural resources, such as mining, solar salt, but not including hunting and fishing; (2) processing and reprocessing of farm and sideline products, such as grain and edible oil, silk reeling, spinning and weaving and leather making; (3) manufacture of industrial products, such as steel making, iron smelting, chemicals manufacturing, petroleum processing , machine building, timber processing; water and gas production and electricity generation and supply; (4) repairing of industrial products such as the repairing of machinery and means of transport (such as cars) .

Industrial Corporate Enterprises with Independent Accounting System　refer to enterprises engaging in industrial production and operation activities, which meet the following requirements: 1. They are established legally, having their own names, organizations, location, able to take civil liability; 2. They possess and use their assets independently, assume liabilities, and are entitled to sign contracts with other units; 3. They are financially independent, and can compile their own balance sheets.

Collective-owned Enterprises　refer to economic organization registered in accordance with "Regulation of the People's Republic of China on the Registration and Administration of Enterprise Legal Persons" , whose asset shall be collectively owned. It is part of the socialist public ownership economy. It includes urban and rural enterprises invested by collectives and some enterprises which were formerly owned privately but have been registered in industrial and commercial administration agency as collective units through raising fund from the public.

State-holding Enterprises　include: (1) Absolute state-holding in which the contributors of state-owned parts possess more than 50% of all the paid-in capital (stocks) of the enterprises; (2) Relative state-holding in which the contributors of state-owned parts possess no more than 50% of the paid-in capital (stocks) of the enterprises, but more than that of any other contributors; or agreed state-holding in which the contributors of state-owned parts possess no more than other contributors but have actual control over the enterprises according to agreements; (3) In case both contributors possess 50% and it is not clear which one is in absolute holding position, the enterprise is regarded as state-holding enterprise if one of the contributor has state-owned elements.

Share-holding Enterprises　refer to collective economic units based on the cooperative system, in which enterprise employees jointly contribute capital and invest, absorbing a certain proportion of social assets to establish the enterprise. It operates independently, takes responsibility for profits and losses, and combines labor remuneration with dividend distribution based on shares.

Joint-operation Enterprises　refer to economic units that are established by joint investment by two or more corporate enterprises or institutions of the same or different types of ownership on voluntary, equal and mutual-beneficial basis. They include state-owned joint-operation enterprises, collective joint-operation enterprises, state-collective joint-operation enterprises, others.

Share-holding Liability Corporations　refers to economic units

管理条例》规定登记注册，由两个以上，五十个以下的股东共同出资，每个股东以其所认缴的出资额对公司承担有限责任，公司以其全部资产对其债务承担责任的经济组织。包括国有独资公司以及其他有限责任公司。

股份有限公司 是指根据《中华人民共和国公司登记管理条例》规定登记注册，其全部注册资本由等额股份构成并通过发行股票筹集资本，股东以其认购的股份对公司承担有限责任，公司以其全部资产对其债务承担责任的经济组织。

私营企业 是指由自然人投资设立或由自然人控股，以雇佣劳动为基础的营利性经济组织。包括按照《公司法》《合伙企业法》《私营企业暂行条例》以及《个人独资企业法》规定登记注册的私营独资企业、私营合伙企业、私营有限责任公司、私营股份有限公司和个人独资企业。

轻工业 指主要提供生活消费品和制作手工工具的工业。按其所使用的原料不同，可分为两大类：（1）以农产品为原料的轻工业，是指直接或间接以农产品为基本原料的轻工业。主要包括食品制造、饮料制造、烟草加工、纺织、缝纫、皮革和毛皮制作、造纸以及印刷等工业；（2）以非农产品为原料的轻工业，是指以工业品为原料的轻工业。主要包括文教体育用品、化学药品制造、合成纤维制造、日用化学制品、日用玻璃制品、日用金属制品、手工工具制造、医疗器械制造、文化和办公用机械制造等工业。

重工业 指为国民经济各部门提供物质技术基础的主要生产资料的工业。按其生产性质和产品用途，可以分为下列三类：（1）采掘（伐）工业，是指对自然资源的开采，包括石油开采、煤炭开采、金属矿开采、非金属矿开采和木材采伐等工业；（2）原材料工业，指向国民经济各部门提供基本材料、动力和燃料的工业。包括金属冶炼及加工、炼焦及焦炭化学、化工原料、水泥、人造板以及电力、石油和煤炭加工等工业；（3）加工工业，是指对工业原材料进行再加工制造的工业。包括装备国民经济各部门的机械设备制造工业、金属结构、水泥制品等工业，以及为农业提供的生产资料如化肥、农药等工业。

根据上述划分原则，修理业中以重工业产品为修理作业对象的划为重工业，反之划为轻工业。

registered in accordance with the “Regulation of the People's Republic of China on the Registration of Corporation Enterprises”, whose assets are collected by more than two but less than 50 investors. Each investor bears limited liability to the corporation depending on the holding of shares, and the corporation bears liability to its debt to the maximum of its total assets. They include state-owned enterprises and other share-holding liability corporations.

Share-holding Corporations Ltd. refers to economic units registered in accordance with the “Regulation of the People's Republic of China on the Management of Registration of Corporation Enterprises”, with total registered capital divided into equal shares and raised through issuing stocks. Each investor bears limited liability to the corporation depending on the holding of shares, and the corporation bears to its debt to the maximum of its total assets.

Private Enterprises refer to economic units invested or controlled (by holding the majority of the shares) by natural persons who hire labors for profit-making activities. Included in this category are private limited liability corporations, private share-holding corporations Ltd., private partnership and private sole investment enterprises registered in accordance with the “Corporation Law, Partnership Enterprise Law, Tentative Regulation on Private Enterprises and Individual Proprietorship Enterprise Law”.

Light Industry refers to the industry that produces consumer goods and hand tools. It consists of two categories, depending on the materials used: (1) Industries using farm products as raw materials. These are branches of light industry which directly or indirectly use farm products as basic raw materials, including the manufacture of food and beverages, tobacco processing, textile, clothing, fur and leather manufacturing, paper making, printing, etc. (2) Industries using non farm products as raw materials. These are branches of light industry which use manufactured goods as raw materials, including the manufacture of cultural, educational articles and sports goods, chemicals, synthetic fiber, chemical products for daily use, glass products for daily use, metal products for daily use, hand tools, medical apparatus and instruments, and the manufacture of cultural and clerical machinery.

Heavy Industry refers to the industry that produces capital goods, and provides various sectors of the national economy with necessary material and technical basis. It consists of the following three branches according to the purpose of production or the use of products: (1) Mining, quarrying and logging industry refers to the industry that extracts natural resources, including extraction of petroleum, coal, metal and non metal ores and logging. (2) Raw material industry refers to the industry that provides various sectors of the national economy with raw materials, fuels and power. It includes smelting and processing of metals, coking and coke chemistry, chemical materials and building materials such as cement, plywood, and power, petroleum refining and coal processing. (3) Manufacturing industry refers to the industry that processes raw materials. It includes machine manufacturing industry which equips sectors of the national economy, industries of metal structure and cement products, industries producing means of agricultural production, such as chemical fertilizers and pesticides.

According to the above principle of classification, the repairing trades that are engaged primarily in repairing products of heavy industry are classified into heavy industry while these engaged in repairing products of light industry are

资产总计 指企业过去的交易或者事项形成的、由企业拥有或者控制的、预期会给企业带来经济利益的资源。资产一般按流动性分为流动资产和非流动资产。其中流动资产可分为货币资金、交易性金融资产、应收票据、应收账款、预付款项、其他应收款、存货等；非流动资产可分为长期股权投资、固定资产、无形资产及其他非流动资产等。

流动资产合计 资产满足以下条件之一应归为流动资产：（1）预计在一个正常营业周期中变现、出售或耗用，主要包括存货、应收账款等；（2）主要为交易目的而持有；（3）预计在资产负债表日起一年内（含一年）变现；（4）自资产负债日起一年内，交换其他资产或清偿负债的能力不受限制的现金或现金等价物。包括货币资金、应收票据、应收账款、存货等项目。

负债合计 指企业过去的交易或者事项形成的，预期会导致经济利益流出企业的现时义务。负债一般按偿还期长短分为流动负债和非流动负债。来源于会计“资产负债表”中“负债合计”项目的期末余额数。

应收账款 指企业因销售商品、提供劳务等经营活动所形成的债权，包括应向客户收取的货款、增值税款和为客户代垫的运杂费等。

存货 指企业在日常活动中持有以备出售的产成品或商品、处在生产过程中的在产品、在生产过程或提供劳务过程中耗用的材料或物料等，通常包括原材料、在产品、半成品、产成品、商品以及周转材料等。

产成品 指企业已经完成全部生产过程并验收入库，可以按照合同规定的条件送交订货单位，或者可以作为商品对外销售的产品。

营业收入 指企业经营主要业务和其他业务所确认的收入总额。营业收入包括“主营业务收入”和“其他业务收入”。

营业成本 指企业经营主要业务和其他业务所发生的成本总额。包括企业（单位）在报告期内从事销售商品、提供劳务等日常活动发生的各种耗费。包括“主营业务成本”和“其他业务成本”。

销售费用 指企业在销售商品和材料、提供劳务的过程中发生的各种费用，包括保险费、包装费、展览费和广告费、商品维修费、预计产品质量保证损失、运输费、装卸费等以及为销售本企业商品而专设的销售机构（含销售网点、售后服务网点等）的职工薪酬、业务费、折旧费等经营费用。

classified into light industry.

Total Assets refer to all resources that are owned or controlled by enterprises through previous trades or transactions with the expectation of making economic profits. Classified by the degree of liquidity, total assets include current assets and non-current assets. Current assets can be classified into monetary capital, trading financial assets, notes receivable, accounts receivable, advanced payments, other receivables and inventories. Non-current assets can be divided into long-term equity investment, fixed assets, intangible assets and other non-current assets.

Current Assets refer to the assets that meet one of the following requirements: (1) expected to be cashed, sold or used in a normal operation cycle, mainly including inventory and accounts receivable; (2) owned for transaction purpose mainly; (3) expected to be cashed within one year (including one year) from the day of the Balance Sheet; (4) unlimited cash or cash equivalents that can be exchanged with other assets or capable of settling debts during one year since the day of the Balance Sheet. Included are monetary capital, notes receivable, accounts receivable and inventories.

Total Liabilities refer to payable liabilities of enterprises that accumulated from previous trades or transactions with expectation of economic profits leaking out. In terms of payment, it can be divided into liquid liabilities and long-term liabilities. Data on this indicator can be obtained from the year-end figures of total liabilities in the Balance Sheet of accounting records.

Accounts Receivable refers to creditor's rights formed by business activities such as selling goods, providing labor, which includes payment for goods that should be charged to the customer, value-added tax and advance freight for the clients.

Inventories refers to finished goods or commodities held in preparation for sale in enterprises' daily activities, goods in the production process, material or the physical materials consumed in the production process or in the process of providing labor, usually include raw materials, goods in the production process, semi-finished products, finished products, goods and materials in flow.

Finished Goods refers to the products that the enterprises have completed all of the production process and accepted and put in storage, and can be sent to the ordering units in accordance with the contract stipulations, or can be on sale.

Business Revenue refers to the total revenue recognized by the enterprise from the operation of its main business and other businesses. It includes “revenue from principal business” and “revenue from other business”.

Business Cost refers to the total cost occurred from the principal business of the enterprise. It includes various expenditures incurred by enterprises (units) in their daily activities of selling goods and providing labor services during the reporting period. It includes “cost of principal business” and “cost of other business”.

Selling Expenses refers to the cost during the sale of goods and materials, providing labor services, including insurance, packing, exhibition fees and advertising fees, merchandise maintenance costs, expected product quality guarantee loss, transportation fees, handling fees, and operating expenses for the sales of the company's products such as employee compensation, business expenses, depreciation costs for dedicated sales offices (including sales outlets, after-sales service outlets, etc.).

管理费用 指企业为组织和管理企业生产经营所发生的费用，包括企业在筹建期间内发生的开办费、董事会和行政管理部门在企业经营管理中发生的，或者应当由企业统一负担的公司经费等。

Management Expenses refers to the costs incurred by an enterprise for organizing and managing its production and operations. This includes start-up costs incurred during the establishment period, expenses incurred by the board of directors and administrative departments in the management of the enterprise, and corporate expenses that should be borne collectively by the enterprise.

财务费用 指企业为筹集生产经营所需资金等而发生的筹资费用，包括企业生产经营期间发生的利息支出（减利息收入）、汇兑损失（减汇兑收益）以及相关的手续费等。

Financial Expenses refers to cost of raising fund for enterprises to raise funds for production and operation, including interest payments (a reduction in interest income), exchange loss (less exchange gains) and related fees during the period of production.

利润总额 指企业在一定会计期间的经营成果，是生产经营过程中各种收入扣除各种耗费后的盈余，反映企业在报告期内实现的盈亏总额。来源于会计“利润表”中“利润总额”项目的本年累计数。

Total Profits refers to the operation results in a certain accounting period, and it is the balance of various incomes minus various spending in the course of operation, reflecting the total profits and losses of enterprises in reference period. Data are obtained from the amount of total profits in the profit statement of the accounting record of enterprise.

第十五篇　建筑业

CHAPTER 15　CONSTRUCTION

（编辑：陈李全　秦辰榕）

简要说明

（本篇内容由自治区统计局投资处调查提供，电话0771-2441315）

一、本篇资料的主要内容

建筑业企业基本情况，建筑业企业所属产业活动单位基本情况，从业人员及工资总额情况，财务状况，生产经营情况，信息化和电子商务交易情况等。

二、统计范围和统计原则

统计范围为广西区内具有建筑业资质的所有独立核算建筑业企业（包括没有工作量的建筑业企业）及所属产业活动单位，建筑业企业资质执行住房和城乡建设部新的资质管理办法，辖区内有资质的建筑业企业按照法人单位注册地原则进行统计。

三、资料来源和报送方法

建筑业企业生产经营情况表、财务状况表、房屋竣工面积及价值表及劳务分包建筑业企业生产经营情况表的统计资料取自具有建筑业资质的所有独立核算建筑业企业的基层表，具有建筑业资质的所有独立核算建筑业企业直接从网上报送。

Brief Introduction

(This chapter is compiled by Department of Investment of the Guangxi Zhuang Autonomous Region Bureau of Statistics, Tel: 0771-2441315)

Main Contents and Sources

Basic situation of construction enterprises, basic statistics of industri-al units affiliated with construction enterprises, employees and total wag-es, financial status, production and operation, informationization and e-commerce transactions, etc.

The statistical data for the pro-duction and operations report, finan-cial statement, completed area and value report of buildings, and produc-tion and operations report of con-struction enterprises with labor sub-contracting are sourced from the basic-level statistical reports of all construction enterprises with qualifi-cation certificates and independent accounting systems. These enterprises are required to submit their statistical data directly through online platforms.

15－1 主要年份三级及三级以上建筑业企业主要指标
Major Indicators on Third and Higher Grade Construction Enterprises in Main Years

指标	Item	2005	2010	2015	2018	2019	2020	2021	2022
企业个数（个）	**Number (unit)**	**1047**	**1160**	**1152**	**1481**	**1703**	**1913**	**2351**	**2749**
#国有及国有控股企业	State-owned and State-holding Enterprises	216	169	137	135	139	157	181	227
城镇集体企业	Urban Collective-owned Enterprises	314	229	167	145	144	132	115	111
1.内资企业	Domestic Enterprises	1042	1153	1149	1481	1703	1913	2351	2749
2.港澳台商投资企业	Enterprises with Funds from Hong Kong, Macao and Taiwan	4	5	3	0	0	0	0	0
3.外商投资企业	Foreign Funded Enterprises	1	2	0	0	0	0	0	0
总产值（亿元）	**Gross Output Value (10 000 yuan)**	**425.21**	**1222.31**	**2953.42**	**4401.25**	**5407.31**	**5853.24**	**6699.59**	**7194.35**
#国有及国有控股企业	State-owned and State-holding Enterprises	248.35	645.72	1335.06	1954.48	2349.51	2456.35	3184.34	3585.17
城镇集体企业	Urban Collective-owned Enterprises	63.89	117.02	192.34	220.86	257.82	197.91	174.90	166.63
1.内资企业	Domestic Enterprises	422.85	1200.77	2952.50	4401.25	5407.31	5853.24	6699.59	7194.35
2.港澳台商投资企业	Enterprises with Funds from Hong Kong, Macao and Taiwan	0.17	0.88	0.92	0	0	0	0	0
3.外商投资企业	Foreign Funded Enterprises	2.19	20.65	0	0	0	0	0	0
年末从业人员（万人）	**Number of Employed Persons at Year-end (10 000 persons)**	**43.0**	**59.06**	**85.67**	**122.37**	**141.97**	**92.00**	**118.51**	**108.66**
#国有及国有控股企业	State-owned and State-holding Enterprises	20.4	26.4	35.02	51.50	52.41	37.14	50.92	45.14
城镇集体企业	Urban Collective-owned Enterprises	10.5	7.39	6.83	7.56	7.60	5.34	5.01	4.20
1.内资企业	Domestic Enterprises	42.8	58.01	85.65	122.37	141.97	92.00	118.51	108.66
2.港澳台商投资企业	Enterprises with Funds from Hong Kong, Macao and Taiwan	0.03	0.01	0.02	0	0	0	0	0
3.外商投资企业	Foreign Funded Enterprises	0.1	1.03	0	0	0	0	0	0
技术装备率（元/人）	Ratio of Technical Equipment (yuan/person)	8843	6960	5292	2686	2419	2365	4199	4020
产值利税率（%）	Ratio of Pre-tax Profit to Gross Output Value (%)	3.8	3.9	3.8	2..1	1.9	1.7	2.2	2.3
全员劳动生产率（元/人，按总产值计算）	Overall Labor Productivity (yuan/person, in terms of gross output value)	125917	257132	344720	404019	484409	536561	533283	563236
房屋建筑施工面积（万平方米）	**Floor Space of Buildings Under Construction (10 000 sq.m)**	**5518.1**	**10742.3**	**23431.97**	**26135.05**	**29487.83**	**28695.30**	**29484.21**	**27539.20**
房屋建筑竣工面积（万平方米）	**Floor Space of Buildings Completed (10 000 sq.m)**	**2209.7**	**4093.82**	**7720.70**	**8480.06**	**8685.74**	**8295.81**	**8596.73**	**8561.04**

15－2　主要年份国有及国有控股建筑企业主要指标
Major Indicators on State-owned and State-holding Construction Enterprises in Main Years

指　标	Item	2005	2010	2015	2018	2019	2020	2021	2022
企业个数（个）	Number of Enterprises（unit）	216	169	137	134	134	157	181	227
计算建筑业劳动生产率的平均人数（万人）	Average Number of Staff and Workers to Calculate Labor Productivity (10 000 persons)	19.7	25.1	38.7	48.4	48.5	45.8	50.1	53.0
建筑业总产值（万元）	Gross Output Value of Construction (10 000 yuan)	2483506	6457240	13350594	19544833	23495064	24563459	31843369	35851706
竣工产值（万元）	Output Value of Construction Completed (10 000 yuan)	1600790	3109693	6927922	9542049	12000359	10792276	17255446	17895507
房屋建筑施工面积（万平方米）	Floor Space of Buildings Under Construction (10 000 sq.m)	2380.9	4640.4	11767.78	14056.78	15348.09	12913.58	15603.59	14337.84
#本年新开工	Newly Started Buildings in the Year	1069	1658.8	2388.66	3082.33	3295.61	2856.62	3087.53	2532.60
房屋建筑竣工面积（万平方米）	Floor Space of Buildings Completed (10 000 sq.m)	808.1	1260.6	2157.42	2901.31	3160.25	2784.58	3572.90	3722.35
#住　宅	Residential Buildings	529.6	844.2	1284.77	2176.23	2190.08	1782.55	2348.33	2002.43
年末自有机械设备总台数（台）	Number of Machinery and Equipment Owned at Year-end (set)	46905	36782	37146	33062	26844	25698	23431	27117
年末自有机械设备净值（万元）	Net Value of Machinery and Equipment Owned at Year-end (10 000 yuan)	174423	183742	185266	138336	126770	108286	93820	115850
年末自有机械设备总功率（万千瓦）	Total Power of Machinery and Equipment Owned at Year-end (10 000 kw)	104.6	107.4	114.3	91.6	83.8	59.0	57.17	85.44
年末固定资产原值（万元）	Original Value of Fixed Assets at Year-end (10 000 yuan)	758096	782614	1033633	1034578	1174131	1127687	1183250	1240807
年末固定资产净值（万元）	Net Value of Fixed Assets at Year-end (10 000 yuan)	505996	477123	577324	577846	–	–	–	–
本年固定资产折旧（万元）	Depreciation of Fixed Assets (10 000 yuan)	32117	53040	64642	81958	105287	60931	64986	81536
利润总额（万元）	Total Profits (10 000 yuan)	15102	51373	127681	305148	420663	356997	716249	1065935
利税总额（万元）	Total Pre-tax Profits (10 000 yuan)	95195	251929	511979	401567	451478	420163	790624	1154068
按建筑业总产值计算的劳动生产率（元/人）	Overall Labor Productivity in Terms of Gross Output Value (yuan/person)	125917	257132	344720	404019	484409	536561	635419	676971
按竣工面积计算的劳动生产率（平方米/人）	Overall Labor Productivity in Terms of Floor Space of Buildings Completed (sq.m/person)	41	50.2	55.7	60.0	65.2	60.8	71.3	70.3
产值利润率（%）	Ratio of Profit to Gross Output Value (%)	0.6	0.8	1.0	1.5	1.8	1.5	3.3	3.0
产值利税率（%）	Ratio of Pre-tax Profit to Gross Output Value (%)	3.8	3.9	3.8	2.1	1.9	1.7	3.6	3.2
房屋建筑面积竣工率（%）	Rate of Floor Space of Buildings Completed (%)	33.9	27.2	18.3	20.6	20.6	21.6	22.9	26.0
技术装备率（元/人）	Ratio of Technical Equipment (yuan/person)	8843	6960	5292	2686	2419	2365	1843	2566
动力装备率（千瓦/人）	Ratio of Power Equipment (kw/person)	5	4	3	2	1.7	1.3	1.1	1.6

15—3 主要年份地方国有建筑企业主要指标

Major Indicators on Local State-owned Construction Enterprises in Main Years

指 标	Item	2005	2010	2015	2018	2019	2020	2021	2022
企业个数（个）	Number of Enterprises（unit)	200	156	96	83	83	104	117	146
计算建筑业劳动生产率的平均人数（万人）	Average Number of Staff and Workers to Calculate Labor Productivity (10 000 persons)	16.7	20.3	28.1	21.81	19.51	40.89	41.90	41.60
建筑业总产值（万元）	Gross Output Value of Construction (10 000 yuan)	1949218	4878699	9059867	8359283	9452467	19277589	25046827	26442274
竣工产值（万元）	Output Value of Construction Completed (10 000 yuan)	1213806	2560959	5425079	4420475	5080693	8982027	15202292	16409190
房屋建筑施工面积（万平方米）	Floor Space of Buildings Under Construction (10 000 sq.m)	2203.8	4415.9	9265.25	6464.94	6014.35	12347.65	14648.91	12964
#本年新开工	Newly Started Buildings in the Year	961.1	1490.9	2015.00	1824.69	1267.60	2600.94	2771.48	2210
房屋建筑竣工面积（万平方米）	Floor Space of Buildings Completed (10 000 sq.m)	702.3	1238.1	1669.52	1252.45	1361.99	2707.33	3457.48	3437
#住 宅	Residential Buildings	446.7	838.5	965.83	974.35	967.62	1743.73	2296.03	1861
年末自有机械设备总台数（台）	Number of Machinery and Equipment Owned at Year-end (set)	34397	23962	19042	9435	8608	13770	15019	15211
年末自有机械设备净值（万元）	Net Value of Machinery and Equipment Owned at Year-end (10 000 yuan)	107045	86709	114434	55407	67699	68991	79942	68215
年末自有机械设备总功率（万千瓦）	Total Power of Machinery and Equipment Owned at Year-end (10 000 kw)	63.2	57.6	59.5	26.04	28.04	26.28	32.32	37.21
年末固定资产原值（万元）	Original Value of Fixed Assets at Year-end (10 000 yuan)	427785	423670	488910	240373	232610	510366.6	487116.5	546355
年末固定资产净值（万元）	Net Value of Fixed Assets at Year-end (10 000 yuan)	299639	298090	321051	181826	–	–	–	–
本年固定资产折旧（万元）	Depreciation of Fixed Assets (10 000 yuan)	3118	15029	25981	30485	57775	38777	32590	40396
利润总额（万元）	Total Profits (10 000 yuan)	7854	33002	85246	162108	220777	317423	493042	669161
利税总额（万元）	Total Pre-tax Profits (10 000 yuan)	61464	186674	344675	211159	246208	371000	553711	733293
按建筑业总产值计算的劳动生产率（元/人）	Overall Labor Productivity in Terms of Gross Output Value (yuan/person)	116991	239954	322102	383292	484605	471473	597715	635648
按竣工面积计算的劳动生产率（平方米/人）	Overall Labor Productivity in Terms of Floor Space of Buildings Completed (sq.m/person)	42.2	60.9	59.4	57.4	69.8	66.2	82.5	82.6
产值利润率（%）	Ratio of Profit to Gross Output Value (%)	0.4	0.7	0.9	5.1	3.8	1.6	2.0	2.5
产值利税率（%）	Ratio of Pre-tax Profit to Gross Output Value (%)	3.2	3.8	3.8	2.5	2.6	1.9	2.2	2.8
房屋建筑面积竣工率（%）	Rate of Floor Space of Buildings Completed (%)	31.9	28	18.0	19.4	22.6	21.9	23.6	26.5
技术装备率（元/人）	Ratio of Technical Equipment (yuan/person)	6425	3900	4472	3995	4155	1687	1776	1808
动力装备率（千瓦/人）	Ratio of Power Equipment (kw/person)	4	3	2	1	1.4	1.0	0.7	0.9

15－4 建筑企业生产情况（2022年）
Major Production Indicators on Construction Enterprises（2022）

指 标	Item	总 计 Total	# 国有经济 State-owned Enterprises			# 城镇集体经济 Urban Collective-owned Enterprises
				中央企业 Central	地方企业 Local	
企业个数（个）	Number of Enterprises (unit)	2749	227	36	146	111
#亏损企业个数	Number of Loss-making Enterprises	957	56	3	42	39
建筑业总产值（万元）	Gross Output Value of Construction (10 000 yuan)	71943458	35851706	8630199	26442274	1666287
建筑工程	Construction Projects	63378765	32763997	7828942	24373023	1504954
安装工程	Installation Projects	4443978	1663253	476661	1035467	69330
其他	Others	4120716	1424457	324596	1033783	92004
竣工产值（万元）	Output Value of Construction Completed (10 000 yuan)	32989229	17895507	1257655	16409190	1191896
房屋建筑施工面积（万平方米）	Floor Space of Buildings Under Construction (10 000 sq.m)	27539.20	14337.84	1111.78	12963.52	799.42
#本年新开工	Newly Started Buildings in the Year	6618.79	2532.60	220.72	2209.51	331.59
#投标承包	Number of Bidding Projects					
房屋建筑竣工面积（万平方米）	Floor Space of Buildings Completed (10 000 sq.m)	8561.04	3722.35	260.17	3436.75	430.01
#住宅面积	Residential Buildings	4569.11	2002.43	134.80	1861.10	266.68
年末自有机械设备总台数（台）	Number of Machinery and Equipment Owned at Year-end (set)	86207	27117	11642	15211	8881
年末自有机械设备总功率（万千瓦）	Total Power of Machinery and Equipment Owned at Year-end (10 000 kw)	279.30	85.44	47.23	37.21	14.82
年末自有机械设备净值（万元）	Net Value of Machinery and Equipment Owned at Year-end (10 000 yuan)	436792	115850	47041	68215	31358
计算建筑业劳动生产率的平均人数（万人）	Average Number of Staff and Workers to Calculate Labor Productivity (10 000 persons)	127.73	52.96	10.23	41.60	4.21

15－5 按主要行业分组的建筑企业生产情况（2022年）
Production Indicators on Construction Enterprises by Major Sector (2022)

指 标	Item	总 计 Total	房屋建筑业 Housing Industry	土木工程建筑业 Civil Engineering	建筑安装业 Construction and Installation	建筑装饰和其他建筑业 Building Decoration and Other Construction
企业个数（个）	Number of Enterprises (unit)	2749	1701	694	141	213
#亏损企业个数	Number of Loss-making Enterprises	957	574	215	66	102
建筑业总产值（万元）	Gross Output Value of Construction (10 000 yuan)	71943458	48266973	21524404	1116985	1035096
建筑工程	Construction Projects	63378765	42824615	19035680	609642	908827
安装工程	Installation Projects	4443978	2585917	1330444	442538	85079
其他	Others	4120716	2856440	1158281	64804	41190
竣工产值（万元）	Output Value of Construction Completed (10 000 yuan)	32989229	23327569	9006702	433103	221856
房屋建筑施工面积（万平方米）	Floor Space of Buildings Under Construction (10 000 sq.m)	27539.20	25149.13	2126.73	162.40	100.94
#本年新开工	Newly Started Buildings in the Year	6618.79	5940.13	561.77	80.74	36.15
#投标承包	Number of Bidding Projects					
房屋建筑竣工面积（万平方米）	Floor Space of Buildings Completed (10 000 sq.m)	8561.04	7827.30	633.40	36.95	63.38
#住宅面积	Residential Buildings	4569.11	4242.97	310.58	3.54	12.02
年末自有机械设备总台数（台）	Number of Machinery and Equipment Owned at Year-end (set)	86207	58188	19738	6377	1904
年末自有机械设备总功率（万千瓦）	Total Power of Machinery and Equipment Owned at Year-end (10 000 kw)	279.30	98.66	171.41	4.74	4.49
年末自有机械设备净值（万元）	Net Value of Machinery and Equipment Owned at Year-end (10 000 yuan)	436792	221040	200528	9066	6158
计算建筑业劳动生产率的平均人数（万人）	Average Number of Staff and Workers to Calculate Labor Productivity (10 000 persons)	127.73	91.51	31.62	2.13	2.47

15－6 建筑企业主要财务状况（2022年）
Major Financial Indicators on Construction Enterprises（2022）

单位：万元 (10 000 yuan)

指 标	Item	总 计 Total	# 国有经济 State-owned Enterprises	中央企业 Central	地方企业 Local	# 城镇集体经济 Urban Collective-owned Enterprises
实收资本合计	Total Paid-in Capital	7615306	3360610	1322249	1931194	233528
流动资产合计	Total Current Assets	47373887	27239606	6876498	19596200	929598
固定资产合计	Total Fixed Assets					
固定资产原价	Original Value of Fixed Assets	2814465	1240807	636116	546355	113132
累计折旧	Accumulated Depreciation	1404509	652790	404979	226625	39728
#本年折旧	Depreciation of the Year	226674	81536	38919	40396	6390
资产总计	Total Assets	58062797	35024254	9841603	24326261	1082972
流动负债合计	Total Current Liabilities	39928856	25081341	6984262	17446869	628671
非流动负债合计	Total Non-current Liabilities	3473500	2740450	671549	2038992	22800
所有者权益合计	Total Owner's Equity	13766274	6968047	2090646	4712225	400001
主营业务收入	Income from Major Business	44356825	24979440	6513223	17892091	1041794
主营业务成本	Cost of Major Business	40152833	22239641	5879263	15835818	973837
主营业务税金及附加	Taxes and Extra Charges of Major Business	176837	76313	19083	53937	10645
其他业务利润	Other Profits	26215	20440	5133	14675	359
管理费用	Management Expenses	1513481	590223	139503	421133	39967
财务费用	Property Expenses	293909	187967	64502	119204	1955
利润总额	Total Profits	1451076	1065935	380245	669161	16518
利税总额	Total Pre-tax Profits	1651785	1154068	400920	733293	27831

15—7 按主要行业分组的建筑企业财务状况（2022年）

Financial Indicators on Construction Enterprises by Major Sector（2022）

单位：万元 (10 000 yuan)

指 标	Item	总 计 Total	房屋建筑业 Housing	土木工程建筑业 Civil Engineering	建筑安装业 Construction and Installation	建筑装饰和其他建筑业 Building Decoration and Others
实收资本合计	Total Paid-in Capital	7615306	4096444	3146822	226128	145912
流动资产合计	Total Current Assets	47373887	29412751	15708789	1439449	812898
固定资产合计	Total Fixed Assets					
固定资产原价	Original Value of Fixed Assets	2814465	1275363	1314166	156652	68285
累计折旧	Accumulated Depreciation	1404509	552348	742483	78227	31451
#本年折旧	Depreciation of the Year	226674	81057	129194	8600	7823
资产总计	Total Assets	58062797	32742641	22578677	1660002	1081477
流动负债合计	Total Current Liabilities	39928856	24466451	13663699	1228456	570250
非流动负债合计	Total Non-current Liabilities	3473500	1133694	2243270	87737	8799
所有者权益合计	Total Owner's Equity	13766274	6705322	6404736	309545	346671
主营业务收入	Income from Major Business	44356825	25254374	17256196	1070500	775756
主营业务成本	Cost of Major Business	40152833	23109292	15438209	949734	655599
主营业务税金及附加	Taxes and Extra Charges of Major Business	176837	108061	62339	4330	2107
其他业务利润	Other Profits	26215	16195	9152	527	341
管理费用	Management Expenses	1513481	832770	514004	93203	73503
财务费用	Property Expenses	293909	176784	99077	14975	3073
利润总额	Total Profits	1451076	360655	1072469	1411	16541
利税总额	Total Pre-tax Profits	1651785	485622	1139764	6249	20149

15－8 各种分组的建筑企业主要经济效益指标（2022年）
Major Economic Efficiency Indicators on Construction Enterprises by Various Groups（2022）

指 标	Item	劳动生产率 Labor Productivity			房屋建筑面积竣工率（%） Ratio of Floor Space of Buildings Completed (%)
		按总产值计算（元/人） Calculated by Gross Output Value (yuan/ person)	按竣工产值计算（元/人） Calculated by Output Value of Construction Completed (yuan/ person)	按房屋竣工面积计算（平方米/人） Calculated by Floor Space of Buildings Completed (sq.m/ person)	
总 计	**Total**	**563236**	**258268**	**67.02**	**31.1**
按经济类型分	By Types of Enterprises				
#国有经济	State-owned Enterprises	676971	337912	70.29	26.0
中央企业	Central Enterprises	843955	122987	25.44	23.4
地方企业	Local Enterprises	635648	394462	82.62	26.5
集体经济	Collective-owned Enterprises	396075	283313	102.21	53.8
按企业资质等级分	By Grade of Enterprises				
〇、一级	Grade 0, 1	610647	314762	72.75	28.3
二、三级	Grade 2, 3	489001	169686	57.70	38.5
按行业分	By Sector				
房屋建筑业	Building Construction	527430	254908	85.53	31.1
土木工程建筑业	Civil Engineering	680642	284809	20.03	29.8
建筑安装业	Construction and Installation	525121	203612	17.37	22.8
建筑装饰和其他建筑业	Building Decoration and Others	419424	89897	25.68	62.8

15－8 续表 continued

指 标	Item	资产利润率(%) Ratio of Profit to Funds (%)	资产利税率(%) Ratio of Per-tax Profit to Funds (%)	产值利润率(%) Ratio of Profit to Gross Output Value (%)	产值利税率(%) Ratio of Pre-tax Profit to Gross Output Value (%)
总 计	**Total**	**2.5**	**2.8**	**2.0**	**2.3**
按经济类型分	By Types of Enterprises				
#国有经济	State-owned Enterprises	3.0	3.3	3.0	3.2
中央企业	Central Enterprises	3.9	4.1	4.4	4.6
地方企业	Local Enterprises	2.8	3.0	2.5	2.8
集体经济	Collective-owned Enterprises	1.5	2.6	1.0	1.7
按企业资质等级分	By Grade of Enterprises				
O、一级	Grade 0, 1	3.0	3.3	2.4	2.7
二、三级	Grade 2, 3	1.5	2.0	1.2	1.6
按行业分	By Sector				
房屋建筑业	Building Construction	3.0	3.3	0.7	1.0
土木工程建筑业	Civil Engineering	3.9	4.1	5.0	5.3
建筑安装业	Construction and Installation	2.8	3.0	0.1	0.6
建筑装饰和其他建筑业	Building Decoration and Others	1.5	2.6	1.6	1.9

主要统计指标解释

建筑业统计单位　指从事房屋、构筑物建造和设备安装活动的法人企业。

建筑业总产值　建筑业总产值是以货币表现的建筑业企业在一定时期内生产的建筑业产品和提供的服务的总和。建筑业总产值包括:

（1）建筑工程产值：指列入建筑工程预算内的各种工程价值。

（2）安装工程产值：指设备安装工程价值，不包括被安装设备本身价值。

（3）其他产值：建筑业总产值中除建筑工程、安装工程以外的产值。包括房屋构筑物修理产值、非标准设备制造产值、总包企业向分包企业收取的管理费以及不能明确划分的施工活动所完成的产值。

竣工产值　指以货币表现的建筑业生产所形成的成品的价值。竣工产值一般是以单位工程为对象，当该工程按照设计所规定工程内容全部完成，达到了设计规定的交工条件，经有关部门检查验收鉴定合格的单位工程价值。竣工产值包括报告期内竣工单位工程从开工到竣工的全部自行完成的价值。如果一个单位工程跨两个年度施工，其竣工价值应当包括上年度完成的价值。竣工产值不包括附属辅助企业或内部核算的其他单位为外单位生产和服务的价值。

房屋建筑施工面积　是指报告期内施工的全部房屋建筑面积，它包括本期新开工的面积、上期跨入本期继续施工的房屋面积、上期停缓建在本期恢复施工的房屋面积、本期竣工的房屋面积以及本期施工后又停缓建的房屋面积。

房屋竣工面积　是指在报告期内房屋建筑按照设计要求已全部完工，达到了使用条件，经检查验收鉴定合格的房屋建筑面积。计算房屋竣工面积，必须严格执行房屋竣工验收标准。

自有机械设备年末总功率　是指本企业（或单位）自有施工机械、生产设备、运输设备以及其他设备等列为固定资产的生产性机械设备年末总功率，按设定能力或查定能力计算。包括机械本身的动力和为该机械服务的单独动力设备，如电动机等。计量单位用千瓦，动力换算可按1马力＝0.735千瓦折合成千瓦数。电焊机、变压器、锅炉

Explanatory Notes on Main Statistical Indicators

Statistical Units in Construction Industry　refers to corporate enterprise engaged in the con-struction of buildings and structures and in the installation of equipment.

Gross Output Value of Construction　re-fers to total of construction products and services, expressed in monetary terms, produced or rendered by construction and installation enterprises during a given period of time. It includes:

(1) Output value of construction projects: the value of projects covered by the project budg-ets;

(2) Output value of installation projects: the value of the installation equipment (excluding the value of the equipment to be installed);

(3) Other output values: the output value of construction industry apart from that of construc-tion projects and installation projects. It includes: output value of repair of buildings and structures; output value of manufacturing of non-standard equipment; overhead expenses received by con-tracted enterprises from the sub-contracted enter-prises, and the completed output value of construction activities for which there is no clear definition.

Output Value of Construction Completed　refers to the value of the finished products formed by the construction industry, expressed in mone-tary terms. It is the value of unit projects com-pleted, which have come up to the designed standards and has been checked and accepted as qualified projects by related departments. It in-cludes the total value of the project, which is self-completed from the start to the completion during the reference period. If a project spans across two fiscal years, the output value of con-struction completed should include the value completed in the previous year. It does not include the value of production and services provided to external entities by subsidiary auxiliary enterprises or internally accounted units.

Floor Space of Buildings Under Construc-tion　refers to the total floor space area of build-ings under construction in the reference period. It includes buildings new started; buildings started earlier and continued during the reference period; buildings suspended earlier but restarted during the reference period; buildings completed during the reference period; and buildings under con-struction but suspended during the reference peri-od.

Floor Space of Buildings Completed　re-fers to the total floor space area of buildings that have been completed in the reference period in accordance with the requirements of the design, up to the standard for accommodation or putting into use, and have been checked and accepted by departments concerned as qualified or up to the standard of buildings completed. The calculation of the floor space of buildings completed must strictly adhere to the standards for building completion and acceptance.

Total Power of Machinery and Equipment Owned at Year-end　refers to the total power of machinery and equipment owned by the enter-prises, and listed as the fixed assets of the enter-prises by the end of the year, including machinery and equipment for construction, production and transport. The calculation is based on the designed or verified capacity. It includes the power of the machinery itself and separate power devices that serve the machinery,

不计算动力。

such as electric motors. The unit of measurement is kilowatts (kW), and power conversion can be made using the conver-sion factor of 1 horsepower (hp) = 0.735 kilowatts (kW). Power generated by electric welding ma-chines, transformers, and boilers are not included in the calculation.

自有机械设备净值 是指本企业（或单位）自有机械设备经过使用、磨损后实际存在的价值，即原值减去折旧后的净额。

Net Value of Machinery and Equipment Owned refers to the actual value of machinery and equipment owned by the enterprises after be-ing used and broken. It is calculated by deducting net value after depreciation from original value.

房屋建筑面积竣工率 是指报告期内房屋建筑竣工面积占同期房屋建筑施工面积的比重。

Ratio of Floor Space of Buildings Completed refers to the proportion of the floor space of buildings completed in certain period of time to the floor space of buildings under construction in the same period.

技术装备率 指在报告期末自有机械设备净值与期末从业人数的比重。

Ratio of Technical Equipment refers to the proportion of the net value of self-owned me-chanical equipment to the number of employees at the end of reference period.

动力装备率 指在报告期末自有机械设备总功率与期末从业人数的比重。

Ratio of Power Equipment refers to the proportion of the total power of self-owned me-chanical equipment to the number of employees at the end of reference period.

产值利润率 指在报告期内每百元产值所实现的利润。它的计算方法是:利润总额除以建筑业总产值。

Ratio of Profit to Gross Output Value re-fers to the profits that per 100 yuan make during the reporting period. It can be calculated as: total profits divide gross output value of construction.

产值利税率 指在报告期内每百元产值所实现的利税。它的计算方法是:利税总额除以建筑业总产值。

Ratio of Pre-tax Profit to Gross Output Value refers to tax and profits that per 100 yuan make during the reference period. It can be calcu-lated as: total tax and profits divide gross output value of construction.

第十六篇 批发和零售业

CHAPTER 16 WHOLESALE AND RETAIL TRADES

（编辑：郑 雪）

简要说明

（本篇资料由自治区统计局贸经处调查整理，电话：0771-5846015）

一、本篇资料主要内容

包括限额以上批发和零售业法人企业基本情况、经营状况，批发和零售业连锁企业基本情况，亿元以上商品交易市场基本情况，个体工商业发展情况，社会消费品零售总额等。限额以上批发和零售业统计单位指批发业年主营业务收入2000万元及以上，零售业年主营业务收入500万元及以上的单位。

二、调查方法

（一）限额以上批发和零售业法人企业、批发和零售业连锁企业基本情况、经营状况、亿元以上商品交易市场基本情况数据为全数调查取得。

（二）社会消费品零售总额数据主要来源于限额以上单位和限额以下单位（包括法人单位、产业活动单位、个体经营户），为对限额以上单位进行的全数调查，对限额以下单位进行抽样调查取得。

三、其他情况说明

1993—2019年广西社会消费品零售总额数据根据第四次经济普查资料数据进行了修订。

Brief Introduction

(This chapter is complied by Department of Trade and Economy of the Guangxi Zhuang Autonomous Region Bureau of Statistics, Tel: 0771-5846015)

Main Contents

It mainly includes the basic and operating conditions of corporate enterprises above designated size in wholesale and retail trades, the basic conditions of chain enterprises in wholesale and retail trades, the basic conditions of commodity transaction markets with transaction over 100 million yuan, the development of individual industrial and commercial enterprises, and the total retail sales of consumer goods. The criteria for wholesale and retail sale trades above designated size are as follows: wholesale trade with annual principal business sales over 20 million yuan; and retail trade, with annual principal business sales over 5 million yuan.

16—1 限额以上批发和零售业企业基本情况（2020—2022年）
Basic Conditions of Enterprises above Designated Size in Wholesale and Retail Trades（2020—2022）

项 目	Item	2020 法人企业（个）Corporate Enterprises (unit)	2020 年末从业人员（人）Persons Employed at Year-end (person)	2021 法人企业（个）Corporate Enterprises (unit)	2021 年末从业人员（人）Persons Employed at Year-end (person)	2022 法人企业（个）Corporate Enterprises (unit)	2022 年末从业人员（人）Persons Employed at Year-end (person)
总 计	**Total**	**5120**	**217493**	**6059**	**230400**	**6994**	**235096**
一、批发业	**Ⅰ. Wholesale**	**2365**	**83145**	**2917**	**89288**	**3515**	**93052**
1.按登记注册类型分组	**1. By Status of Registration**						
内资企业	Domestic Funded Enterprises	2337	79779	2878	84654	3467	88208
国有企业	State-owned Industry	40	7961	30	7517	38	7883
集体企业	Collective-owned Industry	7	517	6	285	6	284
股份合作企业	Cooperative Enterprises	3	459	1	219		
联营企业	Joint Ownership Enterprises	1	27			1	2
有限责任公司	Limited Liability Corporations	421	24073	550	26901	755	28571
国有独资公司	State Sole-proprietorship Corporations	87	5064	100	5384	159	5108
其他有限责任公司	Other Limited Liability Corporations	334	19009	450	21517	596	23463
股份有限公司	Share Holding Enterprises	22	5766	18	4519	24	4857
私营企业	Private Enterprises	1829	39775	2259	43865	2630	45191
私营独资企业	Private Sole-proprietorship Enterprises	9	148	8	61	16	70
私营合伙企业	Private Partnership Enterprises	3		2		1	14
私营有限责任公司	Private Limited Liability Corporations	1797	38634	2229	42628	2596	44025
私营股份有限公司	Private Share Holding Enterprises	20	993	20	1176	17	1082
其他企业	Others Enterprises	14	1201	14	1348	13	1420
港、澳、台商投资企业	Enterprises with Funds from Hong Kong, Macao and Taiwan	12	116	12	121	18	434
合资经营企业	Joint-Venture Enterprises	4	40	3	38	5	36
合作经营企业	Cooperative Enterprises			1	3	1	1
独资经营企业	Sole-proprietorship Enterprises	8	76	8	80	12	397
投资股份有限公司	Share-holding Corporations Ltd. with Investment						
其他港澳台投资企业	Others Enterprises with Funds from Hong Kong, Macao and Taiwan						
外商投资企业	Foreign-invesed Enterprise	16	3250	27	4513	30	4410
中外合资经营企业	Joint-Venture Enterprises	3	624	4	205	7	875
中外合作经营企业	Cooperative Enterprises			0	0		
外资企业	Sole-proprietorship Enterprises	8	1439	20	3892	18	2577
外商投资股份有限公司	Share-holding Corporations Ltd.	5	1187	3	416	5	958
其他外商投资企业	Others Foreign Funded Enterprises						
2.按批发行业小类分组	**2. By Sector of Wholesale**						
农、林、牧、渔产品批发	Wholesale of the Agricultural, Forestry, Animal and Fishery Products	89	1197	101	1640	142	2249
食品、饮料及烟草制品批发	Wholesale of Food , Beverage and Tobacco Products	321	21022	423	22473	557	24429
#米、面制品及食用油批发	Wholesale of Rice, Flour Products and Edible Oil	45	2609	62	2739	102	3486
烟草制品批发	Wholesale of Tobacco Products	15	7000	14	6895	14	6827

16－1 续表1 continued

项 目	Item	2020		2021		2022	
		法人企业（个）Corporate Enterprises (unit)	年末从业人员（人）Persons Employed at Year-end (person)	法人企业（个）Corporate Enterprises (unit)	年末从业人员（人）Persons Employed at Year-end (person)	法人企业（个）Corporate Enterprises (unit)	年末从业人员（人）Persons Employed at Year-end (person)
纺织、服装及家庭用品批发	Wholesale of Textile, Garments and Household Articles	108	4505	129	5284	156	4467
#服装批发	Wholesale of Garments	10	507	14	775	12	347
文化、体育用品及器材批发	Wholesale of Culture , Sports Goods and Apparatus	36	1065	44	1197	48	1431
医药及医疗器材批发	Wholesale of Medicine and Medical Apparatus	242	15385	276	16549	313	17738
矿产品、建材及化工产品批发	Wholesale of Mineral Products, Building Materials and Chemical Products	1181	26372	1506	28699	1753	30459
#煤炭及制品批发	Wholesale of Coal and Related Products	90	1456	114	1736	144	1816
石油及制品批发	Wholesale of Petroleum and Related Products	126	10789	161	10770	188	10692
金属及金属矿批发	Wholesale of Metal and Metallic Ore	441	6812	586	7959	683	8661
建材批发	Wholesale of Building Materials	312	3712	393	4168	440	4899
化肥批发	Wholesale of Chemical Fertilizer	60	1296	64	1388	67	1375
机械设备、五金产品及电子产品批发	Wholesale of Mechanical Equipment, Hardware, Electrical Equipment and Electronic Products	322	11659	356	11365	421	10280
#汽车及零配件批发	Wholesale of Motor Vehicles	96	3154	107	2821	131	2472
计算机、软件及辅助设备批发	Wholesale of Computer, Software and Auxiliary Equipment	35	1001	38	1152	48	1177
贸易经纪与代理	Trade Broker and Agency	12	77	10	25	12	65
其他批发业	Others Wholesale	54	1863	72	2056	113	1934
二、零售业	**Ⅱ. Retail Trades**	**2755**	**134348**	**3142**	**141112**	**3479**	**142044**
1.按登记注册类型分组	**1.By Status of Registration**						
内资企业	Domestic Funded Enterprises	2711	124171	3092	129704	3432	131094
国有企业	State-owned Industry	20	1066	17	713	16	1039
集体企业	Collective-owned Industry	8	135	10	129	11	141
股份合作企业	Cooperative Enterprises	3	57	2	59	2	56
联营企业	Joint Ownership Enterprises						
国有联营企业	State Joint Ownership Enterprises						
集体联营企业	Collective Joint Ownership Enterprises						
国有与集体联营企业	Joint State-Collective Ownership Enterprises						
其他联营企业	Other Joint Ownership Enterprises						
有限责任公司	Limited Liability Corporations	491	40100	574	42779	618	42304
国有独资公司	State Sole-proprietorship Corporations	97	3468	96	3459	53	3211
其他有限责任公司	Other Limited Liability Corporations	394	36632	478	39320	565	39093
股份有限公司	Share Holding Enterprises	20	5574	16	3222	16	3761
私营企业	Private Enterprises	2167	77217	2471	82780	2767	83772
私营独资企业	Private Sole-proprietorship Enterprises	101	1504	117	1639	150	1961
私营合伙企业	Private Partnership Enterprises	16	506	21	577	24	661
私营有限责任公司	Private Limited Liability Corporations	2037	74528	2323	79932	2583	80537
私营股份有限公司	Private Share Holding Enterprises	13	679	10	632	10	613
其他企业	Others	2	22	2	22	2	21

16－1 续表2 continued

项　目	Item	2020 法人企业(个) Corporate Enterprises (unit)	2020 年末从业人员(人) Persons Employed at Year-end (person)	2021 法人企业(个) Corporate Enterprises (unit)	2021 年末从业人员(人) Persons Employed at Year-end (person)	2022 法人企业(个) Corporate Enterprises (unit)	2022 年末从业人员(人) Persons Employed at Year-end (person)
港、澳、台商投资企业	Enterprises with Funds from Hong Kong, Macao and Taiwan	30	5953	32	5881	31	5362
合资经营企业	Joint Venture Enterprises	5	857	5	807	5	744
合作经营企业	Cooperative Enterprises			0	0		
独资经营企业	Sole-proprietorship Enterprises	24	5094	27	5074	26	4618
投资股份有限公司	Share-holding Corporations Ltd. with Investment						
其他港澳台投资企业	Others Enterprises with Funds from Hong Kong, Macao and Taiwan	1	2				
外商投资企业	Foreign-invested Enterprise	14	4224	18	5527	16	5588
中外合资经营企业	Joint-Venture Enterprises	4	126	5	203	3	28
中外合作经营企业	Cooperative Enterprises						
外资企业	Sole-proprietorship Enterprises	9	4088	11	4525	12	5553
外商投资股份有限公司	Share-holding Corporations Ltd.	1	10	2	799	1	7
其他外商投资企业	Others Foreign Funded Enterprises						
2.按零售行业小类分组	**2. Grouped by Sector of Retail Trades**						
综合零售	Comprehensive Retail	404	44332	439	42681	472	39432
#百货零售	Retail of Consumer Goods	150	12627	158	12433	144	10063
超级市场零售	Retail of Supermarket	221	30728	248	29485	292	28491
食品、饮料及烟草制品专门零售	Special Retail of Food , Beverage and Tobacco Products	270	4819	392	7155	496	9296
纺织、服装及日用品专门零售	Special Retail of Textile, Garments and Household Articles	71	2676	97	3730	110	3276
#服装零售	Retail of Garments	22	1132	31	1649	35	1398
文化、体育用品及器材专门零售	Special Retail of Culture , Sports Goods and Apparatus	147	4329	157	4080	126	4102
#体育用品及器材零售	Retail of Sports Goods and Apparatus	7	599	8	327	8	155
图书、报刊零售	Retail of Books and Newspapers	93	2862	92	2820	28	2547
医药及医疗器材专门零售	Special Retail of Medicine and Medical Apparatus	149	25901	165	26893	189	27239
#西药零售	Retail of Western Medicines	117	23879	116	24603	120	24906
中药零售	Retail of Chinese Medicines	17	1812	33	2026	50	2067
汽车、摩托车、零配件和燃料及其他动力零售	Special Retail of Motor Vehicles, Motorcycles, Parts, Fuel and Other Powers	1027	35100	1134	38199	1268	40701
#汽车新车零售	Retail of Motor Vehicles	801	30297	852	32299	910	34090
机动车燃油零售	Fuel Retail of Motor Vehicles	133	3402	175	4319	247	5189
家用电器及电子产品专门零售	Special Retail of Household Appliances and Electronic Products	413	10333	431	10453	441	10300
#日用家电零售	Retail of Household Electronic Appliances	152	3978	160	3821	174	3864
计算机、软件及辅助设备零售	Retail of Computer , Software and Auxiliary Equipment	149	2992	154	2951	154	2477
通信设备零售	Retail of Communication Apparatus	66	2432	69	2635	73	2975
五金、家具及室内装饰材料专门零售业	Special Retail of Hardware, Furniture and Indoor Renovation Material	118	1467	140	1885	164	1913
货摊、无店铺及其他零售业	Stall, Non-Shop and Others Retails	156	5391	187	6036	213	5785

16－2 主要年份限额以上批发和零售业企业商品购进、销售和库存总额
Total Purchases, Sales and Stock of Enterprises above Designated Size in Wholesale and Retail Trades in Main Years

单位：万元 (10 000 yuan)

项 目	Item	2005	2010	2015	2018	2019	2020	2021	2022
一、法人企业数（个）	**Ⅰ. Number of Corporation Enterprises (unit)**	**902**	**1465**	**2920**	**3940**	**4418**	**5120**	**6059**	**6994**
二、年末从业人员（人）	**Ⅱ. Number of Persons Employed at Year-end (person)**	**119358**	**122788**	**180103**	**205705**	**208197**	**217493**	**230400**	**235096**
三、商品购进总额	**Ⅲ. Total Purchases of Commodities**	**11143383**	**24393191**	**48709342**	**74755273**	**96071046**	**123544779**	**153087947**	**169381503**
#进口	Imports	136366	399495	949068	1140325	1819298	2549921	4596522	4910394
四、商品销售总额	**Ⅳ. Total Sales of Commodities**	**11682006**	**25892641**	**57516783**	**83027228**	**104100431**	**131185288**	**160905266**	**173847190**
1.批发	1.Wholesale	8699573	18000452	39614680	61674203	81545439	108946745	135459701	148182534
#出口	Exports	331529	465449	1802295	1838154	2673703	1803735	1601270	2190174
2.零售	2.Retail	2982433	7892189	17902103	20996595	22372580	22006897	25135015	25421869
五、年末库存总额	**Ⅴ. Total Stock of Commodities at Year-end**	**694048**	**1887898**	**3792495**	**4780403**	**5550527**	**6159506**	**6651441**	**6538568**

16－3 限额以上批发和零售业企业商品购进、销售、库存总额（2022年）
Total Purchases, Sales and Stock of Enterprises above Designated Size in Wholesale and Retail Trades（2022）

单位：万元 (10 000 yuan)

项　目	Item	购进总额 Total Purchases of Commodities		销售总额 Total Sales of Commodities				年末库存总额 Total Stock Commodities at Year-end
			#进口 Imports	合计 Total	批发 Wholesale	#出口 Exports	零售 Retail Sale	
总　计	**Total**	**169381502.9**	**4910394.1**	**173847190.3**	**148182534.0**	**2190173.6**	**25421869.1**	**6538567.8**
一、批发业	**Ⅰ. Wholesale**	**149578507.6**	**4619597.2**	**152692067.2**	**146380248.7**	**2157347.5**	**6069095.1**	**4419748.6**
1.按登记注册类型 分组	**1. Grouped by Status of Registration**							
内资企业	Domestic Funded Enterprises	140178364.9	4434013.2	144289703.6	140344231.4	2093484.0	3702748.8	4223622.3
国有企业	State-owned Industry	5682713.8	28131.2	7534064.7	7171761.2		362303.5	263140.0
集体企业	Collective-owned Industry	23372.8		18521.4	17336.4			621.5
股份合作企业	Cooperative Enterprises							
联营企业	Joint Ownership Enterprises							
有限责任公司	Limited Liability Corporations	84144210.7	3561604.7	85247124.5	84150117.9	699968.2	996261.9	1803530.5
国有独资公司	State Sole-proprietorship Corporations	13234183.2	310933.2	13606299.8	13436341.3	29781.4	162224.2	310665.1
其他有限责任公司	Other Limited Liability Corporations	70910027.5	3250671.5	71640824.7	70713776.6	670186.8	834037.7	1492865.4
股份有限公司	Share Holding Enterprises	5454188.2	1013.6	4709547.2	3167149.4	2249.3	1542397.8	323848.9
私营企业	Private Enterprises	44857753.4	843263.7	46766131.9	45824819.2	1391266.5	801725.6	1831947.4
私营独资企业	Private Sole-proprietorship Enterprises	886413.1		917110.4	915397.5		1712.9	334.3
私营合伙企业	Private Partnership Enterprises							
私营有限责任公司	Private Limited Liability Corporations	43680887.7	843263.7	45552657.3	44615568.9	1369575.7	797501.3	1805556.5
私营股份有限公司	Private Share Holding Enterprises	289603.1		295429.2	293291.8	21690.8	2137.4	26042.1
其他企业	Others Enterprises	12970.0		11380.3	10113.7		60.0	196.4
港、澳、台商投资企业	Enterprises with Funds from Hong Kong, Macao and Taiwan	1283162.0	174678.3	1319305.4	1319305.4	43746.4		25588.8
合资经营企业	Joint Venture Enterprises	24435.6		28914.9	28914.9			4430.5
合作经营企业	Cooperative Enterprises							
独资经营企业	Sole-proprietorship Enterprises	1251911.7	174678.3	1283503.7	1283503.7	43746.4		21158.3
投资股份有限公司	Share-holding Corporations Ltd. with Investment							
其他港澳台投资企业	Others Enterprises with Funds from Hong Kong, Macao and Taiwan							
外商投资企业	Foreign-investet Enterprise	8116980.7	10905.7	7083058.2	4716711.9	20117.1	2366346.3	170537.5
中外合资经营企业	Joint-Venture Enterprises	240246.7		898547.9	569067.0	132.0	329480.9	6028.3
中外合作经营企业	Cooperative Enterprises							

16－3 续表1 continue

单位：万元 (10 000 yuan)

项 目	Item	购进总额 Total Purchases of Commodities	#进口 Imports	销售总额 Total Sales of Commodities 合计 Total	批发 Wholesale	#出口 Exports	零售 Retail Sale	年末库存总额 Total Stock Commodities at Year-end
外资企业	Sole-proprietorship Enterprises	1320138.9	10905.7	5193182.2	3601837.0	19985.1	1591345.2	45893.1
外商投资股份有限公司	Share-holding Corporations Ltd.	6556595.1		991328.1	545807.9		445520.2	118616.1
其他外商投资企业	Others Foreign Funded Enterprises							
2.按批发行业小类分组	**2. Grouped by Sector of Wholesale**							
农、林、牧、渔产品批发	Wholesale of the Agricultural, Forestry, Animal and Fishery Products	4142384.4	258069.6	4172115.8	4152331.0	52094.1	16882.0	221008.9
食品、饮料及烟草制品批发	Wholesale of Food , Beverage and Tobacco Products	21244901.9	364920.8	23256933.3	22846903.0	232454.7	384398.7	682208.7
#米、面制品及食用油批发	Wholesale of Rice, Flour Products and Edible Oil	1959001.2	22369.8	1974317.0	1810640.3		159038.4	82477.5
烟草制品批发	Wholesale of Tobacco Products	3827046.6		5573815.8	5573815.8			227515.7
纺织、服装及家庭用品批发	Wholesale of Textile, Garments and Household Articles	3945586.0	4795.8	4031976.0	3955780.7	505301.5	51613.1	181494.2
#服装批发	Wholesale of Garments	87183.8		115329.1	82768.7	7360.8	9572.0	16106.0
文化、体育用品及器材批发	Wholesale of Culture , Sports Goods and Apparatus	950491.1	20559.4	1010231.7	981758.1	40262.3	26652.6	55744.1
医药及医疗器材批发	Wholesale of Medicine and Medical Apparatus	7875708.8	49885.2	8521720.4	7641031.2	1150.7	873931.3	574677.8
矿产品、建材及化工产品批发	Wholesale of Mineral Products, Building Materials and Chemical Products	94647788.1	3677710.1	94289142.5	89716581.7	437259.3	4411684.0	2243954.0
#煤炭及制品批发	Wholesale of Coal and Related Products	8238395.3	1636683.2	8579154.0	8550764.4		16647.8	222280.6
石油及制品批发	Wholesale of Petroleum and Related Products	20434051.4	137595.3	19075273.0	15009972.0	83030.4	4062845.7	584281.3
金属及金属矿批发	Wholesale of Metal and Metallic Ore	50239317.7	1731691.6	50889280.9	50602458.3	212323.7	175478.2	1084767.4
建材批发	Wholesale of Building Materials	8137227.6	93848.8	8328158.9	8289389.2	11255.8	33479.3	182975.3
化肥批发	Wholesale of Chemical Fertilizer	921723.6		937687.3	935682.9	6558.8	819.4	69623.0
机械设备、五金产品及电子产品批发	Wholesale of Mechanical Equipment, Hardware, Electrical Equipment and Electronic Products	7127056.1	194602.9	7461646.9	7194548.5	869073.8	259310.3	400078.0
#汽车及零配件批发	Wholesale of Motor Vehicles	2169692.6	28088.6	2278875.3	2184031.1	55425.0	87066.3	141694.8
计算机、软件及辅助设备批发	Wholesale of Computer, Software and Auxiliary Equipment	455444.3	14889.8	479934.8	448681.6	30153.8	31253.2	30179.3
贸易经纪与代理	Trade Broker and Agency	23376.2		21658.0	21658.0	11857.3		10559.3
其他批发业	Others Wholesale	9621215.0	49053.4	9926642.6	9869656.5	7893.8	44623.1	50023.6

16—3 续表2 continue

单位：万元 （10 000 yuan）

项 目	Item	购进总额 Total Purchases of Commodities	#进口 Imports	销售总额 Total Sales of Commodities 合计 Total	批发 Wholesale	#出口 Exports	零售 Retail Sale	年末库存总额 Total Stock Commodities at Year-end
二、零售业	**Ⅱ. Retail Trades**	**19802995.3**	**290796.9**	**21155123.1**	**1802285.3**	**32826.1**	**19352774.0**	**2118819.2**
1.按登记注册类型分组	**1. Grouped by Status of Registration**							
内资企业	Domestic Funded Enterprises	17171499.7	201689.4	18532199.7	1473115.0	3416.2	17059020.9	1822944.8
国有企业	State-owned Industry	84244.3		110389.5	20928.7		89460.8	12948.1
集体企业	Collective-owned Industry	12433.7		15747.8	2265.6		13482.2	304.5
股份合作企业	Cooperative Enterprises	1517.9		1811.2	153.9		1657.3	53.4
联营企业	Joint Ownership Enterprises							
有限责任公司	Limited Liability Corporations	7387758.7	90248.7	7934886.2	659658.8	3076.3	7275195.0	676010.7
国有独资公司	State Sole-proprietorship Corporations	537790.4		575241.9	27784.0		547457.9	35753.5
其他有限责任公司	Other Limited Liability Corporations	6849968.3	90248.7	7359644.3	631874.8	3076.3	6727737.1	640257.2
股份有限公司	Share Holding Enterprises	337554.7	252.1	498163.9	50962.1		447201.8	34014.8
私营企业	Private Enterprises	9347290.0	111188.6	9970081.2	739145.9	339.9	9230903.9	1099613.3
私营独资企业	Private Sole-proprietorship Enterprises	161689.7	23.1	182172.6	31149.9		151022.7	10363.5
私营合伙企业	Private Partnership Enterprises	70838.7		76985.6	10032.7		66952.9	1907.3
私营有限责任公司	Private Limited Liability Corporations	9079693.2	111165.5	9672952.0	697077.7	339.9	8975842.9	1084509.9
私营股份有限公司	Private Share Holding Enterprises	35068.4		37971.0	885.6		37085.4	2832.6
其他企业	Others Enterprises	700.4		1119.9			1119.9	
港、澳、台商投资企业	Enterprises with Funds from Hong Kong, Macao and Taiwan	939737.5	89107.5	969692.1	3510.7		966181.4	75264.1
合资经营企业	Joint-Venture Enterprises	137084.8		134919.2			134919.2	7947.2
合作经营企业	Cooperative Enterprises							
独资经营企业	Sole-proprietorship Enterprises	802652.7	89107.5	834772.9	3510.7		831262.2	67316.9
投资股份有限公司	Share-holding Corporations Ltd. with Investment							
其他港澳台投资企业	Others Enterprises with Funds from Hong Kong, Macao and Taiwan							
外商投资企业	Foreign-invested Enterprise	1691758.1		1653231.3	325659.6	29409.9	1327571.7	220610.3
中外合资经营企业	Joint-Venture Enterprises	783389.0		788972.0	250980.5		537991.5	147.7
中外合作经营企业	Cooperative Enterprises							
外资企业	Sole-proprietorship Enterprises	908058.9		863789.1	74679.1	29409.9	789110.0	220462.6

16−3　续表3　continue

单位：万元　　(10 000 yuan)

项　目	Item	购进总额 Total Purchases of Commodities	#进口 Imports	销售总额 Total Sales of Commodities 合计 Total	批发 Wholesale	#出口 Exports	零售 Retail Sale	年末库存总额 Total Stock Commodities at Year-end
外商投资股份有限公司	Share-holding Corporations Ltd.							
其他外商投资企业	Others Foreign Funded Enterprises							
2.按零售行业小类分组	**2. Grouped by Sector of Retail Trades**							
综合零售	Comprehensive Retail	2585571.1	3036.8	2959858.4	228210.9		2731584.9	241051.4
#百货零售	Retail of Consumer Goods	873605.2	2448.4	1072139.6	186853.9		885254.5	68334.5
超级市场零售	Retail of Supermarket	1664333.3	38.4	1834189.6	34916.2		1799242.0	163575.1
食品、饮料及烟草制品专门零售	Special Retail of Food , Beverage and Tobacco Products	1339853.5	4128.2	1540600.5	211886.9		1328713.6	105474.1
纺织、服装及日用品专门零售	Special Retail of Textile, Garments and Household Articles	245250.1	173.6	295128.0	11993.8		283134.2	49642.8
#服装零售	Retail of Garments	95789.5		121426.1	7820.8		113605.3	24475.3
文化、体育用品及器材专门零售	Special Retail of Culture , Sports Goods and Apparatus	640395.8		692230.6	46307.3		645923.3	123941.7
#体育用品及器材零售	Retail of Sports Goods and Apparatus	99564.1		110785.5	10580.3		100205.2	64937.2
图书、报刊零售	Retail of Books and Newspapers	436863.6		462182.5	27376.0		434806.5	42827.3
医药及医疗器材专门零售	Special Retail of Medicine and Medical Apparatus	1117122.0	4454.5	1413828.6	37512.6		1376316.0	177856.9
#西药零售	Retail of Western Medicines	981115.8		1257172.6	23820.6		1233352.0	153716.9
中药零售	Retail of Chinese Medicines	106380.8	4454.5	120457.5	7195.6		113261.9	21706.4
汽车、摩托车、零配件和燃料及其他动力零售	Special Retail of Motor Vehicles, Motorcycles, Parts, Fuel and Other Powers	10926035.2	278248.5	11089556.4	1035684.7	30852.2	10053870.5	1214858.2
#汽车新车零售	Retail of Motor Vehicles	9045900.3	277853.3	8947783.3	395347.1	30852.2	8552435.0	1087357.4
机动车燃油零售	Fuel Retail of Motor Vehicles	1686402.2	395.2	1926326.1	627134.4		1299191.7	90745.8
家用电器及电子产品专门零售	Special Retail of Household Appliances and Electronic Products	1252863.3	330.7	1313071.5	111067.9	1634.0	1202003.6	147418.2
#日用家电零售	Retail of Household Electronic Appliances	675445.5		699224.6	50860.8		648363.8	76320.0
计算机、软件及辅助设备零售	Retail of Computer , Software and Auxiliary Equipment	206857.3		214234.5	20505.0		193729.5	19956.2
通信设备零售	Retail of Communication Apparatus	239683.5		263024.1	17477.4		245546.7	32989.2
五金、家具及室内装饰材料专门零售业	Special Retail of Hardware, Furniture and Indoor Renovation Material	207025.5	236.0	233372.5	24143.2	85.1	209229.3	28845.3
货摊、无店铺及其他零售业	Stall, Non-Shop and Others Retails	1488878.8	188.6	1617476.6	95478.0	254.8	1521998.6	29730.6

16—4 限额以上批发和零售业企业主要财务指标（2022年）

单位：万元

项目	Item	流动资产合计 Current Assets	#存货 Inventories	固定资产原价 Original Value of Fixed Assets	累计折旧 Accumulated Depreciation	#本年折旧 Depreciation of the Year	资产总计 Total Assets	负债合计 Total Liabilities
总　计	**Total**	**63726791.2**	**6999739.0**	**5682819.3**	**2264489.0**	**342916.4**	**85642820.0**	**62003801.6**
一、批发业	**Ⅰ. Wholesale**	**55455627.9**	**4797324.7**	**3638224.6**	**1422249.4**	**208002.9**	**74023903.3**	**53403645.9**
1.按登记注册类型分组	**1. Grouped by Status of Registration**							
内资企业	Domestic Funded Enterprises	53844161.0	4638672.1	2837030.6	1098403.0	171760.2	71098260.7	51475389.7
国有企业	State-owned Industry	1956916.7	251285.2	418724.9	236975.9	22683.7	2416604.0	1284588.0
集体企业	Collective-owned Industry	6651.8	1603.9	1826.4	307.5	3.9	7912.9	6296.2
股份合作企业	Cooperative Enterprises							
联营企业	Joint Ownership Enterprises							
有限责任公司	Limited Liability Corporations	32772633.4	2219695.6	1318141.7	385999.1	74174.8	46703637.1	32955670.6
国有独资公司	State Sole-proprietorship Corporations	5717263.3	357444.5	303165.2	116850.3	30491.5	9846790.3	6419868.7
其他有限责任公司	Other Limited Liability Corporations	27055370.1	1862251.1	1014976.5	269148.8	43683.3	36856846.8	26535801.9
股份有限公司	Share Holding Enterprises	1914663.8	309440.6	323887.6	172342.1	13836.0	3038642.7	786453.4
私营企业	Private Enterprises	17185482.4	1854758.5	767643.2	300653.0	60699.5	18920062.8	16440016.9
私营独资企业	Private Sole-proprietorship Enterprises	27513.5	1027.2	593.8	282.6	76.8	27936.7	24760.0
私营合伙企业	Private Partnership Enterprises							
私营有限责任公司	Private Limited Liability Corporations	16768069.8	1827111.2	732114.7	282985.8	56191.7	18117686.2	15920432.4
私营股份有限公司	Private Share Holding Enterprises	388013.9	26607.3	34909.2	17384.5	4430.9	772373.5	492981.4
其他企业	Others Enterprises	6222.7	1550.7	6806.8	2125.4	362.3	9811.0	1160.3
港、澳、台商投资企业	Enterprises with Funds from Hong Kong, Macao and Taiwan	809608.4	15695.6	1214.5	693.7	118.6	827598.7	658287.3
合资经营企业	Joint-Venture Enterprises	16457.8	1051.6	222.1	157.4	15.9	17412.9	11885.7
合作经营企业	Cooperative Enterprises							
独资经营企业	Sole-proprietorship Enterprises	788441.6	14644.0	992.4	536.3	102.7	805476.8	641156.9
投资股份有限公司	Share-holding Corporations Ltd. with Investment							
其他港澳台投资企业	Others Enterprises with Funds from Hong Kong, Macao and Taiwan							
外商投资企业	Foreign-invested Enterprise	801858.5	142957.0	799979.5	323152.7	36124.1	2098043.9	1269968.9
中外合资经营企业	Joint-Venture Enterprises	123473.4	5222.5	60562.4	27769.0	2411.7	201730.0	32622.7
中外合作经营企业	Cooperative Enterprises							
外资企业	Sole-proprietorship Enterprises	335393.0	95940.0	553017.1	207389.4	25830.8	1104172.2	280835.7

Main Financial Indicators of Enterprises above Designated Size in Wholesale and Retail Sale Trades (2022)

(10 000 yuan)

所有者权益合计 Total Owner's Equity	#实收资本 Pain-in Capital	营业收入 Business Revenue	主营业务收入 Principal Business Sales	营业成本 Business Cost	税金及附加 Business Tax and Extra Charges	销售费用 Sales Cost	管理费用 Management Expenses	财务费用 Financial Expenses	#利息费用 Interest Expenses	营业利润 Business Profits	利润总额 Gross Profits
22856853.7	**17205963.0**	**155692314.5**	**154030798.5**	**148788252.9**	**900467.8**	**3102176.1**	**1770049.7**	**789773.5**	**1112537.2**	**1265193.0**	**1324323.9**
19826240.4	**13829023.5**	**136239006.0**	**135080851.8**	**131526215.5**	**851773.1**	**1642293.9**	**1102365.9**	**685765.8**	**1038567.6**	**1268741.6**	**1313774.2**
18828854.0	13565274.0	128575716.5	127570264.3	124170227.5	843100.5	1474722.7	1043372.7	670570.2	1025158.9	1174141.3	1219388.7
1203003.1	132529.9	6687666.2	6639957.9	5106293.5	666340.5	164561.2	243106.8	-7438.7	23433.3	520868.4	522053.9
884.6	537.4	32128.0	16397.7	30501.8	3.2	257.0	795.9	19.3		548.6	338.6
13758650.4	7952150.6	75097340.2	74461330.2	73853650.1	100143.7	509985.1	335295.1	557607.4	825080.5	517569.3	535500.8
3496109.3	1342986.8	11564926.4	11479813.4	11371484.5	15301.8	38578.0	71161.0	91255.2	129614.6	29849.5	30191.2
10262541.1	6609163.8	63532413.8	62981516.8	62482165.6	84841.9	471407.1	264134.1	466352.2	695465.9	487719.8	505309.6
1417806.8	321799.0	4223551.7	4183573.6	3998179.0	7669.7	104916.9	32534.9	13316.5	22189.0	75198.9	75151.9
2439571.5	5155070.2	42516972.5	42254053.8	41165407.0	68939.6	694236.5	430779.9	107053.8	154446.7	59227.6	85562.3
3176.7	1981.0	888486.4	888486.4	884238.7	3756.3	300.5	548.7	63.1	151.3	-462.1	1054.2
2156779.4	5007530.2	41338861.5	41085331.0	40023761.5	64503.8	679629.1	414826.0	92718.2	144919.7	69108.0	91492.6
279392.1	145159.0	288797.2	279409.0	256674.9	678.5	14259.4	15386.7	14227.4	9330.6	-9401.7	-6967.9
8551.7	2834.9	15124.3	12017.5	13351.8	3.5	737.1	833.8	12.0	9.4	694.6	747.3
169311.4	152557.3	1178694.0	1177643.5	1161161.4	1049.7	3295.3	4473.9	979.6	3441.9	9635.2	9691.2
5527.2	2000.0	25613.0	25613.0	23721.0	34.7	539.1	500.6	9.5	8.9	808.0	852.7
164319.9	150557.3	1146988.5	1145938.0	1131044.8	1011.1	2756.2	3957.9	969.9	3433.0	9149.8	9151.1
828075.0	111192.2	6484595.5	6332944.0	6194826.6	7622.9	164275.9	54519.3	14216.0	9966.8	84965.1	84694.3
169107.3	8290.0	786443.1	769142.2	750281.8	955.2	13997.9	5161.8	1416.9	1327.7	14656.3	14474.1
823336.5	81255.7	4814086.0	4705450.5	4611872.2	5190.5	113411.9	24298.3	8085.4	6678.9	47847.5	47017.8

16—4 续表 1

单位：万元

项　目	Item	流动资产合计 Current Assets	#存货 Inventories	固定资产原价 Original Value of Fixed Assets	累计折旧 Accumulated Depreciation	#本年折旧 Depreciation of the Year	资产合计 Total Assets	负债合计 Total Liabilities
外商投资股份有限公司	Share-holding Corporations Ltd.	342992.1	41794.5	186400.0	87994.3	7881.6	792141.7	956510.5
其他外商投资企业	Others Foreign Funded Enterprises							
2.按批发行业小类分组	**2. Grouped by Sector of Wholesale**							
农、林、牧、渔产品批发	Wholesale of the Agricultural, Forestry, Animal and Fishery Products	1464794.3	231341.5	160364.3	35674.2	6747.3	1937345.7	1473849.3
食品、饮料及烟草制品批发	Wholesale of Food , Beverage and Tobacco Products	9947392.2	964400.7	623183.0	323842.3	36882.7	12062094.4	9129987.7
#米、面制品及食用油批发	Wholesale of Rice, Flour Products and Edible Oil	1288076.8	143777.2	88538.6	27760.6	4456.0	1698196.9	1362352.5
烟草制品批发	Wholesale of Tobacco Products	1117060.4	204494.2	336654.4	202963.1	16235.1	1346067.6	350852.7
纺织、服装及家庭用品批发	Wholesale of Textile, Garments and Household Articles	1177530.5	177504.2	50144.6	16380.4	2152.2	1256188.2	1094373.3
#服装批发	Wholesale of Garments	68803.0	15643.5	553.9	357.6	38.4	70551.5	56898.0
文化、体育用品及器材批发	Wholesale of Culture , Sports Goods and Apparatus	920544.7	65470.6	32964.4	15669.5	1960.9	1194979.0	828084.6
医药及医疗器材批发	Wholesale of Medicine and Medical Apparatus	5125330.8	631323.5	326758.3	115796.6	21911.2	5750532.3	4333469.8
矿产品、建材及化工产品批发	Wholesale of Mineral Products, Building Materials and Chemical Products	29926364.3	2204747.6	2270346.0	834727.4	124101.9	40764084.6	28636423.9
#煤炭及制品批发	Wholesale of Coal and Related Products	3284876.9	199058.6	154905.2	30999.9	4894.1	4155808.2	3174681.5
石油及制品批发	Wholesale of Petroleum and Related Products	2939859.9	617795.0	1334504.1	560364.6	59645.9	5247240.7	2828624.0
金属及金属矿批发	Wholesale of Metal and Metallic Ore	16226128.8	989071.6	526858.6	181510.5	45133.5	22059511.4	16052052.4
建材批发	Wholesale of Building Materials	4902058.9	180937.6	188406.2	34512.9	10839.3	6146535.1	4498598.0
化肥批发	Wholesale of Chemical Fertilizer	277170.3	86312.3	9469.0	4059.4	638.2	297868.8	234836.0
机械设备、五金产品及电子产品批发	Wholesale of Mechanical Equipment, Hardware, Electrical Equipment and Electronic Products	5552943.7	445764.7	147125.3	72151.8	12225.7	9551570.0	6412589.2
#汽车及零配件批发	Wholesale of Motor Vehicles	3132699.4	115651.3	36198.4	15420.9	3640.4	6609647.5	4131340.2
计算机、软件及辅助设备批发	Wholesale of Computer, Software and Auxiliary Equipment	187381.6	29036.5	3769.3	1782.4	303.8	454811.5	164998.8
贸易经纪与代理	Trade Broker and Agency	20966.6	10187.6	1142.8	231.8	68.1	21928.8	23803.1
其他批发业	Others Wholesale	1319760.8	66584.3	26195.9	7775.4	1952.9	1485180.3	1471065.0

continued

（10 000 yuan）

所有者权益合计 Total Owner's Equity	#实收资本 Pain-in Capital	营业收入 Business Revenue	主营业务收入 Principal Business Sales	营业成本 Business Cost	税金及附加 Business Tax and Extra Charges	销售费用 Sales Cost	管理费用 Manage-ment Expenses	财务费用 Financial Expenses	#利息费用 Interest Expenses	营业利润 Business Profits	利润总额 Gross Profits
-164368.8	21646.5	884066.4	858351.3	832672.6	1477.2	36866.1	25059.2	4713.7	1960.2	22461.3	23202.4
463723.8	289793.4	3906686.2	3881965.8	3789910.8	2628.2	35146.8	29117.6	11850.7	12197.0	43453.0	48588.2
2975701.0	942246.5	21110608.7	20939931.1	19152073.9	681257.7	371164.5	360172.6	54564.8	117716.5	521203.3	531449.9
381001.2	162501.1	1893825.4	1881190.8	1816556.9	1969.6	61943.7	21886.9	15371.0	24336.3	-46659.0	-41995.7
995214.9	25470.4	4946671.0	4935123.2	3473826.8	664508.3	101654.8	224166.1	-26370.0	38.7	515859.4	515256.2
159773.8	79828.5	3651224.8	3611486.9	3518632.0	2452.5	84633.5	36315.8	-3091.5	5984.0	6986.3	7208.0
11838.9	6160.0	104149.1	76717.0	81524.2	122.0	13306.3	1840.5	176.4	128.7	5313.6	4865.8
366922.1	186740.8	945958.0	942599.3	868315.1	1204.6	32051.2	24001.6	-1425.8	3812.7	21775.2	20028.8
1411328.3	510693.4	7638748.1	7606357.7	6955262.8	16487.6	254554.3	165984.3	50619.5	42229.0	177135.7	172056.9
11255859.5	9319927.3	83038134.8	82421016.5	81599169.3	82459.2	706508.2	374426.6	389703.1	669928.0	573592.5	600423.4
979102.0	523683.2	7645006.9	7576432.0	7490220.9	8619.1	77586.7	34472.8	53536.0	75067.3	-7272.4	-2083.7
1648606.7	406896.6	16066870.5	15854679.3	15472920.2	17944.1	315944.2	85242.2	34605.9	256836.9	167091.6	171132.8
5927535.1	3445836.2	45109866.5	44865997.7	44520096.8	37773.5	138739.3	153167.4	234033.1	257260.3	196155.8	205626.2
1628708.6	4514323.2	7492611.1	7461356.5	7293976.3	9479.1	68675.4	65360.3	53409.4	67109.2	100100.6	102739.4
62300.7	28267.0	911788.4	895851.8	865063.0	657.3	25631.2	7778.1	1299.2	1032.8	9793.3	10090.9
3137852.5	2343150.5	6904862.6	6656168.9	6586352.8	7944.6	145344.8	95752.8	174657.9	178234.8	-67956.4	-76016.7
2477561.7	1960840.6	2046148.2	2025544.1	1939926.5	2948.6	45431.9	27316.1	161924.4	161125.3	-93324.5	-101285.3
289812.7	23355.6	442700.9	440342.2	419062.0	724.3	8963.5	10457.6	1317.2	870.2	1974.3	2080.6
-1874.3	1025.7	23196.5	23196.5	22352.3	33.0	638.8	767.5	22.3	26.1	-617.6	-621.0
56953.7	155617.4	9019586.3	8998129.1	9034146.5	57305.7	12251.8	15827.1	8864.8	8439.5	-6830.4	10656.7

16—4 续表 2

单位：万元

项 目	Item	流动资产合计 Current Assets	#存货 Inventories	固定资产原价 Original Value of Fixed Assets	累计折旧 Accumulated Depreciation	#本年折旧 Depreciation of the Year	资产合计 Total Assets	负债合计 Total Liabilities
二、零售业	**Ⅱ. Retail Trades**	**8271163.3**	**2202414.3**	**2044594.7**	**842239.6**	**134913.5**	**11618916.7**	**8600155.7**
1.按登记注册类型分组	**1. Grouped by Status of Registration**							
内资企业	Domestic Funded Enterprises	7589868.6	1945152.8	1712678.1	699415.8	112538.0	10379294.2	7545250.5
国有企业	State-owned Industry	30710.9	13139.3	9780.0	4469.7	322.7	50643.3	28901.4
集体企业	Collective-owned Industry	9833.9	837.3	2624.0	1154.8	212.8	11713.9	2413.1
股份合作企业	Cooperative Enterprises	336.6	1.4	268.2	125.7	8.6	701.1	374.8
联营企业	Joint Ownership Enterprises							
国有联营企业	State Joint Ownership Enterprises							
集体联营企业	Collective Joint Ownership Enterprises							
国有与集体联营企业	Joint State-Collective Ownership Enterprises							
其他联营企业	Other Joint Ownership Enterprises							
有限责任公司	Limited Liability Corporations	3088693.0	680509.7	693580.3	275015.4	48061.8	4566955.8	3176830.2
国有独资公司	State Sole-proprietorship Corporations	419423.0	40154.1	105658.9	28929.6	4984.6	625976.6	377288.4
其他有限责任公司	Other Limited Liability Corporations	2669270.0	640355.6	587921.4	246085.8	43077.2	3940979.2	2799541.8
股份有限公司	Share Holding Enterprises	238585.0	31021.2	316064.6	136452.7	11642.6	532772.9	345208.8
私营企业	Private Enterprises	4221077.6	1219215.8	689960.2	282033.5	52217.3	5215638.8	3991477.0
私营独资企业	Private Sole-proprietorship Enterprises	71048.0	14243.5	14316.2	5590.7	1018.1	88421.7	59648.2
私营合伙企业	Private Partnership Enterprises	19489.0	4865.8	4582.7	1982.0	264.3	22859.7	13237.7
私营有限责任公司	Private Limited Liability Corporations	4111587.0	1196263.1	668017.0	272843.7	50764.9	5081414.0	3903348.0
私营股份有限公司	Private Share Holding Enterprises	18953.6	3843.4	3044.3	1617.1	170.0	22943.4	15243.1
其他企业	Others	631.6	428.1	400.8	164.0	72.2	868.4	45.2
港、澳、台商投资企业	Enterprises with Funds from Hong Kong, Macao and Taiwan	253208.3	66518.4	218719.6	109776.3	12000.1	413378.8	248589.5
合资经营企业	Joint-Venture Enterprises	45149.3	7375.3	106090.9	36529.4	5279.1	126337.3	106452.5
合作经营企业	Cooperative Enterprises							
独资经营企业	Sole-proprietorship Enterprises	208059.0	59143.1	112628.7	73246.9	6721.0	287041.5	142137.0
投资股份有限公司	Share-holding Corporations Ltd. with Investment							
其他港澳台投资企业	Others Enterprises with Funds from Hong Kong, Macao and Taiwan							
外商投资企业	Foreign-invested Enterprise	428086.4	190743.1	113197.0	33047.5	10375.4	826243.7	806315.7
中外合资经营企业	Joint-Venture Enterprises	49996.3	4910.6	4697.9	3309.4	291.4	56691.7	12048.7

continued

(10 000 yuan)

所有者权益合计 Total Owner's Equity	#实收资本 Pain-in Capital	营业收入 Business Revenue	主营业务收入 Principal Business Sales	营业成本 Business Cost	税金及附加 Business Tax and Extra Charges	销售费用 Sales Cost	管理费用 Manage-ment Expenses	财务费用 Financial Expenses	#利息费用 Interest Expenses	营业利润 Business Profits	利润总额 Gross Profits
3030613.3	**3376939.5**	**19453308.5**	**18949946.7**	**17262037.4**	**48694.7**	**1459882.2**	**667683.8**	**104007.7**	**73969.6**	**-3548.6**	**10549.7**
2845896.0	3243146.7	17109110.0	16691825.0	15187819.1	41909.6	1195769.2	610718.8	94409.3	66553.6	60543.9	72521.5
21741.9	16430.4	89239.5	89175.7	72493.7	225.1	10940.2	3419.4	314.4	271.9	4015.7	4395.0
9300.8	2162.1	14197.1	14197.1	11154.7	36.1	905.3	669.4	9.0	16.3	1437.4	1439.8
326.3	185.4	1703.8	1564.6	1249.0	2.6	231.1	279.9	10.4	10.4	-69.2	-69.2
1368840.8	759301.9	7352742.8	7194962.6	6500254.3	20796.1	601460.4	183913.3	45653.2	35891.1	50323.3	46481.6
234101.3	100698.4	571519.1	559534.6	466329.0	1398.1	51780.5	31569.6	3918.5	3903.7	20704.2	19870.9
1134739.5	658603.5	6781223.7	6635428.0	6033925.3	19398.0	549679.9	152343.7	41734.7	31987.4	29619.1	26610.7
234417.1	111210.3	412219.4	400983.7	349213.2	3930.8	29582.8	28640.7	4193.6	4064.7	-2457.4	-2646.0
1211098.8	2353756.6	9238008.3	8990210.6	8252521.7	16918.8	552636.1	393749.8	44227.7	26298.2	7284.2	22910.4
28534.5	11592.3	164706.2	163725.5	141195.8	567.5	8476.0	9240.6	1117.3	865.0	4826.8	4864.4
9308.9	5328.7	70129.3	70064.9	61615.8	100.9	2244.1	3746.7	131.2	128.6	1453.7	1465.6
1165555.1	2329606.3	8965935.4	8719183.2	8019220.8	16155.9	538711.4	377400.5	42793.0	25218.0	1567.3	16939.4
7700.3	7229.3	37237.4	37237.0	30489.3	94.5	3204.6	3362.0	186.2	86.6	-563.6	-359.0
170.3	100.0	999.1	730.7	932.5	0.1	13.3	46.3	1.0	1.0	9.9	9.9
164789.3	54222.8	868431.8	825274.6	751116.8	4552.1	94202.1	21047.6	3183.4	2848.7	-4810.7	-2821.9
19884.8	5495.5	103759.0	93523.0	87829.0	107.2	6671.1	7895.2	2316.1	2111.5	-517.6	-241.7
144904.5	48727.3	764672.8	731751.6	663287.8	4444.9	87531.0	13152.4	867.3	737.2	-4293.1	-2580.2
19928.0	79570.0	1475766.7	1432847.1	1323101.5	2233.0	169910.9	35917.4	6415.0	4567.3	-59281.8	-59149.9
44643.0	15514.6	677954.5	653616.4	635659.0	565.4	10701.6	1204.6	49.0	115.2	29913.0	29901.4

16-4 续表 3

单位：万元

项目	Item	流动资产合计 Current Assets	#存货 Inventories	固定资产原价 Original Value of Fixed Assets	累计折旧 Accumulated Depreciation	#本年折旧 Depreciation of the Year	资产合计 Total Assets	负债合计 Total Liabilities
中外合作经营企业	Cooperative Enterprises							
外资企业	Sole-proprietorship Enterprises	374009.0	185750.9	108475.6	29724.6	10078.7	765447.8	794180.4
外商投资股份有限公司	Share-holding Corporations Ltd.							
其他外商投资企业	Others Foreign Funded Enterprises							
2.按零售行业小类分组	**2. Grouped by Sector of Retail Trades**							
综合零售	Comprehensive Retail	1391812.6	275827.3	821883.7	374891.4	41088.4	2508116.4	1980598.8
#百货零售	Retail of Consumer Goods	752931.3	74361.4	563982.2	210004.9	23142.4	1401622.8	1007344.6
超级市场零售	Retail of Supermarket	603965.5	190377.8	251734.4	162336.3	17311.6	1063013.9	942179.0
食品、饮料及烟草制品专门零售	Special Retail of Food , Beverage and Tobacco Products	769794.4	140721.5	103087.7	22702.5	7702.5	977875.2	654641.4
纺织、服装及日用品专门零售	Special Retail Textile, Garments and Household Articles	123437.4	52392.4	9546.2	4587.1	1076.7	244765.2	210217.9
#服装零售	Retail of Garments	52499.0	26246.0	1927.3	1176.6	354.8	159566.1	142221.7
文化、体育用品及器材专门零售	Special Retail of Culture , Sports Goods and Apparatus	449100.6	89034.5	107648.2	44921.7	7570.0	555805.9	280179.2
#体育用品及器材零售	Retail of Sports Goods and Apparatus	36174.6	38861.7	9634.1	6167.5	3390.0	40367.1	35088.5
图书、报刊零售	Retail of Books and Newspapers	339661.6	28915.4	94151.2	37166.8	3771.6	437540.2	190885.8
医药及医疗器材专门零售	Special Retail of Medicine and Medical Apparatus	615553.8	211294.8	76772.5	35351.0	7178.1	897154.7	685932.4
#西药零售	Retail of Western Medicines	525264.5	185810.0	70872.2	32919.4	6637.5	795827.6	609054.8
中药零售	Retail of Chinese Medicines	64819.3	23133.2	3056.7	1670.0	242.8	73634.4	58053.1
汽车、摩托车、零配件和燃料及其他动力零售	Special Retail of Motor Vehicles, Motorcycles, Parts, Fuel and Other Powers	3722060.1	1177802.6	722063.4	297272.1	57733.1	4867283.1	3652714.4
#汽车新车零售	Retail of Motor Vehicles	3226661.6	1039832.4	552597.1	247940.6	47281.8	4021040.6	3128076.3
机动车燃油零售	Fuel Retail of Motor Vehicles	361537.2	95063.9	126059.0	41001.6	7283.0	668725.0	383288.5
家用电器及电子产品专门零售	Special Retail of Household Appliances and Electronic Products	708534.3	178493.3	53818.5	25029.8	3372.3	841297.7	652070.6
#日用家电零售	Retail of Household Electronic Appliances	337479.6	97657.9	24227.7	10236.9	1403.8	407787.3	335740.0
计算机、软件及辅助设备零售	Retail of Computer, Software and Auxiliary Equipment	153140.3	27804.9	9296.3	4574.8	821.2	165525.8	106859.2
通信设备零售	Retail of Communication Apparatus	111068.0	30731.7	4052.5	1312.5	280.0	124188.6	86894.2
五金、家具及室内装饰材料专门零售业	Special Retail of Hardware, Furniture and Indoor Renovation Material	151542.6	30808.2	57434.9	7587.3	3508.8	267693.8	214442.7
货摊、无店铺及其他零售业	Stall, Non-Shop and Others Retails	339327.5	46039.7	92339.6	29896.7	5683.6	458924.7	269358.3

continued

（10 000 yuan）

所有者权益合计 Total Owner's Equity	#实收资本 Pain-in Capital	营业收入 Business Revenue	主营业务收入 Principal Business Sales	营业成本 Business Cost	税金及附加 Business Tax and Extra Charges	销售费用 Sales Cost	管理费用 Manage-ment Expenses	财务费用 Financial Expenses	#利息费用 Interest Expenses	营业利润 Business Profits	利润总额 Gross Profits
-28732.6	60184.8	797422.8	778841.3	687071.7	1667.3	159204.8	34567.8	6639.7	4452.1	-89343.3	-89199.8
529195.3	314741.6	2702999.1	2533084.8	2215817.7	11390.3	376088.2	135392.7	36533.0	22849.9	-45082.4	-55487.2
394923.9	165603.7	922708.9	850713.1	747087.2	8028.7	116761.7	59861.3	15004.9	13832.2	3710.3	-4368.8
121866.9	140301.0	1730373.9	1633217.1	1428978.8	3250.1	253508.4	71334.4	21077.9	8879.8	-49045.8	-51390.2
302000.8	129358.8	1454198.4	1427968.3	1263527.4	1962.9	77132.8	66149.7	7798.6	6254.7	34992.8	35142.1
34637.6	54290.7	271216.1	268918.4	216366.2	2971.5	44414.6	17837.5	3615.0	2515.0	-12086.4	-11860.8
17597.9	42022.7	110910.2	109707.6	85578.4	1040.6	23379.7	10073.3	2777.7	2227.6	-11627.0	-11349.2
275605.7	98869.6	674454.3	664562.0	546202.4	1747.1	56662.2	43798.2	308.2	366.2	38149.0	36481.7
5278.6	2486.0	98374.2	98353.9	83673.1	81.9	6911.8	4307.0	60.0	49.3	4659.0	4611.9
246654.4	79109.3	466918.7	458011.9	367753.5	1220.9	45906.7	33045.5	-104.1	137.9	29825.1	28316.6
210401.9	114382.7	1327648.4	1307852.0	1012543.3	2900.7	231666.4	69186.8	9845.4	5321.3	39482.4	45304.2
185952.4	107445.1	1183304.0	1164011.8	896096.5	2670.2	218687.3	60021.1	9113.4	4755.3	34612.9	40360.4
15581.3	5157.1	112407.1	111912.6	91469.7	140.4	11282.9	5923.3	572.9	495.9	3067.1	3122.1
1247627.1	1357734.8	10125478.9	9895988.0	9438295.6	22573.9	465736.2	227767.4	33031.4	29513.0	-44924.5	-30958.7
880783.0	1175301.2	8236538.1	8045376.7	7743009.6	19157.8	391662.4	193201.7	27257.4	24342.1	-120847.4	-107332.4
331737.4	166581.5	1684405.2	1648405.4	1514117.7	3008.0	68295.9	27221.1	4125.9	3628.7	67461.8	67378.9
188100.3	1152237.3	1215881.6	1195042.3	1088830.1	1938.4	72801.4	51945.3	9195.6	2944.2	-16367.1	-12007.2
72047.3	61090.9	621991.6	614114.8	575546.5	707.1	34865.3	16298.8	3728.3	1116.3	-14334.0	-13696.9
57980.6	38813.8	208764.5	205433.6	177607.7	487.0	9302.7	16448.6	1374.2	1024.1	2785.6	3137.7
37243.6	1033537.7	261988.4	255195.3	230511.8	320.8	17936.0	12402.1	1122.7	524.1	257.7	-2102.2
52696.1	65053.9	213667.3	209363.3	185138.3	1566.0	12563.6	17669.8	3236.9	3384.4	-7385.2	-7280.4
190348.5	90270.1	1467764.4	1447167.6	1295316.4	1643.9	122816.8	37936.4	443.6	820.9	9672.8	11216.0

16—5 按登记注册类型分连锁批发和零售企业基本情况（2022年）

Main Indicators on Chain Retail Enterprises by Status of Registration（2022）

项　目	Item	总店数（个）Number of Head Offices	门店总数（个）Number of Stores (unit)	年末从业人数（人）Employed Persons at Year-end (10 000 persons)	年末零售营业面积（平方米）Operating Area Year-end (10 000 sq.m)	商品销售总额（万元）Total Sales of Commodities (10 000 yuan)	商品购进总额（万元）Total Purchases Value (10 000 yuan)	统一配送商品购进额（万元）Centralized Purchases and Delivery (10 000 yuan)
总　计	**Total**	**94**	**9241**	**39932**	**5347479**	**10835357**	**9958054**	**9547240**
内资企业	Domestic Funded Enterprises	84	8056	34857	3996642	6628926	5771488	5360675
国有企业	State-owned Industry	1	6	74	22644	19580	17168	17168
集体企业	Collective-owned Industry							
股份合作企业	Cooperative Enterprises							
联营企业	Joint Ownership Enterprises							
有限责任公司	Limited Liability Corporations	32	4451	18426	1865022	3655625	3433620	3154805
国有独资公司	State Sole-proprietorship Corporations	6	502	2003	606584	1612288	1609080	1609080
其他有限责任公司	Other Limited Liability Corporations	26	3949	16423	1258438	2043337	1824540	1545725
股份有限公司	Share Holding Enterprises	18	787	5885	1825100	2578776	2005453	1896005
私营企业	Private Enterprises	33	2812	10472	283876	374945	315246	292697
私营独资企业	Private Sole-proprietorship Enterprises							
私营合伙企业	Private Partnership Enterprises							
私营有限责任公司	Private Limited Liability Corporations	32	2779	10286	278966	371342	311994	289444
私营股份有限公司	Private Share Holding Enterprises	1	33	186	4910	3603	3253	3253
其他企业	Others Enterprises							
港、澳、台商投资企业	Enterprises with Funds from Hong Kong, Macao and Taiwan							
合资经营企业（港或澳、台资）	Joint-Venture Enterprises							
合作经营企业（港或澳、台资）	Cooperative Enterprises							
独资经营企业	Sole-proprietorship Enterprises							
投资股份有限公司	Share-holding Corporations Ltd.							
其他港澳台商投资	Others Enterprises							
外商投资企业	Foreign-invested Enterprise	10	1185	5075	1350837	4206431	4186566	4186566
中外合资经营企业	Joint-Venture Enterprises	2	178	847	399750	954386	954386	954386
中外合作经营企业	Cooperative Enterprises							
外资企业	Sole-proprietorship Enterprises	3	538	2199	98752	504637	484772	484772
外商投资股份有限公司	Share-holding Corporations Ltd.	4	323	984	687935	1994187	1994187	1994187
其他外商投资	Others Foreign Funded Enterprises	1	146	1045	164400	753221	753221	753221

16－6 亿元以上商品交易市场基本情况（2022年） Main Indicators on Commodity Transaction Markets of Transaction Value over 100 Million Yuan（2022）

项 目	Item	市场数量（个）Number of Markets (unit)	摊位数（个）Number of Booths (unit)	营业面积（平方米）Operating Area (sq.m)	成交额（万元）Turnover (10 000 yuan)
总 计	**Total**	**59**	**72999**	**3457608**	**11224075**
1.综合市场	**Ⅰ. General Markets**	**22**	**38135**	**1058736**	**2952939**
工业消费品综合市场	Industrial Consumable Comprehensive Markets	1	5340	200000	96777
农产品综合市场	Farm Production Comprehensive Markets	15	24406	697220	2457070
其他综合市场	Other Comprehensive Markets	6	8389	161516	399092
2.专业市场	**Ⅱ. Specialized Markets**	**37**	**34864**	**2398872**	**8271136**
生产资料市场	Markets for Means of Production	8	3428	408413	2089404
#农业生产用具市场	Markets for Means of Agricultural Production				
木材市场	Wood Markets				
建材市场	Building Material Markets	3	644	105000	119404
金属材料市场	Metal Material Markets	2	1932	243893	1920000
机械设备市场	Mechanical Equipment Markets	1	137	7520	2000
其他生产资料市场	Others				
农产品市场	Farm Production Markets	13	16152	1084188	3510493
#粮油市场	Grain and Oil Markets				
肉禽蛋市场	Meat, Poultry and Eggs Markets	5	7275	108617	723211
水产品市场	Aquatic Products Markets	1	520	18000	90000
蔬菜市场	Vegetables Markets	3	4300	567000	1456256
干鲜果品市场	Dried and Fresh Melons and Fruits Markets	1	395	148056	101161
其他农产品市场	Others	3	3662	242515	1139865
食品、饮料及烟酒市场	Food, Beverages, Tobacco and Liquor Markets	2	230	12500	66118
#食品饮料市场	Food and Beverages Markets	1	112	6000	27608
茶叶市场	Tea Markets	1	118	6500	38510
烟酒市场	Tobacco and Liquor Markets				
纺织、服装、鞋帽市场	Markets for Textiles, Clothing, Shoes and Hats	6	9464	345545	583377
#服装市场	Clothing Markets	5	8264	311895	542012
其他纺织服装鞋帽市场	Others	1	1200	33650	41365
电器、通讯器材、电子设备市场	Markets for Electrical Appliances, Communication Appliances and Electronical Appliances	1	630	18500	44784
#计算机及辅助设备市场	Computer and Accessory Equipment Markets	1	630	18500	44784
医药、医疗用品及器材市场	Medicine, Medical Materials and Medical Instruments Markets	1	2855	23000	1580000
#中药材市场	Traditional Chinese Medicinal Materials Markets	1	2855	23000	1580000
家具、五金及装饰材料市场	Markets for Furniture, Hardware and Decoration Materials	4	1979	400726	296396
#家具市场	Furniture Markets	1	609	148526	172000
装饰材料市场	Decoration Materials Markets	2	970	202200	97396
厨具、盥洗设备市场	Markets for Kitchen Utensils, Washing Equipment				
五金材料市场	Markets for Hardware Materials	1	400	50000	27000
其他装修市场	Others				
汽车、摩托车及零配件市场	Markets for Cars, Motorcycles and Spare Parts Markets	2	126	106000	100564
#汽车市场	Cars Markets	2	126	106000	100564
摩托车市场	Motorcycles Markets				

16—7 社会消费品零售总额及指数
Total Retail Sales of Consumer Goods and Relate Indices

年 份 Year	绝对数（万元） Absolute Number (10 000 yuan)	指数（上年=100） Indices (Preceding year=100)
1978	335918	
1980	457228	117.9
1985	886005	129.1
1990	1754369	103.2
1991	2002276	114.1
1992	2436189	121.7
1993	3136905	128.8
1994	3957947	126.2
1995	4919345	124.3
1996	5623946	114.3
1997	6171840	109.7
1998	6699356	108.5
1999	7191902	107.4
2000	7777957	108.1
2001	8435005	108.4
2002	9206357	109.1
2003	10286618	111.7
2004	11675341	113.5
2005	13373878	114.5
2006	15355179	114.8
2007	18240974	118.8
2008	22522647	123.5
2009	26114597	115.9
2010	30834656	118.1
2011	36184000	117.3
2012	41622469	115.0
2013	47086520	113.1
2014	52693426	111.9
2015	57714969	109.5
2016	63497565	110.0
2017	70379797	110.8
2018	76635181	108.9
2019	82008671	107.0
2020	78310050	95.5
2021	85385035	109.0
2022	85390908	100.0

注：本表1993—2019年数据已按第四次经济普查资料重新修订。

Note: The data in this table from 1993 to 2019 was adjusted by the 4th Economic Census.

16－8 主要年份各市社会消费品零售总额
Total Retail Sales of Consumer Goods by City in Main Years

单位：亿元 (100 million yuan)

地 区	Region	2009	2010	2015	2016	2017	2018	2019	2020	2021	2022
全 区	**Total**	**2611.46**	**3083.47**	**5771.50**	**6349.76**	**7037.98**	**7663.52**	**8200.87**	**7831.01**	**8538.50**	**8539.09**
南宁市	Nanning	720.96	868.45	1673.36	1846.54	2053.33	2234.27	2327.80	2180.36	2364.17	2358.75
柳州市	Liuzhou	379.58	455.43	868.77	956.07	1054.64	1152.16	1333.15	1270.19	1332.26	1303.62
桂林市	Guilin	307.06	362.92	664.83	732.73	808.38	879.43	967.47	888.91	942.55	932.95
梧州市	Wuzhou	132.38	143.81	224.36	234.00	252.39	266.34	300.74	284.01	316.33	321.23
北海市	Beihai	100.98	116.73	233.53	262.56	296.22	321.88	344.65	314.23	350.01	345.41
防城港市	Fangchenggang	43.93	52.86	105.20	117.03	130.75	143.27	148.76	129.34	137.71	131.65
钦州市	Qinzhou	131.82	155.72	282.64	312.64	341.36	369.88	401.28	402.51	470.11	488.23
贵港市	Guigang	156.73	179.09	299.29	325.40	355.95	376.12	412.42	411.47	457.65	460.85
玉林市	Yulin	254.64	299.39	578.26	634.81	701.58	776.05	735.82	753.48	841.23	864.79
百色市	Baise	102.52	122.70	253.23	286.10	326.59	358.79	386.72	380.15	421.24	419.27
贺州市	Hezhou	60.24	71.27	124.91	135.13	148.79	161.63	173.03	181.50	199.53	201.21
河池市	Hechi	105.55	120.47	210.26	228.93	255.36	277.60	296.57	277.64	309.39	310.34
来宾市	Laibin	56.76	66.23	106.92	114.41	126.96	136.10	145.65	129.77	144.07	146.00
崇左市	Chongzuo	58.32	68.40	145.93	163.41	185.67	210.01	226.80	227.44	252.26	254.79

注：本表2009—2019年数据已按第四次经济普查资料重新修订。
Note: The data in this table from 2008 to 2019 was adjusted by the 4th Economic Census.

主要统计指标解释

商品购进额 指从本企业以外的单位和个人购进（包括从国外直接进口）作为转卖或加工后转卖的商品金额（含增值税）。本指标反映批发和零售业从国内外市场上购进商品的总价。商品购进包括：（1）从工农业生产者、批发和零售业、住宿和餐饮业、出版社或报社的出版发行部门和其他服务业等企事业单位和个体经营户购进的商品；（2）从机关、社会团体购进的商品；（3）从海关、市场管理部门购进的缉私和没收的商品；（4）从居民收购的废旧商品等。不包括：（1）企业为本单位自身经营用，不是作为转卖而购进的商品，如材料物资、包装物、低值易耗品、办公用品等；（2）未通过买卖行为而收入的商品，如接受其他部门移交的商品、借入的商品、收入代其他单位保管的商品、其他单位赠送的样品、加工回收的成品等；（3）经本单位介绍，由买卖双方直接结算，本单位只收取手续费的业务；（4）销售退回和买方拒付货款的商品；（5）商品溢余；（6）期货交易商品。

商品销售额 指对本单位以外的单位和个人出售的商品金额（包括售给本单位消费用的商品，含增值税），在批发和零售业中，本指标反映在国内市场上销售商品以及出口商品的总价。商品销售包括：（1）售给个人和社会集团消费用的商品；（2）售给农业、工业、建筑业、服务业等国民经济各行业用于生产、经营用的商品，包括售予批发和零售业作为转卖或加工后转卖的商品；（3）对国（境）外直接出口的商品。不包括：（1）未通过买卖行为付出的商品，如因机构变动移交给其他企业单位的商品、借出的商品、归还受其他单位委托代保管的商品、付出的加工原料和赠送给其他单位的样品等；（2）促销返券所销售的、不计入营业收入的商品；（3）经本单位介绍，由买卖双方直接结算，本单位只收取手续费的业务；（4）未发生所有权转移的商品预付卡销售，如加油卡；（5）汽车维修、电话卡销售等服务性经济活动；（6）购货退回的商品；（7）商品损耗和损失；（8）出售本单位自用的废旧物资。（9）期货交易商品；（10）自来水供应企业、电力企业、天然气供应企业提供的水、电、气。

批发额 指售给国民经济各行业用于生产、经营用的商品金额。

零售额 指售给个人用于生活消费和社会集团用于公共消费的商品金额。

期末商品库存额 对于批发和零售业法人单位和个体

Explanatory Notes on Main Statistical Indicators

Total Purchases of Commodities refer to the total value of purchases of commodities by enterprises (establishments) from other establishments or individuals (including direct import from abroad) for the purpose of re-selling, either with or without further processing of the commodities purchased. This indicator reflects the total value of goods purchased by the wholesale and retail industry from domestic and international markets. The commodities include: (1) commodities purchased from agricultural and industrial producers, wholesalers, retailers, hotels and catering services, publishing houses and other enterprises, institutions and individual operators of service business; (2) commodities purchased from institutions and government departments; (3) smuggled or confiscated goods purchased from the customs authorities or market regulation agencies; (4) second-hand goods purchased from households. The commodities exclude (1) commodities purchased by enterprises (establishments) for use in their own business operation, commodities obtained without buying or selling procedures, such as materials, consumable goods of low value, office appliance, etc. (2) received goods without trading, such as goods handed over from others, borrowed goods, goods kept for others, donated goods from others, processed and retrieved goods, etc. (3) goods of direct settlement between buyer and seller with handling fees introduced by others, (4) goods returned or refused to pay by the buyer, (5) excessive goods, (6) futures trading commodities.

Total Sales of Commodities refer to value of commodities sold by the establishments to other establishments and individuals (including goods sold for self consumption, including VAT). This indicator is used to show the total value of sales of commodities at domestic markets and export. The commodities include: (1) commodities sold to individuals and social groups for their consumption; (2) commodities sold to establishments in all industries for their production and operation, including agriculture, industry, construction, and catering services, including commodities sold to wholesale and retail establishments for re-selling, with or without further processing; (3) commodities for direct export to abroad. Excluded are (1) extended commodities without trading, such as goods handed over to other enterprises and institutions because of the change of organizations, lent goods, return of goods kept for others, extended processing materials and samples donated to others, (2) goods sold by coupon rebates that are not included in business income, (3) goods of direct settlement between buyer and seller with handling fees introduced by others, (4) prepaid cards for goods without transfer of ownership, such as gas cards, (5) Service-oriented economic activities such as automobile maintenance and telephone card sales, (6) goods returned after purchase, (7) damaged and spoiled goods, (8) waste and used goods of self-use, (9) futures trading commodities, (10) water, electricity and gas supplied by water supply enterprises, electric power enterprises and natural gas supply enterprises.

Wholesale Value refer to the amount value of commodities sold to various national economic industries for producing and operating.

Retail Sales refer to the amount value of commodities sold to individual consumption and to social institutions for public consumption.

Total Stock of Commodities at End of Period For corporate units

经营户，是指报告期末取得所有权的全部商品金额（含增值税）；对于批发和零售业产业活动单位，是指报告期末实际在库且归属法人具有所有权的全部商品金额（含增值税）。这个指标反映批发和零售业的商品库存情况，以及对市场商品供应的保证程度。库存商品包括：（1）存放在本单位（如门市部、批发站、采购站、经营处）的仓库、货场、货柜和货架中的商品；（2）挑选、整理、包装中的商品；（3）已记入购进而尚未运到本单位的商品，即发货单或银行承兑凭证已到而货未到的商品；（4）寄放他处的商品，如因购货方拒绝付款而暂时存在购货方的商品；（5）委托其他单位代销（未作销售或调出）尚未售出的商品；（6）代其他单位购进尚未交付的商品。不包括：（1）所有权不属于本单位的商品，如商品已作销售但买方尚未取走的商品，代替他人保管、运输、加工的商品，代其他单位销售（未做购进或调入）而未售出的商品；（2）委托外单位加工的商品（包括本单位所属加工厂和其他生产单位加工生产尚未收回成品的商品）；（3）外贸企业代理其他单位从国外进口，尚未付给订货单位的商品；（4）代国家储备部门保管的商品。

and self-employed individuals engaged in wholesale and retail trade, it refers to total value (including VAT) of commodities possessed at the end of the reference period; and for wholesale and retail establishments, it refers to the value (including VAT) of all commodities actually in stock and owned by their corporate units at the end of reference period. This indicator reflects the commodity stock level of various wholesale and retail enterprises and the potential for market supply. The commodities in stock includes: (1) commodities located in storage, garages, counters, and shelves of operating places of wholesale and retail trades (such as sale stores, wholesale centres, procurement stations and operating offices); (2) commodities in the process of being selected, sorted, and packed; (3) commodities not arrived but recorded as purchaseed in the account, i.e. commodities not arrived but payment receipts for the commodities from the sellers or the banks arrived; (4) commodities deposited in other places rather than places mentioned above, for instance: commodities in the hold of purchasers temporarily due to the refusal of payment; (5) commodities entrusted to other units to sell but not sold yet; (6) commodities purchased for other units but not delivered yet. Commodities not included as stock are those not owned by the enterprises (units), commodities on commission for processing, imported commodities of agency of foreign trade enterprise but not yet delivered to ordering units and finally those put in stock on behalf of the state reserves units.

亿元以上商品交易市场 指年成交额在亿元及以上的商品交易市场。商品交易市场是指经有关部门和组织批准设立，有固定场所、设施，有经营管理部门和监管人员，若干市场经营者入内，常年或实际开业三个月以上，集中、公开、独立地进行生活消费品、生产资料等现货商品交易以及提供相关服务的交易场所，包括各类消费品市场、生产资料市场等。

Large Commodity Markets with Transaction Value over 100 Million Yuan refers to the commodity markets with an annual transaction at and above 100 million. The commodity markets refer to markets approved and managed by related departments, where there are fixed sites, facilities, managers and administrative offices, where there are a certain number of traders to operate for at least three months or all the year, where the commodities, including articles for daily consumption and capital goods and services, are traded in a centralized, independent and open way. Such markets include markets for daily goods, markets of capital goods, etc.

连锁总店（总部） 负责连锁企业资源（商号、商誉、经营模式、服务标准、管理模式等等）的开发、配置、控制或使用等功能的企业核心管理机构。连锁经营是指经营同类商品或服务，使用统一商号的若干店铺，在同一总店（总部）的管理下，采取统一采购或特许经营等方式，实现规模效益的组织形式，包括直营连锁、特许连锁和自愿连锁三种形式。

直营连锁是指连锁店铺由连锁公司全资或控股开设，在总部的直接控制下，开展统一经营的连锁经营形式；特许连锁是指拥有注册商标、企业标志、专利、专有技术等经营资源的企业（特许人），以合同形式将其拥有的经营资源许可其他经营者（被特许人）使用，被特许人按合同约定在统一的经营模式下开展经营，并向特许人支付特许经营费用的连锁经营形式；自愿连锁是指若干个店铺或企业自愿组合起来，在不改变各自资产所有权关系的情况下，以同一个品牌形象面对消费者，以共同进货为纽带开展的连锁经营形式。

Chain Head Stores (Headquarters) refer to the core leading stores responsible for development, allocation, administration and utilization of resources (name of stores, brand of stores, operation model, service standard, management way, etc.) of chain stores. Chain stores refer to the stores engaged in providing homogeneous commodities or services, with the central leadership of the head stores (headquarters) and guided by common policies, conduct centralized purchase and distributed selling of commodities, in order to gain better efficiency through standardized operation. The chain stores include regular chain stores, franchise chain stores and voluntary chain stores. Regular Chain store refers to chain stores that are invested or controlled by the headquarters. They operate under direct and unified management from the headquarters. Franchise chain store refers to the chain stores (franchisees) which are franchised with operation resources such as trade marks, names, patent and operation know-how by the franchisors in form of contract, and pay the operation fees to the franchisors.

社会消费品零售总额 指企业（单位、个体户）通过

Total Retail Sales of Consumer Goods refer to the revenue received

交易直接售给个人、社会集团非生产、非经营用的实物商品金额，以及提供餐饮服务所取得的收入金额。个人包括城乡居民和入境人员，社会集团包括机关、社会团体、部队、学校、企事业单位、居委会或村委会等。

by enterprises (units, self-employed individuals) through direct sales of non-production and non-business physical commodities to individuals and social institutions, and revenue from providing catering services. Individuals include rural and urban households, population from abroad, social institutions include government agencies, social organizations, military units, schools, institutions, neighbourhood (village) committees, etc.

第十七篇　住宿餐饮业和旅游

CHAPTER 17　HOTELS, CATERING SERVICES AND TOURISM

（编辑：钟业宁　郑　雪）

简要说明

(本篇资料由自治区统计局贸经处整理，电话：0771-5846015)

一、本篇资料的主要内容及来源

（一）限额以上住宿和餐饮业基本情况、经营情况、财务状况等方面的统计资料。限额以上住宿和餐饮业统计单位指年主营业务收入200万元及以上的单位。（自治区统计局）

（二）旅游机构、人数、消费、景区情况等统计资料。（广西壮族自治区文化和旅游厅）

二、调查方法

限额以上住宿和餐饮业法人企业统计数据根据国家统计局《住宿和餐饮业统计报表制度》，采用全面调查的方法搜集和加工整理。

Brief Introduction

(This chapter is complied by the Department of Trade and Economy of the Guangxi Zhuang Autonomous Region Bureau of Statistics, Tel: 0771-5846015)

Main Contents and Sources

(i) It mainly includes statistical data on basic conditions, operating and financial status of hotel and catering services above the designated size. The statistical units of the enterprises of hotel and catering services above the designated size refer to those with an annual income from main business at and over 2 million yuan. (Guangxi Zhuang Autonomous Region Bureau of Statistics)

(ii) It mainly includes the statistical data of tourism institutions, number of visitors, consumption, scenic spots and other aspects. (Department of Culture and Tourism of Guangxi Zhuang Autonomous Region.)

17—1 限额以上住宿和餐饮业企业基本情况（2020—2022年）

Main Indicators on Enterprises above Designated Size of Hotels and Catering Services（2020—2022）

项 目	Item	2020		2021		2022	
		法人企业（个）Number of Corporate Enterprises (unit)	年末从业人员（人）Employed Persons at Year-end (person)	法人企业（个）Number of Corporate Enterprises (unit)	年末从业人员（人）Employed Persons at Year-end (person)	法人企业（个）Number of Corporate Enterprises (unit)	年末从业人员（人）Employed Persons at Year-end (person)
总 计	**Total**	**1330**	**84610**	**1680**	**96763**	**1997**	**99155**
一、住宿业	**Ⅰ. Accommodation**	**799**	**47993**	**935**	**50684**	**1036**	**47284**
1.按登记注册类型分组	**1. By Status of Registration**						
内资企业	Domestic Funded Enterprises	776	43220	911	45888	1014	43392
国有企业	State-owned Industry	28	5232	16	1376	16	1208
集体企业	Collective-owned Industry	4	117	3	67	3	24
股份合作企业	Cooperative Enterprises	1	28	1	28	1	29
联营企业	Joint Ownership Enterprises						
国有联营企业	State Joint Ownership Enterprises						
集体联营企业	Collective Joint Ownership Enterprises						
国有与集体联营企业	Joint State-Collective Ownership Enterprises						
其他联营企业	Other Joint Ownership Enterprises						
有限责任公司	Limited Liability Corporations	128	9872	170	15131	193	14753
国有独资公司	State Sole-proprietorship Corporations	13	1080	27	4305	30	3837
其他有限责任公司	Other Limited Liability Corporations	115	8792	143	10826	163	10916
股份有限公司	Share Holding Enterprises	7	817	2	254	2	176
私营企业	Private Enterprises	608	27154	719	29032	799	27202
私营独资企业	Private Sole-proprietorship Enterprises	27	1044	27	1005	29	818
私营合伙企业	Private Partnership Enterprises	12	300	13	326	13	331
私营有限责任公司	Private Limited Liability Corporations	566	25554	676	27487	754	26011
私营股份有限公司	Private Share Holding Enterprises	3	256	3	214	3	42
其他企业	Others Enterprises						
港、澳、台商投资企业	Enterprises with Funds from Hong Kong, Macao and Taiwan	16	3772	16	3472	14	2624
合资经营企业	Joint Venture Enterprises	3	486	4	510	2	361
合作经营企业	Cooperative Enterprises	1	128	1	126	2	250
独资经营企业	Sole-proprietorship Enterprises	12	3158	11	2836	10	2013
投资股份有限公司	Share-holding Corporations Ltd. with Investment						
其他港澳台投资企业	Others Enterprises with Funds from Hong Kong, Macao and Taiwan						
外商投资企业	Foreign-invested Enterprise	7	1001	8	1324	8	1268
中外合资经营企业	Joint Venture Enterprises	2	251	2	206	3	231
中外合作经营企业	Cooperative Enterprises						
外资企业	Sole-proprietorship Enterprises	5	750	6	1118	5	1037
外商投资股份有限公司	Share-holding Corporations Ltd.						
其他外商投资企业	Others Foreign Funded Enterprises						
2.按住宿业行业小类分组	**2. By Sector**						
旅游饭店	Tourist Hotel	409	33070	450	33862	488	29872
一般旅馆	General Hotel	365	13948	452	15603	511	16181
民宿服务	Home Lodging Services	2	66	5	105	6	112
露营地服务	Campground Services	1	83	1	99	1	118
其他住宿业	Other	22	826	27	1015	30	1001

17－1 续表 continued

项 目	Item	2020		2021		2022	
		法人企业（个）Number of Corporate Enterprises (unit)	年末从业人员（人）Employed Persons at Year-end (person)	法人企业（个）Number of Corporate Enterprises (unit)	年末从业人员（人）Employed Persons at Year-end (person)	法人企业（个）Number of Corporate Enterprises (unit)	年末从业人员（人）Employed Persons at Year-end (person)
二、餐饮业	**Ⅱ. Catering Trades**	**531**	**36617**	**745**	**46079**	**961**	**51871**
1.按登记注册类型分组	**1. By Status of Registration**						
内资企业	Domestic Funded Enterprises	525	31430	738	39925	949	45537
国有企业	State-owned Industry	4	151	5	213	5	140
集体企业	Collective-owned Industry	2	79	2	73	3	59
股份合作企业	Cooperative Enterprises	1	40	1	36	1	
联营企业	Joint Ownership Enterprises						
国有联营企业	State Joint Ownership Enterprises						
集体联营企业	Collective Joint Ownership Enterprises						
国有与集体联营企业	Joint State-Collective Ownership Enterprises						
其他联营企业	Other Joint Ownership Enterprises						
有限责任公司	Limited Liability Corporations	58	5236	82	7845	117	10619
国有独资公司	State Sole-proprietorship Corporations	5	1052	10	2794	14	3648
其他有限责任公司	Other Limited Liability Corporations	53	4184	72	5051	103	6971
股份有限公司	Share Holding Enterprises					2	138
私营企业	Private Enterprises	460	25924	648	31758	821	34581
私营独资企业	Private Sole-proprietorship Enterprises	50	1649	55	1739	56	1672
私营合伙企业	Private Partnership Enterprises	6	176	6	139	6	90
私营有限责任公司	Private Limited Liability Corporations	402	23985	586	29735	758	32740
私营股份有限公司	Private Share Holding Enterprises	2	114	1	145	1	79
其他企业	Others Enterprises						
港、澳、台商投资企业	Enterprises with Funds from Hong Kong, Macao and Taiwan	4	362	5	558	8	1280
合资经营企业	Joint-Venture Enterprises	2	221	2	260	3	454
合作经营企业	Cooperative Enterprises					1	24
独资经营企业	Sole-proprietorship Enterprises	2	141	2	155	3	788
投资股份有限公司	Share-holding Corporations Ltd. with Investment					1	14
其他港澳台投资企业	Others Enterprises with Funds from Hong Kong, Macao and Taiwan			1	143		
外商投资企业	Foreign-investment Enterprise	2	4825	2	5596	4	5054
中外合资经营企业	Joint-Venture Enterprises	1	25	1	20	1	19
中外合作经营企业	Cooperative Enterprises						
外资企业	Sole-proprietorship Enterprises	1	4800	1	5576	3	5035
外商投资股份有限公司	Share-holding Corporations Ltd.						
其他外商投资企业	Others Foreign Funded Enterprises						
2.按餐饮业行业小类分组	**2. By Sector Catering Trades**						
正餐服务	Restaurant	459	23652	632	30562	802	36344
快餐服务	Fast Food	30	8671	52	10148	68	9247
饮料及冷饮服务	Beverage and Cold Drink	9	486	18	862	26	930
餐饮配送及外卖送餐服务	Catering Distribution and Delivery Service	22	2888	29	3638	44	4554
其他餐饮业	Others	11	920	14	869	21	796

17—2 限额以上住宿和餐饮业企业经营情况（2022年）
Business Conditions of Enterprises Above Designated Size of Hotels and Catering Services (2022)

单位：万元 (10 000 yuan)

项　目	Item	营业额 Business Revenue	客房收入 From Hotel Rooms	餐费收入 From Meals
总　计	**Total**	**1918360.4**	**579719.6**	**1123002.7**
一、住宿业	**Ⅰ. Accommodation**	**823288.3**	**549523.3**	**186645.3**
1.按登记注册类型分组	**1. By Status of Registration**			
内资企业	Domestic Funded Enterprises	760032.0	520730.5	161404.9
国有企业	State-owned Industry	13838.9	9135.8	2408.4
集体企业	Collective-owned Industry	907.6	349.4	25.5
股份合作企业	Cooperative Enterprises			
联营企业	Joint Ownership Enterprises			
有限责任公司	Limited Liability Corporations	264442.7	140971.2	74396.6
国有独资公司	State Sole-proprietorship Corporations	65353.6	21599.4	20676.7
其他有限责任公司	Other Limited Liability Corporations	199089.1	119371.8	53719.9
股份有限公司	Share Holding Enterprises	1851.3	709.4	638.2
私营企业	Private Enterprises	478424.0	369200.8	83936.2
私营独资企业	Private Sole-proprietorship Enterprises	12379.2	8366.3	3374.5
私营合伙企业	Private Partnership Enterprises	4825.9	3989.5	806.7
私营有限责任公司	Private Limited Liability Corporations	460610.5	356338.7	79717.0
私营股份有限公司	Private Share Holding Enterprises	608.4	506.3	38.0
其他企业	Others Enterprises			
港、澳、台商投资企业	Enterprises with Funds from Hong Kong, Macao and Taiwan	40793.1	16769.2	16839.9
合资经营企业	Joint Venture Enterprises	2611.8	1247.0	1008.1
合作经营企业	Cooperative Enterprises	4196.6	1725.2	1191.3
独资经营企业	Sole-proprietorship Enterprises	33984.7	13797.0	14640.5
投资股份有限公司	Share-holding Corporations Ltd. with Investment			
其他港澳台投资企业	Others Enterprises with Funds from Hong Kong, Macao and Taiwan			
外商投资企业	Foreign-invested Enterprises	22463.2	12023.6	8400.5
中外合资经营企业	Joint Venture Enterprises	5741.5	3781.0	1715.4
中外合作经营企业	Cooperative Enterprises			
外资企业	Sole-proprietorship Enterprises	16721.7	8242.6	6685.1
外商投资股份有限公司	Share-holding Corporations Ltd.			
其他外商投资企业	Others Foreign Funded Enterprises			
2.按住宿业行业小类分组	**2. By Sector of Accommodation**			
旅游饭店	Tourist Hotels	518124.1	297235.6	148255.7
一般旅馆	General Hotels	283380.8	233171.7	36734.6
民宿服务	Home Lodging Services	2202.7	1741.3	405.4
露营地服务	Campground Services			
其他住宿业	Other	18178.5	16952.8	977.4

17－2　续表　continued

单位：万元　　(10 000 yuan)

项　目	Item	营业额 Business Revenue	客房收入 From Hotel Rooms	餐费收入 From Meals
二、餐饮业	**Ⅱ. Catering Trades**	**1095072.1**	**30196.3**	**936357.4**
1.按登记注册类型分组	**1. By Status of Registration**			
内资企业	Domestic Funded Enterprises	982274.1	26368.7	833019.5
国有企业	State-owned Industry	2504.3	363.0	2007.3
集体企业	Collective-owned Industry	801.4		688.1
股份合作企业	Cooperative Enterprises			
联营企业	Joint Ownership Enterprises			
有限责任公司	Limited Liability Corporations	241009.4	11616.9	185846.7
国有独资公司	State Sole-proprietorship Corporations	82047.3	4730.6	50139.1
其他有限责任公司	Other Limited Liability Corporations	158962.1	6886.3	135707.6
股份有限公司	Share Holding Enterprises	1879.8		1879.8
私营企业	Private Enterprises	736074.5	14388.8	642592.9
私营独资企业	Private Sole-proprietorship Enterprises	28740.1	2743.8	25186.5
私营合伙企业	Private Partnership Enterprises	2614.4		2581.1
私营有限责任公司	Private Limited Liability Corporations	703478.4	11262.8	613967.3
私营股份有限公司	Private Share Holding Enterprises			
其他企业	Others Enterprises			
港、澳、台商投资企业	Enterprises with Funds from Hong Kong, Macao and Taiwan	24566.2	3827.6	19832.0
合资经营企业	Joint-Venture Enterprises	9817.9		9817.9
合作经营企业	Cooperative Enterprises			
独资经营企业	Sole-proprietorship Enterprises	14223.7	3827.6	9489.5
投资股份有限公司	Share-holding Corporations Ltd. with Investment			
其他港澳台投资企业	Others Enterprises with Funds from Hong Kong, Macao and Taiwan			
外商投资企业	Foreign-investment Enterprise	88231.8		83505.9
中外合资经营企业	Joint-Venture Enterprises			
中外合作经营企业	Cooperative Enterprises			
外资企业	Enterprises with Sole Foreign Investment	87731.9		83006.3
外商投资股份有限公司	Share-holding Corporations Ltd.			
其他外商投资企业	Others Foreign Funded Enterprises			
2.按餐饮业行业小类分组	**2. By Sector Catering Trades**			
正餐服务	Restaurant	754099.4	30168.8	636487.3
快餐服务	Fast Food	196944.4		188250.4
饮料及冷饮服务	Beverage and Cold Drink	32101.6		29679.3
餐饮配送及外卖送餐服务	Catering Distribution and Delivery Service	91786.4		64148.2
其他餐饮业	Others	20140.3	27.5	17792.2

17—3　限额以上住宿和餐饮业企业主要财务指标（2022年）

单位：万元

项　目	Item	流动资产小计 Current Assets	#存货 Inventories	固定资产原价 Original Value of Fixed Assets	累计折旧 Accumulated Depreciation	#本年折旧 Depreciation of the Year	资产合计 Total Assets	负债合计 Total Liabilities
总　计	**Total**	**2001305.7**	**75421.2**	**2529831.0**	**1116013.0**	**123734.6**	**4757056.4**	**3716710.4**
一、住宿业	**Ⅰ. Accommodation**	**1438979.9**	**45204.1**	**2114383.5**	**943409.7**	**98235.7**	**3660993.2**	**2908963.6**
1.按登记注册类型分组	**1. By Status of Registration**							
内资企业	Domestic Funded Enterprises	1309391.9	38876.4	1505262.8	630410.3	78810.9	3206910.1	2584531.4
国有企业	State-owned Industry	20291.3	787.7	141722.6	85566.2	2792.8	110463.6	38291.8
集体企业	Collective-owned Industry	2857.4	17.3	4267.7	2595.6	91.8	4546.2	1775.7
股份合作企业	Cooperative Enterprises							
联营企业	Joint Ownership Enterprises							
有限责任公司	Limited Liability Corporations	412645.7	8642.2	647557.0	261529.0	26870.5	1386820.0	859164.8
国有独资公司	State Sole-proprietorship Corporations	85067.9	2212.9	228445.2	60382.8	7749.9	623278.9	240083.7
其他有限责任公司	Other Limited Liability Corporations	327577.8	6429.3	419111.8	201146.2	19120.6	763541.1	619081.1
股份有限公司	Share Holding Enterprises	4910.5	69.2	12653.7	6344.9	229.4	33233.5	29945.6
私营企业	Private Enterprises	867676.7	29336.3	697924.4	273665.9	48771.9	1670370.5	1655267.9
私营独资企业	Private Sole-proprietorship Enterprises	12216.4	256.8	20018.6	9512.5	1121.4	26911.6	11155.2
私营合伙企业	Private Partnership Enterprises	5585.0	101.6	13312.0	4476.3	145.7	15559.0	6990.9
私营有限责任公司	Private Limited Liability Corporations	848890.2	28973.0	664592.1	259676.7	47504.6	1626612.8	1635870.8
私营股份有限公司	Private Share Holding Enterprises	985.1	4.9	1.7	0.4	0.2	1287.1	1251.0
其他企业	Others Enterprises							
港、澳、台商投资企业	Enterprises with Funds from Hong Kong, Macao and Taiwan	113458.3	6229.3	404192.7	243073.7	13742.6	298510.0	247640.5
合资经营企业	Joint Venture Enterprises	846.9	142.8	32541.8	17923.0	1597.0	23183.7	36449.8
合作经营企业	Cooperative Enterprises	6668.7	97.6	32105.5	23575.7	331.8	21384.5	11273.3
独资经营企业	Sole-proprietorship Enterprises	105942.7	5988.9	339545.4	201575.0	11813.8	253941.8	199917.4
投资股份有限公司	Share-holding Corporations Ltd. with Investment							
其他港澳台投资企业	Others Enterprises with Funds from Hong Kong, Macao and Taiwan							
外商投资企业	Foreign-invested Enterprises	16129.7	98.4	204928.0	69925.7	5682.2	155573.1	76791.7
中外合资经营企业	Joint Venture Enterprises	3420.4	15.7	36265.8	16832.3	1037.1	23565.6	18887.3
中外合作经营企业	Cooperative Enterprises							
外资企业	Sole-proprietorship Enterprises	12709.3	82.7	168662.2	53093.4	4645.1	132007.5	57904.4
外商投资股份有限公司	Share-holding Corporations Ltd.							
其他外商投资企业	Others Foreign Funded Enterprises							
2.按住宿业行业小类分组	**2. By Sector of Accommodation**							
旅游饭店	Tourist Hotels	1036138.4	38185.6	1709768.9	818672.7	74259.2	2754786.9	2146682.3
一般旅馆	General Hotels	368512.3	5837.7	389613.3	120788.4	23133.5	837595.1	702273.9
民宿服务	Home Lodging Services	1167.2	6.0	1559.2	322.9	69.2	2466.8	1044.0
露营地服务	Campground Services							
其他住宿业	Other	14390.7	1028.1	12547.4	3319.6	652.5	35136.7	34050.3

Main Financial Indicators on Enterprises Above Designated Size of Hotels and Catering Services（2022）

(10 000 yuan)

所有者权益合计 Total Owner's Equity	#实收资本 Pain-in Capital	营业收入 Business Revenue	主营业务收入 Principal Business Sales	营业成本 Business Cost	税金及附加 Business Tax and Extra Charges	销售费用 Sales Cost	管理费用 Manage-ment Expenses	财务费用 Financial Expenses	#利息费用 Interest Expenditure	营业利润 Business Profits	利润总额 Gross Profits
1037974.0	**1287985.6**	**1854045.8**	**1798102.9**	**1044933.1**	**18135.6**	**476634.6**	**454299.5**	**56418.0**	**40382.9**	**-192768.2**	**-154358.1**
753559.4	**865758.4**	**789676.7**	**755156.3**	**370094.2**	**11495.2**	**246087.1**	**306900.8**	**43546.3**	**30794.1**	**-193697.6**	**-160163.7**
623908.5	650979.8	731604.3	697899.5	345854.3	8584.3	231013.6	264855.5	33979.3	27458.1	-157132.1	-144814.5
72390.1	8745.9	13444.3	12799.6	4571.1	208.0	5977.3	8805.8	268.1	274.3	-5407.7	-5193.0
494.3	30.0	903.5	402.2	292.7	26.6	546.7	496.4	-2.2		-460.5	-443.3
524601.2	332078.6	254467.2	238841.4	138555.4	4363.5	69929.6	95355.9	9892.0	12459.3	-61490.5	-55194.1
383195.2	96874.3	63416.8	55459.9	36354.9	2412.7	15960.9	22568.1	2577.4	4538.3	-12118.6	-11374.0
141406.0	235204.3	191050.4	183381.5	102200.5	1950.8	53968.7	72787.8	7314.6	7921.0	-49371.9	-43820.1
3287.9	11028.0	1790.4	1735.0	1013.0	138.4	778.8	1065.3	10.4	0.9	-1215.4	-1204.2
21744.3	299097.3	460463.6	443778.0	201082.4	3832.3	153781.2	159104.8	23810.9	14723.6	-88710.7	-82943.1
15756.4	7534.5	11568.6	11286.8	6377.6	140.2	2302.2	1870.4	507.9	224.7	-288.1	-272.6
8568.1	2466.4	4823.3	4821.0	2632.0	24.9	694.3	1043.2	206.2	177.5	224.0	227.2
-2516.3	288896.4	443465.3	427117.9	191730.5	3664.4	150720.9	156020.2	23095.7	14321.2	-88671.7	-82922.8
-63.9	200.0	606.4	552.3	342.3	2.8	63.8	171.0	1.1	0.2	25.1	25.1
50869.5	197689.0	38994.3	38178.7	15575.8	2363.1	10930.8	31146.4	8304.7	3328.0	-30298.0	-7837.7
-13266.1	49000.0	2611.8	2600.6	1354.0	169.9	776.6	2166.7	1357.9	1438.2	-3244.8	-3207.7
10111.2	23580.0	4018.6	3977.9	2093.2	172.2	654.0	1228.1	253.0	304.3	-369.5	-264.6
54024.4	125109.0	32363.9	31600.2	12128.6	2021.0	9500.2	27751.6	6693.8	1585.5	-26683.7	-4365.4
78781.4	17089.6	19078.1	19078.1	8664.1	547.8	4142.7	10898.9	1262.3	8.0	-6267.5	-7511.5
4678.3	17089.6	3457.5	3457.5	2127.5	90.5	277.2	2146.8	514.3		-1630.9	-1985.1
74103.1		15620.6	15620.6	6536.6	457.3	3865.5	8752.1	748.0	8.0	-4636.6	-5526.4
607680.3	702317.6	495728.9	469478.2	217734.0	9209.4	164610.5	206427.6	33278.4	22210.8	-140605.9	-109534.8
133638.2	152726.7	271416.1	264333.0	139886.5	2230.2	78035.5	94052.9	9678.4	8072.6	-52535.4	-50330.4
1422.8	418.2	2193.2	1667.7	1478.7	7.4	70.9	413.5	27.7	3.5	154.8	276.7
4723.5	5815.9	19023.7	18661.0	9997.7	47.4	3234.4	5857.8	562.5	507.2	-767.5	-626.4

17－3 续表

单位：万元

项 目	Item	流动资产小计 Current Assets	#存货 Inventories	固定资产原价 Original Value of Fixed Assets	累计折旧 Accumulated Depreciation	#本年折旧 Depreciation of the Year	资产合计 Total Assets	负债合计 Total Liabilities
二、餐饮业	**Ⅱ.Catering Trades**	**562325.8**	**30217.1**	**415447.5**	**172603.3**	**25498.9**	**1096063.2**	**807746.8**
1.按登记注册类型分组	**1.By Status of Registration**							
内资企业	Domestic Funded Enterprises	530271.0	28155.6	293135.0	115280.0	20250.4	961177.5	745058.5
国有企业	State-owned Industry	4925.5	36.4	6497.1	274.6	262.8	11231.6	10457.1
集体企业	Collective-owned Industry	404.1	12.5	397.6	237.7	15.6	579.5	16.6
股份合作企业	Cooperative Enterprises							
联营企业	Joint Ownership Enterprises							
有限责任公司	Limited Liability Corporations	211641.3	6934.7	127592.4	41441.3	7480.3	471649.4	356202.8
国有独资公司	State Sole-proprietorship Corporations	114300.9	1494.7	66931.3	25169.9	4578.0	249448.4	193183.7
其他有限责任公司	Other Limited Liability Corporations	97340.4	5440.0	60661.1	16271.4	2902.3	222201.0	163019.1
股份有限公司	Share Holding Enterprises	801.5	105.1	252.1	179.4	22.7	1072.9	1014.8
私营企业	Private Enterprises	312498.6	21066.9	158395.8	73147.0	12469.0	476644.1	377367.2
私营独资企业	Private Sole-proprietorship Enterprises	12011.0	1113.3	15256.1	4800.4	714.1	26570.0	12450.2
私营合伙企业	Private Partnership Enterprises	1166.7	39.5	810.7	59.4	16.4	1872.6	744.1
私营有限责任公司	Private Limited Liability Corporations	296647.6	19892.9	141693.8	67710.1	11723.7	445462.3	363113.7
私营股份有限公司	Private Share Holding Enterprises							
其他企业	Others Enterprises							
港、澳、台商投资企业	Enterprises with Funds from Hong Kong, Macao and Taiwan	26821.3	1160.0	105564.4	49144.0	4244.3	96243.3	34424.8
合资经营企业	Joint-Venture Enterprises	9672.4	96.9	1036.5	736.1	186.4	12427.0	1007.8
合作经营企业	Cooperative Enterprises							
独资经营企业	Sole-proprietorship Enterprises	17104.7	1053.5	104404.9	48407.9	4057.9	83649.1	33349.1
投资股份有限公司	Share-holding Corporations Ltd. with Investment							
其他港澳台投资企业	Others Enterprises with Funds from Hong Kong, Macao and Taiwan							
外商投资企业	Foreign-invested Enterprise	5233.5	901.5	16748.1	8179.3	1004.2	38642.4	28263.5
中外合资经营企业	Joint-Venture Enterprises							
中外合作经营企业	Cooperative Enterprises							
外资企业	Sole-proprietorship Enterprises	5182.3	896.4	16696.1	8139.3	998.8	38362.4	28178.0
外商投资股份有限公司	Share-holding Corporations Ltd.							
其他外商投资企业	Others Foreign Funded Enterprises							
2.按餐饮业行业小类分组	**2. By Sector Catering Trades**							
正餐服务	Restaurant	460066.6	24044.2	350539.0	141719.1	20859.7	901515.1	673695.2
快餐服务	Fast Food	39432.1	2760.0	44811.0	22461.1	3064.6	100253.1	67162.0
饮料及冷饮服务	Beverage and Cold Drink	10341.2	381.8	9586.9	5553.8	685.3	18893.1	9814.3
餐饮配送及外卖送餐服务	Catering Distribution and Delivery Service	45646.8	2259.8	7481.8	1617.1	665.2	58717.6	47368.7
其他餐饮业	Others	6839.1	771.3	3028.8	1252.2	224.1	16684.3	9706.6

continued

(10 000 yuan)

所有者权益合计 Total Owner's Equity	#实收资本 Pain-in Capital	营业收入 Business Revenue	主营业务收入 Principal Business Sales	营业成本 Business Cost	税金及附加 Business Tax and Extra Charges	销售费用 Sales Cost	管理费用 Manage-ment Expenses	财务费用 Financial Expenses	#利息费用 Interest Expenditure	营业利润 Business Profits	利润总额 Gross Profits
284414.6	**422227.2**	**1064369.1**	**1042946.6**	**674838.9**	**6640.4**	**230547.5**	**147398.7**	**12871.7**	**9588.8**	**929.4**	**5805.6**
212217.2	415906.5	946884.5	927535.8	619548.4	3543.3	199791.6	130107.7	10720.8	7443.6	-11452.6	-6264.6
617.2	325.1	2345.6	2126.9	1540.9	5.9	408.0	608.3	2.2		-213.2	-205.0
562.9	140.0	775.0	775.0	175.0	0.8	2.2	145.6	-1.7	0.3	12.5	13.5
115453.6	78926.2	231214.3	227544.2	148546.3	1256.1	59166.8	34293.2	5148.5	4065.7	-12528.6	-10277.0
56274.2	50651.7	77805.5	77264.6	49046.5	765.6	18759.2	15572.6	2785.1	2527.0	-5375.7	-3399.7
59179.4	28274.5	153408.8	150279.6	99499.8	490.5	40407.6	18720.6	2363.4	1538.7	-7152.9	-6877.3
58.1	499.8	1879.8	1879.8	1703.9	3.8	5.5	183.5	0.5	0.3	20.6	25.0
95525.4	336015.4	710669.8	695209.9	467582.3	2276.7	140209.1	94877.1	5571.3	3377.3	1256.1	4178.9
13487.2	5948.7	27546.4	27189.9	19088.1	140.3	3473.4	3373.9	362.8	237.7	753.1	913.1
689.5	797.4	2399.3	2026.8	1600.5	2.9	400.5	242.7	14.2	0.4	-49.3	-48.9
79668.7	328269.3	679552.8	664860.6	446127.3	2130.9	136232.4	90922.9	5191.4	3136.3	593.4	3353.6
61818.5	3835.9	34740.7	34740.7	9573.5	3052.4	10773.1	10373.7	1457.6	1451.8	2948.8	2856.0
11419.2	909.8	9573.2	9573.2	4757.9	11.1	4931.1	993.0	-29.4	36.9	-1081.2	-1084.8
50300.0	2828.4	24643.6	24643.6	4489.1	3041.1	5764.0	9284.1	1468.0	1414.9	4026.8	3937.6
10378.9	2484.8	82743.9	80670.1	45717.0	44.7	19982.8	6917.3	693.3	693.4	9433.2	9214.2
10184.4	2234.8	82272.3	80198.5	45585.1	44.5	19586.9	6917.3	692.6	693.4	9484.4	9265.2
224317.7	395189.4	740618.8	726168.2	474137.8	6289.6	157156.9	112051.0	10533.8	7472.8	-11586.4	-7386.1
32755.1	14925.6	185667.3	182245.0	100730.5	136.1	57577.4	17888.0	1862.2	1800.0	7809.5	8391.2
9005.8	2934.9	30422.4	28478.0	17705.8	64.5	7722.2	2997.6	275.5	151.3	1811.2	1727.0
11358.3	5103.1	88681.1	87280.1	71500.9	142.2	3129.6	11456.4	165.2	111.0	2650.1	2805.5
6977.7	4074.2	18979.5	18775.3	10763.9	8.0	4961.4	3005.7	35.0	53.7	245.0	268.0

17—4 主要年份限额以上住宿和餐饮业企业经营情况
Business Conditions of Enterprises Above Designated Size of Hotel and Catering Services in Major Years

项 目	Item	2000	2005	2010	2015	2019	2020	2021	2022
一、法人企业数（个）	Number of Corporation Enterprises (unit)	85	393	581	828	1166	1330	1680	1997
二、年末从业人员（人）	Employed Persons at Year-end (person)	21621	59652	70818	75538	86109	84610	96763	99155
三、营业额（万元）	Business Revenue (10 000 yuan)	70028	352590	675506	1003531	1586127	1439588	1874389	1918360
四、客房间数（间）	Number of Hotel Rooms (room)			63915	115733	150037	152425	186910	178927
五、床位数（个）	Number of Beds (bed)		80315	112690	189627	233828	229837	273955	274022
六、餐位数（位）	Number of Catering Seatings (seat)		213534	292875	399120	726366	568397	685672	906027
七、年末餐饮营业面积（平方米）	Area of Catering Business (sq.m)		680358	812365	1916088	4409237	4633970	5180534	6055128

注：1. 2005年住宿业为星级以上住宿企业，未设置“客房间数”指标。
2. 2000年统计范围为限额以上餐饮业，未包括住宿业；未设置四至七项指标。

Note: 1. The data on hotel in 2005 refers to the hotels above star-rate, and the indicator of “Number of Guest Rooms” has not been set.
2. The statistical coverage in 2000 is the catering enterprises above designated size, excluding hotel enterprises, and the indicators 4-7 have not been set up.

17—5 旅游机构数（2022年）
Number of Tourism Institutions（2022）

单位：家 (unit)

城 市	City	旅游管理部门 Tourist Management Departments	旅行社 Travel Agencies	星级饭店 Star-rated Hotels	五星 5 Star	四星 4 Star	三星 3 Star	二星 2 Star
总 计	**Total**	**315**	**1016**	**396**	**16**	**117**	**231**	**32**
区直		**2**	–	–	–	–	–	–
南宁市	Nanning	30	175	33	3	14	16	0
柳州市	Liuzhou	27	73	32	2	11	18	1
桂林市	Guilin	61	425	48	5	14	26	3
梧州市	Wuzhou	15	25	31	0	4	16	11
北海市	Beihai	12	109	23	3	7	13	0
防城港市	Fangchenggang	11	40	19	0	4	15	0
钦州市	Qinzhou	10	14	16	1	1	14	0
贵港市	Guigang	17	18	9	0	5	4	0
玉林市	Yulin	16	26	21	0	6	10	5
百色市	Baise	29	21	29	0	10	19	0
贺州市	Hezhou	13	23	28	0	9	18	1
河池市	Hechi	38	38	50	0	12	33	5
来宾市	Laibin	14	14	11	1	2	7	1
崇左市	Chongzuo	20	15	46	1	18	22	5

注：旅游管理部门包括旅游行政主管部门、具有旅游管理职能的二层机构和旅游行业协会。

Note: Tourist Management Departments mainly include departments of tourism administration, secondary organizations with the function of tourism management and tourism associations.

17－6　主要年份旅游人数及消费
Number of Visitors and Tourism Consumption in Main Years

指　标	Item	2000	2005	2010	2015	2019	2020	2021	2022
接待入境旅游者人数（人次）	**Number of Overseas Visitor Arrivals (person-time)**	**1240265**	**1461605**	**2502363**	**4500562**	**6239568**	**246815**	**61909**	**30622**
港澳和台湾同胞	Compatriots from Hong Kong, Macao and Taiwan	730706	585557	1088493	2108234	3291555	125489	24635	12142
外国人	Foreigners	506288	873103	1413870	2392328	2948013	121326	37274	18480
#越南	Vietnam	66327	140396	292332	453556	615763	33362	454	115
马来西亚	Malaysia	11672	145537	190128	281679	331633	7873	794	256
韩国	South Korea	86769	57304	94461	369949	320692	11529	2090	1612
印度尼西亚	Indonesia	14351	19065	67624	121311	176202	5474	575	120
新加坡	Singapore	6174	15545	53995	151725	168290	6183	895	446
美国	United States	58517	78709	101540	125262	145905	5456	5732	2500
泰国	Thailand	8256	48322	30552	105457	127080	5283	521	96
英国	United Kingdom	15795	24757	53996	62462	99005	3417	2705	1315
法国	France	40519	43425	85921	63252	86734	3601	2506	846
日本	Japan	86469	91117	84576	48944	79483	4052	2767	1648
德国	Germany	27802	32045	51535	51057	70032	3980	3545	1892
加拿大	Canada	6376	15969	38181	57282	59676	2170	1834	1024
菲律宾	The Philippines			6778	37297	59780	3552	160	115
澳大利亚	Australia	7782	20036	45321	42282	55008	1924	1273	599
印度	India			4428	28069	42143	2073	557	272
意大利	Italy	8732	15079	17164	23387	35639	1563	735	216
俄罗斯	Russia			2950	13507	26086	1371	993	654
新西兰	New Zealand	1440	3168	8626	13519	24374	834	524	157
国内游客人数（万人次）	**Number of Domestic Visitors (10 000 person-times)**	**3951**	**6493**	**14074**	**33661**	**86995**	**66092**	**79832**	**58910**
国际旅游外汇消费（亿美元）	**International Tourism Foreign Exchange Expenditure (100 million dollars)**	**3.07**	**3.59**	**8.07**	**19.17**	**35.11**	**0.79**	**0.20**	**0.10**
国内旅游消费（亿元）	**Domestic Tourism Expenditure (100 million yuan)**	**146.80**	**277.80**	**898.10**	**3136.40**	**9998.80**	**7262.10**	**9062.99**	**6418.33**
旅游总消费（亿元）	**Total Tourism Expenditure (100 million yuan)**	**168.60**	**303.70**	**952.90**	**3254.20**	**10241.40**	**7267.50**	**9064.37**	**6418.98**
星级饭店数（个）	**Number of Star-rated Hotels (unit)**	**162**	**350**	**423**	**466**	**470**	**444**	**419**	**396**

注：2000年及以前的星级饭店总数为涉外饭店数。

Note: The number of star-rated hotels before 2000 refers to the number of hotels for foreign.

17—7 主要年份各市接待入境旅游者人数
Number of Overseas Visitor Arrivals Receipts by City in Main Years

单位：人次 (Person-time)

城 市	City	2010		2015		2019		2020		2021		2022	
		合计 Total	外国人 Foreigners	合计 Total	外国人 Foreigners	合计 Total	外国人 Foreigners	合计 Total	外国人 Foreigners	合计 Total	外国人 Foreigners	合计 Total	外国人 Foreigners
南宁市	Nanning	167527	123267	510850	396336	689900	423448	42786	28235	8854	4049	1530	749
柳州市	Liuzhou	81100	59153	181221	126170	262622	180753	10874	6825	4782	2394	2957	1814
桂林市	Guilin	1486202	897491	2163406	1216381	3145903	1609793	98322	49990	42631	29418	24081	15009
梧州市	Wuzhou	90017	8736	196278	16172	237268	20637	8049	1236	1975	157	718	77
北海市	Beihai	73008	37249	129053	65264	176872	93634	2681	1958	1156	851	302	206
防城港市	Fangcheng-gang	70122	66388	160987	150294	197533	181832	8790	7123	186	89	5	2
钦州市	Qinzhou	24367	2950	53573	7300	83680	3743	1588	147	2	1	0	0
贵港市	Guigang	40485	9992	86921	11897	107720	10264	4500	491	691	126	164	48
玉林市	Yulin	33128	10209	105432	19511	172621	31465	5296	1210	421	25	31	22
百色市	Baise	26741	7466	73928	37585	96974	48666	2524	1520	135	24	57	0
贺州市	Hezhou	164018	41557	351569	64722	455134	22181	26021	1144	973	51	176	36
河池市	Hechi	30155	9935	100570	35080	128589	35877	5675	1996	65	26	31	10
来宾市	Laibin	8163	3703	19629	6437	26635	4909	1897	310	0	0	0	0
崇左市	Chongzuo	207330	135774	367145	239179	458117	280811	27812	19141	38	22	570	507

17—8 主要年份各市国际旅游消费

International Tourism Expenditure by City in Main Years

单位：万元 (10 000 yuan)

城 市	City	2010	2015	2017	2018	2019	2020	2021	2022
南宁市	Nanning	37858	125962	175520	191190	262264	9543	1075	364
柳州市	Liuzhou	18241	44579	63892	80811	92919	2535	833	673
桂林市	Guilin	341244	638154	888722	1008636	1425035	24483	10836	5080
梧州市	Wuzhou	15589	43284	54143	61352	68458	1384	308	97
北海市	Beihai	14768	31259	41032	47663	56310	445	321	92
防城港市	Fangchenggang	11731	32476	42681	47896	56176	1791	22	2
钦州市	Qinzhou	5589	11929	18719	21859	26193	263	3	0
贵港市	Guigang	8129	20157	26870	30605	34914	891	189	18
玉林市	Yulin	9947	28799	41312	48182	58970	1119	76	4
百色市	Baise	7298	18031	24202	28774	32989	544	26	5
贺州市	Hezhou	28408	73613	97727	113312	129387	4156	142	23
河池市	Hechi	7744	25541	34009	39193	46756	1367	16	3
来宾市	Laibin	2368	5545	7361	8288	9659	346	0	0
崇左市	Chongzuo	39591	78582	101294	110375	126171	5675	7	72

17—9　主要年份各市接待入境旅游者平均每人消费额
Per Capita Expenditure of Overseas Visitor Arrivals by City in Main Years

单位：元　　(yuan)

城　市	City	2010	2015	2017	2018	2019	2020	2021	2022
南宁市	Nanning	2260	2466	2968	2967	3801	2231	1214	2381
柳州市	Liuzhou	2249	2460	3189	3341	3538	2332	1742	2277
桂林市	Guilin	2296	2950	3571	3672	4530	2490	2542	2110
梧州市	Wuzhou	1732	2205	2587	2781	2885	1719	1561	1349
北海市	Beihai	2023	2422	2822	2967	3183	1659	2774	3053
防城港市	Fangchenggang	1673	2017	2417	2567	2844	2038	1205	3229
钦州市	Qinzhou	2294	2227	2721	2873	3129	1656	13450	0
贵港市	Guigang	2008	2319	2791	2991	3242	1980	2730	1124
玉林市	Yulin	3003	2732	3021	3119	3417	2114	1794	1324
百色市	Baise	2729	2439	2911	3166	3401	2156	1896	885
贺州市	Hezhou	1732	2094	2512	2682	2843	1597	1459	1296
河池市	Hechi	2568	2540	3021	3272	3636	2408	2398	846
来宾市	Laibin	2901	2825	3238	3311	3631	1826	0	0
崇左市	Chongzuo	1910	2140	2513	2560	2754	2040	1779	1266

17—10 主要年份各市接待国内游客人数
Number of Domestic Visitors by City in Main Years

单位：万人次 (10 000 persons-times)

城 市	City	2010	2015	2017	2018	2019	2020	2021	2022
南宁市	Nanning	3542.70	8159.14	11001.08	13094.60	15209.74	11584.60	13739.15	11626.75
柳州市	Liuzhou	1300.25	2901.14	4018.78	5336.40	6976.65	5452.29	6436.02	5687.81
桂林市	Guilin	2097.71	4253.61	7983.89	10640.61	13519.07	10231.37	12234.88	10693.14
梧州市	Wuzhou	655.91	1527.79	2205.06	3123.46	4197.05	3167.74	3815.74	2798.51
北海市	Beihai	938.43	2143.69	3069.82	3935.24	5278.85	4119.74	5124.13	3402.84
防城港市	Fangchenggang	550.08	1345.77	2016.35	2746.71	3651.69	2767.39	3395.92	668.18
钦州市	Qinzhou	469.33	1077.07	2564.30	3641.70	4988.03	3875.58	4634.88	3224.80
贵港市	Guigang	623.02	1435.85	2090.70	2733.31	3591.84	2701.83	3340.06	2632.28
玉林市	Yulin	712.55	2027.02	3989.88	5243.63	6970.25	5111.37	6353.56	4822.20
百色市	Baise	952.24	2321.92	3265.21	4208.38	5582.65	4281.82	5044.36	3354.58
贺州市	Hezhou	487.43	1526.53	2171.47	3210.58	4299.17	3309.29	3993.97	3022.68
河池市	Hechi	728.01	1841.95	2635.58	3410.39	4493.01	3446.45	4229.90	3508.69
来宾市	Laibin	353.36	1539.39	2260.28	2830.02	3510.53	2568.46	3199.96	2629.06
崇左市	Chongzuo	662.48	1560.50	2539.48	3612.36	4726.46	3474.18	4289.29	2421.30

17－11　主要年份各市国内旅游消费
Domestic Tourist Expenditure by City in Main Years

单位：亿元　　(100 million yuan)

城　市	City	2010	2015	2017	2018	2019	2020	2021	2022
南宁市	Nanning	234.78	729.93	1109.80	1368.42	1699.02	1215.49	1529.14	1278.59
柳州市	Liuzhou	88.59	281.02	443.49	598.14	814.75	601.75	742.57	649.73
桂林市	Guilin	134.17	453.51	882.89	1290.89	1731.75	1231.09	1501.79	1277.39
梧州市	Wuzhou	50.02	153.78	240.33	343.42	463.86	331.00	416.65	291.87
北海市	Beihai	67.17	219.74	364.52	499.67	694.63	514.27	666.92	382.39
防城港市	Fangchenggang	27.89	97.40	164.83	235.40	329.39	245.42	314.17	47.42
钦州市	Qinzhou	27.04	101.12	252.68	370.08	519.21	390.95	476.17	322.49
贵港市	Guigang	34.53	135.62	235.16	319.62	433.81	323.97	400.26	312.00
玉林市	Yulin	49.55	196.44	415.49	576.60	803.94	570.05	729.09	529.93
百色市	Baise	56.64	200.02	334.46	456.00	624.99	454.91	560.63	368.15
贺州市	Hezhou	34.87	162.44	262.84	384.90	538.73	389.87	492.36	344.22
河池市	Hechi	43.32	179.60	297.22	407.05	548.22	425.02	514.03	400.97
来宾市	Laibin	15.86	101.18	180.23	242.19	325.14	229.78	291.85	240.17
崇左市	Chongzuo	33.66	124.59	234.67	343.71	471.38	338.51	427.34	236.04

17—12 主要年份各市旅游总消费
Total Tourism Consumption by City in Main Years

单位：亿元 (100 million yuan)

城 市	City	2010	2015	2017	2018	2019	2020	2021	2022
南宁市	Nanning	238.57	742.53	1127.35	1387.54	1725.24	1216.45	1529.25	1278.63
柳州市	Liuzhou	90.42	285.48	449.88	606.22	824.05	602.01	742.66	649.80
桂林市	Guilin	168.30	517.33	971.76	1391.75	1874.25	1233.54	1502.88	1277.90
梧州市	Wuzhou	51.58	158.11	245.75	349.55	470.71	331.14	416.68	291.88
北海市	Beihai	68.64	222.86	368.62	504.43	700.27	514.32	666.95	382.40
防城港市	Fangchenggang	29.07	100.64	169.10	240.19	335.01	245.60	314.17	47.42
钦州市	Qinzhou	27.60	102.31	254.55	372.26	521.83	390.98	476.17	322.49
贵港市	Guigang	35.34	137.64	237.85	322.68	437.30	324.06	400.28	312.01
玉林市	Yulin	50.54	199.32	419.62	581.42	809.83	570.16	729.10	529.93
百色市	Baise	57.37	201.82	336.88	458.88	628.29	454.96	560.64	368.15
贺州市	Hezhou	37.71	169.80	272.62	396.23	551.67	390.28	492.37	344.22
河池市	Hechi	44.10	182.16	300.62	410.97	552.89	425.16	514.03	400.97
来宾市	Laibin	16.10	101.74	180.97	243.02	326.10	229.82	291.85	240.17
崇左市	Chongzuo	37.62	132.45	244.79	354.74	483.99	339.07	427.34	236.05

17—13 广西国家A级旅游景区一览表（2022年）
National A-Grade Scenic Spots in Guangxi（2022）

类别 Classification	风景名胜区名称	Name	所在地	Location
AAAAA	南宁青秀山风景旅游区	Qingxiu Mountain Scenic Spot of Nanning	南宁市	Nanning
	桂林漓江景区	Lijiang River Scenic Spot of Guilin	桂林市	Guilin
	桂林两江四湖·象山景区	Two Rivers Four Lakes and Xiangshan Scenic Spot of Guilin		
	桂林独秀峰·王城景区	Duxiu Peak and Imperial City Scenic Spot of Guilin		
	桂林乐满地休闲世界	Lemandi Scenic Spot of Guilin		
	北海涠洲岛南湾鳄鱼山景区	E'yushan Hill Scenic Spot of Weizhoudao Island National Geopark	北海市	Beihai
	百色起义纪念园	Memorial Park of Baise Uprising	百色市	Baise
	黄姚古镇景区	Huangyao Town Scenic Spot	贺州市	Hezhou
	德天跨国瀑布景区	Detian Transnational Waterfall Scenic Spot	崇左市	Chongzuo
AAAA	南宁嘉和城景区	Jiahe Town Scenic Spot of Nanning	南宁市	Nanning
	南宁九曲湾温泉景区	Jiuquwan Hotspring Scenic Spot of Nanning		
	广西八桂田园	Bagui Fields and Gardens of Guangxi		
	南宁市动物园	Nanning Zoo		
	广西药用植物园	Guangxi Medicinal Botanical Garden		
	南宁大明山风景旅游区	Damingshan Mountain Scenic Spot of Nanning		
	广西科技馆	Guangxi Science and Technology Museum		
	广西民族博物馆	Guangxi Ethnographical Museum		
	南宁市乡村大世界景区	World of Countryside of Nanning		
	南宁市武鸣区伊岭岩景区	Yilingyan Rock Scenic Spot of Wuming in Nanning		
	南宁市良凤江森林旅游区	Liangfengjiang Forest Tourist Area of Nanning		
	广西规划馆景区	Guangxi Planning Exhibition Hall		
	南宁市民歌湖景区	Minge Lake of Nanning		
	隆安县龙虎山旅游景区	Longhu Mountain Scenic Spot of Long'an County		
	南宁市凤岭儿童公园	Fengling Children's Park of Nanning		
	南宁马山金伦洞景区	Jinlun Cave Scenic Spot of Mashan County in Nanning		
	上林县金莲湖景区	Jinlian Lake Scenic Spot of Shanglin County		
	南宁市人民公园	People's Park in Nanning City		
	南宁花花大世界景区	Huahua Flower World in Nanning City		
	南宁昆仑关旅游风景区	Kunlun Pass Scenic Spot of Nanning		
	南宁上林县大龙湖景区	Dalong Lake Scenic Spot of Shanglin County in Nanning		
	九龙瀑布景区	Jiulong Waterfall Scenic Spot		
	水锦·顺庄	Shuijin Shunzhuang Scenic Spot		
	龙门水都景区	Longmen Watertown Scenic Spot		
	广西马山弄拉旅游景区	Nongla Tourism Scenic Spot in Mashan County in Guangxi		
	南宁园博园景区	Garden Expo Scenic Spot in Nanning		
	南宁万达茂景区	Wandamao Scenic Spot in Nanning		
	南宁市那贵坡樱花园	Cherry Blossom Garden in Naguipo in Nanning		

注：2022年广西共有2A及以上旅游景区685个，其中5A级9个，4A级335个，3A级330个，2A级11个。景区（点）英文翻译仅供参考。

Note: There are 661 scenic spots of national 2A-grade and above in Guangxi in 2021, including 8 5A scenic spots, 307 4A scenic spots, 335 3A scenic spots and 11 2A scenic spots.

17－13 续表1 continued

类别 Classification	风景名胜区名称	Name	所在地	Location
AAAA	南宁金花茶公园	Golden Camellia Park of Nanning	南宁市	Nanning
	广西百益上河城旅游景区	Baiyi the Up Town Scenic Spot in Nanning		
	邕宁区蒲津公园	Pujin Park in Yongning District, Nanning		
	融晟天河海悦城	Rongsheng Tianhe Hai Yuecheng Polar Ocean World in Nanning		
	南宁花雨湖生态休闲旅游区	Huayu Lake Eco-leisure Tourist Attraction of Nanning		
	古辣稻花香里旅游区	Daohuaxiangli Tourism Area in Gula, Binyang County		
	广西高峰森林公园	Guangxi Gao Feng Forest Park		
	江宇梦想小镇	Jiangyu Dream Small Town in Nanning		
	秀美邕江・邕州古韵旅游景区	Beautiful Yongjiang River Yongzhou Tourist Area with Archaic Chinese Rhyme		
	上林县大庙江生态旅游景区	Damiaojiang River Eco-tourism Scenic Spot of Shanglin County		
	五象湖公园	Five-Elephant Lake Park		
	顶蛳山田园风光区	Dingshishan Rural Scenery Area		
	会展・东博文化旅游区	Exhibition・CAEXPO Culture Tourist Attraction		
	南国乡村（广西南宁）	Countryside in the South (Nanning, Guangxi)		
	江南区江南公园	Jiangnan Park, Jiangnan District		
	宾阳县名山生态旅游区	Binyang Mingshan Ecotourism Scenic Spot		
	广西壮族自治区博物馆	Guangxi Zhuang Autonomous Region Museum		
	柳州龙潭景区	Longtan Scenic Spot of Liuzhou	柳州市	Liuzhou
	柳侯公园	Liuhou Park		
	柳州市立鱼峰风景区	Yufeng Mountain Scenic Spot of Liuzhou		
	三江程阳侗族八寨景区	Dong Bazhai Scenic Spot of Sanjiang Chengyang		
	柳州博物馆	Liuzhou Museum		
	广西鹿寨香桥岩风景区	Xiangqiao Rock Scenic Spot of Luzhai County in Guangxi		
	柳州市三江县丹洲景区	Danzhou Scenic Spot of Sanjiang County in Liuzhou		
	柳州文庙景区	Confucian Temple Scenic Spot of Liuzhou		
	柳州城市规划展览馆	Liuzhou Urban Planning Exhibition Hall		
	柳州市马鹿山奇石博览园景区	Malu Hill Stones Exposition Garden of Liuzhou		
	柳州市三江县大侗寨景区	Dadongzhai Scenic Spot in Sanjiang County of Liuzhou		
	柳州市工业博物馆景区	Industrial Museum Scenic Spot of Liuzhou		
	柳州市百里柳江旅游景区	Liujiang River Scenic Spot of Liuzhou		
	柳州市园博园景区	Liuzhou Garden Expo Scenic Spot		
	柳州市融安石门仙湖旅游景区	Liuzhou Rongan Xianhu Shimen Tourist Attractions		
	柳州柳城县知青城景区	Educated Youth Town Scenic Spot in Liucheng County		
	柳州市都乐岩景区	Dule Cave Scenic Spot of Liuzhou		
	柳州市融水・元宝山龙女沟景区	Longnv Ravine Scenic Spot of Yuanbao Mountain of Rongshui County in Liuzhou		
	柳江县凤凰河生态旅游度假区	Fenghuang River Original Scenic Spot of Liujiang County		
	柳州市动物园	The Liuzhou City Zoo		
	柳州融水・民族体育公园	Folk Sports Park of Rongshui County in Liuzhou		

17—13 续表2 continued

类别 Classification	风景名胜区名称	Name	所在地	Location
AAAA	柳州市融水县老君洞景区	Rongshui Laojun Hole Scenic Spot of Liuzhou	柳州市	Liuzhou
	柳州市雀儿山公园景区	Que'er Mountain Park of Liuzhou		
	三江县仙人山景区	Xianren Mountain Scenic Spot in Shanjiang County		
	融水双龙沟原始森林度假区	Shuanglonggou Primeval Forest Resort in Rongshui of Liuzhou		
	柳州螺蛳粉产业园旅游景区	River Snail Rice Noodle Industrial Area in Lizhou		
	祥荷乡韵景区	Xianghe Xiangyu Lotus Scenic Spot		
	卡乐星球欢乐世界旅游景区	Happy World Scenic Spot of Colorful Planet of Liuzhou		
	鹿寨县中渡古镇	Zhongdu Ancient Town in Luzhai County		
	广西柳工机械股份有限公司旅游景区	Scenic Spot of Guangxi Liugong Machinery Co., Ltd		
	上汽通用五菱宝骏基地	SAIC-GM-Wuling Baojun Base		
	仙草堂生态灵芝透明工厂	Xiancaotang Ecological Transparent Factory for Lucid Ganoderma		
	克里湾水乐园	Crete Bay Water Park		
	梦呜苗寨民俗文化体验园	Mengwu Miao Village Folk Culture Park		
	螺蛳粉小镇	Small Town for River Snail Rice Noodle		
	白莲洞洞穴科学博物馆	Bailiandong Cave Science Meseum		
	百朋荷苑景区	Baipeng Lotus Garden Scenic Spot		
	月也侗寨	Yueye Dong Village		
	岜公塘公园景区	Bigongtang Park Scenic Spot		
	东方梦工场—柳空文创园	Orential Dream Factory, Liukong Cultural and Creative Park		
	山岔湾景区	Shanchawan Scenic Spot		
	古岭龙景区	Gulinglong Scenic Spot		
	三江侗天宫文化景区	Cultural Scenic Spot of Dong's Heavenly Palace in Sanjiang		
	融水风情苗乡景区	Rongshui Miao Village Scenic Spot		
	七星景区	Qixing Scenic Spot	桂林市	Guilin
	桂林穿山景区	Chuanshan Scenic Spot of Guilin		
	桂林尧山景区	Yaoshan Mountain Scenic Spot of Guilin		
	桂林市南溪山景区	Nanxishan Hill Scenic Spot of Guilin		
	芦笛景区	Ludi Scenic Spot		
	桂林经典刘三姐大观园景区	Scenery Park of Liusanjie in Guilin		
	桂林桂花公社景区	Guilin Osmanthus Commune Scenic Area		
	桂林西山景区	Guilin Xishan Scenic Spot		
	桂林冠岩景区	Guanyan Rock Scenic Spot of Guilin		
	桂林愚自乐园艺术园	Art Garden in Yuzi Fairyland of Guilin		
	桂林旅苑景区	Guilin Lvyuan Scenic Area		
	桂林在水一访景区	Zaishuiyifang Scenic Spot		
	桂林新区环城水系景区	Water System Around the City Scenic Spot in New District		
	桂林罗山湖玛雅水上乐园景区	Maya Water World of Luoshan Lake in Liuzhou		
	桂林红溪景区	Hongxi Scenic Spot in Guilin		
	桂林世外桃源旅游区	Shiwaitaoyuan Scenic Spot of Guilin		

17—13 续表3 continued

类别 Classification	风景名胜区名称	Name	所在地	Location
AAAA	阳朔图腾古道·聚龙潭景区	Totem Ancient Road and Julong Lake Scenic Spot of Yangshuo County	桂林市	Guilin
	桂林阳朔县蝴蝶泉旅游景区	Butterfly Spring Scenic Spot in Yangshuo County of Guilin		
	阳朔西街景区	Yangshuo West Street Scenic Spot		
	诗画遇龙景区	Poetic and Picturesque Yulong River Scenic Spot		
	阳朔三千漓中国山水人文度假区	San Qian Li Leisure Tourism Resort		
	红军长征突破湘江烈士纪念碑园景区（红色景区）	Memorial Park for the Battle of the Red Army Breaking Through the Xiangjiang River of Xing'an County		
	兴安灵渠景区	Lingqu Scenic Spot of Xing'an County		
	桂林市猫儿山景区	Mao'er Mountain Scenic Spot of Guilin City		
	老山界龙潭江景区	Longtan River Scenic Spot in Laoshanjie Mountain		
	桂林龙胜温泉旅游度假区	Longsheng Hotspring Scenic Spot of Guilin		
	龙胜龙脊梯田景区	Longji Rice Terrace Scenic Spot of Longsheng County		
	桂林银子岩旅游度假区	Yinzi Rock Scenic Spot of Guilin		
	桂林丰鱼岩旅游度假区	Fengyu Rock Scenic Spot of Guilin		
	荔水青山·荔江国家湿地公园	Green Hills and Li Waters · Lijiang National Wetland Park		
	荔浦荔江湾景区	Lijiang Bay Scenic Spot of Lipu		
	恭城三庙两馆景区	Three Temples and Two Hall Scenic Spot in Gongcheng County		
	恭城红岩村景区	Hongyan Village Scenic Spot in Gongcheng County		
	红军长征湘江战役新圩阻击战纪念园（红色景区）	Memorial Park of Xinxu Sniper in the Battle of Xiangjiang River of the Red Army's Long March		
	灌阳千家洞文旅度假区	Qianjiadong Culture Tourism Resort in Guanyang County		
	灵川县大圩古镇景区	Daxu Ancient Town Scenic Spot in Lingchuan County		
	灵川县漓水人家景区	Lishui Folks Scenic Spot in Lingchuan County		
	桂林古东瀑布景区	Gudong Waterfall Scenic Spot of Guilin		
	桂林市逍遥湖景区	Xiaoyao Lake Scenic Spot in Guilin		
	大碧头国际旅游度假区	Dabitou International Tourism and Resort Scenic Spot		
	红军长征湘江战役纪念园（红色景区）	Memorial Park for the Battle of Xiangjiang River of the Red Army's Long March		
	桂林全州县湘山·湘源历史文化旅游区	Xiangshan, Xiangyuan Historical Culture Tourism Scenic Spot		
	永福金钟山旅游度假区	Jinzhongshan Hill Tourist Scenic Spot of Yongfu County		
	桂林资江·天门山景区	Zijiang River and Tianmen Mountain Scenic Spot of Guilin		
	桂林八角寨景区	Bajiaozhai Scenic Spot in Guilin		
	桂林资江灯谷景区	Zijiang Light Valley Scenic Spot		
	桂林桂海晴岚景区	Guilin Guihai Qinglan Scenic Spot		
	桂林融创漓江后海景区	Guilin Sunac Li River Houhai Scenic Spot		
	骑楼城-龙母庙	City of Arcade House -Temple of Dragon Mother	梧州市	Wuzhou
	白云山	White Cloud Hill		
	中山公园	Zhongshan Park		
	梧州军事体育文化园	Military and Sporting Culture Park of Wuzhou		

17—13 续表4 continued

类别 Classification	风景名胜区名称	Name	所在地	Location
AAAA	梧州市玫瑰湖公园	Rose Lake Park of Wuzhou	梧州市	Wuzhou
	苍海旅游区	Canghai Tourist Attraction		
	李济深故里文化旅游区	Li Jishen Hometown Cultural Tourist Attraction		
	苍梧县六堡茶生态旅游景区	Liu Pao Tea Eco-tourism Scenic Spot in Cangwu County		
	天龙顶山地公园	Tianlong Peak Mountainous Park		
	东山文化公园	Dongshan Culture Park		
	石表山景区	Shibiao Hill Scenic Spot		
	永安王城景区	Yong'an Royal City Scenic Spot		
	长坪水韵瑶寨景区	Changpin Shuiyun Yaozhai Scenic Spot of Mengshan County		
	梁羽生公园	Liang Yusheng Park of Mengshan County		
	天书侠谷景区	Tianshu Gorge Scenic Spot		
	北海银滩景区	Beihai Silver Beach Scenic Spot	北海市	Beihai
	北海海底世界	Submarine World of Beihai		
	北海海洋之窗	Oceanorama of Beihai		
	北海老城景区	Beihai Old Town Scenic Spot		
	北海金海湾红树林生态旅游区	Jinhaiwan Mangrove Forest Scenic Spot in Beihai		
	北海园博园	Beihai Gardening Expo Park		
	北海汉闾文化园	Hanlv Cultural World in Beihai		
	涠洲岛圣堂景区	Shengtang Scenic Spot of Beihai		
	星岛湖景区	Star Island Lake Scenic Spot		
	《印象·1876》北海历史文化景区	Impression 1876, Beihai Historical Culture Scenic Spot		
	合浦县东园家酒产业园	Dongyuanjia Wine Industrial Park in Hepu County		
	月饼小镇	Moon Cake Town		
	海丝首港·合浦始发港景区	Maritime Silk Road First Port · Port of Departure Scenic Spot in Hepu		
	海上丝路文化遗址公园	Maritime Silk Road Culture Heritage Park Scenic Spot		
	高德古镇	Gaode Ancient Town		
	北海银基国际旅游度假区	Beihai Yinji International Tourism Resort Area		
	北海市侨港小镇	Beihai Overseas Chinese Port Town		
	上思十万大山国家森林公园景区	Shiwandashan Mountain National Forest Park of Shangsi County	防城港市	Fangcheng-gang
	防城港东兴市京岛风景名胜区	Jingdao Island Scenic Spot of Dongxing City in Fangchenggang		
	防城港市江山半岛白浪滩旅游景区	Bailangtan Beach in Jiangshan Peninsula of Fangchenggang		
	防城港西湾旅游景区	West Bay Scenic Spot in Fangchenggang City		
	上思县百鸟乐园景区	Bird Paradise Scenic Spot in Shangsi County		
	东兴国门景区	Dongxing National Gateway Scenic Spot		
	上思县十万大山布透温泉景区	Butou Hotspring among Great Mountains in Shangsi County		
	钦州三娘湾景区	Sanniang Bay Scenic Spot of Qinzhou	钦州市	Qinzhou
	钦州刘冯故居景区	Former Residence of Yongfu Liu and Zicai Feng in Qinzhou		
	钦州八寨沟旅游景区	Bazhai Ravine Scenic Spot of Qinzhou		
	钦州市浦北县五皇山景区	Wuhuang Hill Scenic Spot of Pubei County in Qinzhou		

17－13 续表5 continued

类 别 Classification	风景名胜区名称	Name	所在地	Location
AAAA	钦州园博园景区	Qinzhou Garden Expo Park	钦州市	Qinzhou
	钦州市灵山县六峰山风景名胜区	Liufeng Hill Scenic Spot of Lingshan in Qinzhou City		
	钦州市浦北县越州天湖景区	Yuezhou Tianhu Lake Scenic Spot in Pubei County of Qinzhou		
	钦州市林湖森林公园	Linhu Forest Park of Qinzhou City		
	钦州市大芦古村文化生态旅游区	Dalu Ancient Village Culture Original Scenic Spot of Qinzhou City		
	钦州市那雾山森林公园	Nawushan Mountain Forest Park of Qinzhou		
	神蜉酒庄园	Shenfu Winery		
	钦州老街景区	Qinzhou Old Street Scenic Spot		
	北部湾花卉公园	Beibu Gulf Flower Park		
	桂平西山风景名胜区	Xishan Hill Scenic Spot of Guiping	贵港市	Guigang
	广西龙潭国家森林公园	Longtan National Forest Park of Guangxi		
	太平天国金田起义地址景区	The Site of the Jintian Uprising of the Taiping Heavenly Kingdom of Guiping City		
	桂平市西山泉旅游度假景区	Xishan Spring Tourist Resort Area in Guiping		
	雄森动物大世界	Xiongshen Animal World		
	平南县龚州公园	Gongzhou Park of Pingnan County		
	北帝山旅游区	Beiti Mountain Scenic Spot in Pingnan County		
	平南县垌美生态乐园景区	Dongmei Eco-paradise Scenic Spot in Pingnan County		
	平南佛子岭旅游康养度假区	Fozi Hill Health Resort Area in Pingnan County		
	贵港园博园	Guigang Gardening Expo Park		
	广西平天山国家森林公园	Guangxi Pingtian Mountain National Forest Park		
	荷美覃塘景区	Qintang Beautiful Lotus Scenic Spot		
	九凌湖旅游风景区	Jiuling Lake Tourism Scenic Spot		
	覃塘区布山古郡景区	Qintang Bushan Ancient County Scenic Spot		
	南山风景名胜区	Nanshan Scenic Spot		
	贵港港南区山边旅游区	Shanbian Tourism Area, Gangnan District, Guigang City		
	港南区安澜景区	Anlan Scenic Area, Guigang Gity		
	玉林云天旅游文化城	Yuntian Palace Tourism Cultural Town in Yulin	玉林市	Yulin
	六万大山森林公园	Liuwandashan Mountain Forest Park		
	广西玉林“五彩田园”现代特色农业示范区	“Five-Colors Countryside” Modern Featured Agriculture Demonstration Area in Yulin, Guangxi		
	玉林市福达克拉湾	Fuda Kelawan Water Paradise in Yulin City		
	玉林市陆川谢鲁山庄风景名胜区	Xielu Mountain Villa in Luchuan County, Yulin		
	玉林容州古城	Rongzhou Ancient City		
	玉林容县都峤山风景区	Duqiao Mountain Scenic Spot of Rong County		
	玉林容州·民国小镇	Minguo Small Town		
	大容山国家森林公园	DaRong Mountain National Forest Park		
	广西铜石岭国际旅游度假区	Tongshiling Mountain International Scenic Spot		
	北流市陶瓷小镇	Ceramic Town in Beiliu City		
	北流市会仙河公园	Huixianhe Park in Beiliu		

17－13　续表6　continued

类别 Classification	风景名胜区名称	Name	所在地	Location
AAAA	北流市勾漏洞景区	Goulou Hole Scenic Spot of Beiliu	玉林市	Yulin
	玉林市龟岭谷景区	Tortoise Valley Scenic Area, Yulin City		
	博白县王力·书香景区	Wangli Academy Scenic Spot, Bobai County		
	那坡县镇安公园景区	Zhen'an Park of Napo County	百色市	Baise
	百色乐业大石围天坑群景区	Leye Dashiwei Sky Hole Cluster Scenic Spot of Baise		
	乐业县龙云山故事小镇景区	Longyunshan Story Small Town in Leye County		
	百色市平果黎明通天河旅游景区	Baise Pingguo Liming Tongtian River Scenic Area		
	百色西林县宫保府景区	Gongbao Palace Scenic Spot in Xilin County of Baise		
	凌云茶山金字塔景区	Pyramid of Tea Hill Scenic Spot of Lingyun County		
	凌云环浩坤湖山水生态体验区景区	Surrounding Haokun Lake Landscape Experience Area in Lingyun County		
	凌云县泗城州府景区	Sicheng Literature Temple of Lingyun County		
	百色市田州古城	Tianzhou Ancient Town of Baise		
	田东县湿地公园景区	Wetland Park in Tiandong County		
	百色市德保县吉星岩景区	Jixing Rock Scenic Spot in Debao County of Baise		
	德保县矮马王国景区	Pony Kingdom Scenic Spot in Debao County		
	德保县芳山文化园景区	Fangshan Cultural Park in Debao County		
	百色市德保红叶森林旅游景区	Red Leaf Forest Scenic Spot in Debao County of Baise		
	靖西通灵大峡谷景区	Tongling Canyon Scenic Spot of Jingxi		
	古龙山大峡谷景区	Gulong Mountain Gorge Scenic Spot		
	百色靖西市鹅泉旅游景区	Baise Jingxi E'quan Spring Scenic Spot		
	靖西市旧州景区	Jiuzhou Scenic Spot in Jingxi City		
	靖西锦绣古镇景区	Jinxiu Ancient Town in Jingxi City		
	靖西小城故事景区	Small Town Story Scenic Spot in Jingxi City		
	百色大王岭景区	Dawang Hill Scenic Spot of Baise		
	百色欢乐小镇	Happy Town of Baise		
	西溪森林温泉度假邨	Xixi Forest Hotspring Resort	贺州市	Hezhou
	大桂山国家森林公园	Daguishan National Forest Park		
	姑婆山景区	Gupo Mountain Scenic Spot		
	十八水景区	Shibashui Scenic Spot		
	玉石林景区	Jade Stone Forest Scenic Spot		
	神仙湖景区	Fairy Lake Scenic Spot		
	生态高值农业科技示范园	Ecological High-value Agricultural Science and Technology Demonstration Park		
	神剑石林	Shenjian Stone Forest		
	钟山百里水墨画廊景区	Hundreds of Miles Ink and Wash Painting Gallery in Zhongshan		
	中共广西省工委纪念园景区	Guangxi Working Committee of the Communist Party of China Memorial Park		
	桂江生态旅游景区	Gui River Eco-tourism Scenic Spot		
	南山茶海景区	Tea Plantation Scenic Spot of Nanshan		
	富川古明城景区	Fuchuan Ancient City of Ming Dynasty		

17－13 续表7 continued

类别 Classification	风景名胜区名称	Name	所在地	Location
AAAA	贺州市临贺故城景区	Linhe Ancient City (Hezhou)	贺州市	Hezhou
	黄姚诗画姚江	Yao River Scenic Spot, Huangyao Town		
	巴马盘阳河景区	Panyang River Scenic Spot of Bama County	河池市	Hechi
	巴马水晶宫景区	Crystal Palace Scenic Spot of Bama County		
	广西凤山国家地质公园景区	Fengshan National Geopark in Guangxi		
	河池市东兰红色旅游区	Red Tourism Area in Donglan County of Hechi		
	河池市宜州刘三姐故里旅游区	Liusanjie's Homeland Scenic Spot in Yizhou City of Hechi		
	河池天峨县龙滩大峡谷景区	Longtan Grand Canyon Scenic Spot of Tian'e County		
	宜州市会仙山景区	Huixian Mountain Scenic Spot of Yizhou City		
	南丹县歌娅思谷·中国白裤瑶生态民俗风情园景区	Geyasigu Baiku Yao Original Folkcustom Scenic Spot of Nandan County		
	广西大化七百弄国家地质公园景区	Qibainong National Geopark in Dahua County		
	广西丹泉洞天酒文化旅游景区	Danquan Dongtian Liquor Culture Scenic Spot of Guangxi		
	河池宜州拉浪生态休闲区	Lalang Woodland Scenic Spot of Yizhou City		
	河池宜州怀远古镇景区	Huaiyuan Town Scenic Spot of Yizhou City		
	河池市珍珠岩风景区	Zhenzhu Rock Scenic Spot in Hechi		
	环江牛角寨瀑布群景区	Niujiaozhai Waterfalls Scenic Spot of Huanjiang County		
	环江木论喀斯特生态旅游景区	Mulun Karst Ecological Tourism Scenic Spot in Huanjiang County		
	广西红水河都安三岛湾国际旅游度假区	Hongshuihe River, Du'an Sandaowan International Resort in Guangxi		
	巴马洞天福地景区	Cave Paradise Scenic Spot in Bama		
	广西罗城棉花天坑度假区	Mianhua Tiankeng (Karst Topography) Resort Area in Luocheng		
	巴马长寿岛景区	Changshou Island Scenic Spot of Bama County		
	大化奇美水城景区	Qimei Watertown Scenic Spot in Dahua		
	环江多彩毛南景区	Colorful Maonan Ethnic Group Scenic Spot in Huangjiang Maonan Autonomous County		
	都安密洛陀文化公园	Miluotu Culture Park in Du'an Yao Autonomous County		
	大化红水河百里风情画廊	Hongshuihe River Hundred Miles Style Gallery in Dahua		
	东兰壮乡将军纪念园	Zhuang Township General Memorial Park in Donglan County		
	东兰红水河第一湾景区	The First Bay of Hongshuihe River Scenic Spot in Donglan County		
	南丹县丹炉山景区	Danlushan Scenic Area in Nandan County		
	巴马仁寿源景区	Renshouyuan Scenic Spot in Bama Yao Autonomous County		
	都安澄江国家湿地公园	Chengjiang National Wetland Park in Du'an Yao Autonomous County		
	罗城成龙湖景区	Chenglong Lake Scenic Spot in Luocheng County		
	罗城仫佬族自治县长生洞景区	Immortal Cave in Mulao Nationality Autonomous County of Luocheng		
	都安地下河国家地质公园	Underground River National Geopark in Du'an		
	河池市东兰长乐宫	Changle Palace, Hechi City		
	南丹县云观天旅游景区	Yunguantian Scenic Area, Nandan County		
	南丹县巴平湿地森林康养旅游景区	Baping Wetland Forest Health Tourism Scenic Area, Nandan County		
	南丹矿物温泉生态旅游区	Mineral Hot Springs Eco-tourism Area, Nandan County		
	大化岩滩旅游景区	Dahua Rock Beach Tourist Area		

17－13 续表8 continued

类别 Classification	风景名胜区名称	Name	所在地	Location
AAAA	来宾市象州古象旅游区	Guxiang Scenic Spot of Xiangzhou County in Laibin	来宾市	Laibin
	武宣县下莲塘景区	Xialiantang Scenic Spot in Wuxuan County		
	武宣县东乡红色旅游区	Dongxiang “Red” Tourist Attraction in Wuxuan County		
	武宣县八仙天池景区	Eight Immortal's Heavenly Pond in Wuxuan County		
	忻城薰衣草庄园景区	Lavender Plantation Scenic Spot in Xincheng County		
	忻城莫土司衙署景区	Ancient Tusi Government Office of Mo in Xincheng County		
	忻城县乐滩竹海景区	Letan Bamboo Forest in Xincheng County		
	圣堂湖景区	Shengtang Lake Scenic Spot		
	莲花山景区	Lotus Mountain Scenic Spot		
	山水瑶城景区	Mountains-and-waters Yao Nationality Town Scenic Spot		
	圣堂山景区	Shengtang Mountain Scenic Spot		
	银杉森林公园景区	Cathaya Argyrophylla Forest Park Scenic Spot		
	古沙沟景区	Gushagou Scenic Spot		
	合山市国家矿山公园	National Mine Park of Heshan		
	武宣县百崖大峡谷景区	Baiya Canyon Scenic Area, Wuxuan County		
	蓬莱洲（时光岛）旅游度假区	Penglai Island (Time Island) Resort		
	大新县明仕景区	Mingshi Scenic Spot of Daxin County	崇左市	Chongzuo
	崇左大新德天．老木棉景区	Detian Laomumian Garden of Daxin County		
	大新县安平仙河景区	Anping Xianhe Scenic Spot in Daxian County		
	大新县大阳幽谷景区	Dayang Yougu Valley Scenic Spot in Daxin County		
	崇左白头叶猴生态旅游区	White-headed Langur Eco-tourism Area in Chongzuo		
	崇左左江斜塔景区	Leaning Tower Scenic Spot by Zuojiang River in Chongzuo		
	崇左石景林・园博园	Shijinglin Garden Expo Park in Chongzuo		
	崇左市江州区雨花石景区	Riverstones Scenic Spot in Jiangzhou District of Chongzuo		
	国际・如意岛生态景区	International・Ruyi Island Ecological Scenic Spot		
	天等丽川文化森林公园	Forest Park of Lichuan River Culture in Tiandeng County		
	龙州起义纪念馆	Memorial Hall of Longzhou Uprising		
	大新龙宫仙境景区	Longgongxianjing Scenic Spot of Daxin County		
	小连城	Xiaoliancheng Defense Hill		
	发现弄岗景区	Found Nonggang Scenic Spot		
	左江景区	Zuojiang River Scenic Spot		
	崇左市凭祥市友谊关景区	Youyi Gate Scenic Spot in Pingxiang, Chongzuo		
	崇左市凭祥红木文博城景区	Rosewood Exposition Town in Pingxiang, Chongzuo		
	大连城景区	Daliancheng Defense Scenic Spot		
	宁明县花山景区	Huashan Mountain Scenic Spot in Ningming County		
	广西派阳山森林公园	Paiyang Mountain Forest Park of Guangxi		
	龙谷湾景区	Longguwan Scenic Spot		
	太平古城景区	Taiping Ancient Town Scenic Spot		
	龙州红军古道景区	Longzhou Red Army Trail Scenic Area		

17－13 续表9 continued

类别 Classification	风景名胜区名称	Name	所在地	Location
AAAA	立屯天梦景区	Litun Fairyland Scenic Area	崇左市	Chongzuo
	中国（南宁）乐养城景区	China (Nanning) Joyful Elderly Care City Scenic Area		
AAA	横县西津湖景区	Xijin Lake Scenic Spot in Hengxian County	南宁市	Nanning
	南宁市大王滩风景区	Dawang Beach Scenic Spot of Nanning		
	南宁市凤凰谷景区	Fenghuang Valley Scenic Spot of Nanning		
	南宁海底世界景区	Sea World Scenic Spot of Nanning		
	南宁金湖地王云顶观光旅游景区	Top Tour of Diwang Building of Nanning		
	宾阳县白鹤观旅游度假区	Baihe Taoist Temple Scenic Spot in Binyang County		
	南宁市华南城景区	Huanancheng Scenic Spot of Nanning		
	上林县鼓鸣寨养生旅游度假区	Guming Village Healthy Tourism Resort of Shanglin County		
	上林县禾田农耕文化园	Hetian Farming Culture Garden of Shanglin County		
	上林县霞客桃源壮乡旅游度假区	Xiake Peach Garden Zhuang Minority Village in Shanglin County		
	南宁市江南区扬美古镇景区	Yangmei Ancient Town of Jiangnan District in Nanning City		
	横县中华茉莉园景区	Chinese Jasmine Garden of Hengxian County		
	上林县万古茶园景区	Wangu Tea Garden Scenic Spot of Shanglin County		
	横县莲塘圣茶谷景区	Shengcha Tea Garden of Liantang in Hengxian County		
	南宁市狮山公园	Shishan Park of Nanning		
	广西农垦明阳向阳红现代农业庄园	Sunny Farm		
	南宁海王生命与健康科普馆	Neptunus Group's Science Museum		
	广西金花茶业工业旅游园	Golden Camellia Park of Nanning		
	横县西津国家湿地公园沙埠景区	Shabu Scenic Spot of Xijin National Weland Park in Hengxian County		
	马山县三甲攀岩小镇	Sanjia Rock Climbing Town in Mashan County		
	马山县小都百旅游景区	Xiaodubai Tourism Scenic Spot in Mashan County		
	马山县灵阳寺旅游景区	Lingyang Temple Tourism Area in Mashan County		
	马山县古朗瑶乡金银花公园	Honeysuckle Park in Gulang Yao Village of Mashan County		
	南宁市新秀公园	Xinxiu Park in Nanning		
	广西香流溪谷农业生态旅游区	Xiangliuxigu Agriculture Ecological Tourism Area in Guangxi		
	徐汉林红色教育基地示范点	Xu Hanlin Reveloution Educational Base Demonstration Site		
	南宁不孤湖景区	Buguhu Lake Scenic Spot in Nanning		
	横县顺来茉莉花茶展览馆	Shunlai Jasmine Tea Exhibition Hall in Hengxian County		
	西乡塘区芦仙山风景区	Luxianshan Scenic Spot in Xixiangtang District, Nanning		
	西乡塘区美丽南方老木棉·匠园	Laomunian Jiangyuan of Meilinanfang in Xixiangtang District, Nanning		
	南宁市花卉公园	Flowers and Plants Park in Nanning		
	南宁博物馆	Nanning Museum		
	武鸣区大明山汉江欢乐谷	Hanjiang Happy Valley of Damingshan Mountain in Wuming District, Nanning		
	振林·澳益渔耕新韵扶贫庄园	Zhenlin Aoyi Poverty Alleviation Park		
	福人湖生态旅游区	Furenhu Ecological Tourism Area		
	卡拉奇遇工业旅游景区	Carla Adventure Industrial Tourist Attraction		

17—13　续表10　continued

类 别 Classification	风景名胜区名称	Name	所在地	Location
AAA	南宁289上海天地	289 Shanghai Tiandi Scenic Spot in Nanning	南宁市	Nanning
	明秀园	Mingxiu Park in Nanning		
	雪松灵水壮乡文化小镇	Xuesong Lingshui Zhuang Autonomous Region Culture Town		
	亭子码头	Tingzi Wharf Scenic Spot in Nanning		
	南宁孔庙博物馆	Confucian Temple Museum of Nanning		
	起凤山	Phoenix Hill		
	古辣镇大陆村稻田艺术景区	Rice Field Art Scenic Spot in Dalu Village of Gula Town		
	程思远故居	Former Residence of Cheng Siyuan		
	伏波景区	Fubo Scenic Spot		
	桂合蚕桑丝绸生产体验园	Guihe Silkworm and Mulberry Silk Production Experience Park		
	南宁剧场	Nanning Theatre		
	那马那居康养旅游度假区	Na Ma Na Ju Health Care Resort		
	广西文化艺术中心	Guangxi Culture and Art Center		
	广西美术馆	Guangxi Art Gallery		
	绿地缤纷天地特色街区	Featured Urban Block of Greenland Colorful World		
	柳州花果山生态景区	Huaguo Mountain Natural Scenic Spot of Liuzhou	柳州市	Liuzhou
	三江石门冲景区	Shimenchong Scenic Spot of Sanjiang County		
	柳州市君武森林公园景区	Junwu Forest Park of Liuzhou City		
	鹿寨月岛湖景区	Yuedao Lake Scenic Spot of Luzhai County		
	融水雨卜苗寨景区	Yubu Miaotse Scenic Spot of Rongshui County		
	融水老子山景区	Laozi Hill Scenic Spot of Rongshui County		
	融水县田头苗寨景区	Tiantou Miaotse Scenic Spot of Rongshui County		
	柳城县红马山景区	Hongma Hill Scenic Spot in Liucheng County		
	柳州市万聚休闲农庄	Leisure Farm Wanju of Liuzhou City		
	三江县冠洞景区	Guandong Cave Scenic Spot in Sanjiang County		
	柳州柳城古砦仫佬族乡民俗风情旅游区	Guzhai Mulam Folklore Scenic Spot of Liucheng County		
	融水县龙宝大峡谷景区	Longbao Canyon Scenic Spot of Rongshui County		
	融水县石上人家景区	Village-on-rock Scenic Spot of Rongshui County		
	三江县产口景区	Chankou Scenic Spot of Sanjiang County		
	三江县侗族博物馆	Museum of Dong Minority of Sanjiang County		
	融安县沙子石岩生态旅游景区	Shazishi Cave Original Scenic Spot of Rong'an County		
	融水田塘瑶寨景区	Tiantang Yao Minority Scenic Spot of Rongshui County		
	鹿寨拉沟乡五家景区	Wujia Scenic Spot of Lagou in Luzhai County		
	鹿寨县鹿鸣谷景区	Luming Valley Scenic Spot in Luzhai County		
	鹿寨县笑缘景区	Xiaoyuan Scenic Spot in Luzhai County		
	鹿寨县文化艺术中心	Culture Arts Center in Luzhai County		
	鹿寨县山楂之恋景区	Love the Hornthorn Scenic Spot in Luzhai County		
	融水・西洞景区	Rongshui Xidong Cave Scenic Spot		

17—13 续表11 continued

类 别 Classification	风景名胜区名称	Name	所在地	Location
AAA	万福广场・休闲旅游城	Wanfu Plaza Leisure Tourism Town	桂林市	Guilin
	桂林市瓦窑小镇景区	Wayao Small Town		
	象山区侗情水庄景区	Dong Shui Village Scenic Spot in Xiangshan District		
	海之鑫洞藏就文化馆	Haizhixin Wine Hide in Cave Culture Park		
	桂林芦笛岩鸡血玉文化艺术中心景区	Jixue Jade Culture & Art Centro of Ludi Cave in Guilin		
	桂林市神龙水世界景区	Shenlong Water World Scenic Sport in Guilin		
	桂林多耶古寨-蛇王李景区	Guilin Duoye Village-Snake King Li Scenic Spot		
	桂林黄沙秘境大峡谷景区	Huangsha Secret Grand Canyon Scenic Spot		
	美国飞虎队桂林遗址公园	American Flying Tigers Ruins Park in Guilin Scenic Spot		
	李宗仁故居	Li Zongren Former Residence		
	会仙喀斯特国家湿地公园景区	Huixian Karst National Wetland Park		
	临桂十二滩漂流景区	Twelve Beach Drift Scenic Spot of lingui		
	抱璞文化展示中心	Baopu Culture Exibition Center		
	桂林崇华中医街	Chonghua Chinese Medicine Street in Guilin		
	佑子湾景区	Youziwan Folk Park Scenic Spot		
	桂林之花景区	The Flower of Guilin Scenic Spot		
	枫和里文化旅游区	Fengheli Culture Tourist Attraction		
	一院两馆景区	The Grand Theatre, Museum and Library of Guilin Scenic Spot		
	龙胜县白面瑶寨景区（红色景区）	Baimian Yao Minority Scenic Spot of Longsheng County		
	龙胜艺江南中国红玉文化园景区	Yijiangnan Chinese Red Jade Cultural Garde of Longsheng County		
	荔浦县马岭鼓寨民族风情园	Malingguzhai Nationality Park in Lipu County		
	荔浦天河瀑布景区	Tianhe Waterfall Scenic Spot of Lipu County		
	荔浦县柘村景区	Ripe Tangerines Rural Tourism Area of Lipu		
	黄岭景区	Huangling Scenic Spot		
	杨溪景区	Yangxi Scenic Spot		
	瑶族文化村景区	Yao Nationality Cultural Village		
	北洞源景区	Beitongyuan Scenic Spot		
	恭城龙虎关景区	Longhu Pass Scenic Spot in Gongcheng County		
	恭城矮寨景区	Aizhai Scenic Spot in Gongcheng County		
	恭城社山景区	Sheshan Mountain Scenic Spot in Gongcheng County		
	灌阳唐景崧故里景区	Tang ching-sung Hometown in Guanyang County		
	灌阳茶博园	Tea Expo Gaden in Guanyang County		
	灌阳神农稻博园	Shennong Rice Garden in Guanyang County		
	灌阳洞井古民居景区	Dongjing Ancient Village Scenic Spot in Guanyang County		
	灌阳都庞岭大峡谷景区	Dupangling Grand Canyon Scenic Spot in Guanyang County		
	灌阳文市石林景区	Wenshi Stone Park in Guanyang County		
	桂林希宇・欢乐城景区	Xiyu・Happy Town Scenic Spot of Guilin		
	八路军桂林办事处路莫村物资转运站景区（红色景区）	Scenic Spot for Guilin Office of the Eighth Route Army Material Transfer Station in Rumo Village		
	灵川龙门瀑布景区	Longmen Waterfall County Scenic Spot of Lingchuan County		

17－13 续表12 continued

类别 Classification	风景名胜区名称	Name	所在地	Location
AAA	灵川县江头景区	Jiang Tou Lingchuan County Area	桂林市	Guilin
	平乐仙家温泉景区	Xianjia Hotspring Scenic Spot of Pingle County		
	桂林国际茶花谷旅游休闲度假区	International Camellia Valley Tourism and Resort Area		
	桂林湘山酿酒生态园景区	Xiangshan Wine Making Ecological Park		
	全州县炎井温泉	Yanjing Hotspring Scenic Spot of Quanzhou County		
	永福县凤山景区	Fengshan Mountain Scenic Spot in Yongfu County		
	罗汉果小镇	Momordica Grosvenori Town		
	资源县宝鼎景区	Baoding Scenic Spot in Ziyuan County		
	资源县塘洞景区（红色景区）	Tangdong Cave Scenic Spot		
	东乡积翠景区	Dongxiang Jicui Scenic Spot	梧州市	Wuzhou
	古皮橙柿亲情谷	Gupi Orange and Persimmon Family Valley		
	蝴蝶谷景区	Butterfly Valley Scenic Spot		
	菌会会蘑菇小院	Junhuiui Mushroom Yard		
	茂圣六堡茶业文化中心	Maosheng Liu Pao Tea Culture Center		
	神冠胶原蛋白文化博览中心	Shenguan Collagen Culture Expo Center		
	石燕山景区	Shiyan Mountain Scenic Spot		
	丝绸工业旅游景区	Silk Industrial Tourist Attraction		
	甜蜜家生态蜂业园	Tianmijia Ecological Apiculture Garden		
	梧州市太和公园（梧州动物园）	Taihe Park in Wuzhou (Wuzhou Zoo)		
	梧州学院博物馆	Wuzhou University Museum		
	西炮台公园	West Fort Barbette Park		
	夏宜醉美瑶乡景区	Zuimei Yao Nationality Village of Xiayi		
	羽生谷休闲养生基地	Yusheng Valley Leisure and Health-care Base		
	珠山公园	Zhushan Hill Park		
	大江埠民俗风情村	Dajiangbu Folk Custom Village	北海市	Beihai
	北海南珠博物馆	Museum of Nanzhu Pearl in Beihai City		
	北海贝雕博物馆	Museum of Shell Carving in Beihai City		
	槐园景区	Huaiyuan Garden Scenic Spot in Beihai City		
	合浦县观音山生态旅游区	Guanyin Mountain Eco-tourism Area of Hepu County		
	合浦县东坡亭景区	Dongpo Pavilion Scenic Spot of Hepu County		
	合浦县古海角景区	Guhaijiao Scenic Spot of Hepu County		
	合浦县曲樟客家土围城	Quzhang Hakkas Clay Castle		
	合浦县永安大士阁景区	Yongan Dashi Pavilion Scenic Spot		
	合浦县梦唤滨海体育文化园	Dreamlike Coastal Sports Culture Park		
	涠洲岛石螺口景区	Shiluokou Scenic Spot		
	涠洲岛滴水丹屏景区	Dishui Danping Scenic Spot		
	白龙珍珠城景区	White Dragon Pearl Town Scenic Spot		
	北海生巴达科技旅游区	Beihai SBD Science and Technology Tourist Attraction		
	海丝首港·外沙码头景区	Maritime Silk Road First Port · Waisha Port Scenic Spot		
	疍家小镇	Boat Dweller Town		

17—13 续表13 continued

类别 Classification	风景名胜区名称	Name	所在地	Location
AAA	东兴陈公馆景区	Chen Mansion Scenic Spot of Dongxing	防城港市	Fangcheng-gang
	东兴市意景园旅游景区	Yijingyuan Garden Scenic Spot in Dongxing City		
	东兴市百业东兴·红木社区旅游购物景区	Baiyedongxing Rosewood Tourism and Shopping Area of Dongxing City		
	东兴市北仑河口景区	Beilun River Scenic Spot in Dongxing City		
	钦州龙门群岛海上生态公园	Longmen Archipelago Natural Ocean Park of Qinzhou	钦州市	Qinzhou
	钦州市浦北县文昌景区	Wenchang Scenic Spot of Pubei County in Qinzhou		
	钦州市浦北县大朗书院景区	Dalang Ancient College of Pubei County in Qinzhou		
	钦州坭兴陶艺术馆	Nixing Pottery Art Gallery Scenic Spot of Qinzhou		
	钦州市登峰陶艺馆	Dengfeng Pottery Art Gallery in Qinzhou City		
	广西钦州保税港区国际商品直销中心旅游景区	International Merchandise Outlet of Bonded Port Area in Qinzhou City		
	钦州市白石湖景区	Baishi Lake Scenic Spot in Qinzhou City		
	钦州市钦北区碗窑梨花谷景区	Wanyao Pear Valley Scenic Spot of Qinbei District in Qinzhou City		
	广西钦州市浦北县公猪脊景区	Gongzhuji Scenic Spot of Pubei County in Qinzhou City		
	北部湾大学景区	Binhai Campus Scenic Spot of Qinzhou University		
	中国广西东盟商贸城	Guangxi ASEAN Business City in Qinzhou		
	钦州市千年古陶城景区	Millennium Antique Pottery Scenic Spot in Qinzhou		
	钦州市浦北县柑子根党支部旧址景区	Ganzigen Party Branch Site in Pubei County		
	钦州湾辣椒槌滨海旅游度假区	Lajiaochui Costal Tourist Resort in Qinzhou		
	广西钦州北部湾望海岭国际滑翔伞基地	Beibu Gulf Hailing International Paraglider Base in Qinzhou		
	广西钦州林湖自治区级森林公园王岗山景区	Wanggangshan Mountain Scenic Spot in Qinbei District, Qinzhou		
	浦北县博物馆	Pubei Mesume		
	浦北小江瓷艺术馆	Xiaojiang Porcelain Art Gallery in Pubei County		
	苹塘古村红色文化旅游区	Pingtang Ancient Village Red Culture Tourist Attraction		
	中国（广西）自由贸易试验区钦州港片区孔雀湾旅游景区	Peacock Bay Scenic Spot in Qinzhou Port Area of China (Guangxi) Pilot Free Trade Zone		
	灵山县博物馆	Lingshan Museum		
	桂平市北回归线标志公园	The Tropic of Cancer Sign Park in Guiping City	贵港市	Guigang
	桂平市大藤峡景区	Large Vine Gorge Scenic Spot in Guiping City		
	桂平市中山公园	Guiping Zhongshan Park		
	桂平市滨江文化公园	Guiping Riverside Cultural park		
	桂平市革命烈士纪念碑公园	Guiping Revolutionary Martyrs Monument Park		
	桂平市东塔景区	Guiping East Tower Scenic Spot		
	桂平市罗丛岩景区	Guiping Luocong Rock Scenic Spot		
	平南大安古建筑群景区	Da'an Acienct Architectural Complex Area in Pingnan County		
	平南梁嵩状元纪念馆景区	Liang Song Zhuangyuan Memorial Hall in Pingnan County		
	平南安怀石硖龙眼生态旅游景区	Anhuai Shixia Longan Ecological Tourism Area in Pingnan County		

17—13 续表14 continued

类 别 Classification	风景名胜区名称	Name	所在地	Location
AAA	平南大新石硖龙眼母本园景区	Daxin Shixia Longan Original Tree Park in Pingnan County	贵港市	Guigang
	平南大五顶森林养生景区	Dawuding Forest and Healthcare Area in Pingnan County		
	平南都兴屯黄花岗烈士公园	Duxingtun Huanghuagang Martyr Cemetery in Pingnan County		
	平南大玉余甘果生态园景区	Dayu Yuganguo Ecological Park in Pingnan County		
	平南畅岩怀古景区	Changyanhuaigu Scenic Spot in Pingnan County		
	平南江北诗词文化公园	Jiangbei Poetry Culture Park in Pingnan County		
	贵港市马草江生态公园	Machaojiang Ecological Park		
	贵港市民族文化公园	Ethnic Group Culture Park		
	贵港市博物馆	Guigang Museum		
	贵港市体育中心	Sport Center of Guigang		
	贵港市青牛谷景区	Qingniugu Valley		
	贵港市凉水山景区	Liangshuishan Mountain Scenic Spot		
	贵港市达开湖景区河净片区	Hejing Area of Dakai Lake Scenic Spot		
	贵港市龙岩景区	Longyan Scenic Spot in Gangbei District		
	港南区谭寿林故居景区	Former Residence of Tan Shoulin in Gangnan District		
	梦幻冲口景区	Dreamlike Chongkou Scenic Spot		
	新塘草坪旅游区	Xintang Lawn Tourist Attraction		
	香江竞渡景区	Xiangjiang Dragon Boat Race Scenic Spot		
	覃塘花山茶海景区	Flowers and Tea Park in Qintang District		
	覃塘凤凰山景区	Fenghuangshan Mountain in Qintang District		
	覃塘古风岩景区	Gufengyan Scenic Spot in Qintang District		
	覃塘三里罗村景区	Sanliluo Village Scenic Spot in Qintang District		
	覃塘五指山景区	Wuzhishan Scenic Spot in Qintang District		
	覃塘区凌动世外桃源景区	Lingdong Land of Idyllic Beauty in Qintang District		
	龟山公园景区	Tortoise Hill Park Scenic Spot	玉林市	Yulin
	狮子山公园景区	Lion Hill Park Scenic Spot		
	玉林市园博园	Yulin Gardening Expo Park		
	玉林市博物馆	Yulin Museum		
	陆川县龙颈瀑布旅游景区	Dragon Neck Waterfall Scenic Spot in Luchuan County		
	陆川世客城	Shikecheng Scenic Spot		
	陆川龙珠湖风景名胜区	Longzhu Lake Scenic Spot of Luchuan County		
	水月岩旅游景区	Shuiyue Rock Scenic Spot		
	容县天堂湖温泉度假山庄	Tiantanghu Hotspring Holiday Village of Rongxian County in Yulin		
	容县抗日烈士纪念馆	Memorial Hall for Anti-Japanese Martyrs of Rongxian County		
	容县兰花生态园	Orchid Eco-park of Rongxian County		
	南方黑芝麻博物馆	Nanfang Black Sesami Museum		
	容县黄绍竑故居	Huang Shaohong's Former Residence		
	都峤山森林公园	Duqiao Mountain Forest Park		
	容县沙田柚王国	Plantation of Shatian Pomelo in Rongxian County		

17—13 续表15 continued

类别 Classification	风景名胜区名称	Name	所在地	Location
AAA	绿碧山	Lvbi Mountain	玉林市	Yulin
	冠堂红色革命教育基地	Guantang Red Revolution Educational Base		
	北流市城西公园	Beiliu City Chengxi Park		
	北流市陶瓷名城	Beiliu famous ceramic city		
	梧村狮子峰生态旅游区	Wucun Lion Peak Eco-tourism Scenic Spot		
	广西北流市扶新佰仁生态旅游风景区	Fuxin Bairen Eco-tourism Scenic Spot in Beiliu City, Guangxi		
	金斗岭生态旅游区	Jindou Hill Eco-tourism Attraction		
	北流市九龙湾生态旅游度假区	Jiulongwan Eco-tourism Resort in Beiliu City		
	北流市容心谷生态旅游度假区	Rongxin Valley Ecological Tourist Resort		
	宴石山风景区	The Banquet Stone Mountain Scenic Spot		
	乐业县罗妹莲花洞景区	Luomei Lotus Cave Scenic Spot in Leye County of Baise	百色市	Baise
	乐业布柳河仙人桥景区	Xianren Bridge over the Buliu River of Leye County in Baise		
	乐业县红七红八军纪念馆	The Seventh and Eighth Red Army Memorial Hall, Leye County		
	乐业-凤山世界地质公园景区	Leye-Fengshan World Geopark Scenic Spot		
	乐业县穿洞天坑景区	Chuandong Sky Hole Scenic Spot in Leye County		
	乐业县五台山森林公园景区	Wutai Mountain Forest Park in Leye County		
	乐业县兰花和普园景区	Orchid Popularization Garden in Leye County		
	田林县万吉山森林公园景区	Wanji Mountain Forest Park in Tianlin County		
	凌云县泗城文庙景区	Sicheng Literature Temple of Lingyun County		
	凌云县纳灵河谷景区	Naling Valley of Lingyun County		
	凌云县水源洞景区	Shuiyuan Karst Cave in Lingyun County		
	凌云县博物馆景区	Lingyun Museum		
	凌云县独秀峰景区	Duxiu Peak Scenic Spot in Lingyun County		
	凌云县泗水缤纷·红色彩架景区	Sishui Profusion · Caijia Red Scenic Spot in Lingyun County		
	凌云县泗水缤纷·桑梓平怀景区	Sishui Profusion · Sangzi Pinghuai Scenic Spot in Lingyun County		
	田阳敢壮山布洛陀遗址景区	The Site of Buluotuo on Ganzhuang Mountain of Tianyang County		
	田东十里莲塘景区	Shili Lotus Scenic Spot of Tiandong		
	田东县右江工农民主政府旧址景区	The Site of Youjiang Former Workers and Peasants Democratic Government of Tiandong County		
	靖西龙潭湿地公园	Longtan Wetland Park in Jingxi City		
	靖西市渠洋湖景区	Quyang River Scenic Spot of Jingxi City		
	靖西市岜蒙福峒山生态旅游景区	Ho Chi Minh Cave Ecological Tourism Scenic Spot in Jingxi City		
	隆林各族自治县腊仁欢乐水乡景区	Laren Happy Water Town in Longlin Ethnic Autonomous County		
	贺州市博物馆	Museum of Hezhou City	贺州市	Hezhou
	客家围屋	Hakka Round House		
	玉印浮山	Jade Seal Floating Hill		
	紫云仙境景区	Ziyun Karst Cave Wonderland Scenic Spot		
	贺州博学园	Erudition Park of Hezhou		
	平桂区体育文化中心景区	Sports and Culture Center in Pinggui District		
	富川瑞光公园景区	Ruiguang Park in Fuchuan		

17—13　续表16　continued

类 别 Classification	风景名胜区名称	Name	所在地	Location
AAA	富川秀水状元村景区	Xiushui Zhuangyuan Village Scenic Spot in Fuchuan	贺州市	Hezhou
	富川罗丰景区	Luofeng Scenic Spot in Fuchuan		
	贺州市华润循环经济工业旅游区	Huarun Circular Economy Industrial Tourism Area		
	钟山状元峰景区	Zhuangyuanfeng Scenic Spot in Zhongshan County		
	钟山石龙乡贤文化旅游景区	Shilong Moral Virtue Cultural Tourist Attraction in Zhongshan County		
	钟山县大田古村景区	Datian Ancient Village in Zhongshan County		
	黄姚诗画姚江景区	Poetic and Picturesque Yaojiang River in Huangyao Town		
	故乡茶博园	Homeland Tea Expo Garden		
	走马观画无边界景区	Scenic Spot of A Quick Glance Without Boundary		
	南丹温泉公园	Hotspring Park of Nandan	河池市	Hechi
	河池市天峨县龙滩水电站景区	Longtan Hydroelectric Station of Tian'e County		
	南丹白裤瑶生态博物馆	Eco-museum of Baiku Yao in Nandan County		
	金城江小三峡旅游景区	Xiaosanxia Scenic Spot in Jinchengjiang		
	南丹县铜江公园景区	Tongjiang Park Scenic Spot in Nandan County		
	河池宜州市古龙河漂流景区	Gulong River Rafting Scenic Spot of Yizhou District		
	巴马县西山红色旅游区	Western Hill Red Tourism Scenic Spot of Bama Coutny		
	宜州嘉联丝绸工业园	Jialian Silk Industry Park of Yizhou district		
	巴马活泉水文化景区	Huoquan Spring Cultural Scenic Spot of Bama Coutny		
	东兰民间铜鼓收藏馆	Folk Bronze Drum Collection Hall in Donglan		
	东兰天宝山景区	Tianbaoshan Scenic Spot in Donglan		
	大化县滇桂黔边纵队桂西区指挥部旧址	Dianguiqin Edge Column Guangxi West District Headquarters Site in Dahua		
	凤山县革命烈士公园	Revolutionary Martyr Memorial Park in Fengshan County		
	都安山水瑶景区	Shanshui Yao Scenic Spot in Du'an Yao Autonomous County		
	都安密洛陀野生葡萄红酒酿造基地	Du'an Miluotuo Cultural Park		
	都安民族博物馆	Du'an Ethnography Museum		
	大化“夜街”景区	Yejie Scenic Spot in Dahua		
	大化水岸廊桥景区	Shui'an Gallery Bridge Scenic Spot in Dahua		
	川洞河燕子湖景区	Chuandong River Swallow Lake		
	罗城县天门山景区	Heaven Gate Mountain Scenic Spot, Luocheng County		
	南丹县笼箱盖枫杏旅游景区	Longxianggai Maple Apricot Ecotourism Scenic Area, Nandan County		
	来宾市桂中水城盘古文化公园	Pan Gu Cultural Park of Guizhong Watertown in Laibin	来宾市	Laibin
	象州县象郡文化公园	Xiangjun Culture Park in Xiangzhou County		
	来宾市象州县罗秀镇纳禄景区	Nalu Scenic Spot in Luoxiu Town in Xiangzhou County of Laibin		
	武宣县文庙景区	Wuxuan Confucian Temple		
	来宾市忻城县盘鹤岭森林公园	Panhe Mountain Forest Park in Xincheng County of Laibin		
	来宾市忻城县神秘湖景区	Mysterious Lake in Xincheng County of Laibin		
	来宾市忻城县忻城马泗都宜忻革命根据地景区	Duyixin Revolution Base in Masi Village, Xincheng County of Laibin		
	青山瀑布景区	Qingshan Waterfall Scenic Spot		

17—13 续表17 continued

类别 Classification	风景名胜区名称	Name	所在地	Location
AAA	合山市国家矿山公园（里兰园区）	National Mine Park (Lilan Park) in Heshan City	来宾市	Laibin
	合山市红河公园景区	Honghe Park in Heshan City		
	合山市奇石文化公园	Strange Stones Gallery of Heshan City		
	合山市百年老矿·第一口井历史文化景区	Century-old Mine and the First Well History and Culture Scenic Spot in Heshan City		
	合山虎鹰工业旅游景区	Huying Industrial Tourist Attraction in Heshan City		
	龙州县跑马洞景区	Paoma Cave Scenic Spot in Longzhou County	崇左市	Chongzuo
	天等县都康田园景区	Dukang Countryside Scenic Spot in Tiandeng County		
	天等县天椒乐园	Tianjiao Park in Tiandeng County		
	胡志明展馆	Ho Chi Minh Exhibition Hall		
	龙州县业秀园景区	Yexiu Park in Longzhou County		
	龙州（水陇-甫茶）红军路景区	Shuilong-fucha Red Army Road Scenic Spot in Longzhou County		
	独山景区	Dushan Scenic Spot		
	凭祥市浦寨文化旅游不夜城景区	The Never-Sleep-City Cultural Scenic Spot of Puzhai Town of Pingxiang City		
	凭祥市世界珍稀林木生态园景区	The World's Rare Trees Original Scenic Spot of Pingxiang City		
	凭祥市兰花谷景区	Park of Orchids Valley of Pingxiang City		
	凭祥市平岗岭地下长城景区	Pinggangling Greatwall Underground Scenic Spot of Pingxiang City		
	凭祥市城市规划展览馆	City Planning Exhibition Hall of Pingxiang City		
	凭祥市白云山生态公园	Baiyunshan Mountain Ecological Park in Pinxiang		
	宁明县狮子头森林公园	Shizitou Forest Park in Ningming County		
	崇左市壮族博物馆	Chongzuo Museum of Zhuang Ethnic Group		
	大新县小灵珑景区	Xiaolinglong Scenic Spot of Daxin County		
	大新县黑水河景区	Blackwater River Scenic Spot in Daxin County		
	大新县凤凰岭景区	Fenghuang Valley Scenic Spot of Daxin County		
	炎鑫景区	Yanxin Scenic Spot		
	逐羊景区	Zhuyang Scenic Spot		
	凭祥市华夏龟谷生态旅游度假区	China Tortoise Center Eco-tourism Resort in Pingxiang City		
AA	防城港火山岛景区	Volcano Island Scenic Spot of Fangchenggang	防城港市	Fangcheng-gang
	钦州市北部湾坭兴玉陶景区	The Nixing Potery Scenic Spot of Beibu Gulf in Qinzhou	钦州市	Qinzhou
	钦州市灵山县锦泉生态旅游度假村	Jinquan Original Holiday Village of Lingshan County in Qinzhou City		
	玉林欢天喜地园艺场	Joyful Gardening Paradise in Yulin	玉林市	Yulin
	罗城青明山庄园景区	Qingming Villa Scenic Spot of Luocheng County	河池市	Hechi
	罗城县武阳江景区	WuYang River Scenic Spot of Luocheng County		
	大化莲花山景区	Lianhua Mountain Scenic Spot of Dahua County		
	河池市罗城县剑江景区	Jianjiang River Scenic Spot		
	都安县八仙乐园景区	Baxian Fairyland Scenic Spot of Du'an County		
	来宾市金海公园	Jinhai Park in Laibin	来宾市	Laibin
	象州凉泉景区	Cool Spring Scenic Spot in Xiangzhou County		

主要统计指标解释

营业额 指住宿和餐饮业单位在经营活动中，因提供服务或销售商品等取得的全部收入（含增值税），收入主要来源于提供客房、餐费服务、商品销售和其他服务，如商务服务。不包括多产业法人企业附营的其他行业产业活动单位的餐费收入、商品销售收入等各项收入。

客房收入 指住宿和餐饮业单位在经营活动中因提供住宿服务取得的收入（含增值税）。不包括多产业法人企业附营的其他行业产业活动单位的客房收入。

餐费收入 指本单位为顾客提供就餐服务取得的收入（含增值税）。包括：经烹饪、调制加工后出售的各种食品，如主食、炒菜、凉拌菜等的收入。不包括多产业法人企业附营的其他行业产业活动单位的餐费收入。

商品销售额 指对本单位以外的单位和个人出售的商品金额（包括售给本单位消费用的商品，含增值税）。在住宿和餐饮业中，本指标反映住宿和餐饮业单位出售商品的销售总额（含增值税），不包括法人企业附营的其他行业产业活动单位的商品销售额。

其他收入 指提供客房、餐饮服务、商品销售以外的其他服务获得的收入（含增值税），如商务服务、健身娱乐等。

游客 指任何为观光游览、休闲度假、探亲访友、保健疗养、购物娱乐、学习交流、会议培训或开展经济、文化、体育、宗教等活动，离开常住国（或常住地）到其他国家（或地区），其连续停留时间不超过12个月，并且在其他国家（或地方）的主要目的不是通过所从事的活动获取报酬的人。游客不包括因工作或学习在两地有规律往返的人。游客按出游地分入境游客和国内游客；按出游时间分为过夜游客和一日游游客。

入境游客 指报告期内中国（大陆）观光游览、休闲度假、探亲访友、保健疗养、购物娱乐、学习交流、会议培训或开展经济、文化、体育、宗教等活动的外国人、港澳台同胞等游客（即入境旅游人数）。统计时，入境游客按每入境一次统计1人次。入境游客包括入境过夜游客和入境一日游游客。

国内游客 指报告期内在中国（大陆）观光游览、休闲度假、探亲访友、保健疗养、购物娱乐、学习交流、会

Explanatory Notes on Main Statistical Indicators

Business Revenue refers to total revenue (including VAT) of hotels and catering services received from providing services or selling commodities through business activities. Revenue comes mainly from providing hotels, catering services, selling of commodities and other services, such as commodity services. It does not include revenue from providing meals or selling of commodities by establishments affiliated to other multi-industrial corporate enterprises.

Incomes from Hotel Rooms refers to income (including VAT) of hotels and catering services by providing lodging services through business activities. It excludes the hotel incomes of establishments affiliated to other multi-industrial corporate enterprises.

Incomes from Meals refers to income (including VAT) from providing catering services, including selling of cooked or prepared foods, such as staple food, cooked dishes, or cold dishes. It does not include income from meals provided by establishments affiliated to other multi-industrial corporate enterprises.

Sales of Goods refers to value of goods sold to other units or individuals (including the goods sold to the unit, and including VAT). This indicator reflects the total sales (including VAT) of goods of hotels and catering units. It excludes the sales of goods of establishments affiliated to other multi-industrial corporate enterprises.

Other Incomes refers to other incomes in the turnover beside the incomes from hotel rooms, catering services and sales of goods (including VAT), such as commercial services, fitness and entertainment.

Tourists refers to any person who leaves his or her country of permanent residence (or place of residence) to another country (or region) for the purposes of sightseeing, leisure and vacation, visiting relatives and friends, health and rehabilitation, shopping and entertainment, study and exchanges, attending conferences and training, or to engage in economic, cultural, sports, religious or other activities, and stays for a continuous period of no more than 12 months, with the primary purpose in the destination country (or place) not to be paid for the activities he or she performs. Tourists do not include those who travel regularly between two places for work or study. Tourists are divided into inbound tourists and domestic tourists by the destination, inbound overnight tourists and one-day tourists by the duration.

Overseas Visitor Arrivals refer to the number of tourists of foreigners, Chinese compatriots from Hong Kong, Macao and Taiwan who come to China (mainland) within the reference period for sight-seeing, vacation, visiting relatives, medical treatment, shopping, attending conference, or to engage in economic, cultural, sports and religious activities (namely the number of overseas visitor arrivals). In compiling statistics, each arrival is counted as one person-time. Overseas visitor arrivals includes inbound overnight tourists and one-day tourists.

Number of Domestic Tourists refers to the number of Chinese (mainland) residents who travel within China (mainland) for sight-seeing,

议培训或开展经济、文化、体育、宗教等活动的中国（大陆）居民，其出游的目的不是通过所从事的活动谋取报酬。统计时，国内游客按每出游一次统计1人次。国内游客包括国内过夜旅游者和国内一日游游客。

旅游消费 游客在旅游过程中（由游客或游客的代表为游客）支付的一切旅游支出。应包括游客在整个游程中行、游、住、食、购、娱，以及为亲友、家人购买纪念品、礼品等方面的支出，不包括以营利为目的的购物，购买房、地、车、船等资本性投资，赠亲友的现金及给公共机构的捐赠。地方旅游收入包括入境游客收入和国内游客收入。

国际旅游（外汇）消费 入境游客在中国（大陆）境内旅行、游览过程中用于交通、参观游览、住宿、餐饮、购物、娱乐等全部花费。

国内旅游消费 指国内游客在国内旅行、游览过程中用于交通、参观游览、住宿、餐饮、购物、娱乐等全部花费。

vacation, visiting relatives, medical treatment, shopping, attending conference, or to engage in economic, cultural, sports and religious activities. In compiling statistics, each travel is counted as one person-time. Domestic tourists include domestic overnight tourists and one-day tourists.

Tourism Expenditure refers to the total expenditure paid by tourists or delegates of tourists during their travel. It should include the tourist expenditure for transportation, visiting, accommodation, catering, shopping, entertainment, and purchasing gifts and souvenirs for families and friends during the whole journey, and exclude profit-oriented shopping, capital investment for buying real estates, lands, motor vehicles and ships, cash given to relatives and friends, and donations for public institutions. Local tourism revenue includes inbound tourist revenue and domestic tourist revenue.

International Tourism (Foreign Exchange) Expenditure refers to the total expenditure of overseas visitors during their stay in the mainland of China on transportation, sighting, accommodation, food, shopping and entertainment.

Domestic Tourist Expenditure refers to the total expenditure of domestic tourists during their travel in China on transportation, sighting, accommodation, food, shopping and entertainment.

第十八篇 交通、运输和邮电通信业

CHAPTER 18 TRANSPORTATION, POSTAL AND TELECOMMUNICATION SERVICES

（编辑：利　杰）

简要说明

（本篇资料由自治区统计局服务业处整理，电话：0771-5879923）

一、本篇资料主要内容及来源

（一）民用车辆保有量情况（公安厅交通管理局、自治区农机中心）；

（二）交通运输和港口基础设施及生产情况（交通运输厅、中国铁路南宁局、广西机场管理集团）；

（三）邮政电信业基础设施及生产情况（自治区通信管理局、自治区邮政管理局）。

二、其他情况说明

1. 2006年起国家交通部将村道纳入公路里程统计范围，公路里程数据与往年不可比。

2. 2014年起，邮政快递网点、邮路总长度、邮政汽车三个指标包含快递服务企业数据，之前仅含邮政公司数。

3. 2019年起，公路货运、港口统计口径调整，二者数据与往年均不可比。

4. 2021年起，电信业务总量和邮政业务总量按2020年不变价格计算，数据与往年不可比。

Brief Introduction

(This chapter is compiled by Department of Service Industry of the Guangxi Zhuang Autonomous Region Bureau of Statistics, Tel: 0771-5879923)

Main Contents and Sources

(i) Possession of civil vehicles (by Traffic Management Authority of Public Security Department, Agricultural Machinery Center of Guangxi Zhuang Autonomous Region);

(ii) Transportation and port infrastructure and production (by Department of Transportation, Nanning Bureau of China Railway, Guangxi Airport Management Group);

(iii) Infrastructure and production of the postal telecommunications industry (by Communications Administration and Postal Administration of Guangxi Zhuang Autonomous Region).

18－1 主要年份民用车辆保有量

Possession of Civil Vehicles in Main Years

指　标	Item	2000	2005	2010	2015	2019	2020	2021	2022
一、汽车（万辆）	Civil Motor Vehicles（10 000 units）	29.13	63.54	155.73	366.52	675.72	752.06	832.76	892.24
#私人	Private	13.27	33.49	111.71	316.66	615.13	688.62	765.70	825.61
1. 载客汽车（万辆）	Number of Buses and Cars (100 000 units)	15.23	38.00	113.13	302.56	587.41	653.60	726.07	784.64
#私人	Private	6.03	21.07	88.01	274.28	553.04	618.94	691.05	749.29
载客量（万客位）	Passenger Capacity (10 000 sets)	192.57		793.31	1861.34	3428.69	3797.75	4173.22	4468.75
大型（万辆）	Large (10 000 units)	1.70	2.45	3.22	3.33	3.92	3.88	3.82	3.53
#私人	Private	0.53	0.19	0.12	0.02	0.03	0.03	0.03	0.03
载客量（万客位）	Passenger Capacity (10 000 sets)	68.60		125.95	144.86	180.63	183.03	181.84	168.06
轿车（万辆）	Car (10 000 units)		16.03	62.81	176.65	354.21	401.93	455.51	501.66
#私人	Private		9.48	52.68	164.28	337.55	385.78	439.84	486.22
2. 载货汽车（万辆）	Trucks (10 000 units)	13.16	19.48	36.82	58.71	83.21	93.31	101.59	102.62
#私人	Private	7.15	8.45	20.00	38.99	58.99	66.53	71.52	73.32
载重量（万吨位）	Deadweight Capacity (10 000 tons)	58.20		127.93	182.40	268.51	322.96	353.48	343.27
大（重）型（万辆）	Large (10 000 units)	7.38	9.36	8.97	13.51	20.94	24.50	28.32	27.38
#私人	Private	3.98	3.55	3.14	5.10	8.49	9.67	10.53	10.46
载重量（万吨位）	Deadweight Capacity (10 000 tons)	39.70		83.01	128.93	202.48	245.52	272.68	261.69
3. 其他汽车（万辆）	Other Motor Vehicles (10 000 units)	0.75	6.05	5.78	5.24	5.10	5.15	5.10	4.99
#私人	Private	0.09	3.97	3.69	3.40	3.09	3.15	3.13	2.99
二、拖拉机（万辆）	Tractor (10 000 units)	29.17	49.07	37.95	47.82	36.97	28.42	18.32	13.27
#私人	Private	28.37	49.79	37.95	47.82	36.97	28.42	18.32	12.13
三、摩托车（万辆）	Motorcycles (10 000 units)	160.15	433.80	638.52	671.96	622.13	673.13	730.60	782.08
#私人	Private	145.57	425.97	633.02	668.75	618.41	668.75	723.63	772.19
普通（万辆）	Motor Bikes (10 000 units)	145.50	414.12	633.40	667.73	604.03	609.15	623.70	656.16
#私人	Private	137.09	407.31	627.93	664.53	600.37	604.99	617.10	646.84
四、挂车（万辆）	Trailers (10 000 units)	0.45	0.89	1.46	2.92	5.68	7.63	9.29	9.37
#私人	Private	0.22	0.28	0.38	0.96	2.01	2.52	2.88	2.96

说明：根据2006年口径，2005年民用汽车拥有量及其中私人民用汽车拥有量数据已做调整，不再包含农机部门的三轮汽车和低速汽车。

Note: The number of Civil Motor Vehicles and Private Civil Motor Vehicles in 2005 have been adjusted according to the new standard in 2006, and exclude the motor pedicab and low-speed motor vehicles belonged to the Agricultural Machinery Department.

18－2　主要年份民用运输船舶拥有量
Possession of Civil Transport Vessels in Main Years

指　标	Item	2000	2005	2010	2015	2019	2020	2021	2022
运输船舶总数（艘）	**Ⅰ. Transport Vessels (unit)**	**8472**	**8307**	**8800**	**9000**	**6532**	**6989**	**7627**	**8038**
#私人	Private	3978	3450	3493	2877	887	777	606	520
载客量（万客位）	Passenger Capacity (10 000 sets)	8.37	8.97	11.21	12.00	2.87	3.08	3.30	3.36
净载重量（万吨位）	Net Deadweight Capacity (10 000 tons)	84.93	203.60	514.00	819.74	1051.89	1214.87	1573.50	1837.57
总功率（万千瓦）	Total Power (kw)	41.16	67.47	148.54	208.41	219.73	238.16	266.72	300.92
1. 客船（艘）	Passenger Vessels (unit)	1872	2269	2725	2462	345	347	339	375
#私人	Private	1456	1684	2168	1934	9	0	0	0
载客量（万客位）	Passenger Capacity (10 000 sets)	7.41	8.83	11.07	11.83	2.67	2.97	3.19	3.25
2. 客货船（艘）	Passenger and Cargo Vessels (unit)	166	5	5	4	4	2	2	2
#私人	Private	143	1				0	0	0
载客量（万客位）	Passenger Capacity (10 000 sets)	0.96	0.14	0.14	0.17	0.19	0.11	0.11	0.11
净载重量（万吨位）	Net Deadweight Capacity (10 000 tons)	0.24	0.00	0.26	0.40	0.40	0.04	0.04	0.09
3. 货船（艘）	Cargo Boat (unit)	6403	6030	6060	6532	6183	6640	7286	7661
#私人	Private	2379	1765	1325	943	878	777	606	520
净载重量（万吨位）	Net Deadweight Capacity (10 000 tons)	84.69	203.46	513.13	819.34	1051.49	1214.83	1573.45	1837.48

18－3　主要年份港口基本情况
Major Indicators on Ports of Inland and Coast in Main Years

指　标	Item	码头长度（米）Length of Quay Lines (m)							
		2000	2005	2010	2015	2019	2020	2021	2022
全区港口		–	–	–	–	**73984**	**75384**	**76193**	**78146**
内河港口	**Navigable Inland Waterways**			**17386**	**23451**	**33888**	**34454**	**34606**	**34606**
南宁港	Nanning Port	2197	1643	3417	5796	5619	5766	5636	5636
柳州港	Liuzhou Port	1150	1056	751	1556	1892	1687	1687	1687
桂林港	Guilin Port	–	–	–	–	4170	4170	4170	4170
梧州港	Wuzhou Port	6376	4234	3970	5250	5230	5230	5230	5230
贵港港	Guigang Port	5150	5951	7083	7745	8637	9020	9160	9160
百色港	Baise Port	–	–	–	–	2635	2635	2777	2777
贺州港	Hezhou Port	–	–	–	–	1076	1316	1316	1316
河池港	Hechi port	–	–	–	–	197	197	197	197
来宾港	Laibin Port			2165	3104	3260	3261	3261	3261
崇左港	Chongzuo Port	–	–	–	–	1172	1172	1172	1172
广西北部湾港	**Ports of Beibu Gulf in Guangxi**	–	–	**24868**	**35937**	**40096**	**40930**	**41587**	**43540**
北海港域	Beihai Port	1900	2504	5142	6739	7672	7672	7672	8278
防城港域	Fangchenggang Port	3211	4080	12194	15260	17326	17669	18326	19795
钦州港域	Qinzhou Port	1730	3696	7532	13938	15098	15589	15589	15467

注：2019年起港口统计口径由规模以上港口调整为全部港口，数据与往年不可比。

Note: The data of ports since 2019 has been adjusted to overall ports from ports above designated size, which is incomparable with that of the former years.

18－4 主要年份运输线路里程

Length of Transportation Routes in Main Years

单位：公里 (km)

指 标	Item	2000	2005	2010	2015	2019	2020	2021	2022
一、铁路营业里程	Length of Railways in Operation	3109	3097	3174	5086	5206	5206	5216	5337
#高铁里程	Length of High-speed Rail	–	–	–	1703	1792	1771	1771	1892
复线里程	Length of Double Track Lines	408	482	455	2400	2676	2676	2676	2797
电气化里程	Length of Electric Lines			779	3066	3510	3738	3892	4028
二、铁路正线延展里程	Extended Length of Railway Lines	3349	3462	3675	7501	7896	7884	7834	8074
三、公路里程	Length of Highways	52910	62003	101782	117993	127819	131642	160637	172391
#高速公路里程	Length of Expressways	812	1411	2574	4288	6026	6803	7348	8271
四、内河航道通航里程	Length of Navigable Inland Waterways		5591	5591	5873	5873	5873	5873	5872

18－5 主要年份港口货物吞吐量

Volume of Cargo Handled at Ports in Main Years

单位：万吨 (10 000 tons)

港口名称	Name of Ports	2000	2005	2010	2015	2019	2020	2021	2022
全区港口	**Total Ports**	**2879**	**6877**	**18575**	**31421**	**37916**	**46913**	**55659**	**56753**
内河港口	**Ports of Navigable Inland Waterways**	**1112**	**3208**	**6652**	**10939**	**12349**	**17346**	**19837**	**19619**
南宁港	Nanning Port	58	73	485	1004	796	845	980	1064
柳州港	Liuzhou Port	36	56	189	234	46	45	38	14
桂林港	Guilin Port	–	–	–	–	–	–	–	–
梧州港	Wuzhou Port	85	403	1601	3202	2856	4417	6004	7336
贵港港	Guigang Port	468	1507	3807	5334	8063	10552	10227	8038
百色港	Baise Port	–	–	–	–	–	399	736	726
贺州港	Hezhou Port	–	–	–	–	–	–	–	–
河池港	Hechi port	–	–	–	–	–	11	22	17
来宾港	Laibin Port	–	–	569	1166	504	853	1578	2171
崇左港	Chongzuo Port	–	–	–	–	84	224	253	252
广西北部湾港	**Ports of Beibu Gulf in Guangxi**	**1768**	**3669**	**11923**	**20482**	**25568**	**29567**	**35822**	**37134**
北海港域	Beihai Port	265	437	1251	2468	3496	3736	4323	4418
防城港域	Fangchenggang Port	919	2006	7650	11504	10141	12182	14800	15359
钦州港域	Qinzhou Port	140	511	3022	6510	11931	13649	16699	17357

注：2019年起港口统计口径由规模以上港口调整为全部港口，数据与往年不可比。

Note: The data of ports since 2019 has been adjusted to overall ports from ports above designated size, which is incomparable with the former years.

18－6　全社会客运量及旅客周转量
Total Passenger Traffic and Turnover of Passenger Traffic

年　份 Year	客运量（万人） Passenger Traffic (10 000 persons)	铁路 Railways	公路 Highways	水运 Waterways	民航 Civil Aviation
1978	6398	1368	4628	383	10
1980	9369	1869	7054	429	17
1985	20018	2456	16993	526	43
1990	26272	2391	22826	984	69
1991	24685	2346	21175	1089	75
1992	27262	2703	23189	1273	95
1993	39398	2980	33968	2344	106
1994	34274	3030	29954	1177	113
1995	34317	2819	30024	1192	283
1996	36066	2385	32582	805	294
1997	38343	2495	34752	802	294
1998	39670	2576	36006	786	302
1999	41009	2496	37412	779	322
2000	42952	2508	39321	766	357
2001	44451	2270	41020	755	373
2002	45868	2148	42459	850	410
2003	43595	1936	40524	785	350
2004	48870	1938	45578	861	439
2005	52197	2037	48740	883	536
2006	56635	2347	52609	1023	656
2007	61716	2578	57213	1119	806
2008	64745	2937	60645	340	823
2009	69740	2956	65045	302	1077
2010	76967	3163	72208	395	1201
2011	84431	3383	79300	417	1331
2012	91656	3310	86449	470	1427
2013	50846	3275	45606	394	1571
2014	49926	4770	42841	512	1803
2015	50986	7046	41522	533	1885
2016	50765	8388	39750	561	2066
2017	51056	9838	38083	657	2478
2018	50696	11100	36134	697	2766
2019	49990	11777	34539	770	2904
2020	36755	7838	26771	339	1808
2021	29843	9088	18326	504	1925
2022	21638	5966	14479	201	991

18—6 续表 continued

年 份 Year	旅客周转量（亿人公里） Turnover of Passenger Traffic (100 million passenger-km)	铁路 Railways	公路 Highways	水运 Waterways
1978	41.20	21.64	16.89	2.67
1980	60.25	31.11	25.05	4.09
1985	127.77	55.72	66.50	5.55
1990	174.79	66.79	101.21	6.76
1991	183.70	71.33	105.18	7.19
1992	223.94	83.19	133.39	7.31
1993	283.77	112.00	164.04	7.72
1994	289.39	118.59	165.32	5.48
1995	298.41	112.14	180.78	5.49
1996	323.69	93.79	225.97	3.93
1997	378.18	94.40	280.32	3.46
1998	386.97	91.77	292.63	2.57
1999	440.19	105.36	332.30	2.52
2000	464.96	114.48	347.94	2.54
2001	490.92	116.23	372.07	2.63
2002	502.42	117.02	382.70	2.70
2003	475.09	105.46	367.35	2.27
2004	529.43	116.18	410.64	2.61
2005	573.08	131.73	438.77	2.58
2006	625.34	150.90	471.43	3.01
2007	714.27	174.05	536.93	3.29
2008	753.27	188.10	563.52	1.65
2009	787.42	167.44	618.28	1.70
2010	879.23	182.13	695.32	1.78
2011	973.01	194.48	776.51	2.01
2012	1047.98	187.72	857.98	2.28
2013	611.32	193.67	415.73	1.92
2014	670.05	236.96	430.60	2.48
2015	731.75	318.22	410.82	2.71
2016	743.83	351.08	390.05	2.70
2017	778.31	404.61	370.38	3.32
2018	816.65	462.26	351.10	3.29
2019	817.45	481.29	332.66	3.50
2020	553.96	301.56	250.89	1.51
2021	521.94	335.64	184.22	2.08
2022	377.78	245.16	131.82	0.81

18—7　全社会货运量及货物周转量
Total Freight Traffic and Turnover of Freight Traffic

年　份 Year	货运量（万吨） Freight Traffic (10 000 tons)	铁路 Railways	公路 Highways	水运 Waterways	民航 Civil Aviation
1978	5885	2118	2697	1070	
1980	4496	1833	1772	891	0.10
1985	12909	2224	9898	787	0.58
1990	19888	3798	14711	1338	0.50
1991	22469	3920	17146	1403	0.70
1992	23457	4167	17567	1666	0.90
1993	35509	4434	27723	3352	1.00
1994	28132	4920	20391	2820	1.00
1995	28622	5072	20686	2862	1.60
1996	29441	5166	22386	1887	1.70
1997	31473	5315	24349	1808	1.00
1998	32671	5364	25482	1823	1.80
1999	30862	5293	23720	1846	3.20
2000	31270	5843	23514	1910	3.38
2001	33267	6316	23747	2024	3.76
2002	33392	6636	24325	2423	7.64
2003	33457	6516	24164	2774	3.80
2004	37118	7860	25822	3432	4.20
2005	41025	8517	27861	4642	4.80
2006	45454	9374	30525	5549	5.60
2007	50152	10503	32920	6722	6.90
2008	84950	9861	64884	10198	6.80
2009	95076	9564	75766	9738	8.03
2010	113445	7052	93552	12832	9.49
2011	136143	6770	113549	15813	11.00
2012	161368	6846	135112	19398	12.24
2013	151155	6916	124677	19549	12.94
2014	137794	6687	108270	22824	13.30
2015	149727	5779	119194	24741	13.36
2016	160774	5898	128247	26615	14.11
2017	174656	6634	139602	28405	14.61
2018	190668	7140	153389	30123	15.74
2019	183052	8405	142749	31881	16.85
2020	187456	9269	145323	32851	13.48
2021	216184	9119	169019	38030	15.42
2022	213347	9805	163219	40307	16.42

注：2019年起公路货运量、货物周转量统计口径调整，数据与往年不可比。
Note: The data of freight and freight ton-kilometers has been adjusted since 2019, which is incomparable with the former years.

18－7 续表 continued

年份 Year	货物周转量（亿吨公里） Turnover of Freight Traffic (100 million ton-km)	铁路 Railways	公路 Highways	水运 Waterways
1978	183.78	153.93	7.54	22.31
1980	160.46	132.52	5.77	22.17
1985	276.26	200.52	47.30	28.44
1990	428.02	268.17	116.95	42.82
1991	429.61	286.31	91.62	51.68
1992	487.27	310.98	102.72	64.42
1993	511.96	335.21	103.23	73.51
1994	588.98	348.14	140.36	100.48
1995	592.93	351.61	143.39	97.93
1996	606.12	346.30	170.58	89.23
1997	642.30	366.73	183.48	92.08
1998	695.35	413.46	190.48	91.41
1999	698.20	414.60	202.10	81.50
2000	770.61	485.14	209.44	76.03
2001	799.42	504.15	212.10	83.16
2002	860.74	540.92	218.51	101.31
2003	942.55	606.39	217.10	119.06
2004	1095.66	713.35	235.62	146.69
2005	1208.91	777.73	258.43	172.75
2006	1338.95	846.02	286.85	206.08
2007	1516.55	928.94	302.23	285.34
2008	2210.23	912.86	799.96	497.41
2009	2365.62	825.25	934.70	605.67
2010	2926.77	891.33	1173.45	861.99
2011	3478.23	895.38	1494.04	1088.81
2012	4110.64	860.01	1878.29	1372.34
2013	3856.37	809.43	1857.18	1189.76
2014	3869.91	770.85	1902.70	1196.36
2015	4061.82	674.53	2122.60	1264.69
2016	4260.41	679.03	2248.46	1332.92
2017	4613.32	709.68	2456.69	1446.95
2018	4983.78	710.09	2683.05	1590.64
2019	3989.18	752.84	1470.88	1765.46
2020	4159.60	754.24	1486.86	1918.50
2021	4882.04	772.72	1873.39	2235.93
2022	5172.95	741.45	1885.62	2545.88

18－8　公路线路长度（按等级分类）

Total Length of Highways（Grouped by Class）

单位：公里 (km)

年　份 Year	公路里程 总　计 Total Length of Highways	等级公路 合　计 Expressway and Class Ⅰ to Ⅳ Highway	高速 Expressway	一级 Class Ⅰ	二级 Class Ⅱ	三级 Class Ⅲ	四级 Class Ⅳ	等外 Below Class Ⅳ	公路等级里程占总里程（%） Proportion of Expressway and Class Ⅰ to Ⅳ Highway in Total Length of Highways (%)
1978	29773							14996	
1979	30692	13771			83	1341	12347	16921	44.87
1980	31624	14703			83	1348	13272	16921	46.49
1981	31823	14902			83	1373	13446	16921	46.83
1982	32156	15264			83	1465	13716	16892	47.47
1983	32529	15740			84	1531	14125	16789	48.39
1984	32757	16061			84	1531	14446	16696	49.03
1985	32972	16329			104	1633	14592	16643	49.52
1986	33222	16703			105	1670	14928	16519	50.28
1987	33928	17604			139	1763	15702	16324	51.89
1988	35400	19193			202	1803	17188	16207	54.22
1989	35945	19829			214	1875	17740	16116	55.16
1990	36214	20098		8	358	2031	17701	16116	55.50
1991	36660	20711		11	428	1919	18353	15949	56.49
1992	37291	21488		11	682	1917	18878	15803	57.62
1993	38495	22754		11	1035	1910	19798	15741	59.11
1994	39550	23890		48	1074	2017	20751	15660	60.40
1995	40904	25509		66	1330	2163	21950	15395	62.36
1996	42696	27375		66	1448	2222	23639	15321	64.12
1997	45378	30283	193	189	1670	2208	26023	15095	66.73
1998	51073	43319	439	389	2107	16741	23643	7754	84.82
1999	51378	43671	575	389	2319	16721	23667	7707	85.00
2000	52910	45430	812	442	2628	16620	24928	7480	85.86
2001	54752	40192	822	449	4316	5213	29392	14560	73.40
2002	56297	42155	822	449	4773	5348	30763	14142	74.86
2003	58451	45284	1011	482	5351	5611	32829	13167	77.47
2004	59704	47304	1157	514	5783	5337	34314	12400	79.23
2005	62003	51046	1411	546	6299	5813	36977	10957	82.33
2006	90318	52101	1545	705	6847	5589	37415	38216	57.69
2007	94202	62861	1879	733	7325	5625	47296	31340	66.73
2008	99273	73051	2181	818	8114	6311	55624	26221	73.58
2009	100491	77154	2395	827	8559	6889	58484	23337	76.78
2010	101782	81239	2574	876	8646	7942	61200	20543	79.82
2011	104889	87296	2754	944	9132	8261	66205	17592	83.23
2012	107906	91583	2883	984	9720	8320	69676	16322	84.87
2013	111384	96343	3305	1008	10392	8258	73380	15041	86.50
2014	114900	100647	3722	1026	10618	8334	76947	14252	87.60
2015	117993	105019	4288	1079	11147	8269	80236	12974	89.00
2016	120547	108947	4603	1372	11934	8016	83021	11600	90.38
2017	123259	112619	5259	1443	12714	8296	84907	10640	91.37
2018	125449	115702	5563	1554	13156	8676	86753	9748	92.23
2019	127819	118793	6026	1591	13789	8950	88437	9026	92.94
2020	131642	124235	6803	1743	14682	9145	91862	7408	94.37
2021	160637	153292	7348	1890	15634	9683	118737	7345	95.43
2022	172391	167280	8271	2065	16600	10037	130307	5111	97.04

注：1. 从2001年起以第二次全国公路普查数据为调整基数。
2. 2006年起国家交通部将村道纳入公路里程统计范围，与往年数据不可比。

Note: 1. The data in the table have been readjusted based on the data of the Second National Highway Census since 2001.
2. The Ministry of Transport has brought the village roads into the statistical coverage of highway length since 2006, which is incomparable with the former years.

18－9　主要年份邮电通信水平
Level of Postal and Telecommunications Services in Main Years

指　标	Item	2000	2005	2010	2015	2019	2020	2021	2022
平均每人每年发函件数（件）	Per Capita Annul Average Number of Letters (piece)	3.6	2.4	1.4	0.8	0.5	0.3	0.2	0.3
平均每百人订有报刊数（件）	Annul Average Number of Newspapers and Magazines Subscribed (piece) Per Hundred People	9.5	4.0	6.2	8.2	6.0	6.8	5.1	4.9
平均每万人拥有电话机数（部）	Average Number of Telephone Owned per 10 000 Persons (set)	1102	3853	6177	8572	11004	11304	11830	–
设有邮电局、所乡（镇）比重（%）	Proportion of Towns (Townships) with Postal and Telecommunication Office (%)	90.3	91.3	95.5	100.0	100.0	100.0	100.0	100.0
通电话的乡（镇）比重（%）	Proportion of Towns (Townships) with Telephone Communication (%)	100.0	100.0	100.0	100.0	100.0	100.0	100.0	100.0
按固定班期投递邮件的乡（镇）比重（%）	Proportion of Towns (Townships) with Delivery by Regularly Time (%)	99.9	98.7	100.0	100.0	100.0	100.0	100.0	100.0
通电话的行政村比重（%）	Proportion of Administrative Village with Telephone Communication (%)	91.5	99.1	100.0	100.0	100.0	100.0	100.0	100.0
互联网宽带接入通达的行政村比重（%）	Proportion of Administrative Village with Broadband Internet (%)					100.0	100.0	100.0	100.0

18—10 主要年份邮政和电信主要指标

Major Indicators of Postal and Telecommunications Services in Main Years

指 标	Item	2000	2005	2010	2015	2019	2020	2021	2022
邮政行业各类营业网点	Number of Postal and Telecommunication Offices (unit)	1674	1613	1518	4849	9461	10311	12782	14521
#快递服务网点（处）	Express Services Offices (unit)			263	2739	6989	7603	7468	8245
邮路及快递网路总长度（单程，万公里）	Total Length of Postal Routes and Express Network (one way, 10 000 km)	17.70	17.86	19.44	54.55	93.29	106.69	94.04	203.22
邮政行业汽车（辆）	Postal Vehicles (unit)	1084	1318	1554	4315	6607	6604	6771	7107
光缆线路长度（万公里）	Length of Optical Cable Lines (10 000 km)	–	15.29	32.28	65.29	175.85	220.62	243.05	260.47
#长途光缆线路长度（万公里）	Length of Long-distance Optical Cable Lines (10 000 km)	1.38	3.21	3.49	3.90	4.03	4.15	4.37	4.57
电信业务总量（亿元）*	Business Volume of Telecommunication Services (100 million yuan)	92.05	311.15	779.23	608.10	3587.75	4826.86	536.25	531.26
邮政业务总量（亿元）*	Business Volume of Postal Services (100 million yuan)	4.31	11.72	28.58	43.64	159.43	215.30	162.01	168.80
快递业务量（万件）	Volume of Express Deliveries (10 000 pcs)			2278	12541	56386	77882	102759	105451
函件（亿件）	Number of Letters (100 million pcs)	1.67	1.20	0.72	0.36	0.23	0.16	0.12	0.13
报刊期发数（万份）	Issue of Newspapers and Magazines (10 000 copies)	667.40	340.10	360.22	396.70	284.76	130.29	263.03	–
订销报纸累计数（万份）	Total Number of Newspaper Subscribed and Sold (10 000 copies)	40934	22387	27900	36060	32592	31979	32623	33596
订销杂志累计数（万份）	Total Number of Magazines Subscribed and Sold (10 000 copies)	3324	2490	3825	3295	2318	2231	1950	1858
固定电话年末户数（万户）	Number of Subscribers of Fixed-line Telephone at Year-end (10 000 subscribers)	319.10	869.40	708.90	439.67	330.70	333.64	422.90	512.1
移动电话用户合计（万户）	Number of Mobile Telephone Subscribers (10 000 subscribers)	166.86	1021.00	2214.50	3594.96	5127.50	5332.90	5511.39	5805.3
#3G移动电话用户数（万户）	3G Mobile Telephone Subscribers			98	666.72	101.10	70.30	55.24	–
4G移动电话用户数（万户）	4G Mobile Telephone Subscribers				1297.60	4271.90	4516.20	3807.70	3428.10
5G移动电话用户数（万户）	5G Mobile Telephone Subscribers								1881.40
互联网用户数（万户）	Number of Subscribers of Internet (10 000 subscribers)	23.80	186.00	1579.60	3521.63	6134.60	6450.10	6838.81	7232.04
#互联网宽带接入用户数	Subscribers of Broadband Internet Access	23.20	80.00	330.10	715.78	1684.40	1650.80	1827.40	2054.20
移动互联网用户数	Subscribers of Mobile Internet			1240.30	2798.31	4450.20	4799.30	5011.41	5177.85
#手机上网用户数（万户）	Subscribers of Surfing the Internet with Mobile Phone				2788.30	4439.00	4798.00	–	–
移动互联网接入流量（万GB）	Accessflow of Mobile Internet (10 000 GB)				10157	422040	602046	793748	961177

注：1. 2014年起，邮政快递网点、邮路总长度、邮政汽车三个指标包含快递服务企业数据，之前仅含邮政公司数。

2. 2021年起，电信业务总量按上年不变价格计算，数据与之前年份不可比。

3. 2021年起，邮政业务总量按2020年不变价格计算，数据与之前年份不可比。

Note: 1. Data of "Number of Post and Telecommunication Offices", "Total Length of Postal Route" and "Postal Vehicles" include data of express services since 2014, before then was data of China Post only.

2. The data of Business Volume of Telecommunication Services and Business Volume of Postal Services since 2021 were calculated at 2020 current price and incomparable with those of the former years.

3. The data of Business Volume of Postal Services since 2021 were calculated at 2021 current price and incomparable with those of former years.

主要统计指标解释

铁路营业里程 又称营业长度（包括正式营业和临时营业里程），指办理客货运输业务的铁路正线总长度。凡是全线或部分建成双线及以上的线路，以第一线的实际长度计算；复线、站线、段管线、岔线和特殊用途线以及不计算运费的联络线都不计算营业里程。

公路里程 指在一定时期内实际达到《公路工程技术标准JTG B01-2003》规定的技术等级的公路，并经公路主管部门正式验收交付使用的公路里程数。包括大、中城市的郊区公路，以及公路通过小城镇（指县城、集镇）街道的公路里程和公路桥梁长度、隧道长度、渡口的宽度以及分期修建的公路已验收交付使用的里程，不包括大中城市的街道、厂矿、林区生产用道和农业生产用道的里程。两条或多条公路共同经由同一路段，只计算一次，不得重复计算里程长度。按公路技术等级分为等级公路和等外公路，其中等级公路分为高速公路、一级公路、二级公路、三级公路和四级公路。

内河航道通航里程 指在一定时期内，能通航运输船舶及排筏的天然河流、湖泊水库、运河及通航渠道的长度。包括全年季节性通航累计三个月以上的航道，不包括仅供零散流放竹、木排的河道。两省以河为界的航道里程，双方均按一半计算，以免重复。该指标可以反映内河水运网的规模、水平和发展情况。

铁路旅客运量 指一定时期内使用铁路客车运送的旅客人数。铁路旅客运量的计算方法：不论票价多少或行程长短，均按单程计算为一人次；不足购票年龄免购客票的儿童，不计算运量；月、季票按每月往返各21人次计算。

铁路旅客周转量 指一定时期内使用铁路客车运送的旅客人数与运输距离的乘积之和。计算公式为：

旅客周转量（人公里）=∑（实际运送的每一乘客×该旅客出发站与到达站间距离）=实际运送的旅客人数×旅客平均运程

铁路货物运量 指使用铁路货车实际运送的货物重量。

铁路货物周转量 指一定时期内使用铁路货车完成的

Explanatory Notes on Main Statistical Indicators

Length of Railways in Operation refers to the total length of the trunk line for passenger and freight transportation in full operation or temporary operation. When calculating the length, for fully or partially double-track lines and above, the actual length of the first track is used. However, double lines, siding tracks, section tracks, junction tracks, special-purpose tracks, and connecting lines that are not included in freight calculations are not counted in the length of railways in operation.

Length of Highways refers to the length of highways which are built in conformity with the grades specified by Highways WTBZ-Technical Standard JTG B01-2003 and have been formally checked and accepted by the departments of highways and put into use. The length of highways includes that of the suburb highways at large and medium-sized cities, highways passing through streets at small cities and towns, and also the length of bridges, tunnels, ferry piers, and the length of the installment highways that have been accepted and put to use. It does not include the length of streets in big and medium-sized cities and highways built for the production purpose at factories, mines, forest areas and agricultural areas. If two or more highways go the same section of the way, the length of the section is only calculated for once and no duplication is allowed. According to the technical grade, they are divided into grade highways and off-grade highways, and grade highways include express highways, Class I, Class II, Class III and Class IV highways.

Length of Navigable Inland Waterways refers to the length of natural rivers, lakes, reservoirs and canals that are open to navigation for ships and rafts during a given period. It includes the channels with annual seasonal navigation for more than three months, excluding waterways for scattered bamboo and wooden rafts. If two provinces share one river as the border, the length of waterways will be equally divided for each province to avoid duplication. This indicator can reflect the scale, level and development situation of the inland waterway network.

Railway Passenger Traffic refers to the number of passengers transported with railway within a specific period of time. It is calculated by the principle that one person can be counted only once in one trip irrespective of travelling distance and ticket price. Under-aged children with free tickets are not included. Monthly tickets and season tickets are calculated as 21 person-times per month.

Turnover of Railway Passenger Traffic refers to the summation of products of the number of passengers transported with railway trains and the distance of transportation within a specific period of time. It is calculated as:

Turnover of Passenger Traffic (person-km)

=∑ (each passenger actually transported × distance between this passenger's starting and arriving station)

= number of passengers actually transported × average distance of passengers transported

Railway Freight Traffic refers to the weight of goods actually transported with railway goods trains.

Turnover of Railway Freight Traffic refers to the summation of

货物运量与运送距离的乘积之和。计算公式为：

货物周转量（吨公里）=∑（每批货物重量×该批货物的运送距离）=实际运送货物吨数×货物平均运程

products of the volume of goods transported with railway goods trains and the distance of transportation within a specific period of time. The calculating formula is:

Turnover of Freight Traffic (ton-km)

= ∑ (weight of each batch of goods × distance of this batch of goods transported)

= tonnage of goods actually transported × average distance of goods transported

公路客运量 指公路运输企业及由其组织的其他单位在一定时期内实际运送的旅客人数。公路客运量的计算方法：不论乘车路程远近和票价的多少，以客票为依据，"人"为计量单位；不足购票年龄的免票儿童不计算客运量。

Highway Passenger Traffic refers to number of passengers transported with highway transportation enterprises and other units being organized by highway transportation enterprises within a specific period of time. It is calculated by the principle that one person can be counted as "one person" irrespective of the traveling distance and ticket price, according to the ticket. Under-aged children with free tickets are not included.

公路旅客周转量 指一定时期内由各种公路运输工具实际运送的旅客人数与相应的运送距离的乘积之和。计算公式为：

旅客周转量（人公里）=∑（实际运送的每一旅客×该旅客出发站与到达站间距离）

Turnover of Highway Passenger Traffic refers to the summation of products of the number of passengers actually transported with kinds of highway conveyances and the distance of transportation within a specific period of time. It is calculated as:

Turnover of Passenger Traffic (person-km)

= ∑ (each passenger actually transported × distance between this passenger's starting and arriving station)

公路货运量 指一定时期内由各种公路运输工具实际运送到目的地并卸完的货物数量。反映公路货运量的指标有发送货物吨数、到达货物吨数和运送货物吨数。

Highway Freight Traffic refers to the volume of goods actually transported to destinations and completely discharged with kinds of highway conveyances within a specific period of time. To reflecting Highway Freight Traffic, there are indicators such as the tonnage of goods sent off, the tonnage of goods received and the tonnage of goods transported.

公路货物周转量 指一定时期内由各种公路运输工具实际完成的货物运量与相应的运送距离的乘积之和。计算公式为：

货物周转量（吨公里）=∑（每批货物重量×该批货物的运送距离）

Turnover of Highway Freight Traffic refers to the summation of products of the volume of goods actually transported with kinds of highway conveyances and the distance of transportation within a specific period of time. The calculating formula is:

Turnover of Freight Traffic (ton-km)

= ∑ (weight of each batch of goods × distance of this batch of goods transported)

水路客运量 指水运企业及由其组织的其他单位在一定时期内实际运送的旅客人数。

Waterway Passenger Traffic refers to the number of passengers transported with waterway transportation enterprises and other units being organized by highway transportation enterprises within a specific period of time.

水路旅客周转量 指水运企业和由其组织的其他单位在一定时期内实际运送的旅客人数与相应的运送距离的乘积之和。

Turnover of Waterway Passenger Traffic refers to the summation of products of the number of passengers actually transported with waterway transportation enterprises and other units being organized by waterway transportation enterprises the distance of transportation within a specific period of time.

水路货运量 指在一定时期内由各种水运工具实际运送的货物数量，包括内河、江海、远洋货运量。

Waterway Freight Traffic refers to the volume of goods actually transported with kinds of waterway conveyances within a specific period of time. It includes the freight traffic of inland rivers, seas and oceans.

水路货物周转量 指一定时期内由各种水路运输工具实际完成的货物运量与相应的运送距离的乘积之和。

Turnover of Waterway Freight Traffic refers to the summation of products of the volume of goods actually transported with kinds of waterway conveyances and the distance of transportation within a specific period of time.

港口货物吞吐量 指经由水路进、出港区范围，并经过装卸的货物数量。按货物流向分为进港吞吐量和出港吞

Volume of Freight Handled in Coastal Ports refers to the volume of cargo passing in and out of the harbor area of the major coastal ports and having

吐量，按货物的贸易性质分为内贸和外贸吞吐量。按货物的类别分，可根据现行的交通行业标准《运输货物分类和代码》分类。

民用航空客运量 指公共航空运输飞行所载运的旅客人数。成人和儿童各按一人计算，婴儿不计人数。每一特定航班的每一旅客只计算一次。唯一例外的是，乘坐定期航班既经过国内航段又经过国际航段的旅客，同时计算一个国内旅客和一个国际旅客。不定期航班运送的旅客每一特定航班（同一航班）只计算一次。

民用航空货邮运量 指公共航空运输飞行所载运的货物、邮件重量，货物包括外交信袋和快件。原始数据以吨位计算单位，保留一位小数。每一特定航班（同一航班）的货邮只计算一次，不能按航段重复计算。但对于既经过国内航段、又经过国际航段运输的货邮，则同时统计为国内货邮和国际货邮。不定期航班运输的货物每一特定航班（同一航班）只计算一次。

电信业务总量 指以货币形式表现的电信企业为社会提供各类电信服务的总数量。计算方法为各类电信业务的实物量分别乘以相应的不变单价，求出各类电信业务的货币量后加总求得。该指标反映了一定时期电信通信业务发展的总成果，是观察电信通信业务发展变化总趋势的综合性指标。

邮政行业业务总量 指以货币形式表现的邮政企业为社会提供各类邮政通信服务或其他服务的总数量。计算方法为各类邮政通信服务业务的实物量分别乘以相应的不变单价，求出各类业务的货币量后加总求得。该指标反映了一定时期邮政通信业务发展的总成果，是观察邮政通信业务发展变化总趋势的综合性指标。

been loaded and unloaded. The volume of freight handled may be classified by direction of flow as freight for import and freight for export, or by nature of cargo as freight for domestic trade and freight for foreign trade. It can also be classified by the classification of cargo, or the current transport standard of Classification and Coding for Freight.

Civil Aviation Passenger Traffic refers to the number of passengers transported with public aviation transportation. An adult or child is counted as one person, and babies are not calculated in. One passenger in a certain flight is just counted once. The exception is that one passenger taking a fix-date flight both including domestic part and international part is calculated as one domestic passenger and one international passenger simultaneously. Passengers transported by non-regular flights are only counted once for per specific flight (same flight).

Civil Aviation Freight Traffic of Goods and Posts refers to the weight of goods and posts transported with public aviation transportation, where goods include diplomatic pouch and express mail. The original data will be calculated by the unit of tons. The goods and posts of one certain flight can be just counted once. The exception is that the goods and posts taking a fix-date flight both including domestic part and international part are calculated as one domestic goods and posts and one international goods and posts simultaneously. Freight transported by non-regular flights are only counted once for per specific flight (same flight).

Business Volume of Telecommunications refers to the total amount of telecommunication services in monetary terms, provided by the telecommunications departments. The calculation method is that the actual quantity of various telecommunication services multiplies by the corresponding constant unit price, and summed up after calculating the monetary quantity of all kinds of telecommunication services. This indicator reflects the overall results of development of telecommunication services in a certain period, and it is an important indicator for researching the development of telecommunications business.

Business Volume of Postal Services refers to the total amount of postal services in monetary terms, provided by the postal departments. The calculation method is that the actual quantity of various postal services multiplies by the corresponding constant unit price, and summed up after calculating the monetary quantity of all kinds of postal services. This indicator reflects the overall results of development of postal services in a certain period, and it is an important indicator for researching the development of postal business.

第十九篇　教育、科技和文化

CHAPTER 19　EDUCATION, SCIENCE, TECHNOLOGY AND CULTURE

（编辑：卢启函　柴　桦）

简要说明

（本篇资料由自治区统计局社科处整理，电话：0771-5851590/5848983）

本篇资料的主要内容及来源

（一）学校、学生等教育情况（广西壮族自治区教育厅）

（二）科技活动基本情况（广西壮族自治区科技厅）

（三）文化及相关产业、部门情况（广西壮族自治区文化和旅游厅）

（四）广播电视事业发展情况（广西壮族自治区广播电视局）

（五）图书、报纸及杂志出版情况（自治区党委宣传部新闻出版局）

Brief Introduction

(This chapter is compiled by Department of Social Science and Technology of the Guangxi Zhuang Autonomous Region Bureau of Statistics, Tel: 0771-5851590/5848983)

Main Contents and Sources

(i) Basic statistics of schools and students (Department of Education of Guangxi Zhuang Autonomous Region)

(ii) Basic statistics of scientific and technological activities (Department of Science and Technology of Guangxi Zhuang Autonomous Region)

(iii) Basic statistics of cultural and relevant industries and departments (Department of Culture and Tourism of Guangxi Zhuang Autonomous Region)

(iv) Development of broadcasting and television stations (Bureau of Radio and Television of Guangxi Zhuang Autonomous Region)

(v) Basic statistics of publication of books, newspapers and magazines (Bureau of Press and Publication of the Propaganda Department of the Party Committee of Guangxi Zhuang Autonomous Region)

19—1 主要年份各类学校基本情况
Main Indicators on Schools by Type in Main Years

项 目	Item	2000	2005	2010	2015	2019	2020	2021	2022
培养研究生单位（所）	Postgraduate Education Institutions (unit)	9	9	11	13	14	14	14	14
毕业生人数（人）	Graduates (person)	444	1652	5396	8444	9867	11137	12015	14311
招生人数（人）	Entrants (person)	912	4561	7720	9619	14329	19857	21554	22998
在校学生数（人）	Student Enrollment (person)	2057	10711	20823	26731	38222	46693	55806	64109
普通高等学校（所）	Regular Higher Education Institutions (unit)	30	51	70	70	78	82	85	85
毕业生人数（万人）	Graduates (10 000 persons)	2.02	6.49	13.81	18.27	23.31	26.28	28.60	36.19
招生人数（万人）	Entrants (10 000 persons)	4.72	11.67	18.38	24.14	38.09	38.35	43.77	46.83
在校学生数（万人）	Student Enrollment (10 000 persons)	11.79	33.83	56.75	75.12	107.64	118.42	132.10	140.75
专任教师（人）	Full-time Teachers (person)	9326	19610	31650	38625	48726	53438	56582	61696
普通中等专业学校（所）	Regular Specialized Secondary Schools (unit)	127	93	357	280	248	230	230	241
毕业生人数（万人）	Graduates (10 000 persons)	4.17	4.96	16.36	23.19	19.64	19.15	18.82	18.78
招生人数（万人）	Entrants (10 000 persons)	4.10	5.96	38.09	25.69	25.94	29.34	27.23	22.7
在校学生数（万人）	Student Enrollment (10 000 persons)	15.87	17.04	80.95	73.64	68.03	69.99	69.09	65.27
专任教师（人）	Full-time Teachers (person)	8800	7040	20469	20151	20430	20554	21606	22530
技工学校（所）	Skilled Workers' Schools (unit)	82	55	54	48	43	40	40	42
毕业生人数（万人）	Graduates (10 000 persons)	1.60	1.80	3.41	2.56	3.43	3.85	3.22	4.30
招生人数（万人）	Entrants (10 000 persons)	1.80	3.13	5.14	5.56	5.71	6.24	5.50	6.01
在校学生数（万人）	Student Enrollment (10 000 persons)	4.14	7.97	10.82	10.97	12.09	13.26	13.98	14.28
专任教师（人）	Full-time Teachers (person)	3405	3879	3622	4694	4771	5062	5409	5599
普通中学（所）	Regular Secondary Schools (unit)	3019	2887	2437	2284	2243	2253	2278	2524
毕业生人数（万人）	Graduates (10 000 persons)	74.07	93.89	86.56	88.48	100.82	123.54	108.91	133.03
招生人数（万人）	Entrants (10 000 persons)	109.84	107.06	97.22	97.95	115.43	116.42	120.65	148.88

19－1　续表

项　目	Item	2000	2005	2010	2015	2019	2020	2021	2022
在校学生数（万人）	Student Enrollment (10 000 persons)	285.63	303.87	275.79	282.88	329.59	340.64	351.08	427.51
专任教师（人）	Full-time Teachers (person)	126660	152381	160840	169741	205495	223069	233890	268309
#普通高中（所）	Senior Secondary Schools (unit)	464	529	463	445	490	499	521	537
毕业生人数（万人）	Graduates (10 000 persons)	8.20	19.35	23.90	25.73	32.70	33.67	35.30	38.01
招生人数（万人）	Entrants (10 000 persons)	15.34	25.69	27.07	31.04	39.42	40.87	42.71	44.05
在校学生数（万人）	Student Enrollment (10 000 persons)	36.93	69.96	75.40	86.57	109.10	115.15	121.21	126.05
专任教师（人）	Full-time Teachers (person)	18913	35249	42120	50733	63091	71066	76598	103168
普通初中（所）	Junior Secondary Schools (unit)	2555	2358	1974	1839	1753	1754	1757	1746
毕业生人数（万人）	Graduates (10 000 persons)	65.87	74.54	62.66	62.75	68.12	70.73	73.61	76.23
招生人数（万人）	Entrants (10 000 persons)	94.50	81.37	70.15	66.91	76.01	75.55	77.94	82.13
在校学生数（万人）	Student Enrollment (10 000 persons)	248.70	233.91	200.39	196.31	220.49	225.49	229.87	236.20
专任教师（人）	Full-time Teachers (person)	107747	117132	118720	119008	142404	152003	157292	155772
普通小学（所）	Regular Primary Schools (unit)	16109	15500	13942	11849	8036	8000	7950	7948
毕业生人数（万人）	Graduates (10 000 persons)	103.70	84.42	71.82	67.36	75.24	74.68	77.41	81.69
招生人数（万人）	Entrants (10 000 persons)	76.76	73.46	74.11	77.08	93.29	85.91	86.02	81.29
在校学生数（万人）	Student Enrollment (10 000 persons)	536.79	452.79	430.06	440.10	495.03	507.18	515.96	515.86
专任教师（人）	Full-time Teachers (person)	198977	204788	220183	221962	267128	281724	293089	293349
幼儿园（所）	Kindergartens (unit)	3846	3152	5349	10397	13112	13662	14054	13699
在园儿童（万人）	Student Enrollment (10 000 persons)	72.84	88.78	118.53	206.90	216.77	226.62	227.51	217.00
专任教师（人）	Full-time Teachers (person)	22942	22395	31109	68407	95805	102591	119463	113916

注：2005年以后的普通中等专业学校统计范围为中等职业教育（学校）。
Note: The statistical coverage of “Regular Specialized Secondary Schools” refers to vocational schools for secondary education after 2005.

19—2 普通高等学校本科学生数（2022年）
Number of Undergraduate Students in Regular Higher Education Institutions by Discipline（2022）

单位：人 (person)

项 目	Item	招生数 Entrants	在校学生数 Student Enrollment	毕业生数 Graduates	预计下年度毕业生数 Expected Graduates
总 计	**Total**	**125858**	**544678**	**163338**	**139525**
哲 学	Philosophy	103	500	115	122
经济学	Economics	6328	23248	7052	6320
法 学	Law	4241	19777	5256	4460
教育学	Education	8394	36491	11872	9658
文 学	Literature	15729	69993	20316	17523
历史学	History	449	2984	853	601
理 学	Science	8201	37948	10351	9237
工 学	Engineering	41550	183861	56456	47801
农 学	Agriculture	1047	4700	1218	1326
医 学	Medicine	10768	57346	13741	12092
管理学	Administration	29048	107830	36108	30385

19－3　普通高等学校专科学生数（2022年）
Number of Professional College Students in Regular Higher Education Institutions by Discipline（2022）

单位：人　　　　(person)

项　目	Item	招生人数 Entrants	在校学生数 Student Enrollment	毕业生数 Graduates	预计下年度毕业生数 Expected Graduates
总　计	**Total**	**270475**	**758178**	**216475**	**226398**
#女性	Female	129833	358682	100184	108247
农林牧渔大类	Agriculture, Forestry, Animal Husbandry and Fishery	4636	11955	2984	3318
资源环境与安全大类	Resources, Environment and Security	6381	14833	2886	3646
能源动力与材料大类	Energy and Materials	4585	11547	2392	3044
土木建筑大类	Construction	29128	88790	28656	28175
水利大类	Water Conservancy	930	2592	534	802
装备制造大类	Manufacture	27577	69536	17589	18620
生物与化工大类	Biology and Chemical Industry	1051	2450	630	596
轻工纺织大类	Light and Textile Industry	123	449	157	179
食品药品与粮食大类	Food and Drug, Grain	4149	10814	2394	2971
交通运输大类	Transport	20658	56168	17458	16475
电子信息大类	Electronic Information	31179	86042	23228	25019
医药卫生大类	Medical and Health Care	33454	89665	19846	24938
财经商贸大类	Finance Economy and Trading	49992	143037	46286	44755
旅游大类	Tourism	8100	22612	7879	6960
文化艺术大类	Culture and Art	14454	39099	10949	11433
新闻传播大类	News Communication	2772	7046	1549	1765
教育与体育大类	Education and Physical	27505	89777	26712	29653
公安与司法大类	Public Security and Justice	37	2017	1522	1454
公共管理与服务大类	Public Management and Services	3764	9749	2824	2595

19－4　中等职业专业学校分科学生数（2022年）

Number of Students in Secondary Vocational Schools by Discipline（2022）

单位：人　　(person)

项　目	Item	毕业生数 Graduates	其中：获得职业资格证书 Graduates Obtaining Professional Certifications	招生数 Entrants	在校学生数 Student Enrollment	预计下学年毕业生数 Expected Graduates
合　计	**Total**	**187836**	**78871**	**227023**	**652704**	**219009**
#女	Female	80175	32351	96074	279070	89054
农林牧渔大类	Agriculture, Forestry, Animal Husbandry and Fishery	10240	2641	7910	23183	8457
资源环境与安全大类	Resources, Environment and Security	570	260	1463	2642	658
能源动力与材料大类	Energy and Materials	170	1	395	921	267
土木建筑大类	Construction	4960	2424	5725	18211	7671
水利大类	Water Conservancy	36	0	0	0	0
装备制造大类	Manufacture	15879	6854	17740	56499	19638
生物与化工大类	Biology and Chemical Industry	123	31	161	356	143
轻工纺织大类	Light and Textile Industry	2818	1641	1884	8334	3117
食品药品与粮食大类	Food and Drug, Grain	1085	24	560	1277	270
交通运输大类	Transport	30193	13159	37988	108375	36312
电子与信息大类	Electronic Information	33324	12741	37713	116408	40103
医药卫生大类	Medical and Health Care	18483	4539	26606	67307	20542
财经商贸大类	Finance Economy and Trading	24221	10305	27242	80827	27788
旅游大类	Tourism	16413	9122	20220	60779	20777
文化艺术大类	Culture and Art	9096	3961	12295	32143	9103
新闻传播大类	News Communication	1010	222	1613	3648	992
教育与体育大类	Education and Physical	16968	10393	24099	61903	20486
公安与司法大类	Public Security and Justice	477	0	1029	1994	529
公共管理与服务大类	Public Management and Services	1770	553	2380	7897	2156

19－5 主要年份教师负担学生数
Student-teacher Ratio in Main Years

单位：人 (person)

指 标	Item	2000	2005	2010	2015	2019	2020	2021	2022
普通高等学校	Regular Higher Education Institutions (unit)								
教师人数	Number of Teachers	9326	19610	32616	38625	48726	53438	56582	61696
平均每个教师负担学生数	Student-teacher Ratio	12.6	17.2	17.9	18.1	22.09	22.17	23.35	22.81
中等学校	Secondary Schools								
教师人数	Number of Teachers	145397	171287	184931	194586	230696	243623	255496	290839
平均每个教师负担学生数	Student-teacher Ratio	20.6	20.2	19.9	18.9	17.76	16.86	16.45	14.7
小学	Primary Schools								
教师人数	Number of Teachers	198977	204788	220183	221962	267128	281724	293089	297824
平均每个教师负担学生数	Student-teacher Ratio	27.0	22.1	19.5	19.8	18.5	18.0	17.6	17.6

注：中等学校包括初中、普通高中、普通中专、职业高中、技工学校。

Note: Secondary school includes junior secondary schools, senior secondary schools, specialized secondary schools, secondary vocational schools and skilled workers'schools.

19－6 主要年份各级各类教育平均每万人在校学生数
Number of Student Enrollment per 10 000 Persons by Level and Type in Main Years

单位：人 (person)

指 标	Item	2000	2005	2010	2015	2019	2020	2021	2022
1. 高等学校	Higher Education Institutions	46	99	157	216	246	307	342	364
普通高校	Regular Higher Education Institutions	25	69	123	157	217	303	262	279
成人高校	Adults Higher Education Institutions	21	28	34	54	29	4	68	73
2. 高中阶段	Senior Secondary Schools	158	232	363	358	357	397	406	408
#中职学校	Secondary Vocational Schools		76	199	178	137	140	137	129
普通高中	Regular Senior Schools	78	143	164	181	220	230	241	250
3. 初中阶段	Junior Secondary Schools	535	479	435	409	445	450	456	468
#普通初中	Regular Junior Secondary Schools	528	479	435	409	445	450	456	468
4. 小学	Primary Schools	1139	926	934	918	998	1012	1024	1022
5. 幼儿园	Kindergartens	155	182	258	431	437	452	452	430

19—7 主要年份各级成人教育在校学生数

Student Enrollment in Various Adults Education in Main Years

单位：人 (person)

项 目	Item	2000	2005	2010	2015	2019	2020	2021	2022
成人高等学校	**Adults Higher Education Institutions**	**100992**	**136579**	**166095**	**270202**	**305128**	**309231**	**345860**	**367623**
广播电视大学	Ratio and TV Universities	13784		673	1141	6496	10192	12966	
职工（农民）高等学校	Higher Education Schools for Staff, Workers (Peasants)	3180		543	262	249	225	204	
管理干部学院	Colleges for Management Cadres	10502		11540	11001	0	0	0	
教育学院	Pedagogical Colleges	6421		6883	7956	10091	7445	7202	
普通高等学校举办	Run by Regular Higher Education Institutions	67105	115699	146456	249842	288292	291369	325488	

19—8 主要年份义务教育普及程度

Level of Compulsory Education Popularization in Main Years

单位：% %

指 标	Item	2000	2005	2010	2015	2019	2020	2021	2022
小学学龄儿童入学率	Enrollment Ratio of School-age Children in Primary Schools	98.7	99.1	99.4	99.4	99.8	99.9	99.6	99.4
男童	Male Students	98.7	99.1	99.4	99.4	99.8	99.9	99.7	99.4
女童	Female Students	98.6	99.0	99.3	99.4	99.8	99.9	99.6	99.4
初中毛入学率	Gross Enrollment Ratio in Junior Secondary Schools	91.7	101.9	106.7	109.2	115.9	115.1	116.0	114.3
男生	Male Students	92.4	102.2	106.8	109.5	116.3	115.6	116.5	114.9
女生	Female Students	90.9	101.6	106.5	108.9	115.5	114.5	115.4	113.6
小学生辍学率	Drop-out Rate of Primary School Students	0.8	1.5	2.1	0.4	-0.01	-0.15	-0.02	–0.04
男生	Male Students	0.9	1.6	2.3	0.4	…	-0.2	-0.02	–0.02
女生	Female Students	0.8	1.3	1.9	0.3	…	-0.1	-0.02	–0.05
普通初中辍学率	Drop-out Rate of Regular Junior Secondary School Students	5.0	5.6	6.6	1.9	0.2		0.09	–0.04
男生	Male Students	5.5	6.7	8.0	2.5	0.2	…	0.01	–0.02
女生	Female Students	4.3	4.3	5.0	1.2	0.2	…	0.19	–0.05
小学毕业生升学率	Percentage of Primary School Graduates Entering Junior Secondary Schools	92.6	96.5	97.7	99.3	101.0	101.2	100.7	100.5
男生	Male Students	93.9	96.9	96.9	98.7	101.1	101.2	100.3	100.7
女生	Female Students	91.1	96.0	98.6	100.0	101.0	101.1	101.0	100.3
初中毕业生升学率	Percentage of Junior Secondary School Graduates Entering Senior Secondary Schools	39.8	58.4	79.6	83.6				
小学生五年保留率	Percentage of 5-year Primary Schools Maintained	91.6	96.7	88.4	91.0	102.5	100.0	99.9	99.9
男生	Male Students	91.9	96.6	87.7	90.4	102.4	99.7	99.9	99.9
女生	Female Students	91.1	96.7	89.0	91.6	102.7	100.3	99.9	99.9
普通初中生三年保留率	Percentage of 3-year Junior Secondary Schools Maintained	82.0	83.6	82.0	94.7	99.4	100.1	100.4	100.3
男生	Male Students	79.8	80.5	78.0	93.6	99.5	100.0	100.6	100.6
女生	Female Students	84.8	87.2	86.4	95.9	99.4	100.1	100.1	99.9

19—9 主要年份科技活动基本情况
Main Indicators on Science and Technology Activities in Main Years

指　标	Item	2000	2005	2010	2015	2019	2020	2021	2022
科技机构数（个）	**Number of Scientific and Technological Research Institutions (unit)**	**732**	**639**	**714**	**842**	**866**	**921**	**1244**	
#科技部门属科研机构	Research Institutions in Scientific and Technological Departments	234	209	138	124	108	100	99	
企业属研发机构	Technological Development Institutions in Enterprises					372	446	719	
全日制高等院校属科研机构	Research Institutions in Full-time Institutions of Higher Education	131	74	159	285	348	362	413	
科技活动人员数（万人）	**Number of Persons Engaged in Science and Technology Activities (10 000 persons)**	**4.86**	**5.67**	**8.91**	**11.37**				
#R&D活动人员折合全时人员（人年）	Full-time Equivalent of R&D Personnel (person-year)	13015	17996	33982	38535	47420	45821	55821	70397.6
研究与发展经费内部支出（万元）	**Inner Expenditure of Funds for Research and Development (10 000 yuan)**	**83597**	**146745**	**628695**	**1059124**	**1671326**	**1732304**	**1994572**	**2179354**
(一) 按活动类型分	By Type of Activities								
# 基础研究支出	Expenditure for Basic Research	5443	9488	36005	108296	149890	117709	156119	171275
应用研究支出	Expenditure for Applied Research	14786	39076	95585	131781	168625	175404	198661	223658
试验发展支出	Expenditure for Experimental Development	63367	93048	497105	819047	1352811	1439192	1639792	1784421
(二) 按支出用途分	By Use of Expenditure								
#日常性支出	# Ordinary Expenditure	53976	141611	526983	912865	1464668	1424639	1863587	1998442
# 人员劳务费	#Fees for Personnel Labor Services	39621	39202	150318	326517	462905	485039	634201	669509
(三) 按资金来源分	By Source of Funds								
# 政府资金	Funds from Government	19198	32549	152128	249685	450522	387909	357318	362862
企业资金	Funds from Enterprises	56972	105062	451914	759182	1161496	1292812	1558857	1731217
境外资金	Funds from Foreign Countries	149	270	866	335	1891	2389	144	800

19—10 工业企业科技活动基本情况（2022年）

单位：万元

指　标	Item	人员情况 Personnel				
		R&D人员合计(人) Number of R&D Personnel (persons)	R&D人员折合全时当量合计(人年) Full-time Equivalent of R&D Personnel (person-year)	#①基础研究人员 Basic Researchers	②应用研究人员 Applied Researchers	③试验发展人员 Experimental Development Personnel
总计	**Total**	**66928**	**37341**	**13**	**934**	**36394**
一、按企业规模分组	**Ⅰ. By Size**					
大型	Large-scale Industrial Enterprises	26012	12757		511	12246
中型	Medium-scale Industrial Enterprises	18070	10639	4	178	10457
小型	Small-scale Industrial Enterprises	22336	13610	9	236	13365
微型	Micro-enterprises	510	335		9	326
二、按国民经济行业大类分组	**Ⅲ. By Sector**					
采矿业	**Mining**	**430**	**236**		**19**	**217**
黑色金属矿采选业	Mining and Processing of Ferrous Metal Ores	2	2			2
有色金属矿采选业	Mining and Processing of Nonferrous Metals	247	121		19	102
非金属矿采选业	Mining and Processing Nonmetal Minerals	181	113			113
制造业	**Manufacture**	**63331**	**36541**	**13**	**891**	**35638**
农副食品加工业	Processing of Food from Agricultural Products	2269	1424		3	1421
食品制造业	Manufacture of Foods	1528	807		21	786
酒、饮料和精制茶制造业	Manufacture of Liquor, Beverages and Refined Tea	2090	1386			1386
烟草制品业	Manufacture of Tobacco	259	171			171
纺织业	Manufacture of Textile	972	684		11	673
纺织服装、服饰业	Manufacture of Textiles, Wearing Apparel and Accessories	199	123			123
皮革、毛皮、羽毛及其制品和制鞋业	Manufacture of Leather, Fur, Feather and Related Products and Footwear	210	164			164
木材加工和木、竹、藤、棕、草制品业	Processing of Timbers, Manufacture of Wood, Bamboo, Rattan, Palm, and Straw Products	2398	1469		24	1445
家具制造业	Manufacture of Furniture	155	99		7	92
造纸和纸制品业	Manufacture of Paper and Paper Products	1276	818			818
印刷和记录媒介复制业	Printing and Reproduction of Recording Media	264	191			191
文教、工美、体育和娱乐用品制造业	Manufacture of Culture, Education, Arts and Crafts, Sport and Entertainment Goods	326	201		9	192

Main Indicators on Science and Technology Activities of Industrial Enterprises（2022）

(10 000 yuan)

R&D经费支出情况R&D Expenditure								
R&D经费内部支出合计(万元) Inner Expenditure of R&D Funds (10 000 yuan)	#①基础研究支出 Basic Research	②应用研究支出 Applied Research	③试验发展支出 Experimental Development	其中：①政府资金 Funds from Government	②企业资金 Funds from Enterprises	③境外资金 Foreign Funds	④其他资金 Others	R&D经费外部支出合计(万元) External Expenditure of R&D Funds (10 000 yuan)
1505735.6	**743.6**	**30671.7**	**1474320.3**	**32604.9**	**1472210.1**	**707.7**	**212.9**	**99183.6**
709496.2	366	23512.2	685618	13512.1	695212.2	707.7	64.2	82257.8
389246.6	46	2820.6	386380	12610.4	376636.2			12142.3
397388.8	331.6	4319.4	392737.8	5976.7	391263.4		148.7	4664
9604		19.5	9584.5	505.7	9098.3			119.5
10359.5		**293.5**	**10066**		**10359.5**			**289.5**
29.8			29.8		29.8			
6698.8		293.5	6405.3		6698.8			289.5
3630.9			3630.9		3630.9			
1459945.6	**743.6**	**30003.5**	**1429198.5**	**32219.9**	**1426805.1**	**707.7**	**212.9**	**65245.4**
83119		38.8	83080.2	493.7	82625.3			481.6
12239.8		185.8	12054	295.7	11944.1			134.9
14320.5			14320.5	821.5	13499			20.8
6176.4			6176.4		6144.7		31.7	2489
6401.6		63.6	6338	4	6397.6			
1354.8			1354.8		1354.8			
2459.9			2459.9		2459.9			
43864.3		671.3	43193	22	43743.5		98.8	17.2
1910.6		67.6	1843	1.3	1909.3			
14850.7			14850.7		14850.7			1359.9
2136.3			2136.3		2136.3			2.6
2452.7		60.4	2392.3	10	2442.7			

19—10 续表

单位：万元

指标	Item	人员情况 Personnel				
		R&D人员合计(人) Number of R&D Personnel (persons)	R&D人员折合全时当量合计(人年) Full-time Equivalent of R&D Personnel (person-year)	#①基础研究人员 Basic Researchers	②应用研究人员 Applied Researchers	③试验发展人员 Experimental Development Personnel
石油、煤炭及其他燃料加工业	Processing of Oil, Coal and Other Fuel	207	100		3	97
化学原料和化学制品制造业	Manufacture of Raw Chemical Materials and Chemical Products	4208	2322		25	2297
医药制造业	Manufacture of Medical and Pharmaceutical Products	2351	1464	6	14	1444
化学纤维制造业	Manufacture of Chemical Fiber					
橡胶和塑料制品业	Manufacture of Rubber and Plastics Products	811	549			549
非金属矿物制品业	Manufacture of Nonmetal Mineral Products	5973	3418		30	3388
黑色金属冶炼和压延加工业	Smelting and Pressing of Ferrous Metals	8456	2503		225	2278
有色金属冶炼和压延加工业	Smelting and Pressing of Nonferrous Metals	4629	2548		42	2506
金属制品业	Manufacture of Metal Products	1385	907		39	868
通用设备制造业	Manufacture of General Purpose Machinery	1378	936		36	900
专用设备制造业	Manufacture of Special Purposes Machinery	4605	2477	4	24	2449
汽车制造业	Manufacture of Automobiles	8361	6036		192	5845
铁路、船舶、航空航天和其他运输设备制造业	Manufacture of Railway, Ships, Aerospace and other Transport Equipment	458	309		66	242
电气机械和器材制造业	Manufacture of Electric Equipment and Machinery	2457	1363	3	8	1351
计算机、通信和其他电子设备制造业	Manufacture of Computers, Communication and Other Electronic Equipment	5308	3510		92	3418
仪器仪表制造业	Manufacture of Instruments and Meters Machinery	386	278		9	270
其他制造业	Others	73	62			62
废弃资源综合利用业	Comprehensive Utilization of Waste Resources	227	129		12	117
金属制品、机械和设备修理业	Repair Services of Metal Products, Machinery and Equipment	112	94			94
电力、热力、燃气及水生产和供应业	Production and Supply of Electric Power, Gas and Water	3167	563		24	539
电力、热力生产和供应业	Production and Supply of Electric Power and Heat Power	3081	510		24	486
燃气生产和供应业	Production and Supply of Gas					
水的生产和供应业	Production and Supply of Water	86	54			54

continued

(10 000 yuan)

R&D经费支出情况R&D Expenditure								
R&D经费内部支出合计(万元) Inner Expenditure of R&D Funds (10 000 yuan)	#①基础研究支出 Basic Research	②应用研究支出 Applied Research	③试验发展支出 Experimental Development	其中：①政府资金 Funds from Government	②企业资金 Funds from Enterprises	③境外资金 Foreign Funds	④其他资金 Others	R&D经费外部支出合计(万元) External Expenditure of R&D Funds (10 000 yuan)
26154.7		19.5	26135.2	47.3	26107.4			49.5
57574.6		185	57389.6	1080.3	56492.2		2.1	1316.7
30963.3	98.4	198.6	30666.3	1760.1	29170.7		32.5	11613.5
12575.8			12575.8	52.5	12523.3			15.7
102670.9		481.2	102189.7	711.7	101959.2			450.2
203922.2		15300.9	188621.3	2249.2	201673			215.8
106930.1		1788.1	105142	9935.5	96992.5		2.1	2862.7
28275.9		612.6	27663.3	35	28240.9			1
51366.8		616	50750.8	655.7	50711.1			2628.9
81697	412	850.6	80434.4	4585	77112			3857.1
362617.2		5734	356883.2	5737.5	356164.5	707.7	7.5	33412.6
9495.8		1311.8	8184	339	9156.8			2371.6
57058.3	233.2	314.9	56510.2	1456.7	55563.4		38.2	355.9
124978.5		1168.5	123810	1415.5	123563			1257.6
3950.5		186.8	3763.7	432.7	3517.8			264.4
1135			1135		1135			
5085.8		147.5	4938.3	48	5037.8			15.3
2206.6			2206.6	30	2176.6			50.9
35430.5		374.7	35055.8	385	35045.5			33648.7
33587.6		374.7	33212.9	385	33202.6			33604.9
1842.9			1842.9		1842.9			43.8

19—11 主要年份工业企业科技活动情况
Indicators on Science and Technology Activities of Industrial Enterprises in Main Years

指　标	Item	2000	2010	2015	2019	2020	2021	2022
大中型工业企业（个）	**Number of Enterprises (unit)**							
#有研发机构的单位数	Units with Research Institutions	293	232	139	102	122	166	186
#有R&D活动的单位数	Units Engaged in R&D Activities		167	214	207	258	327	389
科技活动人员（万人）	**Personnel Engaged in Scientific and Technological Activities (10 000 persons)**	**2.15**	**3.78**	**4.83**	**5.57**			
研究与发展经费内部支出（万元）	**Inner Expenditure of R&D Funds (10 000 yuan)**		**438669**	**769190**	**1044742**	**1133332**	**1370239**	**1505736**
（一）按活动类型分	By Type of Activities							
#基础研究支出	Expenditure for Basic Research	171	167	386	409	572	3561	744
应用研究支出	Expenditure for Applied Research	5601	9083	22162	11980	7037	24611	30672
试验发展支出	Expenditure for Experimental Development	50462	429420	746643	1032353	1125723	1342067	1474320
（二）按支出用途分	By Use of Expenditure							
#日常性支出	Ordinary Expenditure	42987	378741	684371	990996	935252	1316157	1410986
#人员劳务费	Fees for Personnel Labor Services	16912	91657	242333	288472	264740	335665	360738
（三）按资金来源分	By Resource of Funds							
#政府资金	Funds from Government	2930	22168	32000	45067	31476	36848	32605
企业资金	Funds from Enterprises	48390	413173	732074	999672	1099533	1332922	1472210
境外资金	Funds from Foreign Countries	132	161	75		2231	117	708
新产品开发经费支出（万元）	**Expenditure for New Product Development (10 000 yuan)**	**50304**	**460413**	**903957**	**1445180**	**1872393**	**2173118**	**2227761**
科技活动产出情况	**Output from Scientific and Technological Activities**							
专利申请数（项）	Number of Patent Applications (item)	162	1591	4613	6373	7546	11641	11637
#发明专利	Patent for Inventions	20	488	2005	2634	2803	4878	4615
拥有有效发明专利数（项）	Number of Effective Inventions (item)	78	950	3731	8176	8667	14995	12721
技术改造和技术获取情况	**Technology Transformation and Acquisition**							
技术改造经费支出（万元）	Expenditure for Technical Renovation (10 000 yuan)	126898	1374075	915924	1748773	1792211	718808	1156414
引进境外技术经费支出（万元）	Expenditure for Acquisition of Foreign Technology (10 000 yuan)	27910	8137	5697	6729	7148	2989	584
引进技术的消化吸收经费支出（万元）	Expenditure for Assimilation of Technology (10 000 yuan)	754	5988	2621	402		5961	0.1
购买境内技术经费支出（万元）	Expenditure for Purchase of Domestic Technology (10 000 yuan)	6657	12092	11610	19973	20871	150748	224415

19—12 主要年份县及县以上政府部门所属研究与开发机构基本情况
Basic Statistics on Research and Development Institutions under Governmental Departments at and above County Level in Main Years

项 目	Item	2000	2005	2010	2015	2019	2020	2021	2022
机构数（个）	Number of Institutions (unit)	224	210	207	195	168	163	163	146
从事科技活动人员（人）	Number of Persons Engaged in Science and Technology Activities (person)	7954	7574	8757	10034	10571	11263	11208	11769
#科学家、工程师	Scientists and Engineers	4787	4461						
#大学本科及以上学历	Bachelor Degree or above			5400	7449	8388	9182	9364	9921
经费筹集总额（万元）	Funds for Science and Technology Activities (10 000 yuan)	54820	72749	187190	278240	688668	724483	788860	774926
#政府拨款	Funds from Government	31272	60359	136474	224073	357362	405897	364204	396464
经费使用总额（万元）	Expenditure of Funds for Science and Technology Activities (10 000 yuan)	53090	73823	170741	274085	399331	447126	485656	473757
#固定资产购建支出	Purchases of Fixed Assets	7818	12445	28939	52689	62661	71499	58926	61400

注：1. 2009年，指标“科学家工程师”取消，改为“大学本科及以上学历”（县属机构使用“大专以上学历”）。2011年，均使用“大学本科及以上学历”。

2. 2016年度数据口径已剔除转制院所数据（因科技厅报表改版，转制院所报表已为企业报表，不属于政府部门属机构，科技部不作汇总）。

Note: 1. The indicator of “Scientists and Engineers” has been canceled since 2009, and it was replaced by “Bachelor Degree or above” (it is changed to “Junior College Degree or above” in county level institutions). Both indicators were replaced by “Bachelor Degree or above” since 2011.

2. The data for the year 2016 has been adjusted to exclude data from converted institutions (Due to a reporting format change in the Ministry of Science and Technology, the reports from converted institutions are now included in corporate reports and no longer collected by The Minis try of Science and Technology).

19—13 县及县以上政府部门所属研究与开发机构情况（2022年）
Basic Statistics on Research and Development Institutions under Governmental Departments at and above County Level（2022）

项　目	Item	机构数（个）Number of Institutions (unit)	从事科技活动人员合计（人）Personnel in Science and Technology Activities (person)	#大学本科及以上学历 Bachelor Degree or above	经费筹集总额（万元）Funds for Science and Technology Activities (10 000 yuan)	#政府拨款 Funds from Government	经费使用总额（万元）Total Expenditure (10 000 yuan)
总　计	**Total**	**146**	**11769**	**9921**	**774926**	**396464**	**473757**
一、按单位类型分	**By Unit Type**						
科学研究与技术开发机构	Institutions of Scientific Research and Technological Development	132	11357	9548	764915.7	387727.7	464112.2
科技情报与文献机构	Institutions of Scientific and Technological Information and Literature	14	412	373	10010.3	8736.3	9644.8
二、按隶属关系分	**By Relationship**						
中央属	Central	7	864	721	47411	28493	35490
自治区属	Autonomous	52	8615	7516	665047	321795	391136
地（市）属	Prefectural	58	2015	1584	56996	41801	43082
县属	County	29	275	100	5472	4375	4049
三、按学科领域分	**By Discipline**						
自然科学	Natural Sciences	17	1858	1638	84768	63973	67668
农业科学	Agricultural Sciences	63	3985	3026	190353	160982	149465
医药科学	Medical Sciences	11	1906	1742	305657	65146	124300
工程与技术科学	Engineering and Technology	25	3018	2585	162454	78082	103690
人文与社会科学	Humanities and Social Sciences	30	1002	930	31694	28281	28634

注：科技部汇总表上没有将县属机构按学科领域分组，所以这里的“按学科领域分”只包含了市级以上政府部门属机构数据。

Note: Since the summary table given by the Science and Technology Department didn't have data of county's institutions by discipline, so the related data of this table only include the institutions in cities.

19－14 县及县以上政府部门所属研究与开发机构课题情况（2022年）
Projects of Research and Development Institutions under Governmental Departments at and above County Level（2022）

项 目	Item	课题数（项）Projects (unit)	投入人员（人年）Personnel Engaged in Projects (person-year)	#研究人员 Researchers	投入经费（万元）Funds for Projects (10 000 yuan)
总 计	**Total**	**3020**	**6502**		**60054**
按单位类型分	**By Unit Type**				
科学研究与技术开发机构	Institutions of Scientific Research and Technological Development	2975	6304		59325
科技情报与文献机构	Institutions of Scientific and Technological Information and Literature	45	198		729
按活动类型分	**By Activity Type**				
基础研究	Basic Research	326	479		3600
应用研究	Applied Research	974	1737		10180
实验发展	Experimental Development	800	1801		19932
研究与实验发展成果应用	Application of R&D Achievements	374	796		9030
科技服务	Technological Services	546	1689		17312

注：1. 投入的人员和经费为直接投入数据，不包括间接投入数据。
2. 课题数的汇总缺县属机构按活动类型分的数据。

Note: 1. The data on Personnel engaged and Funds for Projects is direct input, excluding indirect input.
2. The summary data of projects by activity type in the county agency are missing.

19－15 各市研究与试验发展（R&D）活动情况（2022年）
Statistics on R&D Activities by City（2022）

地 区	Region	2021年 R&D人员全时当量(人年) Full-time Equivalent of R&D Personnel (man-year)	2021年 R&D经费(万元) Expenditure on R&D (10 000 yuan)	2021年 R&D强度(%) Proportion of R&D Expenditure to GDP(%)	2022年 R&D人员全时当量(人年) Full-time Equivalent of R&D Personnel (man-year)	2022年 R&D经费(万元) Expenditure on R&D (10 000 yuan)	2022年 R&D强度(%) Proportion of R&D Expenditure to GDP(%)
全区	Guangxi	55821	1994572	0.81	70398	2179354	0.83
南宁市	Nanning	20560	573101	1.12	27613	650846	1.25
柳州市	Liuzhou	10100	564868	1.85	11094	570804	1.84
桂林市	Guilin	7345	159839	0.69	8867	196650	0.81
梧州市	Wuzhou	2159	47563	0.35	3238	67630	0.48
北海市	Beihai	953	24939	0.17	2046	78152	0.47
防城港市	Fangchenggang	1804	192007	2.35	1674	156174	1.61
钦州市	Qinzhou	1441	39322	0.24	2146	71361	0.37
贵港市	Guigang	1620	47569	0.32	1994	47821	0.3
玉林市	Yulin	2768	146007	0.71	2636	95155	0.44
百色市	Baise	2158	54351	0.35	2250	76814	0.44
贺州市	Hezhou	602	15308	0.17	1208	27528	0.28
河池市	Hechi	1080	44549	0.43	2001	41277	0.36
来宾市	Laibin	1050	24447	0.29	1445	34494	0.38
崇左市	Chongzuo	2184	60702	0.61	2189	64647	0.6

19－16　县及县以上政府部门所属研究与开发机构成果情况（1990—2022年）
Achievements of Research and Development Institutions under Governmental Department at and above County Level（1990—2022）

年　份 Year	科学著作（种） Scientific and Technological Works（10 000 words）	科学论文（篇） Scientific and Technological Papers（unit）
1990	887	579
1991	1520	675
1992	881	945
1993	1027	1072
1994	841	1135
1995	583	1274
1996	35	1403
1997	23	1691
1998	50	1505
1999	79	1525
2000	84	1839
2001	62	1456
2002	58	1400
2003	51	1673
2004	34	1756
2005	50	1918
2006	62	2274
2007	58	2331
2008	62	2550
2009	63	2736
2010	72	3104
2011	39	3178
2012	48	3342
2013	87	3328
2014	102	3868
2015	96	3731
2016	108	3024
2017	85	2897
2018	106	3619
2019	118	3784
2020	163	4387
2021	139	4007
2022	132	3535

注：1999年以后科学著作计量单位为：种；1990年科学著作、科学论文不包含科技情报与文献机构数。

Note: Since 1999, the term of scientific and technological works is Kind. In the year of 1990, scientific and technological papers exclude ones from institutions of scientific and technological information and literature.

19－17　文化及相关产业机构和从业人员（2022年）
Institutions, Staff and Workers of Cultural and Relevant Industries（2022）

项　目	Item	总计 Total		文化部门 Cultural Departments		其他部门 Other Departments	
				合计 Total			
		机构数(个) Number of Institutions (unit)	从业人员数（人）Number of Staff and Workers (person)	机构数（个）Number of Institutions (unit)	从业人员数（人）Number of Staff and Workers (person)	机构数(个) Number of Institutions (unit)	从业人员数（人）Number of Staff and Workers (person)
总　计	**Total**	**5344**	**68633**	**2017**	**19360**	**3327**	**49273**
艺术业	Art	118	3831	37	1506	81	2325
图书馆业	Library	116	1821	116	1821		
群众文化服务业	Mass Culture Service	1300	5602	1300	5602		
艺术教育业	Art Education	2	184	2	184		
文化市场经营机构（不含非公有制艺术表演团体）	Cultural Market Operation Institutions (Excluding Non-public-owned Art Performance Groups)	2157	23621			2157	23621
文艺科研	Culture and Art Research	9	210	9	210		
文物业	Cultural Relics	311	4002	279	3656	32	346
其他文化产业	Other Industries	151	2418	150	2299	1	119

注：统计范围为文化系统，以下各表相同。
Note: The statistical coverage is the cultural system, and the same applies to the following tables.

19—18 文化部门主要文化产业单位基本情况
Main Indicators on Major Units of Culture Industries in Culture Departments

项 目	Item	2000	2005	2010	2015	2019	2020	2021	2022
艺术表演团体	**Art Performance Groups**								
机构数（个）	Number of Institutions (unit)	118	118	141	92	95	78	72	74
从业人员（人）	Number of Employed Persons (person)	4518	4352	4946	4613	3897	3153	2210	3054
国内演出场次（千场次）	Number of Domestic Performances (1000 performances)	13.40	12.34	14.93	13.17	18.42	9.40	8.8	7.2
国内演出观众人次（千人次）	Audiences of Domestic Performances (1 000 person-times)	16184	13182	15076		10391	5056	2590	2802
本年收入合计（万元）	Total Income in This Year (10 000 yuan)	6503	12018	23855	65365	82027	36385	36349	35982
#财政补助收入	Income from Financial Allowance	4913	9022	17951	24937	30740	14336	25414	22267
演出收入	Income from Performance	717	1550	3679	34801	410751	14686	4711	100226
本年支出合计（万元）	Total Expenditure in This Year (10 000 yuan)	6492	11761	23871	54129	74149	40293	37811	37674
公共图书馆	**Public Library**								
机构数（个）	Number of Institutions (unit)	94	95	108	112	116	116	116	116
从业人员（人）	Number of Employed Persons (person)	1540	1459	1509	1509	1680	1680	1763	1821
总藏量（千册/件）	Total Collections of Books (1 000 copies/collects)	13122	14908	18809	26063	29015	30031	30270	31684
总流通人次（千人次）	Total Number of Circulation (1 000 person-times)	9268	12257	13428	20652	21131	11628	17901	19752
书刊外借册次（千册次）	Borrowing from Libraries of Books and Periodicals (1 000 copy-times)	6878	7614	7328	11550	5585	5957	8690	9524
本年收入合计（万元）	Total Income in This Year (10 000 yuan)	3361	6305	13320	35997	45266	40916	37102	35035
#财政补助收入	Income from Financial Allowance	2851	5469	12191	32734	43378	39641	35918	34577
本年支出合计（万元）	Total Expenditure in This Year (10 000 yuan)	3077	6288	13369	35915	44243	40367	37218	34907
#图书购置费	Expenditure for Book Purchasing	520	674	1676		4610	3664	2792	2438
本年新购图书（千册）	New Books Purchased in This Year (1 000 copies)	201	260	563	1492	1516	969	956	898
群众文化	**Mass Culture**								
群艺馆机构数（个）	Number of Institutions of Mass Culture (unit)	15	15	15	15	15	15	15	15
从业人员（人）	Number of Employed Persons (person)	337	335	345	519	536	536	540	543

注：本表中艺术表演团体基本情况数据自2010年开始，将在广西文化市场管理机构登记办证的艺术表演单位纳入统计范畴。

Note: The data on the basic situation of art performance groups has brought the art performance units of culture market in Guangxi into the statistical coverage since 2010.

19—18 续表 continued

项 目	Item	2000	2005	2010	2015	2019	2020	2021	2022
举办展览个数（个）	Number of Exhibitions Held (unit)	53	84	70	151	3219	105	113	149
组织文艺活动次数（次）	Number of Culture and Art Acticities Organized (time)	276	289	1264	1288	41910	897	1493	980
本年收入合计（万元）	Total Income in This Year (10 000 yuan)	849	1454	4055	129517	1723	17469	15179	14639
#财政补助收入	Income from Financial Allowance	567	1249	3372	11299	16111	16591	14616	14376
本年支出合计（万元）	Total Expenditure in This Year (10 000 yuan)	877	1515	4006	11817	16971	17531	15064	14668
文化馆机构数（个）	Number of Institutions of Cultural Centers (unit)	99	100	107	108	109	110	110	109
从业人员（人）	Number of Employed Persons (person)	1273	1195	1145	1595	2104	1563	1617	1624
举办展览个数（个）	Number of Exhibitions Held (unit)	730	340	354	608	1568	375	407	490
组织文艺活动次数（次）	Number of Culture and Art Activities Organized (time)	2166	2249	4740	6600	12277	6802	6810	5455
本年收入合计（万元）	Total Income in This Year (10 000 yuan)	1509	2607	6743	18663	22719	24365	23031	22471
#财政补助收入	Income from Financial Allowance	1234	2258	6443	16706	21858	23599	22153	21971
本年支出合计（万元）	Total Expenditure in This Year (10 000 yuan)	1485	2537	6672	17639	21856	23626	22838	22158
文化站机构数（个）	Number of Institutions of Cultural Stations (unit)	1294	1139	1162	1168	1174	1175	1175	1176
从业人员（人）	Number of Employed Persons (person)	1777	2273	2585	3168	3041	3189	3451	3435
博物馆	**Museums**								
机构数（个）	Number of Institutions (unit)	39	49	64	124	131	142	169	141
从业人员（人）	Number of Employed Persons (person)	667	753	1096	1996	2201	2540	2839	2896
文物藏品（件、套）	Collections of Relics (unit, set)	170336	239327	279452	422677	315125	387903	293125	441625
#一级品	1st Class	293	279	312	360	299	296	297	297
举办展览（个）	Number of Exhibitions Held (unit)	102	126	194	445	311	110	319	537
参观人次（千人次）	Number of Visitors (1 000 person-times)	1802	1442	7441	16555	1994	248	25173	13595
#未成年人参加人次	Minors			2067	5115	505	1242	5446	3811
#外宾人次	Foreign Visitors	34	37						
本年收入合计（万元）	Total Income in This Year (10 000 yuan)	1792	4905	17239	40712	39440	54544	57803	62503
#财政补助收入	Income from Financial Allowance	976	2430	14244	29745	36121	46470	55469	58693
门票收入	Income from Tickets	122	229	39					
本年支出合计（万元）	Total Expenditure in This Year (10 000 yuan)	1852	4326	14344	38965	45900	50949	125582	61973

注：1. 公共图书馆中自2013年起“图书购置费”为“新增藏量购置费”，“本年新购图书”为“本年新增藏量”。
2. 博物馆中自2013年起“举办展览”为“临时展览”。

Note: 1. The indicator of “Expenditure for Purchasing Books” of Public Library since 2013 has been changed to “Expenditure for New Added Collections” “New Books Purchased in This Year” is changed to “New Added Collections in This Year”.
2. The indicator of “Number of Exhibitions Held” of Museum since 2013 is changed to “Temporary Exhibitions Held”.

19—19 各市公共图书馆基本情况（2022年）

地 区	Region	机构数(个) Number of Institutions (unit)	从业人员（人） Number of Employed Persons (person)	总藏量（千册） Total Collections of Books (1000 copies)	当年购买的报刊种类（种） Newspapers and Periodicals Purchased in Current Year (kind)	总流通人次（千人次） Total Number of Circulation (1000 person-times)
广西壮族自治区	**Guangxi**	**116**	**1821**	**31684.4**	**28304**	**19752.4**
自治区本级	**Autonomous Region Level**	**3**	**333**	**8531.7**	**7530**	**5411.4**
南宁市	Nanning	14	265	3575.5	2846	2786.1
柳州市	Liuzhou	11	166	2481.1	2447	2091.6
桂林市	Guilin	13	91	1853.5	2008	559.2
梧州市	Wuzhou	5	98	1231.9	707	682.0
北海市	Beihai	3	100	846.9	430	736.2
防城港市	Fangchenggang	5	50	1363.9	703	525.8
钦州市	Qinzhou	5	77	843.8	803	669.8
贵港市	Guigang	6	47	1615.5	1225	748.9
玉林市	Yulin	8	126	2224.3	2046	2085.8
百色市	Baise	13	156	2391	2599	1653.7
贺州市	Hezhou	5	73	1002.6	660	355.9
河池市	Hechi	11	94	1398.1	1429	446.1
来宾市	Laibin	7	81	1353.5	1537	639.1
崇左市	Chongzuo	7	64	971.1	1334	360.8

Main Indicators on Public Libraries by City (2022)

为读者举办各种活动Activities Held for Readers				本年支出合计(万元) Total Expenditure of this Year (10 000 yuan)	资产合计(万元) Total Assets (10 000 yuan)	实际使用公用房屋建筑面积(千平方米) Area of Public Building Actually Used (sq.m)
组织各类讲座次数(次) Number of Lectures Held (time)	参加人次(千人次) Number of Audiences (1000 person-times)	举办展览(次) Number of Exhibitions Held (time)	参观人次(千人次) Number of Visitors (1000 person-times)			
1521	**234.5**	**1640**	**3718.1**	**34906.8**	**132427.0**	**51.2**
45	**46.2**	**66**	**2207.5**	**11170.5**	**55487.8**	**8.3**
383	41.6	239	254.1	4662.5	13323.6	3.8
156	19.9	127	217.6	2900.1	8263.4	2.0
96	12.4	126	113.0	1459.2	2202.9	2.0
51	5.2	101	116.6	1048.0	1886.1	2.3
63	9.1	67	140.3	1730.1	4221.5	1.7
30	10.8	52	17.2	733.9	1992.3	1.9
85	11.7	80	54.2	970.7	9493.6	1.9
45	6.7	79	111.6	1083.1	5407.0	5.0
82	16.6	122	140.8	2302.4	14687.8	3.2
194	29.7	170	134.5	2153.9	4464.9	1.4
27	3.2	66	18.4	1114.2	2429.9	2.8
58	7.0	144	71.3	1211.0	4460.5	3.1
49	5.2	87	64.1	1457.5	2393.8	1.3
157	9.2	114	56.9	909.7	1711.9	10.6

19－20　主要年份广播事业发展情况
Main Indicators on Broadcasting in Main Years

项　目	Item	2000	2005	2010	2015	2019	2020	2021	2022
基本情况	**Main Indicators**								
中短波转播发射台（座）	Medium-and-short-wave Broadcasting Transmission Stations and Relaying Stations (set)	25	21	20	20	20	20	22	22
调频转播发射台（座）	Frequency Modulation Broadcasting Transmission Stations and Relaying Stations (set)	100	89	150	604	882	977	959	950
节目（套）	Programmes (unit)	34	60	63	72	74	78	78	77
全年公共广播节目播出时间（小时）	Broadcasting Hours throughout Year (hour)	158714	257463	276733	376961	429282	436174	431361	422679
广播综合人口覆盖率（%）	Population Coverage Rate of Radio Programmes (%)	85.2	88.7	95.0	96.7	97.8	98.2	98.6	98.8
制作广播节目（小时）	Broadcasting Programmes (hour)	90269	165012	176577	220838	221404	215455	216709	206365
新闻资讯节目	News and Information Programmes	11186	23447	36670	41919	45238	49313	50898	45613
专题服务节目	Specialized Service Programmes	23109	46634	43832	34445	43066	34765	39488	39401
综艺益智	Comprehensive Entertainment Programmes	27912	60556	62601	61424	81699	80090	82376	76853
广播剧节目	Radio Play Programmes		769	409	1035	1259	1241	1918	2011
广告节目	Advertisement Programmes	2323	15326	13071	17851	14588	13104	12572	10183
其他节目	Other Programmes	25739	18280	19994	64163	35552	36939	29455	32300

19—21 主要年份电视事业发展情况
Main Indicators on Television Stations in Main Years

项 目	Item	2000	2005	2010	2015	2019	2020	2021	2022
基本情况	**Main Indicators**								
电视转播台（座）	Television Relaying Stations (set)	237	65	128	128	90	75	79	78
节目（套）	Programmes (unit)	23	39	41	42	41	118	119	117
全年公共电视节目播出时间（小时）	Television Broadcasting Hours throughout Year (hour)	74166	276597	481171	576257	606051	638045	669476	643315
电视综合人口覆盖率（%）	Population Coverage Rate of TV Programmes (%)	90.0	93.5	97.0	98.3	98.9	99.2	99.3	99.5
制作电视节目	TV Programmes	15200	60033	80594	97532	77787	93983	95631	87604
新闻资讯节目（小时）	News and Information Programmes (hour)	2793	17833	25367	33830	34340	39381	39879	36100
专题服务节目（小时）	Specialized Service Programmes (hour)	3357	12123	15071	25481	12915	13529	18634	18363
综艺益智节目（小时）	Comprehensive Entertainment Programmes	2999	7793	9101	9041	5445	3855	2910	3029
影视剧节目（小时）	TV Play Programmes (hour)		692	416	104	28	2061	44	587
广告节目（小时）	Advertisement Programmes (hour)	4011	15168	21730	20665	14511	20681	18641	15947
其他节目（小时）	Other Programmes (hour)	2040	6424	8909	8411	10547	14474	15520	13575
电视剧（部/集）	TV Plays (collection/episode)	11/80	9/448	10/341	2/60		7	1	3/42
动画电视（小时）	Animated Television (hour)			3	45	22	20	10	350

19－22 主要年份图书、报纸及杂志出版情况
Indicators on Books, Newspapers and Magazines in Main Years

项 目	Item	2000	2005	2010	2015	2019	2020	2021	2022
图 书	**Books**								
种 数（种）	Number of Publications (kind)	2739	3500	7344	7537	6096	6696	7054	6797
印 数（万册）	Printed Copies (10 000 copies)	23691	18818	24810	29978	31796	31375	33817	35581
印 张（千印张）	Printed Sheets (1000 sheets)	1153943	1331175	1545018	2165681	–	–	–	–
报 纸	**Newspapers**								
种 数（种）	Number of Publications (kind)	60	50	55	54	48	46	42	42
印 数（万份）	Printed Copies (10 000 copies)	56008	58222	69560	68974	51427	47814	45354	44800
印 张（千印张）	Printed Sheets (1000 sheets)	834192	1668812	2855711	2082133	1083904	946481	905699	875984
期 刊	**Magazines**								
种 数（种）	Number of Publications (kind)	191	180	183	180	180	178	178	177
印 数（万册）	Printed Copies (10 000 copies)	5242	5571	4268	4754	3644	3499	3561	3492
印 张（千印张）	Printed Sheets (1000 sheets)	149238	277555	176235	193264	159048	146116	143388	142280

主要统计指标解释

普通高等学校 指按国家规定的设置标准和审批程序批准建立的，通过全国普通高等教育统一招生考试，招收高中毕业生为主要培养对象，实施高等学历教育的全日制大学、独立设置的学院和高等专科学校、高等职业学校和其他机构。

大学、独立设置的学院主要实施本科及本科层次以上教育。高等专科学校、高等职业学校实施专科层次教育。其他机构是承担国家普通招生计划任务不计校数的机构。包括普通高等学校分校和批准筹建的普通高等学校等（注：高等学校在校学生数均不包括在校研究生）。

成人高等学校 指按国家规定的设置标准和审批程序批准举办的，通过全国成人高等教育统一招生考试，招收具有高中毕业或同等学历的人员为主要培养对象，利用函授、业余、脱产的多种形式对其实施高等学历教育的学校。包括职工高等学校、农民高等学校、管理干部学院、教育学院、独立函授学院、广播电视大学、其他机构。

中等职业教育 调整后的中等职业学校是指将普通中等专业学校（中等技术学校、中等师范学校）、成人中等专业学校、职业高中学校、其他机构等各种实施中等职业教育的办学类型，通过合并、共建、联办、划转等形式调整为统一的办学类型。

艺术表演团体 指由文化部门主办或实行行业管理（经文化市场行政部门审批或已申报登记并领取相关许可证），专门从事表演艺术等活动的各类专业艺术表演团体，含民间职业剧团。不包括群众业余文艺表演团体。

艺术表演场馆 指由文化部门主办或实行行业管理（经文化市场行政部门审批或已申报登记并领取相关许可证），有观众席、舞台、灯光设备，公共售票、专供文艺团体演出的文化活动场所。

广播节目综合人口覆盖率 是指根据国家广电总局制定的《广播电视人口覆盖率统计技术标准和方法》，在对象区内采用无线、有线、卫星等技术手段能够收听到包括中央、省、地市、县广播节目其中任意一套的人口数与全国总人口的比。

电视节目综合人口覆盖率 是指根据国家广电总局制定的《广播电视人口覆盖率统计技术标准和方法》，在对象区内采用无线、有线、卫星等技术手段能够收看到包括中央、省、地市、县级电视节目中任意一套的人口数与全

Explanatory Notes on Main Statistical Indicators

Regular Higher Education Institutions refer to educational establishments set up according to the government standards and approval procedures, enrolling graduates from senior secondary schools through national higher education admission examinations. It includes full-time universities, independently established schools, higher professional colleges, higher vocational colleges and other regular higher education institutions.

Universities and independently established schools provide undergraduate and above education. Higher professional colleges and higher vocational colleges primarily provide professional training, and other institutions refer to educational establishments which are responsible for enrolling higher education students under the State Plan but not enumerated in the total number of schools, including branches of regular higher education institutions and those approved to be built. (Note: the number of students in higher education institutions does not include graduate students.)

Adults Higher Education Institutions refer to educational establishments, set up according to the government standards and approval procedures, enrolling personnel graduated from senior secondary school or with equivalent education, and providing higher education courses in forms of correspondence, spare time or full time, for adults. Adults higher education institutions include schools of higher education for staff and workers, schools of higher education for peasants, institutions of administration, educational colleges, independent correspondence colleges, radio and television universities and other educational establishments of higher education for adult.

Secondary Vocational Education Secondary vocational schools after adjustment refers to all kinds of schools providing secondary vocational education, including regular specialized secondary schools (secondary technical schools, secondary normal schools), adults specialized secondary schools, vocational high school and other institutions, which become a unified school type after adjustments through merging, joint construction, joint office, transferring and other forms.

Arts Performance Groups refers to the various professional performing arts groups, sponsored by cultural departments or subject to industry management (approved by the cultural administration authority, or registered and issued relevant licenses), including non-governmental troupes. The mass amateur arts performance troupes are not included.

Arts Performance Venues refer to the various sites for cultural activities, sponsored by cultural departments or subject to industry management (approved by the cultural administration authority, or registered and issued relevant licenses), with the facility of auditorium, stage and lighting, and selling tickets in public.

Population Coverage Rate of Radio refers to the percentage of the whole country's population who can receive radio programmes transmitted by national, provincial, municipal or county stations through wireless, cable or satellite techniques, according to *Statistical Standard and Method on Television and Radio Coverage of Population* established by the State Administration of Radio and Television.

Population Coverage Rate of Television refers to the percentage of the whole country's population who can receive television programmes transmitted by national, provincial, municipal or county stations through wireless, cable or satellite techniques, according to *Statistical Standard and Method on Television*

国总人口的比。

科技活动 指在自然科学、农业科学、医药科学、工程与技术科学、人文与社会科学领域（简称科学技术领域）中，与科技知识的产生、发展、传播和应用密切相关的有组织的活动。可分为科学研究与试验发展（R&D）、科学研究与试验发展成果应用及相关的科技服务三类活动。

科学研究与试验发展（R&D） 指在科学技术领域，为增加知识总量以及运用这些知识去创造新的应用而进行的系统的创造性的活动，包括基础研究、应用研究、试验发展三类活动。

基础研究 指为获得关于现象和可观察事实的基本原理的新知识（揭示客观事物的本质、运动规律，获得新发现、新学说）而进行的实验性或理论性研究，它不以任何专门或特定的应用或使用为目的。其成果以科学论文和科学著作为主要形式。

应用研究 指为获得新知识而进行的创造性研究，主要针对某一特定的目的或目标。应用研究是为了确定基础研究成果可能的用途，或是为达到预定的目标探索应采取的新方法（原理性）或新途径。其成果形式以科学论文、专著、原理理性模型或发明专利为主。

试验发展 指利用从基础研究、应用研究和实际经验所获得的现有知识，为产生新的产品、材料和装置，建立新的工艺、系统和服务，以及对已产生和建立的上述各项作实质性的改进而进行的系统性工作。其成果形式主要是专利、专有技术，具有新产品基本特征的产品原型或具有新装置基本特征的原始样机等。在社会科学领域，试验发展是指把通过基础研究、应用研究获得的知识转变成可以实施的计划（包括为进行检验和评估实施示范项目）的过程。人文科学领域没有对应的试验发展活动。

R&D人员 指单位内部从事基础研究，应用研究和试验发展三类活动的人员。包括直接参加上述三类项目活动的人员以及这三类项目的管理人员和直接服务人员。为研发活动提供直接服务的人员包括直接为研发活动提供资料文献、材料供应、设备维护等服务的人员。

政府资金 指从各级政府部门获得的计划用于科技活动的经费，包括科学事业费、科技三项费、科研基建费、科学基金、教育等部门事业费中计划用于科技活动的经费以及政府部门预算外资金中计划用于科技活动的经费等。

and Radio Coverage of Population established by the State Administration of Radio and Television.

Scientific and Technological Activities (S&T Activities) refer to organized activities which are closely related with the creation, development, dissemination, and application of the scientific and technical knowledge in the fields of natural sciences, agricultural science, medical science, engineering and technological science, humanities and social sciences (referred to as scientific and technological fields). S&T activities can be classified into three categories: research and development (R&D) activities, application of R&D results, and related S&T services.

Research and Development (R&D) refers to systematic and creative activities in the field of science and technology aiming at increasing the knowledge and using the knowledge for new application. R&D includes three categories of activities: basic research, applied research and experiments and development.

Basic Research refers to empirical or theoretical research aiming at obtaining new knowledge on the fundamental principles of phenomena of observable facts to reveal the nature and law of movement of objects and to acquire new discoveries or new theories. Basic research takes no specific or designated application as the aim of the research. It is mainly released or disseminated in the form of scientific papers or monographs.

Applied Research refers to creative research aiming at obtaining new knowledge on a specific objective or target. Purpose of the applied research is to identity the possible use of results from basic research, or to explore new (fundamental) methods of new approaches. Results of applied research are expressed in the form of scientific papers, monographs, fundamental models or invention patents.

Experimental Development refer to systematic activities aiming at using the knowledge from basic and applied researches or from practical experience to develop new products, materials and equipment, to establish new production processes, systems and services, or to make substantial improvements on the existing products, processes or services. Results of experiment and development activities are embodied in patents, exclusive technology, and monotype of new products or equipment. In social sciences, experiment and development activities refer to the process of converting the knowledge from basic or applied researches into feasible programs (including demonstration projects for assessment and evaluation). There is no experiment and development activities in the science of humanities.

R&D Personnel refer to persons engaged in research, management and supporting activities of R&D, including persons in the project teams, persons engaged in the management of S&T activities of enterprises and supporting staff providing direct services to the research projects. It includes personnel who provide direct services for R&D activities, such as documents, material supply and equipment maintenance, etc.

Government Funds refer to funds obtained from government agencies at all levels to be used for S&T activities, including funds for scientific undertakings, three kinds of funds for S&T activities, funds for capital construction for scientific researches, science funds, funds from education expenditures by education departments for S&T activities, and extra-budget funds from government agencies for S&T activities.

第二十篇　体育、卫生与社会福利

CHAPTER 20　SPORT, PUBLIC HEALTH AND SOCIAL WELFARE

（编辑：卢启函）

简要说明

（本篇资料由自治区统计局社会科技处整理，电话：0771-5851590）

本篇资料主要内容及来源

（一）体育事业发展情况（广西壮族自治区体育局）

（二）卫生事业基本情况（广西壮族自治区卫生健康委员会）

（三）社会服务机构和社会救济情况（广西壮族自治区民政厅）

（四）残疾人工作情况（广西壮族自治区残疾人联合会）

Brief Introduction

(This chapter is compiled by Department of Social Science and Technology of the Guangxi Zhuang Autonomous Region Bureau of Statistics, Tel: 0771-5851590)

Main Contents and Sources

(i) Development of sports (Sports Bureau of Guangxi Zhuang Autonomous Region)

(ii) Basic situation of public health (Health Committee of Guangxi Zhuang Autonomous Region)

(iii) Social welfare institutions and social relief (Department of Civil Affairs of Guangxi Zhuang Autonomous Region)

(iv) Major situation of work concerning the disabled (Disabled Persons'Federation of Guangxi Zhuang Autonomous Region)

20—1　主要年份体育事业发展情况
Statistics on Sports in Main Years

项　目	Item	2000	2005	2010	2015	2020	2021	2022
体育系统从业人员（人）	Number of Staff and Workers in Sports System (person)	3335	3917	5183	4457	4683	3947	4730
#优秀运动队	Splendid Sports Team		1110	1535	956	1096	954	1032
体育运动学校	Physical Education and Sports Schools	180		199	512	748	443	547
业余体校	Spare Time Sports Schools	1028	1119	1886	793	777	608	902
训练基地	Training Bases	184	129	127	300	255	276	264
体育场馆	Stadiums and Gymnasiums	272	213	248	272	190	164	177
举办综合运动会次数（次）	Number of Comprehensive Sports Games Held (time)		0	4	1	2	2	3
举办单项比赛次数（次）	Number of Single Event Games Held (time)		23	34	30	1237	2497	836
举办全民健身活动次数（次）	Number of Activities Held for National Fitness (time)		2675	3265	511	481	5481	1876
#1000人以上的活动	Activities Above 1000 Persons		448	973	511	5	2	4
举办全民健身活动人数（万人）	Number of Persons Engaging in Activities for National Fitness (10 000 persons)		331	454	130	1	3223	330
等级运动员发展人数（人）	Number of Athletes with Grades (person)	2552	707	1711	607		354	100
#国际级健将	International Masters of Sports		4	7	0		0	0
运动健将	Masters of Sports	27	36	45	7	5	2	1
一级运动员	First Grade Athletes	41	75	184	31	25	27	16
二级运动员	Second Grade Athletes	354	592	1475	370	10	325	83
等级裁判员发展人数（人）	Number of Referees with Grades (person)	2154	865	1894	2170		1723	928
#国家级裁判	National Referees	10	11	1	10		3	2
一级裁判员	First Grade Referees		78	113	233		770	150
二级裁判员	Second Grade Referees		776	1780	1934		921	750

20—2　运动队体育比赛成绩（2022年）
Scores of Sports Teams in Competitions（2022）

单位：个　　(unit)

项　目	Item	名次 Position								破纪录情况 Record Breaking
		1	2	3	4	5	6	7	8	
世界三大赛	Three Worldwide Competitions	12	1	4	0	1	2	0	2	2
一般国际比赛	Common Worldwide Competitions	18	5	12	1	1	0	1	0	3
亚洲大赛	Asia Competitions	6	3	0	0	0	0	0	0	0
全国大赛	National Competitions	58	38	33	41	55	25	26	16	2
全国青少年比赛	National Youth Competitions	134	105	119	67	108	55	47	25	0
一般国内大赛	Common National Competitions	12	8	5	5	2	1	3	1	0
合　计	**Total**	**240**	**160**	**173**	**114**	**167**	**83**	**77**	**44**	**7**

20—3　主要年份卫生事业基本情况
Basic Situation of Public Health in Main Years

项　目	Item	2000	2005	2010	2015	2020	2021	2022
一、各类卫生机构、卫生技术人员	Health Care Institutions and Medical Technical Personnel by Type							
卫生机构数（个）	Number of Health Care Institutions（unit）	13707	9432	10341	11770	13787	14552	15182
#医院、卫生院	Hospitals and Health Centers	1868	1753	1728	1794	1998	2066	2107
社区卫生服务中心（站）	Community Health Service Centers (Stations)		156	285	277	325	338	346
疗养院（康复医疗机构）	Sanatoriums (Rehabilitation Healthcare Facility)	8	8	5	5	5	8	9
门诊部、诊所、医务室	Outpatient Departments and Clinics	11361	7050	7891	9255	11261	11953	12535
卫生监督所（局）	Health Inspection Institutions (Centers)		63	109	112	125	125	126
专科疾病防治院（所、站）	Specialized Disease Prevention & Treatment Hospitals (Institutions/Stations)	66	62	43	41	32	30	29
医学学科研究机构	Research Institutions of Medical Science	22	15	14	13	11	10	10
其他卫生机构	Others	147	41	28	15	30	22	20
病床总数（张）	Total Number of Beds (bed)	85422	93767	143695	214485	295562	319045	341716
#医院、卫生院病床数	Number of Beds in Hospitals and Health Centers	82975	87061	133887	199712	274941	297925	319562
每千人中医院、卫生院病床数（张）	Number of Beds of Hospitals and Health Centers per 1000 Persons (bed)	1.74	1.77	2.60	4.06	5.48	5.91	6.33
卫生技术人员（人）	Medical Technical Personnel (person)	127036	129210	185715	274663	372046	393884	415179
#执业医师、执业助理医师	Licensed Physicians and Licensed Physician Assistants	45981	54652	67314	91580	125515	131973	138636
注册护士	Registered Nurses	40331	44604	69906	113202	167487	182407	192854
每千人中有卫生技术人员数（人）	Number of Medical Technical Personnel per 1000 Persons (person)	2.67	2.63	3.60	5.73	7.42	7.81	8.23
疾病预防控制中心（防疫站）（个）	Center for Disease Control and Prevention (Epidemic Prevention Stations) (unit)	136	106	105	115	121	122	122
卫生技术人员（人）	Medical Technical Personnel (person)	5340	4839	4852	5735	7940	6439	6682
妇幼保健院（所、站）（个）	Maternal and Children Care Centers (unit)	103	103	103	104	105	105	106
卫生技术人员（人）	Medical Technical Personnel (person)	5879	7193	12763	19380	32647	28345	29361
乡镇卫生院（个）	Township Health Centers (unit)	1134	1295	1278	1267	1265	1263	1267
床位数（张）	Number of Beds (bed)	12720	20963	44974	59406	72947	78203	82913
卫生技术人员（人）	Medical Technical Personnel (person)	20134	28258	43687	58007	84062	73299	76424
乡村医生和卫生员人数（人）	Doctors or Health Workers in Rural Areas (person)	47099	36236	36386	36101	30083	26947	26967
二、医院病床使用情况	Utilization of Hospital Beds							
病床周转次数（次）	Turnover of Hospital Beds (time)	19	25	42	37	32.4	34.5	33.4
病床工作日数（日）	Working Days of Hospital Beds (day)	219	256	300	328	303	275	267
病床使用率（%）	Occupancy Rate of Hospital Beds (%)	60	70	82	90	83	75	73
出院者平均住院日数（日）	Average Length of Stay in Hospital (day)	11	10	7	9	9.1	7.5	7.6

注：1. 本表卫生机构数不含村卫生室和计生机构。
2. 1995年、2000年的执业医师、执业助理医师为中医师、西医师、中西医结合医师，注册护士为护师、护士。

Note: 1. The indicator "Number of Health Care Institutions" in this table excludes village clinics and institutions of family planning.
2. The licensed physicians and licensed physician assistants in 1995 and 2000 refer to doctors of Chinese medicine, doctors of Western medicine, senior doctors who integrate traditional Chinese therapeutics with Western therapeutics in practice, registered nurses refer to primary nurses and nurses.

20－4　医疗机构诊疗人次和入院人数（2022年）
Number of Visits and Inpatients（2022）

医院类别	Hospital Type	诊疗人次数（万人次）Visits (10 000 person-times)	#门、急诊 Outpatient and Emergency Visits	入院人数（万人）Inpatients (10 000 persons)	每百名门急诊的入院人数（人）Number of Inpatients Per 100 Visits (person)
总　计	**Total**	**26260.87**	**25357.17**	**1122.92**	**22.25**
医院	Hospital	11830.49	11386.44	730.58	14.48
疗养院	Sanatoriums	4.4	4.12	1.39	0.03
社区卫生服务中心	Community Health Service Centers	980.91	942.46	7.84	0.16
卫生院	Health Centers	5422.58	5281.65	303.02	6.00
门诊部	Outpatient Departments	346.17	257.21	0	0
妇幼保健院（所、站）	Maternal and Children Care Centers (Institutions/Stations)	2169.19	2113.79	79.56	1.58
专科疾病防治院（所、站）	Specialized Disease Prevention & Treatment Hospitals (Institutions/ Stations)	72.69	69.77	0.51	0.01

20－5　提供住宿的社会服务机构和设施情况
Basic Statistics of Social Service Organizations and Facilities with Accommodation

指标名称	Item	2020	2021	2022
提供住宿的社会服务机构和设施	Social Service Organizations and Facilities with Accommodation (unit)	12851	13007	12937
床位总数	Number of Beds (bed)	277840	260768	116144
年末在院（收养）人数	Number of Persons in Institutions (Adoption) at Year-end (person)	55621	52369	63296
（一）提供住宿的养老服务机构和设施	Elderly Care Institutions with Accommodation (unit)	12736	583	641
养老机构和设施床位数	Number of Beds (bed)	268860	251960	264098
其中：1.养老机构和设施床位数	Number of Beds in Elderly Care Institutions (bed)	91148	86104	94603
2.社区服务设施床位数	Number of Beds in Community Service Facilities (bed)	177712	165856	169495
收养人数	Number of Adoption (person)	50883	47813	47253
每千人口老年人拥有养老床位数	Number of Elderly Care Beds per 1 000 Elderly Population	32	30	11
（二）为智障与精神病人提供收留抚养服务的机构	Mental Illness Service Institutions with Accommodation (unit)	5	6	88
床位数	Number of Beds (bed)	2756	2858	15257
年末在院人数	Number of Persons in Institutions at Year-end (person)	2585	2614	5107
（三）为儿童提供收留抚养和救助服务的机构	Child Welfare and Assistance Institutions (unit)	48	47	55
床位数	Number of Beds (bed)	3901	3671	3878
年末在院人数	Number of Persons in Institutions at Year-end (person)	1584	1480	10559
（四）其他提供住宿的服务机构	Others	62	63	67
床位数	Number of Beds (bed)	2323	2279	2406

20－6 主要年份社会救济对象享受救济情况
Statistics on Social Assistance in Main Years

项 目	Item	2000	2005	2010	2015	2020	2021	2022
一、城镇居民最低生活保障人数（人）	Number of Urban Residents Entitled to Minimum Living Allowance (person)	108173	568957	601935	385308	349422	343967	385207
城镇居民最低生活保障家庭数（户）	Number of Urban households Entitled to Minimum Living Allowance (household)		273349	306368	198698	154547	153604	166219
城镇临时救济人次数（人次）	Number of Urban Residents Receiving Temporary Assistance (person-time)	31226	67043	4732	7402	173572		
二、农村居民最低生活保障人数（人）	Number of Rural Residents Entitled to Minimum Living Allowance (person)	204293	42745	3156789	2921414	2679474	2429726	2383687
农村居民最低生活保障家庭数（户）	Number of Rural Households Entitled to Minimum Living Allowance (household)		26019	1296975	1179258	903050	853584	850779
三、农村传统定期定量救济人数（人）	Number of Rural Residents Receiving Regular Fixed Relief (person)	50292	470169	6308	118118	127198		
农村临时救济人次数（人次）	Number of Rural Residents Receiving Temporary Assistance (person-time)	1298570	2058208	6308		173392		
四、农村五保户供养人数（人）	Number of Rural Residents Enjoying the Five Guarantees (person)			327349	280486			
农村五保户供养户数（户）	Number of Rural Households Enjoying the Five Guarantees (household)			320567				

20－7 广西残疾人工作主要情况
Major Statistics on Work for Persons with Disability in Guangxi

指　标	Item	2020	2021	2022
一、康 复	**Rehabilitation**			
康复机构数（个）	**Number of Rehabilitation Institutions (unit)**	**416**	**423**	**452**
其中：残联办	China Disabled Person's Federation	83	84	82
卫生办	Health Department	213	209	217
民政办	Civil Affairs Department	14	17	19
教育办	Education Department	23	25	28
民 办	Non-government	59	67	83
其他	Others	24	21	23
康复机构在岗人员（人）	**On Duty Personnel of Rehabilitation Institutions (person)**	**10349**	**11383**	**10989**
其中：业务人员	Business Personnel	6815	7354	7735
管理人员	Management Personnel	1083	1305	1164
其他人员	Other Personnel	2451	2724	2090
二、教育	**Education**			
专项资助残疾人接受学前教育（人）	Special Funds for Disabled People to Receive Preschool Education (person)	1641		
特殊教育普通高中在校生（人）	Students at Senior Secondary Schools with Special Education (person)	159	311	360
残疾人中等职业学校在校生（人）	Disabled Students at Secondary Vocational Schools (person)	196	231	216
普通高等教育院校录取残疾考生（人）	Disabled Students Admitted to Regular Higher Education Institutions (person)	358	388	398
三、就业	**Employment**			
就业残疾人数	**Number of Employed Persons with Disability**	**321680**	**313055**	**326932**
其中：按比例就业	Proportional Employment	11373	13039	18442
个体就业	Individual Employment	12535	12181	12162
公益性岗位就业	Public Welfare Post	1622	1729	3680
从事农业种养加工	Engaged in Agricultural Cultivation and Processing	226159	216270	218487
灵活就业	Flexible Employment	66350	66455	69962
四、社会保障	**Social Security**			
符合参加城乡社会养老保险的残疾居民（人）	Disabled Residents Eligible to Participate in Basic Pension Insurance for Urban and Rural Residents (person)	1150361	1164056	1096039
实际参加城乡社会养老保险的残疾居民（人）	Disabled Residents Actually Covered by Basic Pension Insurance for Urban and Rural Residents (person)	986431	1033372	995996
其中：（一）领取待遇	Disabled Residents Receiving Treatment	460380	475338	436751
（二）60岁以下参加城乡社会养老保险的残疾居民（人）	Disabled Residents Under 60 Covered by Basic Pension Insurance for Urban and Rural Residents (person)	526051	558034	559245
五、培训	**Training**			
本年度实用技术培训（人次）	**Practical Technical Training This Year (person)**	**12154**	**28241**	**22371**
其中：扫盲教育（人）	Literacy Education (person)	314		
六、文化	**Culture**			
公共图书馆盲文及盲人有声读物图书室	Braille in Public Library and Sound Book Library for the Blind			
其中：省级	Provincial Level	1	1	1
地市级	City Level	11	11	11
县（市、区）级	County (City, District) Level	17	17	19

主要统计指标解释

等级运动员人数 指经考核正式批准授予等级运动员称号的人数。运动员等级分为国际级运动健将、运动健将、一级运动员、二级运动员、三级运动员、少年级运动员。

等级裁判员人数 指经考核正式批准授予等级裁判员称号的人数。裁判员等级分为国际裁判、国家级裁判、一级裁判、二级裁判、三级裁判。

卫生机构 是指从卫生行政部门取得《医疗机构执业许可证》，或从民政、工商行政、机构编制管理部门取得法人单位登记证书，为社会提供医疗保健、疾病控制、卫生监督服务或从事医学科研和教育等工作的单位。

卫生技术人员 包括执业助理医师、注册护士、药剂人员、检验和影像人员等卫生专业人员。不包括从事管理工作的卫生技术人员。

执业医师 指具有《医师执业证》及其“级别”为“执业医师”且实际从事医疗、预防保健工作的人员，不包括实际从事管理工作的执业医师。执业医师类别分为临床、中医、口腔和公共卫生。

执业助理医师 指具有《医师执业证》及其“级别”为“执业助理医师”且实际从事医疗、预防保健工作的人员，不包括实际从事管理工作的执业助理医师。执业助理医师类别分为临床、中医、口腔和公共卫生。

注册护士 指具有注册护士证书且实际从事护理工作的人员，不包括从事管理工作的护士。

农村定期定量救济 指由民政部门发给农村收入水平很低、生活确有困难的五保户、贫困户的生活救济。

Explanatory Notes on Main Statistical Indicators

Number of Athletes with Grades refers to the number of athletes who have been given titles after assessment. The titles of athletes include international masters of sports, masters of sports, first grade, second grade and third grade sportsmen and young athletes.

Number of Referees with Grades refers to the number of referees who have been given titles after assessment. They are classified as international referees, national referees and referees of first, second and third grades.

Health Care Institutions refer to the units which have been qualified with the Certification of Health Care Institution, or qualified with the Certification of Corporate Unit by the civil affairs, administration for industry and commerce, and engaging in medical care services, disease control services, health supervision services, or medicine research and on-job training, etc.

Medical Technical Personnel refers to the professional staff engaged in health care, including licensed physician assistants, registered nurses, pharmacists, laboratory and imaging technicians, etc., excluding the health technical personnel engaged in management.

Licensed Physicians refer to the medical workers with licenses of qualified doctors and are employed in medical treatment, disease prevention or healthcare institutions, excluding the licensed doctors engaged in management. The physicians are divided into 4 categories: clinician, Chinese medicine, stomatology and public health.

Assistant Licensed Physicians refer to the medical workers with licenses of qualified assistant doctors and are employed in medical treatment, disease prevention or healthcare institutions, excluding the licensed assistant doctors engaged in management. Physician assistants are divided into 4 categories: clinician, Chinese medicine, stomatology and public health.

Registered Nurses refer to personnel with qualified registered nurse certification and are employed in nursing work, excluding nurses engaged in management.

Regular Fixed Relief in Rural Areas refers to livelihood relief by Civil Administration Department to rural households with extremely low income and significant difficulties in their livelihood, including the “Five Guarantees” households and impoverished households.

第二十一篇　区域经济

CHAPTER 21　ECONOMIC ZONES

（编辑：黄浩州）

简要说明

（本篇资料由自治区统计局综合处整理，电话：0771-5893401）

一、本篇资料主要内容

广西各经济区主要指标数据，其中：

北部湾经济区（4市）指南宁、北海、防城港、钦州4市合计。

北部湾经济区（6市）指南宁、北海、防城港、钦州、玉林、崇左6市合计。

桂西资源富集区（3市）指百色、河池、崇左3市合计。

珠江—西江经济带广西七市指南宁、柳州、梧州、贵港、百色、来宾、崇左7市合计。

二、其他情况说明

1.全社会固定资产投资包含固定资产投资和农户投资两部分，本篇数据2014年及以前为全部固定资产投资，2015年起为固定资产投资（不含农户）总量，2018年后为增长速度。

2.地区生产总值、社会消费品零售总额等指标的历史数据根据2018年第四次全国经济普查结果进行了修订。

Brief Introduction

(This Chapter is compiled by the General Office of the Guangxi Zhuang Autonomous Region Bureau of Statistics, Tel: 0771-5893401)

Main Contents

Main index data of various economic zones in Guangxi, including:

Beibu Gulf Economic Zone (4 cities) refers to Nanning, Beihai, Fangchenggang and Qinzhou.

Beibu Gulf Economic Zone (6 cities) refers to Nanning, Beihai, Fangchenggang, Qinzhou, Yulin and Chongzuo.

Resource-rich areas of western Guangxi (3 cities) refer to the total of Baise, Hechi and Chongzuo.

Pearl River-Xijiang River Economic Belt (7 cities) refer to Nanning, Liuzhou, Wuzhou, Guigang, Baise, Laibin and Chongzuo.

21－1 各个经济区域主要经济指标及占全区比重（2020—2022年）

指 标	Item	2020			
		北部湾经济区（4市）Beibu Gulf Economic Zone (4 cities)	北部湾经济区（6市）Beibu Gulf Economic Zone (6 cities)	桂西资源富集区 Resource-rich Area of Western Guangxi	珠江-西江经济带广西七市 Pearl River-Xijiang River Economic Belt (7 cities)
土地面积（平方公里）	Local Land Area (sq.km)	43223	73379	87009	130785
土地面积占全区比重（%）	Percentage of Local Land Area (%)	18.2	30.9	36.6	55.0
年末常住人口（万人）	Population at Year-end (10 000 persons)	1496.19	2285.73	908.96	2780.64
年末常住人口占全区比重（%）	Percentage of Population at Year-end (%)	29.8	45.5	18.1	55.4
城镇化率（%）	Urbanization Rate (%)	60.5	56.2	44.1	58.2
地区生产总值（亿元）	Gross Domestic Product (100 million yuan)	8066.73	10667.69	3116.22	13072.64
第一产业	Primary Industry	1159.74	1702.22	654.70	1830.10
第二产业	Secondary Industry	2284.64	2993.90	1050.05	4317.18
第三产业	Tertiary Industry	4622.34	5971.57	1411.46	6925.36
# 工业	Industry	1547.77	2014.81	830.67	3195.48
地区生产总值指数（上年=100）	Indices of Gross Domestic Product (preceding year = 100)	102.7	103.0	106.0	104.2
第一产业	Primary Industry	104.3	104.7	106.2	105.5
第二产业	Secondary Industry	98.2	99.4	108.3	104.3
第三产业	Tertiary Industry	104.8	104.6	104.1	103.9
# 工业	Industry	95.6	97.3	108.9	103.3
地区生产总值占全区比重（%）	Percentage of Gross Domestic Product (%)	36.5	48.2	14.1	59.1
第一产业占全区比重（%）	Percentage of Primary Industry (%)	31.8	46.7	18.0	50.2
第二产业占全区比重（%）	Percentage of Secondary Industry (%)	32.4	42.5	14.9	61.3
第三产业占全区比重（%）	Percentage of Tertiary Industry (%)	40.4	52.3	12.4	60.6
# 工业占全区比重	Industry	29.9	39.0	16.1	61.8
一般公共预算收入（亿元）	General Public Budget Revenue (100 million yuan)	570.40	705.98	179.06	864.33
一般公共预算支出（亿元）	General Public Budget Expenditure (100 million yuan)	1424.79	2118.63	1221.25	2877.42
一般公共预算收入占全区比重（%）	Percentage of Public Budget Income (%)	33.2	41.1	10.4	50.3
一般公共预算支出占全区比重（%）	Percentage of Public Budget Expenditure (%)	23.1	34.3	19.8	46.5
社会消费品零售总额（亿元）	Total Retail Sales of Consumer Goods (100 million yuan)	3026.44	4007.36	885.23	4883.39
社会消费品零售总额占全区比重（%）	Percentage of Total Retail Sales of Consumer Goods (%)	38.6	51.2	11.3	62.4
进出口（亿元）	Total Exports and Imports (100 million USD)	2181.40	4055.90	2221.26	3500.13
#出口	Exports	923.30	2182.68	1550.60	2148.66
进出口占全区比重（%）	Percentage of Total Exports and Imports (%)	44.9	83.4	45.7	72.0
#出口占全区比重	Percentage of Exports	34.1	80.6	57.3	79.3

说明：北部湾经济区（4市）指南宁、北海、防城港、钦州4市合计，北部湾经济区（6市）指南宁、北海、防城港、钦州、玉林、崇左6市合计，桂西资源富集区指百色、河池、崇左3市合计，珠江-西江经济带广西七市指南宁、柳州、梧州、贵港、百色、来宾、崇左7市合计。

Main Economic Indicators and Percentage of Each Economic Zone（2020—2022年）

2021				2022			
北部湾经济区（4市）Beibu Gulf Economic Zone (4 cities)	北部湾经济区（6市）Beibu Gulf Economic Zone (6 cities)	桂西资源富集区 Resource-rich Area of Western Guangxi	珠江-西江经济带广西七市 Pearl River-Xijiang River Economic Belt (7 cities)	北部湾经济区（4市）Beibu Gulf Economic Zone (4 cities)	北部湾经济区（6市）Beibu Gulf Economic Zone (6 cities)	桂西资源富集区 Resource-rich Area of Western Guangxi	珠江-西江经济带广西七市 Pearl River-Xijiang River Economic Belt (7 cities)
43223	73379	87009	130785	43223	73379	87009	130785
18.2	30.9	36.6	55.0	18.2	30.9	36.6	55.0
1507.28	2297.63	907.88	2792.26	1514.99	2305.55	905.42	2799.19
29.9	45.6	18.0	55.4	30.0	45.7	17.9	55.5
62.0	57.5	45.1	58.8	62.6	58.2	45.9	59.3
9337.08	12436.59	3714.89	14600.05	9777.63	13026.10	3945.64	15030.54
1275.74	1884.59	727.24	2037.06	1304.58	1942.82	777.09	2078.89
2953.64	3927.63	1415.95	4952.89	3140.79	4182.02	1542.03	5102.19
5107.70	6624.37	1571.70	7610.10	5332.27	6901.26	1626.51	7849.46
2142.27	2826.37	1153.89	3733.08	2314.89	3040.55	1253.45	3839.94
107.9	108.5	109.9	106.6	103.3	103.4	104.6	102.0
107.2	108.1	109.6	108.3	104.5	104.5	105.2	104.6
109.1	109.7	111.5	104.6	104.4	104.7	107.5	101.7
107.4	108.0	108.9	107.3	102.4	102.3	102.2	101.5
112.4	112.3	111.6	106.0	105.8	105.5	107.0	101.3
37.0	49.3	14.7	57.9	37.2	49.5	15.0	57.1
31.5	46.5	18.0	50.3	30.6	45.5	18.2	48.7
34.7	46.1	16.6	58.2	35.1	46.8	17.3	57.1
40.4	52.4	12.4	60.2	40.7	52.7	12.4	60.0
33.3	43.9	17.9	58.0	34.2	44.9	18.5	56.7
587.16	706.68	199.29	920.90	584.46	697.59	193.73	875.87
1343.22	1980.85	1065.27	2676.47	1439.70	2049.87	1119.75	2700.12
32.6	39.3	11.1	51.2	34.6	41.3	11.5	51.9
23.1	34.1	18.3	46.1	24.4	34.8	19.0	45.8
3322.01	4415.50	982.89	5287.97	3324.04	4443.62	984.40	5264.52
38.9	51.7	11.5	61.9	38.9	52.0	11.5	61.7
2673.66	4839.63	2611.93	4278.66	3280.90	5544.05	2664.25	4608.76
814.36	2209.47	1771.10	2563.01	1003.04	2905.88	2248.59	3280.87
45.1	81.6	44.0	72.1	49.7	84.0	40.3	69.8
27.7	75.2	60.3	87.2	27.1	78.4	60.7	88.5

Note: Beibu Gulf Economic Zone (4 cities) includes Nanning, Beihai, Fangchenggang and Qinzhou.Beibu Gulf Economic Zone (6 cities) includes Nanning, Beihai, Fangchenggang, Qinzhou, Yulin and Chongzuo, Resource-rich Area of Western Guangxi includes 3 cities of Baise, Hechi and Chongzuo.Pearl River-Xijiang River Economic Belt (7 cities) includes Nanning, Liuzhou, Wuzhou, Guigang, Baise, Laibin and Chongzuo.

21－2　北部湾经济区主要经济指标（4市，2015—2022年）
Main Economic Indicators of Beibu Gulf Economic Zone (4 cities, 2015—2022)

指数(上年=100)　(preceding year=100)

年 份 Year	地区生产总值（亿元） Gross Domestic Product (100 million yuan)	指数 Index of Gross Domestic Product	第一产业 Primary Industry	指数 Index	第二产业 Secondary Industry	指数 Index	第三产业 Tertiary Industry	指数 Index	#工业 Industry	指数 Index
2015	5388.82	108.5	786.55	103.3	1801.69	106.8	2800.58	111.3	1320.05	105.8
2016	5856.21	107.1	847.97	104.1	1883.34	105.4	3124.90	109.1	1354.96	103.3
2017	6562.85	108.2	895.08	104.3	2080.52	105.3	3587.25	111.1	1496.60	105.6
2018	7225.44	106.1	964.99	105.6	2243.49	102.9	4016.95	108.2	1606.76	103.4
2019	7864.86	106.0	1108.17	105.0	2375.64	105.9	4381.05	106.2	1666.67	104.9
2020	8066.73	102.7	1159.74	104.3	2284.64	98.2	4622.34	104.8	1547.77	95.6
2021	9337.08	107.9	1275.74	107.2	2953.64	109.1	5107.7	107.4	2142.27	112.4
2022	9777.63	103.3	1304.58	104.5	3140.79	104.4	5332.27	102.4	2314.89	105.8

21－2　续表　continued

年 份 Year	全社会固定资产投资（亿元） Total Investment in Fixed Assets (100 million yuan)	一般公共预算收入（亿元） General Public Budget Revenue (100 million yuan)	一般公共预算支出（亿元） General Public Budget Expenditure (100 million yuan)	社会消费品零售总额（亿元） Total Retail Sales of Consumer Goods (100 million yuan)	进出口（亿元） Total Exports and Imports (100 million yuan)	#出口 Exports
2010	2796.72	228.65	454.88	1193.76	76.94	35.38
2011	3671.74	277.22	544.25	1408.56	113.11	46.13
2012	4513.52	339.98	672.64	1631.88	148.90	55.31
2013	4246.04	384.02	738.99	1862.20	149.50	58.50
2014	4810.12	415.19	813.54	2083.37	191.17	78.85
2015	5623.51	447.06	990.42	2294.74	240.88	99.41
2016	6386.86	468.02	1058.70	2538.77	1491.99	539.37
2017	7169.25	496.90	1131.96	2821.66	1946.94	623.29
2018	10.0%	528.67	1222.76	3069.29	2008.33	698.51
2019	9.0%	553.81	1353.08	3222.50	2051.08	814.15
2020	2.3%	570.40	1424.79	3026.44	2181.40	923.30
2021	5.4%	587.16	1343.22	3322.01	2673.66	814.36
2022	-8.3%	581.46	1439.70	3324.04	3280.90	1003.04

注：1. 全社会固定资产投资包含固定资产投资和农户投资两部分，本表数据自2014年起为固定资产投资数据，2018年后为增速。
2. 2016年前外贸进出口数据以美元计价。

Note: 1. The "Total Investment in Fixed Assets" includes two parts: investment in fixed assets and investment from rural households. The data in this table refers to the investment in fixed assets since 2014, and it is growth rate from 2018.
2. The data of import and export value of international trade was calculated by USD before 2016.

21－3 北部湾经济区主要经济指标（6市，2015—2022年）

Main Economic Indicators of Beibu Gulf Economic Zone（6 cities, 2015—2022）

指数(上年=100) (preceding year=100)

年 份 Year	地区生产总值(亿元) Gross Domestic Product (100 million yuan)	指数 Index of Gross Domestic Product	第一产业 Primary Industry	指数 Index	第二产业 Secondary Industry	指数 Index	第三产业 Tertiary Industry	指数 Index	#工业 Industry	指数 Index
2015	7066.21	108.3	1177.31	102.8	2298.60	107.1	3590.31	111.0	1668.57	106.0
2016	7674.74	107.2	1263.72	103.6	2405.06	105.6	4005.97	109.4	1716.44	103.3
2017	8577.82	108.0	1320.07	104.1	2649.19	105.1	4608.56	111.1	1880.50	105.1
2018	9422.05	106.6	1394.8	105.3	2859.83	103.6	5167.42	108.7	2014.94	103.9
2019	10302.09	106.3	1601.37	104.8	3052.09	106.3	5648.63	106.8	2106.37	105.1
2020	10667.69	103.0	1702.22	104.7	2993.90	99.4	5971.57	104.6	2014.81	97.3
2021	12436.59	108.5	1884.59	108.1	3927.63	109.7	6624.37	108.0	2826.37	112.3
2022	13026.10	103.4	1942.82	104.5	4182.02	104.7	6901.26	102.3	3040.55	105.5

21－3 续表 continued

年 份 Year	全社会固定资产投资（亿元） Total Investment in Fixed Assets (100 million yuan)	一般公共预算收入（亿元） General Public Budget Revenue (100 million yuan)	一般公共预算支出（亿元） General Public Budget Expenditure (100 million yuan)	社会消费品零售总额（亿元） Total Retail Sales of Consumer Goods (100 million yuan)	进出口（亿元） Total Exports and Imports (100 million yuan)	#出口 Exports
2010	3721.12	291.79	658.80	1561.54	118.73	72.62
2011	4879.07	356.33	804.52	1843.87	170.21	96.37
2012	6049.93	445.04	981.52	2138.09	226.12	126.95
2013	5692.24	506.98	1081.28	2441.06	256.44	158.98
2014	6482.47	552.45	1192.49	2739.01	342.98	213.87
2015	7647.19	594.33	1461.28	3018.92	446.72	245.02
2016	8685.37	613.58	1579.12	3336.99	1518.67	561.52
2017	9829.08	636.52	1705.21	3708.91	3319.40	1540.46
2018	11.4%	665.85	1848.84	4055.36	3518.88	1817.37
2019	9.6%	698.64	2062.11	4185.11	3984.63	2139.43
2020	3.0%	705.98	2118.63	4007.36	4055.90	2182.68
2021	8.9%	706.68	1980.85	4415.50	4839.63	2209.47
2022	-3.4%	697.59	2049.87	4443.62	5544.05	2905.88

注：1. 全社会固定资产投资包含固定资产投资和农户投资两部分，本表数据自2014年起为固定资产投资数据，2018年后为增速。
2. 2016年前外贸进出口数据以美元计价。

Note: 1. The "Total Investment in Fixed Assets" includes two parts: investment in fixed assets and investment from rural households. The data in this table refers to the investment in fixed assets since 2014, and it is growth rate from 2018.
2. The data of import and export value of international trade was calculated by USD before 2016.

21—4 桂西资源富集区主要经济指标（2015—2022年）

Main Economic Indicators of the Resource-rich Area of Western Guangxi (3 cities，2015—2022)

指数(上年=100) (preceding year=100)

年 份 Year	地区生产总值（亿元） Gross Domestic Product (100 million yuan)	指数 Index of Gross Domestic Product	第一产业 Primary Industry	指数 Index	第二产业 Secondary Industry	指数 Index	第三产业 Tertiary Industry	指数 Index	#工业 Industry	指数 Index
2015	1929.25	106.1	447.62	103.3	635.38	104.5	846.25	109.8	506.27	103.8
2016	2149.42	107.1	482.41	103.5	711.92	106.2	955.09	109.6	565.33	105.7
2017	2405.57	108.3	509.86	104.2	802.86	108.2	1092.84	110.4	636.65	107.8
2018	2622.46	107.7	528.53	104.8	880.48	110.1	1213.44	107.3	700.33	111.5
2019	2893.33	107.8	604.37	106.7	963.79	109.8	1325.18	106.8	755.36	109.0
2020	3116.22	106.0	654.7	106.2	1050.05	108.3	1411.45	104.1	830.67	108.9
2021	3714.89	109.9	727.24	109.6	1415.95	111.5	1571.70	108.9	1153.89	111.6
2022	3945.64	104.6	777.09	105.2	1542.03	107.5	1626.51	102.2	1253.45	107.0

21—4 续表 continued

年 份 Year	全社会固定资产投资（亿元） Total Investment in Fixed Assets (100 million yuan)	一般公共预算收入（亿元） General Public Budget Revenue (100 million yuan)	一般公共预算支出（亿元） General Public Budget Expenditure (100 million yuan)	社会消费品零售总额（亿元） Total Retail Sales of Consumer Goods (100 million yuan)	进出口（亿元） Total Exports and Imports (100 million yuan)	#出口 Exports
2010	1310.50	83.01	342.11	311.56	47.77	37.45
2011	1616.39	93.25	409.29	369.07	62.91	50.46
2012	1810.06	118.24	520.32	427.57	81.68	71.80
2013	1676.96	140.16	564.31	487.34	113.56	101.83
2014	1787.09	149.24	638.88	551.99	159.02	137.33
2015	2109.31	154.55	755.21	609.42	221.65	154.03
2016	2296.83	153.60	833.79	678.44	1386.91	820.17
2017	2650.11	152.79	927.06	767.62	1546.80	1045.36
2018	0.8%	155.70	1003.55	846.40	1720.94	1274.19
2019	11.2%	173.73	1159.63	910.09	2185.51	1539.26
2020	10.5%	179.06	1221.25	885.23	2221.26	1550.60
2021	22.5%	199.29	1065.27	982.89	2611.93	1771.10
2022	12.2%	193.73	1119.75	984.40	2664.25	2248.59

注：1. 全社会固定资产投资包含固定资产投资和农户投资两部分，本表数据自2014年起为固定资产投资数据，2018年后为增速。
2. 2016年前外贸进出口数据以美元计价。

Note: 1. The "Total Investment in Fixed Assets" includes two parts: investment in fixed assets and investment from rural households. The data in this table refers to the investment in fixed assets since 2014, and it is growth rate from 2018.
2. The data of import and export value of international trade was calculated by USD before 2016.

21－5 珠江-西江经济带广西七市主要经济指标（2015—2022年）
Main Economic Indicators of Pearl River-Xijiang River Economic Belt (7 cities, 2015—2022)

指数(上年=100) (preceding year=100)

年 份 Year	地区生产总值（亿元） Gross Domestic Product (100 million yuan)	指数 Index of Gross Domestic Product	第一产业 Primary Industry	指数 Index	第二产业 Secondary Industry	指数 Index	第三产业 Tertiary Industry	指数 Index	#工业 Industry	指数 Index
2015	8736.70	107.3	1252.08	103.3	3328.15	105.5	4156.47	110.5	2609.67	104.7
2016	9536.12	106.9	1348.12	103.6	3520.93	104.8	4667.07	109.6	2758.41	104.4
2017	10574.47	107.7	1401.21	104.3	3804.32	104.8	5368.93	110.8	2958.76	104.8
2018	11651.44	106.3	1470.7	105.2	4132.27	102.8	6048.47	109.1	3201.08	102.6
2019	12551.72	105.2	1687.99	105.4	4278.23	103.8	6585.5	106.1	3227.36	101.9
2020	13072.64	104.2	1830.10	105.5	4317.18	104.3	6925.36	103.9	3195.48	103.3
2021	14600.05	106.6	2037.06	108.3	4952.89	104.6	7610.10	107.3	3733.08	106.0
2022	15030.54	102.0	2078.89	104.6	5102.19	101.7	7849.46	101.5	3839.94	101.3

21－5 续表 continued

年 份 Year	全社会固定资产投资（亿元） Total Investment in Fixed Assets (100 million yuan)	一般公共预算收入（亿元） General Public Budget Revenue (100 million yuan)	一般公共预算支出（亿元） General Public Budget Expenditure (100 million yuan)	社会消费品零售总额（亿元） Total Retail Sales of Consumer Goods (100 million yuan)	进出口（亿元） Total Exports and Imports (100 million yuan)	#出口 Exports
2010	4597.06	369.56	911.03	1904.10	101.42	65.03
2011	5983.92	437.36	1076.92	2233.99	119.98	82.26
2012	7772.67	571.95	1348.79	2572.59	164.87	111.36
2013	7169.31	647.89	1463.46	2918.98	202.86	140.40
2014	7950.42	692.17	1600.72	3260.29	241.67	178.71
2015	9315.31	732.05	1873.95	3571.87	311.74	201.03
2016	10437.26	765.75	2070.61	3925.93	1985.66	1115.24
2017	11948.18	791.11	2274.50	4355.54	2398.43	1417.80
2018	10.9%	833.73	2482.83	4733.78	2691.68	1735.68
2019	9.6%	901.78	2828.40	5133.28	3235.98	2041.41
2020	2.3%	864.33	2877.42	4883.39	3500.13	2148.66
2021	5.0%	920.90	2676.47	5287.97	4278.66	2563.01
2022	-4.0%	875.87	2700.12	5264.52	4608.76	3280.87

注：1. 全社会固定资产投资包含固定资产投资和农户投资两部分，本表数据自2014年起为固定资产投资数据，2018年后为增速。
2. 2016年前外贸进出口数据以美元计价。

Note: 1. The "Total Investment in Fixed Assets" includes two parts: investment in fixed assets and investment from rural households. The data in this table refers to the investment in fixed assets since 2014, and it is growth rate from 2018.
2. The data of import and export value of international trade was calculated by USD before 2016.

第二十二篇　各市基本情况

CHAPTER 22　BASIC STATISTICS OF CITIES

（编辑：黄浩洲）

简要说明

（本篇资料由自治区统计局综合处整理，电话：0771-5893401）

一、本篇资料主要内容及来源

（一）14个地级市主要基本情况（自治区统计局、各市统计局）。

（二）广西农垦社会经济主要情况（广西农垦集团）。

二、其他情况说明

（一）大部分指标数据由各市统计局向本市有关单位和部门收集。部门数据仅供参考，最终以其公布的为准。

（二）为保持地区生产总值数据的历史可比性，按照核算制度规定并遵循国际惯例，地区生产总值等历史数据根据2018年第四次全国经济普查结果进行了系统修订。

（三）广西农垦局于2018年完成垦区集团化、农场企业化改革，垦区企业办社会（包括“三供一业”）职能移交地方管理；2019年新兴产业园、西江产业园、热作所、南亚热作所、金光农场“场带队”（坛蓬、草塘2个村委）移交地方管理。以上单位移交地方管理后，不再纳入垦区综合统计的调查范围，因此，自2018年以来垦区全社会主要经济指标数据（地区生产总值、从业人员人数等）同比大幅度减少，与往年不具可比性。

Brief Introduction

(This information is compiled by the General Office of the Guangxi Zhuang Autonomous Region Bureau of Statistics, Tel: 0771-5893401)

Main Contents and Sources

(i) The main basic situation of 14 prefecture-level cities (Guangxi Zhuang Autonomous Region Bureau of Statistics, municipal statistics bureaus).

(ii) The main social and economic situation of Guangxi State Farms (Guangxi State Farms).

22—1 各市社会经济主要指标（2022年）

指 标	Item	南宁市 Nanning	柳州市 Liuzhou	桂林市 Guilin
行政区域土地面积（平方公里）	Land Area within Administrative Region (sq.km)	22102	18597	27667
森林覆盖率（%）	Forest Coverage Rate (%)	48.88	67.23	71.97
地区生产总值（当年价，亿元）	Gross Domestic Product (At current prices, 100 million yuan)	5218.34	3109.09	2435.75
第一产业增加值	Primary Industry	601.51	285.23	620.12
第二产业增加值	Secondary Industry	1182.81	1292.44	527.63
第三产业增加值	Tertiary Industry	3434.03	1531.42	1288.00
#工业	Industry	640.84	1067.17	314.06
建筑业	Construction	544.38	235.04	214.51
人均地区生产总值（元）	Per Capita GDP (yuan)	58883	74322	49196
地区生产总值指数（%，上年=100）	Indices of Gross Domestic Product (%, preceding year=100)	101.4	99.0	102.5
第一产业增加值	Primary Industry	104.4	104.6	106.0
第二产业增加值	Secondary Industry	100.1	98.4	103.2
第三产业增加值	Tertiary Industry	101.2	98.6	100.6
#工业	Industry	101.1	97.7	104.3
建筑业	Construction	99.0	102.3	101.5
人均地区生产总值指数（%，上年=100）	Indices of Per Capita GDP (%, preceding year=100)	100.6	98.7	102.3
城镇化率（%）	Urbanization Rate (%)	70.36	70.58	54.10
户籍年末总数（万户）	Total Households at Year-end (10 000 households)	269.98	118.57	170.04
户籍年末总人口（万人）	Total Population at Year-end (10 000 persons)	810.08	398.47	541.21
男性	Male	418.69	204.58	279.33
女性	Female	391.38	193.90	261.88
出生人口（万人）	Birth Population (10000 person)	7.40	2.96	3.69
死亡人口（万人）	Death Population (10000 person)	3.87	2.04	3.60
年末常住人口（万人）	Permanent Population(10 000 persons)	889.17	419.12	495.63
城镇非私营单位数量（个）	Number of Urban Non-private Units (unit)	9218	4686	5615
城镇非私营单位从业人员（万人）	Number of Employed Persons in Urban Non-private Units (10 000 persons)	107.52	49.53	40.37
城镇非私营单位从业人员年平均工资（元）	Average Wage of Employed Persons in Urban Non-private Units (yuan)	103755	93970	87453
固定资产投资（不含农户）增速（%）	Growth Rate of Investment in Fixed Assets (Excluding Investment by Rural Households)(%)	-17.8	-7.0	0.8
房地产开发投资额（亿元）	Investment in Real Estate Development (100 million yuan)	743.83	203.97	157.92
商品房销售额（亿元）	Sales of Commercial Houses (100 million yuan)	884.98	191.05	152.56
#住宅	Residential Buildings	605.75	158.17	137.02
商品房屋销售面积（万平方米）	Selling Space of Commercial Houses (10 000 sq.m)	1324.72	278.87	301.90
#住宅	Residential Buildings	678.52	236.44	264.36
房地产业房屋建筑施工面积（万平方米）	Floor Space of Buildings Under Construction in Real Estate (10 000 sq.m)	10381.45	3667.33	2600.62
房地产业房屋建筑竣工面积（万平方米）	Floor Space of Buildings Completed in Real Estate (10 000 sq.m)	1043.52	95.16	218.59
一般公共预算收入（亿元）（自然口径）	General Public Budget Revenue (100 million yuan)	392.68	151.19	125.36
#税收收入	Tax Revenue	222.90	97.43	60.18

Main Social and Economic Indicators by City（2022）

梧州市 Wuzhou	北海市 Beihai	防城港市 Fangcheng gang	钦州市 Qinzhou	贵港市 Guigang	玉林市 Yulin	百色市 Baise	贺州市 Hezhou	河池市 Hechi	来宾市 Laibin	崇左市 Chongzuo
12572	3989	6243	10897	10602	12824	36201	11753	33476	13382	17332
75.36	32.81	62.34	57.83	47.00	62.41	73.06	73.19	71.57	53.66	55.78
1419.67	1674.21	968.08	1917.00	1572.10	2167.46	1729.10	972.16	1135.54	901.23	1081.00
200.70	239.55	125.14	338.38	277.87	430.67	309.45	177.04	260.08	196.56	207.57
584.19	761.53	517.84	678.61	556.34	625.46	788.55	387.47	337.71	282.08	415.77
634.78	673.14	325.09	900.01	737.89	1111.33	631.10	407.66	537.75	422.59	457.66
492.84	689.88	464.44	519.72	437.74	399.86	662.64	282.82	265.00	212.90	325.81
92.84	73.03	53.53	158.99	119.00	225.90	126.06	104.71	72.76	69.27	90.33
50185	89211	91505	57838	36116	37245	48475	47918	33258	43374	51843
104.0	103.5	105.1	108.2	103.2	102.5	104.2	103.4	103.9	103.6	106.1
104.4	104.1	104.2	105.0	104.2	104.6	105.2	105.9	105.7	105.2	104.7
100.2	106.9	105.5	111.0	103.2	101.3	105.3	106.2	105.5	103.1	114.0
106.7	100.3	104.8	108.0	102.9	102.3	102.6	100.3	102.2	103.2	101.6
99.5	107.3	108.7	109.3	102.2	98.6	104.9	105.7	105.4	102.5	113.5
103.5	103.9	86.0	115.1	106.9	105.4	107.5	107.4	105.5	104.7	115.6
103.9	102.8	104.5	108.1	102.8	102.3	104.4	102.9	104.1	103.6	106.4
55.58	59.37	62.98	43.69	50.94	51.10	45.42	50.00	46.62	49.22	45.50
101.82	48.08	26.08	102.14	165.28	219.29	109.49	67.35	125.94	80.63	71.80
354.81	183.38	102.32	420.44	565.10	743.97	422.62	249.53	432.72	267.77	250.71
188.89	95.74	54.99	228.83	300.60	398.87	219.78	131.69	225.67	140.96	132.53
165.91	87.64	47.34	191.62	264.50	345.10	202.84	117.83	207.05	126.81	118.18
3.09	1.64	0.95	3.69	4.78	6.72	3.28	2.27	3.45	2.02	1.66
1.91	0.80	0.50	2.01	4.69	3.34	2.91	1.53	2.83	1.75	1.55
283.10	188.10	105.91	331.81	435.56	582.30	356.20	203.10	340.96	207.78	208.26
3385	2286	1237	2999	3536	4271	4559	2202	3494	2315	2892
17.36	14.64	8.08	19.86	19.71	31.01	22.84	11.91	19.24	14.06	13.44
80405	85884	92928	85354	82619	80363	91371	85461	89422	80941	86730
6.4	-4.6	3.8	22.9	6.3	6.1	6.7	10.3	16.0	10.5	15.7
91.08	75.92	28.73	94.72	186.70	237.30	113.21	58.66	70.66	32.51	62.55
119.79	117.97	21.59	95.81	136.40	188.98	114.65	49.53	62.54	42.34	56.46
110.04	105.68	20.32	85.55	126.95	163.67	96.77	42.66	57.33	37.68	48.05
283.06	213.75	44.62	225.05	272.19	407.85	263.94	108.02	138.02	105.46	143.02
256.57	193.05	42.02	192.67	250.88	351.85	214.73	92.70	125.92	97.18	124.31
1389.30	1606.66	991.63	1605.33	2079.94	2366.86	1459.81	962.62	1087.12	793.49	1211.09
55.68	89.84	45.95	100.46	101.49	148.33	103.22	60.78	113.63	73.21	83.89
75.70	67.65	44.06	77.07	70.01	76.54	96.14	48.78	58.01	50.56	39.59
38.34	35.07	26.42	37.06	36.22	37.12	50.15	20.91	28.57	20.60	24.13

22－1 续表1

指 标	Item	南宁市 Nanning	柳州市 Liuzhou	桂林市 Guilin
#增值税	Value-added Tax	42.61	25.91	17.24
企业所得税	Enterprises Income Tax	41.65	8.96	9.16
个人所得税	Individual Income Tax	12.12	3.44	3.37
一般公共预算支出（亿元）	General Public Budget Expenditure (100 million yuan)	838.93	363.06	464.66
#教育支出	Expenditure for Education	157.94	82.58	82.25
社会保障和就业支出	Expenditure for Social Security and Employment	104.88	60.60	84.71
医疗健康支出	Expenditure for Medical and Health Care	94.58	37.46	55.66
农林水支出	Expenditure for Agriculture, Forestry and Water Resources	64.99	43.77	57.96
农村居民人均可支配收入（元）	Per Capita Disposable Income of Rural Households (yuan)	19001	18515	20095
农村居民人均消费性支出（元）	Per Capita Consumption Expenditure of Rural Households (yuan)	14276	12745	11666
#食品烟酒支出	Expenditure for Food, Tobacco and Liquor	4416	4527	4146
城镇居民人均可支配收入（元）	Per Capital Disposable Income of Urban Households (yuan)	42636	42478	42043
城镇居民人均消费性支出(元)	Per Capita Consumption Expenditure of Urban Households (yuan)	20626	24919	22262
#食品烟酒支出	Expenditure for Food, Tobacco and Liquor	6622	8610	7541
城镇人均住房建筑面积（平方米）	Per Capita Living Space of Urban Households (sq.m)	48.3	45.6	47.8
农村人均住房面积（平方米）	Per Capita Living Space of Rural Households (sq.m)	55.0	57.4	55.1
化肥使用量(折纯量，万吨)	Consumption of Chemical Fertilizers (Pure quantity, 10 000 tons)	55.80	17.56	23.00
农作物总播种面积（不含食用菌）（千公顷）	Total Sown Area of Crops (excluding mushrooms) (1 000 hectares)	974.11	407.43	747.29
#粮食作物	Grain Crops	426.16	148.40	340.55
经济作物	Industrial crops	547.95	259.03	406.74
粮食产量（万吨）	Output of Grain (10 000 tons)	212.54	74.62	178.24
甘蔗产量（万吨）	Output of Sugarcane (10 000 tons)	977.39	576.83	27.05
油料产量（万吨）	Output of Oil Plants (10 000 tons)	14.74	3.33	8.35
蔬菜产量（含食用菌）（万吨）	Output of Vegetables (10 000 tons)	725.69	316.17	587.06
园林水果产量（万吨）	Output of Fruits (10 000 tons)	495.82	137.42	988.60
肉类总产量（万吨）	Total Output of Meat (10 000 tons)	66.08	22.92	58.64
奶类产量（万吨）	Output of Milk (10 000 tons)	0.85	0.64	0.04
禽蛋产量（万吨）	Output of Eggs (10 000 tons)	3.74	1.60	3.76
水产品产量（万吨）	Output of Aquatic Products (10 000 tons)	24.16	7.29	10.97
规模以上工业增加值增速（%）	Growth Rate of Industrial Added Value Above Designated Size (%)	1.9	-2.3	7.1
规模以上工业企业单位数（个）	Number of Industrial Enterprises Above Designated Size (unit)	1406	1300	659

Continued

梧州市 Wuzhou	北海市 Beihai	防城港市 Fangcheng gang	钦州市 Qinzhou	贵港市 Guigang	玉林市 Yulin	百色市 Baise	贺州市 Hezhou	河池市 Hechi	来宾市 Laibin	崇左市 Chongzuo
16.02	7.36	1.38	9.77	10.86	6.22	14.56	6.36	11.04	5.20	7.60
3.89	5.76	3.56	4.55	5.61	6.52	5.76	2.05	3.51	2.53	3.66
0.91	1.13	0.80	1.07	1.32	1.62	1.24	0.55	0.99	0.80	1.32
254.45	190.29	150.31	260.11	307.71	365.79	461.44	219.26	412.20	229.36	246.11
53.03	37.86	21.96	60.87	70.65	97.45	81.53	40.75	77.29	41.47	35.94
37.34	21.36	20.31	33.85	47.97	64.78	64.36	27.82	63.55	32.35	39.31
31.47	29.14	19.02	28.05	41.70	54.39	54.24	24.38	50.29	29.70	34.29
33.35	17.63	14.19	22.09	36.54	40.38	93.52	42.03	92.89	41.80	45.91
17474	19475	19944	18081	19576	20872	15817	16445	13225	16405	16761
10413	12112	14132	10335	11623	13903	9805	10289	9121	13467	9995
3165	4336	4797	3698	4210	4442	3287		3080	4355	3488
38524	41704	40470	41094	37748	41564	37721	38058	34518	40021	38166
24639	23743	25824	20842	22828	22698	19689	20150	20205	20812	21086
7640	8634	8444	7162	7848	7009	6589	6316	6671	7348	7356
56.2	50.0	53.3	62.5	57.5	59.3	48.7	55.0	52.4	52.0	48.4
57.6	60.2	47.1		60.6	52.8	47.8	62.1	60.0	56.7	54.4
6.37	5.82	4.79	20.68	17.35	14.72	11.32	5.92	13.29	24.35	28.24
202.85	182.85	121.58	388.66	465.10	518.86	469.13	262.10	489.69	419.26	520.01
140.94	67.47	45.88	189.61	276.15	292.89	258.89	118.79	252.73	154.13	116.73
163.34	115.38	75.70	199.06	188.94	225.97	210.24	143.32	236.96	265.13	403.28
71.57	31.78	17.89	94.56	149.30	165.17	113.32	61.58	97.73	73.67	51.19
10.80	289.32	325.03	309.24	245.27	120.16	271.50	10.27	356.59	1059.16	2537.95
5.09	5.06	0.8	3.78	13.13	7.58	2.16	3.95	1.87	3.90	2.76
321.69	133.83	40.81	237.79	228.81	479.68	343.02	268.88	214.73	181.67	156.68
118.46	18.58	14.72	291.93	64.88	171.27	230.14	154.48	90.66	186.40	116.72
22.71	12.80	5.65	34.90	38.91	89.50	27.42	20.08	24.14	16.94	14.25
0.11	0.27	0.22	3.78	0.92	0.77	0.05	2.94	0	0.83	1.70
1.94	1.90	0.33	1.62	2.11	5.32	3.07	0.73	0.86	0.45	1.88
8.57	121.35	57.52	60.93	21.67	15.30	9.52	6.88	7.02	6.35	6.26
-0.4	8.6	10.4	10.8	3.5	-0.8	6.2	8.2	7.2	3.6	15.8
620	350	165	436	1112	782	511	369	295	404	523

22－1 续表2

指 标	Item	南宁市 Nanning	柳州市 Liuzhou	桂林市 Guilin
规模以上工业企业资产总计（亿元）	Total Assets of Industrial Enterprises Above Designated Size (100 million yuan)	4258.48	4454.23	1632.15
规模以上工业企业负债合计（亿元）	Total Liabilities of Industrial Enterprises Above Designated Size (100 million yuan)	2970.44	3329.54	1058.63
规模以上工业企业所有者权益（亿元）	Owner's Equity of Industrial Enterprises Above Designated Size (100 million yuan)	1288.04	1124.69	573.52
规模以上工业企业营业收入（亿元）	Business Income of the Major Products of Industrial Enterprises Above Designated Size (100 million yuan)	2761.80	3599.46	1068.38
规模以上工业企业利润总额（亿元）	Total Profits of Industrial Enterprises Above Designated Size (100 million yuan)	94.04	13.10	60.9
规模以上工业企业从业人员年平均用工人数（万人）	Annual Average Number of Employed Persons of Industrial Enterprises Above Designated Size (10 000 persons)	19.52	23.36	10.44
资质以上建筑企业单位数（个）	Number of Standard Construction Enterprises (unit)	575	242	217
从事建筑业活动平均人数（万人）	Annual Average Number of Persons Employed in Construction Enterprises (10 000 persons)	51.00	15.14	11.46
建筑业总产值（亿元）	Gross Output Value of Construction (100 million yuan)	2976.98	763.09	508.38
建筑业房屋建筑施工面积（万平方米）	Floor Space of Buildings Under Construction (10 000 sq.m)	9256.33	6231.20	3700.85
建筑业房屋建筑竣工面积（万平方米）	Floor Space of Buildings Completed (10 000 sq.m)	2444.68	1636.77	1003.06
邮政业务总量（亿元）	Business Volume of Postal Services (100 million yuan)	68.71	21.31	12.15
电信业务总量（亿元）	Business Volume of Telecommunications Services (100 million yuan)	121.08	50.06	52.69
移动电话用户（万户）	Number of Mobilephone Subscribers (10 000 subscribers)	1211.30	522.52	598.32
固定互联网用户数（万户）	Number of Internet Subscribers (10 000 subscribers)	422.00	193.50	214.31
社会消费品零售总额（亿元）	Total Retail Sales of Consumer Goods (100 million yuan)	2358.75	1303.62	932.95
限额以上批发和零售业法人企业数（个）	Number of Corporate Enterprises Above Designated Size in Wholesale and Retail Trades (unit)	1747	1144	550
限额以上批发和零售业年末从业人数（人）	Number of Employed Persons in Wholesale and Retail Trades Above Designated Size at Year-end (person)	82721	18323	21539
限额以上批发和零售业商品销售额（亿元）	Sales of Goods in Wholesale and Retail Trades Above Designated Size (100 million yuan)	7571.44	1956.80	590.62
限额以上住宿和餐饮业法人企业数（个）	Number of Corporate Enterprises Above Designated Size in Hotels and Catering Industry (unit)	435	288	249
限额以上住宿和餐饮业年末从业人数（人）	Number of Employed Persons in Hotels and Catering Industry Above Designated Size at Year-end (person)	35330	5248	11735
限额以上住宿和餐饮业营业额（亿元）	Turnover of Hotels and Catering Industry Above Designated Size (100 million yuan)	75.72	36.66	19.32
公路里程（公里）	Length of Highways (km)	18661	11371	18151
#等级公路	Length of Expressway and Class I to Ⅳ Highway	18192	10731	17500
进出口总额（人民币，万元）	Total Import and Export (RMB, 10 000 yuan)	15100737	2992330	957430
进口额	Import	7673974	778847	73515
出口额	Export	7426763	2213483	883915
实际利用外资（万美元）	Actual Utilized Foreign Direct Investment (USD 10 000)	87253	8376	1436
入境国际旅游者人数（人次）	Number of International Tourists in Guangxi (10 000 person-times)	1530	2957	24081
#外国人	Foreigners	749	1814	15009
国际旅游消费（万美元）	International Tourism Expenditure (USD 10 000)	54.15	100.09	755.31

Continued

梧州市 Wuzhou	北海市 Beihai	防城港市 Fangcheng gang	钦州市 Qinzhou	贵港市 Guigang	玉林市 Yulin	百色市 Baise	贺州市 Hezhou	河池市 Hechi	来宾市 Laibin	崇左市 Chongzuo
1179.79	1576.22	2638.55	1790.97	1347.76	1351.02	2414.36	924.39	962.70	918.45	1068.92
746.38	1015.37	1720.02	1131.82	737.73	833.29	1713.06	643.51	639.80	656.25	670.60
433.42	561.79	918.53	659.14	610.03	517.73	701.29	280.88	322.90	262.20	371.53
1349.56	2444.74	2203.39	1765.41	1368.92	1100.20	1809.69	748.39	629.70	672.60	991.50
101.41	83.21	17.6	46.4	32.6	42.33	62.6	11.8	58.0	19.5	101.2
11	8.14	4.05	7.25	10.52	13.31	7.45	4.21	4.70	5.83	7.68
137	102	137	312	135	267	265	128	122	127	131
1.96	2.50	3.52	12.04	5.03	12.83	3.19	2.21	2.61	3.01	1.31
88.94	172.04	139.59	558.65	260.45	748.07	153.59	83.58	123.29	123.75	87.12
360.69	660.47	444.24	1219.21	1235.73	2346.52	364.02	231.96	380.21	1015.10	92.68
112.31	260.49	120.92	573.61	319.28	1269.63	244.56	99.49	128.35	299.55	53.08
7.36	5.00	2.84	5.90	8.93	15.62	5.18	3.25	5.20	3.76	3.93
25.20	21.40	12.75	28.97	33.81	49.81	39.88	17.86	24.56	20.23	22.44
298.86	229.10	132.40	342.50	379.01	585.10	399.10	200.10	378.64	237.60	244.01
97.65	91.40	48.30	118.20	117.92	199.20	142.60	72.20	142.23	81.80	88.20
321.23	345.41	131.65	488.23	460.85	864.79	419.27	201.21	310.34	146.00	254.79
319	213	123	403	390	635	473	147	353	164	308
6661	6782	2952	10517	9671	22800	11858	5867	9399	3834	5336
512.2	435.49	638.80	1674.41	418.43	772.38	949.88	468.43	670.92	300.81	479.248
68	78	33	68	87	185	205	34	118	38	111
2064	6403	1885	3306	2985	5994	5819	1609	3552	1622	3393
9.07	5.57	2.19	5.49	5.37	13.17	11.28	2.41	5.31	2.21	6.0278
8679	3916	4145	10411	11344	12572	26470	7289	19152	9099	10574
8569	3893	3630	10223	10343	11932	26250	7289	19044	7973	10412
1267939	3440731	7845687	6421881	506276	434381	3857864	260057	587586	165399	22197037
838477	2260950	7237039	5606642	200040	108075	270920	25967	390684	21665	3495000
429461	1179781	608648	815239	306236	326307	3586945	234090	196902	143735	18702037
4476	650	3345	1754	3553	11220	1274	779	2218	963	9857
718	302	5	0	164	31	57	176	31	0	570
77	206	2	0	48	22	0	36	10	0	507
14.40	13.71	0.24	0	2.74	0.61	0.75	3.39	0.39		10.73

22－1 续表3

指 标	Item	南宁市 Nanning	柳州市 Liuzhou	桂林市 Guilin
国内旅游人数（万人次）	Number of Domestic Tourists (10 000 person-times)	11626.75	5687.81	10693.14
国内旅游消费（亿元）	Domestic Tourism Expenditure (100 million yuan)	1278.59	649.73	1277.39
星级饭店数（个）	Total Number of Star-rated Hotels (unit)	33	32	48
金融机构本外币存款余额（亿元）	Saving Deposit in RMB and Foreign Currencies of Financial Institutions (100 million yuan)	13146.27	4580.75	4859.12
金融机构人民币存款余额（亿元）	Saving Deposits in RMB of Financial Institutions (100 million yuan)	13068.08	4563.03	4816.41
#住户存款	Deposits of Households	5498.00	2529.49	3135.37
金融机构本外币贷款余额（亿元）	Loans in RMB and Foreign Currencies of Financial Institutions (100 million yuan)	19877.66	4666.23	3869.57
金融机构人民币贷款余额（亿元）	Loans in RMB of Financial Institutions (100 million yuan)	19456.29	4663.95	3866.62
#境内贷款	Domestic Loans	19398.00	4663.74	3866.42
其中：短期贷款	Short-term Loans	2748.00	176.13	855.06
中长期贷款	Medium and Long-term Loans	15853.00	1413.28	2767.46
境外贷款	Overseas Loans	58.00	0.21	0.20
幼儿园数（所）	Number of Kindergartens (unit)	1477	857	1163
在园儿童数（万人）	Student Enrollment in Kindergartens (10 000 persons)	31.89	14.94	18.11
普通小学学校数（所）	Number of Regular Primary Schools (unit)	1084	346	556
普通小学专任教师数（人）	Number of Full-time Teachers in Regular Primary Schools (person)	46968	19655	25938
普通小学招生数（万人）	Entrants in Regular Primary Schools (10 000 persons)	13.82	5.69	6.83
普通小学在校学生数（万人）	Student Enrollment in Regular Primary Schools (10 000 persons)	82.18	33.79	41.59
普通小学毕业生数（万人）	Number of Graduates of Regular Primary Schools (10 000 persons)	11.73	5.12	6.60
普通中学学校数（所）	Number of Regular Secondary Schools (unit)	356	142	227
普通中学专任教师数（人）	Number of Full-time Teachers in Regular Secondary Schools (person)	35956	17648	21560
普通中学招生数（万人）	Entrants in Secondary Schools (10 000 persons)	18.29	8.47	10.50
普通中学在校学生数（万人）	Student Enrollment in Regular Secondary Schools (10 000 persons)	51.62	24.88	30.35
普通中学毕业生数（万人）	Number of Graduates in Regular Secondary Schools (10 000 persons)	15.77	8.02	9.38
普通高等学校数（所）	Regular Higher Education Institutions (unit)	40	6	12
普通高等学校专任教师数（人）	Number of Full-time Teachers in Regular Higher Education Institutions (person)	27519	4743	11541
普通高等学校招生数（万人）	Entrants in Regular Higher Education Institutions (10 000 persons)	23	3.57	11.36
普通高等学校在校学生数（万人）	Student Enrollment in Regular Higher Education Institutions (10 000 persons)	68.66	11.51	31.11
普通高等学校毕业生数（万人）	Number of Graduates in Regular Higher Education Institutions (10 000 persons)	16.68	3.19	8.92
公共图书馆（个）	Number of Public Libraries (unit)	14	11	14
公共博物馆（所）	Number of Museums (unit)	7	61	28
卫生机构数（个）	Number of Health Institutions (unit)	5091	2588	4895
#医院、（乡镇）卫生院	Hospitals, Clinics	282	171	235
卫生机构床位数（张）	Number of Beds in Health Institutions (bed)	63252	31535	29764
#医院和卫生院	Hospitals & Clinics	59011	29274	27793
卫生机构人员数（人）	Number of Employed Persons in Health Institutions (person)	108995	49112	53512
#卫生技术人员	Medical and Technical Personnel	89952	41547	43628
#执业（助理）医师	Licensed (Physician Assistants)Physicians	32511	14358	15524
注册护士	Registered Nurses	41864	19479	20647

Continued

梧州市 Wuzhou	北海市 Beihai	防城港市 Fangchenggang	钦州市 Qinzhou	贵港市 Guigang	玉林市 Yulin	百色市 Baise	贺州市 Hezhou	河池市 Hechi	来宾市 Laibin	崇左市 Chongzuo
2798.51	3402.84	668.18	3224.80	2632.28	4822.20	3354.58	3022.68	3508.69	2629.07	2421.30
291.87	382.39	47.42	322.49	312.00	529.93	368.15	344.22	400.97	240.17	236.04
33	23	19	16	9	21	29	28	50	10	46
1764.25	1570.62	1098.02	1615.97	2000.53	2962.59	1828.22	1041.04	1546.67	981.48	1216.84
1759.42	1552.10	1092.38	1611.85	1999.53	2960.06	1827.45	1040.49	1544.87	981.01	1215.95
1233.13	967.93	546.31	1118.76	1553.71	2282.40	1244.31	732.82	1172.00	652.33	834.84
1655.36	1346.07	1073.43	1477.97	1870.99	2534.03	1890.05	996.04	1281.91	1041.07	1109.42
1653.39	1329.82	1057.19	1474.80	1870.98	2529.15	1889.26	996.04	1272.22	1040.95	1096.61
1653.17	1329.79	1057.12	1472.17	1870.87	2529.03	1889.23	996.03	1272.21	1040.93	1096.59
301.33	208.13	45.31	324.63	105.40	446.56	100.66	72.91	99.37	77.34	223.46
1296.86	425.25	256.09	1075.07	955.12	1939.18	536.46	300.57	408.84	285.38	816.59
0.22	0.03	0.07	2.63	0.12	0.12	0.02	0	0.01	0.01	0.02
994	446	299	363	1226	2251	1022	916	1155	980	550
13.81	8.09	4.82	13.94	18.83	32.20	16.73	10.91	15.48	9.27	7.98
514	329	161	999	817	1350	370	339	658	214	211
19424	9768	6816	23296	27181	39098	19918	13690	22103	12270	11699
5.18	2.77	1.71	6.53	7.24	11.25	5.27	3.79	5.42	2.97	2.81
33.79	17.53	11.04	42.55	48.29	73.94	32.76	24.34	36.12	20.20	17.74
5.02	2.72	1.73	6.97	7.95	11.82	5.57	3.98	6.36	3.30	2.80
141	98	49	132	207	277	162	109	187	91	105
16138	8352	4891	17246	25642	32232	19037	10096	17390	10007	9584
7.63	4.16	2.34	9.96	13.50	18.18	8.99	5.35	9.40	4.81	4.59
22.04	12.04	6.64	27.10	39.34	51.06	26.64	15.29	27.27	14.48	13.49
7.23	3.82	2.16	8.30	12.67	15.48	8.95	4.48	8.96	4.53	4.50
3	5	1	3	0	2	5	1	2	2	9
1607	2049	171	1871	0	1236	3552	1278	1162	1226	4731
1.37	1.75	0.31	1.44	0	0.75	2.64	0.48	0.96	0.72	4.91
4.36	5.02	0.32	3.89	0	2.57	7.47	2.14	2.96	2.59	13.17
0.81	1.46	0	1.11	0	0.58	2.19	0.48	0.84	0.95	4.20
5	3	5	5	0	8	13	5	11	7	7
1	10	2	3	0	5	14	9	10	12	5
1707	1075	648	2228	3791	3581	2632	1237	2372	1443	1212
111	55	44	95	161	198	242	95	203	108	117
19145	10819	5420	22570	28020	43135	28020	11054	22723	15034	11225
17996	10207	5100	20594	27116	40736	26052	10174	21421	13990	10098
30502	18148	9320	31839	36590	50449	38946	17303	34277	19223	18906
23424	14300	7380	24405	28230	40544	30516	13577	27635	15596	14445
7448	4801	2551	7446	9562	13616	8969	4429	8435	4814	4172
11016	6575	3272	11693	12889	18735	14014	6260	12773	7013	6624

22—2 南宁市主要经济指标情况（1978—2022年）
Main Economic Indicators of Nanning（1978—2022）

年 份 year	生产总值（按当年价格，亿元）Gross Domestic Product (current prices, 100 million yuan)	第一产业 Primary Industry	第二产业 Secondary Industry	#工业 Industry	第三产业 Tertiary Industry	生产总值指数（上年=100）Indices of Gross Domestic Product (Preceding year=100)	第一产业 Primary Industry	第二产业 Secondary Industry	#工业 Industry	第三产业 Tertiary Industry
1978	14.74	6.19	5.22	4.75	3.33	111.5	110.3	112.1	108.1	112.6
1979	10.68	2.90	5.17	4.73	2.61	119.7	111.1	134.1	133.9	106.2
1980	18.01	7.01	7.00	6.45	4.00	105.5	105.3	108.0	112.6	101.7
1981	12.44	3.32	5.62	5.02	3.50	109.0	109.2	102.2	102.6	121.9
1982	13.72	4.11	5.99	5.26	3.62	108.8	120.2	107.2	105.6	102.0
1983	14.95	4.11	6.58	5.82	4.26	108.8	98.1	110.7	111.5	115.8
1984	15.38	4.12	6.51	5.65	4.75	100.0	98.3	96.4	95.6	107.4
1985	30.93	11.83	10.84	9.59	8.27	112.7	103.4	122.1	117.7	113.1
1986	35.15	12.64	12.72	11.10	9.79	107.9	101.4	111.7	110.1	114.1
1987	42.05	14.64	15.67	13.75	11.75	112.6	105.2	117.6	118.3	114.2
1988	53.78	17.88	19.13	16.67	16.76	109.7	92.8	109.0	108.3	129.6
1989	62.04	19.16	21.92	20.06	20.96	107.4	107.7	102.8	108.0	114.9
1990	70.88	23.10	24.84	22.83	22.94	109.6	111.1	111.6	112.1	107.8
1991	79.32	23.91	27.46	25.20	27.95	106.3	100.6	106.9	106.7	111.6
1992	91.81	27.77	30.47	27.59	33.56	112.7	115.1	109.3	107.9	114.3
1993	134.62	34.44	49.93	43.65	50.25	123.5	106.9	134.4	129.7	128.3
1994	187.23	49.10	67.51	57.80	70.61	116.5	107.7	119.6	117.1	120.7
1995	235.81	61.52	80.79	65.22	93.49	114.5	112.6	114.9	108.3	115.7
1996	267.20	69.05	84.59	66.64	113.56	111.4	105.9	110.4	107.7	116.5
1997	304.49	78.59	92.22	70.98	133.69	112.5	113.9	108.8	106.3	115.2
1998	339.55	83.44	99.73	76.71	156.38	111.5	108.4	110.3	110.3	114.8
1999	356.99	85.26	101.99	77.23	169.73	109.4	107.4	108.1	106.4	111.7
2000	377.94	87.66	105.37	79.09	184.91	107.7	100.7	104.6	105.4	113.9
2001	418.17	90.74	113.16	85.25	214.26	108.8	102.2	106.4	106.7	113.2
2002	463.18	93.63	125.56	93.39	243.98	110.9	107.7	112.0	112.2	111.6
2003	527.82	98.71	149.54	107.01	279.57	110.3	103.5	115.3	108.4	110.5
2004	618.97	106.77	184.00	128.96	328.19	111.8	106.2	111.7	108.1	114.0
2005	711.31	123.25	212.15	147.01	375.91	110.8	108.1	109.4	106.4	112.5
2006	844.13	143.11	251.10	176.45	449.91	113.2	108.4	116.4	117.8	113.0
2007	1054.88	176.64	308.55	222.34	569.69	114.4	106.7	114.6	115.6	116.8
2008	1240.78	197.61	357.59	254.74	685.58	111.2	104.1	106.9	106.6	115.7
2009	1423.95	205.75	390.79	263.22	827.42	111.5	104.8	112.7	106.3	112.6
2010	1677.19	236.66	480.52	318.38	960.01	112.3	105.5	112.8	107.6	113.6
2011	2044.86	296.80	608.47	400.09	1139.58	113.1	105.7	117.3	116.9	112.7
2012	2307.11	311.89	675.46	432.06	1319.75	111.8	105.0	113.5	112.2	112.5
2013	2620.15	336.68	744.96	464.76	1538.50	111.7	104.5	111.9	110.2	113.2
2014	2862.28	354.57	825.03	514.28	1682.68	108.7	104.2	107.5	106.9	110.3
2015	3147.92	370.97	881.23	549.59	1895.72	108.4	104.1	106.6	105.4	110.1
2016	3405.99	395.77	888.97	549.63	2121.24	106.6	104.6	101.9	100.2	109.1
2017	3804.33	406.08	946.12	573.30	2452.13	108.0	104.7	102.8	102.2	110.8
2018	4162.37	432.05	995.35	582.83	2734.97	105.4	105.3	98.0	94.9	108.3
2019	4506.56	507.27	1044.97	583.48	2954.32	105.0	105.3	104.4	101.0	105.2
2020	4726.34	534.36	1084.32	583.81	3107.67	103.7	104.7	105.3	102.6	102.9
2021	5120.94	606.76	1198.76	644.84	3315.42	106.1	107.9	104.3	106.4	106.3
2022	5128.34	601.51	1182.81	640.84	3434.03	101.4	104.4	100.1	101.1	101.2

22—2　续表　continued

年　份 Year	固定资产投资(不含农户)(亿元) Investment in Fixed Assets (Excluding Rural households) (100 million yuan)	社会消费品零售总额(亿元) Total Retail Sales of Consumer Goods (100 million yuan)	进出口(万美元) Total Import and Export (USD 10 000)	#出口 Exports	财政收入(亿元) Finance Revenue (100 million yuan)	#一般公共预算收入 General Public Budget Revenue	一般公共预算支出 General Public Budget Expenditure (100 million yuan)	城镇居民人均可支配收入(元) Per Capita Disposable Income of Urban Households (yuan)	农村居民人均可支配收入（元） Per Capita Disposable Income of Rural Households (yuan)
1978	1.77	3.47			2.01	2.01	0.71		88
1979	2.47	4.02			1.98	1.98	0.60		105
1980	1.67	4.94			2.37	2.37	0.74	386	107
1981	1.34	5.50			2.45	2.45	0.74	445	135
1982	1.65	6.24			2.60	2.60	0.81	478	158
1983	1.96	6.93			2.63	2.63	0.77	513	239
1984	2.39	8.42			2.74	2.74	0.95	624	316
1985	4.46	11.72			3.54	3.54	1.80	716	367
1986	5.93	12.50			3.89	3.89	2.67	851	404
1987	6.80	15.16			4.41	4.41	2.90	949	461
1988	9.15	20.59			5.11	5.11	4.05	1166	521
1989	7.39	23.79			5.74	5.74	3.94	1274	574
1990	7.59	25.16	13732	9983	6.39	6.39	4.77	1454	624
1991	8.44	30.63	15884	11153	7.01	7.01	4.84	1659	683
1992	11.36	36.76	15903	10121	7.35	7.35	4.84	2106	778
1993	23.65	52.09	23324	9463	10.65	10.65	6.69	3081	912
1994	33.90	66.79	25234	9424	15.02	7.35	8.58	4543	1093
1995	56.35	83.99	17594	6988	17.11	9.12	9.46	5544	1326
1996	64.39	100.66	13703	6210	19.05	10.36	10.58	5973	1553
1997	74.78	115.36	36368	29434	21.58	11.68	11.95	5931	1788
1998	82.36	128.64	39753	33228	24.52	13.16	13.99	6570	1942
1999	88.08	137.14	57100	40094	27.01	14.97	17.29	6847	2079
2000	113.17	212.43	66164	51238	36.46	21.65	29.07	7448	1791
2001	121.41	231.35	53733	43053	45.29	29.19	34.86	7906	1954
2002	145.56	256.78	49668	40746	52.53	31.28	45.26	8796	2111
2003	190.36	288.45	65792	51143	61.06	36.24	52.50	9162	2231
2004	262.76	319.18	63625	52421	74.63	43.25	62.12	8059	2467
2005	362.90	365.88	71916	57716	100.22	45.20	73.55	9203	2680
2006	447.22	420.69	92853	71681	120.36	56.62	93.08	10193	3033
2007	560.22	498.82	128596	101316	150.84	70.15	118.00	11877	3462
2008	693.44	620.29	186666	158604	191.17	92.88	166.08	14446	4001
2009	1043.91	720.96	278735	238172	231.37	120.46	203.55	16254	4385
2010	1483.02	868.45	220407	158638	300.88	156.10	261.28	17676	5538
2011	2018.95	1024.19	251042	166236	363.52	186.29	301.85	19610	6471
2012	2585.18	1188.40	414678	251734	421.99	229.72	376.51	22115	7498
2013	2475.01	1358.78	442117	235270	473.66	256.25	417.29	24326	8503
2014	2933.87	1518.07	481410	261702	526.59	274.85	465.78	26540	9489
2015	3366.89	1673.36	585153	325095	572.48	297.05	526.72	29106	9408
2016	3824.73	1846.54	628556	319017	613.87	312.79	586.98	30728	11398
2017	4307.95	2053.33	607.09	275.69	687.98	332.15	646.31	33217	12515
2018	11.8%	2234.27	738.79	355.09	753.20	358.96	697.99	35276	13654
2019	9.9%	2327.80	747.79	363.91	800.69	370.93	789.20	37675	15047
2020	-2.5%	2180.36	985.88	470.79	796.09	372.25	822.79	38542	16130
2021	3.1%	2364.17	1231.92	581.95	828.84	391.77	775.40	41394	17808
2022	-17.8%	2358.75	1510.07	742.68	–	392.68	838.93	42636	19001

注：1. 城镇居民人均可支配收入2004年（含2004年）以前为城市居民人均可支配收入。2000年以后农民人均纯收入统计口径调整，2014年后口径调整为农村居民人均可支配收入。
2. 固定资产投资数据2015年起为固定资产投资（不含农户）数据，2018年起为增长速度。
3. 2017年起，外贸进出口数据以人民币计价，单位为亿元。

Note: 1. The statistical coverage of indicator "Per Capita Disposable Income of Urban Households" is the households in cities in and before 2004. After 2000, the statistical coverage of Per Capita Net Income of Farmers has been adjusted. And after 2014, it was adjusted into Per Capita Disposable Income of Rural Households.
2. Investment in Fixed Assets has excluded investment by rural households since 2015 and referred to growth rate from 2018.
3. The data of import and export value of international trade was calculated by RMB (100 million yuan) since 2017.

22—3 柳州市主要经济指标情况（1978—2022年）
Main Economic Indicators of Liuzhou（1978—2022）

年 份 year	生产总值（按当年价格，亿元）Gross Domestic Product (current prices, 100 million yuan)	第一产业 Primary Industry	第二产业 Secondary Industry	#工业 Industry	第三产业 Tertiary Industry	生产总值指数（上年=100）Indices of Gross Domestic Product (Preceding year=100)	第一产业 Primary Industry	第二产业 Secondary Industry	#工业 Industry	第三产业 Tertiary Industry
1978	9.89	2.70	4.86	4.53	2.33	106.6	104.7	106.4	107.2	109.5
1979	10.87	2.76	5.31	4.94	2.80	104.5	98.8	106.8	108.1	106.6
1980	12.26	3.16	6.11	5.67	2.99	112.9	104.8	116.7	116.5	114.2
1981	13.47	3.73	6.56	6.09	3.18	106.4	110.7	104.9	106.2	105.0
1982	14.10	3.99	6.68	6.23	3.43	105.2	103.4	105.0	105.6	107.3
1983	16.29	4.31	7.76	7.27	4.23	109.9	105.5	108.9	109.0	116.1
1984	18.74	4.57	9.14	8.40	5.04	114.0	101.8	121.1	120.4	112.5
1985	23.16	5.18	11.53	10.77	6.45	120.1	102.2	127.9	128.2	119.6
1986	26.87	5.94	13.57	12.50	7.36	113.2	105.7	118.5	119.4	107.3
1987	35.51	6.93	18.87	17.27	9.72	117.0	108.9	115.4	114.2	126.4
1988	42.78	8.12	21.53	19.79	13.13	107.6	96.5	105.4	105.9	118.9
1989	49.01	9.61	24.06	22.43	15.34	102.7	111.2	100.8	101.8	102.3
1990	52.80	11.98	24.23	22.88	16.59	102.8	106.4	100.6	101.0	104.9
1991	61.67	11.97	28.85	26.41	20.85	111.5	98.1	113.9	113.5	117.0
1992	76.34	13.73	36.49	33.42	26.12	119.2	115.1	120.2	120.5	120.2
1993	105.48	16.23	56.71	52.77	32.54	110.3	105.0	123.0	123.8	101.7
1994	141.56	21.04	78.94	72.80	41.57	115.1	100.7	130.7	130.4	105.6
1995	177.64	29.25	93.46	85.68	54.93	116.5	114.7	117.8	116.8	115.8
1996	178.75	31.93	82.52	73.56	64.30	102.2	108.3	98.7	97.4	104.0
1997	201.07	33.54	91.26	82.07	76.27	115.0	110.8	110.4	110.8	122.8
1998	216.86	34.74	96.04	87.48	86.08	107.9	101.8	105.6	106.7	113.0
1999	228.37	35.60	99.09	91.10	93.68	107.3	106.8	105.9	106.3	109.1
2000	251.56	37.36	107.26	99.70	106.93	109.0	105.3	108.7	109.6	110.7
2001	283.68	39.40	119.84	111.59	124.45	111.1	106.8	112.2	112.8	111.4
2002	317.49	42.65	141.00	130.27	133.83	113.7	106.9	117.8	115.8	111.7
2003	371.55	44.16	172.20	152.69	155.19	111.2	104.6	116.0	111.6	108.2
2004	441.64	48.08	221.57	195.08	171.98	112.8	107.9	118.1	117.8	108.3
2005	500.42	58.45	256.80	228.25	185.16	112.1	107.3	115.0	116.2	110.0
2006	596.13	65.20	317.87	287.13	213.06	113.2	108.0	117.7	119.1	108.6
2007	740.89	76.54	417.16	381.47	247.19	113.5	106.8	117.1	117.6	110.1
2008	890.94	81.63	523.69	479.40	285.61	112.4	105.1	116.6	117.1	108.0
2009	1010.03	90.86	599.53	542.79	319.64	114.3	105.4	118.2	116.7	110.2
2010	1295.68	104.97	825.58	751.59	365.13	113.9	105.4	118.1	117.2	108.4
2011	1563.48	131.00	997.33	902.74	435.15	110.8	105.7	111.9	111.3	109.8
2012	1771.18	142.36	1110.42	1002.70	518.41	110.6	106.1	110.4	110.1	112.3
2013	1928.41	151.38	1124.28	994.16	652.75	109.7	103.5	109.4	108.2	112.0
2014	2117.38	160.07	1236.09	1092.68	721.23	108.5	103.3	108.1	108.1	110.6
2015	2253.49	167.10	1257.99	1109.99	828.40	107.0	103.3	104.9	104.8	112.2
2016	2420.90	179.46	1314.58	1156.92	926.86	107.1	103.1	105.6	105.5	110.2
2017	2687.06	189.66	1418.06	1242.89	1079.34	107.0	103.7	104.4	104.3	111.5
2018	3008.29	194.44	1568.54	1374.63	1245.31	106.4	104.9	102.8	102.5	111.5
2019	3126.85	223.47	1543.46	1331.29	1359.91	102.4	105.1	98.8	97.7	106.5
2020	3051.28	236.57	1388.58	1173.22	1426.12	101.1	104.3	98.0	97.3	104.2
2021	3057.24	257.85	1277.50	1053.49	1521.88	102.0	107.0	98.2	99.0	105.0
2022	3109.09	285.23	1292.44	1067.17	1531.42	99.0	104.6	98.4	97.7	98.6

22－3　续表　continued

年　份 Year	固定资产投资(不含农户)(亿元) Investment in Fixed Assets (Excluding Rural households) (100 million yuan)	社会消费品零售总额(亿元) Total Retail Sales of Consumer Goods (100 million yuan)	进出口(万美元) Total Import and Export (USD 10 000)	#出口 Exports	财政收入(亿元) Finance Revenue (100 million yuan)	#一般公共预算收入 General Public Budget Revenue	一般公共预算支出 General Public Budget Expenditure (100 million yuan)	城镇居民人均可支配收入(元) Per Capita Disposable Income of Urban Households (yuan)	农村居民人均可支配收入（元） Per Capita Disposable Income of Rural Households (yuan)
1978	1.23	3.63			2.79	2.79	1.15		82
1979	0.96	3.93			2.99	2.99	0.73		91
1980	1.73	4.75			2.96	2.96	0.79	384	81
1981	1.33	5.45			3.24	3.24	0.80	431	103
1982	1.68	6.04			3.41	3.41	0.96	467	159
1983	1.81	6.61			2.92	2.92	0.97	489	254
1984	2.99	7.30			3.34	3.34	1.17	586	270
1985	4.88	9.43			4.37	4.37	1.95	668	316
1986	5.37	10.96			4.91	4.91	3.32	841	352
1987	8.67	12.54			5.76	5.76	3.95	966	392
1988	9.76	16.97			6.43	6.43	4.10	1119	453
1989	7.63	18.25			7.23	7.23	4.88	1260	518
1990	6.59	18.84			7.55	7.55	5.26	1515	586
1991	10.71	21.66			7.81	7.69	5.35	1794	694
1992	15.64	26.54			8.40	8.40	5.72	2105	783
1993	35.34	39.75			13.10	13.10	9.22	3267	890
1994	45.78	48.38			17.07	6.92	8.35	3912	1120
1995	38.68	60.48			18.78	8.26	9.71	4508	1440
1996	40.54	63.06			18.34	7.78	11.68	4805	1701
1997	41.36	72.65			20.90	9.32	12.06	5457	2035
1998	46.17	74.45			25.74	13.05	13.95	5552	2155
1999	45.46	77.43			27.93	13.93	16.60	5328	2183
2000	44.83	81.15			33.09	16.86	19.48	5740	1658
2001	50.77	94.57	21317	14022	42.20	21.76	27.43	7547	1797
2002	75.78	102.86	26813	14632	49.00	23.24	30.77	7928	1954
2003	109.37	114.28	28454	13922	58.19	27.13	38.37	8370	2082
2004	141.32	161.45	59342	19236	67.74	29.81	43.73	9155	2250
2005	171.76	193.24	69599	21250	80.19	28.18	49.48	9556	2534
2006	200.69	223.01	101256	39472	95.20	34.85	62.61	11002	2914
2007	302.04	266.78	133110	68613	116.38	40.37	74.93	12866	3497
2008	430.30	327.47	202586	93049	140.13	52.44	96.36	14474	3956
2009	681.86	379.58	167882	36484	157.64	61.41	127.48	16017	4330
2010	1004.88	455.43	281894	62952	201.18	74.64	155.03	17766	4935
2011	1304.57	536.50	278372	92446	229.60	89.45	184.29	19615	5721
2012	1683.13	618.20	311234	90678	260.18	113.55	221.17	22181	6746
2013	1566.71	703.82	288429	87472	285.06	125.12	240.58	24355	7663
2014	1810.94	792.82	226825	80197	316.55	133.16	261.61	26193	9221
2015	2082.89	868.77	222657	77924	343.81	146.68	309.72	28184	10125
2016	2338.61	956.07	1353756	459085	370.16	159.16	339.56	30270	11107
2017	2697.20	1054.64	172.24	54.25	403.82	179.79	374.56	32661	12151
2018	15.4%	1152.16	173.09	60.33	436.20	193.78	424.43	34849	13451
2019	9.6%	1333.15	219.10	84.78	436.31	221.45	498.87	37358	14715
2020	-1.0%	1270.19	231.80	152.22	382.68	173.12	469.58	38479	15848
2021	-8.5%	1332.26	354.07	155.26	402.48	174.96	423.98	41442	17369
2022	-7.0%	1303.62	299.23	221.35	–	151.19	363.06	42478	18515

注：1. 城镇居民人均可支配收入2004年（含2004年）以前为城市居民人均可支配收入。2000年以后农民人均纯收入统计口径调整，2014年后口径调整为农村居民人均可支配收入。
2. 固定资产投资数据2015年起为固定资产投资（不含农户）数据，2018年起为增长速度。
3. 2017年起，外贸进出口数据以人民币计价，单位为亿元。

Note: 1. The statistical coverage of indicator "Per Capita Disposable Income of Urban Households" is the households in cities in and before 2004. After 2000, the statistical coverage of Per Capita Net Income of Farmers has been adjusted. And after 2014, it was adjusted into Per Capita Disposable Income of Rural Households.
2. Investment in Fixed Assets has excluded investment by rural households since 2015 and referred to growth rate from 2018.
3. The data of import and export value of international trade was calculated by RMB (100 million yuan) since 2017.

22—4 桂林市主要经济指标情况（1978—2022年）
Main Economic Indicators of Guilin（1978—2022）

年 份 year	生产总值（按当年价格，亿元） Gross Domestic Product (current prices, 100 million yuan)	第一产业 Primary Industry	第二产业 Secondary Industry	#工业 Industry	第三产业 Tertiary Industry	生产总值指数（上年=100） Indices of Gross Domestic Product (Preceding year=100)	第一产业 Primary Industry	第二产业 Secondary Industry	#工业 Industry	第三产业 Tertiary Industry
1978	11.22	4.87	3.96	3.66	2.39	111.2	105.1	109.9	109.7	123.8
1979	12.57	5.70	4.32	3.94	2.55	108.3	111.1	107.8	106.1	103.3
1980	13.76	6.11	4.73	4.26	2.92	103.7	97.9	109.2	108.3	107.6
1981	14.54	6.44	4.85	4.28	3.25	103.3	102.9	99.9	98.4	109.8
1982	15.96	7.36	4.95	4.36	3.65	107.4	109.0	103.6	103.6	110.0
1983	17.71	8.26	5.35	4.77	4.10	107.4	107.4	106.1	107.6	109.2
1984	19.69	8.54	6.02	5.26	5.13	109.9	100.5	114.4	114.5	120.9
1985	24.42	10.47	7.54	6.55	6.40	114.9	107.4	121.1	118.1	118.4
1986	28.54	11.30	9.31	7.89	7.93	109.5	102.3	113.0	113.5	114.9
1987	34.47	12.92	11.37	9.16	10.19	110.4	100.7	111.8	108.1	120.6
1988	41.82	16.08	13.21	11.00	12.53	105.3	101.7	105.6	107.3	108.7
1989	45.06	16.96	14.23	12.22	13.87	100.8	104.9	100.4	102.7	97.1
1990	49.88	20.45	14.44	12.36	15.00	103.0	102.4	101.7	102.0	105.3
1991	57.13	22.20	17.01	15.06	17.93	113.5	109.3	116.8	120.9	116.1
1992	70.87	25.95	23.27	20.42	21.64	117.8	110.3	131.4	132.2	114.2
1993	96.93	32.33	35.29	30.65	29.31	119.8	107.9	137.2	138.5	118.2
1994	134.28	50.33	43.41	37.88	40.54	112.4	111.2	113.1	113.7	113.0
1995	178.03	65.00	57.62	49.75	55.41	118.5	119.4	117.4	114.9	118.9
1996	223.11	80.71	69.17	59.33	73.22	121.0	116.8	120.3	119.9	126.7
1997	247.31	90.03	74.85	64.18	82.42	111.9	118.2	106.9	106.5	110.7
1998	259.64	90.67	82.92	70.89	86.05	107.8	102.7	113.7	113.8	107.4
1999	278.32	96.27	85.33	72.39	96.72	109.5	106.2	109.2	108.5	113.3
2000	302.49	99.50	93.57	79.49	109.42	110.1	105.2	111.3	111.7	113.6
2001	332.53	104.96	101.41	86.81	126.16	109.8	107.3	109.1	110.5	112.7
2002	360.78	107.50	112.47	95.60	140.81	109.2	102.5	111.6	110.9	112.8
2003	388.18	105.01	132.44	110.33	150.73	109.1	106.3	109.5	107.4	110.8
2004	442.26	117.54	150.82	124.25	173.91	110.5	109.4	108.3	107.1	113.4
2005	481.60	119.30	158.72	128.50	203.58	109.4	108.2	109.3	108.7	110.3
2006	542.66	132.84	176.25	143.37	233.56	109	106.8	108.5	108.7	110.6
2007	648.92	157.28	207.28	169.43	284.36	110.2	105.9	111.6	111.5	111.5
2008	731.58	171.06	231.27	185.88	329.26	109.2	106.1	110.1	110.5	110.2
2009	786.76	177.92	240.56	187.24	368.28	109.6	105.5	110.9	108.5	110.8
2010	884.40	203.34	260.88	196.82	420.17	109.9	105	111.6	108.9	111
2011	1010.10	247.14	291.66	211.69	471.30	110.3	105.7	115.1	114	109.6
2012	1139.21	271.87	316.53	221.99	550.81	111.7	107.2	113	111.3	113
2013	1260.16	298.43	339.42	225.77	622.31	110.9	106	111.4	109	112.7
2014	1357.57	322.94	360.58	233.93	674.05	108.3	105.5	106.4	104.8	110.8
2015	1485.59	348.10	378.46	244.77	759.03	107.8	105.1	104.5	102.6	110.9
2016	1641.99	372.95	395.25	246.33	873.79	106.9	105.1	102.7	100.9	109.7
2017	1745.82	393.62	401.42	244.94	950.78	103.9	104.1	98.3	96.1	106.4
2018	1901.12	412.18	441.21	272.87	1047.73	106.9	105.1	104.9	105.5	108.5
2019	2105.56	486.90	472.40	282.76	1146.26	106.5	106.0	107.0	105.3	106.5
2020	2138.08	495.50	483.90	289.41	1158.68	102.3	106.6	104.5	105.3	99.5
2021	2314.44	549.56	502.68	293.66	1262.20	106.8	109.7	104.4	107.6	106.6
2022	2435.75	620.12	527.63	314.06	1288.00	102.5	106.0	103.2	104.3	100.6

22－4　续表　continued

年　份 Year	固定资产投资(不含农户)(亿元) Investment in Fixed Assets (Excluding Rural households) (100 million yuan)	社会消费品零售总额(亿元) Total Retail Sales of Consumer Goods (100 million yuan)	进出口(万美元) Total Import and Export (USD 10 000)	#出口 Exports	财政收入(亿元) Finance Revenue (100 million yuan)	#一般公共预算收入 General Public Budget Revenue	一般公共预算支出 General Public Budget Expenditure (100 million yuan)	城镇居民人均可支配收入(元) Per Capita Disposable Income of Urban Households (yuan)	农村居民人均可支配收入(元) Per Capita Disposable Income of Rural Households (yuan)
1978	0.91	4.17			0.92				
1979	0.98	4.74			0.94				
1980	1.48	5.60			0.96				
1981	1.38	6.00			1.09				
1982	1.73	6.34			1.24				
1983	1.73	6.70			1.40				
1984	1.76	8.03			1.56				
1985	3.27	11.02			1.74				
1986	5.75	12.17			2.07				
1987	8.77	15.17			2.74				
1988	9.58	19.88	435	435	3.72				
1989	7.60	20.71	1841	1653	4.65				
1990	7.34	22.22	2696	1791	5.07				513
1991	7.50	24.86	4143	2737	8.03				689
1992	12.71	28.84	5185	4278	8.87				735
1993	25.36	37.57	8404	5736	9.48				872
1994	33.09	50.75	9204	8454	12.86				1137
1995	42.58	67.28	19114	16360	15.32				1575
1996	53.02	82.49	23661	14763	17.97				2075
1997	58.62	90.30	24253	16044	20.68				2347
1998	63.20	95.92	23945	13300	22.73	14.76	19.92		2570
1999	69.83	104.17	20887	11267	23.16	15.21	21.77		2673
2000	79.23	113.52	26167	12909	24.22	15.89	24.15		2878
2001	88.51	124.12	21277	11940	29.52	20.52	30.92		2063
2002	97.41	136.04	23813	14158	32.90	20.19	36.57		2195
2003	111.05	112.51	26227	16488	37.04	22.13	40.95		2354
2004	146.90	136.69	35468	23861	42.74	25.52	45.09	8149	2638
2005	198.73	157.00	44155	30843	51.61	24.78	54.62	9268	3003
2006	260.87	180.91	58426	42871	59.33	29.70	64.80	10713	3391
2007	403.05	215.78	79243	53074	72.50	36.32	84.67	12908	3908
2008	485.96	266.34	101058	69541	85.55	45.18	117.15	14636	4465
2009	659.35	307.06	73600	51547	97.64	55.15	141.71	16221	4833
2010	908.56	362.92	90270	62229	121.08	67.08	183.59	17949	5487
2011	1140.53	424.63	95655	71700	141.94	80.75	232.67	19882	6325
2012	1462.40	486.17	97487	78858	163.56	106.01	261.33	22300	7328
2013	1390.32	542.16	92370	75888	180.37	111.00	286.56	24552	8361
2014	1627.30	608.14	94327	77225	195.18	123.89	304.43	26189	10090
2015	1970.83	664.83	88271	77420	209.19	134.53	356.04	28101	11089
2016	2131.62	732.73	89500	78700	223.76	145.33	399.03	30124	12176
2017	2234.24	808.38	70.01	58.95	239.54	144.16	434.71	32534	13345
2018	14.6%	879.43	72.76	62.58	257.01	150.85	455.86	34649	14626
2019	9.3%	967.47	70.58	62.30	258.79	152.79	495.70	37178	16045
2020	4.0%	888.91	72.14	64.71	207.87	111.49	472.11	38145	17345
2021	-4.3%	942.55	91.61	82.14	–	117.50	461.79	40739	18993
2022	0.8%	932.95	95.74	88.39	–	125.36	464.66	42043	20095

注：1. 城镇居民人均可支配收入2004年（含2004年）以前为城市居民人均可支配收入。2000年以后农民人均纯收入统计口径调整，2014年后口径调整为农村居民人均可支配收入。

2. 固定资产投资数据2015年起为固定资产投资（不含农户）数据，2018年起为增长速度。

3. 2017年起，外贸进出口数据以人民币计价，单位为亿元。

Note: 1. The statistical coverage of indicator "Per Capita Disposable Income of Urban Households" is the households in cities in and before 2004. After 2000, the statistical coverage of Per Capita Net Income of Farmers has been adjusted. And after 2014, it was adjusted into Per Capita Disposable Income of Rural Households.

2. Investment in Fixed Assets has excluded investment by rural households since 2015 and referred to growth rate from 2018.

3. The data of import and export value of international trade was calculated by RMB (100 million yuan) since 2017.

22－5 梧州市主要经济指标情况（1978—2022年）
Main Economic Indicators of Wuzhou（1978—2022）

年份 year	生产总值（按当年价格，亿元）Gross Domestic Product (current prices, 100 million yuan)	第一产业 Primary Industry	第二产业 Secondary Industry	#工业 Industry	第三产业 Tertiary Industry	生产总值指数（上年=100）Indices of Gross Domestic Product (Preceding year=100)	第一产业 Primary Industry	第二产业 Secondary Industry	#工业 Industry	第三产业 Tertiary Industry
1978	6.07	3.07	1.77	1.64	1.22	125.2	109.8	172.9	175.3	117.0
1979	6.32	3.17	1.87	1.68	1.28	113.8	123.4	107.7	105.7	101.3
1980	6.99	3.42	2.11	1.91	1.46	105.6	107.3	103.4	103.0	104.5
1981	7.88	3.46	2.46	2.22	1.96	109.2	93.4	116.0	116.8	130.5
1982	9.07	4.23	2.73	2.43	2.11	106.2	111.7	106.3	160.1	104.6
1983	9.85	4.50	2.81	2.52	2.49	105.2	104.0	100.8	99.7	113.5
1984	10.62	5.03	2.89	2.59	2.70	105.7	107.4	102.5	103.2	106.0
1985	12.68	5.75	3.54	3.14	3.40	97.4	110.5	116.1	114.0	115.4
1986	14.41	6.20	4.02	3.58	4.18	127.8	107.3	107.7	109.1	117.1
1987	17.91	7.68	5.17	4.65	5.06	113.2	111.8	114.3	115.9	114.4
1988	21.96	9.16	6.43	5.71	6.36	109.2	103.9	112.5	110.9	114.1
1989	25.35	10.61	7.25	6.48	7.49	106.1	108.1	105.0	107.5	104.6
1990	30.69	13.08	7.09	6.36	10.52	119.7	114.5	104.6	102.0	142.9
1991	35.02	14.31	7.86	7.04	12.85	117.3	114.5	113.9	118.7	125.1
1992	45.24	17.51	11.03	9.75	16.70	116.6	111.1	109.4	106.4	129.5
1993	59.36	21.16	17.51	15.67	20.69	120.5	109.0	155.1	162.0	112.7
1994	73.24	27.81	21.77	19.29	23.66	104.4	102.6	114.6	114.1	98.0
1995	86.27	32.72	25.00	21.75	28.56	105.9	106.9	105.5	103.3	105.0
1996	96.55	35.96	28.98	25.69	31.60	108.5	106.1	115.8	118.0	104.4
1997	107.21	37.57	33.95	29.91	35.69	112.4	105.2	119.3	119.0	113.9
1998	112.00	38.85	34.19	29.63	38.96	105.5	99.7	105.0	104.2	112.9
1999	115.78	39.95	34.67	30.51	41.16	108.2	107.5	107.3	108.9	109.7
2000	127.08	41.77	38.51	33.27	46.79	108.1	101.9	110.2	108.9	112.1
2001	139.05	43.13	41.64	35.86	54.28	108.4	105.2	107.8	108.1	111.8
2002	153.16	46.50	47.06	39.86	59.60	105.1	102.9	110.6	110.3	102.7
2003	165.86	46.96	52.54	43.13	66.36	105.7	103.0	108.9	105.4	105.3
2004	184.36	51.72	60.21	47.80	72.43	109.3	109.7	110.9	106.6	107.5
2005	206.28	54.88	70.63	56.50	80.78	108.8	105.8	111.2	110.3	109.2
2006	240.07	61.29	81.51	63.24	97.27	107.8	105.2	104.5	104.9	112.4
2007	277.76	65.40	98.13	77.05	114.23	109.7	102.8	116.4	117.7	108.6
2008	309.38	69.06	114.08	90.76	126.25	108.3	101.1	118.0	119.3	104.3
2009	350.96	76.46	130.71	102.79	143.79	111.3	106.6	115.7	113.8	109.8
2010	413.05	88.48	161.85	130.43	162.72	111.9	104.8	117.9	118.7	109.8
2011	490.58	96.67	202.86	166.06	191.05	113.8	105.6	120.4	123.2	111.7
2012	558.06	105.63	229.63	191.00	222.80	112.4	105.1	113.8	116.1	114.6
2013	630.27	116.44	255.56	212.90	258.27	112.8	104.9	114.1	114.8	115.2
2014	675.80	118.28	277.29	234.47	280.23	106.0	101.1	105.9	106.8	108.3
2015	750.08	123.56	310.98	266.71	315.53	107.5	101.2	105.5	105.8	112.2
2016	824.94	132.41	339.40	293.47	353.13	107.2	103.5	105.3	105.9	110.5
2017	878.52	137.36	345.36	296.73	395.80	106.0	104.5	101.2	101.5	111.0
2018	932.49	144.72	343.39	291.96	444.38	101.8	105.9	94.4	93.2	106.7
2019	991.40	162.03	341.56	280.61	487.82	104.2	105.4	99.7	96.9	107.2
2020	1088.36	177.45	384.55	309.75	526.37	108.2	105.8	114.2	112.2	104.8
2021	1369.37	196.09	589.39	500.01	583.89	110.0	108.5	112.0	112.8	109.1
2022	1419.67	200.7	584.19	492.84	634.78	104.0	104.4	100.2	99.5	106.7

22－5 续表 continued

年 份 Year	固定资产投资(不含农户)(亿元) Investment in Fixed Assets (Excluding Rural households) (100 million yuan)	社会消费品零售总额(亿元) Total Retail Sales of Consumer Goods (100 million yuan)	进出口(万美元) Total Import and Export (USD 10 000)	#出口 Exports	财政收入(亿元) Finance Revenue (100 million yuan)	#一般公共预算收入 General Public Budget Revenue	一般公共预算支出 General Public Budget Expenditure (100 million yuan)	城镇居民人均可支配收入(元) Per Capita Disposable Income of Urban Households (yuan)	农村居民人均可支配收入(元) Per Capita Disposable Income of Rural Households (yuan)
1978	0.33	2.53			0.90	0.90	0.60	442	85
1979	0.40	2.78			0.82	0.82	0.56	449	88
1980	0.50	3.30			0.95	0.95	0.61	458	94
1981	0.58	3.61		16735	1.04	1.04	0.71	459	93
1982	0.84	3.79		16577	1.06	1.06	0.75	486	133
1983	0.90	4.01		16374	1.05	1.05	0.81	472	230
1984	0.88	4.40		14713	1.14	1.14	1.02	589	264
1985	1.31	6.15		15454	1.42	1.42	1.21	776	327
1986	2.00	7.17		19573	1.54	1.54	1.77	942	385
1987	2.41	8.57	29089	20611	1.89	1.89	1.95	1093	453
1988	3.32	10.82	28502	19393	2.34	2.34	2.43	1571	516
1989	3.94	11.74	23785	18333	2.62	2.62	2.86	1724	555
1990	4.10	12.10	22940	19171	2.71	2.71	3.26	1890	598
1991	5.00	13.89	24707	19556	3.44	3.44	3.49	2314	662
1992	9.72	17.53	37416	23636	3.75	3.75	4.02	2315	803
1993	16.51	23.10	44064	24692	5.16	5.16	4.92	3246	1054
1994	19.55	31.61	47494	26422	4.07	3.29	5.32	4309	1247
1995	24.86	37.76	42880	23103	6.61	4.13	5.85	4909	1565
1996	21.48	42.49	24490	16105	7.58	4.65	6.36	4945	2015
1997	23.10	46.21	21211	13956	8.18	5.31	6.87	4934	2212
1998	23.95	48.27	18951	9781	8.84	5.92	8.25	4838	2302
1999	13.42	52.17	17340	9818	9.08	6.16	8.96	5415	2394
2000	20.73	57.55	19569	12400	9.88	6.87	10.27	5221	2442
2001	26.32	63.32	10621	14300	11.32	8.12	13.76	5838	1784
2002	30.14	69.54	15406	18293	12.59	8.20	16.46	6282	1897
2003	41.70	76.40	21223	21975	14.26	9.17	19.25	6785	2007
2004	73.04	71.18	37304	25724	17.64	11.94	22.02	7062	2292
2005	99.89	76.72	45805	29260	20.25	11.99	27.21	8118	2575
2006	121.94	84.72	44051	29073	23.08	13.71	33.84	9449	2879
2007	151.37	96.59	51494	32191	27.03	15.27	43.66	11362	3252
2008	198.31	115.25	50845	36114	32.42	18.13	50.91	13268	3854
2009	330.37	132.38	55835	38763	40.06	23.49	71.71	14747	4218
2010	468.42	143.81	64221	44548	56.13	32.42	90.96	16427	4879
2011	631.65	161.53	79616	52508	76.14	44.91	118.55	18239	5651
2012	858.09	177.54	121038	44127	101.02	73.83	159.21	20563	6592
2013	850.30	193.86	176506	49932	118.23	85.74	175.95	22537	7475
2014	926.36	209.56	124948	50777	122.42	90.45	184.05	23944	8592
2015	1061.33	224.36	567181	285673	123.74	92.37	214.73	25548	9322
2016	1168.51	234.00	61037	39424	127.59	95.61	227.99	27260	10142
2017	1330.15	252.39	60.24	29.46	121.09	84.55	242.30	29359	11085
2018	9.8%	266.34	50.83	30.11	121.77	79.96	261.63	31209	12238
2019	11.0%	300.74	65.86	34.71	131.88	84.62	293.66	33518	13474
2020	13.2%	284.01	63.27	31.44	123.28	76.00	288.09	34591	14660
2021	21.6%	316.33	80.81	40.59	134.84	78.87	259.05	37185	16331
2022	6.4%	321.23	126.84	42.95	–	75.70	254.45	38524	17474

注：1. 城镇居民人均可支配收入2004年（含2004年）以前为城市居民人均可支配收入。2000年以后农民人均纯收入统计口径调整，2014年后口径调整为农村居民人均可支配收入。

2. 固定资产投资数据2015年起为固定资产投资（不含农户）数据，2018年起为增长速度。

3. 2017年起，外贸进出口数据以人民币计价，单位为亿元。

Note: 1. The statistical coverage of indicator "Per Capita Disposable Income of Urban Households" is the households in cities in and before 2004. After 2000, the statistical coverage of Per Capita Net Income of Farmers has been adjusted. And after 2014, it was adjusted into Per Capita Disposable Income of Rural Households.

2. Investment in Fixed Assets has excluded investment by rural households since 2015 and referred to growth rate from 2018.

3. The data of import and export value of international trade was calculated by RMB (100 million yuan) since 2017.

22—6 北海市主要经济指标情况（1978—2022年）
Main Economic Indicators of Beihai（1978—2022）

年份 year	生产总值（按当年价格，亿元）Gross Domestic Product (current prices, 100 million yuan)	第一产业 Primary Industry	第二产业 Secondary Industry	#工业 Industry	第三产业 Tertiary Industry	生产总值指数（上年=100）Indices of Gross Domestic Product (Preceding year=100)	第一产业 Primary Industry	第二产业 Secondary Industry	#工业 Industry	第三产业 Tertiary Industry
1978	2.86	1.72	0.78	0.73	0.35	100.8	98.8	101.9	101.2	109.6
1979	3.21	1.82	1.92	0.86	0.47	103.7	101.1	102.7	102.3	118.4
1980	3.67	1.86	1.19	0.99	0.61	110.4	104.5	123.4	110.9	116.7
1981	3.77	1.94	1.16	1.04	0.67	105.4	104.8	99.6	107.5	116.4
1982	4.44	2.48	1.14	1.01	0.83	108.4	115.8	99.5	97.0	95.1
1983	4.79	2.51	1.28	1.12	1.00	107.7	104.4	116.1	111.8	109.8
1984	5.16	2.33	1.45	1.24	1.38	110.2	98.0	100.4	108.4	171.4
1985	6.83	3.04	2.27	1.65	1.52	107.8	93.8	140.1	128.2	111.8
1986	8.01	3.28	2.77	2.10	1.96	117.7	105.7	128.3	126.1	128.8
1987	9.47	3.98	3.02	2.24	2.47	103.3	110.4	105.0	106.8	105.1
1988	12.08	5.01	3.75	3.16	3.32	110.0	105.6	120.5	124.1	106.1
1989	13.81	6.30	3.94	3.43	3.57	104.6	109.2	101.2	103.2	101.4
1990	17.61	8.05	4.78	4.19	4.78	125.6	138.9	108.4	107.2	123.0
1991	21.21	9.52	5.92	5.08	5.77	107.9	98.1	116.7	114.0	117.8
1992	31.55	11.94	9.82	7.37	9.79	142.1	115.5	164.3	150.0	162.3
1993	54.31	15.03	20.51	12.78	18.77	146.3	104.3	179.2	162.0	160.4
1994	75.45	19.72	28.24	20.94	27.49	118.1	111.6	123.7	140.0	116.6
1995	88.26	26.16	27.61	21.04	34.49	102.6	117.9	89.2	89.6	108.1
1996	91.62	29.23	24.04	18.63	40.03	102.6	105.7	94.3	97.9	108.7
1997	95.33	29.99	26.03	21.85	39.31	101.6	101.1	101.0	105.6	102.4
1998	102.63	32.58	30.02	24.19	40.03	109.4	108.7	115.0	111.8	105.2
1999	107.63	34.96	29.75	24.63	42.97	106.9	107.4	103.7	105.9	109.6
2000	113.67	35.46	31.81	26.98	46.40	107.7	103.8	110.0	112.7	108.6
2001	123.44	37.39	33.87	29.26	52.18	109.3	103.4	115.6	119.8	109.4
2002	130.65	45.77	35.44	30.04	49.43	110.2	106.8	111.5	109.7	111.9
2003	146.95	39.11	43.31	36.71	64.54	110.5	103.8	116.6	116.2	112.2
2004	155.21	42.61	50.84	43.60	61.76	112.1	105.4	120.7	120.8	111.2
2005	174.85	51.49	54.52	46.55	68.84	113.2	103.6	121.0	123.1	114.5
2006	190.89	55.69	61.37	52.70	73.83	110.0	102.8	111.2	111.8	114.3
2007	235.52	62.98	75.78	65.72	96.76	118.0	104.6	125.6	127.8	121.2
2008	287.59	69.84	101.74	88.32	116.01	115.9	103.3	129.9	131.2	112.1
2009	336.25	76.13	129.15	112.43	130.97	115.7	105.9	124.3	123.8	113.0
2010	404.39	86.34	164.12	142.60	153.94	116.7	103.9	127.6	128.2	111.9
2011	516.53	113.92	213.66	184.59	188.95	115.7	101.5	124.6	124.5	114.2
2012	614.77	125.16	271.96	238.78	217.66	118.4	104.2	134.2	137.4	107.1
2013	717.32	138.65	322.19	284.13	256.48	112.1	102.8	116.7	117.2	109.8
2014	827.42	146.49	393.93	351.56	287.00	112.8	102.9	117.3	118.3	110.3
2015	851.17	155.42	364.42	342.76	325.96	109.4	102.8	116.6	112.9	136.8
2016	978.76	170.25	401.89	416.62	369.62	107.4	103.8	109.8	103.8	108.3
2017	1046.34	185.35	448.15	398.94	414.84	110.2	103.8	110.4	111.3	112.8
2018	1186.66	195.49	513.64	461.08	477.53	108.0	105.7	106.6	107.0	110.6
2019	1300.80	211.70	555.52	497.48	533.58	108.1	104.1	108.7	108.9	109.0
2020	1265.34	208.96	478.48	417.50	577.91	98.7	101.9	88.5	86.6	108.2
2021	1592.69	226.43	710.27	641.77	655.98	109.7	106.3	111.3	112.5	109.6
2022	1674.21	239.55	761.53	689.88	673.14	103.5	104.1	106.9	107.3	100.3

22－6 续表 continued

年 份 Year	固定资产投资(不含农户)(亿元) Investment in Fixed Assets (Excluding Rural households) (100 million yuan)	社会消费品零售总额(亿元) Total Retail Sales of Consumer Goods (100 million yuan)	进出口(万美元) Total Import and Export (USD 10 000)	#出口 Exports	财政收入(亿元) Finance Revenue (100 million yuan)	#一般公共预算收入 General Public Budget Revenue	一般公共预算支出 General Public Budget Expenditure (100 million yuan)	城镇居民人均可支配收入(元) Per Capita Disposable Income of Urban Households (yuan)	农村居民人均可支配收入(元) Per Capita Disposable Income of Rural Households (yuan)
1978	0.27	1.15	3005	3005	0.32	0.32	0.21		
1979	0.29	1.31	3040	3040	0.33	0.33	0.23		
1980	1.01	1.67	3893	3893	0.37	0.37	0.30		
1981	0.61	1.94	3676	3676	0.40	0.40	0.33		
1982	0.64	2.24	3948	3948	0.45	0.45	0.34		
1983	0.55	2.46	4192	4191	0.46	0.46	0.31	539	239
1984	1.06	2.75	3731	3731	0.52	0.52	0.54	754	316
1985	2.03	3.84	10236	9218	0.78	0.78	0.73	828	400
1986	2.77	4.69	8409	7389	0.86	0.86	1.21	998	417
1987	2.65	5.00	10634	9218	0.93	0.93	1.14	1122	458
1988	3.01	6.77	8353	6929	1.10	1.10	1.10	1296	546
1989	2.35	6.74	16828	8794	1.32	1.32	1.65	1376	586
1990	3.11	7.07	14510	8998	1.59	1.59	1.82	1591	738
1991	3.85	7.86	17182	8462	1.95	1.95	2.25	1910	786
1992	10.05	9.72	24409	9430	2.85	2.85	2.70	2727	869
1993	36.58	15.42	13865	9318	5.68	5.68	5.27	4516	1281
1994	34.75	18.61	16592	8373	6.77	5.33	6.88	5649	1635
1995	25.81	21.57	39655	8260	8.30	5.87	7.96	6365	2224
1996	17.48	24.01	26976	7768	7.69	4.95	6.08	6396	2348
1997	17.58	26.30	32096	10406	8.41	5.46	5.95	6558	2394
1998	24.11	28.68	19381	15178	9.70	6.63	8.26	6301	2366
1999	25.65	31.16	16812	13250	10.69	7.56	8.79	6483	2427
2000	21.83	34.01	7403	4876	10.20	6.54	8.98	6167	2155
2001	19.94	37.34	7327	5040	10.68	6.85	10.72	7013	2265
2002	26.60	40.75	10782	6738	11.63	7.19	13.33	7692	2454
2003	43.06	34.24	14429	8668	13.06	8.27	13.21	8015	2587
2004	51.40	40.71	15073	10656	15.32	9.72	14.63	8773	2790
2005	51.40	46.24	20079	13770	19.27	10.86	17.77	9520	3180
2006	67.24	53.41	29172	19574	23.10	14.04	24.98	10380	3414
2007	87.40	64.36	49838	30671	30.03	19.02	33.57	12334	3846
2008	200.30	82.08	71075	43863	27.03	14.34	31.26	13989	4309
2009	321.85	95.40	79643	47351	35.75	17.22	50.99	15134	4697
2010	485.26	108.00	137122	83948	47.10	27.51	63.04	16798	5426
2011	603.19	127.29	171242	113143	57.50	37.06	84.64	18656	6249
2012	725.36	146.51	207820	118382	100.10	41.13	98.73	21202	7227
2013	674.90	167.03	269833	136611	113.60	42.11	99.47	23407	8239
2014	797.71	185.81	350016	175176	127.39	47.25	104.97	25618	9719
2015	932.54	202.99	379048	189211	142.99	47.61	131.76	27514	10623
2016	1011.10	262.56	310157	167007	166.31	50.07	150.06	29412	11622
2017	1099.68	296.22	230.84	116.25	200.67	64.34	157.54	31912	12749
2018	8.0%	321.88	320.75	118.28	225.19	71.68	175.53	34325	14617
2019	9.0%	344.65	294.10	128.88	242.27	78.09	200.53	36602	15510
2020	16.9%	314.23	268.14	128.76	192.04	79.41	212.69	37956	16797
2021	11.1%	350.01	300.10	174.28	231.12	72.13	179.23	40727	18460
2022	-4.6%	345.41	344.07	117.98	–	67.65	190.29	41704	19475

注：1. 城镇居民人均可支配收入2004年（含2004年）以前为城市居民人均可支配收入。2000年以后农民人均纯收入统计口径调整，2014年后口径调整为农村居民人均可支配收入。
2. 固定资产投资数据2015年起为固定资产投资（不含农户）数据，2018年起为增长速度。
3. 2017年起，外贸进出口数据以人民币计价，单位为亿元。

Note: 1. The statistical coverage of indicator "Per Capita Disposable Income of Urban Households" is the households in cities in and before 2004. After 2000, the statistical coverage of Per Capita Net Income of Farmers has been adjusted. And after 2014, it was adjusted into Per Capita Disposable Income of Rural Households.
2. Investment in Fixed Assets has excluded investment by rural households since 2015 and referred to growth rate from 2018.
3. The data of import and export value of international trade was calculated by RMB (100 million yuan) since 2017.

22—7 防城港市主要经济指标情况（1993—2022年）
Main Economic Indicators of Fangchenggang（1993—2022）

年份 year	生产总值（按当年价格，亿元）Gross Domestic Product (current prices, 100 million yuan)	第一产业 Primary Industry	第二产业 Secondary Industry	#工业 Industry	第三产业 Tertiary Industry	生产总值指数（上年=100）Indices of Gross Domestic Product (Preceding year=100)	第一产业 Primary Industry	第二产业 Secondary Industry	#工业 Industry	第三产业 Tertiary Industry
1993	17.49	6.12	4.33	3.00	7.04	124.8	100.2	150.6	148.6	134.2
1994	24.66	8.95	7.51	5.71	8.20	122.3	120.9	151.6	160.3	104.9
1995	29.26	11.73	7.01	5.60	10.52	112.2	115.2	106.4	113.3	115.1
1996	36.66	13.96	10.27	8.17	12.43	116.8	121.0	126.4	122.3	105.3
1997	44.64	18.11	12.08	9.72	14.45	115.1	116.5	118.1	118.4	110.7
1998	49.04	19.27	13.12	10.30	16.65	112.0	109.3	111.8	109.5	114.8
1999	52.05	19.46	14.06	11.35	18.54	108.2	104.5	107.3	108.2	112.6
2000	55.03	19.99	14.28	11.57	20.77	107.4	100.6	111.0	113.2	110.0
2001	60.03	20.18	16.12	13.12	23.72	108.8	103.3	114.2	114.9	110.5
2002	66.53	20.40	20.05	17.41	26.09	113.1	102.7	129.6	138.6	110.6
2003	73.09	20.70	21.31	18.00	31.08	109.8	106.2	113.6	112.0	109.6
2004	82.94	21.67	26.73	21.73	34.54	109.7	104.8	113.3	107.9	110.6
2005	96.39	26.04	33.50	28.04	36.85	113.1	105.3	124.8	128.6	108.4
2006	116.41	29.54	43.19	35.97	43.68	116.1	107.6	126.0	125.0	113.1
2007	154.64	32.87	64.70	56.45	57.08	117.5	105.7	122.2	124.5	120.7
2008	197.97	36.45	86.31	75.08	75.21	116.6	104.9	116.7	115.6	123.3
2009	225.86	39.88	103.00	88.12	82.98	118.6	104.7	131.7	130.7	112.9
2010	289.04	47.43	132.82	111.75	108.78	115.0	105.7	115.3	111.0	119.0
2011	365.51	57.79	175.95	146.46	131.77	114.5	105.8	116.1	113.2	116.5
2012	389.21	61.16	184.96	150.12	143.09	110.1	105.7	111.5	109.6	110.2
2013	438.57	67.30	210.01	171.55	161.25	111.1	104.5	113.5	113.8	110.6
2014	465.31	70.57	226.77	186.32	167.97	110.0	101.6	114.8	117.4	107.0
2015	504.52	79.67	241.17	199.74	183.67	109.2	103.7	110.7	112.1	108.9
2016	555.69	87.67	267.74	224.60	200.28	108.3	104.5	109.3	109.8	108.5
2017	622.46	97.27	302.63	254.40	222.56	106.5	105.2	104.8	104.6	109.2
2018	662.09	103.92	313.28	261.83	244.89	107.2	106.7	108.2	109.9	106.0
2019	701.23	109.42	330.29	272.48	261.52	105.4	105.1	105.8	105.1	104.8
2020	732.79	110.85	346.02	283.30	275.92	105.3	104.2	107.0	106.5	103.7
2021	936.83	118.75	510.86	449.10	307.21	111.4	104.9	117.7	123.6	106.2
2022	968.08	125.14	517.84	464.44	325.09	105.1	104.2	105.5	108.7	104.8

22－7　续表　continued

年　份 Year	固定资产投资(不含农户)(亿元) Investment in Fixed Assets (Excluding Rural households) (100 million yuan)	社会消费品零售总额(亿元) Total Retail Sales of Consumer Goods (100 million yuan)	进出口(万美元) Total Import and Export (USD 10 000)	#出口 Exports	财政收入(亿元) Finance Revenue (100 million yuan)	#一般公共预算收入 General Public Budget Revenue	一般公共预算支出 General Public Budget Expenditure (100 million yuan)	城镇居民人均可支配收入(元) Per Capita Disposable Income of Urban Households (yuan)	农村居民人均可支配收入(元) Per Capita Disposable Income of Rural Households (yuan)
1993	8.56	6.70	1738	1049	2.92	2.92	2.71		877
1994	10.41	9.83	3730	2417	3.64	2.30	4.08		1020
1995	13.13	12.79	17715	10863	3.84	2.47	4.72		1443
1996	11.39	14.86	19800	10146	4.04	2.62	3.97	4508	1855
1997	11.88	16.56	30353	23214	4.51	3.04	4.38	5122	2269
1998	14.42	17.93	41202	28015	5.21	3.69	5.43	5456	2503
1999	14.69	19.38	33083	21789	5.42	3.86	5.47	5591	2626
2000	15.23	20.94	24073	12593	4.13	3.26	4.74	6200	1844
2001	17.53	22.66	10459	1855	4.53	3.61	6.61	6661	2026
2002	16.03	24.29	34444	5742	5.03	3.57	7.54	7664	2164
2003	19.70	18.29	48685	7358	5.61	3.84	8.37	7869	2334
2004	30.40	19.67	73486	8358	6.78	4.72	9.14	6324	2517
2005	42.96	22.41	84953	9924	8.04	4.51	10.22	7254	2704
2006	68.96	25.99	102900	11610	10.59	5.21	13.92	9113	3172
2007	103.53	31.28	145857	19495	15.76	7.74	19.08	12159	3791
2008	146.32	39.14	220775	30660	21.92	11.70	26.22	14364	4474
2009	254.10	43.93	216891	39202	27.39	18.47	40.10	16067	4930
2010	376.84	52.86	279774	77906	35.12	22.69	52.57	17831	5628
2011	491.27	62.65	410586	94431	44.35	28.30	60.77	19722	6502
2012	550.39	73.07	489826	82804	52.38	35.55	74.73	21536	7946
2013	475.45	83.77	430030	107839	59.26	40.71	88.48	23690	9019
2014	499.91	94.85	546866	150522	65.33	45.45	97.52	25727	10038
2015	549.74	105.20	860140	231166	70.64	52.05	131.72	27579	10992
2016	600.14	117.03	875753	169314	75.61	55.65	127.60	29758	12113
2017	672.77	130.75	768.54	115.06	74.51	47.60	120.47	32079	13373
2018	-0.9%	143.27	721.49	118.28	82.76	43.98	127.34	34325	14617
2019	8.0%	148.76	804.95	241.31	87.86	47.41	139.53	36385	15962
2020	8.8%	129.34	708.33	241.98	82.54	53.69	155.16	37185	17223
2021	-13.2%	137.71	885.56	77.96	100.36	50.94	143.03	39676	19031
2022	3.8%	131.65	784.57	60.86	–	44.06	150.31	40470	19944

注：1. 城镇居民人均可支配收入2004年（含2004年）以前为城市居民人均可支配收入。2000年以后农民人均纯收入统计口径调整，2014年后口径调整为农村居民人均可支配收入。
2. 固定资产投资数据2015年起为固定资产投资（不含农户）数据，2018年起为增长速度。
3. 2017年起，外贸进出口数据以人民币计价，单位为亿元。

Note: 1. The statistical coverage of indicator "Per Capita Disposable Income of Urban Households" is the households in cities in and before 2004. After 2000, the statistical coverage of Per Capita Net Income of Farmers has been adjusted. And after 2014, it was adjusted into Per Capita Disposable Income of Rural Households.
2. Investment in Fixed Assets has excluded investment by rural households since 2015 and referred to growth rate from 2018.
3. The data of import and export value of international trade was calculated by RMB (100 million yuan) since 2017.

22—8 钦州市主要经济指标情况（1978—2022年）
Main Economic Indicators of Qinzhou（1978—2022）

年 份 year	生产总值（按当年价格，亿元）Gross Domestic Product (current prices, 100 million yuan)	第一产业 Primary Industry	第二产业 Secondary Industry	#工业 Industry	第三产业 Tertiary Industry	生产总值指数（上年=100）Indices of Gross Domestic Product (Preceding year=100)	第一产业 Primary Industry	第二产业 Secondary Industry	#工业 Industry	第三产业 Tertiary Industry
1978	4.46	2.80	0.85	0.70	0.80	107.0	97.1	137.7	116.7	121.3
1979	4.80	2.93	0.99	0.80	0.88	108.3	106.1	114.0	114.8	109.9
1980	6.15	4.01	1.15	0.93	0.99	122.0	127.6	115.5	114.3	110.6
1981	6.50	4.15	1.26	1.00	1.06	106.9	107.3	111.0	112.6	101.0
1982	7.79	5.38	1.22	0.95	1.19	113.6	120.7	93.0	90.2	110.2
1983	8.20	5.39	1.34	1.02	1.46	104.2	100.0	107.7	109.0	118.9
1984	8.40	5.26	1.42	1.07	1.72	95.6	88.3	105.0	104.4	114.0
1985	9.72	5.93	1.76	1.39	2.03	105.8	99.7	116.6	120.9	114.1
1986	11.79	7.20	2.25	1.82	2.34	111.8	108.2	125.4	126.8	108.9
1987	14.48	8.66	2.78	2.33	3.03	112.6	111.5	116.1	118.5	111.8
1988	16.70	9.12	3.36	2.81	4.22	101.4	90.1	106.3	107.3	124.7
1989	18.85	10.03	3.60	3.03	5.21	111.9	119.3	95.8	94.8	113.2
1990	23.92	13.33	4.07	3.46	6.52	119.8	108.7	136.8	143.1	128.0
1991	28.50	14.91	4.97	4.30	8.62	118.4	113.5	117.8	119.4	129.0
1992	38.79	21.28	7.19	5.82	10.33	132.1	139.5	140.7	135.1	113.7
1993	52.65	26.73	12.30	9.83	13.61	113.4	102.1	154.4	157.9	109.7
1994	70.12	37.74	15.03	12.36	17.35	110.0	113.5	108.4	109.9	104.3
1995	86.89	47.03	16.41	13.73	23.45	107.0	105.9	98.4	98.3	118.5
1996	97.82	51.81	17.54	14.00	28.47	108.9	102.7	115.0	112.4	116.1
1997	109.58	57.86	20.46	16.33	31.26	113.8	116.9	111.1	109.6	110.5
1998	118.23	62.98	22.29	17.58	32.96	111.9	112.0	116.4	116.7	108.0
1999	122.86	66.01	22.06	17.46	34.78	110.5	115.6	102.5	102.1	108.0
2000	131.25	68.69	23.49	19.49	39.07	104.7	101.9	103.4	106.9	111.5
2001	142.55	72.79	26.28	21.22	43.48	108.7	107.4	112.7	109.8	108.6
2002	146.16	70.80	32.20	25.63	43.15	110.9	109.8	112.1	109.9	111.9
2003	157.07	69.78	37.25	29.16	50.04	105.8	100.1	111.6	109.8	112.1
2004	172.04	72.50	43.56	35.66	55.98	112.5	113.4	111.7	109.5	111.5
2005	185.99	76.12	49.94	40.40	59.93	113.6	107.0	133.0	137.1	110.5
2006	229.10	83.76	73.10	62.59	72.24	112.6	105.0	126.4	130.5	110.7
2007	280.49	96.51	92.01	80.28	91.97	114.5	107.2	120.9	123.4	117.1
2008	332.14	106.63	114.02	98.10	111.49	112.3	103.2	117.6	116.7	117.2
2009	372.87	112.82	123.36	102.95	136.69	112.2	105.8	116.2	113.3	114.5
2010	477.42	118.65	192.74	166.92	166.02	115.4	104.8	125.4	126.1	114.9
2011	593.62	139.99	259.75	228.18	193.88	120.2	105.1	137.7	141.6	110.6
2012	631.71	149.77	246.35	203.50	235.59	111.1	106.5	109.9	106.9	116.0
2013	681.81	161.67	254.15	199.12	265.99	107.9	103.4	105.6	102.1	113.8
2014	783.65	174.01	269.59	196.73	340.05	109.8	103.8	110.8	107.2	111.9
2015	885.21	180.49	314.87	227.96	389.86	107.8	101.9	105.0	101.4	114.5
2016	957.35	194.27	329.77	229.98	433.31	108.7	103.4	108.7	106.5	111.1
2017	1091.99	206.37	390.27	277.27	495.35	108.3	103.5	107.8	107.7	110.6
2018	1214.32	233.53	421.23	301.02	559.56	106.0	105.5	103.8	105.6	107.9
2019	1356.27	279.78	451.77	319.88	624.72	107.8	105.3	107.2	107.2	109.3
2020	1387.37	287.76	386.77	270.46	712.83	102.5	104.7	87.6	87.2	112.4
2021	1685.35	315.67	555.80	418.62	813.87	110.4	107.4	112.6	114.0	110.4
2022	1917.00	338.38	678.61	519.72	900.01	108.2	105.0	111.0	109.3	108.0

22－8　续表　continued

年　份 Year	固定资产投资(不含农户)(亿元) Investment in Fixed Assets (Excluding Rural households) (100 million yuan)	社会消费品零售总额(亿元) Total Retail Sales of Consumer Goods (100 million yuan)	进出口(万美元) Total Import and Export (USD 10 000)	#出口 Exports	财政收入(亿元) Finance Revenue (100 million yuan)	#一般公共预算收入 General Public Budget Revenue	一般公共预算支出 General Public Budget Expenditure (100 million yuan)	城镇居民人均可支配收入(元) Per Capita Disposable Income of Urban Households (yuan)	农村居民人均可支配收入(元) Per Capita Disposable Income of Rural Households (yuan)
1978	0.51	1.66			0.40	0.40	0.46		117
1979	0.57	1.93			0.42	0.42	0.44		136
1980	0.66	2.37			0.47	0.47	0.5		182
1981	0.61	2.59			0.67	0.67	0.54		206
1982	0.89	2.95			0.74	0.74	0.55		244
1983	1.01	3.29			0.61	0.61	0.51		259
1984	0.92	3.67			0.60	0.60	0.65		250
1985	0.78	4.49			0.65	0.65	0.82	620	278
1986	1.30	5.11			0.81	0.81	1.26	745	302
1987	1.27	6.14			0.93	0.93	1.4	865	455
1988	1.96	7.70			1.12	1.12	1.63	1242	506
1989	1.82	9.31			1.35	1.35	3.01	1507	494
1990	1.69	9.77			1.62	1.62	2.32	1640	655
1991	2.45	13.07			2.04	2.04	2.58	1852	663
1992	5.59	15.56			2.28	2.28	2.68	2095	800
1993	12.61	21.65			3.41	3.41	3.49	3091	985
1994	13.28	20.50			3.91	2.22	3.61	4030	1231
1995	14.16	25.18			4.39	2.68	3.97	4635	1670
1996	15.50	28.39			4.93	3.20	4.69	5098	1930
1997	15.47	32.29			5.70	3.84	5.51	5027	2174
1998	20.76	35.42			6.64	4.67	6.29	5433	2362
1999	20.80	39.06			7.44	5.79	7.68	5672	2475
2000	23.02	42.81	3357	1146	8.26	6.72	9.27	5692	2092
2001	28.93	47.37	1772	1208	8.35	5.52	11.68	6328	2278
2002	35.30	51.23	3202	2059	9.24	6.23	13.25	6734	2442
2003	44.50	55.87	4320	3598	10.19	6.99	15.59	7437	2610
2004	63.00	62.47	9056	5191	11.75	7.84	16.78	7922	2783
2005	89.85	70.76	19846	11415	14.11	9.08	20.87	8942	3091
2006	117.88	80.72	44045	13446	17.17	10.47	24.91	10041	3405
2007	165.93	95.32	84089	31384	23.56	13.04	32.37	12057	3934
2008	248.91	121.07	127008	51370	32.00	18.28	48.80	14106	4444
2009	374.65	145.10	80157	20787	38.02	21.01	66.51	15768	4843
2010	451.60	172.19	131101	32558	58.37	22.36	78.00	17356	5340
2011	558.34	204.27	298609	87534	123.10	25.57	96.63	19248	6167
2012	652.59	237.56	376744	100178	139.20	33.58	122.51	21600	7140
2013	609.72	268.82	352957	105252	136.12	44.95	134.26	23695	8054
2014	726.95	303.25	533412	201090	138.31	47.64	141.27	25425	8892
2015	810.1	333.5	579156	247574	162.23	50.34	192.54	27281	9710
2016	950.89	373.63	442806	161508	154.08	49.50	200.08	29360	10947
2017	1088.85	411.75	340.46	116.29	145.08	52.81	205.94	31415	11801
2018	11.7%	369.88	227.33	58.81	148.01	54.10	222.08	33488	12816
2019	12.0%	401.28	204.33	80.05	160.04	57.38	225.09	35732	14149
2020	11.8%	402.51	217.73	81.68	171.73	65.04	237.58	37126	15352
2021	27.1%	470.11	256.03	41.85	204.81	72.32	246.11	40170	17041
2022	22.9%	488.23	642.19	81.52	–	77.07	260.12	41094	18081

注：1. 城镇居民人均可支配收入2004年（含2004年）以前为城市居民人均可支配收入。2000年以后农民人均纯收入统计口径调整，2014年后口径调整为农村居民人均可支配收入。

2. 固定资产投资数据2015年起为固定资产投资（不含农户）数据，2018年起为增长速度。

3. 2017年起，外贸进出口数据以人民币计价，单位为亿元。

Note: 1. The statistical coverage of indicator "Per Capita Disposable Income of Urban Households" is the households in cities in and before 2004. After 2000, the statistical coverage of Per Capita Net Income of Farmers has been adjusted. And after 2014, it was adjusted into Per Capita Disposable Income of Rural Households.

2. Investment in Fixed Assets has excluded investment by rural households since 2015 and referred to growth rate from 2018.

3. The data of import and export value of international trade was calculated by RMB (100 million yuan) since 2017.

22—9 贵港市主要经济指标情况（1996—2022年）
Main Economic Indicators of Guigang（1996—2022）

年 份 year	生产总值（按当年价格，亿元）Gross Domestic Product (current prices, 100 million yuan)	第一产业 Primary Industry	第二产业 Secondary Industry	#工业 Industry	第三产业 Tertiary Industry	生产总值指数（上年=100）Indices of Gross Domestic Product (Preceding year=100)	第一产业 Primary Industry	第二产业 Secondary Industry	#工业 Industry	第三产业 Tertiary Industry
1996	108.26	50.95	19.70	18.17	37.60	100.5	94.7	91.9	91.6	116.1
1997	111.58	52.03	20.58	19.26	38.98	106.7	108.9	106.5	107.8	104.2
1998	113.66	51.73	21.58	20.06	40.35	107.6	108.7	106.6	106.3	106.9
1999	115.38	51.31	21.98	20.54	42.08	105.6	106.8	103.2	103.5	105.7
2000	120.81	51.17	24.87	23.16	44.77	104.3	98.3	109.8	109.5	108.1
2001	132.35	52.59	28.11	25.98	51.65	108.5	104.7	113.4	112.9	110.0
2002	139.82	52.92	29.94	27.24	56.96	110.8	109.5	111.3	110.3	111.9
2003	158.25	51.90	38.62	34.04	67.72	110.8	103.7	122.9	119.1	111.5
2004	190.52	61.09	52.80	45.60	76.64	111.3	106.3	118.7	115.2	111.5
2005	218.19	64.40	70.21	58.02	83.58	113.5	106.7	132.7	127.2	107.1
2006	249.44	67.90	80.80	67.41	100.74	110.0	104.4	114.3	115.5	110.7
2007	319.41	77.61	116.86	101.04	124.94	114.3	98.8	128.6	131.4	113.1
2008	369.58	89.07	138.09	118.90	142.42	108.7	104.2	108.5	108.3	111.6
2009	409.70	89.03	156.42	133.48	164.25	112.1	103.9	117.3	116.2	112.0
2010	508.07	98.67	215.19	186.98	194.20	111.4	103.7	115.6	115.1	111.4
2011	589.73	126.09	229.87	196.02	233.77	105.2	104.6	103.2	102.1	107.8
2012	631.62	134.38	228.36	186.50	268.88	109.5	105.4	110.1	108.0	111.0
2013	694.90	144.06	239.21	191.07	311.63	107.6	104.2	109.4	108.3	107.3
2014	733.27	148.92	254.11	202.75	330.25	104.6	102.0	103.1	102.9	107.2
2015	799.81	158.66	278.01	218.72	363.14	107.1	103.1	108.3	106.2	107.6
2016	880.60	172.13	299.80	231.80	408.67	107.7	103.1	106.8	104.5	110.4
2017	975.50	174.17	340.72	260.66	460.61	108.9	103.6	111.0	111.1	109.5
2018	1115.50	177.61	403.42	314.38	534.46	110.0	105.0	111.3	113.5	110.9
2019	1257.53	215.35	457.92	356.49	584.26	109.0	104.9	114.0	114.8	106.7
2020	1358.82	234.28	487.27	380.10	637.28	107.0	105.3	108.9	109.5	106.0
2021	1501.80	262.70	533.60	423.41	705.50	106.5	109.2	103.6	105.9	107.8
2022	1572.10	277.87	556.34	437.74	737.89	103.2	104.2	103.2	102.2	102.9

22-9　续表　continued

年　份 Year	固定资产投资(不含农户)(亿元) Investment in Fixed Assets (Excluding Rural households) (100 million yuan)	社会消费品零售总额(亿元) Total Retail Sales of Consumer Goods (100 million yuan)	进出口(万美元) Total Import and Export (USD 10 000)	#出口 Exports	财政收入(亿元) Finance Revenue (100 million yuan)	#一般公共预算收入 General Public Budget Revenue	一般公共预算支出 General Public Budget Expenditure (100 million yuan)	城镇居民人均可支配收入(元) Per Capita Disposable Income of Urban Households (yuan)	农村居民人均可支配收入(元) Per Capita Disposable Income of Rural Households (yuan)
1996	7.75	45.39	6432	4560	6.42	4.19	5.22		1906
1997	9.06	43.90	7063	5359	6.46	4.21	5.35		2103
1998	12.26	46.79	3115	2502	7.24	4.98	6.58		2179
1999	13.04	49.37	1173	749	7.41	5.39	7.33		2114
2000	17.29	53.67	1892	1628	8.03	5.81	8.12		1868
2001	21.09	58.58	1553	1122	9.00	6.46	10.97		1979
2002	29.47	63.46	5046	2513	10.03	6.59	12.88		2091
2003	36.35	70.70	5666	4254	12.04	8.09	15.47		2228
2004	58.61	75.61	6306	5130	14.31	9.56	18.42	6209	2399
2005	129.43	85.62	7777	5443	17.05	9.21	22.01	7642	2693
2006	149.56	96.68	9544	6144	19.08	10.97	27.33	8938	2961
2007	155.90	113.52	11474	8515	23.02	12.29	35.31	10717	3472
2008	220.07	137.57	16388	9525	29.07	15.62	47.44	12666	4049
2009	290.18	156.73	14324	11131	34.03	19.53	64.24	13915	4504
2010	385.29	179.09	17386	12090	40.02	21.44	90.80	15531	5289
2011	430.02	205.89	27180	14035	43.33	21.69	106.07	17017	6257
2012	552.24	231.96	23375	10609	50.03	26.57	126.24	19314	7253
2013	496.26	257.16	22123	12143	57.42	31.22	140.46	21361	8189
2014	611.41	281.87	30603	18703	66.11	36.45	147.14	23252	9131
2015	689.67	299.29	32258	18977	72.75	42.57	186.38	24890	10017
2016	841.69	325.40	28527	15816	78.96	47.62	212.55	26771	11572
2017	983.81	355.95	23.88	11.03	90.03	50.41	233.82	28806	12544
2018	19.8%	376.12	27.60	13.24	106.57	57.22	263.81	30506	13786
2019	10.5%	412.42	38.91	18.91	126.10	62.69	292.98	32916	15289
2020	3.7%	411.47	36.15	16.66	143.82	75.27	306.53	34002	16619
2021	4.5%	457.65	45.76	21.13	153.03	85.65	292.81	36756	18381
2022	6.3%	460.85	50.63	30.62	–	70.01	306.78	37748	19576

注：1. 城镇居民人均可支配收入2004年（含2004年）以前为城市居民人均可支配收入。2000年以后农民人均纯收入统计口径调整，2014年后口径调整为农村居民人均可支配收入。

2. 固定资产投资数据2015年起为固定资产投资（不含农户）数据，2018年起为增长速度。

3. 2017年起，外贸进出口数据以人民币计价，单位为亿元。

Note: 1. The statistical coverage of indicator "Per Capita Disposable Income of Urban Households" is the households in cities in and before 2004. After 2000, the statistical coverage of Per Capita Net Income of Farmers has been adjusted. And after 2014, it was adjusted into Per Capita Disposable Income of Rural Households.

2. Investment in Fixed Assets has excluded investment by rural households since 2015 and referred to growth rate from 2018.

3. The data of import and export value of international trade was calculated by RMB (100 million yuan) since 2017.

22—10 玉林市主要经济指标情况（1978—2022年）
Main Economic Indicators of Yulin（1978—2022）

年份 year	生产总值（按当年价格，亿元）Gross Domestic Product (current prices, 100 million yuan)	第一产业 Primary Industry	第二产业 Secondary Industry	#工业 Industry	第三产业 Tertiary Industry	生产总值指数（上年=100）Indices of Gross Domestic Product (Preceding year=100)	第一产业 Primary Industry	第二产业 Secondary Industry	#工业 Industry	第三产业 Tertiary Industry
1978	9.12	5.79	1.66	1.43	1.67	102.0	101.2	107.6	116.1	97.2
1979	9.18	5.75	1.61	1.30	1.82	99.7	93.9	95.9	90.5	127.3
1980	10.42	6.76	1.66	1.41	2.00	110.8	109.9	94.4	112.7	113.5
1981	11.64	7.45	1.89	1.59	2.30	112.8	112.1	114.5	113.3	113.5
1982	13.86	9.01	2.17	1.84	2.69	118.5	120.7	113.2	106.1	116.7
1983	14.36	9.01	2.34	1.94	3.01	100.7	95.6	108.5	100.5	109.9
1984	15.45	9.41	2.58	2.02	3.46	106.4	101.3	109.1	94.8	117.7
1985	17.63	10.11	3.42	2.92	4.10	105.2	93.9	120.5	167.7	119.4
1986	20.74	11.55	4.32	3.64	4.87	112.4	108.7	121.9	125.5	111.9
1987	26.98	14.67	5.75	4.92	6.56	120.9	111.9	128.9	133.9	130.0
1988	33.57	18.31	7.31	6.23	7.95	106.6	101.4	114.8	113.7	107.8
1989	35.97	19.62	7.78	6.51	8.58	101.2	108.8	101.9	106.0	89.9
1990	41.13	23.99	8.24	6.79	8.90	109.1	107.8	103.3	107.3	117.0
1991	50.40	27.30	11.31	9.61	11.79	112.6	106.4	128.9	129.0	118.9
1992	65.31	30.29	18.97	16.69	16.04	126.6	109.3	156.1	156.1	135.0
1993	97.97	36.08	36.67	33.29	25.22	125.2	103.8	143.2	153.1	117.5
1994	134.92	52.92	49.25	45.40	32.75	115.6	119.0	112.5	112.1	115.4
1995	156.08	63.65	50.71	46.01	41.71	111.2	110.0	113.1	113.5	110.0
1996	168.34	72.91	51.46	46.67	43.97	104.5	106.0	101.9	101.8	103.6
1997	173.51	77.16	51.58	47.14	44.77	104.3	107.0	101.3	101.2	104.7
1998	187.40	80.87	57.77	52.88	48.76	109.2	106.5	111.2	112.4	110.6
1999	191.15	80.37	57.10	52.59	53.68	106.5	107.4	102.8	103.3	111.0
2000	199.64	78.42	60.70	55.58	60.52	106.1	98.5	109.4	109.4	112.9
2001	213.91	81.59	61.17	55.55	71.14	107.4	105.1	107.8	107.9	110.1
2002	231.70	80.61	71.50		79.59	110.4	105.8	116.7	117.6	110.1
2003	258.08	78.76	82.99		96.33	106.5	97.8	111.8	111.1	110.9
2004	306.87	98.39	94.96		113.52	111.5	112.1	113.4	107.8	109.0
2005	336.15	95.25	108.58		132.31	109.7	106.6	110.3	108.7	112.5
2006	380.40	101.92	122.46		156.02	109.4	106.8	110.2	109.9	110.6
2007	465.02	122.22	151.82		190.99	111.5	104.9	114.6	114.5	113.7
2008	546.96	141.83	179.33		225.80	109.1	105.6	108.8	107.9	111.7
2009	602.87	143.46	201.43		257.98	110.8	106.0	114.7	112.2	110.6
2010	710.01	162.80	247.74		299.47	111.7	105.5	115.6	112.6	112.1
2011	867.04	203.35	311.96		351.73	110.4	105.2	113.7	113.1	110.4
2012	934.60	217.62	320.47		396.51	109.7	105.9	112.0	109.9	109.7
2013	1012.80	230.76	319.66		462.37	110.3	104.0	112.2	110.4	111.8
2014	1098.85	243.21	356.92		498.72	108.3	103.2	110.6	109.4	108.6
2015	1185.14	256.84	367.75		560.55	108.0	101.2	109.4	108.0	109.7
2016	1273.89	271.08	379.97		622.84	107.4	102.1	106.1	103.3	110.6
2017	1383.36	269.14	405.05		709.17	107.0	103.3	103.2	101.6	110.9
2018	1503.54	268.22	429.24		806.08	107.1	105.2	103.0	102.0	110.1
2019	1679.77	323.00	467.10		889.67	107.2	104.1	105.9	103.8	109.0
2020	1768.91	359.27	456.90		952.73	103.1	105.3	99.5	97.7	104.2
2021	2094.85	407.48	615.29		1072.08	110.3	110.4	111.0	110.1	110.0
2022	2167.46	430.67	625.46		1111.33	102.5	104.6	101.3	98.6	102.3

22-10 续表 continued

年 份 Year	固定资产投资(不含农户)(亿元) Investment in Fixed Assets (Excluding Rural households) (100 million yuan)	社会消费品零售总额(亿元) Total Retail Sales of Consumer Goods (100 million yuan)	进出口(万美元) Total Import and Export (USD 10 000)	#出口 Exports	财政收入(亿元) Finance Revenue (100 million yuan)	#一般公共预算收入 General Public Budget Revenue	一般公共预算支出 General Public Budget Expenditure (100 million yuan)	城镇居民人均可支配收入(元) Per Capita Disposable Income of Urban Households (yuan)	农村居民人均可支配收入(元) Per Capita Disposable Income of Rural Households (yuan)
1978	0.39	3.11			0.89		0.68		
1979	0.46	3.50			0.79		0.69		
1980	0.46	3.93			0.87		0.77		
1981	0.35	4.36			1.06		0.92		
1982	0.82	5.03			1.22		0.93		
1983	1.20	5.83			1.15		0.93		
1984	0.62	7.15			1.06		1.07		
1985	0.99	8.85			1.41		1.61		
1986	1.40	10.25			1.46		1.94		
1987	1.98	12.49			1.95		2.28		
1988	3.89	17.56			2.69		3.04		
1989	2.46	22.02	1010		2.95		3.52		
1990	2.38	23.15	2083		3.23		4.01		
1991	7.52	25.88	2471		3.70		4.35		
1992	12.92	29.18	5542		4.21		4.89		
1993	21.46	34.53	6409		7.24		6.74		
1994	34.65	47.49	17887		9.32	5.36	8.54		
1995	42.03	61.34	19100		11.16	6.82	10.72		
1996	39.77	72.84	18482		12.54	8.19	10.82		
1997	26.11	76.48	18145		13.19	9.04	11.44		
1998	29.43	80.73	23280	21149	13.95	9.59	12.44		
1999	25.79	83.39	6690	6324	15.24	10.85	14.11		
2000	28.15	75.77	17854	17163	16.65	12.09	16.11		1736
2001	30.03	82.62	9800	8400	15.44	10.53	18.86		1839
2002	33.86	90.53	13280	9945	18.32	10.87	20.84		1959
2003	48.33	99.63	26001	17510	21.43	12.06	24.07		2035
2004	92.30	113.69	30143	21422	25.42	14.13	26.76	7136	2259
2005	131.31	130.15	36916	25866	28.64	14.86	31.97	8297	2573
2006	176.11	150.26	34807	26705	33.68	17.74	40.42	10175	3041
2007	230.68	179.16	37023	29780	40.68	20.88	54.89	12202	3536
2008	290.69	222.08	44214	31665	47.75	25.57	71.59	14156	4123
2009	444.61	259.00	35401	21663	54.67	30.61	96.21	15827	4531
2010	615.56	301.90	45148	31594	68.96	36.84	129.37	17642	5302
2011	788.82	355.61	63457	34069	85.86	48.94	159.73	19590	6269
2012	1004.26	413.40	58807	35843	100.36	65.57	192.65	22171	7269
2013	974.78	470.96	41679	28992	113.81	75.48	203.73	24366	8272
2014	1147.02	530.88	48681	32224	128.17	88.81	229.10	25984	10320
2015	1332.12	582.56	45092	32872	139.57	97.16	285.76	28089	11404
2016	1467.10	639.27	40427	33567	150.28	104.81	317.55	30083	12590
2017	1689.33	703.75	33.99	25.04	160.18	105.55	351.63	32159	13597
2018	14.7%	776.05	34.86	25.70	171.25	106.13	367.96	33960	14984
2019	11.5%	735.82	40.17	25.04	178.23	111.09	418.98	36133	16348
2020	2.2%	753.48	31.32	20.50	164.04	101.77	423.19	37362	17721
2021	25.4%	841.23	38.86	26.06	140.79	79.62	375.91	40314	19635
2022	6.1%	864.79	43.44	30.62	–	76.54	365.79	41564	20872

注：1. 城镇居民人均可支配收入2004年（含2004年）以前为城市居民人均可支配收入。2000年以后农民人均纯收入统计口径调整，2014年后口径调整为农村居民人均可支配收入。
2. 固定资产投资数据2015年起为固定资产投资（不含农户）数据，2018年起为增长速度。
3. 2017年起，外贸进出口数据以人民币计价，单位为亿元。

Note: 1. The statistical coverage of indicator "Per Capita Disposable Income of Urban Households" is the households in cities in and before 2004. After 2000, the statistical coverage of Per Capita Net Income of Farmers has been adjusted. And after 2014, it was adjusted into Per Capita Disposable Income of Rural Households.
2. Investment in Fixed Assets has excluded investment by rural households since 2015 and referred to growth rate from 2018.
3. The data of import and export value of international trade was calculated by RMB (100 million yuan) since 2017.

22—11 百色市主要经济指标情况（1978—2022年）
Main Economic Indicators of Baise（1978—2022）

年 份 year	生产总值（按当年价格，亿元）Gross Domestic Product (current prices, 100 million yuan)	第一产业 Primary Industry	第二产业 Secondary Industry	#工业 Industry	第三产业 Tertiary Industry	生产总值指数（上年=100）Indices of Gross Domestic Product (Preceding year=100)	第一产业 Primary Industry	第二产业 Secondary Industry	#工业 Industry	第三产业 Tertiary Industry
1978	6.15	3.92	1.09	0.93	1.14	112.9	111.7	115.2	106.7	114.2
1979	6.53	4.06	1.15	0.98	1.32	107.1	104.9	108.7	109.3	112.0
1980	6.74	4.10	1.23	0.99	1.41	96.4	94.8	99.0	97.3	98.6
1981	7.46	4.67	1.25	1.04	1.54	110.8	117.2	93.5	96.2	109.0
1982	8.38	5.34	1.30	1.07	1.74	106.6	106.4	102.3	100.8	110.5
1983	9.09	5.64	1.46	1.20	1.99	107.9	104.6	112.5	113.0	113.7
1984	9.40	5.47	1.56	1.30	2.37	98.7	90.9	106.7	110.2	113.3
1985	10.56	5.99	1.80	1.50	2.77	102.5	99.9	108.3	107.5	103.9
1986	12.85	7.41	2.16	1.89	3.28	110.3	110.4	108.8	114.2	111.0
1987	15.21	8.26	2.96	2.57	3.99	110.3	104.8	124.1	122.4	111.7
1988	17.87	9.52	3.42	2.87	4.93	103.7	101.7	104.2	101.5	107.0
1989	19.92	10.60	3.83	3.34	5.49	101.3	103.0	104.4	106.4	96.0
1990	23.14	11.84	4.35	3.73	6.95	103.3	101.0	103.3	102.1	107.5
1991	26.91	13.41	5.54	4.59	7.96	108.7	105.3	119.4	113.4	107.8
1992	31.04	14.12	7.04	5.39	9.88	111.3	105.2	120.9	115.0	114.8
1993	41.56	18.31	10.69	7.42	12.56	112.7	108.0	124.3	116.7	111.4
1994	58.68	26.50	13.54	10.33	18.64	115.3	112.4	112.7	122.0	121.9
1995	77.13	32.62	20.53	15.66	23.98	116.3	112.6	127.7	122.7	112.7
1996	89.18	37.10	23.20	20.43	28.88	114.4	114.5	112.6	130.7	115.7
1997	97.14	40.49	24.50	21.11	32.15	113.1	112.0	115.3	114.3	112.7
1998	106.08	44.56	27.04	23.09	34.48	110.9	112.2	112.0	111.6	108.3
1999	112.02	47.28	28.66	24.17	36.08	109.1	109.4	110.5	109.4	107.3
2000	119.50	47.85	32.43	26.81	39.22	107.2	103.1	107.8	105.6	110.7
2001	128.37	49.45	35.25	28.42	43.67	107.1	101.0	111.4	110.3	111.1
2002	165.14	68.31	47.43	37.25	49.40	113.1	104.7	130.4	129.4	108.1
2003	188.40	76.46	59.77	55.56	52.17	112.8	103.4	131.2	132.7	115.0
2004	244.90	93.16	83.43	78.60	68.31	114.5	106.0	124.1	124.9	118.9
2005	273.51	99.33	99.51	87.19	74.67	113.5	106.1	116.1	115.2	120.4
2006	351.19	100.58	146.94	129.18	103.66	113.8	103.8	121.7	120.7	116.8
2007	394.58	105.03	171.95	151.84	117.60	114.6	104.0	124.5	126.2	113.4
2008	436.11	115.67	198.34	177.78	122.10	112.3	103.2	118.9	121.2	112.0
2009	479.67	120.60	216.85	191.25	142.23	113.6	104.1	117.0	116.2	117.3
2010	500.62	122.00	235.86	206.13	142.75	112.2	104.9	119.4	119.4	106.9
2011	600.63	136.93	294.75	260.26	168.95	108.6	104.6	110.1	111.1	109.3
2012	644.37	147.09	311.71	275.05	185.57	108.7	107.4	108.3	107.5	110.4
2013	680.45	154.87	319.79	275.70	205.78	108.5	105.3	106.9	106.1	113.7
2014	734.75	161.38	338.36	286.26	235.02	108.1	104.2	104.2	102.1	116.8
2015	814.57	169.82	324.35	267.30	320.40	107.9	104.7	106.6	105.8	111.8
2016	947.51	187.49	384.33	314.53	375.69	108.5	103.9	109.2	108.8	110.3
2017	1032.50	195.90	425.79	349.82	410.81	108.5	104.5	108.8	108.9	110.1
2018	1124.38	208.38	460.94	382.52	455.05	107.1	105.3	109.2	110.9	105.7
2019	1257.78	245.18	508.46	417.39	504.14	109.0	107.1	110.6	110.1	108.3
2020	1338.26	265.63	529.33	432.42	543.30	106.3	107.4	106.6	106.5	105.5
2021	1568.71	294.65	670.97	552.51	603.08	109.8	108.9	111.2	111.1	109.0
2022	1729.10	309.45	788.55	662.64	631.10	104.2	105.2	105.3	104.9	102.6

22－11 续表 continued

年 份 Year	固定资产投资(不含农户)(亿元) Investment in Fixed Assets (Excluding Rural households) (100 million yuan)	社会消费品零售总额(亿元) Total Retail Sales of Consumer Goods (100 million yuan)	进出口(万美元) Total Import and Export (USD 10 000)	#出口 Exports	财政收入(亿元) Finance Revenue (100 million yuan)	#一般公共预算收入 General Public Budget Revenue	一般公共预算支出 General Public Budget Expenditure (100 million yuan)	城镇居民人均可支配收入(元) Per Capita Disposable Income of Urban Households (yuan)	农村居民人均可支配收入(元) Per Capita Disposable Income of Rural Households (yuan)
1978	0.58	2.05			0.54	0.54	0.83		57
1980	0.95	2.75			0.47	0.47	1.06		64
1985	1.47	4.56			0.77	0.77	1.87		139
1986	1.33	5.56			0.87	0.87	2.29		166
1987	1.53	6.56			1.14	1.14	2.74		191
1988	2.76	8.46			1.42	1.42	3.07		218
1989	2.09	8.64			1.67	1.67	3.53		259
1990	2.74	8.91			1.95	1.95	3.84	1546	283
1991	4.67	10.36			2.23	2.23	4.03	1620	330
1992	8.77	14.57			2.36	2.36	4.85	2002	382
1993	18.47	14.14	62	62	3.74	3.74	5.42	2703	483
1994	20.63	18.76	986	986	4.53	2.71	6.34	4017	643
1995	27.92	23.55	1736	1552	5.78	3.70	8.55	5035	909
1996	13.31	24.67	1985	1805	7.13	4.56	8.07	5180	1261
1997	13.75	27.40	4259	3014	8.57	5.42	9.53	5049	1642
1998	18.80	29.83	4392	3335	10.04	6.90	12.01	5495	1848
1999	21.38	31.82	2770	1460	11.24	7.62	13.50	5607	1985
2000	29.46	34.02	2433	1393	12.78	8.18	14.68	5747	1183
2001	37.32	36.82	3210	2205	14.67	9.38	20.64	6806	1258
2002	58.08	39.99	11439	5484	16.69	9.54	23.55	7215	1331
2003	76.31	43.72	13358	7090	20.10	11.64	27.00	7378	1403
2004	102.74	43.65	17110	4775	24.80	14.15	32.82	6687	1550
2005	175.56	48.77	18560	6943	32.37	15.23	39.74	8077	1783
2006	249.92	57.48	32489	12104	40.08	20.19	52.73	9887	2110
2007	293.66	69.36	43980	17046	50.08	26.79	75.19	12197	2463
2008	325.45	87.04	48921	33994	55.10	29.46	98.48	13169	2820
2009	530.15	102.52	37238	26212	56.85	28.55	111.46	14573	3064
2010	639.71	122.70	39415	20264	72.32	33.86	137.67	16029	4324
2011	761.98	146.57	42887	25521	84.07	39.69	162.89	17441	5063
2012	1000.07	172.39	50866	29286	98.11	56.58	214.85	19625	5964
2013	845.44	198.83	59786	38667	107.69	65.70	232.64	21529	6758
2014	926.34	226.92	72850	53059	108.70	70.91	264.92	23359	7677
2015	1051.22	253.23	164091	113945	114.51	72.98	310.20	25041	8452
2016	1061.40	286.10	200104	142771	123.22	79.48	341.16	26919	9348
2017	1226.41	326.59	188.44	150.66	135.05	82.50	379.71	29126	10171
2018	-16.4%	358.79	217.97	176.81	145.87	84.72	393.72	30611	11086
2019	10.0%	386.72	261.81	231.35	152.54	94.01	478.74	32784	12195
2020	8.9%	380.15	333.14	301.83	145.85	94.5	504.76	33964	13305
2021	26.4%	421.24	426.33	383.03	166.93	102.98	430.55	36375	14755
2022	6.7%	419.27	385.79	358.69	–	101.45	461.44	37721	15817

注：1. 城镇居民人均可支配收入2004年（含2004年）以前为城市居民人均可支配收入。2000年以后农民人均纯收入统计口径调整，2014年后口径调整为农村居民人均可支配收入。

2. 固定资产投资数据2015年起为固定资产投资（不含农户）数据，2018年起为增长速度。

3. 2017年起，外贸进出口数据以人民币计价，单位为亿元。

Note: 1. The statistical coverage of indicator "Per Capita Disposable Income of Urban Households" is the households in cities in and before 2004. After 2000, the statistical coverage of Per Capita Net Income of Farmers has been adjusted. And after 2014, it was adjusted into Per Capita Disposable Income of Rural Households.

2. Investment in Fixed Assets has excluded investment by rural households since 2015 and referred to growth rate from 2018.

3. The data of import and export value of international trade was calculated by RMB (100 million yuan) since 2017.

22—12 贺州市主要经济指标情况（2002—2022年）
Main Economic Indicators of Hezhou（2002—2022）

年 份 year	生产总值（按当年价格，亿元）Gross Domestic Product (current prices, 100 million yuan)	第一产业 Primary Industry	第二产业 Secondary Industry	#工业 Industry	第三产业 Tertiary Industry	生产总值指数（上年=100）Indices of Gross Domestic Product (Preceding year=100)	第一产业 Primary Industry	第二产业 Secondary Industry	#工业 Industry	第三产业 Tertiary Industry
2002	110.26	38.37	37.69	31.74	34.20	107.6	102.0	109.0	108.9	113.7
2003	116.36	39.75	38.47	32.18	38.13	111.4	104.9	116.9	112.9	112.2
2004	129.11	39.46	46.82	35.59	42.83	111.7	106.3	120.0	113.3	108.9
2005	131.39	38.12	46.78	36.06	46.50	111.6	105.2	121.3	118.5	107.4
2006	158.97	46.98	57.12	42.98	54.87	111.1	105.1	115.2	115.3	112.0
2007	202.56	47.58	94.64	78.66	60.34	113.4	105.0	118.9	120.6	114.1
2008	222.54	55.28	97.11	78.52	70.15	104.6	103.9	105.1	104.7	104.5
2009	240.54	56.48	100.38	76.14	83.67	111.1	104.3	112.8	106.1	113.9
2010	282.07	62.18	118.44	90.12	101.44	111.3	103.8	117.6	116.5	109.4
2011	347.14	79.81	150.62	115.30	116.71	111.0	105.2	115.3	117.0	109.5
2012	379.57	86.77	161.15	120.20	131.66	108.7	106.2	109.1	106.8	109.6
2013	406.10	94.62	160.51	114.83	150.97	108.7	104.4	110.0	109.6	109.6
2014	425.86	100.87	159.20	110.75	165.80	106.3	104.2	105.0	104.9	109.1
2015	452.01	107.09	153.84	102.36	191.08	107.4	104.6	105.2	103.6	111.4
2016	502.54	113.85	174.65	117.52	214.03	108.1	104.1	109.9	110.2	108.8
2017	549.86	122.23	174.28	109.84	253.35	105.3	104.3	100.1	96.9	110.0
2018	609.83	123.95	203.62	137.38	282.26	108.9	105.2	109.4	115.4	110.3
2019	700.11	134.28	244.88	157.65	320.95	111.8	104.4	119.7	115.6	109.5
2020	749.82	147.60	249.24	162.85	352.99	106.8	106.0	107.0	110.7	107.1
2021	924.95	165.95	356.75	259.93	402.25	114.4	110.6	121.0	129.9	111.3
2022	972.16	177.04	387.47	282.82	407.66	103.4	105.9	106.2	105.7	100.3

22－12 续表 continued

年 份 Year	固定资产投资(不含农户)(亿元) Investment in Fixed Assets (Excluding Rural households) (100 million yuan)	社会消费品零售总额(亿元) Total Retail Sales of Consumer Goods (100 million yuan)	进出口(万美元) Total Import and Export (USD 10 000)	#出口 Exports	财政收入(亿元) Finance Revenue (100 million yuan)	#一般公共预算收入 General Public Budget Revenue	一般公共预算支出 General Public Budget Expenditure (100 million yuan)	城镇居民人均可支配收入(元) Per Capita Disposable Income of Urban Households (yuan)	农村居民人均可支配收入(元) Per Capita Disposable Income of Rural Households (yuan)
2002	12.51	32.62	9901	7731	6.26	3.67	10.25		1793
2003	22.49	22.79	11671	9011	7.06	4.63	12.76		1894
2004	45.98	28.96	11251	9401	8.78	5.98	13.89	6415	2090
2005	82.96	32.68	11220	9290	11.22	6.95	17.23	7516	2351
2006	106.10	37.03	10281	8760	13.56	8.50	21.84	8619	2682
2007	133.66	43.86	9853	8614	15.81	9.72	28.43	10790	3093
2008	159.19	53.7	10558	9502	16.01	8.52	35.47	12772	3458
2009	254.68	60.24	14085	12749	18.15	10.39	47.98	14151	3776
2010	363.3	71.27	10953	9140	22.08	12.13	61.23	15817	4705
2011	464.71	82.63	15499	11580	26.65	14.02	78.91	17623	5434
2012	591.58	93.63	15589	9061	32.04	19.21	97.69	19874	6375
2013	483.19	103.37	19951	7220	35.76	21.95	107.26	21703	7179
2014	530.28	114.79	17306	7351	40.60	24.41	118.32	23613	8033
2015	530.28	124.91	10325	7291	47.14	28.97	154.75	25219	8820
2016	625.93	135.13	7846	5841	50.9	32.42	161.15	26883	9552
2017	722.02	148.79	4.84	3.91	53.11	30.89	181.60	28899	10498
2018	0.8%	161.63	9.90	3.83	58.16	32.50	192.75	30864	11548
2019	8.2%	173.03	14.38	10.48	68.31	36.16	220.12	33179	12737
2020	8.1%	181.50	17.35	11.93	74.04	40.9	230.35	34075	13832
2021	13.4%	199.53	21.26	16.48	85.57	48.4	219.09	36665	15312
2022	10.3%	201.21	26.01	23.41	–	48.8	219.26	38058	16445

注：1. 城镇居民人均可支配收入2004年（含2004年）以前为城市居民人均可支配收入。2000年以后农民人均纯收入统计口径调整，2014年后口径调整为农村居民人均可支配收入。
2. 固定资产投资数据2015年起为固定资产投资（不含农户）数据，2018年起为增长速度。
3. 2017年起，外贸进出口数据以人民币计价，单位为亿元。

Note: 1. The statistical coverage of indicator "Per Capita Disposable Income of Urban Households" is the households in cities in and before 2004. After 2000, the statistical coverage of Per Capita Net Income of Farmers has been adjusted. And after 2014, it was adjusted into Per Capita Disposable Income of Rural Households.
2. Investment in Fixed Assets has excluded investment by rural households since 2015 and referred to growth rate from 2018.
3. The data of import and export value of international trade was calculated by RMB (100 million yuan) since 2017.

22—13 河池市主要经济指标情况（1978—2022年）
Main Economic Indicators of Hechi（1978—2022）

年份 year	生产总值（按当年价格，亿元）Gross Domestic Product (current prices, 100 million yuan)	第一产业 Primary Industry	第二产业 Secondary Industry	#工业 Industry	第三产业 Tertiary Industry	生产总值指数（上年=100）Indices of Gross Domestic Product (Preceding year=100)	第一产业 Primary Industry	第二产业 Secondary Industry	#工业 Industry	第三产业 Tertiary Industry
1978	5.67	2.53	1.69	1.40	1.46	108.9	95.8	126.8	120.6	133.7
1979	6.57	3.14	2.02	1.71	1.42	103.1	102.1	112.0	108.3	95.4
1980	7.82	3.89	2.19	1.85	1.73	107.7	103.4	110.0	106.2	116.3
1981	7.58	3.84	1.90	1.67	1.84	95.9	98.2	85.2	93.8	104.1
1982	8.44	4.52	1.89	1.68	2.31	109.6	117.4	94.5	95.6	107.6
1983	8.56	4.17	2.23	1.94	2.16	100.9	94.9	113.5	112.0	104.3
1984	9.84	4.71	2.68	2.23	2.46	109.3	105.7	115.8	112.4	111.1
1985	12.72	5.49	4.33	3.72	2.90	121.7	107.5	159.8	152.8	112.8
1986	14.25	6.02	4.74	3.83	3.49	100.8	98.4	93.5	92.9	116.3
1987	17.34	7.11	5.84	4.69	4.39	115.9	109.5	121.6	102.5	120.2
1988	20.78	8.90	6.74	5.70	5.15	100.4	96.8	102.4	107.1	103.8
1989	24.43	10.08	8.24	6.86	6.11	115.9	125.7	114.0	115.8	103.7
1990	27.91	11.43	8.65	7.43	7.83	108.0	112.0	105.6	106.2	123.4
1991	31.56	12.59	9.18	7.98	9.79	109.8	108.1	103.7	104.9	119.0
1992	37.17	14.41	10.86	9.37	11.90	111.3	105.9	115.8	117.1	114.2
1993	51.33	17.86	18.12	16.04	15.35	121.0	108.6	145.7	151.1	112.1
1994	73.14	24.75	27.16	23.89	21.23	121.1	111.1	133.4	132.8	117.3
1995	98.89	30.24	37.70	32.89	30.95	118.5	110.6	122.4	120.1	121.9
1996	108.77	35.20	36.32	31.34	37.24	105.0	104.4	99.2	98.3	114.0
1997	122.84	39.04	40.90	34.00	42.91	110.3	110.8	109.3	106.8	111.1
1998	130.03	42.52	43.62	35.01	43.89	110.9	108.5	112.6	110.9	111.1
1999	137.75	43.70	46.08	37.37	47.97	109.3	106.7	110.8	111.8	109.8
2000	141.39	41.81	56.31	48.95	43.27	108.0	102.9	111.0	111.5	108.6
2001	145.31	43.05	54.58	45.53	47.68	103.8	104.3	98.1	93.1	109.2
2002	144.61	44.63	38.16	25.47	61.81	95.2	102.0	74.6	65.6	108.8
2003	156.08	47.63	50.38	34.97	58.07	106.2	104.1	106.7	101.4	107.6
2004	175.25	54.41	61.04	40.21	59.81	111.5	110.2	116.6	114.8	109.3
2005	207.75	58.39	76.14	60.44	73.22	110.9	107.9	122.0	122.9	105.9
2006	245.35	64.71	97.60	77.36	83.05	111.9	107.2	118.5	118.6	108.8
2007	321.59	73.73	144.21	122.72	103.66	115.2	105.5	120.5	124.3	116.8
2008	369.16	80.09	166.73	146.25	122.34	108.4	103.3	116.0	122.1	103.2
2009	378.43	81.99	160.34	135.57	136.10	106.3	104.2	104.1	99.4	110.8
2010	468.83	97.09	214.94	185.94	156.79	111.1	105.8	114.3	111.8	110.8
2011	514.08	119.42	214.56	183.65	180.09	104.8	104.1	102.9	103.9	107.9
2012	489.57	125.90	169.24	137.06	194.44	98.8	104.9	90.9	88.5	105.5
2013	519.35	131.08	176.00	140.53	212.26	106.4	103.9	105.6	104.3	108.8
2014	587.21	136.64	190.60	151.27	259.96	108.1	103.7	111.7	112.2	106.6
2015	622.42	143.88	181.87	146.40	296.68	103.9	102.2	102.1	102.1	107.0
2016	657.26	150.24	185.84	148.95	321.18	104.8	103.2	100.6	100.7	108.0
2017	741.46	158.11	213.45	170.52	369.90	107.7	103.9	106.8	105.8	109.9
2018	805.01	158.56	232.45	186.03	414.01	106.4	105.3	108.7	109.7	105.6
2019	878.10	188.99	247.32	194.79	441.78	106.0	107.8	106.6	105.6	104.9
2020	945.91	205.87	268.37	212.48	471.66	105.2	105.5	108.1	108.3	103.3
2021	1060.14	230.38	309.57	241.15	520.19	108.1	110.3	106.5	104.6	108.0
2022	1135.54	260.08	337.71	265.00	537.75	103.9	105.7	105.5	105.4	102.2

22—13 续表 continued

年份 Year	固定资产投资(不含农户)(亿元) Investment in Fixed Assets (Excluding Rural households) (100 million yuan)	社会消费品零售总额(亿元) Total Retail Sales of Consumer Goods (100 million yuan)	进出口(万美元) Total Import and Export (USD 10 000)	#出口 Exports	财政收入(亿元) Finance Revenue (100 million yuan)	#一般公共预算收入 General Public Budget Revenue	一般公共预算支出 General Public Budget Expenditure (100 million yuan)	城镇居民人均可支配收入(元) Per Capita Disposable Income of Urban Households (yuan)	农村居民人均可支配收入(元) Per Capita Disposable Income of Rural Households (yuan)
1978	1.43	2.26			0.47	0.47	0.78		54
1979	1.16	2.54			0.42	0.42	0.78		55
1980	1.14	2.73			0.43	0.43	0.84		55
1981	0.90	2.86			0.44	0.44	0.83		61
1982	1.04	3.03			0.45	0.45	0.92		75
1983	1.36	3.59			0.51	0.51	1.13		96
1984	1.86	4.09			0.58	0.58	1.46		133
1985	2.60	5.36			0.76	0.76	1.76		145
1986	3.54	5.80			0.81	0.81	2.33		174
1987	4.30	6.95			1.11	1.11	2.52		214
1988	4.71	10.32			1.39	1.39	3.03		254
1989	5.64	9.98			1.78	1.78	3.40		302
1990	5.61	9.93			1.96	1.96	3.86		332
1991	6.42	10.91			2.20	2.20	4.20		368
1992	9.16	13.14			2.54	2.54	4.71		413
1993	14.14	15.57		50	4.43	2.59	6.26		519
1994	20.81	20.83		846	5.70	3.21	7.17		656
1995	26.02	29.02	2625	2408	7.85	4.55	8.76		900
1996	24.29	34.41	2586	2056	9.12	5.46	9.43	3890	1170
1997	30.32	38.88	4027	3441	10.58	6.59	11.08	3976	1591
1998	36.76	42.70	4869	4861	11.84	7.70	13.34	4662	1748
1999	36.16	46.66	1730	1666	13.20	8.87	15.17	4726	1885
2000	40.55	50.95	1834	1812	14.50	9.56	16.42	4800	1386
2001	50.15	55.62	1350	1336	18.68	12.38	23.36	5292	1384
2002	53.45	59.03	1348	1143	16.63	9.43	23.98	5033	1419
2003	60.81	46.24	4115	2665	16.65	9.85	25.30	5238	1497
2004	92.05	51.35	10369	5837	20.03	12.15	28.40	6156	1727
2005	137.00	57.77	14567	8667	23.04	11.60	33.72	7170	1912
2006	188.28	65.51	28276	18241	27.40	13.18	43.24	8619	2186
2007	218.74	76.79	26083	15546	34.32	14.45	58.64	10752	2592
2008	211.17	92.61	31406	12506	40.23	17.91	80.68	12042	2944
2009	277.80	105.55	48624	16474	40.32	21.04	93.40	13369	3183
2010	361.95	120.47	64621	12634	47.34	22.95	120.97	14889	3599
2011	437.24	139.99	78614	10839	50.72	23.36	142.45	16448	4118
2012	277.84	157.67	52444	8112	44.56	22.17	175.95	17964	4620
2013	349.14	175.19	48148	3758	50.23	26.97	198.04	19653	5198
2014	399.65	195.12	47929	2291	54.67	29.93	226.19	20880	6432
2015	395.69	210.26	39168	3185	56.14	31.45	259.12	22237	6927
2016	404.02	228.93	27558	3691	62.24	33.36	289.76	23660	7509
2017	453.20	255.36	19.55	2.23	69.45	36.22	328.92	25647	8260
2018	15.4%	277.60	27.98	4.92	77.54	39.93	352.24	27468	9177
2019	12.1%	296.57	30.31	7.67	83.91	45.98	390.28	29665	10141
2020	13.8%	277.64	45.00	9.93	87.52	50.78	451.98	30881	11074
2021	31.0%	309.39	58.49	19.02	97.42	56.41	372.92	33351	12325
2022	16.0%	310.30	58.76	19.69	–	58.01	412.75	34518	13225

注：1. 城镇居民人均可支配收入2004年（含2004年）以前为城市居民人均可支配收入。2000年以后农民人均纯收入统计口径调整，2014年后口径调整为农村居民人均可支配收入。

2. 固定资产投资数据2015年起为固定资产投资（不含农户）数据，2018年起为增长速度。

3. 2017年起，外贸进出口数据以人民币计价，单位为亿元。

Note: 1. The statistical coverage of indicator "Per Capita Disposable Income of Urban Households" is the households in cities in and before 2004. After 2000, the statistical coverage of Per Capita Net Income of Farmers has been adjusted. And after 2014, it was adjusted into Per Capita Disposable Income of Rural Households.

2. Investment in Fixed Assets has excluded investment by rural households since 2015 and referred to growth rate from 2018.

3. The data of import and export value of international trade was calculated by RMB (100 million yuan) since 2017.

22—14 来宾市主要经济指标情况（1978—2022年）
Main Economic Indicators of Laibin（1978—2022）

年 份 year	生产总值（按当年价格，亿元）Gross Domestic Product (current prices, 100 million yuan)	第一产业 Primary Industry	第二产业 Secondary Industry	#工业 Industry	第三产业 Tertiary Industry	生产总值指数（上年=100）Indices of Gross Domestic Product (Preceding year=100)	第一产业 Primary Industry	第二产业 Secondary Industry	#工业 Industry	第三产业 Tertiary Industry
1978	3.60	2.32	0.71	0.59	0.57	101.9				
1979	3.68					102.4				
1980	3.86	2.48	0.76	0.67	0.62	102.2	101.2	115.6	95.7	111.6
1981	4.28									
1982	5.02									
1983	5.71									
1984	6.36									
1985	6.97	4.04	1.46	1.18	1.48	101.9	88.7	113.8	102.9	132.5
1986	7.65									
1987	9.43									
1988	11.69									
1989	14.35									
1990	16.78	8.98	4.54	4.07	3.26	106.3	97.4	103.5	102.9	130.4
1991	20.40	10.33	5.48	4.90	4.59	115.1	111.5	108.8	108.2	133.3
1992	23.57	12.17	6.04	5.37	5.36	110.4	109.8	109.6	109.2	112.7
1993	32.77	15.38	10.03	9.06	7.36	114.6				
1994	45.47	21.33	14.11	12.64	10.03	103.3	97.8	108.8	107.1	108.5
1995	59.31	28.80	17.98	16.19	12.53	116.3	118.8	114.1	113.1	114.0
1996	72.23	34.77	21.56	19.75	15.90	115.4	110.1	116.8	118.4	125.0
1997	79.73	37.81	23.94	21.50	17.98	112.9	114.9	110.5	107.6	112.2
1998	86.89	36.86	30.37	22.38	19.67	114.9	100.9	140.6	109.7	109.0
1999	87.49	39.44	27.55	21.51	20.50	106.4	111.3	100.9	110.7	106.9
2000	98.95	42.34	33.87	30.46	22.73	104.7	102.3	101.8	115.9	114.2
2001	109.21	45.55	37.39	34.42	26.27	110.9	109.3	108.1	110.6	113.2
2002	114.71	46.13	39.05	35.01	29.53	109.7	108.4	111.0	108.6	110.1
2003	126.30	48.71	43.89	39.36	33.71	109.3	106.8	111.4	111.5	110.7
2004	153.02	58.91	55.48	50.07	38.64	110.4	108.6	112.3	112.0	110.8
2005	159.27	52.54	59.91	53.30	46.81	110.5	107.9	112.1	111.9	112.5
2006	188.83	65.88	67.09	59.91	55.86	110.6	108.6	109.3	109.2	114.6
2007	223.21	70.10	84.48	75.95	68.63	111.5	106.4	114.3	114.9	113.5
2008	254.36	76.22	96.18	84.41	81.97	109.0	105.0	107.9	105.6	114.3
2009	275.32	80.36	103.27	86.42	91.69	109.5	104.6	110.1	104.7	113.3
2010	348.95	97.83	139.87	120.02	111.25	113.2	105.2	117.6	114.7	115.1
2011	435.07	120.37	183.61	154.55	131.09	111.6	105.1	116.5	114.0	111.1
2012	451.25	127.01	174.55	138.48	149.69	109.4	107.7	109.3	107.0	111.0
2013	451.43	131.36	151.00	113.20	169.07	103.0	102.7	97.0	95.4	110.9
2014	470.20	133.17	152.77	114.02	184.26	106.0	102.1	104.8	105.2	110.4
2015	478.59	128.04	146.43	104.79	204.11	103.0	102.0	99.3	96.9	107.8
2016	511.53	136.17	152.10	110.20	223.26	103.5	102.1	100.0	100.0	106.9
2017	564.94	142.20	164.65	119.04	258.10	107.1	104.1	103.1	103.5	111.4
2018	615.35	151.91	173.63	122.98	289.81	107.2	105.8	104.4	104.0	109.6
2019	654.15	164.50	181.07	121.74	308.58	104.3	104.5	104.7	100.8	104.0
2020	722.64	180.81	201.72	137.73	340.11	106.4	105.9	107.3	106.6	106.1
2021	885.63	205.78	277.93	212.25	401.93	111.3	106.5	108.9	115.2	115.4
2022	901.23	196.56	282.08	212.90	422.59	103.6	105.2	103.1	102.5	103.2

22—14 续表 continued

年 份 Year	固定资产投资(不含农户)(亿元) Investment in Fixed Assets (Excluding Rural households) (100 million yuan)	社会消费品零售总额(亿元) Total Retail Sales of Consumer Goods (100 million yuan)	进出口(万美元) Total Import and Export (USD 10 000)	#出口 Exports	财政收入(亿元) Finance Revenue (100 million yuan)	#一般公共预算收入 General Public Budget Revenue	一般公共预算支出 General Public Budget Expenditure (100 million yuan)	城镇居民人均可支配收入(元) Per Capita Disposable Income of Urban Households (yuan)	农村居民人均可支配收入(元) Per Capita Disposable Income of Rural Households (yuan)
1978	0.73	1.47	436	436	0.52	0.20	0.39		
1979	0.68	1.59		840	0.41	0.25	0.36		
1980	0.83	1.84	979	979	0.44	0.25	0.34		
1981	0.43	2.20		935	0.46	0.24	0.36		
1982	0.47	2.28		859	0.51	0.33	0.41		
1983	0.63	2.95		607	0.65	0.38	0.46		
1984	0.83	3.08		414	0.74	0.38	0.81		
1985	1.06	3.70	204	204	0.91	0.52	0.76		259
1986	1.81	3.99		224	1.40	0.61	1.00		
1987	2.51	4.54		455	1.88	0.86	1.38		
1988	3.75	6.12		518	2.22	1.08	1.66		
1989	2.89	7.14		542	2.67	1.50	2.03		
1990	1.58	7.07	265	265	2.19	1.65	2.43		591
1991	1.27	8.04		409	2.45	1.69	2.46		604
1992	2.03	8.85		2813	3.49	2.09	3.49		660
1993	4.05	7.99		69	3.77	2.75	3.77		794
1994	7.01	9.88		245	3.97	1.80	3.94		945
1995	10.04	11.54	2268	2268	3.89	2.41	4.12		1219
1996	11.32	12.94	5166	3630	4.90	3.01	5.24		1512
1997	13.66	13.95	5718	3952	6.04	3.45	5.17		1845
1998	30.86	14.33	2586	1014	6.99	4.39	6.20		1998
1999	27.35	16.54	10829	3537	7.63	4.91	6.85		2142
2000	18.01	18.09	6009	4554	8.39	5.49	8.20		1458
2001	16.52	20.06	7088	4763	9.16	5.53	9.42		1639
2002	24.11	22.61	7956	4969	10.23	5.35	14.15		1769
2003	34.92	25.43	9034	5646	11.31	5.86	14.25		1927
2004	45.62	27.12	17814	10013	13.74	6.26	16.11	6428	2113
2005	56.89	30.49	14329	7356	17.51	6.64	20.89	8166	2385
2006	74.65	35.02	15009	8810	21.06	8.63	25.49	10051	2829
2007	93.90	40.98	23985	13243	26.07	10.39	33.83	12089	3245
2008	125.77	49.91	52149	20200	30.29	14.64	46.09	14037	3767
2009	205.01	56.76	26929	16725	34.14	20.48	61.18	15609	4094
2010	306.90	66.23	17127	10213	43.05	24.94	89.93	17327	5001
2011	419.58	76.79	13091	3563	47.66	25.10	100.17	19226	5777
2012	561.80	86.60	14321	6565	52.55	32.20	119.82	21491	6688
2013	453.22	93.21	11965	4634	56.13	36.37	123.64	23554	7605
2014	482.83	101.10	10688	4699	58.11	37.95	129.29	25391	8319
2015	449.07	106.92	6722	4003	50.02	30.29	139.33	27067	8993
2016	370.91	114.41	8925	6145	49.93	30.32	159.52	28962	9820
2017	432.16	126.96	7.73	4.25	48.25	27.64	178.18	31047	10674
2018	18.2%	136.10	8.40	7.65	50.48	27.79	183.76	32910	11752
2019	9.9%	145.65	9.13	7.52	57.74	34.35	189.40	34950	12810
2020	16.5%	129.77	11.06	9.40	65.18	39.41	221.88	36173	13950
2021	20.4%	144.07	13.23	12.01	78.46	46.76	234.15	38705	15317
2022	10.5%	146.00	16.54	14.37	–	50.56	229.36	40021	16405

注：1. 城镇居民人均可支配收入2004年（含2004年）以前为城市居民人均可支配收入。2000年以后农民人均纯收入统计口径调整，2014年后口径调整为农村居民人均可支配收入。

2. 固定资产投资数据2015年起为固定资产投资（不含农户）数据，2018年起为增长速度。

3. 2017年起，外贸进出口数据以人民币计价，单位为亿元。

Note: 1. The statistical coverage of indicator "Per Capita Disposable Income of Urban Households" is the households in cities in and before 2004. After 2000, the statistical coverage of Per Capita Net Income of Farmers has been adjusted. And after 2014, it was adjusted into Per Capita Disposable Income of Rural Households.

2. Investment in Fixed Assets has excluded investment by rural households since 2015 and referred to growth rate from 2018.

3. The data of import and export value of international trade was calculated by RMB (100 million yuan) since 2017.

22－15　崇左市主要经济指标情况（2003—2022年）
Main Economic Indicators of Chongzuo（2003—2022）

年　份 year	生产总值（按当年价格，亿元）Gross Domestic Product（current prices, 100 million yuan）	第一产业 Primary Industry	第二产业 Secondary Industry	#工业 Industry	第三产业 Tertiary Industry	生产总值指数（上年=100）Indices of Gross Domestic Product（Preceding year=100）	第一产业 Primary Industry	第二产业 Secondary Industry	#工业 Industry	第三产业 Tertiary Industry
2003	103.97	40.78	24.59	19.00	38.60	106.7	103.3	108.0	105.9	110.1
2004	120.44	46.79	28.68	23.10	44.97	108.3	107.1	108.3	105.7	109.6
2005	139.89	50.80	39.13	32.23	49.95	108.0	106.6	114.8	112.1	105.1
2006	166.74	61.65	48.29	40.53	56.80	110.4	107.6	113.4	113.8	110.8
2007	192.35	66.95	53.97	44.89	71.43	109.9	104.7	111.7	111.3	113.5
2008	219.96	73.40	66.11	54.33	80.45	106.7	105.3	110.7	109.3	104.8
2009	237.73	77.84	64.67	50.73	95.22	107.5	104.4	104.8	100.8	112.7
2010	298.88	102.14	86.10	68.87	110.64	109.0	106.3	107.4	104.2	112.5
2011	366.76	128.01	109.16	87.41	129.60	108.6	105.4	111.3	110.1	109.4
2012	386.52	125.80	111.25	85.83	149.46	108.7	104.9	109.0	107.1	111.9
2013	430.66	128.09	115.42	86.39	187.15	108.8	101.7	107.9	106.1	115.5
2014	460.11	127.78	128.61	94.64	203.72	107.7	102.8	108.5	106.7	110.7
2015	492.26	133.92	129.16	92.57	229.18	106.2	102.7	103.6	101.8	110.4
2016	544.64	144.67	141.75	101.85	258.22	107.7	103.4	106.7	104.7	110.8
2017	631.61	155.85	163.62	116.32	312.13	108.8	104.1	108.6	107.9	111.4
2018	693.07	161.59	187.10	131.78	344.38	110.2	103.7	113.9	115.9	111.5
2019	757.46	170.20	209.36	144.53	377.90	108.0	104.9	111.8	110.7	107.4
2020	832.05	183.20	252.35	185.77	396.49	106.4	105.4	112.8	116.7	103.2
2021	1004.66	201.37	358.70	281.43	444.59	110.5	109.0	112.8	114.6	109.7
2022	1081.00	207.57	415.77	325.81	457.66	106.1	104.7	114.0	113.5	101.6

22－15　续表　continued

年　份 Year	固定资产投资(不含农户)(亿元) Investment in Fixed Assets (Excluding Rural households) (100 million yuan)	社会消费品零售总额(亿元) Total Retail Sales of Consumer Goods (100 million yuan)	进出口(万美元) Total Import and Export (USD 10 000)	#出口 Exports	财政收入(亿元) Finance Revenue (100 million yuan)	#一般公共预算收入 General Public Budget Revenue	一般公共预算支出 General Public Budget Expenditure (100 million yuan)	城镇居民人均可支配收入(元) Per Capita Disposable Income of Urban Households (yuan)	农村居民人均可支配收入(元) Per Capita Disposable Income of Rural Households (yuan)
2003	32.49	20.11	26185	22009	13.01	8.86	18.38	–	1927
2004	40.73	23.49	32628	28005	14.84	8.31	20.61	6208	2122
2005	52.81	27.14	49490	41380	16.74	8.46	23.78	7102	2298
2006	71.05	31.87	55332	43609	20.50	8.51	27.77	8640	2767
2007	115.15	38.57	93233	78026	26.94	12.30	39.83	11070	3290
2008	128.49	48.05	160531	134526	32.07	16.77	52.85	12732	3754
2009	212.28	58.32	286765	257935	36.73	20.79	70.06	14032	4028
2010	308.84	68.40	373711	341557	47.54	26.16	85.53	15620	4621
2011	415.14	82.51	507571	468275	57.65	30.23	103.11	15599	4961
2012	532.15	97.51	713458	680593	66.00	39.49	130.99	17278	5764
2013	482.38	113.32	1027713	975800	73.02	47.49	140.92	19345	6723
2014	581.49	129.95	1469407	1317965	73.16	48.40	155.51	21260	7597
2015	691.57	145.93	2013277	1423209	75.15	50.12	185.10	24634	8918
2016	831.41	163.41	1857407	1086290	58.20	40.76	202.87	26605	9801
2017	970.50	185.67	1339.40	893.06	55.25	34.07	221.62	28813	10860
2018	18.3%	210.01	1475.69	1093.16	57.58	31.05	257.54	30916	12000
2019	12.0%	226.80	1893.39	1300.24	61.25	33.74	290.05	33297	13320
2020	10.0%	227.44	1844.45	1238.58	64.60	33.82	275.83	34562	14306
2021	11.5%	252.26	2127.11	1369.06	73.62	39.90	260.14	36947	15694
2022	15.7%	254.79	2219.70	1870.20	–	39.59	246.11	38166	16761

注：1. 城镇居民人均可支配收入2004年（含2004年）以前为城市居民人均可支配收入。2000年以后农民人均纯收入统计口径调整，2014年后口径调整为农村居民人均可支配收入。
2. 固定资产投资数据2015年起为固定资产投资（不含农户）数据，2018年起为增长速度。
3. 2017年起，外贸进出口数据以人民币计价，单位为亿元。

Note: 1. The statistical coverage of indicator "Per Capita Disposable Income of Urban Households" is the households in cities in and before 2004. After 2000, the statistical coverage of Per Capita Net Income of Farmers has been adjusted. And after 2014, it was adjusted into Per Capita Disposable Income of Rural Households.
2. Investment in Fixed Assets has excluded investment by rural households since 2015 and referred to growth rate from 2018.
3. The data of import and export value of international trade was calculated by RMB (100 million yuan) since 2017.

22－16 广西农垦垦区社会经济主要指标
Main Social and Economic Indicators of Guangxi State Farms

指标名称	Item	2018	2019	2020	2021	2022
辖区土地面积（平方公里）	Land Area in Administrative Region (sq.km)	1354.35	1342.79	1312.59	1343.91	1335.41
地区生产总值（当年价，亿元）	Gross Domestic Product (At Current Prices, 100 million yuan)	415.17	298.36	182.52	192.17	214.17
第一产业	Primary Industry	44.88	41.17	50.20	52.94	69.15
第二产业	Secondary Industry	273.77	189.92	78.87	84.38	96.04
#工业	Industry	230.49	168.24	65.34	74.92	84.35
建筑业	Construction	43.28	21.68	13.53	9.47	11.69
第三产业	Tertiary Industry	96.51	67.27	53.45	54.85	48.98
地区生产总值构成（%）	Composition of Gross Regional Production (%)					
第一产业	Primary Industry	10.8	13.8	27.5	27.6	32.29
第二产业	Secondary Industry	65.9	63.7	43.2	43.9	44.84
第三产业	Tertiary Industry	23.3	22.5	29.3	28.5	22.87
年末总人口（万人）	Total Population at Year-end (10 000 persons)	38.39	34.34	30.51	29.48	29.60
就业人员（万人）	Number of Employed Persons (10 000 persons)	19.09	16.01	11.68	11.45	11.70
第一产业	Primary Industry	5.38	5.37	5.00	5.15	5.72
第二产业	Secondary Industry	8.48	6.72	3.88	3.55	3.44
第三产业	Tertiary Industry	5.23	3.92	2.80	2.74	2.56
国有单位就业人员（万人）	Number of Employed Persons in State-owned Units (10 000 persons)	5.48	5.16	4.55	4.58	5.03
在岗职工年末人数（万人）	Number of Staff and Workers at Year-end (10 000 persons)	2.09	2.17	1.97	2.04	2.10
在岗职工工资总额（万元）	Total Wage of Staff and Workers (10 000 yuan)	96919	115105	132531	151800	169633
在岗职工平均工资（元）	Average Wage of Staff and Workers (yuan)	43958	51992	66342	74919	81133
全社会固定资产投资（亿元）	Total Investment in Fixed Assets (100 million yuan)	204.22	91.80	85.97	48.11	28.49
第一产业	Primary Industry	9.71	7.96	6.62	18.03	9.62
第二产业	Secondary Industry	120.54	42.28	18.24	7.79	1.64
第三产业	Tertiary Industry	73.97	41.56	61.11	22.29	17.23
管区居民人均可支配收入（元）	Per Capita Disposable Income of Household (yuan)	23275	24856	26422	26826	28294
农林牧渔业从业人口（万人）	Number of Employed Persons in Farming, Forestry,Animal Husbandry and Fishery (10 000 person)	6.04	5.37	5.00	5.15	5.72
常用耕地面积（千公顷）	Daily Cultivated Area (1 000 hectares)	33.62	33.83	34.66	34.81	35.57
农林牧渔业总产值（当年价，亿元）	Gross Output Value of Farming, Forest y, Animal Husbandry and Fishery (At current prices, 100 million yuan)	74.82	69.02	80.28	84.93	112.00

注：1. 地区生产总值按现行价计算；规模以上工业的统计口径2010年为“年主营业务收入500万元及以上的工业法人企业”，2011年起改为“年主营业务收入2000万元及以上的工业法人企业”。

2. 2018年农垦企业办社会职能移交地方政府管理；2019年热作所、南亚热作所、金光农场“场带队”（坛蓬、草塘2个村委）移交地方政府管理；2020年新兴、西江等5个产业园移交地方政府管理。垦区统计调查范围缩小，自2018年起地区生产总值、年末总人口、就业人员等指标数据与之前年份不可比。

Note: 1. The growth of “Gross Domestic Product” was calculated by current price; the statistical range of Industrial Enterprises Above Designated Size is industrial enterprises which has the prime operating revenue of 5 million yuan and above in 2010, and it was replaced by industrial enterprises which has prime operating revenue of 20 million yuan and above since 2011.

2. Since 2018, social function of enterprises offices of the state farms was transferred to local government. It is incomparable with the data in and before 2018 for the narrowing of the statistical survey scope of the state farms area.

22－16　续表　continued

指标名称	Item	2018	2019	2020	2021	2022
农业机械总动力（万千瓦）	Total Agricultural Machinery Power (10 000 kw)	35.53	33.17	29.86	33.11	29.96
化肥使用量（折纯量，万吨）	Consumption of Chemical Fertilizers (Pure quantity, 10 000 ton)	5.98	4.81	4.76	4.30	4.66
农场用电量（万千瓦时）	Electricity Consumed in Farm (10 000 kWh)	52790	53526	43356	48546	36034
有效灌溉面积（千公顷）	Effective Irrigated Area (1 000 hectares)	18.30	18.51	13.54	14.82	15.77
农作物总播种面积（千公顷）	Total Sown Area of Crops (1 000 hectares)	30.34	28.35	30.87	30.94	31.56
#甘蔗播种面积（千公顷）	Sown Area of Sugarcane (1 000 hectares)	20.52	20.74	21.72	20.46	20.45
甘蔗产量（万吨）	Output of Sugarcane (10 000 tons)	221.69	220.57	220.18	189.10	178.09
剑麻纤维产量（万吨）	Output of Sisal Fiber (10 000 tons)	1.64	0.91	1.10	0.83	0.88
干毛茶产量（吨）	Output of Primary Tea (ton)	616	736	544	571	541
水果产量（万吨）	Output of Fruits (10 000 tons)	38.23	33.33	35.04	29.74	25.47
生猪年末存栏头数（万头）	Number of Pigs in Livestock (10 000 heads)	99.71	51.36	72.95	102.46	154.37
肉猪出栏头数（万头）	Number of Slaughtered Fattened Hogs (10 000 heads)	115.68	87.43	67.76	88.72	212.74
肉类总产量（万吨）	Total Output of Meat (10 000 tons)	9.65	7.22	7.76	9.38	19.75
#猪牛羊肉产量	Pork, Beef and Mutton	8.20	6.23	6.11	8.00	19.02
牛奶产量（吨）	Output of Cow Milk (10 000 tons)	5659	6058	5345	7023	7597
水产品产量（万吨）	Output of Aquatic Products (10 000 ton)	1.73	1.55	1.29	1.25	1.27
工业企业单位数（规模以上，个）	Number of Industrial Enterprises (Above Designated Size, unit)	373	325	180	177	184
工业总产值（规模以上，当年价，亿元）	Gross Industrial Output Value (Above Designated Size, at current price, 100 million yuan)	609.44	508.29	177.62	201.85	230.3
工业企业增加值（规模以上，当年价，亿元）	Value-added of Industrial Enterprises (Above Designated Size, at current price, 100 million yuan)	217.31	159.87	59.91	70.65	80.60
工业企业税金（规模以上，亿元）	Taxation Expense of Industrial Enterprises (Above Designated Size, 100 million yuan)	16.22	11.33	4.35	3.48	6.20
工业企业利润（规模以上，亿元）	Total Profit of industrial Enterprise (Above Designated Size, 100 million yuan)	30.76	21.54	3.39	5.55	5.40
成品糖产量（万吨）	Output of Machine-made Sugar (10 000 tons)	73.57	111.81	115.18	114.34	96.17
发酵酒精产量（万吨）	Output of Alcohol (10 000 tons)	2.65	1.65	1.74	1.18	0.92
剑麻制品产量（万吨）	Output of Sisal Heme Made Products (10 000 tons)	2.89	2.57	1.89	1.11	1.81
淀粉产量（万吨）	Output of Starch (10 000 tons)	31.81	21.04	18.80	20.25	22.36
软饮料产量（万吨）	Output of Soft Drink (10 000 tons)	12.56	13.10	11.84	11.81	8.45
成品茶产量（吨）	Output of Refined Tea (ton)	2198	1603	676	641	873
乳制品产量（吨）	Output of Dairy Products (ton)	3102	3484	3472	4220	5278
人造板产量（万立方米）	Output of Wood-based Plate (10 000 cu.m)	276.83	197.80	173.28	215.08	239.62
机制纸及纸板（万吨）	Machine-made Paper and Paperboard (10 000 tons)	12.36	11.73	3.67	3.33	5.53
水泥产量（万吨）	Output of Cement (10 000 tons)	9.95	9.50	9.50	7.02	31.31
工农业产品出口总额（亿元）	Total Value of Export of Industrial and Agricultural Products (100 million yuan)	10.04	9.79	3.83	3.53	3.44

第二十三篇　县（市、区）基本情况

CHAPTER 23　BASIC STATISTICS OF COUNTIES (CITIES, DISTRICTS)

（编辑：杨海玲）

简要说明

（本篇资料由自治区统计局农村处、综合处整理，电话：0771-5862758/5893401）

一、本篇资料主要内容及来源

广西各县（市）、区主要社会经济基本情况（自治区统计局、各县、市、区市统计局整理）。

二、情况说明

本篇2022年度数据为初步统计数,截至出版前(2023年10月30日)未经国家统计局审核反馈，仅供参考，请谨慎使用。2021年度数据反馈时间为2022年11月30日，仅供参考。

最终数据以各县级统计局、单位和部门公布的数据为准。

Brief Introduction

(This chapter is Compiled by the Rural Department and the General Office of the Guangxi Zhuang Autonomous Region Bureau of Statistics, Tel: 0771-5862758/5893401)

Main Contents and Sources

The basic social and economic situation of counties (cities) and districts in Guangxi (compiled by the Guangxi Zhuang Autonomous Region Bureau of Statistics, statistics bureaus of each county, city, and district).

23—1 111个县（市、区）主要经济指标（2021年）

指 标	Item	兴宁区 Xingning District	青秀区 Qingxiu District	江南区 Jiangnan District
行政区域面积（平方公里）	Land Area in Administrative Region (sq.km)	722.7	865.5	1183.3
地区生产总值（亿元）	Gross Domestic Product(100 million yuan)	393.76	1324.77	548.29
第一产业增加值	Value Added of Primary Industry	17.36	22.91	31.80
第二产业增加值	Value Added of Secondary Industry	62.05	126.24	187.30
第三产业增加值	Value Added of Tertiary Industry	314.35	1175.62	329.18
农、林、牧、渔专业及辅助性活动增加值（亿元）	Value Added of Professional and Subsidiary Activities for Agriculture, Forestry, Animal Husbandry and Fishery	0.19	25.72	32.52
一般公共预算收入（亿元）	General Public Government Revenue(100 million yuan)	8.98	36.35	23.38
一般公共预算支出（亿元）	General Public Government Expenditure (100 million yuan)	19.83	49.47	45.35
耕地面积（公顷）	Farmland Area (hectare)	10611	17781	30634
设施农业占地面积（公顷）	Protected Agriculture Covered Area (hectare)	35	133	737
耕地灌溉面积（公顷）	Effective Irrigated Area (hectares)	5074	8390	15270
农作物总播种面积（公顷）	Total Sown Area of Crops (hectare)	26976	37891	57081
粮食作物播种面积	Grain Crops	10094	14678	14463
#稻谷	Rice	7682	10677	10558
油料	Oil Crops	1677	2906	3573
糖料	Sugar Crops	428	5804	14594
蔬菜	Vegetables	8990	8885	24450
粮食总产量（吨）	Output of Grain (ton)	50399	81105	79914
#稻谷	Rice	41042	61331	59833
油料产量（吨）	Oil-bearing Crops (ton)	4436	9550	12082
糖料产量（吨）	Sugar Crops (ton)	29365	532322	1384653
园林水果（不含瓜类水果）产量（吨）	Fruit (ton)	16766	42229	107199
肉类总产量（吨）	Output of Meat (ton)	17513	36566	19172
#猪肉	Pork	2026	14888	9642
禽肉	Poultry	15257	19712	7784
禽蛋（吨）	Eggs (ton)	2458	3215	2264
奶类（吨）	Milk (ton)	690	0	4185
蔬菜（吨）	Vegetables (ton)	186188	214128	532451
水产品产量（吨）	Output of Aquatic Products (ton)	7411	8516	14368
“两品一标”农产品（个）	“Two Products, One Label” Agricultural Products (unit)	21	17	9

注：1. 本表为2021年度数据，经国家统计局审核反馈时间为2022年11月30日，仅供参考。最终数据以各县级统计局公布的为准。
2. 部分指标数据来源于其他县级部门快报数。最终数据以各县级单位和部门公布的数据为准。

Main Social and Economic Indicators by County (2021)

西乡塘区 Xixiangtang District	良庆区 Liangqing District	邕宁区 Yongning District	武鸣区 Wuming District	隆安县 Long'an County	马山县 Mashan County	上林县 Shanglin County	宾阳县 Binyang County	横州市 Hengzhou City	城中区 Chengzhong District	鱼峰区 Yufeng District
1076	1368.9	1230.7	3388.9	2305.6	2341	1871	2298.2	3448.1	77.6	862
893.52	434.14	170.95	354.26	112.12	95.17	101.99	315.54	354.43	416.34	505.36
41.97	32.53	40.68	136.17	48.87	29.85	31.95	70.95	98.97	1.05	8.98
252.33	166.58	45.86	86.75	24.71	16.20	18.57	94.35	107.02	149.87	246.81
599.22	235.03	84.42	131.34	38.53	49.12	51.48	150.23	148.43	265.42	249.57
0.81	0.17	0.22	2.25	0.69	0.13	0.07	0.65	2.17	0.05	0.31
30.20	20.73	5.23	17.40	3.33	2.21	3.53	8.65	8.99	9.01	16.34
59.81	32.78	29.31	55.19	32.62	40.72	35.09	42.40	56.15	12.21	32.52
29841	20905	32806	63400	44116	36282	35604	71203	83594	270	12163
10714	233	14	396	16840	1678	90	3	36	33	111
21550	5487	16704	44130	17400	11483	21940	44780	37980	140	3180
44177	60131	64702	173384	63589	58535	52129	147003	162672	963	17477
12243	18046	27435	68199	34559	41392	34761	74751	74404	223	6857
6659	14190	19840	34436	12454	14993	23853	57769	54499	69	4310
2497	2394	5048	12676	1259	1378	3174	6752	5739	20	770
4587	16479	11135	19681	7173	3315	4480	18793	17945	0	3673
18720	15867	15117	64060	14863	12450	8250	36076	49914	637	6178
59924	87429	140275	339880	154694	194228	169414	366800	390713	813	32478
35292	71299	111425	202179	68160	81935	126038	310500	308299	375	22616
7401	5774	13858	41890	3119	2780	7333	20854	21165	50	1726
334619	1117576	859915	1602649	523870	230054	403959	1797777	1679442	0	292623
665319	127687	129181	1953955	707815	67232	264628	235021	222100	1230	69621
73142	33818	65437	89316	38524	47524	29817	76256	120231	1936	5038
51167	8326	20850	44213	21122	36525	22547	36096	74669	342	2465
18986	24599	42805	40097	15509	8384	5263	35364	41625	1588	1878
2332	814	584	8711	1474	2620	2111	1758	1444	0	445
3100	486	230	255	0	0	0	0	4096	15	2227
397139	448349	370468	1677431	328000	334381	323559	898355	1263546	9989	164800
13765	11408	11920	39388	13045	10911	19623	34900	48949	196	2606
11	1	24	9	30	7	2	4	35	0	5

Note: 1. The data in this chapter were verified by National Bureau of Statistic on November 30, 2022,for reference only.The final data shall be subject to those released by the county-level statistics bureaus.

2. Some indicators and data come from preliminary statistical data of other county-level departments. The final data shall be subject to those released by relevant county-level departments.

23－1 续表1

指　标	柳南区 Liunan District	柳北区 Liubei District	柳江区 Liujiang District	柳城县 Liu Cheng County	鹿寨县 Luzhai County	融安县 Rong'an County	融水苗族自治县 Rongshui County	三江侗族自治县 Sanjiang County
行政区域面积（平方公里）	541.4	301.3	1773.4	2114	2974.8	2898.1	4638.2	2417.2
地区生产总值（亿元）	564.88	625.74	286.14	199.02	172.28	120.39	142.79	85.12
第一产业增加值	10.59	10.93	46.51	61.15	43.95	32.01	21.16	21.52
第二产业增加值	301.15	340.10	87.70	64.38	51.72	36.70	44.55	15.35
第三产业增加值	253.14	274.71	151.93	73.49	76.60	51.68	77.08	48.25
农、林、牧、渔专业及辅助性活动增加值（亿元）	0.43	0.42	1.46	2.39	1.56	0.75	0.66	0.76
一般公共预算收入（亿元）	6.46	8.23	15.07	8.58	7.40	3.62	7.23	2.92
一般公共预算支出（亿元）	17.12	15.90	31.82	24.32	28.89	25.20	39.38	36.52
耕地面积（公顷）	9368	5409	44906	68815	30496	20904	47102	16127
设施农业占地面积（公顷）	83	1270	2327	1210	118	0	0	36
耕地灌溉面积（公顷）	3584	2465	20447	21580	24390	14849	15902	11381
农作物总播种面积（公顷）	15862	11254	75859	90217	76553	39270	40487	26104
粮食作物播种面积	5970	3219	21063	28919	27447	17973	22624	13753
#稻谷	4787	2366	16266	24295	20646	14818	17928	9145
油料	379	960	843	3434	3501	2315	1312	639
糖料	3713	1314	15488	36668	11545	2986	5369	19
蔬菜	5586	5759	36848	16282	26154	12409	11182	7046
粮食总产量（吨）	32309	15859	105038	147831	140402	88677	112599	71885
#稻谷	28135	12767	86788	132705	115262	80505	99571	61668
油料产量（吨）	849	1714	2022	9182	10293	3311	2171	1249
糖料产量（吨）	317559	140858	1311191	3107372	751759	179967	357945	1454
园林水果（不含瓜类水果）产量（吨）	22525	41362	181097	357871	228743	287073	62227	15498
肉类总产量（吨）	9866	13164	39010	51762	37966	20347	28943	16000
#猪肉	5530	5835	25885	35923	24798	9645	14295	7787
禽肉	3582	7068	8088	10146	10068	7610	12259	5420
禽蛋（吨）	7326	1642	1255	1412	1474	477	161	364
奶类（吨）	141	2959	679	0	678	0	0	0
蔬菜（吨）	143009	216874	1036328	451819	518861	222324	179809	84871
水产品产量（吨）	2790	7762	9824	17308	8908	7164	8891	5351
“两品一标”农产品（个）	7	14	26	18	18	20	91	58

Continued

秀峰区 Xiufeng District	叠彩区 Diecai District	象山区 Xiangshan District	七星区 Qixing District	雁山区 Yanshan District	临桂区 Lingui District	阳朔县 Yangshuo County	灵川县 Ling Chuan County	全州县 Quanzhou County	兴安县 Xing'an County	永福县 Yongfu County	灌阳县 Guanyang County	龙胜各族自治县 Longsheng County
43.2	51.9	89.9	71	302	2247	1435.6	2301.8	3979	2332.5	2794.8	1835	2450.5
101.11	93.38	197.18	294.90	33.54	254.79	116.66	190.41	193.09	162.47	93.49	77.74	66.15
0.59	1.57	1.34	1.64	6.91	51.54	32.66	60.04	76.02	67.05	33.41	32.82	15.68
10.26	8.75	62.95	101.60	4.22	81.01	24.81	39.44	24.22	33.95	13.87	12.75	14.50
90.26	83.05	132.89	191.66	22.41	122.24	59.19	90.94	92.85	61.47	46.21	32.17	35.98
...	0.09	0.07	0.12	0.13	1.07	0.66	0.00	0.95	1.00	0.95	0.74	3.50
2.97	2.39	3.41	9.09	0.51	18.64	3.02	7.60	5.15	4.95	3.18	1.79	2.20
5.61	5.01	8.95	12.17	5.40	48.44	20.23	30.18	45.17	28.74	25.23	25.26	20.20
	1143	1002	670	5425	27075	16918	13446	75441	27231	26010	19409	17771
	393	11	0	2	419	1203	23	392	334	8	1043	12
	680	917	670	3490	26949	13385	10618	36699	19163	18180	12047	7696
	1852	2237	2506	9955	81933	46719	61803	112227	62299	45244	46646	25387
	331	1231	441	3488	43074	19584	27360	73927	31788	23169	27829	8473
	210	1011	314	2133	34979	11807	17527	51191	19429	15961	18460	5440
	34	24	30	240	671	2183	753	6055	2233	657	2357	309
	1	0	0	0	560	366	102	535	41	303	117	0
	1483	982	2034	5043	23896	16055	25896	31637	19027	12716	11395	9015
	1741	5902	2486	15438	239213	94185	143691	387620	176747	115733	163288	62771
	1375	5266	2070	11405	215877	68676	114425	322306	132244	91720	123988	43301
	78	49	97	259	1258	4684	1933	14431	6489	2175	4621	593
	112	0	0	0	61508	33491	8113	35186	2047	22372	5135	0
36	302	150	679	71715	345394	955552	925044	863642	715511	713036	633651	160161
255	1705	2670	1946	15588	112543	28238	64745	77157	51129	53642	31929	13741
	722	1808	1231	4665	34434	17088	35226	59346	41527	33139	27090	6827
	932	700	687	10647	74701	8056	25481	14328	6565	17559	3525	3670
	139	216	0	1216	11525	1561	7140	3910	1964	1193	874	575
	0	327	0	0	0	75		0	0	53	0	50
	43807	19927	64374	117018	592871	370709	794829	783891	498688	320342	231144	162281
1200	97	1920	529	2606	14869	7638	9496	22448	10780	5432	5694	820
	0		0	1	10	16	14	29	7	30	8	5

23－1 续表2

指　标	资源县 Ziyuan County	平乐县 Pingle County	恭城瑶族自治县 Gongcheng County	荔浦市 Lipu City	万秀区 Wanxiu District	长洲区 Changzhou District	龙圩区 Longxu District	苍梧县 Cangwu County
行政区域面积（平方公里）	1941	1893.2	2139	1760	448.6	372.6	971.4	2781.7
地区生产总值（亿元）	58.47	127.38	90.86	159.45	238.92	216.28	237.90	67.68
第一产业增加值	24.24	66.40	44.40	33.18	7.53	6.70	12.48	28.22
第二产业增加值	6.55	13.20	11.11	43.20	120.50	73.61	156.94	17.38
第三产业增加值	27.68	47.78	35.35	83.07	110.88	135.96	68.47	22.07
农、林、牧、渔专业及辅助性活动增加值（亿元）	0.39	0.00	0.59	1.03	0.14	0.11	0.78	1.01
一般公共预算收入（亿元）	1.46	4.05	2.84	5.74	3.78	7.15	3.16	4.99
一般公共预算支出（亿元）	20.89	24.47	25.77	26.15	9.34	14.77	10.57	24.63
耕地面积（公顷）	12061	12493	10672	7100	2206	1844	9733	11930
设施农业占地面积（公顷）	300	410	80	0	41		1	250
耕地灌溉面积（公顷）	10703	6247	10590	5968	2100		8650	11930
农作物总播种面积（公顷）	19137	76699	46328	49734	7534	11519	26298	37516
粮食作物播种面积	9821	29891	17127	19365	3924	2523	15011	19883
#稻谷	5644	16894	6648	12731	3099	1571	12826	15896
油料	518	4018	5939	1587	322	581	1920	2036
糖料	0	497	35	579	0	6	63	72
蔬菜	8798	29468	13432	17528	3288	8410	8445	10080
粮食总产量（吨）	56412	152017	69964	103052	19944	12097	76645	105410
#稻谷	42271	103689	37826	72930	17662	10296	73372	94798
油料产量（吨）	1181	18052	17148	11454	703	1828	6182	6605
糖料产量（吨）	0	52782	3869	45175	0	134	3631	3974
园林水果（不含瓜类水果）产量（吨）	113557	1086219	1523952	837971	21290	17509	82750	207390
肉类总产量（吨）	11081	27034	26142	47755	6279	5496	17261	24605
#猪肉	5126	15133	15223	35119	4230	3521	9297	13759
禽肉	3215	8472	6808	11299	1899	1838	7421	9932
禽蛋（吨）	512	3912	1773	1492	595	379	7436	135
奶类（吨）	0	0	0	0	314	103	0	0
蔬菜（吨）	203103	813251	208983	365318	59300	155500	144706	234700
水产品产量（吨）	1345	9197	6871	5494	5381	8011	5892	9401
“两品一标”农产品（个）	9	16	23	13	5	7	2	22

Continued

藤县 Tengxian County	蒙山县 Mengshan County	岑溪市 Cenxi City	海城区 Haicheng District	银海区 Yinhai District	铁山港区 Tieshangang District	合浦县 Hepu County	港口区 Gangkou District	防城区 Fangcheng District	上思县 Shangsi County	东兴市 Dongxing City
3946.2	1281	2770.3	190.3	540.9	504.8	2782.8	413.2	2426.3	2813.7	590.1
268.38	92.76	232.57	524.97	216.35	411.68	351.43	514.58	133.42	86.88	81.00
72.02	19.89	49.24	28.27	46.82	32.83	117.39	23.65	40.64	33.41	21.95
82.85	38.71	84.49	172.53	31.82	344.55	86.85	334.84	28.03	23.09	12.56
113.51	34.16	98.83	324.17	137.71	34.31	147.19	156.09	64.75	30.38	46.49
2.67	0.59	2.35	0.48	0.22	1.66	1.49	0.00	1.32	0.97	0.70
11.39	4.02	8.54	7.10	6.75	3.63	13.95	8.41	6.42	5.28	5.42
48.87	19.41	41.19	14.89	14.86	12.60	55.15	12.51	27.09	22.54	26.71
37974	3078	24996	2104	19645	17450	63120	2586	22211	52343	4112
33	2	61	269	1513	2998	0	3	46	26	51
25414	3078	19425	1955	8893	5128	36767	589	12059	13267	3650
99923	42490	78988	3104	25752	21452	126644	6272	68508	54250	9549
44197	11137	43683	935	4680	5585	55669	3218	25210	11820	5345
34533	7295	28100	232	2359	2528	32781	1221	14447	7137	2735
5321	1667	3834	393	1761	2537	11080	428	1604	981	378
619	0	868	40	9945	4280	17704	35	4323	34469	202
36081	20902	20752	1735	5880	5499	33777	2191	17130	5276	3442
229986	58856	201655	3306	19527	24311	262923	12669	97030	49235	18181
204182	45425	163026	999	10866	11453	189619	5904	62141	33632	11905
17273	5250	10287	1116	6906	7771	33776	1092	3559	2156	486
40672	0	58715	3695	886969	283797	1629883	2321	432217	2648194	12890
276474	150131	312201	15705	12853	9472	124024	1608	65315	54276	12598
58312	14065	94264	1046	15017	10672	100359	2701	28881	14286	8482
34562	10061	41719	350	10701	6370	51227	1228	20454	5220	4869
21533	3718	50435	604	3914	3950	46745	1297	6400	7698	3121
3477	1330	3407	17	7408	49	8147	553	1570	891	471
0	121	624	33	1604	0	1036	0	0	3534	0
1501706	313611	664503	53853	203819	125351	859055	24637	240818	70631	50927
26012	10001	18403	246167	255246	199133	477759	240800	156958	14905	145736
9	16	9	8	1	5	19	6	5	8	14

23－1 续表3

指 标	钦南区 Qinnan District	钦北区 Qinbei District	灵山县 Lingshan County	浦北县 Pubei County	港北区 Gangbei District	港南区 Gangnan District	覃塘区 Qintang District	平南县 Pingnan County	桂平市 Guiping City
行政区域面积（平方公里）	2596	2240.2	3557.5	2601.3	1096.5	1099	1352	2984	4070.6
地区生产总值（亿元）	350.95	375.26	324.25	265.50	381.06	184.08	223.35	322.85	390.29
第一产业增加值	88.22	71.47	86.52	68.29	26.12	32.78	37.10	74.38	89.15
第二产业增加值	74.00	113.04	53.86	77.33	141.86	73.16	133.82	90.98	105.11
第三产业增加值	188.72	190.75	183.87	119.88	213.09	78.15	52.43	157.50	196.04
农、林、牧、渔专业及辅助性活动增加值（亿元）	2.63	0.00	0.00	0.00	1.00	0.55	0.00	2.97	2.15
一般公共预算收入（亿元）	6.57	6.12	10.28	7.54	17.09	6.92	8.29	15.12	12.99
一般公共预算支出（亿元）	26.75	29.47	59.64	39.46	28.27	25.08	20.60	68.28	75.13
耕地面积（公顷）	35785	39423	63940	34637	36598	36725	61447	61000	97770
设施农业占地面积（公顷）	7	2656	181	9	44	2670	248	0	458
耕地灌溉面积（公顷）	11235	19170	32600	17188	20127	15701	22846	42032	56400
农作物总播种面积（公顷）	79304	94230	125700	73366	39020	58866	76001	100610	174582
粮食作物播种面积	32767	46801	65736	43708	25050	39999	38774	66819	104908
#稻谷	20985	33467	51472	32686	17909	31549	23208	51696	81988
油料	1432	5048	2232	3306	2648	3325	6484	8675	11146
糖料	10722	8802	15342	9312	4734	2638	14729	1734	2566
蔬菜	27556	26420	25398	17031	5773	6386	11505	23382	37836
粮食总产量（吨）	145159	227843	337446	225316	147611	224702	205815	343453	557412
#稻谷	107660	187440	299153	186349	107841	190019	134119	302207	480702
油料产量（吨）	3296	16297	6249	9434	15391	13056	21584	37455	44691
糖料产量（吨）	624462	716812	1182943	693876	482570	243524	1340074	164299	285865
园林水果（不含瓜类水果）产量（吨）	89168	442013	1067498	1062000	24468	60803	30142	237805	219859
肉类总产量（吨）	60677	105776	104540	68502	60153	62162	45509	84532	123668
#猪肉	19923	27100	46382	33590	42010	49034	35773	53476	76388
禽肉	40118	73982	51949	31752	16884	10554	7948	27064	34616
禽蛋（吨）	6217	2394	6747	2377	2830	1062	4364	4815	8131
奶类（吨）	3	0	34266	432	4844	0	126	495	3671
蔬菜（吨）	630142	720886	545284	318300	167965	163717	235845	838647	920551
水产品产量（吨）	468652	37028	40002	34000	14324	26197	16007	78572	74750
“两品一标”农产品（个）	22	48	37	0	26	8	4	5	11

Continued

玉州区 Yuzhou District	福绵区 Fumian District	容县 Rongxian County	陆川县 Luchuan County	博白县 Bobai County	兴业县 Xingye County	北流市 Beiliu City	右江区 Youjiang District	田阳区 Tianyang District	田东县 Tiandong County	德保县 Debao County
435.5	829	2255.1	1554.3	3829.9	1468.1	2452.3	3717.7	2373.1	2810.5	2575.3
565.15	119.89	217.72	242.51	340.30	196.63	388.41	363.13	180.82	194.26	104.38
23.05	34.46	56.79	50.32	111.80	53.16	70.39	39.97	42.17	45.78	16.21
166.81	45.84	58.99	66.50	74.69	66.87	126.01	148.99	97.00	89.26	54.28
375.28	39.59	101.94	125.69	153.81	76.60	192.01	174.17	41.66	59.22	33.89
0.36	0.39	2.97	3.47	5.84	4.23	3.21	1.27	1.29	1.42	0.51
15.32	3.38	6.32	5.84	8.09	5.36	18.64	32.12	4.60	8.35	7.17
33.14	16.51	40.66	41.98	72.97	35.58	64.51	95.37	25.99	29.15	31.45
11275	16617	23991	25793	57300	29682	31829	23472	30038	34925	34815
6780	15	2	163	261	506	7	822	3390	5750	846
10203	14953	20060	25007	38407	20387	27914	8870	16010	20170	9270
34191	47544	63187	61373	148476	66474	92607	46427	52642	62303	37293
17743	23855	37364	41294	82063	36115	53841	15592	21919	23860	24694
15358	20628	29094	34189	54620	30981	42780	6217	9812	11803	8473
1196	2085	1803	2036	5561	2580	4517	1103	706	413	676
13	2183	253	843	8880	854	835	10933	2160	13973	1524
12467	15195	18737	12919	40405	18066	25743	15149	26583	22102	8733
100917	138438	208512	240679	432298	213981	300242	72303	114207	115031	98988
92950	124990	193905	218898	328000	195801	268004	35233	60792	69072	51198
4347	5180	4648	7495	20247	8066	21891	3076	1937	924	1262
1210	228251	18426	69557	1074848	74500	78804	647923	129564	836137	91942
39845	85030	375486	101408	456250	83708	402300	375585	370659	475053	108173
25732	73737	108019	127878	221986	216706	104369	31033	23893	36030	19264
8170	21448	45563	81670	158464	63458	52522	12067	15153	20894	9294
16664	50607	60263	44717	57461	152044	48156	17147	7204	13018	6865
4775	19267	10562	6107	4113	2421	4995	179	2581	16283	727
43	0	382	219	632		5962	0	0	0	0
440550	586638	497782	498660	1142385	420955	955869	450073	919564	590626	211523
19120	12619	11605	26606	40370	8170	29310	12200	10465	13519	1848
32	21	45	7	15	8	28	12	37	43	4

23－1 续表4

指 标	那坡县 Napo County	凌云县 Lingyun County	乐业县 Leye County	田林县 Tianlin County	西林县 Xilin County	隆林各族自治县 Longlin County	靖西市 Jingxi City	平果市 Pingguo City
行政区域面积（平方公里）	2222.8	2047.5	2633.2	5523.8	2997.3	3517.6	3325.6	2457.2
地区生产总值（亿元）	47.35	55.14	38.14	77.50	42.45	73.45	158.96	233.12
第一产业增加值	12.75	12.65	11.53	26.10	20.44	18.42	23.43	25.22
第二产业增加值	6.85	14.39	11.19	21.69	6.11	19.39	78.85	122.98
第三产业增加值	27.76	28.10	15.42	29.71	15.90	35.65	56.68	84.93
农、林、牧、渔专业及辅助性活动增加值（亿元）	0.36	0.36	0.34	0.75	0.56	0.53	0.72	0.78
一般公共预算收入（亿元）	2.59	2.19	2.51	3.42	2.47	2.86	15.37	19.33
一般公共预算支出（亿元）	27.38	25.26	22.57	26.98	19.16	33.09	58.27	35.87
耕地面积（公顷）	18399	11962	14887	24113	10656	38575	59477	33494
设施农业占地面积（公顷）	416	271	500	333	797	380	1256	1610
耕地灌溉面积（公顷）	2550	3490	6590	10410	5020	8820	16120	8830
农作物总播种面积（公顷）	26192	21287	20564	37919	22542	35017	65796	41225
粮食作物播种面积	16690	14293	12037	17871	13781	22943	48861	26048
#稻谷	4224	3843	3499	4138	3230	5913	11653	9968
油料	295	1545	2617	567	1916	3185	1222	466
糖料	129	289	60	11515	695	713	873	3699
蔬菜	5071	3919	4372	7008	4772	5178	9095	8821
粮食总产量（吨）	64863	56338	54385	87078	59243	96782	208983	106676
#稻谷	27813	22657	18573	27881	19681	37152	67824	53027
油料产量（吨）	419	1620	1839	506	2410	4024	2140	848
糖料产量（吨）	7035	21574	2467	663408	44884	46828	58339	292139
园林水果（不含瓜类水果）产量（吨）	21148	13709	30012	102933	415612	58178	55072	78407
肉类总产量（吨）	11041	12277	9713	21059	9900	20301	28214	43716
#猪肉	7275	8388	5934	11706	5618	11483	18565	21818
禽肉	2060	2683	1688	6313	2782	4709	6450	20200
禽蛋（吨）	177	58	398	262	215	1002	191	445
奶类（吨）	0	0	0	0	0	0	0	0
蔬菜（吨）	98265	88518	108834	192581	91280	111625	215771	198947
水产品产量（吨）	707	855	6990	2470	12433	18192	6850	7271
“两品一标”农产品（个）	3	55	32	3	55	8	12	7

Continued

八步区 Babu District	平桂区 Pinggui District	昭平县 Zhaoping County	钟山县 Zhongshan County	富川瑶族自治县 Fuchuan County	金城江区 Jinchengjiang District	宜州区 Yizhou District	南丹县 Nandan County	天峨县 Tian'e County	凤山县 Fengshan County
3666.7	1850.7	3223.7	1471.8	1539.8	2346.4	3857.1	3904.9	3183.7	1729.5
326.59	231.36	101.63	140.07	109.55	240.01	145.34	125.55	65.82	33.44
43.03	31.12	31.56	22.80	36.13	19.03	61.03	18.34	11.00	9.14
128.81	111.67	20.97	46.89	37.03	61.80	23.63	75.83	34.84	4.46
154.76	88.58	49.10	70.39	36.39	159.19	60.68	31.38	19.98	19.84
2.78	1.76	1.73	1.36	1.89	0.47	1.63	0.45	0.24	0.17
13.74	7.94	3.48	5.13	3.48	4.06	5.99	8.32	3.50	1.74
40.33	32.79	31.13	31.80	31.50	19.60	32.67	26.68	19.11	22.24
27689	19195	19079	25082	35833	17927	72303	26337	10805	13778
2092	317	1429	833	27	10	63	67	29	3
19227	13913	10850	16528	15961	11180	19710	5880	3740	4080
77152	52946	37604	36443	53437	36796	89734	40225	24776	21076
31822	20874	20895	23014	21875	16539	41753	20005	14635	12747
25303	14510	15369	17744	12764	6922	18701	8418	3121	2771
3633	3033	904	2259	6194	783	2576	3414	1300	536
934	378	87	116	101	3998	21012	1508	51	42
28450	20142	10525	7931	19330	11817	16201	11842	5867	5277
167601	105375	106983	122890	110403	69493	189369	87781	61385	43859
147907	86359	90963	104081	78826	39508	100295	54111	20633	17524
9228	7108	1898	6088	14438	1043	2637	4196	1210	588
61551	28390	5422	9492	4514	273190	1395054	96291	2467	3090
153200	77604	138535	215939	819119	67827	149244	68633	55896	14524
49028	44633	18335	31109	43096	14253	24114	20362	11001	11460
31315	33201	9439	16647	35961	7940	13496	10371	7757	7450
15995	10500	7817	12631	6272	4183	6045	8416	1353	2716
4335	493	953	1014	333	3375	540	211	199	238
0	8	0	28972	0	0	0	0	0	0
850202	606881	332163	266554	481611	327876	542193	275761	52705	49087
16968	10634	16677	14698	7521	5267	12430	1733	11816	297
58	7	16	55	17	2	3	28	34	5

23－1 续表5

指　标	东兰县 Donglan County	罗城仫佬族自治县 Luocheng County	环江毛南族自治县 Huanjiang County	巴马瑶族自治县 Bama County	都安瑶族自治县 Du'an County	大化瑶族自治县 Dahua County
行政区域面积（平方公里）	2436.8	2651	4552.7	1976.4	4087.7	2750
地区生产总值（亿元）	50.64	65.50	72.36	92.72	79.66	77.64
第一产业增加值	12.99	26.44	24.87	15.44	19.47	12.31
第二产业增加值	5.35	5.34	16.13	31.69	11.93	31.11
第三产业增加值	32.30	33.72	31.36	45.58	48.26	34.22
农、林、牧、渔专业及辅助性活动增加值（亿元）	0.27	0.25	1.03	0.42	0.46	0.43
一般公共预算收入（亿元）	1.95	3.07	4.08	5.35	4.05	4.53
一般公共预算支出（亿元）	32.29	34.51	31.61	25.47	48.71	42.17
耕地面积（公顷）	17949	36975	36236	15427	38416	23584
设施农业占地面积（公顷）	29	21	1013	28	45	0
耕地灌溉面积（公顷）	7050	12840	15040	5210	7370	3910
农作物总播种面积（公顷）	24587	61328	39680	38807	65578	37159
粮食作物播种面积	14758	23718	21800	18483	42198	25813
#稻谷	5274	13545	11096	4610	7098	4395
油料	1465	3216	819	1855	100	437
糖料	393	10898	3586	1386	2834	3884
蔬菜	6549	16169	9878	8572	8841	5099
粮食总产量（吨）	54937	101573	119225	63092	122414	73859
#稻谷	25078	68726	80143	22400	34353	18503
油料产量（吨）	1117	4109	1351	1605	93	401
糖料产量（吨）	34085	695573	241879	78941	233183	258448
园林水果（不含瓜类水果）产量（吨）	39501	132502	164464	51759	41225	24927
肉类总产量（吨）	16294	22411	15642	23126	39501	30998
#猪肉	8556	14671	8859	12851	25521	22579
禽肉	4909	3730	3014	3973	4291	3371
禽蛋（吨）	847	473	380	582	555	417
奶类（吨）	0	0	0	0	0	0
蔬菜（吨）	81803	166285	164912	148350	115659	73374
水产品产量（吨）	5295	5752	3624	3248	2799	15739
“两品一标”农产品（个）	11	10	19	13	22	10

Continued

兴宾区 Xingbin District	忻城县 Xincheng County	象州县 Xiangzhou County	武宣县 Wuxuan County	金秀瑶族自治县 Jinxiu County	合山市 Heshan City	江州区 Jiangzhou District	扶绥县 Fusui County	宁明县 Ningming County	龙州县 Longzhou County	大新县 Daxin County	天等县 Tiandeng County	凭祥市 Pingxiang City
4403.5	2521.9	1917.9	1704	2469	365.7	2917.8	2841.1	3704.4	2311.1	2747.5	2165	645
413.09	89.25	104.01	128.41	53.00	45.12	238.76	236.78	118.40	104.19	119.39	87.03	84.55
77.58	29.28	34.97	34.12	14.67	4.98	36.52	45.72	34.78	30.01	27.98	17.50	7.42
128.92	18.73	23.04	35.92	13.07	19.16	78.14	117.39	33.79	24.23	43.91	22.85	27.32
206.58	41.24	46.00	58.37	25.25	20.97	124.10	73.66	49.83	49.95	47.50	46.67	49.81
4.02	0.92	1.15	1.12	0.38	0.18	0.89	1.87	1.52	0.08	0.37	0.09	0.06
10.22	3.08	5.43	7.54	2.20	1.95	5.30	10.03	3.02	3.00	3.27	2.30	3.76
59.96	35.36	26.38	34.88	18.05	13.40	24.25	42.00	38.77	28.37	31.56	28.85	20.75
149238	33841	32392	44143	2312	8588	102600	102343	75962	60613	63479	43514	7452
395	13	6	100	8	35	2	5210	23	55	4	225	6
35272	9354	31668	16898	1965	3390	19687	37070	19840	24570	25680	10970	3010
190138	43618	63696	67548	25843	12137	94117	137488	77150	57839	84380	57999	10656
55248	27189	30332	27195	8207	5673	10553	14290	15877	8703	27344	35637	3920
37968	11089	24489	20587	3301	4567	5875	9504	10829	2554	14719	12348	2262
8140	1946	2849	3602	714	446	1543	4958	2031	1315	889	1343	262
78118	4533	12416	21808	25	2360	73958	74981	46623	34747	35231	3520	3336
35821	9927	11170	11150	5395	2639	4159	19576	9680	7474	7815	12754	3138
257863	110953	162893	128556	35202	28137	42490	59405	68491	39525	127892	155685	16668
198859	57725	141489	105908	19145	24198	29195	41925	52638	15365	82908	67020	10504
19938	3894	3825	9520	1770	1093	3103	12175	4522	2802	2009	2271	719
7280391	308900	878493	1990760	2076	198240	6291185	6723058	4750953	3704529	3691449	349131	320125
348689	78014	601586	329586	290850	27080	229507	366856	75059	223305	129018	44609	23071
72902	16013	17611	40592	7041	4612	19397	43472	15001	10566	21524	20397	4014
50030	7242	9404	32677	4591	3096	11858	36773	9828	6513	10712	12743	1153
14013	3814	6460	6096	1732	978	6441	5392	3430	2309	7354	5426	2242
1679	347	1502	260	233	76	84	4505	340	244	273	14085	276
8752	0	0	0	0	0	0	14440	0	0	0	0	0
777421	232524	260785	289301	111756	61351	79300	642309	182100	157828	144400	231066	59149
29336	5262	11273	11492	1631	2306	10480	16842	7706	11332	8240	3283	2717
9	3	8	4	15	0	3	1	8	2	5	5	1

23－1 续表6

指 标	Item	兴宁区 Xingning District	青秀区 Qingxiu District	江南区 Jiangnan District
规模以上工业企业个数（个）	Number of Industrial Enterprises Above Designated Size (unit)	28	33	206
公路里程（公里）	Length of Highways (km)	635	784	1057
社会消费品零售总额（万元）	Total Retail Sales of Consumer Goods(10 000 yuan)	5553491	5463695	3756236
亿元及以上商品交易市场（个）	Markets of Transaction Value over 100 Million Yuan(unit)	4	3	3
出口总额（万美元）	Total Export (USD 10 000)			38262
普通中学数（所）	Number of Regular Secondary Schools (unit)	23	17	35
小学数（所）	Number of Primary Schools (unit)	51	89	87
普通中学专任教师数（人）	Full-time Teachers in Regular Secondary Schools (person)	1871	1016	2563
小学专任教师数（人）	Full-time Teachers in Primary Schools (person)	2389	5559	4970
普通中学在校学生数（人）	Student Enrollment in Regular Secondary Schools (person)	20481	11891	27607
小学在校学生数（人）	Student Enrollment in Primary Schools (person)	47709	93016	93051
全年专利授权数（件）	Number of Patent Authorizations Throughout the year (unit)	1180	3450	883
公共图书馆图书总藏量（千册）	Total Collection of Books in Public Libraries (1 000 copies/collects)	166	579	67
体育场馆个数（个）	Sports Venues (unit)		1	0
医疗卫生机构床位数（张）	Number of Beds in Healthcare Institutions (bed)	6412	15776	2988
医疗卫生机构技术人员（人）	Medical and Technical Personnel of Heathcare Institutions (person)	7583	26948	5737
#执业（助理）医师	Practitioner (Assistant) Physicians	2761	9996	2676
居民人均可支配收入（元）	Per Capita Disposable Income of Households (yuan)	41775	50632	36695
城镇居民人均可支配收入（元）	Per Capita Disposable Income of Urban Households (yuan)	45211	53013	40660
农村居民人均可支配收入（元）	Per Capita Net Income of Rural Residents (yuan)	18939	19565	19511
农村居民人均消费支出（元）	Per Capita Consumption Expenditure of Rural Households (yuan)	13575	18467	12167
其中：食品烟酒消费支出	Consumption Expenditure on Food, Tobacco and Liquor	4264	4901	0
提供住宿的社会工作机构（个）	Social Service Organizations with Accommodation (unit)	16	12	14
提供住宿的社会工作机构床位（床）	Number of Beds in Social Service Organizations with Accommodation (bed)	1717	1426	1049
城乡居民基本养老保险参保人数（人）	Number of Persons Joined Basic Pension Insurance for Urban and Rural Residents (person)	90306	69761	120085
城市居民最低生活保障人数（人）	Number of Urban Residents Receiving Subsistence Allowance (person)	3301	7957	5497
农村居民最低生活保障人数（人）	Number of Rural Residents Receiving Subsistence Allowance (person)	4449	5358	6311
森林面积（公顷）	Forest Area (hectares)	39703	39170	48392
自然保护区面积（公顷）	Area of Nature Reserves (hectares)			0
污水处理率（%）	Rate of Polluted Water Treatment (%)			99.8

Continued

西乡塘区 Xixiangtang District	良庆区 Liangqing District	邕宁区 Yongning District	武鸣区 Wuming District	隆安县 Long'an County	马山县 Mashan County	上林县 Shanglin County	宾阳县 Binyang County	横州市 Hengzhou City	城中区 Chengzhong District	鱼峰区 Yufeng District
255	74	41	257	60	20	21	122	158	4	322
1002	1094	1119	2497	1604	1427	1323	1788	2642	24	561
4808332	776315	335390	451853	129459	196467	249525	1067789	838372	1782937	3320522
4	0	0	2		0	0	3	3	0	
650434	31348	3927	19884		187		1942	1673	0	
64	25	14	30	17	20	15	32	40	9	17
109	47	76	106	42	100	66	124	204	17	40
5436	1975	1171	3115	1362	1774	1671	3703	4073	792	1532
5599	2768	1872	3126	1699	2132	1983	4151	5183	1190	2741
53561	22725	15596	34921	23808	26949	23511	53040	65740	11580	22347
119249	47632	29621	49258	31863	37004	35047	78178	97578	22401	46588
2706	873	589	681	116	61	162	338	321	1263	2327
106	84	194	196	119	120	145	189	46	58	44
0	4	0	4	2	1	9	1	3	6	6
10322	3563	2516	4494	2190	2211	2802	4933	4596	5578	6980
15461	5093	2996	4816	1797	2172	2784	5282	4740	9121	8675
5766	1938	1076	1822	638	643	1520	1648	1543	3243	2455
37887	31578	26328	29551	20755	19281	20305	27234	26868	50368	45527
39706	36084	37670	40037	32117	32177	31463	38865	39289	50434	46015
17741	19446	18385	20824	15465	14213	14648	18165	17878	29154	29742
16995	11528	13402	13829	12660	14935	15592	15360	13136	16166	19972
5208					4623		4741		5681	7020
25	5	6	9	9	11	13	10	5	3	4
2640	830	2340	2537	520	561	981	1336	758	780	912
96018	78938	116990	306887	193421	343243	217220	416182	672125	3353	55401
10886	3051	1005	4432	2336	3373	2846	7205	8221	1498	4912
8825	7317	13518	20707	19159	26955	24078	30661	40258	118	3450
31874	76647	50804	186864	130352	171600	104932	114893	165464	3183	40804
	347	0		11543	8500	19129		21	837	
	98	100	99.6	90.7	100	95.1	100	95	99.1	99

23－1 续表7

指 标	柳南区 Liunan District	柳北区 Liubei District	柳江区 Liujiang District	柳城县 Liu Cheng County	鹿寨县 Luzhai County	融安县 Rong'an County	融水苗族自治县 Rongshui County	三江侗族自治县 Sanjiang County
规模以上工业企业个数（个）	163	169	145	70	115	63	58	19
公路里程（公里）	337		979	1563	1940	1372	1989	1225
社会消费品零售总额（万元）	3727947	1492903	1032063	349495	474002	396277	470759	275664
亿元及以上商品交易市场（个）	8	2	0	0	0	0	0	0
出口总额（万美元）	5345	529	13746	2744	1055	721	0	0
普通中学数（所）	19	16	15	13	8	7	12	16
小学数（所）	45	39	75	21	65	25	92	42
普通中学专任教师数（人）	1509	1422	1202	1131	1284	1002	1399	1432
小学专任教师数（人）	2700	1664	2114	1597	1550	1230	2152	1706
普通中学在校学生数（人）	22231	16532	17889	15386	19446	15091	21917	24325
小学在校学生数（人）	51374	31334	40573	23197	26295	17421	35715	35686
全年专利授权数（件）	1801	691	511	108	252	120	96	59
公共图书馆图书总藏量（千册）	47	2380	185	123	126	169	129	86
体育场馆个数（个）	7	3	3	1	13	2	2	4
医疗卫生机构床位数（张）	2348	2611	1850	2073	1985	1770	1961	1706
医疗卫生机构技术人员（人）	4372	4132	2519	2272	2342	1765	2314	1841
#执业（助理）医师	1719	1473	937	725	1015	603	597	539
居民人均可支配收入（元）	47485	45414	30468	27570	29779	23766	23120	21252
城镇居民人均可支配收入（元）	47493	46317	42025	39106	41779	34505	34800	34319
农村居民人均可支配收入（元）	27202	22052	17943	18321	18459	16825	16524	16036
农村居民人均消费支出（元）	18241	19540	12269	11183	11016	11158	10861	11340
其中：食品烟酒消费支出			4501	4127		4304		4259
提供住宿的社会工作机构（个）	14	5	4	11	10	9	21	12
提供住宿的社会工作机构床位（床）	1794	1132	400	1835	1300	378	645	318
城乡居民基本养老保险参保人数（人）	42134	23392	203139	171988	203880	154643	291807	235216
城市居民最低生活保障人数（人）	6554	5648	3245	2588	1214	2597	3968	7691
农村居民最低生活保障人数（人）	2536	1397	11353	11102	10350	12921	27649	27976
森林面积（公顷）	27816	9415	103571	97000	191692	214200	249083	172440
自然保护区面积（公顷）	0	140	0	0	11500	5600	14605	0
污水处理率（%）	99		99	95.1	94	99.9	94	98.3

Continued

秀峰区 Xiufeng District	叠彩区 Diecai District	象山区 Xiangshan District	七星区 Qixing District	雁山区 Yanshan District	临桂区 Lingui District	阳朔县 Yangshuo County	灵川县 Ling Chuan County	全州县 Quanzhou County	兴安县 Xing'an County	永福县 Yongfu County	灌阳县 Guanyang County
	11	19	74	9	65	8	70	48	26	51	32
	65	62	91	281	1426	852	1022	2692	1407	913	977
800255	758898	1233012	1537926	112068	598465	446437	1432500	425911	228894	416386	111480
	0	2	1	0		0		0	0	0	0
	0	2250	0	0		0		0	0	0	0
	2	9	4	2	21	12	22	27	17	14	13
	2	25	19	12	75	40	53	53	31	67	14
	62	865	183	180	1952	908	2009	2982	985	960	1044
	621	1540	1313	342	2826	1215	1817	2862	1591	1185	1291
	658	11668	2031	2075	27207	14286	21492	42349	15346	13192	13826
	15755	26167	26883	5083	46420	22090	35364	49769	28190	18730	17817
	0		1582	0	468	91	313	191	97	77	22
	0		0	23	134	126	243	226	140	140	125
	1	0	1	1	1	1	1	3	1	1	4
	1344	4959	1108	113	2003	1090	1574	2550	2397	1399	962
	2819	5781	2574	208	3514	1300	2522	3642	2529	1715	1479
	1012	2038	1108	72	1325	450	972	1251	870	575	526
41694	39477	41959	44059	33067	31667	29976	30103	26478	29712	26686	22972
41694	41240	41975	44198	39002	44365	44739	41489	39293	41148	41194	37651
	19148	18585	23089	17940	22165	21865	19950	19695	22580	18275	14146
	12129	12550	15337	10856	12748	13542	11370	12618	13580	11010	9390
	0	4518	5445			4419	4042			3956	3494
	4	13	15	5	3	2	2	4	9	9	1
	589	2241	1908	443	574	1196	210	538	623	876	106
	16263	16821	24758	34757	272727	190575	175516	469414	209197	126826	163949
	1807	2970	2768	2300	1199	728	1232	2896	1428	1687	1052
	0		0	0	17376	10316	11609	31381	16362	15474	16953
	0	2570	2320	14195	138426	106816	158894	255891	178867	217518	132952
	0		0			69901	56096	0	16533	82207	30373
	0		99.5		99.5	99.1	99.8	98.9	99.1	96.7	99.8

23－1　续表8

指　标	龙胜各族自治县 Longsheng County	资源县 Ziyuan County	平乐县 Pingle County	恭城瑶族自治县 Gongcheng County	荔浦市 Lipu City	万秀区 Wanxiu District	长洲区 Changzhou District
规模以上工业企业个数（个）	22	18	36	17	64	118	24
公路里程（公里）	1373	974	966	1320	1319	257	291
社会消费品零售总额（万元）	135337	92588	329775	283071	479562	624426	951051
亿元及以上商品交易市场（个）	0	0	3			2	
出口总额（万美元）		0	472		1157	15850	
普通中学数（所）	5	7	15	11	15	13	9
小学数（所）	12	97	35	23	59	44	32
普通中学专任教师数（人）	577	698	1635	1447	1156	1196	1107
小学专任教师数（人）	845	789	2066	1495	1641	1346	1318
普通中学在校学生数（人）	7663	9958	23437	16582	17793	16410	16452
小学在校学生数（人）	9991	12447	33340	21471	24100	22704	26807
全年专利授权数（件）	31	56	134	49	123	0	
公共图书馆图书总藏量（千册）	126	72	165	110	130	0	663
体育场馆个数（个）	1	1	2	3	2	1	1
医疗卫生机构床位数（张）	675	648	1799	1478	1786	4556	1698
医疗卫生机构技术人员（人）	1058	752	2378	1873	2496	6377	3553
#执业（助理）医师	340	280	791	627	930	1888	1481
居民人均可支配收入（元）	23480	22558	25188	23374	29071	37044	37454
城镇居民人均可支配收入（元）	38845	38589	39388	37855	40096	38884	39153
农村居民人均可支配收入（元）	15408	14726	18357	16494	19306	20951	19975
农村居民人均消费支出（元）	9805	9321	11111	10679	12438	10534	15496
其中：食品烟酒消费支出	3730	3437	3733			3307	
提供住宿的社会工作机构（个）	4	8	2	3	4	16	9
提供住宿的社会工作机构床位（床）	466	51	180	304	283	1367	868
城乡居民基本养老保险参保人数（人）	94566	103047	249983	173424	186841	35903	27621
城市居民最低生活保障人数（人）	945	5347	1108	1014	1455	3163	2094
农村居民最低生活保障人数（人）	12209	141589	16622	13903	13348	2617	2038
森林面积（公顷）	200970	145348	137002	176575	132208	32577	23469
自然保护区面积（公顷）	11130	10041	6971	60233	19504	0	
污水处理率（%）	97.9	95	90.6	91.5	99.6		

Continued

龙圩区 Longxu District	苍梧县 Cangwu County	藤县 Tengxian County	蒙山县 Mengshan County	岑溪市 Cenxi City	海城区 Haicheng District	银海区 Yinhai District	铁山港区 Tieshangang District	合浦县 Hepu County	港口区 Gangkou District	防城区 Fangcheng District
76	27	86	34	185	124	40	38	124	60	26
433	1482	2571	714	2367	106	418	567	2742	285	1440
216348	138818	603944	168908	459799	2237700	573561	270106	418896	696466	341036
1	0	0	0	0	4	0	0	2	0	2
7825	0	4599	944	2051	137980	513	1987	27530	25570	39592
11	17	42	9	31	13	13	8	36	11	21
65	73	150	49	105	38	39	46	230	26	66
1013	1588	4667	854	3980	301	721	601	3750	465	1865
1815	1973	5515	1321	4519	2888	1360	825	5093	1112	2253
13809	21298	65587	11899	64229	4546	9044	7545	58145	13546	28127
34946	33350	99620	16981	101171	49409	24394	13169	83182	20728	42388
0	142	504	36	210	766	184	57	223	217	140
0	128	175	111	133	589	0	0	213	130	102
0	0	3	1	3	2	5	0	7	3	3
729	1602	3737	1163	4211	3549	444	250	6035	734	2325
1496	1801	4139	1114	4059	6458	1194	482	5284	810	3392
567	618	1341	360	1286	2168	469	169	1699	298	1065
24578	17090	24023	21248	29616	41769	31602	26730	27404	39748	31180
34197	28251	34203	33395	38782	41791	40727	40041	39874	42539	40990
15862	12108	16264	14018	19229	19760	18460	19269	18183	20645	19219
8482		9422	10155	12375	15726	12656	11926	11012	13893	12384
		3273	0	3225	5694	5249	4677	4019	4774	5243
3	1	11	5	5	9	7	1	4	2	6
255	68	1198	187	527	684	1376	353	573	460	588
130688	201536	479883	128196	489495	49952	67781	83635	550557	32777	216245
1133	408	2616	1252	5784	3203	1360	434	7902	807	2629
12047	19077	72362	11659	41119	771	4710	5368	28093	1102	13630
68210	206000	313400	105283	197371	721	4487	5773	101022	8719	177017
0	12000	0	8546	0	2382	0	0	52951	0	29400
98.8	95.4	97.1	98.5	99.6	0	80	96.4	99.8	0	98.9

23-1 续表9

指 标	上思县 Shangsi County	东兴市 Dongxing City	钦南区 Qinnan District	钦北区 Qinbei District	灵山县 Lingshan County	浦北县 Pubei County	港北区 Gangbei District	港南区 Gangnan District
规模以上工业企业个数（个）	40	28	74	64	86	93	143	301
公路里程（公里）	1872	492	1698	1020	3531	2654	590	764
社会消费品零售总额（万元）	97814	241826	1392151	1346900	1103134	670000	1781264	441274
亿元及以上商品交易市场（个）		0	1		3	0		0
出口总额（万美元）		31474		2181	14919	8434	2850	1342
普通中学数（所）	7	10	21	21	45	26	16	19
小学数（所）	36	30	162	325	391	268	92	119
普通中学专任教师数（人）	865	896	1345	2322	5628	3456	1925	1928
小学专任教师数（人）	1484	1651	4594	4638	8425	4613	3941	2650
普通中学在校学生数（人）	11329	11834	16878	36408	93001	48853	30797	30242
小学在校学生数（人）	20061	27103	76496	90975	167041	86234	86176	51833
全年专利授权数（件）	14	35			247	142	650	358
公共图书馆图书总藏量（千册）	178	110	3	69	181	189	25	22
体育场馆个数（个）	1	3	1	20	3	1	0	1
医疗卫生机构床位数（张）	1026	501	1288	3404	6180	2938	7850	2156
医疗卫生机构技术人员（人）	990	1063	1385	3137	7128	4458	6729	2381
#执业（助理）医师	342	405	407	957	1595	1212	2284	886
居民人均可支配收入（元）	19756	39855	31727	27693	24505	24226	34775	26953
城镇居民人均可支配收入（元）	27518	46296	40909	39852	40126	39916	39143	37934
农村居民人均可支配收入（元）	15840	23439	17663	17206	16884	16665	19261	18723
农村居民人均消费支出（元）	9299	13435	10009	10338	9982	9994	12912	10076
其中：食品烟酒消费支出				3580	3595	3825	3738	
提供住宿的社会工作机构（个）	13	2	145	15	508	301		114
提供住宿的社会工作机构床位（床）	1303	218	1840	1434	5449	3769		2600
城乡居民基本养老保险参保人数（人）	162698	71902	287774	353103	659365	826252	325619	271845
城市居民最低生活保障人数（人）	10182	756	3039	2977	2949	1606	5182	15647
农村居民最低生活保障人数（人）	118205	4673	20385	40164	66846	37705	20341	27281
森林面积（公顷）	169000	34305		112712	195686	160000	46827	38178
自然保护区面积（公顷）	36800	2506		4194	0	0		0
污水处理率（%）	96.1	98			99	98		

Continued

覃塘区 Qintang District	平南县 Pingnan County	桂平市 Guiping City	玉州区 Yuzhou District	福绵区 Fumian District	容县 Rongxian County	陆川县 Luchuan County	博白县 Bobai County	兴业县 Xingye County	北流市 Beiliu City	右江区 Youjiang District	田阳区 Tianyang District
247	140	139	98	65	80	83	90	48	197	54	59
1120	2299	3589		696	1597	2015	3708	1522	2001	2255	1917
451203	711768	1190977	4720279	213307	756527	448693	946826	371540	955066	1697537	251567
0	0	0	4	0	0	0			1	2	1
3050	20444	2754	6276		1269	0	9014	618		8455	422
23	57	74	27	11	30	33	67	24	53	24	10
134	209	258	139	97	144	166	311	165	296	43	27
2513	6740	8416	2669	1198	3667	4369	6782	2441	6529	2638	1185
2680	7435	9510	4855	1809	4780	5815	10009	3237	7720	2514	1329
32824	89273	126595	35475	17984	56003	66154	113376	38902	108931	41562	20298
47217	130898	166365	107196	33157	89381	105214	188180	51414	165766	40542	25490
63	154	815	1984	77	332	259	336	237	520	1416	85
	190	476	87	50	247	189	340	120	346	698	108
0	1	3	2	0	1	8	3	2	0	4	3
2061	6199	7587	12469	859	4284	4467	3837	2206	7677	6470	2140
1732	5536	7959	16018	869	5284	5237	5512	2220	8149	8204	2304
554	2340	2632	4639	320	1779	1229	1758	748	2538	2630	695
28499	26954	26437	39570	28747	26881	26563	25006	24324	33448	32204	25710
37032	36736	36172	43882	42830	37570	36561	34095	34676	42830	39455	37634
19553	18003	18729	21914	19315	18607	18592	18757	17706	21148	19359	17611
10542	12213	12188	15296	11189	11215	13183	12274	11656	11757	12820	11679
3420		4038	5132	3781	3870	4260	3673	3851	4008	4200	3766
132	58	273	4	2	6	2	5	12	8	13	5
2610	3153	7215	573	320	1585	90	364	1013	942	2234	325
274922	682039	798694	211671	143960	448055	557800	988295	285128	699178	128441	189918
690	4701	4202	7558	2507	8292	6455	11343	33020	10318	3102	1016
23653	59042	102071	13166	13409	35786	44362	79652	28422	47843	10379	20362
69058	167769	201476	11279	47313	157622	93998	257300	89150	149657	303609	177911
0	0	1897	1123	473	2817	0	16012	2003	14768	78577	33811
	99.3	99.5	98	99.3	99.6	97.4	97.1	99.6	98.5	97.3	93.1

23－1 续表10

指 标	田东县 Tiandong County	德保县 Debao County	那坡县 Napo County	凌云县 Lingyun County	乐业县 Leye County	田林县 Tianlin County	西林县 Xilin County	隆林各族自治县 Longlin County	靖西市 Jingxi City
规模以上工业企业个数（个）	45	30	12	26	13	36	10	26	47
公路里程（公里）	1585	2116	1710	1700	1797	2125	1655	2290	2159
社会消费品零售总额（万元）	241056	212813	97319	118072	112536	255493	93799	214387	389686
亿元及以上商品交易市场（个）	1	0	0	0		0	0	0	0
出口总额（万美元）	4555	4717	204686	208	228	1018	231	1305	350871
普通中学数（所）	12	14	10	12	5	15	6	20	20
小学数（所）	40	26	27	35	19	28	22	52	47
普通中学专任教师数（人）	1767	1046	823	950	758	1349	779	2078	2150
小学专任教师数（人）	2043	1411	1016	1173	1079	1348	927	2291	2545
普通中学在校学生数（人）	25451	15714	11191	14802	10308	15033	10691	31089	32378
小学在校学生数（人）	32266	24274	15219	19742	13927	18572	13808	36822	45315
全年专利授权数（件）	146	58	44	26	33	22	9	63	174
公共图书馆图书总藏量（千册）	152	124	118	156	97	102	195	121	245
体育场馆个数（个）	3	1	1	2	1	2	5	0	1
医疗卫生机构床位数（张）	3249	1503	1104	689	580	1389	970	1706	3229
医疗卫生机构技术人员（人）	2863	1488	1214	1177	778	1479	985	1953	2928
#执业（助理）医师	1032	387	313	270	217	398	198	445	729
居民人均可支配收入（元）	27288	21755	16130	17555	18498	19866	18917	18244	19733
城镇居民人均可支配收入（元）	39417	38132	29122	32980	34854	34435	30277	35902	34224
农村居民人均可支配收入（元）	19252	13773	11098	11757	12162	14921	13542	12066	13777
农村居民人均消费支出（元）	10983	9279	8257	9141	9138	10282	8221	8150	8746
其中：食品烟酒消费支出	3485	3242	2951	3106	2953	3412	2985	2928	3223
提供住宿的社会工作机构（个）	3	3	1	2	1	2	2	2	3
提供住宿的社会工作机构床位（床）	150	210	86	236	100	144	326	131	120
城乡居民基本养老保险参保人数（人）	197467	204361	118577	110115	92197	138889	81366	231137	331582
城市居民最低生活保障人数（人）	1303	1314	1690	1447	1290	1269	311	856	2894
农村居民最低生活保障人数（人）	18730	39729	24867	21325	17593	28155	13015	46667	69389
森林面积（公顷）	211262	184551	174816	173111	220234	455705	233177	253696	223149
自然保护区面积（公顷）	0	31412	26299	19030	22062	16592	48202	19424	41978
污水处理率（%）	99.3	99.9	99.2	98.5	97.3	98	97.2	99.6	98.5

Continued

平果市 Pingguo City	八步区 Babu District	平桂区 Pinggui District	昭平县 Zhaoping County	钟山县 Zhongshan County	富川瑶族自治县 Fuchuan County	金城江区 Jinchengjiang District	宜州区 Yizhou District	南丹县 Nandan County	天峨县 Tian'e County	凤山县 Fengshan County	东兰县 Donglan County
78	62	131	16	70	25	41	60	33	17	7	12
1732	1471	1101	1546	1143	997	1032	2062	1313	1467	1790	1536
528124	890673	470185	185656	224903	223878	904222	525521	367326	109168	81969	158953
0	1	0	0	1	0	0	0	0	0		0
15383	20369	2674	294	1194	1060	91	946	22768	8	155	511
14	33	27	18	20	10	15	32	15	7	13	13
29	90	65	50	83	45	44	124	71	21	29	37
2378	3225	2199	1557	1691	1237	1377	2531	1376	817	891	1040
2477	4518	2531	2295	2557	1888	1781	3017	2013	985	1197	1359
37684	44830	33080	23231	26713	19066	26121	39754	21316	12500	13863	15730
44130	84790	44437	39868	46502	29809	34672	50737	32745	13974	18654	21947
217	326	447	125	211	85	369	203	58	41	20	53
111	302	128	181	192	159	476	135	133	76	87	72
5	4	4	3	2	2	2	2	17	0	2	2
2826	4598	1766	1508	1819	1305	4495	4427	1309	744	975	1138
3545	6522	1580	1763	2053	1602	5755	5251	1846	935	1067	1332
1228	2321	491	516	657	414	1844	1430	537	256	299	377
28341	27748	25451	24023	23301	22623	27905	26049	26633	19260	15387	15154
40248	39317	35523	35177	34981	34191	42513	41901	40781	30864	28394	28804
16782	16331	15483	14430	14797	14756	14555	15699	14561	11956	10757	10768
10154	11537	11127	10546	8939	8731	10994	11749	9712	9719	7389	7527
3459	0	6157	3490	2975	0	6734	3998	3661	3588	2676	2654
4	7	41	63	9	5	7	2	13	10	12	2
1094	640	763	1186	706	366	658	418	765	596	425	485
177333	366582	256101	196563	265442	189621	142300	297333	157495	88664	120889	146518
3179	2349	1595	1685	1129	1593	2982	2734	5211	877	2104	851
25890	32315	24975	23060	24350	18101	10615	25380	40772	13903	24176	21634
169764	276169	95283	271612	94552	69483	189118	251228	280900	260344	145295	194067
30205	9213	3688	14336	0	17560	11212	6035	1354	42848		22327
99.3	99.3	99.3	92.2	99.2	97.1	97.1	97.2	98.5	97.8	83.6	98.2

23—1 续表11

指标	罗城仫佬族自治县 Luocheng County	环江毛南族自治县 Huanjiang County	巴马瑶族自治县 Bama County	都安瑶族自治县 Du'an County	大化瑶族自治县 Dahua County	兴宾区 Xingbin District
规模以上工业企业个数（个）	27	29	20	27	15	151
公路里程（公里）	1467	1749	1109	3110	1670	3234
社会消费品零售总额（万元）	190903	132764	265178	230587		634850
亿元及以上商品交易市场（个）	0	0	0		0	
出口总额（万美元）	44	620	266	3070	473	620
普通中学数（所）	14	17	16	27	18	33
小学数（所）	49	45	57	136	68	114
普通中学专任教师数（人）	1169	1283	1199	2598	1815	3019
小学专任教师数（人）	1792	1715	1813	4092	2675	5625
普通中学在校学生数（人）	19061	20402	19719	47542	32327	42702
小学在校学生数（人）	27406	25375	29679	67343	47390	99005
全年专利授权数（件）	103	43	34	100	99	600
公共图书馆图书总藏量（千册）	168	89	126	127	76	429
体育场馆个数（个）	1	4	2	1	2	0
医疗卫生机构床位数（张）	1471	1418	988	2321	1974	5980
医疗卫生机构技术人员（人）	1745	1573	1498	3081	2278	6890
#执业（助理）医师	525	504	410	959	773	2139
居民人均可支配收入（元）	16381	19420	16967	17911	16330	27963
城镇居民人均可支配收入（元）	28053	32817	31721	28783	28667	39602
农村居民人均可支配收入（元）	10846	13197	11054	10945	11090	16122
农村居民人均消费支出（元）	7566	10891	7597	7469	8921	13347
其中：食品烟酒消费支出	2860	3804		2753		4392
提供住宿的社会工作机构（个）	4	2	6	4	19	28
提供住宿的社会工作机构床位（床）	446	218	933	2036	1186	1154
城乡居民基本养老保险参保人数（人）	186000	197024	147034	358800	269072	390127
城市居民最低生活保障人数（人）	5471	3289	2597	16306	7752	5450
农村居民最低生活保障人数（人）	28631	21384	21604	87268	63310	47537
森林面积（公顷）	189540	358307	153283	289702	194193	151100
自然保护区面积（公顷）	12853	47062	0	0	0	977
污水处理率（%）	99.2	98	98.8	85.9	96.5	98.9

Continued

忻城县 Xincheng County	象州县 Xiangzhou County	武宣县 Wuxuan County	金秀瑶族自治县 Jinxiu County	合山市 Heshan City	江州区 Jiangzhou District	扶绥县 Fusui County	宁明县 Ningming County	龙州县 Longzhou County	大新县 Daxin County	天等县 Tiandeng County	凭祥市 Pingxiang City
14	62	56	21	23	94	156	49	24	33	16	54
1962	1253	1020	1069	297	1489	1385	2318	1013	1468	1024	1074
182900	218818	230631	70280	103171	685563	386415	220796	293226	340037	209540	387000
0	0	0	0	0		1	1	0	0	0	0
215	767	1008	1257	310	5699	3401	26	396667	61870	0	1406241
9	10	14	6	3	22	19	19	6	13	19	4
24	20	26	29	6	25	68	34	20	23	42	33
1274	1044	1307	446	341	2341	1796	1259	416	1062	1344	388
1754	1510	1756	796	516	1793	2368	1874	1127	1579	1689	753
18489	15862	23675	6306	4970	33600	24176	20803	10216	17391	21131	6361
28873	23215	35397	10174	8894	33500	33840	29393	17375	23755	28098	12033
53	106	125	48	72	481	217	61	86	59	60	39
90	220	87	101	75	230	141	146	213	111	129	80
6	2	3	1	1	2	1	0	1	2	2	0
1897	2019	2374	892	746	1980	1518	1515	1328	1798	1594	588
1671	1821	2314	953	875	3107	2206	1963	1318	1828	1727	940
509	546	768	323	258	911	822	511	404	513	582	262
22499	25130	25430	22936	30136	29186	27524	20855	21534	22972	19317	30184
38296	39015	38418	39099	37545	40284	38821	32780	34032	38627	32618	41501
14704	15800	15951	13279	15906	17887	18269	15472	13916	16559	13767	15646
11589	13306	12856	12095	10679	11124	11942	9684	9443	11440	9129	9982
3517		4376	5266	3990	4116	4299	3680	3494	0	3497	0
0	6	12	9	2	10	9	2	1	3	9	2
0	1091	1322	335	200	320	242	23	78	541	136	250
247820	170625	194218	72256	41025	194254	154568	204923	154613	209652	219475	58867
4455	1132	1609	502	1232	1928	2367	1901	1496	1220	2099	943
29516	16445	20768	7884	3775	13583	14304	18868	8146	17380	24395	2772
159600	94233	93050	203798	19339	141000	106034	242711	135947	183805	135433	46561
0		0	25403	317	186721	9890	2396	24835	66384	0	0
97.6	90.4	97.8	93.1	96.9	97.1	99.5	96	95.9	90	91.3	96.9

23—2 111个县（市、区）主要经济指标（2022年）

指 标	Item	兴宁区 Xingning District	青秀区 Qingxiu District	江南区 Jiangnan District
行政区域面积（平方公里）	Land Area in Administrative Region (sq.km)	722.7	865.5	1183
地区生产总值（亿元）	Gross Domestic Product(100 million yuan)	399.27	1321.17	605.01
第一产业增加值	Value Added of Primary Industry	16.86	23.55	32.85
第二产业增加值	Value Added of Secondary Industry	59.25	113.50	239.26
第三产业增加值	Value Added of Tertiary Industry	323.16	1184.12	332.89
农、林、牧、渔专业及辅助性活动增加值（亿元）	Value Added of Professional and Subsidiary Activities for Agriculture, Forestry, Animal Husbandry and Fishery	0.21	3.13	0.80
一般公共预算收入（亿元）	General Public Government Revenue(100 million yuan)	9.98	28.43	18.32
一般公共预算支出（亿元）	General Public Government Expenditure (100 million yuan)	19.31	86.70	41.44
耕地面积（公顷）	Farmland Area (hectare)	10466	17386	30634
设施农业占地面积（公顷）	Protected Agriculture Covered Area (hectare)	54	248	298
耕地灌溉面积（公顷）	Effective Irrigated Area (hectares)	4576	10670	15270
农作物总播种面积（公顷）	Total Sown Area of Crops (hectare)	26794	37309	72618
粮食作物	Grain Crops	10101	14703	15042
#稻谷	Rice	7720	10736	10474
油料	Oil Crops	1659	2857	3334
糖料	Sugar Crops	455	5510	14123
蔬菜	Vegetables	8849	8844	25203
粮食总产量（吨）	Output of Grain (ton)	50925	81464	81089
#稻谷	Rice	41873	62974	60978
油料产量（吨）	Oil-bearing Crops (ton)	4437	9251	11002
糖料产量（吨）	Sugar Crops (ton)	30369	498719	1284524
园林水果（不含瓜类水果）产量（吨）	Fruit (ton)	20033	46415	105948
肉类总产量（吨）	Output of Meat (ton)	19231	39121	20375
#猪肉	Pork	2465	15990	9995
禽肉	Poultry	16298	21232	8659
禽蛋（吨）	Eggs (ton)	2503	2569	2557
奶类（吨）	Milk (ton)	766	0	829
蔬菜（吨）	Vegetables (ton)	188381	211877	570871
水产品产量（吨）	Output of Aquatic Products (ton)	7810	9004	15200
“两品一标”农产品（个）	“Two Products, One Label” Agricultural Products (unit)	1	17	5

注：1. 表中数据均为初步数，截止出版前（2023年10月30日）未经国家统计局审核反馈，仅供参考，请谨慎使用。
2. 部分指标数据来源于其他县级部门快报数。最终数据以各县级单位和部门公布的数据为准。

Main Social and Economic Indicators by County（2022）

西乡塘区 Xixiangtang District	良庆区 Liangqing District	邕宁区 Yongning District	武鸣区 Wuming District	隆安县 Long'an County	马山县 Mashan County	上林县 Shanglin County	宾阳县 Binyang County	横州市 Hengzhou City	城中区 Chengzhong District	鱼峰区 Yufeng District
1076	1369	1230.7	3388.9	2306	2341	1871	2298.2	3448.1	77.6	862
966.89	411.39	165.40	384.02	120.69	101.32	103.76	309.14	330.29	426.82	477.25
45.64	32.01	41.06	136.89	53.24	32.56	34.20	55.11	97.55	1.13	9.47
287.66	107.37	43.30	100.76	25.34	16.62	14.63	98.59	76.52	160.47	220.97
633.59	272.01	81.04	146.36	42.11	52.14	54.93	155.44	156.22	265.22	246.82
0.89	0.19	0.24	2.46	0.78	0.14	0.08	0.74	2.33	0.05	0.33
26.43	20.87	3.00	16.58	3.65	2.37	3.86	8.08	6.81	7.89	14.86
57.84	35.19	36.53	78.36	28.97	37.94	31.11	42.62	54.61	11.87	25.08
29561	20539	32452	60922	44116	36388	35604	72532	83594	232	11708
10714	234	23	471	16668	56	69	27	43	34	111
21550	6705	17100	39720	17400	9790	21940	44780	37980	140	3180
45069	55348	62242	172165	62227	68323	52892	149869	169254	904	16343
12270	18070	27518	68254	34582	41413	34822	74938	74447	219	6876
6720	14142	19929	34550	12558	15028	24046	57958	54671	64	4360
2287	2369	5101	11946	1263	1459	3049	6751	5676	20	780
4904	12128	8688	19621	6047	3362	5115	18961	18259	0	3547
19665	15728	15084	64424	14975	13654	8254	38209	55007	666	5139
60169	87793	140851	341248	155365	195065	170210	368935	392299	811	32726
35896	72207	113627	207085	68950	84104	128894	316156	313656	351	22968
6950	5910	14039	40348	3017	4217	6446	21167	20572	29	1895
350411	881983	673997	1594821	485754	219027	452218	1751622	1550470	0	260160
667989	134943	145042	2170140	802012	74147	295373	256173	239955	1300	74086
70595	31191	66243	91080	43967	48842	30774	81650	117720	1817	5052
49959	8377	21359	55520	26398	36967	22265	41624	74280	359	2542
17167	21877	43279	31540	15766	9020	6398	35708	39770	1458	1772
2063	511	466	11270	4342	5204	2181	1990	1790	0	412
3876	398	324	148	0	0	0	0	2187	0	2069
428679	465434	374349	1676036	345718	377008	326770	950741	1341002	10228	172525
14528	11810	12353	40854	13770	11794	20800	35626	48001	205	2681
7	1	24	8	28	8	2	5	26	2	14

Note: 1. All the data in this chapter are preliminary data, has not yet to be verified by National Bureau of Statistic before the date of publication (October 30, 2023). All data are only for reference.

2. Some indicators and data come from preliminary statistical data of other county-level departments. The final data shall be subject to those released by relevant county-level departments.

23—2 续表1

指标	柳南区 Liunan District	柳北区 Liubei District	柳江区 Liujiang District	柳城县 Liu Cheng County	鹿寨县 Luzhai County	融安县 Rong'an County	融水苗族自治县 Rongshui County	三江侗族自治县 Sanjiang County
行政区域面积（平方公里）	541.4	301.3	1773.4	2114	2974.8	2898.1	4638.2	2417.2
地区生产总值（亿元）	566.50	577.67	298.96	219.69	187.97	126.50	138.94	88.79
第一产业增加值	11.50	10.87	51.24	66.65	50.95	37.09	22.84	23.48
第二产业增加值	301.85	296.53	90.35	76.81	57.93	35.74	37.83	13.97
第三产业增加值	253.14	270.27	157.38	76.23	79.09	53.67	78.26	51.34
农、林、牧、渔专业及辅助性活动增加值（亿元）	0.48	0.46	1.61	2.65	1.76	0.85	0.74	0.85
一般公共预算收入（亿元）	5.97	6.59	7.36	5.49	5.80	3.21	6.09	1.96
一般公共预算支出（亿元）	18.94	17.00	23.42	22.74	27.17	22.54	33.78	28.63
耕地面积（公顷）	9532	5222	38417	68799	30363	20731	50854	16074
设施农业占地面积（公顷）	120	1280	2341	1216	117	0	13	28
耕地灌溉面积（公顷）	3270.9	2448.4	15831.8	23000	24390	15929.1	16038.5	12000
农作物总播种面积（公顷）	16098	10504	77787	91723	78288	39504	40799	21877
粮食作物	6000	3222	21277	28934	27469	18006	22642	13760
#稻谷	4807	2379	16016	24300	20621	14828	17883	9010
油料	451	512	892	3195	3923	2402	1274	660
糖料	3559	903	15761	36899	11603	2342	5064	20
蔬菜	5870	5867	37627	16775	27273	12878	11820	7313
粮食总产量（吨）	32481	15905	105391	148389	140811	87509	111990	70144
#稻谷	28340	12853	85992	133409	115546	79347	98632	59242
油料产量（吨）	1021	1116	2299	8512	11268	3841	1979	1305
糖料产量（吨）	261804	54477	1005927	2914216	751759	137750	313095	1496
园林水果（不含瓜类水果）产量（吨）	23199	45765	191245	421151	262676	318304	67391	15396
肉类总产量（吨）	9981	12409	41029	53403	38689	21070	30031	15669
#猪肉	5929	6122	27731	37494	26080	10256	15058	7901
禽肉	3246	6033	8046	9719	9537	7423	12377	4822
禽蛋（吨）	8050	1825	1351	1593	1627	577	188	412
奶类（吨）	145	2794	694	0	687	0	0	0
蔬菜（吨）	141283	213046	1077560	474722	540710	235303	182924	86485
水产品产量（吨）	2856	8065	10029	17762	9153	7384	9219	5576
“两品一标”农产品（个）	9	7	16	17	13	16	102	55

Continued

秀峰区 Xiufeng District	叠彩区 Diecai District	象山区 Xiangshan District	七星区 Qixing District	雁山区 Yanshan District	临桂区 Lingui District	阳朔县 Yangshuo County	灵川县 Ling Chuan County	全州县 Quanzhou County	兴安县 Xing'an County	永福县 Yongfu County	灌阳县 Guanyang County	龙胜各族自治县 Longsheng County
43.2	51.9	89.9	71	302.1	2247	1435.6	2301.8	3979	2332.5	2794.8	1835.3	2450.5
103.92	94.24	190.83	286.00	36.27	279.46	127.35	203.93	216.83	166.99	106.57	83.26	70.38
0.57	1.48	1.40	1.49	7.45	56.09	43.48	65.89	96.01	75.10	38.92	36.56	17.09
10.75	7.44	52.90	87.69	5.64	100.41	22.34	45.66	25.41	29.32	20.45	13.77	16.30
92.60	85.32	136.53	196.82	23.18	122.96	61.54	92.38	95.41	62.57	47.19	32.92	37.00
0.08	0.10	0.07	0.13	0.14	1.16	0.71	0.89	1.03	1.09	1.03	0.80	3.82
2.24	2.16	3.64	7.05	0.42	16.14	2.67	6.53	4.81	4.26	2.93	1.95	2.61
6.16	4.24	7.31	9.46	5.15	42.73	17.84	28.45	43.88	27.35	21.60	22.12	20.66
445	1143	1002	627	5423	26743	8679	13420	69939	13244	30730	9559	13256
0	394	11	0	3	93	1160	23	398	340	8	1109	0
445	820	916.5	627.1	3489	20400	6800	12794.5	46666	10615.1	20887.2	7901.5	7776.8
693	1757	2274	2567	10169	83725	47610	62307	149480	63221	47178	47676	27164
240	338	1250	440	3542	43192	19591	27340	73869	31888	23170	27897	11322
240	173	1020	308	2200	34897	11821	17259	50921	19245	15991	18612	5357
0	35	24	31	232	673	2225	765	6180	2318	676	2452	303
0	1	0	0	0	557	376	99	533	41	298	119	0
450	1380	1000	2096	5222	24603	16632	26456	32431	19855	13279	12038	8840
1394	1701	6080	2550	15541	238256	93744	142569	385776	175736	116525	160783	62334
1394	1086	5422	2077	11413	214702	68547	111871	318267	130721	92731	124616	42630
0	84	48	99	252	1341	4520	1933	15123	7260	2251	4766	563
0	120	0	0	0	60707	33697	7709	35471	2005	22144	5214	0
0	342	157	755	77113	389646	1076151	1031806	973000	829513	773830	684172	168819
255	1706	2816	1931	15611	114185	29399	67730	80228	53354	55481	33063	13795
0	694	1873	1199	4947	36580	17950	37111	62558	43907	34764	28266	7163
255	960	710	698	10302	74087	8182	26113	14238	6374	17582	3532	3651
5	196	196	0	1955	10646	1477	7418	3812	2045	1130	805	501
0	0	174	0	0	0	156		0	0	57	0	4
10225	41366	20463	67468	123035	621305	389848	830167	818618	531645	329702	249638	156966
1195	100	1980	545	2686	15331	7875	9788	23144	11114	5601	5870	854
	2		0	1	12	9	16	20	5	37	9	30

23—2 续表2

指 标	资源县 Ziyuan County	平乐县 Pingle County	恭城瑶族自治县 Gongcheng County	荔浦市 Lipu City	万秀区 Wanxiu District	长洲区 Changzhou District	龙圩区 Longxu District	苍梧县 Cangwu County
行政区域面积（平方公里）	1941	1893.2	2139	1760	448.6	372.6	971.4	2781.7
地区生产总值（亿元）	58.47	143.46	95.31	170.09	262.28	223.73	222.53	71.07
第一产业增加值	24.24	68.06	49.23	37.14	7.91	6.29	11.79	30.60
第二产业增加值	6.55	23.72	10.47	47.25	125.40	80.17	121.94	17.28
第三产业增加值	27.68	51.69	35.61	85.70	128.98	137.26	88.80	23.19
农、林、牧、渔专业及辅助性活动增加值（亿元）	0.39	1.04	0.65	1.13	0.14	0.15	0.82	1.07
一般公共预算收入（亿元）	1.46	4.10	2.85	4.37	3.52	6.76	3.02	3.86
一般公共预算支出（亿元）	20.89	25.93	22.70	25.22	10.19	15.77	11.08	26.23
耕地面积（公顷）	11549	12493	11100	7270	2146	1811	9733	11930
设施农业占地面积（公顷）	300	837	280	20	9		1	250
耕地灌溉面积（公顷）	10703	6250	10580	6137.3	2120		8650	10607
农作物总播种面积（公顷）	19544	77720	47530	51082	7636	11818	26866	32421
粮食作物	9849	29966	17142	19517	3935	2530	15076	19942
#稻谷	5584	17047	6718	12856	3103	1592	12849	15932
油料	528	4070	6082	1578	286	557	1929	2095
糖料	0	512	37	432	0	5	65	68
蔬菜	9167	30205	13984	18024	3416	8727	8826	10315
粮食总产量（吨）	55964	151284	69751	102415	19659	11954	79975	107212
#稻谷	41784	103348	37380	75542	17409	10266	74081	96501
油料产量（吨）	1181	18577	17474	7231	706	1795	6398	7236
糖料产量（吨）	0	55181	4000	32770	0	126	3714	3908
园林水果（不含瓜类水果）产量（吨）	127692	1215017	1654631	913563	23800	19529	89550	230130
肉类总产量（吨）	11698	28257	26970	49895	6450	5613	17849	25338
#猪肉	5389	16037	16096	36959	4420	3690	9681	14291
禽肉	3241	8600	6644	11261	1861	1792	7573	10121
禽蛋（吨）	534	3937	1639	1310	681	424	8956	150
奶类（吨）	0	0	0	0	222	154	0	0
蔬菜（吨）	215623	848969	220462	359276	62163	163948	151599	242745
水产品产量（吨）	1387	9482	7084	5664	5556	8203	6070	9635
“两品一标”农产品（个）	9	6	17	18	5	4	3	16

Continued

藤县 Tengxian County	蒙山县 Mengshan County	岑溪市 Cenxi City	海城区 Haicheng District	银海区 Yinhai District	铁山港区 Tieshangang District	合浦县 Hepu County	港口区 Gangkou District	防城区 Fangcheng District	上思县 Shangsi County	东兴市 Dongxing City
3946.2	1281.7	2770.3	190.3	541.1	504.8	2784.1	413.2	2425.9	2813.7	590.1
283.02	97.67	259.42	563.03	228.94	531.38	350.87	649.13	143.37	96.14	79.43
71.75	21.07	51.30	29.56	51.00	34.79	124.20	23.96	43.77	34.53	22.88
92.07	41.64	105.69	195.67	27.99	458.77	79.09	448.14	31.28	28.17	10.26
119.20	34.96	102.42	337.79	149.95	37.82	147.58	177.04	68.32	33.44	46.29
2.97	0.62	2.47	0.53	0.24	1.84	1.70	0.95	1.70	1.34	0.89
12.32	2.26	7.83	5.26	5.47	4.63	13.53	7.03	4.82	5.36	2.18
52.27	18.82	40.55	14.40	16.11	13.57	57.90	13.09	28.61	22.98	25.30
37798	3503	24629	1514	19645	17382	62565	2489	25226	51889	4192
322	2	133	22	1597	4266	280	3	46	11	51
25525.3	3503	19576.4	333.3	8893.3	6570	37890	1500	12510	13560	3650
103714	44110	80272	3027	26475	21697	131486	6159	48414	54811	9745
44484	11162	43815	934	4710	5600	56227	3330	25226	11905	5414
34616	7303	28164	227	2369	2526	32849	1263	14208	7097	2702
5512	1832	3900	330	1801	2348	10837	450	1642	992	379
606	0	859	0	10293	4552	17890	62	5037	34948	201
38043	20389	21885	1763	6201	5717	35006	2151	16509	5205	3345
233970	59821	205109	3675	20381	26023	267759	12812	97762	49746	18541
207779	45856	166473	1152	11383	12109	192185	5954	62151	33540	11952
17777	6501	10406	952	7139	7040	35453	1470	3818	2196	487
42139	0	57276	0	924832	309794	1658586	3975	487953	2745532	12791
306501	176479	368864	16256	14577	10862	144082	1680	70963	60828	13726
60082	14360	97396	1034	14874	10669	101458	2818	30625	14529	8537
36598	10404	45480	393	10701	6557	55600	1476	22546	5816	5118
21024	3626	49300	565	3872	3839	43031	1177	6025	7170	2977
3884	1451	3892	13	12941	38	5979	542	1403	931	455
0	0	755	31	1913	0	721	0	0	2193	0
1571543	330149	694074	56314	221431	133242	927333	25080	254680	74631	53747
26820	10406	18960	253627	262848	205044	491981	248104	161800	15248	150048
7	11	8	8	4	4	22	6	4	24	6

23—2 续表3

指　标	钦南区 Qinnan District	钦北区 Qinbei District	灵山县 Lingshan County	浦北县 Pubei County	港北区 Gangbei District	港南区 Gangnan District	覃塘区 Qintang District	平南县 Pingnan County	桂平市 Guiping City
行政区域面积（平方公里）	2596	2240.2	3557.5	2601.3	1096.5	1099	1352	2984	4070.6
地区生产总值（亿元）	856.49	400.08	361.44	299.70	363.29	246.79	271.30	320.05	370.68
第一产业增加值	93.46	72.93	93.52	78.48	30.08	36.29	41.19	74.14	96.18
第二产业增加值	408.55	120.47	62.08	88.21	114.62	120.78	173.41	79.75	67.78
第三产业增加值	354.47	206.68	205.85	133.01	218.59	89.72	56.70	166.15	206.72
农、林、牧、渔专业及辅助性活动增加值（亿元）	2.94	74.89	3.22	1.80	1.16	0.61	0.00	3.21	2.38
一般公共预算收入（亿元）	7.35	6.55	11.03	9.57	12.17	5.52	7.49	15.91	13.33
一般公共预算支出（亿元）	31.06	27.65	63.22	41.10	28.80	25.16	24.36	70.99	78.86
耕地面积（公顷）	35459	39423	64378	30070	36598	36491	54669	61000	101956
设施农业占地面积（公顷）	9	2923	248	9	44	5	259		591
耕地灌溉面积（公顷）	11285	19170	32673.3	19391.8	16890	15840	22846.7	42032	54980
农作物总播种面积（公顷）	81691	95675	128961	82337	38418	59631	78867	101005	178119
粮食作物	32797	46991	65929	43891	25255	40080	38850	66918	105053
#稻谷	21106	33545	51503	32777	18031	31673	23303	51897	81946
油料	1429	5209	2331	3483	2496	3391	6501	8546	11469
糖料	10658	8827	15204	8129	4633	2739	14868	1680	2972
蔬菜	28904	27276	26785	18332	6035	5660	12160	23861	39990
粮食总产量（吨）	146781	230383	340910	227500	149755	227109	207845	346305	561996
#稻谷	110106	190272	302719	188494	110048	193482	137151	305420	484423
油料产量（吨）	3723	17371	6703	10005	14491	13590	21454	36963	44836
糖料产量（吨）	613582	704098	1199329	537754	465002	247459	1278345	138022	323845
园林水果（不含瓜类水果）产量（吨）	105370	490621	1166149	1157203	27677	61711	41648	274909	242805
肉类总产量（吨）	62381	108272	107737	70593	61265	64097	46867	88346	128528
#猪肉	20408	27818	48952	37902	45333	49238	37235	57798	82905
禽肉	41190	75431	51224	29083	14631	11335	7916	26032	32179
禽蛋（吨）	5611	2488	6015	2102	2747	1012	7246	3285	6767
奶类（吨）	0	0	36789	984	4535	0	129	309	4261
蔬菜（吨）	673602	766369	590873	343673	186134	133932	239561	736705	980067
水产品产量（吨）	494853	38100	41200	35100	14339	27101	16544	81301	77415
“两品一标”农产品（个）	3	5	42	19	8	8	4	26	14

Continued

玉州区 Yuzhou District	福绵区 Fumian District	容县 Rongxian County	陆川县 Luchuan County	博白县 Bobai County	兴业县 Xingye County	北流市 Beiliu City	右江区 Youjiang District	田阳区 Tianyang District	田东县 Tiandong County	德保县 Debao County
435.5	829	2255.1	1554.3	3829.9	1468.1	2452.3	3717.7	2373.1	2810.5	2575.3
565.01	131.86	233.89	258.33	359.25	202.70	416.42	364.15	156.43	197.09	136.07
23.49	36.53	60.88	56.11	119.85	58.22	75.60	41.88	42.25	47.35	17.16
155.11	53.83	67.91	70.31	76.02	64.96	137.32	137.31	69.83	86.39	86.65
386.41	41.51	105.10	131.91	163.38	79.53	203.50	184.95	44.35	63.34	32.26
0.40	0.43	3.30	1.20	6.48	4.68	3.56	1.42	1.43	1.58	0.56
10.29	3.29	6.08	5.03	8.38	5.59	19.80	6.32	5.19	8.45	6.01
26.50	15.18	36.20	45.23	73.96	33.27	57.78	22.76	27.54	33.42	35.45
9627	16602	23764	25309	56885	29641	32040	23377	29863	34565	34631
38	20	238	32	272	517	8	1253	3391	3748	1323
7653.2	14953	20060	25030	38160.7	21460.8	28650	8870	16010	20568	9270
32079	48430	64244	57819	150765	58594	94859	45350	53046	60461	38085
17769	23981	37388	41351	82263	36137	53998	15617	21940	23875	24711
15456	20668	29149	34306	54640	31053	42868	6224	9805	11836	8480
1213	2175	1833	2052	5676	2725	4688	917	579	404	654
11	2173	217	826	6094	744	825	10870	2213	12618	1961
13086	15897	19692	13590	41812	18978	27659	14867	26601	21884	8761
102250	141038	210303	243261	436516	215521	302833	72707	114726	115542	99424
95331	128504	186256	221637	333408	197238	271148	35799	60969	70061	51802
4573	5582	4911	7744	20868	8513	23588	2412	2105	925	1210
965	226096	18426	68500	729321	69258	78692	625052	130473	766465	102963
43760	93744	428153	113060	503681	91540	451326	410113	411300	514102	120888
25864	75090	110412	131598	226835	219083	106123	31290	24511	37105	19510
8693	23532	48942	87436	167700	70143	56369	13110	16182	22303	9675
16074	49713	59191	42531	53266	147673	45903	16262	6717	12287	6452
5015	19580	10745	6256	4130	2452	5028	160	737	25054	835
36	0	422	186	727	0	6325	0	0	450	0
465559	620501	521105	525778	1203482	432330	1009473	467648	963827	620869	221115
19818	13030	12000	27700	41801	8400	30300	12300	10600	13994	2000
2	1	54	8	15	10	30	11	39	49	4

23−2 续表4

指　标	那坡县 Napo County	凌云县 Lingyun County	乐业县 Leye County	田林县 Tianlin County	西林县 Xilin County	隆林各族 自治县 Longlin County	靖西市 Jingxi City	平果市 Pingguo City
行政区域面积（平方公里）	2222.8	2047.5	2633.2	5523.8	2997.3	3517.6	3325.6	2457.2
地区生产总值（亿元）	50.03	57.19	39.36	97.33	45.86	86.72	184.77	314.11
第一产业增加值	13.92	14.39	12.24	27.64	21.72	19.84	24.87	26.18
第二产业增加值	6.97	13.62	10.97	38.63	7.55	32.17	98.43	200.03
第三产业增加值	29.15	29.18	16.15	31.06	16.58	34.72	61.47	87.90
农、林、牧、渔专业及辅助性活动增加值（亿元）	0.40	0.40	0.38	0.83	0.62	0.58	0.80	0.85
一般公共预算收入（亿元）	1.29	2.07	1.47	3.04	2.51	3.62	14.39	22.00
一般公共预算支出（亿元）	27.53	25.33	19.87	28.36	21.54	40.23	62.40	42.00
耕地面积（公顷）	18308	11874	14758	24158	10728	38545	59036	33532
设施农业占地面积（公顷）	381	275	554	418	1005	380	2031	2261
耕地灌溉面积（公顷）	2550	3490	6590	10410	5020	8820	16120	8830
农作物总播种面积（公顷）	26079	21363	20673	38287	23283	35302	65862	41345
粮食作物	16747	14306	12059	17887	13807	23006	48872	26063
#稻谷	4227	3839	3508	4134	3229	5906	11777	9976
油料	298	1531	2314	558	2801	3462	1219	400
糖料	131	282	59	11669	718	666	996	3731
蔬菜	5230	4006	4657	7196	4495	5170	9235	8818
粮食总产量（吨）	65205	56622	52945	84831	59602	94387	209948	107212
#稻谷	27892	22758	18348	27547	19832	36523	69708	54157
油料产量（吨）	445	1623	1685	500	3307	4374	2184	807
糖料产量（吨）	7161	21443	2456	604409	47685	43960	64937	298017
园林水果（不含瓜类水果）产量（吨）	23763	15046	33319	111860	450889	64563	61770	83749
肉类总产量（吨）	11475	12746	10095	21724	10294	21105	29197	45147
#猪肉	7750	8978	6326	12469	6107	12262	19767	24235
禽肉	1885	2512	1539	5950	2588	4337	5982	19165
禽蛋（吨）	438	61	472	292	311	1671	253	405
奶类（吨）	0	0	0	0	0	0	0	0
蔬菜（吨）	101833	92861	115249	200907	93440	118622	226432	207388
水产品产量（吨）	730	900	7160	2600	12400	18216	6900	7400
"两品一标"农产品（个）	10	47	53	4	52	11	11	6

Continued

八步区 Babu District	平桂区 Pinggui District	昭平县 Zhaoping County	钟山县 Zhongshan County	富川瑶族自治县 Fuchuan County	金城江区 Jinchengjiang District	宜州区 Yizhou District	南丹县 Nandan County	天峨县 Tian'e County	凤山县 Fengshan County
3666.7	1775.21	3223.7	1547.39	1539.8	2346.4	3857.1	3904.9	3183.7	1729.5
345.29	253.59	102.55	151.20	119.53	241.73	161.47	141.79	75.96	34.51
44.90	33.16	32.72	25.37	40.90	20.28	69.39	19.84	12.79	10.02
139.22	135.83	19.14	52.50	40.79	58.59	27.51	88.98	42.05	4.29
161.18	84.60	50.69	73.34	37.85	162.87	64.57	32.96	21.13	20.20
3.11	35.12	1.93	1.52	2.11	0.53	1.83	0.51	0.26	0.19
9.61	9.16	3.54	5.41	3.88	4.53	6.23	10.04	3.41	1.71
41.34	33.65	33.58	29.25	31.84	22.37	34.29	34.67	25.72	22.04
27279	17760	19241	26321	35833	17983	73762	26528	10805	13858
1973	490	1057	835	762	27	65	73	29	27
21355	13913	10850	22640	16071	11180	18845	5880	3808	3706
78686	53368	37734	38397	53422	37799	91031	41424	22244	18955
31947	20383	20874	23236	21850	16550	41782	20035	14646	12769
25327	14189	15298	17907	12746	6739	18770	8288	2918	2718
3632	2818	888	2401	6362	850	2680	3541	1308	583
819	369	86	193	4	4144	21345	1608	66	35
30214	21053	10985	9212	20279	12597	16708	12629	6206	5568
169012	103137	106697	124940	109499	69547	183439	87433	60465	44010
149918	85556	91797	106388	79047	38535	101571	52927	19716	17748
9303	6582	1877	6632	15127	935	2750	4378	1272	664
54718	27759	5343	14743	101	311542	1482752	106911	3291	2650
164939	83751	148610	239176	908315	79605	164598	79619	65854	15553
52071	48686	19359	32793	47910	15111	25898	20950	11881	11888
35288	37230	10130	17540	40852	8644	14143	11090	8288	7851
15211	10493	7812	13396	6267	4305	6161	8164	1427	2705
4323	430	1178	1041	341	3663	408	294	165	236
0	8	0	29371	0	0	0	0	1	0
903766	619141	336485	285213	514360	345451	557856	290790	67249	58929
17631	11008	17255	15105	7751	5446	12840	1792	12114	307
40	34	22	24	17	7	6	28	34	6

23—2 续表5

指 标	东兰县 Donglan County	罗城仫佬族自治县 Luocheng County	环江毛南族自治县 Huanjiang County	巴马瑶族自治县 Bama County	都安瑶族自治县 Du'an County	大化瑶族自治县 Dahua County
行政区域面积（平方公里）	2436.8	2651	4552.8	1976.4	4087.7	2750
地区生产总值（亿元）	55.75	74.93	85.95	96.87	85.96	80.62
第一产业增加值	15.20	29.73	28.61	17.42	22.34	14.47
第二产业增加值	5.98	9.77	23.18	34.06	12.85	30.44
第三产业增加值	34.57	35.43	34.15	45.39	50.77	35.70
农、林、牧、渔专业及辅助性活动增加值（亿元）	0.30	0.28	1.14	0.46	0.51	0.47
一般公共预算收入（亿元）	1.96	3.02	4.60	4.75	3.86	4.75
一般公共预算支出（亿元）	30.70	34.58	33.91	27.63	53.79	42.22
耕地面积（公顷）	17963	36605	36073	15620	38341	23494
设施农业占地面积（公顷）	29	79	8	40	70	0
耕地灌溉面积（公顷）	7050	12272	14110	5226	3146	3910
农作物总播种面积（公顷）	25053	62858	36683	39947	66418	37750
粮食作物	14770	23798	21827	18493	42218	25843
#稻谷	5190	13631	10846	4456	7088	4227
油料	1344	3296	671	2212	99	438
糖料	457	11190	3738	1404	3022	3997
蔬菜	6926	17001	10442	9322	9448	5435
粮食总产量（吨）	55102	101883	117463	62643	121267	74010
#稻谷	25954	69040	78531	21842	33769	19029
油料产量（吨）	929	4191	1192	1893	97	408
糖料产量（吨）	41715	765154	251077	83199	241766	274962
园林水果（不含瓜类水果）产量（吨）	45186	143101	177730	59351	47229	28786
肉类总产量（吨）	15879	23056	16221	24200	43131	33158
#猪肉	9000	15322	9494	13699	27349	24383
禽肉	4019	3561	2860	4186	4079	3487
禽蛋（吨）	1177	368	291	1098	405	457
奶类（吨）	0	0	0	0	0	0
蔬菜（吨）	83726	183364	183689	164855	124607	78886
水产品产量（吨）	5475	5942	3744	3359	2895	16286
“两品一标”农产品（个）	12	12	21	9	4	6

Continued

兴宾区 Xingbin District	忻城县 Xincheng County	象州县 Xiangzhou County	武宣县 Wuxuan County	金秀瑶族自治县 Jinxiu County	合山市 Heshan City	江州区 Jiangzhou District	扶绥县 Fusui County	宁明县 Ningming County	龙州县 Longzhou County	大新县 Daxin County	天等县 Tiandeng County	凭祥市 Pingxiang City
4403.5	2521.9	1917.9	1704.1	2469	365.7	2917.8	2841	3704.5	2311.1	2747.5	2165	645
445.63	92.24	114.18	144.44	57.14	47.61	259.99	289.28	123.18	115.04	109.11	84.84	99.57
70.87	30.07	35.89	36.51	15.97	7.24	39.22	49.21	33.60	31.60	29.19	17.63	7.12
159.35	18.81	27.79	45.26	12.64	18.22	89.97	165.18	37.64	29.22	32.99	19.49	41.29
215.41	43.35	50.50	62.68	28.52	22.15	130.80	74.90	51.94	54.22	46.92	47.72	51.16
4.51	1.05	1.32	1.26	0.43	0.20	0.98	2.07	1.72	0.09	0.41	0.10	0.23
10.74	3.63	4.95	8.26	2.32	2.11	5.09	8.11	2.90	3.22	4.17	3.11	3.70
53.22	32.43	23.24	32.94	21.63	13.42	22.70	32.95	36.69	27.41	29.92	29.56	20.94
150465	33081	32155	44320	2560	8779	102010	102014	75225	59879	62927	42436	7452
398	10	14	113	17	38	2	241	1180	11	0	236	2
39338	8384	31668	16313	1965	3242	11260	20370	27550	13460	25680	10232	3010
192029	44505	65689	70475	27841	12326	96674	135824	76862	59177	78607	62513	10846
55368	27227	30387	27240	8220	5685	10504	14311	15881	9075	27333	35721	3901
38262	11126	24305	20914	3292	4481	5749	9495	10910	2686	14431	12797	2252
5889	1890	2739	3415	718	418	1571	4651	2079	1179	952	1409	267
78290	5033	12606	22535	44	2385	75931	73375	45476	36991	34307	4016	2711
36648	10332	11553	11533	5656	2746	4377	20200	10366	8054	8414	13321	3033
262813	112971	165456	130778	35861	28859	42500	60155	68508	40011	128008	155693	17013
202990	58871	143878	108457	19242	23819	29451	43130	53269	15530	81779	69641	11028
18068	4029	4514	9521	1830	1081	3186	11554	4747	2676	2145	2496	748
6922411	349708	929103	2182014	3534	200518	6246726	6504532	4611260	3838539	3578277	393456	206707
383054	79163	686810	371587	314103	29246	214813	404397	85285	235629	149655	49659	27810
78198	16101	18520	44106	7562	4940	20801	50570	13924	13382	19712	19706	4425
56011	7457	10549	36422	5107	3414	12345	44191	8744	8517	11033	11953	1999
13407	3434	6147	5897	1673	930	7283	5091	3274	2842	5129	4871	2089
2185	272	1504	328	185	58	110	4090	341	261	290	13357	390
8324	0	0	0	0	0	0	17044	0	0	0	0	0
808832	244970	276985	299212	118433	65523	78345	662503	194138	176508	154614	243458	57231
30394	5460	11670	11900	1689	2387	11084	17403	7902	11401	8500	3400	2910
8	6	17	5	20	1	4	1	0	2	5	3	1

23-2 续表6

指 标	Item	兴宁区 Xingning District	青秀区 Qingxiu District	江南区 Jiangnan District
规模以上工业企业个数（个）	Number of Industrial Enterprises Above Designated Size (unit)	36	36	212
公路里程（公里）	Length of Highways (km)	635	791	1072
社会消费品零售总额（万元）	Total Retail Sales of Consumer Goods(10 000 yuan)	5539188	5386457	3784217
#限额以上消费品零售额	Retail Sales above Designated Size in Wholesale and Retail (10 000 yuan)	2061423	2340579	2534881
亿元及以上商品交易市场（个）	Markets of Transaction Value over 100 Million Yuan(unit)	4	3	3
出口总额（万美元）	Total Export (USD 10 000)	2095	40374	400433
房地产开发投资	Real Estate Development(10 000 yuan)	794505	1564624	1096750
普通中学数（所）	Number of Regular Secondary Schools (unit)	23	20	35
小学数（所）	Number of Primary Schools (unit)	52	90	90
普通中学专任教师数（人）	Full-time Teachers in Regular Secondary Schools (person)	1874	1254	2178
小学专任教师数（人）	Full-time Teachers in Primary Schools (person)	2840	6098	5329
普通中学在校学生数（人）	Student Enrollment in Regular Secondary Schools (person)	26148	13257	30034
小学在校学生数（人）	Student Enrollment in Primary Schools (person)	51745	100207	97963
全年专利授权数(件)	Number of Patent Authorizations Throughout the year (unit)	1156	2959	1617
公共图书馆图书总藏量（千册）	Total Collection of Books in Public Libraries (1 000 copies/collects)	169	585	69
体育场馆个数（个）	Sports Venues (unit)		1	27
医疗卫生机构床位数（张）	Number of Beds in Health care Institutions (bed)	5980	15998	3251
医疗卫生机构技术人员（人）	Medical and Technical Personnel of Healthcare Institutions (person)	8048	28097	6021
#执业（助理）医师	Practitioner (Assistant) Physicians	3460	10345	2423
居民人均可支配收入(元)	Per Capita Disposable Income of Households (yuan)	42913	52506	37857
城镇居民人均可支配收入（元）	Per Capita Disposable Income of Urban Households (yuan)	46341	54921	41798
农村居民人均可支配收入（元）	Per Capita Net Income of Rural Residents (yuan)	20132	20993	20779
农村居民人均消费支出（元）	Per Capita Consumption Expenditure of Rural Households (yuan)	13371	18707	12057
其中：食品烟酒消费支出	Consumption Expenditure on Food, Tobacco and Liquor	4127		
提供住宿的社会工作机构（个）	Social Service Organizations with Accommodation (unit)	18	12	16
提供住宿的社会工作机构床位（床）	Number of Beds in Social Service Organizations with Accommodation (bed)	2130	1426	1447
城镇职工基本养老保险参保人数（人）	Number of Persons Joined Basic Pension Insurance for Urban Employees(person)	6792	10594	10594
城乡居民基本养老保险参保人数（人）	Number of Persons Joined Basic Pension Insurance for Urban and Rural Residents (person)	77282	76216	100777
基本医疗保险参保人数（人）	Number of Persons Joined Basic Medical Insurance (person)	200679	308234	346926
城市居民最低生活保障人数（人）	Number of Urban Residents Receiving Subsistence Allowance (person)	4169	8577	6278
农村居民最低生活保障人数（人）	Number of Rural Residents Receiving Subsistence Allowance (person)	4855	6782	6792
森林面积（公顷）	Forest Area (hectares)	41670	39498	50867
自然保护区面积（公顷）	Area of Nature Reserve (hectares)			
污水处理率（%）	Rate of Polluted Water Treatment (%)			

Continued

西乡塘区 Xixiangtang District	良庆区 Liangqing District	邕宁区 Yongning District	武鸣区 Wuming District	隆安县 Long'an County	马山县 Mashan County	上林县 Shanglin County	宾阳县 Binyang County	横州市 Hengzhou City	城中区 Chengzhong District	鱼峰区 Yufeng District
270	76	46	295	72	22	23	130	177	4	346
1047	1193	1137	2550	1696	2312	1430	2033	2735	33	597
4736061	956561	327422	429230	124500	203084	226771	1077755	796386	1725883	3322933
2318708	547826	74668	44373	17259	22285	15920	102550	106100	560602	1691636
4	2	0	2	0	0	0	3	3	0	
491656	40568	3002	80509	1679	752	425	1719	3490	0	
620277	1707400	755082	295391	31995	31320	78900	377632	85000	5197	734108
62	27	19	30	17	20	14	32	40	8	17
99	53	74	105	42	100	66	116	205	15	40
5473	2073	1923	3236	1680	1960	1697	3633	4273	928	1636
7844	3187	1923	3171	1569	2168	2206	4343	5267	1414	2822
75477	31713	26267	41291	25766	28162	24542	55175	67068	11965	23301
141358	55835	29060	50417	30331	35834	34615	77283	96639	25157	49957
4618	944	538	863	244	173	155	367	311	740	2323
106	88	195	197	119	120	149	209	233	69	42
0	4	0	2	2	1	9	3	3	6	7
10595	3722	2471	4863	2453	2427	2861	5636	4671	4712	7136
16480	5522	3074	5203	2277	2301	2939	5541	5033	8706	10286
6167	2150	1095	1948	726	660	910	1716	1645	3010	3090
38962	32836	27566	30808	21758	20305	21434	28507	28042	51731	46520
40778	37347	38838	41078	33082	33239	32470	40186	40428	51796	46981
18841	20691	19672	22261	16486	15222	15703	19400	19076	30962	31616
17267	11378	13643	13815	12787	15054	15732	15544	13254	17427	20052
4913			4360	0	4580		4855		6208	
28	5	11	8	11	14	13	12	5	3	6
3305	222	3564	1422	520	663	588	1491	864	780	940
15350	7540	8001	88774	46090	36395	41600	104656	93232	160816	285090
104136	94486	128521	316404	221264	275256	273129	448628	581864	5073	66166
432970	246156	289187	654235	393283	505868	482735	934880	1146277	289667	506635
11819	4216	1005	4270	5574	3373	5171	8642	8250	1376	4308
8828	9079	14063	21636	22935	26955	22167	33211	42081	146	2697
30057	80710	57762	186864	130352	171600	104932	82603	165464	2581	41635
1632	347	0	19892	11543	10041	19130		21	0	
	98.4	95.0		97.3	97.6	95.6	100.0	97.0	95.0	100.0

23－2 续表7

指 标	柳南区 Liunan District	柳北区 Liubei District	柳江区 Liujiang District	柳城县 Liu Cheng County	鹿寨县 Luzhai County	融安县 Rong'an County	融水苗族 自治县 Rongshui County	三江侗族 自治县 Sanjiang County
规模以上工业企业个数（个）	173	187	166	85	137	72	66	22
公路里程（公里）	337	170	986	1549	1947	1868	2216	1317
社会消费品零售总额（万元）	3746586	1498874	774047	351592	474950	410146	473725	282555
#限额以上消费品零售额	1889127	268567	60177	30293	51790	68636	34331	40482
亿元及以上商品交易市场（个）	8	1	0	5	0	0	0	0
出口总额（万美元）		0	17232	3462	1060	1010	0	0
房地产开发投资	340727	686330	150955	101561	182168	37993	111595	107859
普通中学数（所）	23	15	15	8	8	7	14	14
小学数（所）	45	41	50	21	65	24	45	42
普通中学专任教师数（人）	2685	1467	1268	1102	1312	1022	1840	1802
小学专任教师数（人）	2842	2189	2227	1549	1536	1237	2238	2009
普通中学在校学生数（人）	38000	17099	17845	15503	18899	14883	26977	25610
小学在校学生数（人）	52500	31840	41626	23091	26549	17331	35265	34612
全年专利授权数（件）	2212	810	530	10	243	104	177	107
公共图书馆图书总藏量（千册）	50	2513	220	125	133	188	130	86
体育场馆个数（个）	7	3	3	1	13	2	2	5
医疗卫生机构床位数（张）	2567	2698	2051	2278	2455	2170	2283	1906
医疗卫生机构技术人员（人）	4807	4226	2453	2375	3265	1910	2391	1946
#执业（助理）医师	1891	1498	854	761	1000	601	779	516
居民人均可支配收入（元）	48530	46493	31727	28694	30931	24861	24234	22268
城镇居民人均可支配收入（元）	48538	47382	43286	40123	42823	35471	35809	35108
农村居民人均可支配收入（元）	28861	23463	19199	19530	19714	18003	17697	17142
农村居民人均消费支出（元）	18296	20107	12821	11876	11721	11214	11589	11816
其中：食品烟酒消费支出	0		4543	4246				4399
提供住宿的社会工作机构（个）	17	7	4	11	11	12	21	9
提供住宿的社会工作机构床位（床）	2024	1305	400	2053	1356	415	857	314
城镇职工基本养老保险参保人数（人）	242987		76117	70758	70256	49762	50134	31544
城乡居民基本养老保险参保人数（人）	46088	24027	190708	159125	211083	133560	268103	236158
基本医疗保险参保人数（人）	408126	321562	398693	357151	367678	270703	469792	352400
城市居民最低生活保障人数（人）	5915	5402	3564	2637	1243	2789	3816	7988
农村居民最低生活保障人数（人）	2750	1335	11515	10665	10047	11647	26329	27269
森林面积（公顷）	27816	9415	103571	97095	191692	221825	302751	172440
自然保护区面积（公顷）	0	140	0	0	11500	5600	26382	0
污水处理率（%）	84.3	100.0	99.7	98.2	99.1	99.9	95.0	98.8

Continued

秀峰区 Xiufeng District	叠彩区 Diecai District	象山区 Xiangshan District	七星区 Qixing District	雁山区 Yanshan District	临桂区 Lingui District	阳朔县 Yangshuo County	灵川县 Ling Chuan County	全州县 Quanzhou County	兴安县 Xing'an County	永福县 Yongfu County	灌阳县 Guanyang County
12	10	21	78	9	75	9	77	52	33	60	33
	68	62	91	281	1482	855	1591	2770	1625	1072	1039
779558	781231	1193008	1515157	108945	607653	449702	1400927	432879	227806	399757	110054
440276			687943	18192	274859	33775	535518	22587	24537	22449	8871
3	0	2	1	0		0		0	0	0	0
	0	9717	0	0		0		0	0	0	0
77745	151560	60300	346557	21800	407273	47739	427367	125064	100065	9586	29907
2	2	9	4	2	23	13	23	26	16	14	13
12	15	23	28	13	76	40	54	53	31	57	14
79	59	825	190	190	2074	1051	1403	3145	1055	1000	1176
810	603	1366	1633	394	2790	1403	1743	2938	1704	1122	1263
1021	587	11268	1977	1926	28724	14960	23344	42609	16436	13583	14599
14969	16926	26327	28394	5228	48450	22597	35688	46761	27823	18322	17019
202	123		1200	0	440	92	377	182	126	120	22
	0	2211	0	23	137	131	245	232	140	146	120
5	1	0	1	1	1	1	1	3	1	2	4
2805	1344	4765	1217	151	2189	1197	1744	2672	2293	1479	1046
4250	2819	5954	2681	204	3143	1658	2603	3603	2685	1778	1507
4328	1013	2162	1176	95	1394	482	1008	1208	904	593	540
42653	40500	43050	44986	34540	32541	31200	31490	27789	30904	28043	24037
42653	42271	43066	45126	40758	45253	46081	43066	40589	42259	42842	38818
–	20086	19440	23967	18694	23029	23024	21166	21014	23822	19463	15150
–	11814	12337	14658	10281	11754	14102	10278	12757	12344	10283	8573
–	0	4480	4704				3676		0	3683	3206
10	4	12	16	5	3	6	7	5	10	8	5
1084	596	2139	2225	443	574	1303	272	550	693	424	258
	0	3075	0		76586	26605	62111	81765	48400	39527	33258
7065	16266	12771	22922	33624	230702	179393	194726	371910	221027	140532	154516
			378106	68081	492810	293803	361845	704281	345349	263891	265835
963	1806	2932	2768	2668	1417	763	1067	2933	1382	1718	1208
	0		0	0	17760	10283	11514	31684	16209	15444	16858
1750	0	774	3653	14198	136709	98119	158894	279481	163600	203955	119741
0	0		0		10483	69901	56120	0	7511	82207	30652
	0.0		99.5		100.0	99.8	99.8	99.5	100.0	98.9	99.8

23－2 续表8

指　标	龙胜各族自治县 Longsheng County	资源县 Ziyuan County	平乐县 Pingle County	恭城瑶族自治县 Gongcheng County	荔浦市 Lipu City	万秀区 Wanxiu District	长洲区 Changzhou District
规模以上工业企业个数（个）	26	19	36	19	81	137	28
公路里程（公里）	1412	1047	1273	1359	1265	258	291
社会消费品零售总额（万元）	136055	92588	350602	277457	491264	637258	959810
#限额以上消费品零售额	19210	7312	46222		41360	189309	536910
亿元及以上商品交易市场（个）	0	0	0		0	2	
出口总额（万美元）	3672	0	617		8561	10745	
房地产开发投资	28700	29266	48045	32556	53918	121626	168351
普通中学数（所）	5	7	15	11	14	13	10
小学数（所）	12	97	36	22	59	43	29
普通中学专任教师数（人）	601	698	1684	1109	1155	1201	1171
小学专任教师数（人）	877	789	2091	1484	1765	1323	1308
普通中学在校学生数（人）	7709	9958	24387	16683	18069	16441	17359
小学在校学生数（人）	9819	12447	33146	22038	24736	22438	28256
全年专利授权数（件）	2	56	172	39	153	0	
公共图书馆图书总藏量（千册）	128	72	173	115	136	0	670
体育场馆个数（个）	1	1	1	3	3	1	1
医疗卫生机构床位数（张）	710	648	1923	1553	1878	4319	1826
医疗卫生机构技术人员（人）	960	752	2430	1919	2694	6421	3667
#执业（助理）医师	282	280	815	646	963	1888	1668
居民人均可支配收入（元）	24622	23697	26606	24523	30477	38355	38786
城镇居民人均可支配收入（元）	39933	39979	41081	39407	41500	40167	40484
农村居民人均可支配收入（元）	16579	15742	19642	17451	20715	22501	21313
农村居民人均消费支出（元）	9432	8641	10111	10743	11219	11019	16131
其中：食品烟酒消费支出	3603	3066	3369			3485	
提供住宿的社会工作机构（个）	14	8	1	4	4	14	10
提供住宿的社会工作机构床位（床）	335	51	135	305	203	1029	962
城镇职工基本养老保险参保人数（人）	13063	22970	26100	25743	35910	0	2783
城乡居民基本养老保险参保人数（人）	95812	103047	214557	154417	167600	36864	30662
基本医疗保险参保人数（人）	160583	166175	398330	279412	320000	189060	180393
城市居民最低生活保障人数（人）	874	5347	1033	897	1492	3131	2069
农村居民最低生活保障人数（人）	13001	141589	16463	14051	13395	2727	2061
森林面积（公顷）	202751	16100	110553	176575	132208	29709	24999
自然保护区面积（公顷）	14867	10041	6518	60233	47126	0	
污水处理率（%）	99.0	95.0	95.0	96.4	99.8	0.0	

Continued

龙圩区 Longxu District	苍梧县 Cangwu County	藤县 Tengxian County	蒙山县 Mengshan County	岑溪市 Cenxi City	海城区 Haicheng District	银海区 Yinhai District	铁山港区 Tieshangang District	合浦县 Hepu County	港口区 Gangkou District	防城区 Fangcheng District
79	36	102	36	197	128	45	46	135	63	30
446	1317	2897	728	2385	336	431	562	2754	310	1473
219508	136555	620995	164329	473886	2173006	592990	263803	424291	181638	320085
30591	16244	82730	37482	107637	522606	284417	41506	140365	129266	58736
1	0	0	0	0	4	0	0	2	0	2
7247	0	6144	593	13620	11842	9095	31157	18597	34376	27383
206097	23026	243867	54007	93841	269027	270638	0	219543	164734	84783
14	17	42	7	33	22	11	7	42	7	16
65	73	150	49	106	26	39	46	232	25	66
1088	1610	4637	844	4389	1632	706	573	3732	511	1167
1881	1999	5690	1190	4807	2972	1353	776	5043	1192	2340
14706	21279	66270	11765	73502	23493	9187	7598	58574	13119	17730
35901	32725	99839	16971	100847	53250	24249	12885	83025	21836	42774
0	162	459	105	219		84	158	293	394	134
0	129	178	112	138	732	0	0	226	135	105
1	0	3	2	3	2	5	0	6	3	2
927	1010	4121	1202	4422	4100	426	250	6068	1600	1129
1411	1819	6088	1231	4197	7180	1164	521	5436	1473	1694
577	614	1457	393	1364	2486	442	169	1704	519	551
25737	18024	25229	22352	31006	42730	36567	27769	28447	40968	32481
35462	29353	35434	34731	40178	42752	41101	41042	40951	43730	42302
16925	12968	17451	14985	20613	20807	21814	20329	19201	22070	20507
8830	8497	9846	10582	12920	14596	13674	12678	11122	13022	13152
		3311	0	4635	5355		4507	4047	4852	5520
5	0	11	8	34	7	8	1	14	4	5
465	0	1198	469	4016	692	1392	335	2842	707	491
6734	24692	78773	26709	77680	13316	3052	0	103572	33698	51143
135837	203421	441256	97756	387312	48264	73415	74600	502984	34030	179186
268653	346298	973677	203452	881705	196529	160077	145059	942287	135991	384670
1035	1147	2641	1250	5709	3421	1482	495	8433	835	2734
10907	18234	67061	11329	39800	602	4942	5528	29789	1084	12885
68210	206000	313731	97897	184905	721	6114	5771	104655	8719	166598
0	12000	0	8564	0	2382	0	0	43003	0	30289
98.8	95.8	99.3	98.5	99.2	100.0	100.0	96.3	99.8	0.0	99.0

23−2 续表9

指 标	上思县 Shangsi County	东兴市 Dongxing City	钦南区 Qinnan District	钦北区 Qinbei District	灵山县 Lingshan County	浦北县 Pubei County	港北区 Gangbei District	港南区 Gangnan District
规模以上工业企业个数（个）	48	31	137	74	94	109	150	349
公路里程（公里）	1892	492	1871	1743	3374	2413	581	764
社会消费品零售总额（万元）	90640	199838	1602119	1377991	1181087	721100	1775779	444452
#限额以上消费品零售额	12086	18125	585873	490958	116123	89523	735170	67429
亿元及以上商品交易市场（个）		0			1	0		
出口总额（万美元）	982	27089		2181	14270	5293	22789	721
房地产开发投资	24936	12808	333610	270057	234111	56295		
普通中学数（所）	7	10	19	21	45	26	16	19
小学数（所）	36	33	164	325	391	268	94	121
普通中学专任教师数（人）	936	888	1351	2486	5905	3728	2118	2046
小学专任教师数（人）	1519	1554	4928	4843	8553	5677	4316	2761
普通中学在校学生数（人）	11446	11270	18594	37729	97444	50433	32207	31034
小学在校学生数（人）	19746	21973	81868	88334	167657	86193	87477	50211
全年专利授权数（件）	53	0			266	190	563	342
公共图书馆图书总藏量（千册）	206	185	10	21	183	189	28	40
体育场馆个数（个）	1	3	1	19	3	1	1	1
医疗卫生机构床位数（张）	1107	509	1813	3449	6535	3511	7888	1439
医疗卫生机构技术人员（人）	1193	1006	1621	3204	5757	4096	6838	1263
#执业（助理）医师	427	388	503	1278	1638	1243	2306	313
居民人均可支配收入（元）	20764	39337	32771	28589	25558	25257	35836	28109
城镇居民人均可支配收入（元）	28454	45648	41932	40689	41089	40874	40161	39034
农村居民人均可支配收入（元）	16885	23251	18740	18152	17981	17732	20474	19921
农村居民人均消费支出（元）	9357	13438	10055	4532	10078	10077	12783	10025
其中：食品烟酒消费支出				3613		3724		
提供住宿的社会工作机构（个）	14	2	151	20	25	306	7	8
提供住宿的社会工作机构床位（床）	722	218	1915	1614	2326	3783	410	498
城镇职工基本养老保险参保人数（人）	30568	26274	57358	51200	36200	60100		
城乡居民基本养老保险参保人数（人）	111306	59041	290545	452800	635577	826900	271922	308679
基本医疗保险参保人数（人）	203784	167319	563102	730964	1418421	849500	597023	577632
城市居民最低生活保障人数（人）	1634	728	3474	2977	2836	1417	6481	1844
农村居民最低生活保障人数（人）	10489	4700	19044	40164	65705	34501	23353	29242
森林面积（公顷）	179501	29445	125768	120073	195686	160000	46827	36955
自然保护区面积（公顷）	38133	2506	4927	4194	0	0		0
污水处理率（%）	95.1	98.5			99.1	99.0		

Continued

覃塘区 Qintang District	平南县 Pingnan County	桂平市 Guiping City	玉州区 Yuzhou District	福绵区 Fumian District	容县 Rongxian County	陆川县 Luchuan County	博白县 Bobai County	兴业县 Xingye County	北流市 Beiliu City	右江区 Youjiang District	田阳区 Tianyang District
294	156	163	103	89	91	103	101	53	231	66	65
1153	2299	4606	416	744	1693	2088	3871	1534	2172	2328	1953
457365	720098	1210801	4796038	214746	784743	481302	994626	371840	1004600	1715272	245738
53533	121415	153516	1494181	7629	119830	74225	143096	29135	187863	892770	55155
0	0	0	4	0	0	0			1	0	1
1200	23739	3832	5783		1598	18014	9015	444	0	17345	4295
16012	537567	219923	741299	26437	336818	346805	406546	28681	551327	479128	88953
19	57	73	27	11	30	33	71	26	55	23	8
133	209	258	134	97	148	166	345	163	298	42	27
2420	6206	7521	2694	1230	3394	4681	7378	2731	6851	2935	1393
2707	7074	8548	4927	1840	4916	6067	11149	2957	8080	2517	1400
33542	90152	127773	38514	18757	56438	69450	121062	39646	114465	42468	20665
46067	129377	162636	109886	31866	88297	103907	188449	49038	165207	42219	24982
75	567	843	1518	112	260	264	336	197	533	979	134
	191	483	92	50	268	189	343	114	359	703	108
0	1	1	3	0	3	2	2	3	1	5	4
2280	6925	8878	12484	1900	4214	1337	4563	2839	4939	7230	2256
2234	6821	8658	15004	1165	3514	1768	5512	2596	6124	8603	2406
644	2379	2822	4956	353	1843	481	1948	650	2026	2771	734
29621	28022	27595	40755	30015	28098	27871	26209	25479	34799	33475	27035
38032	37654	37185	45051	44158	38735	37877	35275	35786	44243	40678	38914
20804	19209	20003	23168	20543	19865	19893	19976	18889	22417	20714	18967
15200	13194	12310	15002	11066	11865	13332	12732	11961	11800	12717	11235
3630		4149		3758	3853	4280	3815	3984	3990	4082	3628
5	61	33	15	2	6	2	5	10	8	13	5
234	3393	1653	999	330	1623	90	380	793	942	2284	335
	93297	115825	105948	26281	73400	82584	116433	12319	130608	172399	34619
305380	618510	882185	185905	166947	324233	412577	743197	335484	531441	138652	207665
512512	1272500	1742461	782149	381369	744737	892724	1486853	635539	1273098	396604	329323
1028	5368	4252	7362	3326	8761	5982	10766	5315	10863	2758	5395
25275	61620	100827	13726	14222	36751	49536	83974	30817	54159	9644	14964
56049	167769	201476	8053	47293	167258	75186	214328	89150	103057	245954	90775
0		1897	1125	0	2817	3245	15997	474	14778	78577	33811
	99.3	99.5	32.3	98.1	99.6	97.5	97.3	99.8	99.3	98.5	97.0

23－2 续表10

指　标	田东县 Tiandong County	德保县 Debao County	那坡县 Napo County	凌云县 Lingyun County	乐业县 Leye County	田林县 Tianlin County	西林县 Xilin County	隆林各族自治县 Longlin County	靖西市 Jingxi City
规模以上工业企业个数（个）	50	28	17	27	12	39	16	35	44
公路里程（公里）	1782	2172	2430	2208	1893	3340	1801	2326	2269
社会消费品零售总额（万元）	239167	202598	97996	110577	106109	256100	90908	213560	384166
#限额以上消费品零售额	74495	13960	21165	20865	10515	76639	22760	43052	52594
亿元及以上商品交易市场（个）	1	0	0	0	0	0	0	0	0
出口总额（万美元）	5590	11932	73354	2167	2180	3214	2064	3126	376321
房地产开发投资	139675	62683	7697	29965	9177	39949	33695	78168	94779
普通中学数（所）	11	14	11	12	5	16	7	21	20
小学数（所）	34	24	27	35	19	24	21	42	46
普通中学专任教师数（人）	1862	1090	853	1111	773	1331	786	2112	2271
小学专任教师数（人）	1973	1383	983	1153	1032	1355	943	2196	2552
普通中学在校学生数（人）	25636	15640	11149	15741	9921	14084	10565	30884	31743
小学在校学生数（人）	31227	23749	15069	19348	13581	18302	13784	36565	44312
全年专利授权数（件）	104	49	48	36	18	27	17	53	134
公共图书馆图书总藏量（千册）	154	126	119	158	99	104	196	122	246
体育场馆个数（个）	3	1	1	1	1	2	5	0	1
医疗卫生机构床位数（张）	3420	1645	1191	715	764	1403	1017	1807	3395
医疗卫生机构技术人员（人）	3053	1608	1325	1222	800	1548	1056	2094	3043
#执业（助理）医师	1068	407	358	274	233	424	217	454	765
居民人均可支配收入（元）	28641	22888	17000	18486	19578	21073	19997	19205	20707
城镇居民人均可支配收入（元）	40836	39581	30316	34134	36213	35812	31549	37230	35353
农村居民人均可支配收入（元）	20561	14751	11842	12604	13135	16070	14531	12899	14686
农村居民人均消费支出（元）	10906	9168	7902	9223	8928	9696	8163	7881	8615
其中：食品烟酒消费支出	3439	3067	2792	3088	2919	3221	2819	2787	3031
提供住宿的社会工作机构（个）	5	3	1	2	1	2	3	2	3
提供住宿的社会工作机构床位（床）	364	216	86	270	502	144	346	227	120
城镇职工基本养老保险参保人数（人）	41219	24807	18038	16978	13473	18864	13362	27093	49297
城乡居民基本养老保险参保人数（人）	218063	216192	124786	113885	102078	144155	87894	242006	390119
基本医疗保险参保人数（人）	402574	334296	209731	209565	162153	252163	157205	399989	639934
城市居民最低生活保障人数（人）	1201	3911	2227	1553	1452	2202	857	2395	3963
农村居民最低生活保障人数（人）	18214	35857	24472	20652	17043	26018	12027	44235	66893
森林面积（公顷）	129009	124255	118610	101539	201960	377967	200245	197934	136165
自然保护区面积（公顷）	0	31412	26299	19030	22062	16592	48202	19424	41978
污水处理率（%）	99.7	99.1	99.4	98.7	97.4	97.4	97.6	99.9	98.8

Continued

平果市 Pingguo City	八步区 Babu District	平桂区 Pinggui District	昭平县 Zhaoping County	钟山县 Zhongshan County	富川瑶族自治县 Fuchuan County	金城江区 Jinchengjiang District	宜州区 Yizhou District	南丹县 Nandan County	天峨县 Tian'e County	凤山县 Fengshan County	东兰县 Donglan County
101	79	160	26	82	30	44	62	36	17	8	14
1967	2011	1128	1547	1173	998	1077	2094	1350	1697	1841	1562
530480	896819	484290	185990	225825	224844	909269	526141	370104	109264	82168	159417
79061	230099	243820	24235	21477	29195	693890	28849	0	11870	5240	13896
0	1	0	0	1		0	0	0	0		0
21086	27354	3149	981	2371	70	28	1552	19726	8	123	557
68403	240447	78593	52614	139479	85464	566771	97225	67672	1327	17235	47823
14	33	24	15	23	10	15	32	15	7	13	13
29	91	65	51	86	41	44	124	54	18	29	38
2520	2795	2226	1483	1804	1294	1773	2617	1488	802	908	1078
2431	4366	2453	2329	2600	1879	1780	3018	1921	957	1221	1386
37902	38484	33736	23443	29175	20144	26592	39910	22231	12083	14671	15556
44471	84016	42584	38968	46869	29651	35067	49559	30805	13124	18298	21512
191	408	440	142	119	123	227	214	90	55	19	52
227	315	128	184	216	163	296	137	134	78	93	72
5	4	2	3	3	5	2	2	2	1	3	2
3177	3142	2197	1643	1984	1320	4704	4698	1497	774	915	1174
3758	4979	1782	1848	2222	1589	6043	5398	1867	978	1010	1400
1264	2209	528	528	701	396	1974	1695	519	264	289	390
29867	29082	26757	25224	24538	23761	29292	27331	27831	20181	16150	15987
41979	40811	36944	36549	36415	35353	44128	43368	42086	31975	29246	29783
18108	17507	16675	15483	15892	15877	15734	16861	15668	12757	11488	11554
10296	11122	11172	10177	8957	8443	10277	11547	9803	9694	7659	7341
3437	0	6574			2761	6642	0	0	3555		2580
4	8	7	87	37	5	11	2	9	10	12	2
1094	438	635	1719	1047	406	1618	418	539	635	453	310
50242	75014	49779	51092	37365	20438	43771	68406	35091	18258	18226	20599
259184	292351	205490	213870	216338	180143	120467	284375	137492	85162	105186	160009
474649	652059	400549	363529	373070	300184	276033	592087	264952	155336	197818	281133
3197	2037	4136	1807	1377	1729	3216	2491	4939	877	4473	845
24602	28957	17327	19605	23107	13725	10866	25972	40322	13903	20671	26219
105609	276169	95283	271612	93169	69266	173927	235313	280900	260344	126804	187864
30205	16408	3688	14336	0	17560	14485	6035	1354	42848	0	22327
99.1	99.5	99.6	95.9	99.9	97.8	96.6	97.3	98.6	97.8	96.8	98.2

23—2 续表11

指 标	罗城仫佬族自治县 Luocheng County	环江毛南族自治县 Huanjiang County	巴马瑶族自治县 Bama County	都安瑶族自治县 Du'an County	大化瑶族自治县 Dahua County	兴宾区 Xingbin District
规模以上工业企业个数（个）	27	35	20	30	18	178
公路里程（公里）	1492	1834	1152	3272	1699	3279
社会消费品零售总额（万元）	192153	133354	266520	231631	123379	652256
#限额以上消费品零售额	14496	17380	17900	39091	15047	346937
亿元及以上商品交易市场（个）	0	0	0	0	0	0
出口总额（万美元）	247	11466	734	3156	614	1024
房地产开发投资	45844	91717	66561	81641	95212	91843
普通中学数（所）	14	16	15	27	18	34
小学数（所）	49	43	58	136	68	110
普通中学专任教师数（人）	1264	1344	1174	2819	2068	3207
小学专任教师数（人）	1724	1493	1820	4087	2633	6213
普通中学在校学生数（人）	19305	20382	19190	47721	34255	45257
小学在校学生数（人）	26669	24180	28845	65716	46230	96879
全年专利授权数（件）	93	54	43	104	124	496
公共图书馆图书总藏量（千册）	161	92	128	129	77	432
体育场馆个数（个）	1	2	2	1	2	0
医疗卫生机构床位数（张）	1511	1461	1016	2860	2024	6443
医疗卫生机构技术人员（人）	1745	1415	1540	3388	2421	7414
#执业（助理）医师	525	518	427	1048	795	2315
居民人均可支配收入（元）	17259	20547	17782	18887	17147	29249
城镇居民人均可支配收入（元）	29203	34097	32641	29934	29556	41028
农村居民人均可支配收入（元）	11594	14253	11828	11810	11877	17267
农村居民人均消费支出（元）	7906	10735	6900	7314	10050	13774
其中：食品烟酒消费支出	0	3734		2684		4356
提供住宿的社会工作机构（个）	4	5	3	2	19	3
提供住宿的社会工作机构床位（床）	413	420	385	2040	1246	360
城镇职工基本养老保险参保人数（人）	12400	31792	22475	38991	28219	72334
城乡居民基本养老保险参保人数（人）	199114	197112	142418	352920	258919	442513
基本医疗保险参保人数（人）	350874	347584	277103	659862	439673	933048
城市居民最低生活保障人数（人）	5038	3675	2782	13669	11449	5761
农村居民最低生活保障人数（人）	29272	29274	21877	73697	57844	43012
森林面积（公顷）	133241	358307	152878	290171	194193	126346
自然保护区面积（公顷）	6768	47062	0	0	0	977
污水处理率（%）	95.8	97.0	98.8	99.9	98.4	98.0

Continued

忻城县 Xincheng County	象州县 Xiangzhou County	武宣县 Wuxuan County	金秀瑶族自治县 Jinxiu County	合山市 Heshan City	江州区 Jiangzhou District	扶绥县 Fusui County	宁明县 Ningming County	龙州县 Longzhou County	大新县 Daxin County	天等县 Tiandeng County	凭祥市 Pingxiang City
17	77	71	30	32	105	187	54	28	33	23	64
2050	1260	1071	1143	294	1494	1830	2409	1263	1651	1584	546
179441	220316	234103	72926	100970	693316	390490	222801	296344	342840	210911	391219
10687	25315	31691	17933	9954	284463	60249	21925	45604	37077	26808	88284
0	0	0	0	0		1	0	0	0	0	0
595	7267	4347	8964	50	15312	62249	334763	408488	60472	0	1937082
	33805	105893	62838	9875	188703	250354	79159	26332	42835	28997	9095
9	10	16	6	3	23	19	17	6	14	17	4
98	20	27	32	6	25	58	34	21	23	42	33
1326	1068	1602	449	310	2466	1789	1396	611	1162	1538	394
1733	1512	2046	791	533	1996	2403	1936	1151	1664	1706	809
18435	15638	23883	6324	4907	35353	24331	20546	10178	16944	21179	6418
27855	23088	35581	9998	8663	34370	33674	28519	17608	23990	27122	12104
43	121	137	28	70	379	277	37	88	99	18	40
92	227	95	123	75	313	141	147	111	124	131	82
6	2	5	1	1	3	1	1	1	2	2	0
2082	2207	3082	972	809	2117	1596	1633	1410	1890	1782	498
1686	1893	2539	929	954	3272	2172	2069	1746	2055	1860	958
462	579	809	382	275	947	785	556	513	538	569	263
23632	26362	26608	24052	31370	30538	28851	21906	22560	24130	20371	31226
39521	40459	39724	40350	38859	41734	40296	33862	35189	39824	33825	42539
15792	16890	17036	14315	16988	19139	19475	16509	14862	17702	14758	16694
11902	13692	13255	12409	10999	11068	11678	9442	9528	11532	9394	9703
0	4538		3858	4025	4040	4146	3578	3516	0	3551	
4	5	12	9	1	12	9	13	21	11	10	2
710	1151	1385	337	200	804	242	155	346	541	151	36
27224	38344	50008	12334	26313	27705	56752	39669	35280	42450	28105	23048
237263	170450	207681	75077	46370	168855	190524	221803	143341	185536	248099	58438
381651	339973	420827	145467	113356	331990	414317	442135	275307	365218	398430	121330
4465	1106	1539	562	1188	3395	3526	2215	2386	1166	2183	1061
27187	16118	19530	7264	3806	12003	13588	18342	9193	16469	25621	3671
167132	97795	92844	206163	19115	141043	106034	230614	135947	173399	144449	34409
0	0	0	25403	317	186721	9858	2838	24835	66116	227	0
97.4	95.0	97.1	96.7	96.9		99.9	96.0	96.3	95.1	90.0	97.0

附　录

APPENDIX

2022年广西壮族自治区国民经济和社会发展统计公报[1]

广西壮族自治区统计局 国家统计局广西调查总队

2023年3月31日

2022年，面对严峻的国际环境和疫情反复等多重超预期因素冲击，全区各级各部门坚持以习近平新时代中国特色社会主义思想为指导，深入学习贯彻党的二十大精神，坚决贯彻落实党中央“疫情要防住、经济要稳住、发展要安全”重要要求，高效统筹疫情防控和经济社会发展，按照自治区党委、政府要求，全力以赴推进“稳中求进攻坚年”各项工作，全力以赴打好“十场攻坚战”，顶住了经济下行压力，保持了经济社会大局稳定。全区主要指标保持增长，民生福祉持续改善，新时代中国特色社会主义壮美广西建设迈出坚实步伐。

一、综　合

初步核算，全年全区生产总值[2]（GDP）26300.87亿元，按可比价计算，比上年增长2.9%。其中，第一产业增加值4269.81亿元，增长5.0%；第二产业增加值8938.57亿元，增长3.2%；第三产业增加值13092.49亿元，增长2.0%。第一、二、三产业增加值占地区生产总值的比重分别为16.2%、34.0%和49.8%，对经济增长的贡献率分别为28.6%、35.6%和35.8%。按常住人口计算，全年人均地区生产总值52164元，比上年增长2.6%。

图1　2018—2022年广西生产总值及其增长速度

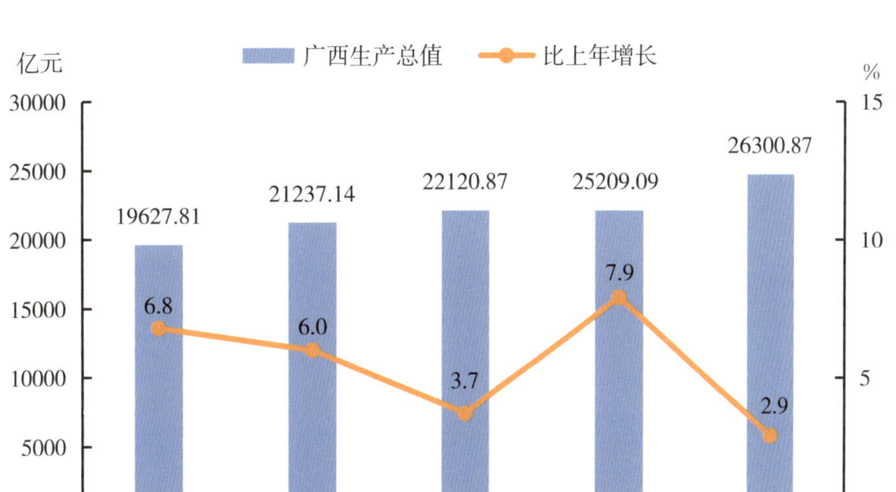

图2　2018—2022年广西三次产业增加值占GDP比重

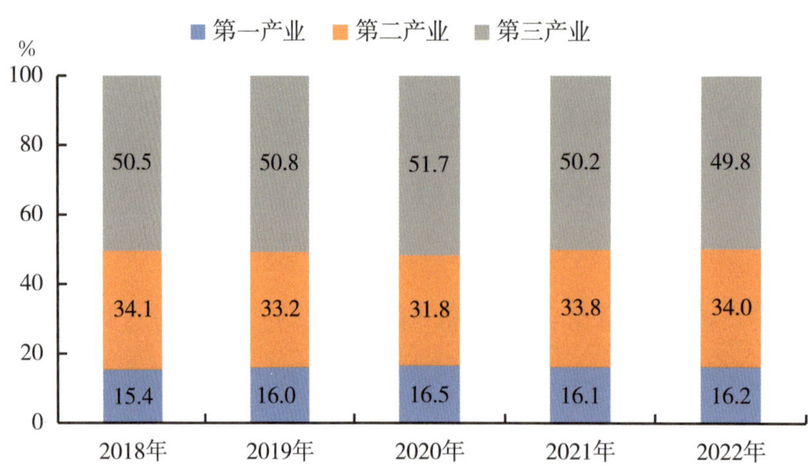

年末全区常住人口[3]5047万人，比上年末增加10万人，其中城镇人口2809万人，占常住人口比重（常住人口城镇化率）为55.65%，比上年末提高0.57个百分点。全年出生人口42.9万人，出生率为8.51‰；死亡人口35.7万人，死亡率为7.08‰；自然增长率为1.43‰。

图3　2018—2022年年末广西常住人口城镇化率[4]

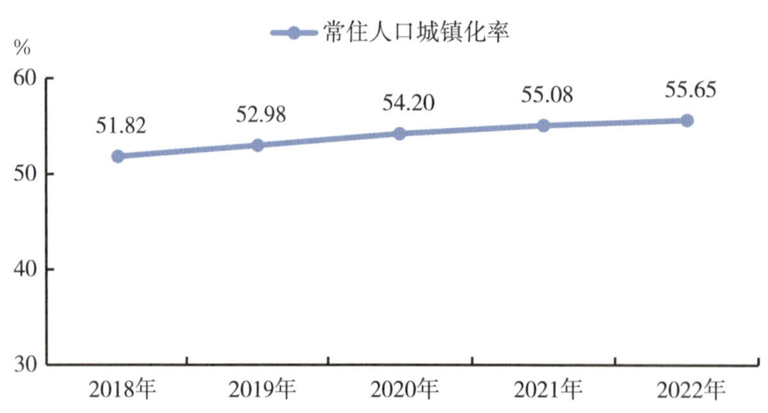

表1　2022年年末广西常住人口数及其构成

指　标	年末数（万人）	比重（%）
常住人口	5047	
其中：城镇	2809	55.65
乡村	2238	44.35
其中：男性	2612	51.75
女性	2435	48.25
其中：0-15岁（含不满16周岁）[5]	1196	23.70
16-59岁（含不满60周岁）	2970	58.85
60周岁及以上	881	17.46
其中：65周岁及以上	663	13.14

全年城镇新增就业38.42万人，比上年少增2.28万人。农民工[6]总量1314万人，比上年增长0.9%。其中，外出农民工（离开本乡镇）888万人，增长0.2%；本地农民工426万人，增长2.4%。

图4 2018—2022年广西城镇新增就业人数

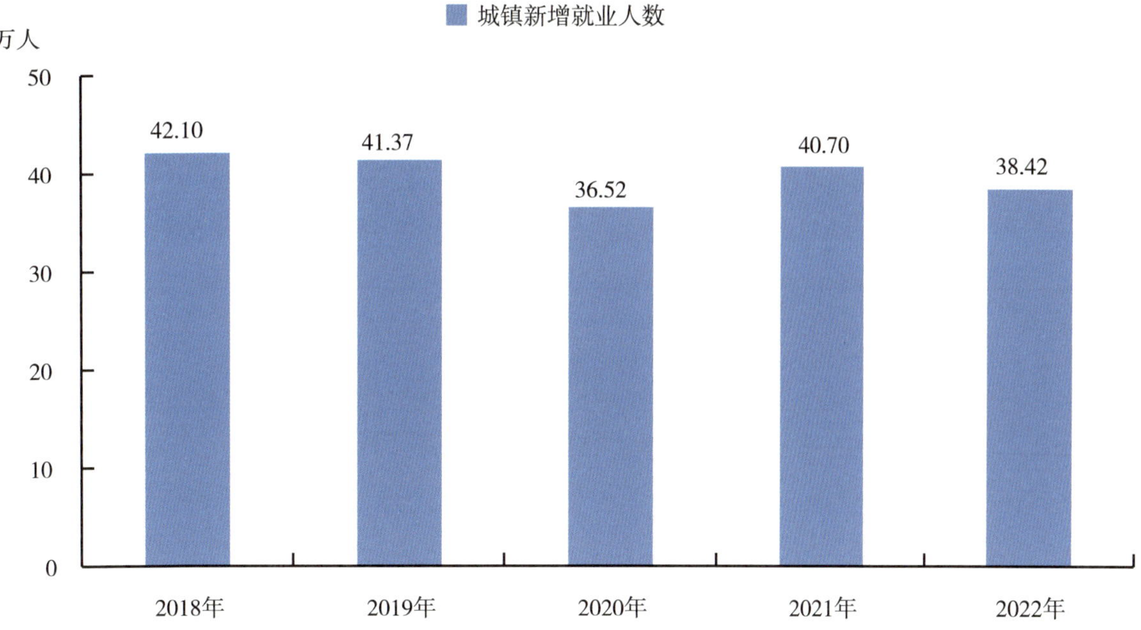

全年居民消费价格比上年上涨1.9%。工业生产者出厂价格上涨2.5%。工业生产者购进价格上涨7.3%。农产品生产者价格[7]上涨0.8%。

图5 2022年广西居民消费价格月度涨跌幅度

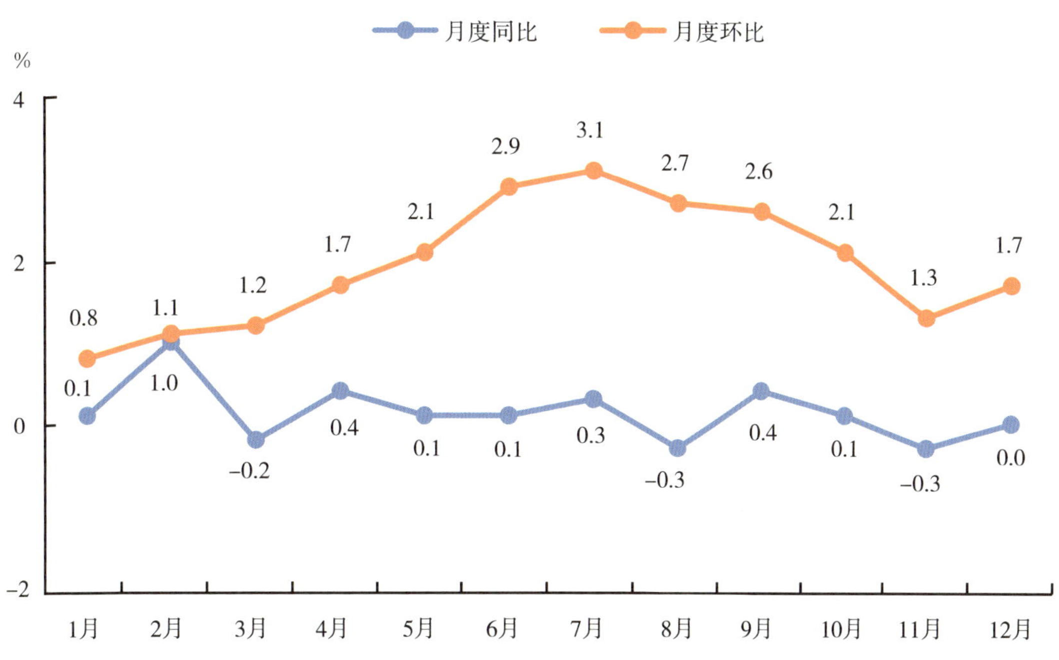

表2 2022年广西居民消费价格比上年涨跌幅度

单位：%

指 标	广 西	城 市	农 村
居民消费价格	1.9	1.8	2.2
其中：食品烟酒	1.9	2.2	1.4
衣 着	0.7	0.6	0.8

续表

指　标	广　西	城　市	农　村
居　住[8]	0.4	-0.1	1.3
生活用品及服务	0.5	0.4	0.7
交通通信	4.5	4.5	4.7
教育文化娱乐	4.0	3.5	4.8
医疗保健	0.9	0.5	1.8
其他用品及服务	1.0	1.0	1.1

新动能引领持续增强。一是新产业蓬勃发展。全年规模以上工业中，高技术制造业[9]增加值比上年增长13.9%，占规模以上工业比重为6.1%，比上年提高0.8个百分点。其中，电子及通信设备制造业、计算机及办公设备制造业增加值分别增长17.8%、23.9%。二是高技术产业投资[10]增长势头强劲。全年高技术产业投资比上年增长40.9%，其中，高技术制造业投资增长60.8%，工业技术改造投资增长11.5%。三是高技术服务业快速增长。全年规模以上服务业[11]中，软件和信息技术服务业营业收入比上年增长35.6%，互联网和相关服务增长42.0%。四是高技术产品增势良好。新能源汽车产量比上年增长39.2%，光电子器件增长72.2%，集成电路增长78.4%，锂离子电池增长14.5%。五是新业态较为活跃。全年实物商品网上零售额[12]785.90亿元，按可比口径计算，比上年增长15.0%。全区新登记市场主体73.41万户，比上年增长11.3%。年末全区实有市场主体430.27万户，比上年末增长9.5%。

民生保障有力有效。一是居民收入保持增长。全年居民人均可支配收入27981元，比上年名义增长4.7%，扣除价格因素实际增长2.7%。二是物价温和上涨。食品烟酒、衣着、居住、生活用品及服务、交通通信等八大类重要民生商品和服务价格总体平稳，保供稳价成效明显。三是就业形势总体稳定。全年城镇新增就业、失业人员再就业、就业困难人员实现就业人数全部超额完成年度任务。四是民生支出有效保障。全年民生领域财政支出4654.73亿元，占一般公共预算支出的比重为79.0%。其中，最低生活保障、节能环保、卫生健康等领域支出分别增长17.8%、8.2%、3.7%。

区域发展活力稳步释放。分区域看[13]，全年北部湾经济区生产总值9777.63亿元，比上年增长3.3%；西江经济带生产总值12577.47亿元，增长2.0%；左右江革命老区生产总值4167.65亿元，增长4.6%。桂林国际旅游胜地、强首府战略、北钦防一体化等区域重大战略扎实推进。

绿色转型发展深入推进。一是绿色经济持续发展。全年水电、风电、核电、太阳能发电等清洁能源发电量比上年增长11.8%。深入实施绿色环保产业链招商，一批重大项目开工建设。二是生态环境质量保持全国前列。全年地表水考核断面水质优良比例98.2%，排名全国第2位；近岸海域优良水质面积比例94.5%，排名全国第2位。生态质量指数位排名全国第2位，生物多样性丰富度排名全国第3位。

二、农　业

全年粮食种植面积2829.3千公顷，比上年增加6.4千公顷。甘蔗种植面积847.95千公顷，减少9.87千公顷。油料种植面积265.58千公顷，减少1.47千公顷。蔬菜种植面积1653.69千公顷，增加57.36千公顷。木薯种植面积155.54千公顷，减少9.95千公顷。果园面积1405.35千公顷，增加16.03千公顷。茶园面积102.51千公顷，增加6.4千公顷。

全年粮食总产量1393.1万吨，比上年增加6.6万吨，增产0.5%。其中，春收粮食产量27.6万吨，增产3.7%；早稻产量480.4万吨，增产0.1%；秋粮产量885.1万吨，增产0.6%。谷物产量1312.2万吨，增产0.4%。其中，稻谷产量1028.1万吨，增产1.0%；玉米产量280.4万吨，减产1.7%。

图6 2018—2022年广西粮食产量

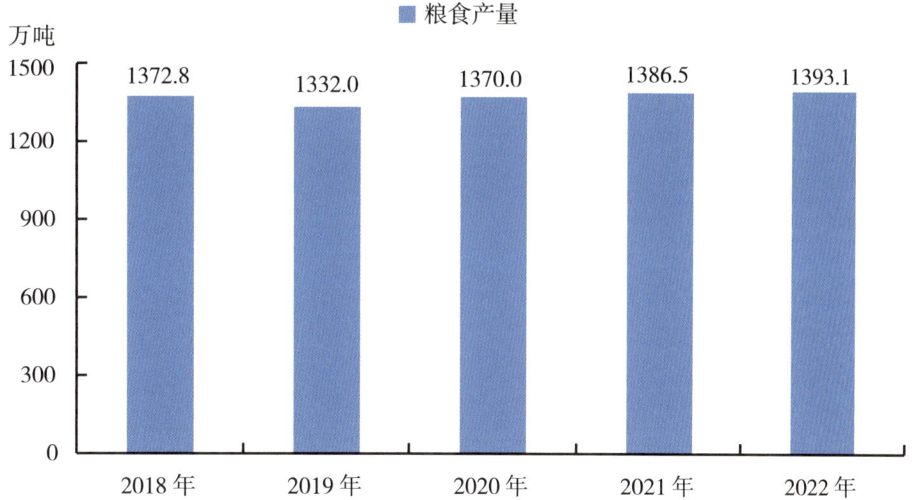

全年油料产量76.48万吨，比上年增产0.8%。

甘蔗产量7116.54万吨，减产3.4%。蔬菜产量（含食用菌）4236.52万吨，增产4.7%。园林水果产量3080.07万吨，增产10.1%。

全年猪牛羊禽肉产量445.98万吨，比上年增长3.1%。其中，猪肉产量262.65万吨，增长7.1%；牛肉产量14.94万吨，增长6.5%；羊肉产量4.31万吨，增长7.4%；禽肉产量164.08万吨，下降3.0%。禽蛋产量29.32万吨，增长8.3%；牛奶产量13.12万吨，增长0.3%。全年生猪出栏3347.44万头，比上年增长7.5%。年末生猪存栏2219.70万头，比上年末增长4.3%。蚕茧产量43.71万吨，比上年增长7.3%。

全年水产品产量363.77万吨，比上年增长3.1%。其中，海水产品产量213.29万吨，增长3.3%。

全年木材采伐4864.97万立方米，比上年增长3.5%。天然松脂77.09万吨，增长3.1%。油茶籽38.80万吨，增长10.7%。

表3 2022年主要农产品产量及其增长速度

产品名称	产 量（万吨）	比上年增长（%）
粮 食	1393.1	0.5
其中：稻 谷	1028.1	1.0
其中：早 稻	480.4	0.1
晚 稻	453.2	3.1
玉 米	280.4	-1.7
油 料	76.48	0.8
其中：花 生	71.68	0.8
甘 蔗	7116.54	-3.4
其中：果 蔗	267.05	-7.8
蔬 菜（含菌类）	4236.52	4.7
烤 烟	1.62	1.8
木 薯	157.67	-3.1
茶 叶	10.77	12.1
园林水果	3080.07	10.1
其中：柑橘类	1808.04	12.5
香 蕉	300.66	-2.9
菠 萝	3.48	9.3
荔 枝	86.34	7.0

续表

产品名称	产　量（万吨）	比上年增长（%）
龙　眼	62.55	3.1
芒　果	128.74	16.5
火龙果	68.66	15.0
百香果	38.00	4.7
食用坚果	16.52	8.7
肉类总产量	454.94	3.2
其中：猪　肉	262.65	7.1
禽　肉	164.08	-3.0
蚕　茧	43.71	7.3
水产品	363.77	3.1
其中：海水产品	213.29	3.3

三、工业和建筑业

全年全部工业增加值6775.89亿元，比上年增长3.1%。规模以上工业增加值增长4.2%。在规模以上工业中，分经济类型看，国有控股企业增加值下降0.3%；股份制企业增长5.2%，外商及港澳台商投资企业下降0.5%；非公有工业企业增长7.2%。分门类看，采矿业增长5.5%，制造业增长4.0%，电力、热力、燃气及水生产和供应业增长5.3%。

全年规模以上工业中，农副食品加工业增加值比上年增长4.1%，木材加工和木、竹、藤、棕、草制品业增长8.8%，石油煤炭及其他燃料加工业下降1.1%，非金属矿物制品业下降4.2%，黑色金属冶炼及压延加工业下降0.6%，有色金属冶炼及压延加工业增长1.9%，专用设备制造业下降16.7%，汽车制造业增长0.2%，电气机械及器材制造业增长33.4%，计算机、通信和其他电子设备制造业增长12.9%，电力、热力生产和供应业增长5.3%。

表4　2022年广西规模以上工业主要产品产量及其增长速度[14]

产品名称	单　位	产　量	比上年增长（%）
成品糖	万吨	735.74	6.2
发酵酒精	万千升	37.08	-24.2
卷　烟	万箱	143.63	0.2
机制纸及纸板	万吨	558.05	64.8
发电量	亿千瓦小时	2022.82	-0.3
其中：火电	亿千瓦小时	1087.14	-8.8
水电	亿千瓦小时	547.97	14.9
粗　钢	万吨	3793.23	3.6
钢　材	万吨	4995.56	-5.8
十种有色金属	万吨	398.95	-5.9
其中：电解铝	万吨	196.58	-14.7
氧化铝	万吨	1279.28	12.9
水　泥	万吨	10422.80	-8.6
显示器	万台	451.15	22.1
电子元件	亿只	241.80	-26.9
化　肥（折100%）	万吨	34.09	-1.6
发动机	万千瓦	15026.82	-27.0
汽　车	万辆	177.00	-6.9
铁合金	万吨	248.43	-13.5

全年规模以上工业企业利润[15]比上年下降38.2%。分经济类型看，国有控股企业利润比上年下降51.2%；股份制企业下降40.4%，外商及港澳台商投资企业下降32.9%；非公有制企业下降30.8%。分门类看，采矿业利润比上年增长26.1%，制造业下降48.1%，电力、热力、燃气及水生产和供应业增长39.7%。全区规模以上工业企业每百元营业收入中的成本为89.78元，比上年增加2.73元；营业收入利润率为3.02%，下降2.13个百分点。年末全区规模以上工业企业资产负债率为64.4%，比上年末提高0.7个百分点。

全年全社会建筑业增加值2180.36亿元，比上年增长3.8%。具有资质等级的总承包和专业承包建筑业企业实现总产值7275.76亿元，比上年增长8.6%。其中国有控股企业3614.10亿元，比上年增长13.5%。

四、服务业

全年批发和零售业增加值2156.28亿元，比上年增长1.9%；交通运输、仓储和邮政业增加值1098.29亿元，下降1.8%；住宿和餐饮业增加值385.91亿元，增长0.5%；金融业增加值1834.66亿元，增长6.5%；房地产业增加值1899.26亿元，下降5.3 %；其他服务业增加值5566.06亿元，增长4.1%。规模以上服务业企业营业收入比上年增长8.8%，营业利润下降21.0%。

图7　2018—2022年广西服务业增加值及其增长速度

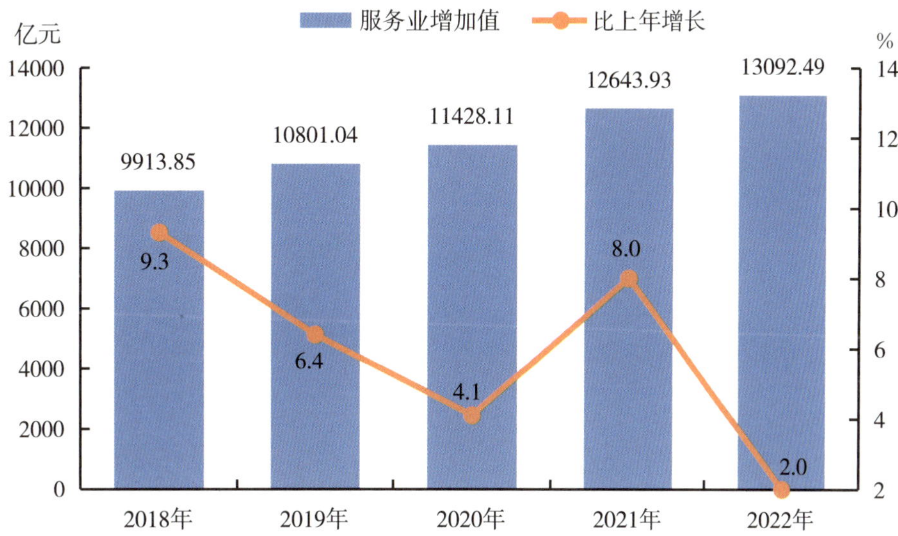

年末公路总里程17.24万公里，比上年末新增1.18万公里；其中，高速公路里程8271公里。年末铁路营业总里程5337公里，比上年末增加121公里；其中，高速铁路营业里程1892公里。

表5　2022年广西旅客、货物运输量及其增长速度

指　标	单　位	绝对数	比上年增长（%）
旅客运输总量	亿人次	2.16	-27.5
旅客运输周转量	亿人公里	377.78	-27.6
货物运输总量	亿吨	21.33	-1.3
货物运输周转量	亿吨公里	5172.95	6.0

全年货物运输总量[16]21.33亿吨，比上年下降1.3%。货物运输周转量5172.95亿吨公里，增长6.0%。港口完成货物吞吐量5.68亿吨，比上年增长2.0%，其中外贸货物吞吐量1.69亿吨，增长0.3%。港口集装箱吞吐量827万标准箱，增长14.8%。

全年旅客运输总量2.16亿人次，比上年下降27.5%。旅客运输周转量377.78亿人公里，下降27.6%。

年末民用汽车保有量892.24万辆，比上年末增长7.1%，其中私人汽车保有量825.61万辆，增长7.8%。轿车保有量501.66万辆，增长10.1%，其中私人轿车486.22万辆，增长10.5%。

全年完成邮政业务总量[17] 168.80亿元，比上年增长4.2%。邮政业全年完成邮政函件业务0.13亿件，包裹业务21.00万件，快递业务量10.55亿件，快递业务收入116.89亿元。

全年完成电信业务总量[18] 531.82亿元，比上年增长23.7%。年末移动电话基站数[19] 32.2万个，其中4G基站18.8万个，5G基站6.6万个。年末电话用户总数6317.4万户，其中移动电话用户5805.3万户。电话普及率为125.4部/百人。年末互联网用户7232.0万户，比上年末增加393.2万户。固定互联网宽带接入用户[20] 2054.2万户，比上年末增加226.8万户，其中固定互联网光纤宽带接入用户1958.3万户，增加215.3万户；移动互联网用户5177.8万户，增加166.4万户。互联网宽带接入通达的行政村比重达到100%。全年移动互联网接入流量96.12亿GB，比上年增长21.1%。

五、国内贸易

全年社会消费品零售总额8539.09亿元，与上年持平。按经营地统计，城镇消费品零售额7364.17亿元，下降0.1%，乡村消费品零售额1174.92亿元，增长0.6%。按消费类型统计，商品零售额7316.54亿元，增长0.1%，餐饮收入额1222.55亿元，下降0.5%。

图8　2018—2022年广西社会消费品零售总额[21]

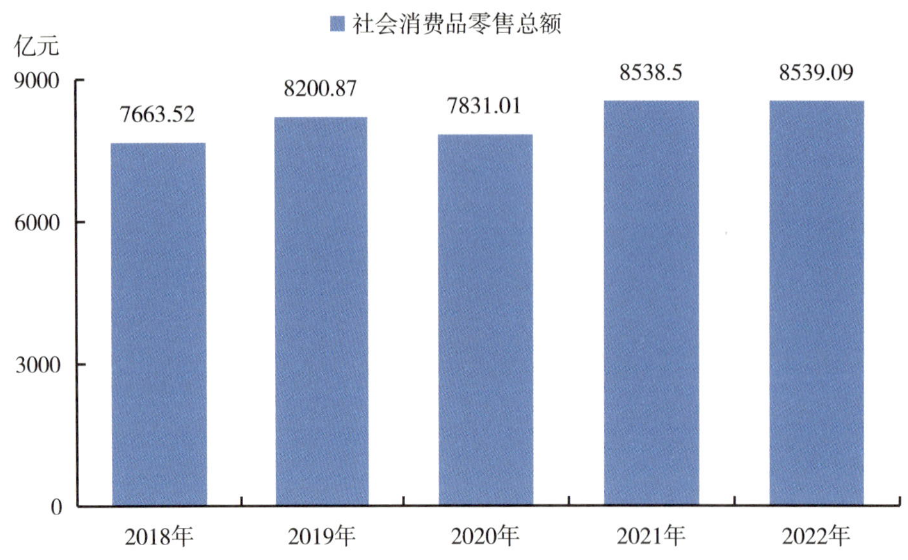

全年限额以上单位商品零售额中，粮油食品、饮料、烟酒类零售额比上年增长22.1%，服装、鞋帽、针纺织品类下降16.2%，化妆品类增长3.7%，金银珠宝类下降15.9%，日用品类增长8.4%，家用电器和音像器材类下降10.1%，中西药品类增长2.6%，文化办公用品类下降2.4%，家具类增长13.8%，通讯器材类增长0.7%，建筑及装潢材料类下降6.3%，石油及制品类增长13.7%，汽车类增长1.5%。

全年实物商品网上零售额785.90亿元，按可比口径计算，比上年增长15.0%，占社会消费品零售总额的比重为9.2%，比上年提高1.3个百分点。

六、固定资产投资

全年固定资产投资（不含农户）比上年增长0.1%，其中，第一产业投资增长2.2%；第二产业投资增长28.5%，其中工业投资增长30.0%；第三产业投资下降10.2%。基础设施投资[22]增长10.2%。民间固定资产投资[23]下降13.6%，社会领域投资[24]增长12.5%。

表6　2022年广西分行业固定资产投资（不含农户）增长速度

行　业	比上年增长（%）
总　计	0.1
农、林、牧、渔业	2.2
采矿业	7.7
制造业	26.2
电力、热力、燃气及水生产和供应业	48.2
建筑业	-25.1
交通运输、仓储和邮政业	14.4
信息传输、软件和信息技术服务业	12.3
批发和零售业	50.8
住宿和餐饮业	2.9
金融业	17.5
房地产业[25]	-35.5
租赁和商务服务业	5.0
科学研究和技术服务业	-17.5
水利、环境和公共设施管理业	4.6
居民服务、修理和其他服务业	29.3
教育	10.0
卫生和社会工作	17.4
文化、体育和娱乐业	11.5
公共管理、社会保障和社会组织	-23.9

全年房地产开发投资2307.38亿元，比上年下降38.2%。其中住宅投资1815.85亿元，下降37.4%；办公楼投资41.55亿元，下降44.9%；商业营业用房投资153.49亿元，下降40.1%。商品房销售面积4370.89万平方米，下降29.3%，其中住宅3322.88万平方米，下降37.1%。年末商品房待售面积1745.49万平方米，比上年末增加284.39万平方米。其中，商品住宅待售面积937.77万平方米，增加207.73万平方米。

表7　2022年广西房地产开发和销售主要指标完成情况及其增长速度

指　标	单　位	绝对数	比上年增长（%）
投资额	亿元	2307.38	-38.2
其中：住宅	亿元	1815.85	-37.4
其中：90平方米及以下	亿元	283.68	-46.8
房屋施工面积	万平方米	32203.25	-5.8
其中：住宅	万平方米	23818.31	-5.6
房屋新开工面积	万平方米	3033.98	-43.1
其中：住宅	万平方米	2347.79	-41.5
房屋竣工面积	万平方米	2345.43	-3.6
其中：住宅	万平方米	1847.65	-2.1
商品房销售面积	万平方米	4370.89	-29.3
其中：住宅	万平方米	3322.88	-37.1
本年资金来源	亿元	2618.65	-39.5
其中：国内贷款	亿元	270.77	-48.2
其中：个人按揭贷款	亿元	601.70	-34.3

七、对外经济

全年货物进出口总额6603.53亿元，比上年增长11.3%。其中，出口3705.35亿元，增长26.1%；进口2898.18亿元，下降3.2%。进出口顺差（进口小于出口）807.17亿元。对东盟国家进出口总额2811.13亿元，比上年下降0.4%。其中，出口2055.15亿元，增长24.0%；进口755.98亿元，下降35.1%。对“一带一路”沿线国家[26]进出口总额3531.84亿元，比上年增长16.1%。其中，出口2334.38亿元，增长31.9%；进口1197.46亿元，下降5.9%。对《区域全面经济伙伴关系协定》（RCEP）其他成员国[27]进出口额3214.33亿元，比上年增长0.2%。其中，出口2194.48亿元，增长27.1%；进口1019.85亿元，下降31.1%。

图9　2018—2022年广西进出口总额

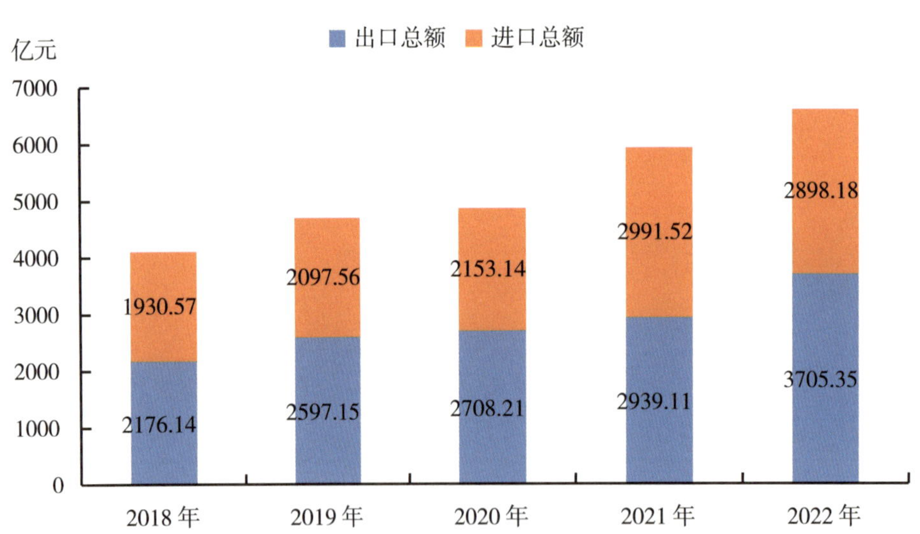

全年实际利用外资13.72亿美元（商务部口径），比上年增长46.4%。对外承包工程营业额3.58亿美元，比上年下降4.3%。对外劳务合作实际收入总额0.06亿美元，比上年增长44.9%。

表8　2022年广西货物进出口总额及其增长速度

指　标	绝对数（亿元）	比上年增长（%）
货物进出口总额	6603.53	11.3
其中：一般贸易	2817.04	52.9
其中：货物出口额	3705.35	26.1
其中：一般贸易	1581.11	129.2
来料加工	44.40	150.9
进料加工	546.52	-1.2
边境小额贸易	776.44	-25.9
货物进口额	2898.18	-3.2

表9　2022年广西对主要国家和地区货物进出口总额及其增长速度

国家和地区	货物出口额（亿元）	比上年增长（%）	货物进口额（亿元）	比上年增长（%）
亚洲	2855.99	14.2	1600.86	-6.8
其中：东盟	2055.15	24.0	755.98	-35.1
其中：越南	1582.49	11.0	408.85	-29.3
其中：中国香港	450.01	-35.0	21.59	-39.9

续表

国家和地区	货物出口额（亿元）	比上年增长（%）	货物进口额（亿元）	比上年增长（%）
日本	51.99	108.9	30.43	-49.5
韩国	47.77	158.2	94.76	58.5
非洲	92.29	130.7	174.62	10.8
欧洲	231.75	90.8	122.08	21.5
其中：欧盟	145.70	63.0	45.24	-0.8
拉丁美洲	151.26	96.2	620.37	2.7
北美洲	332.55	93.6	237.45	15.5
其中：美国	311.01	93.3	120.56	33.4
大洋洲	41.51	52.7	142.39	-30.8

八、财政金融

全年一般公共预算收入1687.72亿元，比上年下降6.2%，扣除留抵退税因素还原后，按同口径计算[28]，增长3.6%。其中税收收入930.37亿元，占一般公共预算收入的比重为55.1%。一般公共预算支出5893.89亿元，比上年增长1.5%，其中，民生重点领域支出4654.73亿元，增长1.5%，占一般公共预算支出的比重为79.0%。

年末金融机构本外币各项存款余额40212.38亿元，比年初增加3332.94亿元，其中人民币各项存款余额40032.65亿元，增加3326.42亿元。年末金融机构本外币各项贷款余额44689.79亿元，比年初增加4838.66亿元，其中人民币各项贷款余额44197.23亿元，增加4871.95亿元。

表10　2022年广西金融机构本外币存贷款余额及其增长速度

指　标	年末数（亿元）	比上年末增长%
各项存款余额	40212.38	9.0
其中：住户存款	23552.64	12.2
其中：人民币	23501.14	12.2
非金融企业存款	9866.86	5.8
各项贷款余额	44689.79	12.1
其中：境内短期贷款	7996.64	11.8
境内中长期贷款	34204.56	11.7

年末上市公司数量40家，市价总值2720.58亿元。

全年保险公司原保险保费收入[29]812.02亿元，比上年增长3.7%。其中，财产险业务原保险保费收入263.58亿元，增长8.2%；寿险业务原保险保费收入548.44亿元，增长1.6%，健康险和意外险业务原保险保费收入185.29亿元，下降4.4%。支付各类赔款及给付295.84亿元，增长0.4%，其中，财产险业务赔款160.05亿元，下降0.3%；人身险业务给付135.79亿元，增长1.2%；健康险和意外险业务赔款及给付为90.37亿元，下降3.1%。

九、居民收入消费和社会保障

全年居民人均可支配收入27981元，比上年名义增长4.7%，扣除价格因素，实际增长2.7%。居民人均可支配收入中位数[30]22463元，名义增长4.4%。按常住地分，城镇居民人均可支配收入39703元，比上年名义增长3.0%，扣除价格因素，实际增长1.2%。农村居民人均可支配收入17433元，比上年名义增长

6.5%，扣除价格因素，实际增长4.3%。城乡居民人均收入比为2.28∶1，比上年缩小0.07。

图10　2018—2022年广西城乡居民收入

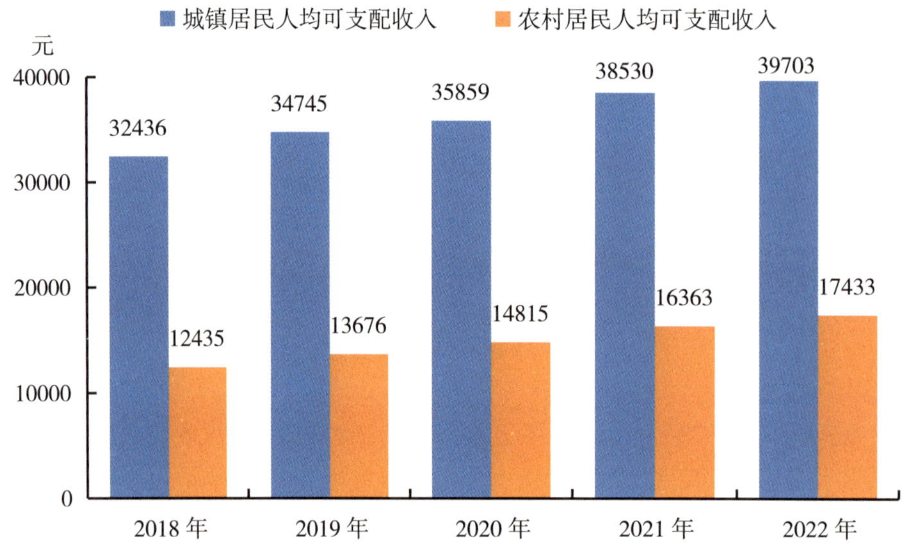

全年居民人均消费支出18343元，比上年名义增长1.4%，扣除价格因素，实际下降0.5%。按常住地分，城镇居民人均消费支出22438元，名义下降0.5%，扣除价格因素，实际下降2.2%；农村居民人均消费支出14658元，名义增长3.5%，扣除价格因素，实际增长1.4%。全区居民恩格尔系数为32.0%，其中城镇为32.0%，农村为32.1%。

参加基本养老保险3339.40万人，比上年末增加286.75万人。参加基本医疗保险人数[31]5201.86万人，减少47.42万人。其中，参加职工基本医疗保险人数730.39万人，增加15.61万人；参加城乡居民基本医疗保险人数4471.47万人，减少63.03万人。参加失业保险人数509.43万人，增加34.39万人。年末领取失业保险金人数7.28万人。参加工伤保险人数601.08万人，增加49.77万人，其中参加工伤保险的农民工31.85万人。参加生育保险人数508.31万人，减少15.18万人。

年末社会保障卡持卡人数[32]4965.42万人，比上年末减少133.93万人。共有35.52万人享受城市居民最低生活保障，238.37万人享受农村居民最低生活保障，25.78万人享受特困人员救助供养。医疗救助资助参加基本医疗保险人数299.93万人，比上年减少73.10万人。

年末共有提供住宿的养老服务机构12695个，床位26.12万张，收养4.74万人；为儿童提供救助收养服务的机构48个，床位0.37万张，收养0.16万人。

十、科学技术和教育

全年安排科学研究与技术开发计划项目4565项，资助经费6.37亿元。其中，重点研发计划经费1.53亿元，技术创新引导专项（基金）经费1.55亿元，科技基地和人才专项经费2.69亿元，自然科学基金0.60亿元。取得省部级以上登记科技成果6715项，其中，应用技术成果6218项，软科学研究成果7项，基础理论成果490项。全年全区三种专利获授权44689件，比上年下降4.5%，其中发明专利5471件，比上年增长19.6%。全年共签订技术合同13899项，技术合同成交金额808.85亿元，比上年下降63.1%。

年末共有产品检测实验室（指全区获得省级实验室资质认定的检验检测实验室）1587个，国家级检测中心10个，自治区级检测中心40个。现有产品质量、体系认证机构19个，累计完成产品认证企业个数2164个。共有法定计量技术机构86个，全年强制检定计量器具291.63万台（件）。累计制、修订地方标准数2687个，地理标志保护产品93个。自治区主席质量奖[33]累计获奖单位23个。

全年研究生教育招生2.30万人，在校研究生6.41万人，毕业生1.43万人。普通高等教育招生46.83万人，在校生140.75万人，毕业生36.19万人。各类中等职业教育（不含技工）招生22.70万人，在校生65.27万人，毕业生18.78万人。普通高中招生44.05万人，在校生126.05万人，毕业生38.01万人。普通初中招生82.13万人，在校生236.20万人，毕业生76.23万人。普通小学招生81.29万人，在校生515.86万人，毕业生81.69万人。特殊教育招生0.74万人，在校生4.36万人，毕业生0.75万人。学前教育在园幼儿217.00万人。九年义务教育巩固率96.7%，高中阶段毛入学率92.9%。

表11 2022年各类教育发展情况

指 标	招生人数（万人）	在校生人数（万人）	毕业生人数（万人）
研究生	2.30	6.41	1.43
普通高等教育	46.83	140.75	36.19
中等职业教育（不含技工）	22.70	65.27	18.78
普通高中	44.05	126.05	38.01
普通初中	82.13	236.20	76.23
普通小学	81.29	515.86	81.69
特殊教育	0.74	4.36	0.75

十一、文化旅游和卫生健康

年末共有县级以上公共图书馆116个，文化馆125个，博物馆155个，国有艺术表演团体78个。全区共有70个项目列入国家级非物质文化遗产名录，914个项目列入自治区级非物质文化遗产名录。

年末共有广播电视台91座。有线广播电视用户848.93万户，数字电视用户848.93万户。年末广播节目综合人口覆盖率为98.80%；电视节目综合人口覆盖率为99.45%。年末共有档案馆165个，已开放各类档案42.48万卷。

全年接待国内游客5.89亿人次；实现国内旅游收入6418.33亿元。

年末共有医疗卫生机构34502个，其中医院850个，乡镇卫生院1267个，社区卫生服务中心201个，诊所（卫生所、医务室）11804个，村卫生室18938个，疾病预防控制中心122个，卫生监督所（中心）126个，妇幼保健院（所、站）106个。年末全区卫生技术人员41.51万人，其中执业医师和执业助理医师13.86万人，注册护士19.28万人，乡村医生和卫生员2.70万人。医疗卫生机构床位34.17万张，其中医院23.70万张，乡镇卫生院8.26万张。

全年运动员在世界三大赛中获金银铜牌17枚，其中金牌12枚，银牌1枚，铜牌4枚。

十二、资源、环境和应急管理

全年国有建设用地供应总量[34]2.97万公顷。其中，工矿仓储用地0.84万公顷，住宅用地0.22万公顷，基础设施等其他用地1.78万公顷。

全年规模以上工业企业原煤产量比上年增长4.3%，原油产量增长40.5%，发电量下降0.3%，水电、风电、核电、太阳能发电等清洁能源发电量增长11.8%。电力消费量下降3.9%。

全年供水综合生产能力1007.31万立方米/日。城市用水普及率99.81%。总用水量264.01亿立方米。其中，生活用水36.11亿立方米，工业用水31.63亿立方米，农业用水189.95亿立方米，生态补水增长6.32亿立方米。人均用水量523立方米。

年末全区共有国家生态文明建设示范市县16个，其中本年新增3个。森林面积1486.8万公顷，森林覆盖率62.56%。全年完成造林面积239.1千公顷，其中人工造林面积89.9千公顷，占全部造林面积的37.6%。截至年底，建成自然保护区78个，其中国家级自然保护区23个，自然保护区面积125.83万公顷。新增水土流失治理面积1939.32平方公里。

全年全区地表水考核断面水质优良率98.2%，地级城市集中式生活饮用水水源地水质达标率97.1%。

全年全区近岸海域海水水质[35]总体为优，优良水质（一、二类）面积比例平均为94.5%，三类水质面积比例为1.9%，四类水质面积比例为2.5%，劣四类水质面积比例为1.1%。

监测的14个设区市空气质量全部达标。细颗粒物（PM2.5）年平均浓度26.2微克/立方米。城市区域昼间声环境质量较好的市占64.3%，一般的占35.7%。

全年全区平均气温为20.9℃，比上年下降0.7℃，共有3个热带气旋直接影响广西。

全年全区共有海洋观测站25个，海洋监测预报中心发布预警44次。

年末全区污水处理厂集中处理能力633.98万立方米/日，污水处理率98.66%。生活垃圾无害化处理率100%。建成区绿地率35.67%，人均公园绿地面积13.83平方米。

年末共有地震台站641个，地震监测台网10个。

全年全区各级气象台共发布气象预警信号14711次，全年自治区气象台发布预警157次。

全年因地质灾害造成直接经济损失5366万元，因海洋灾害造成直接经济损失4483万元。全年共发生森林火灾114次，受灾面积0.06万公顷。

注释：

[1] 本公报中数据均为初步统计数。部分数据因四舍五入的原因，存在总计与分项合计不等的情况。

[2] 地区生产总值、三次产业及相关行业增加值、人均地区生产总值绝对数按现价计算，增长速度按不变价格计算。

[3] 常住人口指在广西居住半年以上的人口，以及户口在广西、外出广西不满半年或在境外工作学习的人口。

[4] 根据第七次全国人口普查结果，对2018、2019年年末常住人口城镇化率数据进行了修订。

[5] 2022年年末，全区0-14岁（含不满15周岁）常住人口为1118万人，15-59岁（含不满60周岁）人口为3048万人。

[6] 年度农民工数量包括年内在本乡镇以外从业6个月及以上的外出农民工和在本乡镇内从事非农产业6个月及以上的本地农民工。

[7] 农产品生产者价格是指农产品生产者直接出售其产品时的价格。

[8] 居住类价格包括租赁房房租、住房保养维修及管理、水电燃料、自有住房服务价格。

[9] 高技术制造业包括医药制造业，航空、航天器及设备制造业，电子及通信设备制造业，计算机及办公设备制造业，医疗仪器设备及仪器仪表制造业，信息化学品制造业。

[10] 高技术产业投资包括医药制造、航空航天器及设备制造等六大类高技术制造业投资和信息服务、电子商务服务等九大类高技术服务业投资。

[11] 规模以上服务业统计范围包括：年营业收入2000万元及以上的交通运输、仓储和邮政业，信息传输、软件和信息技术服务业，水利、环境和公共设施管理业，卫生行业法人单位；年营业收入1000万元及以上的房地产业（不含房地产开发经营），租赁和商务服务业，科学研究和技术服务业，教育行业法人单位；以及年营业收入500万元及以上的居民服务、修理和其他服务业，文化、体育和娱乐业，社会工作行业法人单位。

[12] 实物商品网上零售额是指通过公共网络交易平台（主要从事实物商品交易的网上平台，包括自建网站和第三方平台）实现的商品零售额。

[13] 北部湾经济区是指南宁市、北海市、防城港市、钦州市4市；西江经济带是指柳州市、桂林市、梧州市、贵港市、玉林市、贺州市、来宾市7市，左右江革命老区是指百色市、河池市、崇左市、隆安县、马山县5市（县）。

[14] 2021年部分产品产量数据进行了核实调整，2022年产量增速按可比口径计算。

[15] 由于统计调查制度规定的调查范围变动、统计执法、剔除重复数据等因素，2022年规模以上工业企业财务指标增速及变化按可比口径计算。

[16] 货物运输总量包括铁路、公路、水路、民航四种运输方式完成量；周转量包括铁路、公路、水路三种运输方式完成量，2022年增速按可比口径计算。

[17] 邮政行业业务总量按2020年价格计算。

[18] 电信业务总量按2021年价格计算。

[19] 移动电话基站数是指报告期末为小区服务的无线收发信设备，处理基站与移动台之间的无线通信，在移动交换机与移动台之间起中继作用，监视无线传输质量的全套设备数。

[20] 固定互联网宽带接入用户是指报告期末在电信企业登记注册，通过xDSL、FTTx+LAN、FTTH/O以及其他宽带接入方式和普通专线接入公众互联网的用户。

[21] 根据第四次全国经济普查结果及有关制度规定，对2018、2019年社会消费品零售总额数据进行了修订。

[22] 基础设施投资包括铁路运输业、道路运输业、水上运输业、航空运输业、管道运输业、多式联运和运输代理业、装卸搬运业、邮政业、电信广播电视和卫星传输服务业、互联网和相关服务业、水利管理业、生态保护和环境治理业、公共设施管理业投资。

[23] 民间固定资产投资是指具有集体、私营、个人性质的内资企事业单位以及由其控股（包括绝对控股和相对控股）的企业单位建造或购置固定资产的投资。

[24] 社会领域投资包括教育，卫生和社会工作，文化、体育和娱乐业投资。

[25] 房地产业投资除房地产开发投资外，还包括建设单位自建房屋以及物业管理、中介服务和其他房地产投资。

[26] “一带一路”是指“丝绸之路经济带”和“21世纪海上丝绸之路”。

[27] 《区域全面经济伙伴关系协定》（RCEP）其他成员国包括印度尼西亚、马来西亚、菲律宾、泰国、新加坡、文莱、柬埔寨、老挝、缅甸、越南、日本、韩国、澳大利亚、新西兰。

[28] 一般公共预算收入、税收收入的同口径增幅，是按财政部要求，将2022年和2021年同期新老政策留抵退税金额返加到收入中，以便更加准确反映经济财政运行实际情况。

[29] 原保险保费收入是指保险企业确认的原保险合同保费收入。

[30] 人均可支配收入中位数是指将所有调查户按人均收入水平从低到高（或从高到低）顺序排列，处于最中间位置调查户的人均可支配收入。

[31] 2022年，基本医疗保险参保人数统计口径发生变化，剔除部分重复参保人数。

[32] 2022年，全区清查社会保障卡，已剔除无效卡、死亡卡及库存卡。

[33] 自治区主席质量奖每两年评选一次。

[34] 国有建设用地供应总量是指报告期内市、县人民政府根据年度土地供应计划依法以出让、划拨、租赁等方式与用地单位或个人签订出让合同或签发划拨决定书、完成交易的国有建设用地总量。

[35] 近岸海域海水水质采用面积法进行评价。

资料来源：

本公报中城镇新增就业、社会保障数据来自自治区人力资源社会保障厅；医疗保障数据来自自治区医保局；财政数据来自自治区财政厅；物价、城乡居民收入和支出、恩格尔系数、农民工、部分农业数据来自国家统计局广西调查总队；进出口数据来自南宁海关；实际利用外资、对外承包工程和劳务合作等数据来自自治区商务厅；金融数据来自中国人民银行南宁中心支行；证券数据来自中国证券监督管理委员会广西监管局；保险数据来自中国银行保险监督委员会广西监管局；公路里程、港口数据来自自治区交通运输厅；旅客、货物运输量和周转量数据来自自治区交通运输厅、中国铁路南宁局集团有限公司和广西机场集团；铁路营业里程、高速铁路数据来自中国铁路南宁局集团有限公司；汽车保有量数据来自自治区交警总队；邮政业务数据来自自治区邮政管理局；电信业务数据来自自治区通信管理局；教育数据来自自治区教育厅；安排科技计划项目、技术合同等数据来自自治区科技厅；市场主体、专利数据、质量检验、标准制定修订等数据来自自治区市场监督管理局；艺术表演团体、博物馆、公共图书馆、文化馆、非物质文化遗产、旅游等数据来自自治区文化和旅游厅；广播电视数据来自自治区新闻出版广电局；医疗卫生数据来自自治区卫生健康委；社会服务及救助数据来自自治区民政厅；国有建设用地供应、地质灾害数据来自自治区自然资源厅；用水量数据来自自治区水利厅；林业、自然保护区等数据来自自治区林业局；环境监测数据来自自治区生态环境厅；污水处理、生活垃圾无害化处理、建成区绿地率等数据来自自治区住房城乡建设厅；气象预警、平均气温、热带气旋等数据来自自治区气象局；海洋观测站、海洋监测预报、海洋灾害等数据来自自治区海洋局；地震数据来自自治区地震局；其他数据均来自自治区统计局。